会议中心
设计、运营与管理

The Designing, Operation and Management of A Convention Center

刘海莹 许锋 著

旅游教育出版社

前 言

编辑很是严苛,要求将本书的第 2 章第 1 节"会议中心的选址"中的八个依据之一"Visibility"翻译成中文。这个词其实很难翻译,按照字面意思是"可见性"、"能见度",但要用来形容一个会议中心,显然未能传神。于是找同事请教,同事建议翻译为"醒目"。

一个会议中心,理应建在市区(这里没敢说市中心,之所以如此,是缘于国内的城市规模日渐庞大而常难以界定哪里才是市中心),还应成为地标性建筑,香港会展中心就是一个极好的例子。但,"醒目"也只能表达出会议中心建筑的或高大或外观之美,人们可以凭"醒目"轻而易举地把会议中心从周围的建筑中分辨出来。会议中心能达到这个目标,已然难得。不过,会议中心的"醒目"不在于其是否为城市地标,而在于其沟通(达成信息、知识、商品的交流以及人与人之间的交往——这些正是会议和展览所展现的功能)的能力,在于让外地和本地的客户、参会者、参展商喜欢会议中心继而愿意来办会办展或参会参展的能力。后者,说得好听一点,是创造社会效益的能力;而对于会议中心的业主、经营者而言,实际上也是创造经济效益的能力。

这还不够,会议中心必须能给本地人带来裨益。给我们印象最深刻的,是英国伯明翰会议中心,地处绝对的市中心,多条地铁在此交会,同一栋楼里还有音乐厅,当地人或在此换乘地铁步履匆匆,或相聚小酌甚至闲逛购书,同时各类会议、活动不断举办。这是一个真正的 meeting point(会见之所),伯明翰之外的人来这里参会、参展、学习交流,本地人在这里休闲娱乐,这样的人与人之间的交融、人与会议中心之间的交融是如此的令人赏心悦目,以至于每看到国内的会议中心不是远离市区就是功能单一,就想问一句,弱弱地:"为什么会议中心就不能招人喜欢一点呢?"

会议中心的"醒目",肯定不仅是建筑角度上的"醒目",还必须是友好的。现在城市的许多街区都有修剪得整整齐齐的悦目养眼的青草,可惜的是用栅栏围起来,就是不让我们踩上去,逼着我们绕着走。这是"醒目"但不甚友好的青草。会议中心不该像这样。

会议中心的"醒目"、"友好"、"经济效益",均事关会议中心的选址和设计,也跟会议中心建成后的运营和管理有莫大的干系。在我们看来,关于会议中心有 5 个"S"值得关注。

1. Staff(员工):毋庸置疑,会议中心跟酒店相似,属于劳动密集型企业,员工的工作态度、精气神儿以及员工是否负责主动、是否专业决定了会议中心的整体服务质量。

2. Safety and Security(安全生产和安全保卫):这是客户、供应商和会议中心员工一听就烦的老调,但安全问题真要碰上了,无一不指责会议中心。

3. Save cost(节约成本):跟会议中心所有人都有关系,会议中心建筑设计师也有份。

会议中心经营者饱受人工成本、以食品为代表的多种原材料价格的快速上涨而带来的切肤之痛，但又不能全部转嫁给客户，只好内部消化，所以节约成本绝对不是一句空话。

4. Service(服务)：客户和参会、参展客人爱拿会议中心和五星酒店比，对会议中心的服务水准要求非常高，而不但是会议中心员工的服务，还有供应商、签约服务商的服务也都决定了会议中心的服务水准。不要迷信设施之现代化。美人总会迟暮，设施总会陈旧，会议中心真正能吸引客户并让客户愿意多掏钱的，还是服务。

5. Sell the venue(销售会议中心)：会议中心人人应该都是品牌大使，人人应该都是销售员。只要是在会议中心工作的人，无论是正式工还是外派公司的劳务工、外包公司的员工都直接或间接面对客户，他们应该无时无刻不在推广会议中心的品牌，继而销售会议中心。

会议中心的运营和管理，涉及市场销售、人力资源、财务、采购、餐饮、工程、安全生产和安全保卫等多个领域，好在外面有N多的参考书有助于了解这些领域。关于会议中心，我们的想法很简单，经验和认识也是日积月累得来的，很难得，敝帚自珍。

刘海莹　许　锋
2011年9月　北京

表索引

表1-1	上海市主要会议中心、会展中心会议室情况	35
表1-2	江苏省主要会议中心、会展中心会议室情况	37
表1-3	浙江省主要会议中心、会展中心会议室情况	38
表1-4	山东省主要会议中心、会展中心会议室情况	38
表1-5	福建省主要会议中心、会展中心会议室情况	39
表1-6	安徽省、江西省主要会议中心、会展中心会议室情况	40
表1-7	广东省主要会议中心、会展中心会议室情况	40
表1-8	广西壮族自治区主要会议中心、会展中心会议室情况	41
表1-9	海南省主要会议中心、会展中心会议室情况	42
表1-10	陕西省主要会议中心、会展中心会议室情况	42
表1-11	北京市主要会议中心、会展中心会议室情况	43
表1-12	天津市主要会议中心、会展中心会议室情况	44
表1-13	河北省主要会议中心、会展中心会议室情况	45
表1-14	辽宁省、吉林省、黑龙江省主要会议中心、会展中心会议室情况	45
表1-15	重庆市、四川省、贵州省、云南省主要会议中心、会展中心会议室情况	46
表2-1	香港会展中心扩建工程:主要数据	65
表2-2	会议中心选址评分表	66
表2-3	会议中心的市场适销性	66
表2-4	会议中心的常规设计要求	73
表2-5	国际会议规模	78
表2-6	国内会议中心/会展中心的配套酒店	113
表4-1	阿里巴巴的六个核心价值观	144
表4-2	高铁大会宣传工作流程	170
表4-3	部分国家和地区会展中心使用社交媒体的统计	196
表4-4	部分亚太国家和地区会展中心使用社交媒体的统计	196
表4-5	国内主要会展中心使用社交媒体的统计	197
表4-6	四大门户网站的微博提及国家会议中心的数量	197
表5-1	2010年度TOP公关公司榜单(按公司品牌英文名排序)	209

表5-2	2009年国际协会会议人数	230
表6-1	活动任务单样表	274
表6-2	台北国际会议中心咖啡厅的服务项目	301
表7-1	悉尼会展中心的大宴会厅参数说明书(部分)	327
表7-2	场地出租率分析	340
表7-3	EBMS软件事件活动损益表	343
表7-4	会展中心两种集成管理信息软件的优缺点对比	345
表9-1	墨尔本会展中心2004—2010年收入、支出	384
表10-1	划分绿色建筑等级的项数要求(公共建筑)	398
表10-2	2010英特尔IDF年会能源消耗及物品消耗报告表(部分)	410

图索引

图 1-1	华盛顿会议中心	14
图 1-2	中国会议中心发展大事记	34
图 1-3	上海世博中心	36
图 1-4	国家会议中心	44
图 1-5	海南国际会展中心效果图	49
图 1-6	杭州国际会议中心效果图	49
图 2-1	甄别建设会议中心必要性的"4P"原则	62
图 2-2	设计公司的简要工作步骤	69
图 2-3	设计公司的简要工作步骤	70
图 2-4	各大洲国际协会会议的平均人数	79
图 2-5	北京展览会的展出规模	79
图 2-6	国家会议中心一楼平面图	81
图 2-7	理想的会议区和展厅布局	82
图 2-8	天津梅江会展中心	82
图 2-9	新加坡金沙滨海湾楼层示意图	83
图 2-10	温哥华会议中心剖面图	83
图 2-11	圣地亚哥会议中心剖面图	83
图 2-12	夏威夷会议中心剖面图	84
图 2-13	香港会议中心剖面图	84
图 2-14	香港会议中心	85
图 2-15	温哥华会议中心的展厅平面图	86
图 2-16	理想的卸货车位	86
图 2-17	达拉斯会议中心展厅卸货区(局部)	86
图 2-18	蒙特利尔会议中心的室内卸货区	87
图 2-19	布鲁塞尔展览中心卸货区(顶棚是后来增加的)	87
图 2-20	圣地亚哥会议中心展厅的主场办公室及餐饮专卖	88
图 2-21	布鲁塞尔展览中心展厅的餐饮专卖	88
图 2-22	墨尔本会议中心展厅的固定快餐区	89

图2-23	装修搭建应多用吊点	90
图2-24	墨尔本会议中心的登录大厅	90
图2-25	SAP公司在国家会议中心展厅的酒会	90
图2-26	夏威夷会议中心大宴会厅位于4楼,仍设置了宽敞的步行梯	92
图2-27	温哥华会议中心的大宴会厅、会议室和厨房背靠背	93
图2-28	上海世博中心的服务台	97
图2-29	日内瓦国际会议中心(CICG)的服务台	97
图2-30	上海虹桥机场航站楼的柱子	98
图2-31	北京东方广场的室外道旗杆	100
图2-32	北京东方广场的室外垃圾箱	101
图2-33	香港会展中心的餐厅	102
图2-34	首都机场标志	110
图2-35	新加坡新达城国际会议中心地图	116
图3-1	国家会议中心(筹备期)2008年1月开通的网站	121
图3-2	北京东方广场的垃圾桶	124
图3-3	Meetpie网站关于意大利里米尼会议中心延迟开业的报道截图	132
图3-4	Meetpie网站关于斯德哥尔摩水岸会议中心正式开业的报道截图	133
图4-1	会议中心使命感包含的内容	138
图4-2	阿里巴巴集团网站关于公司价值观的截图	144
图4-3	阿里巴巴价值观的演化	145
图4-4	会议中心服务对象	147
图4-5	会议中心品牌创建阶段	148
图4-6	香港会议展览中心网站关于王礼仕董事总经理献辞的报道的截图	149
图4-7	著名协会会议杂志 HQ 主编 MARCEL A. M. VISSERS 关于国家会议中心及国家会议中心大酒店的博客截图	152
图4-8	印有会议地址为旧金山 Moscone 会议中心的2011经导管心血管治疗大会(TCT)会议通知(传单)	152
图4-9	悉尼会展中心把其媒体关系外包给了当地 MG Media Communications 公司打理	155
图4-10	NO ONE BUYS PALEXPO! 没人向往 PALEXPO 展览中心	157
图4-11	参加澳大利亚 AIME 展的福冈会议局展台	158
图4-12	会议中心利益相关者示意图	159
图4-13	青岛国际会展中心的广告突出员工	160
图4-14	布里斯班会展中心的广告以员工服务为特征	160
图4-15	精心组合的促销手段	162
图4-16	2010世界心脏病学大会的官方网站	163
图4-17	这是一家境外的会议行业网站	164
图4-18	2009年中国(北京)国际会议奖励旅游展(CIBTM)的新闻稿	

图号	说明	页码
	由国家会议中心发送给专业媒体，这是"旅讯"网站刊登的消息	164
图4-19	TTG BT MICE 杂志为高铁大会专门制作了一整版的案例分析	171
图4-20	温哥华会议中心网站的首页	174
图4-21	伯明翰会议中心网站的首页	175
图4-22	悉尼会展中心网站的首页	175
图4-23	香港会展中心网站的首页	176
图4-24	巴塞罗那会议中心网站的首页	176
图4-25	墨尔本会展中心网站的首页	177
图4-26	华盛顿州会议中心（在西雅图）网站的首页	177
图4-27	华盛顿会议中心（WALTER E. WASHINGTON CONVENTION CENTER）网站的主页	178
图4-28	达拉斯会议中心网站的首页	178
图4-29	国家会议中心的场地列表	180
图4-30	吉隆坡会议中心会议室、展厅数据一览表	180
图4-31	悉尼会展中心大宴会厅的"详细条件表"	181
图4-32	用户可从国家会议中心网站下载大量文件	182
图4-33	华盛顿州会议中心网站首页的主角竟然是诱人的食物图片	183
图4-34	这封邮件显示，2009年6月10日，一位叫DORIS Huo的客人指出"中国公众假期"里面的中秋节日期有误	184
图4-35	国家会议中心也许是中国第一个专门在网站设置媒体联系方式的会议中心	186
图4-36	TTG为国家会议中心总经理做的专访	186
图4-37	你可以从网站的任何一个页面点击网站地图	187
图4-38	美国凤凰城会议中心关于地球日活动的新闻通稿	190
图4-39	西门子（中国）有限公司的一篇新闻通稿	191
图4-40	2010年12月14日来国家会议中心参加微软技术教育大会的一个参会者发布的微博截图，显示出该参会者根本不知道主办方不提供一次性水杯的真实用意是为绿色降耗之目的	198
图4-41	新浪微博某用户对国家会议中心的宣传	199
图5-1	按照会议和展览划分会议中心的客户	205
图5-2	按照区域划分会议中心的客户	205
图5-3	会议中心的客户	210
图5-4	企业会议的分类	212
图5-5	协会会议按行业分类各自所占比例	216
图5-6	会议中心竞争对手示意图	218
图5-7	会议中心由近到远的竞争对手	219
图5-8	迈克尔·E.波特五种竞争力模型	220
图5-9	分析会议中心竞争环境的"五种竞争力"模型	221

图 5 – 10	影响会议中心价格制定的决策的因素	223
图 5 – 11	设定价格的主要考虑因素	223
图 5 – 12	2010 年中国展馆展会举办月份占比情况	225
图 5 – 13	2009 年国际协会会议在每个月的分布	225
图 5 – 14	2008 年、2009 年、2010 年北京展览会的月度分布特征	226
图 5 – 15	2010 年上海展览会的月度分布特征	226
图 5 – 16	2009 年展馆展会性质占比情况	227
图 5 – 17	2009—2011 年 3 月 CPI 同比指数	232
图 5 – 18	在展厅里开设的快餐店	236
图 5 – 19	英国利物浦会议中心被英国电信(BT)冠名	239
图 5 – 20	常规的销售、预订和合同签署流程	241
图 5 – 21	预订程序	242
图 5 – 22	合同签署	244
图 5 – 23	会议中心收益管理的 5R 组合	246
图 6 – 1	一个活动在会议中心的流程	249
图 6 – 2	一个会议/展览涉及许多对外协调、对内协调和二次销售	250
图 6 – 3	会议中心的接待流程	255
图 6 – 4	贵宾室的台形图需要客户的确认	257
图 6 – 5	2010 中国(北京)国际休闲食品展的展位图	264
图 6 – 6	2010 中国国际水技术展览会展位图	265
图 6 – 7	展厅里的论坛	267
图 6 – 8	中空形摆台	269
图 6 – 9	会议室常见摆台形式	269
图 6 – 10	鱼骨形摆台	269
图 6 – 11	会议室摆台	270
图 6 – 12	培训会、研讨会的宴会式摆台	271
图 6 – 13	会场布置图	272
图 6 – 14	某跨国公司在国家会议中心举办的年会会场台形图	273
图 6 – 15	会议主办方眼里的会议区域组成	278
图 6 – 16	对志愿者应加强管理	282
图 6 – 17	展台服务人员对会议中心也有诸多需求	282
图 6 – 18	布鲁塞尔 SQUARE 会议中心的大堂显示屏	284
图 6 – 19	日内瓦国际会议中心的服务台	284
图 6 – 20	多伦多会议中心的服务台	285
图 6 – 21	日内瓦国际会议中心大堂陈列的旅游资料	285
图 6 – 22	某快速消费品公司会议的行李寄存服务	286
图 6 – 23	法兰克福展览中心的行李寄存间	287
图 6 – 24	流动衣架车	287

图 6-25	会议主办方在展厅序厅内搭建的衣帽间	288
图 6-26	奥地利维也纳会展中心(ACV)提供给客户的注册台(右图为注册台内部)	289
图 6-27	意大利佛罗伦萨会展中心的固定注册台	289
图 6-28	日内瓦国际会议中心设在大堂的固定注册台	289
图 6-29	无人管理的注册台	290
图 6-30	多伦多会议中心的外币兑换点	290
图 6-31	上海世博中心采用电子门禁和机械锁	293
图 6-32	会议中心的餐饮质量应不亚于高星级酒店	294
图 6-33	奥迪经销商会议(西式晚宴)	295
图 6-34	国家会议中心为2010世界心脏病学大会设计的欢迎酒会	296
图 6-35	SAP公司在国家会议中心展厅的酒会	296
图 6-36	餐饮是会议中心重要的收入来源	297
图 6-37	德国法兰克福展览中心展厅中部的固定用餐区域	298
图 6-38	上海奔驰文化中心的固定售卖点	298
图 6-39	德国IMEX展览的流动售卖车	298
图 6-40	亚太会议及奖励旅游展(AIME)展览结束后展商在展厅内用餐	298
图 6-41	布鲁塞尔展厅后部的固定售卖点(仅在展览期间开放)	299
图 6-42	日内瓦国际会议中心的自助餐托盘及餐具	300
图 6-43	日内瓦国际会议中心的固定售卖点	301
图 6-44	日内瓦国际会议中心的自助餐	301
图 6-45	香港会展中心的餐厅	303
图 7-1	国家会议中心会议区一层消防疏散示意图	308
图 7-2	国际场馆管理者协会(IAVM)的风险等级划分	311
图 7-3	2010年12月24—25日,国家会议中心连续举办两场圣诞晚会。这是在晚会开始前和穿插在晚会中的安全提示PPT	314
图 7-4	施工时不系安全带	316
图 7-5	夜间是最松懈的时段	316
图 7-6	现场检查需要高度责任心	316
图 7-7	搭建公司的设备装货箱堵塞了逃生通道	316
图 7-8	会议中心员工有时对消防安全认识不足	317
图 7-9	工人在卸货区卸货	321
图 7-10	临时设置的货车等候区	321
图 7-11	观众涌入展厅(同时抵达,横向流动)	322
图 7-12	2010世界心脏病学大会(10 245人参会),人群从开幕式现场转移到展厅(纵向移动)	322
图 7-13	2011凡客公司年会散会现场(同时撤离)	323
图 7-14	大量观众聚集在展览序厅	323

图7-15	施工工人在等待进入展厅施工	324
图7-16	序厅的轻型布幅的悬挂	328
图7-17	2010年北京气温	330
图7-18	工程部应监管外来人员的施工	330
图7-19	"中国国际汽车保修检测诊断设备展览会"大宴会厅照片，已做好地面保护	331
图7-20	会展中心集成管理信息软件涵盖内容	338
图7-21	EBMS软件场地预订管理截图	339
图7-22	EBMS软件事件活动环节设计和管理截图	340
图7-23	EBMS软件服务订单和工作订单管理截图	341
图7-24	EBMS软件餐饮服务管理截图	342
图7-25	会展中心的信息系统架构	345
图8-1	美国旧金山Moscone会议中心的部门设置	350
图8-2	墨尔本会展中心的组织架构图	351
图8-3	国外常见的会议中心组织架构	351
图8-4	香港会展中心组织架构	352
图8-5	布鲁塞尔SQUARE会议中心挂在墙上的公司理念	362
图8-6	顾客对服务质量的反应	371
图9-1	酒店床位税和餐厅税收循环图	380
图9-2	公众场馆直接运营目标	381
图9-3	2011年明尼阿波利斯会议中心预计收入比例	383
图9-4	2011年明尼阿波利斯会议中心来自政府的补贴	383
图9-5	明尼阿波利斯会议中心2008—2014年收入情况	384
图9-6	会议中心财务部组织架构	388
图9-7	物资管控流程	392
图9-8	定价流程	393
图10-1	杭州会展办的刊物对"'赢在中国'国际会议研讨会"的报道	409

目 录

前言 ……………………………………………………………………… 001
表索引 …………………………………………………………………… 003
图索引 …………………………………………………………………… 005

绪论　中国"十二五"期间会议业发展趋势及展望 ……………………… 1

第1章　境内外会议中心介绍及投资管理模式 …………………………… 6
　第1节　会议中心的定义、功能及作用 ………………………………… 6
　第2节　境外会议中心介绍 ……………………………………………… 9
　第3节　国外会展场馆投资和运营管理模式 …………………………… 21
　第4节　国内会议中心的历史及现状 …………………………………… 30
　第5节　国内会议中心的投资与运营管理模式 ………………………… 46
　第6节　对会议中心运营绩效的评价 …………………………………… 54

第2章　会议中心的选址设计与规划 ……………………………………… 59
　第1节　会议中心的选址 ………………………………………………… 59
　第2节　会议中心的规划和设计 ………………………………………… 68
　第3节　会议中心功能区域的设计 ……………………………………… 78
　第4节　会议中心内部区域的设计 ……………………………………… 104
　第5节　会议中心的标志和编号 ………………………………………… 109
　第6节　会议中心的配套酒店 …………………………………………… 113

第3章　会议中心的开业筹备 ……………………………………………… 117
　第1节　筹备小组的建立和工作内容 …………………………………… 117
　第2节　市场推广和预销售 ……………………………………………… 119

第3节　采购及设备调试验收 ………………………………………… 122
　　第4节　人员招聘及培训 …………………………………………… 127
　　第5节　预开业和开业典礼 ………………………………………… 131

第4章　会议中心的品牌建设与市场推广 …………………………… 137
　　第1节　会议中心的使命、愿景和价值观 …………………………… 137
　　第2节　会议中心的品牌建设和传播 ………………………………… 145
　　第3节　会议中心的市场推广 ………………………………………… 153
　　第4节　会议中心的公共关系与危机管理 …………………………… 166
　　第5节　如何打造成功的会议中心网站 ……………………………… 173
　　第6节　如何发布新闻通稿 …………………………………………… 187
　　第7节　新型社交媒体的运用 ………………………………………… 192
　　第8节　参加行业展览增强面对面交流的价值 ……………………… 200

第5章　会议中心的销售和预订管理 …………………………………… 204
　　第1节　会议中心的客户在哪里 ……………………………………… 204
　　第2节　竞争对手分析及价格策略 …………………………………… 217
　　第3节　会议中心的赢利之道：收入来源分析 ……………………… 233
　　第4节　销售预订流程及收益管理 …………………………………… 240

第6章　会议中心的项目协调、现场服务及餐饮管理 ………………… 248
　　第1节　项目协调的职能 ……………………………………………… 248
　　第2节　现场服务及管理 ……………………………………………… 255
　　第3节　餐饮是会议中心的王牌 ……………………………………… 293

第7章　会议中心的安保、工程及信息化管理 ………………………… 304
　　第1节　人人都是安全员 ……………………………………………… 304
　　第2节　安全分级和监管 ……………………………………………… 310
　　第3节　交通、停车及人流管理 ……………………………………… 319
　　第4节　会议中心的工程服务和管理 ………………………………… 324
　　第5节　对于会议区举办展览的思考 ………………………………… 332
　　第6节　会议中心的信息化管理 ……………………………………… 334
　　第7节　会展管理软件 EBMS 的应用 ………………………………… 338

第8章 会议中心的人力资源管理和质量控制 ………………………………… 349

第1节 会议中心的组织架构 ……………………………………………… 349

第2节 员工是资产 ………………………………………………………… 352

第3节 招聘、培训和考核 ………………………………………………… 358

第4节 服务质量的控制 …………………………………………………… 365

第5节 对签约供应商、外包服务商和租赁经营商的考核评估 ………… 373

第9章 会议中心的财务、采购及物资管理 ……………………………………… 380

第1节 会议中心的收入构成及主要指标 ………………………………… 380

第2节 会议中心的财务服务和管理 ……………………………………… 386

第3节 会议中心的采购和物资管理 ……………………………………… 391

第10章 会议中心的绿色设计、绿色运营和社会责任 ………………………… 397

第1节 会议中心的绿色设计 ……………………………………………… 397

第2节 会议中心的绿色运营 ……………………………………………… 404

第3节 会议中心的可持续发展 …………………………………………… 411

附录1 境内外部分行业组织和协会 ………………………………………… 414

附录2 境内外重要行业展览和会议 ………………………………………… 416

附录3 会展中心英文名称或缩写 …………………………………………… 418

参考文献 ………………………………………………………………………… 419

绪论
中国"十二五"期间会议业发展趋势及展望

2011年是"十二五"开局之年。"十二五"期间中国会议业发展态势如何？

"十二五"期间中国经济将继续稳步向前发展，这一点是毋庸置疑的，但是各种内部因素、外部条件时刻在发生变化，存在着极端天气、自然灾害、大规模群体性疾病流行、资源供给匮乏、劳动力成本及食品成本上升等种种问题，国际上国家之间的竞争、国内各城市之间的竞争日趋激烈。这些都要求我们应该对于未来五年的会议业加以仔细研判和分析，继而采取正确的策略和措施以求得健康、可持续的发展。

改革开放以来，随着中国综合国力的大幅提升、经济的快速发展和国际影响力的不断提高，中国会议业和展览业得到了快速的发展，无论是会议、展览的数量和质量，还是从业人员的数量以及产值都得到了明显的增长，特别是2008年北京奥运会、2010年上海世博会的成功举办，都极大地提升了中国的声望和吸引力，对于国际会议落户中国、提高国内会议主办机构、承办机构的服务能力无疑都起到了促进作用。当然，过去的几年，我们会议业也深切地感受到经济的波动、自然灾害和重大疫情给会议业带来的巨大杀伤力，我们至今对2008年四川汶川地震、席卷全球的金融危机，2009年的甲型H1N1流感以及青海玉树地震记忆犹新。可以说，会议业和旅游业一样，都有其脆弱的一面。

2010年10月18日，十七届五中全会通过了《中共中央关于制定国民经济和社会发展第十二个五年规划的建议》。《建议》指出，"十二五"时期是全面建设小康社会的关键时期，是深化改革开放、加快转变经济发展方式的攻坚时期。深刻认识并准确把握国内外形势的新变化、新特点，科学制定"十二五"规划，对于继续抓住和用好我国发展的重要战略机遇期、促进经济长期平稳较快发展，对于夺取全面建设小康社会的新胜利、推进中国特色社会主义伟大事业，具有十分重要的意义。《建议》要求：加快转变经济发展方式，开创科学发展新局面；坚持扩大内需战略，保持经济平稳较快发展；加快建设资源节约型、环境友好型社会，提高生态文明水平，等等。

那么，"十二五"期间中国的会议业可能会有哪些新动向呢？

第一，我们可以确信，"十二五"期间是我国各行业大有作为的重要战略机遇期，会议业也将迎来重要的发展机遇。

《建议》认为：综合判断国际国内形势，我国发展仍处于可以大有作为的重要战略机遇期。中国会展业的发展同国民经济的发展是同步的，虽然"十二五"期间中国的 GDP 增速可能会稍微放慢一些，但庞大的 GDP 基数、活跃的工商业、商贸信息交流和知识传播的广度和深度前所未有都将为中国会议业提供强大的发展基础。纵然我们"既面临难得的历史机遇，也面对诸多可以预见和难以预见的风险挑战"，但总的说来，从 2011 年开始的五年将是中国会议业发展的重要战略机遇期，这就要求我们在战略制定、市场开拓、资金调配、人才培养等各方面做好充分的准备，以免错失发展良机。

第二，国家坚持扩大内需以及发展现代产业体系的战略，将意味着更多有利于会展业发展的政策出台。

扩大内需、挖掘我国内需的巨大潜力，要求大力发展服务业和中小企业，加强市场流通体系建设，拓展新兴服务消费，而会议业和展览业本身的重要功能之一就是促进商品流通、信息交流和服务贸易，创造就业岗位，因此在拉动内需、释放城乡居民消费潜力等方面大有作为。因此，各级政府将会更加重视会展业。截止到 2010 年年底，全国共有 42 个城市设立了会展办或类似的机构，但其中的绝大多数仍重展览而轻会议，这是因为会议业的重要性仍没有得到全面的理解。我们盼望着"十二五"期间中国能出现真正的会议促进局（CVB）。

发展现代产业，我们容易联想到信息技术、新能源、生物、高端装备制造，但服务业同样是国家的战略重点。《建议》明确指出要大力发展生产性服务业和生活性服务业，拓展服务业新领域，发展新业态，培育新热点。会展业同广告业、物流业一样同属于生产性服务业，可以相信在"十二五"期间服务业的比重将逐步提高。现在我们看到很多城市编制的"十二五"发展规划，都强调了发展会展业的重要性，比如，北京市这次把会展业从旅游业规划中分出来，单独为会展业编制"十二五"发展规划，是具有典型意义的一个案例。

第三，成渝经济区将迅速成长为中国会议第四极。

目前，中国比较领先的会议聚集区是"京长珠"，即以北京为中心的环渤海地区、以上海为中心的长江三角洲地区以及以广州为中心的珠江三角洲地区。这三个地区经济实力强，开放早，国际化程度相对要高一些。就会议业来说，这三个地区还有一个共同点，就是除了主中心城市外，还各有一些副中心城市，分别是天津和杭州、苏州、南京（三者不分伯仲）以及深圳。

那么，中国的哪个区域将是中国会议业的第四极呢？

答案是成渝经济区。

2011 年 3 月 1 日，国务院总理温家宝主持召开国务院常务会议，讨论并原则通过成渝经济区规划。

成渝经济区以成都、重庆两市为中心，主要包括重庆（市区）成都、雅安、乐山、绵阳、德阳、眉山、宜宾、泸州、自贡、都江堰等以及重庆的江津、合川、永川等 33 个不同规模、不同等级的城市。成渝经济区目前占全国经济总量的 5% 左右，通过 5~10 年的跨越式发展估计能占到全国经济总量的 10% 左右。

成渝经济区将重点发展八大支柱产业，分别是装备制造，汽车、摩托车，电子信息，民用航空、航天、冶金和材料、石油、天然气、化工、轻纺、食品和医药。同步在服务业方面建设国际知名、全国重要的旅游目的地,以重庆、成都为核心,打造区域性旅游集散中心。从产业结构来看成都和重庆双方更多的是互补,比如成都的优势在于金融、商贸、电子工业、旅游,而重庆的优势在于汽车和摩托车产业、装备制造业、能源、物流。

这个区域与"京长珠"的不同之处在于"京长珠"各有主中心城市,然而成渝经济区是成都和重庆作为双核存在,重庆是一个以工业为中心的制造极核,成都则是一个以服务业为中心的消费极核。成都和重庆两个城市都力图发展会议和展览业,也都是大手笔、大动作。那么,谁会胜出呢?

成都市是川西城市群的核心城市,是中西部地区重要的中心城市之一,是西南地区的科技中心、商贸中心、金融中心和交通通信枢纽。《福布斯》杂志2010年发布的全球"未来10年发展最快的城市"排行榜中,成都位居第一。无独有偶,在《商务旅行》杂志最新出炉的宜商宜居世界城市的排名中,成都以其独特的魅力力克美国的波特兰、加拿大的蒙特利尔、荷兰的阿姆斯特丹等世界名城,摘走世界第一的桂冠。

重庆是中国四个直辖市之一,是长江上游地区的经济中心和金融中心以及内陆出口商品加工基地和扩大对外开放的先行区。

如果根据会议目的地竞争力评价体系[①]来分析,成都目前占据优势。

第四,会议业唯有更注重开拓创新,才能更好地服务于国民经济的发展,创造更多就业机会。

不可否认,中国会议业仍然存在着地区之间的发展不平衡以及粗放式管理等问题。会议业和展览业要更好地服务于"十二五"期间国民经济的发展,就必须准确把握国内外形势的新变化和新特点。

(一)从技术手段创新转向制度创新

目前,会展场馆的建设热潮尚未过去,又涌来政府设立会展专项资金、给予大额补贴和奖励的热潮。建设规模更大的会展中心,给予会展项目更大的补贴和奖励,这些仅仅是技术手段,并不能从根本上创造有利于会展业良性发展的沃土,而只能取得一时之效。要想取得长久的会展业繁荣,就要创新制度。建成综合配套、公平、高效、优良的环境,利用各种手段进行推广宣传以打造会议目的地以及培养高素质的人才队伍是政府推动会议业发展的责任所在。

(二)会展企业、会展中心的服务创新能力有待提高

会展业进入门槛低,行业竞争激烈,大部分会展公司以及下游服务企业习惯性地采取低价竞争策略。我们要充分意识到低水平的价格竞争的危害性——它只能破坏市场秩序,扰乱企业的正常经营,恶性循环不可避免。

服务创新不应该仅仅存留在口头上。服务创新是一个很大的话题,我们或许可以从一些简单易行的方面进行尝试。

---

① 刘海莹,许锋.中国会展经济发展报告2010.北京:社会科学文献出版社,2011.

国内大部分会展中心都没有配套的餐饮设施，没有足够的供餐能力，或者勉强能供应餐食，但质量不高，从而造成场馆以场租收入为主，丢弃了会展项目带来的其他综合收入，特别是数目可观的餐饮收入。国家会议中心认识到餐饮能力是必须要做好的一张牌，因此在奥运会一结束就开始内部改造，特意把厨房面积从2 800平方米增加到了5 000平方米，添置了几乎是最好的加工设备，1~3层每一层都增加了厨房，这样保证每一层都可以开宴会、自助餐。当时投入的成本虽然增加了，但现在看来，扩大中央厨房面积、在1~3层增加厨房是明智的。国家会议中心的高供餐能力和餐饮的高质量帮助企业争取到了一个又一个人均消费很高的大型公司会议。这种延伸服务就是服务创新。

第五，绿色会展不仅是建设资源节约型、环境友好型社会的要求，更是一种生产力。

一直以来，大家都热衷于讨论绿色低碳的话题，但普遍的态度是觉得现在只是投入期，而收获期遥不可及，所以观望者多，真正参与的少。事实上，绿色环保同样是生产力。

2010年，国家会议中心通过绿色经营取得了良好的经济和社会效益。

2010年1—10月，国家会议中心在天然气、电、水和排污费四项能源费的支出比预算减少了469万元，比原预算节省了11%。

节约费用只是一个方面，更重要的是，倡导绿色环保让国家会议中心更具市场竞争力。

现在许多公司，尤其是世界知名的跨国企业，非常重视环保，将低碳作为一种企业责任，在它们举办会展活动时，场馆硬件设施是否足够低碳、接待服务环节是否绿色环保往往成了第一要素。国家会议中心正是依靠自身强大的环保设施和绿色运营的理念，赢得了许多高端客户的青睐，SAP、英特尔、微软等世界知名企业都在国家会议中心举办过绿色会议。2010年12月13—17日，国家会议中心承接甲骨文全球大会暨技术展览，参会人数达到8 000人，客户同样是看中了它们的绿色优势。

第六，会展场馆经营者面临着用工成本、能源费、食品价格等多种成本上涨的严峻挑战。

国家统计局在2010年11月11日发布的数据显示，2010年10月消费价格指数（CPI）同比增长4.4%，再创年内新高，同期食品价格上涨10.1%。2010年1—10月，原材料、燃料、动力购进价格上涨9.6%。而2010年11月、12月的消费价格指数更是比去年同期分别上涨了5.1%和4.6%[1]。进入2011年，1月份全国居民消费价格指数（CPI）为104.9，比去年同期上涨4.9%，食品价格上涨10.3%。2月份，CPI同比增长4.9%，与1月份持平，但食品价格上涨了11%[2]。7月份的CPI同比上涨6.5%，创下了年内新高。8月份的CPI同比上涨6.2%，增幅虽然稍有回落，但食品价格竟然上涨了13.4%![3]

2011年2月18日，日本农林水产省说到2020年，由于人口的增长以及中国和其他快速发展的新兴国家的需求增加，全世界的大米、小麦和其他谷物的价格将上涨30%左右。跟会议中心经营密切相关的能源费、食品价格的上涨显然将使得会议中心的经营压力增大。

---

[1] 数据来自国家统计局网站。
[2] 数据来自国家统计局网站。
[3] 数据来自新华网。

人力成本也在不断上升。2010 年 9 月 25 日,中国人民大学经济学院发布了《工资形成机制变革下的市场导向型经济结构调整——契机、路径与政策》报告。该报告提出:中国在未来五年左右将面临持续的加速性的市场化工资上涨的局面,中国将在中期阶段面临工资高速增长的新时期。工资增长一定会大大增加会展企业的运营成本。如何在运营成本增高的前提下保持企业的活力和效益,低端劳动力市场何时出现结构性拐点变化,能否通过提高技术和管理水平消解部分用工成本压力,员工薪水多少算是合理,低端劳动力市场供求趋势如何变化等,这些问题都需要我们仔细分析应对。

第七,在"十二五"期间通信信息技术将极大地影响会展业。

无线网络在几年前还是不常见的,而 2010 年 8 月 13 日,北京首都机场 3 号航站楼新建无线网络投入使用,所有乘坐当天航班的旅客凭二代身份证或护照都可以自助办理上网账号,而且每个账号可免费上网 5 小时。北京已将建设"无线城市"提上了议事日程,到 2011 年年底前,北京市将在全市五环内区域以及郊区县中心地区,建立 WIFI 无线网络站点,随时随地无线上网将成为现实。

有一个现象我们必须加以注意和研究,就是会议业从业人员和客户都开始普遍使用 iPhone、HTC 手机和 iPad、三星平板电脑,而且,正因为这些智能终端,我们对 WIFI 的渴求从来没有像今天这么强烈过。可以预计,免费的高速 WIFI 将在会议中心很快推行开来。

显然,通信技术将越来越多地影响参会者、参展商和观众;反过来,参会者、参展商和观众对通信的便利性和速度,以及基于高速上网、无线上网的会议安排、展览服务也提出了更高的要求。

我们的会议主办机构、展览的主办单位和会议场馆尤其要关注物联网技术的应用。

顾名思义,物联网就是"物物相连的互联网"。这有两层意思:第一,物联网的核心和基础仍然是互联网,是在互联网基础上的延伸和扩展的网络;第二,其用户端延伸和扩展到了任何物体与物体之间,进行信息交换和通信。不远的将来,会议业可能会出现这么一幕:主办方不再仅仅只有一种参加全程会议的注册费标准,而是每个分会、每个论坛都设定了不同的注册费,客人拿着手机想听哪个感兴趣的分会,直接到这个分会场门口用手机注册、缴费,然后就进入会场了。

这给我们的场馆管理者一个启示:二维码、iPad 和其他智能终端等新技术将很快融入我们的生活,如果会议中心不能适应时代要求(实际上是客户的要求),会议中心就将被人抛弃。新一代通信技术将让我们更加依赖智能终端,而我们更需要立即行动,为客户提供基于高速互联网和免费 WIFI 的服务方案和服务流程。

"十二五"期间,中国的会展业将迎来激动人心的发展机遇,但今后的五年也可能会遇到现在想象不到的激烈竞争。唯有创新,运用新技术,顺应环保新趋势,采用多种途径切实降低成本,注重员工的在岗培训和再教育,提高服务质量,才可实现平稳较快的发展。

第1章 境内外会议中心介绍及投资管理模式

第1节 会议中心的定义、功能及作用

会议业意味着工作机会,会议业意味着教育和学习,会议业意味着消费,会议业意味着人际沟通,会议业意味着生意。

会议业能为当地带来显著的商务客源,并以此推动旅游、交通、商业、通信等行业的消费,造就大量的工作机会,提升城市的形象,是构成城市竞争力的重要组成部分,而会议设施在会议业的发展中担任着举足轻重的角色。

随着社会分工的不断深化和现代服务业的不断发展,会议和展览业悄然崛起,并凭借其创造的可观的经济效益和良好的社会效益取得了长足发展。从全球范围来看,会议产业正处于稳步增长的阶段。国际大会及会议协会[①](International Congress & Convention Association,ICCA)最新发布的报告显示,2009年全球举办8 294场国际协会会议。此外,根据《世界服务业重点行业发展动态2006—2007》[②]的统计,全球召开会议大约40万个,会议总开销2 800亿美元。与发达国家相比,我国的会议产业尚处于起步阶段,但在短时间内实现了跨越式的发展。1995年,我国举办的国际协会会议数量在全球排名为第15名,至2009年已上升至世界排名第9名。

作为现代生产性服务业的重要组成部分,会展业是会议业和展览业的总称,即通过举办各种形式的会议和展览,吸引大量商务、旅游客流,促进产品和服务市场开拓,信息和技术交流,对外贸易和旅游观光,以此带动交通、餐饮、酒店、商业、零售、金融、保险、电信等多个产业的发展。随着经济全球化的不断发展,会展业已经成为衡量一个城市国际化程度和经济发展水平的标志之一。作为一种新的经济现象和经济发展的新增长点,会展经济已经被我国许多

---

① 国际大会及会议协会(International Congress & Convention Association,ICCA)是目前国际会议行业影响力最大的协会,创建于1963年,总部位于荷兰阿姆斯特丹,在马来西亚、美国和乌拉圭设有办事处,现拥有80多个国家的900多名机构会员。

② 徐建国.世界服务业重点行业发展动态2006—2007[M].上海:上海科学技术文献出版社,2006.

大城市列入重点发展的行业,特别是北京、上海、广州这样的大都市以及众多二线城市。

一、会议中心的定义

会议和展览,都可以被称作"活动"(events),也常常合称为会展业。会议和展览显然有着不少区别,比如主办机构、各自的客户构成、淡旺季等,但两者又有着紧密的联系,比如展览均附带会议、论坛、研讨会,大型会议同期也常常举办规模小一些的展览展示、交易会。很多中型会议(参会人数介于200~799人之间)[①]和小型会议(参会人数少于199人)并不附带展览,而是纯粹的会议、论坛。无论如何,展览和会议都很有可能用到同一种场馆,即会议中心。

会议中心,按照《会议分类和术语》[②]国家标准的解释,是集中举办各种规模和形式的会议活动的建筑设施,通常包括多个不同规模的会议室以及宴会厅、报告厅、停车场、商务中心等设施,还应有会议附带展览需要的展览区域。

在欧美,会议中心可以分成两大类。根据国际场馆管理协会(International Association of Venue Managers,IAVM)[③]的说法,Conference Center 是指承接规模较小、教育培训类会议的会议中心,有时还会带有住宿客房。而我们普遍熟知的会议中心的英文是 Convention Center,但跟我们通常的理解又有很大的不同。最大的不同之处在于,Convention Center 专指大型会议中心,除了有各种不同规模的会议室外,还必须有面积较大的展览区域,实际上就相当于国内的会展中心(Convention & Exhibition Center)。在美国,大型会议中心(Convention Center)常和展览中心(Expo Center,Trade Show Center)混为一谈,即多数美国人认为 Convention Center 一定是拥有至少5 000平方米展览场地的建筑设施。国际场馆管理协会指出,展厅是一个会议中心必备的功能区域,有的展厅总面积能达到10万平方米,但绝大多数会议中心的地面展厅(非多层展厅)面积介于5 500~18 500平方米之间。这和国内的理解有较大的偏差。欧洲却喜欢把会议中心叫做 Congress Center,因为在欧洲大型会议是用 Congress 来表达的,而美国人偏好 Convention。与美国不同的是,欧洲的会议中心不必拥有展览场地,但却一定有拥有固定座位的剧院(报告厅、礼堂)。由此看来,我们好多是模仿美国的做法。

二、会议中心的功能和作用

会议中心的功能,可以引用温哥华会议中心(Vancouver Convention Center)网站首页上的一句话,就是"驱动温哥华市的发展和进步"。会议中心的功能由此可见一斑。会议存在于政治、经济、文化、体育、教育、宗教、军事等各个行业,人们为了议事协调、交流信息、传

---

① 见《会议分类和术语》国家标准。
② 《会议分类和术语》标准由全国会展业标准化技术委员会提出并归口,起草单位是国家会议中心。2011年7月完成了征求意见稿,2011年11月27日全国会展业标准化技术委员会召开了审查会并审查通过。
③ 国际场馆管理者协会总部在美国德克萨斯州,至今已有87年的历史,原来的英文名称是 International Association of Assembly Managers (IAAM),2010年起改为 The International Association of Venue Managers (IAVM)。

播知识、推介联络等目的而召开、参加各种会议,出差、旅行、住宿、租车、开会、购物、用餐、娱乐等一系列涉及商务、旅游、交通、通信等行业的行为经年不断、反复发生。虽然如今人们已经离不开互联网,喜欢快捷方便的电话会议、视频会议,但仍然愿意抽出时间、买机票到外地去参加会议,热衷于学习、教育、会后互动答问,出没于会议所安排的酒会、颁奖典礼,从而获得知识并得以认识同行或潜在的客户。根据国际大会及会议协会发布的2009年年度报告,从2005年开始,酒店就一直是国际协会会议的首选地,2009年有43.9%的国际协会会议选择在酒店召开。会议中心紧随其后,得到的市场份额是26.6%。由于国际大会及会议协会对进入其统计范围的国际会议要求比较苛刻,只统计国际协会会议,不涉及政府会议或公司商务会议[①]。因此,完全可以认定,总体而言,会议中心获得的市场份额要小得多。但是,会议中心最重要的功能就相当于一座桥梁,一座连接本市和外地、本市和境外的桥梁,人们在此交流信息、联谊沟通。

会议中心的作用是不容小觑的。这可以从欧洲、北美和澳大利亚的会议中心绝大多数是由政府投资建设这一点得到佐证。在这些地区,会议中心就是政府公营事业的一部分,政府投资建设会议中心的首要目的之一是为当地的酒店提供足够的客源。参会者无论是来自国内还是国外,来一个城市参加会议,必然要住宿、租车、吃饭、购物,这样就会在这个城市有各种各样的消费,并创造大量就业机会,经济拉动作用(economic impact)就显现出来了。但到会议中心来开会的参会者、随行人员并不会把主要的消费花在会议中心,相反,会议中心由于没有客房,得到的消费仅仅是会议室租金和一部分餐饮,因此,会议中心是为他人作嫁衣,只能得到参会者综合消费的一小部分,受益的是当地酒店、交通、通信、旅游、商场、餐厅。所以,会议中心的作用并不能通过会议中心的收入来体现,而是通过吸引外地参会者和境外参会者来体现其无可替代的作用。正因为这种引来了金凤凰但自身获利很少的尴尬处境,使得会议中心极难赢利,这也是欧美的大部分会议中心都由政府投资建设的最主要原因。

会议中心、会展中心不但常常是当地的地标性建筑,还代表着一个城市的形象,如国内的上海国际会议中心因为1999年接待"财富"论坛而为世界瞩目,境外我们熟知的有香港会展中心、墨尔本会展中心、温哥华会议中心、阿联酋阿布扎比国家展览中心等。这些知名的会展中心向世人传达着这个城市的活力、风采、魅力甚至这个城市的个性,令人向往。所以,从这个意义上说,一个城市的会展中心不应止步于地标性建筑这个目标,而必须成为一个城市的"代言人",代表这个城市的商贸发达水平、对外交流的高度和旅游文化的吸引力,阐释这个城市的发展目标和积极开放的心态。简言之,会展中心是一个城市的符号。

会议中心和在此举办的一系列有影响力的大型活动以及固定举办的高水平论坛、峰会,成了名副其实的门户(gateway),一个体现该市的经济水平、人文特征、旅游文化资源的门户,展示的是发展前景。来自外地和境外各行各业的机构和个人通过这个门户得以了解这个城市、喜欢这个城市,继而愿意在这个城市消费、投资,并主动向他人推介、宣传。会议中心就是一个城市的眼睛,本地居民通过这个眼睛了解外面的世界,外地人、外国人也经由

---

① 国际大会及会议协会所统计的会议必须同时满足以下四个条件:(1)主办单位只能是国际协会,而不能是某个国家的协会/学会;(2)至少有50个参会者;(3)必须定期召开(只开一次的会不列入统计数据);(4)必须在三个或三个以上的国家轮流举办。

这个眼睛更好地了解这个城市。

本市居民借助于会议中心聚拢的各类人群、知识和信息流,得以更好地了解外部(包括国外和国内的其他地区),提高认识,获取知识,广交朋友,也就促进了人的发展和本市的发展与进步。因此,从这个意义上来说,会议中心以及它所吸引到的会议、展览、演艺活动同样对一个城市的内部产生积极的作用。会议中心担当的门户作用绝不仅仅是拉动消费以促进经济发展,还应致力于提高本市居民的生活品质,这一点往往却是被我们忽视的。美国佐治亚州世界会议中心(Georgia World Congress Center)坐落于亚特兰大市中心,该会议中心的网站上清楚地显示其使命是"为佐治亚州和亚特兰大市的居民创造经济效益并提高每一个佐治亚人的生活品质"(generate economic benefits to the citizens of the State of Georgia and the City of Atlanta as well as enhance the quality of life for every Georgian)。如果能正确理解和把握会议中心的功能和作用,就能在其前期规划、设计和建成后的运营管理方面从对内、对外两个方面加以更好、更深的思考。比如说,把会展中心建在郊外,远离市区,路途遥远会给本地居民造成交通不便、耗时费神的感觉,这实际上制约了本地居民参观展览、参加会议和活动的愿望,甚至本地居民因此可能放弃出行,最终丧失或主动放弃了学习、交往、获得知识的良好机会,继而影响到人的全面发展。用当下流行语来说就是建设会议中心也要着眼于增加本地居民福祉。

会议对当地经济的拉动作用是悄无声息的,但也是巨大的和长期的。作为仅次于酒店的最重要会议举办地,会议中心承载着巨大的期望,因此,会议中心的运营、管理不但是业主(投资者)、管理团队所最为关心的,还对城市的经济、文化、科技的交流和发展有着重要意义,影响着会议主办机构、参会者、参展商、供应商、媒体的评价。会议中心的运营和管理事关城市的荣誉。

第2节 境外会议中心介绍

我们知道,世界上第一个会议促进局(Convention & Visitors Bureau,CVB)是美国1896年创立的美国底特律会议观光局(The Detroit Metro Convention & Visitors Bureau,DMCVB),距今已有100多年的历史了。而现有资料可以查到的世界上第一个会议中心也是出自美国——华盛顿会议中心,建于1874年。

本节从欧洲、北美和亚太区选取了一些历史悠久、在全球或是在本地区有较大影响力或经营业绩良好的代表性会议场馆,其中一些是国内常见的会展中心而名称是会议中心,这一点在北美表现得尤为明显。

国际上会议产业整体最为发达的地区是欧洲和北美地区。由于供求关系的作用,会展中心本身数量较多,规模一般也较大。美国、德国、法国、西班牙、英国等工业发达国家一直是会议业的先行者,尤其是美国,几乎每个城市都有会议中心。近年来,随着新加坡、中国香港、韩国、澳大利亚、日本等国家和地区会议业的快速发展,加上雄心勃勃的泰国、马来西亚和中国台湾地区,亚太地区也逐渐成为会议业一颗耀眼的新星。

欧洲不少工业国家的会议业和展览业之所以发达,是源于产业发达、地域优势和交通便利,加上语言、习俗的相近,故会议业的全球化在这个地区表现得最为明显,会议中心、会展中心数量多,但大型会议中心却不多。相比而言,美国的会议业主要是受本地市场需求驱动,得益于强劲的内需,大型会议中心不但数量多,而且更多地表现为承接的复合型活动多,且管理上多采用外包,故场馆管理水平也是最高。

一、欧洲会议中心的历史及现状

虽然美国在国际大会及会议协会(ICCA)的国家排名中多年位居第一,但不可否认,欧洲整体的国际会议业最为发达,而美国大部分会议均是国内会议。19世纪末20世纪初,全世界对于博览会的热情空前高涨,在英国伦敦、法国巴黎等地接连举办的博览会,创造了工业、贸易乃至建筑业的诸多奇迹,在德国也产生了莱比锡、法兰克福、汉诺威、杜塞尔多夫等知名的会展城市。随着政府的重视和投资,会议业顺理成章地成为当地的重要行业。

(一)德国

德国地处欧洲中心,具有作为会议举办地最为重要的地理优势,尤其是作为欧洲最重要的交通枢纽的法兰克福机场对德国会议产业起到了不可或缺的积极作用。在此基础上,德国所具有的良好商业环境和城市基础设施以及发达的公共交通系统为其会议业的发展创造了有利的条件,比如,在会议业界质量最高、口碑最好的世界会议奖励旅游展(IMEX)就是由注册在英国的Regent公司在法兰克福举办的。

在硬件层面,德国具有为数众多的大型会议中心和会议型酒店,在软件层面具有大型专业会议服务机构和大型活动组织人才。同时,德国旅游、体育和娱乐演艺活动等相关产业均较为发达,2006年德国世界杯的成功举办更是为德国会议业做了一次颇有效益的宣传推广。不仅如此,德国还拥有丰富而独特的历史文化资源。所有这些,都使得德国的会议业在国际市场上具有极强的竞争力。

目前,全德国有1.1万个大型会议举办场所,其中有1万个为酒店宾馆;420个为会议中心与会展中心,其中330个分布在大学;还有6万多个各类活动场所可供选择。此外,大约有140万平方米的会展中心也可以用作会议举办场地,而且还有1 500个特殊活动举办地[①]。如今在德国,几乎所有的重要城市都有自己的会议中心。每年会展业的营业额约25亿欧元,其带动的经济效益则高达230亿欧元,并可以提供25万个工作岗位[②]。

德国1907年成立了"贸易展览协会"(AUMA),协调、扶持展览业的发展。1974年,德国会议局(German Convention Bureau,GCB)成立,负责德国全球会议、旅游市场的开拓、协调和服务工作。

由于"二战"后两德长期的分裂,导致东西部发展的不均衡,所以德国主要的会展场馆基本都集中在交通条件好、经济发达的西部和南部。经过将近半个世纪的发展,这些大型

---

① 应丽君.德国会议业市场管窥.中国贸易报,2005-05-24.
② 许懋彦,张音玄,王晓欧.德国大型会展中心选址模式及场馆规划.城市规划,2003(9).

会展中心不仅拥有设施完善的场馆,还经营品牌展览和会议,目前全球5家最大的展览公司就有4家在德国。德国拥有的会展中心的分布密度在全球都是最高的。展览面积在1.5万平方米以上的会展中心共有24家,总展览面积超过250万平方米,很多会展中心同时拥有较大规模的大会堂等会议场所。

拥有大型会议中心的城市大致可分为以下几种类型:(1)具有重要的政治、经济地位的中心城市,如首都柏林;(2)重要的商业中心城市或地处交通枢纽的大城市,如慕尼黑、法兰克福、科隆等;(3)各州府所在地城市,如杜塞尔多夫、斯图加特等;(4)以会展业为主要特色的城市,如汉诺威、莱比锡等。

德国大型会议中心的最大特点是会议中心依附于当地的展览中心,会议中心是展览中心的一个组成部分,即"One location – one company – two fields of business",这种"一个地点、一个公司(展览主办公司)和展览、会议两种业务"是德国所特有的。比如,柏林国际会议中心(Internationales Congress Centrum Berlin)从属于柏林展览中心(Messe Berlin),汉堡会议中心(Congress Center Hamburg)与汉堡展览中心(Hamburg Messe)合二为一,其他城市如法兰克福、科隆、慕尼黑、杜塞尔多夫等均如出一辙。

法兰克福会议中心(Frankfurt Congress Center)

法兰克福会议中心就建在法兰克福展览中心(展览中心 Messe Frankfurt)内。法兰克福展览中心建于1911年,是世界知名的展览馆。法兰克福展览中心的特点之一就是会议中心和展馆、酒店相互连接,同在一个院内,极为方便。

法兰克福会议中心属于 Messe Frankfurt Corporate Group,该集团由 Messe Frankfurt GmbH 公司负责战略管理与全面协调,同时集团公司还为各子公司提供融资。其持股方为两大部分:法兰克福市政府(持股60%)和黑森州州政府(持股40%)。可以说,法兰克福会展业之所以多年以来蓬勃发展,除了经营有道和无可比拟的地理优势外,重中之重,还得益于当地政府的政策支持和经济支撑。

(二)英国

英国因为其重要的政治和经济地位、高水平的科研教育实力以及媒体出版资源,每年举办大量的国际会议和国内会议。在会议业界享有盛名的专业杂志如 *AMI*(*Association Meetings International*,国际协会会议)、*CMW*(*Convention + Meetings World*,大会及会议世界)、*Conference News*(会议新闻)、*WCCD*(*Worldwide Convention Centers Directory*,世界会议中心指南)、*M&IT*(*Meetings & Incentive Travel*,会议和奖励旅游)的出版机构都是英国公司。在这方面能跟英国相媲美的唯有美国。

据英国会议市场趋势调查(British Conference Market Trends Survey, BCMTS)显示,在英国境内召开的会议数量和场馆选择确实有其固有特征。比如2000年,61%的会议在城市或者机场的酒店内设的会议中心举行,而在郊区的只有13%。此外,公司会议占据58%,其余为协会会议和政府会议。

在英国境内,交通便捷的伦敦一直是最重要的会议目的地,当然也得益于其金融中心的地位,许多大公司的总部也都坐落在这里,包括媒体、出版、演艺在内的文化创意产业高度发达。全英国境内大约1/5的会议都在伦敦举行,《金融时报》每年就主办大量的国际会议、论坛、峰会。

1. 伦敦国际会议中心（International Convention Center London, ExCeL London）

伦敦国际会议中心是 ExCeL 国际展览中心新增加的会议设施，于 2010 年 6 月 24 日正式开业，是英国最大的会议中心，由阿布扎比国际展览中心（ADNEC）投资兴建。伦敦国际会议中心拥有一个 5 000 人固定座位的大会堂和一个可容纳 3 000 人宴会的宴会厅，后者是英国最大的宴会厅。

2. 伊丽莎白女王二世会议中心（Queen Elizabeth II Conference Centre, QEIICC）

1974 年前，在英国召开的政府会议使用的都是陈旧的设施。当时的英国政府决定在英国中央区建造特定功能的会议中心。伊丽莎白女王二世会议中心于 1986 年 6 月由女王陛下亲自揭幕启用。

伊丽莎白女王二世会议中心可接待 300 至 1 000 人的会议和小型的展览，共有 4 个报告厅、7 个会议室和若干小型房间，其中 Cherchill 礼堂每个座位都装有视听设备和九种语言的同步翻译系统。

3. 伯明翰国际会议中心（ICC International Convention Center, ICC Birmingham）

伯明翰国际会议中心 1991 年开业，是英国最繁忙的会议中心之一，并已成为英国领先的会议中心，每年举办超过 400 个活动，同时每年来此参加活动的人数超过 230 万。伯明翰国际会议中心还是 1998 年年底 G8 峰会的举办地。

伯明翰国际会议中心位于市中心，地理位置极佳，与伯明翰音乐厅同在一幢建筑里，也均为市政府投资建设的大型公共设施。音乐厅里有 8 个小型会议室，也由伯明翰国际会议中心管理[①]。该中心的餐饮是由伯明翰国际会议中心的母公司 NEC 集团内专门提供餐饮服务的 2U 餐饮供应中心来负责的。伯明翰国际会议中心的母公司英国国家展览中心集团（National Exhibition Centre Birmingham, NEC）即为英国国家会展中心集团公司。英国国家会展中心集团公司是伯明翰市议会遵照 1989 年颁布的地方政府和住宅法而成立的公司，有两个股东：伯明翰市议会（Birmingham City Council）和伯明翰商会（Birmingham Chamber of Commerce）。因此，本质上，伯明翰国际会议中心属于公营事业，只需要运营不亏损就达到运营目标。伯明翰国际会议中心还为 2010 年 9 月开业的都柏林会议中心（The Convention Centre Dublin, The CCD）提供管理服务。

4. 利物浦国际会议中心（BT Convention Centre）

2006 年投入使用。该中心位于利物浦新开发的文化创意区，周围是由原来的码头、货仓等改建而成的博物馆、艺术馆、酒吧和商业区。利物浦国际会议中心总共有 16 个会议室，最大的会议室 1 200 平方米；几乎没有展厅；两家酒店仅一墙之隔，一家三星水准，一家是四星水准的服务型公寓。因利物浦这几年经济发展缓慢，国际航班有限，因而会议业并未发展成一个重要产业。

利物浦国际会议中心有两处跟国内有很大的区别。其一，冠名权。该中心的英文名称为 BT Convention Centre，BT 是英国电信的英文字母缩写，也就是说该中心的冠名权售予了

---

① 美国凤凰城会议中心（Phoenix Convention Center）与伯明翰会议中心极为相似，都是一个综合建筑，除了会议中心外，还有剧院、交响音乐厅。

英国电信公司,从而获得一笔稳定的收入。其二,内部装修极其简单。利物浦国际会议中心的大堂、走廊等公共区域和会议室的装修都非常简单,甚至用"简陋"来形容也不为过,没有任何大理石,墙也仅仅是乳胶漆粉刷,这跟国内各地大手笔兴建高档会议中心形成了鲜明的对照。

(三) 欧洲其他地区具有代表性的会议中心

1. 丹麦哥本哈根贝拉中心(Bella Center Copenhagen)

1965年贝拉中心正式营业。1975年9月,贝拉中心新馆开业,这就是为世人所熟知的贝拉展览会议中心——斯堪的纳维亚半岛最大的展览和会议中心。贝拉中心也是2009年哥本哈根世界气候大会的举办地。

贝拉中心室内面积超过12.2万平方米,拥有32个会议室,展览中心设施齐全。在哥本哈根会议中心每年都举办多场不同规模的会议。两栋高度超过76米的酒店Bella Sky Hotel于2011年5月16日开业。

丹麦非常重视环保。贝拉中心在这方面也是一个值得学习的榜样,很多凳子、椅子、垃圾桶都是用再生纸材做的,酒店的很多家具都是不涂漆的,而且在丹麦参会所涉及的场所基本都不提供一次性筷子。贝拉中心有一个巨大的白色大风车,也是整个场馆的风力供电来源之一。

2. 维也纳奥地利中心(Austria Center Vienna, ACV)

维也纳奥地利中心由奥地利联邦政府和维也纳市共同投资建设,并委托IAKW-AG公司运营管理。该中心会议功能要强于展览功能,这与奥地利会议业高度发达但展览因为德国的缘故而偏少是高度相关的。奥地利地理位置优越,历史文化底蕴深厚,是连接西欧和东欧的重要据点,而且因为很多联合国机构和其他一些国际组织坐落在维也纳,因此维也纳奥地利中心每年接待可观的政府间会议和协会会议。

奥地利中心有17个大型会议厅室,可容纳代表100~4 320人,还设有180间多功能会议室,面积从22平方米到203平方米不等。此外,维也纳会展中心还拥有22 000平方米的展览区。

二、北美洲会议中心的历史及现状

(一) 美国

2005年,会议产业理事会(CIC)发布的五年一度的《美国会议产业影响力研究报告》显示,美国会议产业的直接支出为1 223.1亿美元,对GDP贡献率排各大行业第29位。

2011年2月,会议产业理事会(CIC)与全球会议组织者协会(MPI)、世界奖励旅游协会(SITE)、专业会议经理协会(PCMA)等国际协会和美国普华永道一起发布了最新的《美国会议产业影响力研究报告》。根据该报告,美国的会议业直接创造的工作机会是170万个,对GDP的贡献是1 060亿美元,直接支出达到了2 630亿美元,产生的联邦税收、州级税收和地方税收总计达到256亿美元。这些效益是由发生在美国的180万个会议、展览、奖励旅游产生的,这说明三个问题:其一,在美国,会议业(meetings)是一个泛概念,往往包含展览和奖励旅游;其二,180万个不是会议和展览数量的全部,而只是被调查到的一部分,这也证明会议数量根本无法精确统计;其三,会议数量远远多于展览,其对经济的贡献也远大于展览,此次调查的180万个会展活动中公司会议、奖励旅游和公司类其他活动占据了75%的比例,另有27万个协会会议(15%)和11 000个展览。

2011年《美国会议产业影响力研究报告》指出,会议产业创造的就业机会大于美国的许多产业,如广播通信、运输和计算机、电子产品制造业,对美国GDP的直接贡献(1 060亿美元)甚至超过了汽车制造业(780亿美元),已成为美国第十大产业。

正因为美国的会议业如此发达,所以美国几乎每个城市都有会议中心。美国近一二十年新建或改扩建的会议中心,大部分都是该地区的地标性建筑,内外设计的艺术水准都很高,而且各种功能设置全面、合理,许多先进的技术也都得到了有效的应用。这里介绍几个世界知名的大型会议中心。

1. 华盛顿会议中心(Walter E. Washington Convention Center)

目前可以找到确凿资料证明世界上最早的会议中心就是华盛顿会议中心。建于1874年的华盛顿会议中心在当时可谓庞然大物:99米长,69米宽,47米高,屋顶还是圆形的。1893年,在原建筑上加了一层,组成了5 000个座位的大会堂,这个数字在今天看来仍然超级大。会议中心的英文Convention Center自此横空出世,除了会议外,还举办了展览、汽车展、滑冰表演和保龄比赛等。

图1-1 华盛顿会议中心

1976年,哥伦比亚特区华盛顿市市长沃尔特·华盛顿(Walter E. Washington)启动了新会议中心的建设。1983年,新会议中心正式对外营业,当时是全美第四大会议中心。2003年,一个更新的会议中心——华盛顿会议中心与世人见面,与1874年的会议中心原址相隔仅两个街区。2005年,有着130年历史的老会议中心被爆破,在原址上建起了停车场。

2007年,为纪念前市长沃尔特·华盛顿,市政府决定把会议中心命名为沃尔特·华盛顿会议中心。

2009年,沃尔特·华盛顿会议中心因接待了16 206人的宴会(非站立式酒会)而获得了吉尼斯世界纪录。

沃尔特·华盛顿会议中心的展厅分布在1楼和2楼,面积共65 000平方米,另有近80个会议室,最大的宴会厅面积4 830平方米,可拆分成3个独立的宴会厅。

沃尔特·华盛顿会议中心属于典型的政府投资、政府经营模式,由非营利性质的华盛顿会议中心管理局(The Washington Convention Center Authority)负责运营。

2. 拉斯韦加斯会议中心(Las Vegas Convention Center)

正如前文讲到,在美国,会议中心一般都有面积不小的展厅。而拉斯韦加斯会议中心虽然名称叫会议中心,但说它是一个大型展览中心可能更恰如其分:建筑面积29万平方米,展览面积竟然达到 18 万平方米,共有 16 个展厅;另有可容纳 2 000 人以上的会议室 4 个,最大的会议室容量是 3 200 人;停车位 5 000 个。每年一月世界消费电子展(CES)就在拉斯韦加斯会议中心举办。拉斯韦加斯会议中心由拉斯韦加斯会议促进局(Las Vegas Convention and Visitors Authority,LVCVA)运营。

3. 拉斯韦加斯金沙展览会议中心(Sands Expo & Convention Center)

作为拉斯韦加斯威尼斯人的一部分,金沙展览会议中心的展览和会议功能均很强大,室内展览面积 9.3 万平方米,最大的会议室可容纳 2 万人。而威尼斯人有 4 049 个房间,给大型会议、展览项目提供强大的住宿、餐饮支持。

4. 芝加哥麦考密克展览中心(McCormick Place)

建设麦考密克会展中心的想法萌发于 20 世纪 40 年代末,芝加哥论坛报的前出版人麦考密克(Robert McCormick)上校认为芝加哥需要一个永久性的会展中心并亲自主持修建。1955 年,伊利诺伊州创办了城市展览和展会管理局来监督它的建设和运作。麦考密克会展中心于 1960 年启用,并以麦考密克的名字命名。成功使用 7 年之后,最初的麦考密克会展中心于 1967 年毁于大火。然而,通过州、市政府的努力,一个新的展馆于 1971 年开放。麦考密克会展中心是北美最大的展览中心,展览面积 24 万平方米,其中有 11 万平方米的展场在同一个楼层。麦考密克会展中心另有 173 个会议室,使用面积 5.57 万平方米,4 个大宴会厅中的 2 个是芝加哥市最大的,大会堂可容纳 18 000 人,还有一个 4 249 个座位的剧院。

芝加哥麦考密克会展中心的管理方是具官方色彩的大都市码头和展览管理局(MPEA),2008 年吸引了 300 万名参会、参观者。

5. 佐治亚世界会议中心 (Georgia World Congress Center)

同理,佐治亚世界会议中心虽然名称是会议中心,但仍然是一个会议和展览的综合体,12 个展厅的展览面积达到了 13 万平方米,有 106 个会议室和 2 个大宴会厅。佐治业世界会议中心同佐治亚体育馆、奥林匹克公园一起每年为亚特兰大市吸引数目众多的会议、展览、体育和娱乐项目。

6. 洛杉矶会议中心(Los Angeles Convention Center)

洛杉矶会议中心为洛杉矶市政府拥有,1971 年开业,当时仅有 21 个会议室和 20 000 平方米的展厅。1993 年开始扩建,增加了 3.2 万平方米的展厅和 43 个会议室。1997 年再度扩建,又增加了 15 000 平方米的展览面积。现共有 6.7 万平方米的室内展览面积、64 个会议室、3 个食街(food courts)和 5 600 个停车位。洛杉矶车展就在此进行。

7. 旧金山会议中心 (The Moscone Center)

旧金山会议中心的投资方是旧金山市(The City of San Francisco)和旧金山县(County of San Francisco),以前市长 George R. Moscone 的名字(姓)命名。1979 年开始兴建,1981 年南楼建成,北楼及大宴会厅 1992 年投入使用,2003 年西楼建成,前后历时 24 年。建设用的资金来自旧金山再开发署发行的债券,再用酒店缴纳的税来偿还债券。旧金山会议中心的展览面积 6.5 万平方米,其中最大的独立展厅面积 2.4 万平方米,会议室有 106 个(室内面积 2.38 万平方米),最大的宴会厅 5 500 平方米,大堂面积 1.14 万平方米(也可用于展览)。

8. 圣地亚哥会议中心(San Diego Convention Center)

圣地亚哥会议中心是圣地亚哥市设立的非营利公共机构,建于 1989 年,2001 年扩建完成。建筑面积21万平方米,展览面积5.7万平方米,50个卸货车位,74个会议室,最大的宴会厅3 800平方米,另有8 300平方米的多功能厅和超过7 500平方米的平台,适合各种酒会、自助餐、新品发布。截止到2010年,圣地亚哥会议中心现有正式员工242人和320个临时工。该会议中心每年的预算高达3 250万美元。

(二)加拿大

加拿大仅3 000万人口,而美国庞大的人口基数以及发达的产业支撑了美国的会议业和会议中心,因此,加拿大比较有名的会议中心不多,分别坐落在温哥华、多伦多、蒙特利尔、渥太华、卡尔加里和维多利亚。最有名的当属温哥华会议中心。

1. 温哥华会议中心(Vancouver Convention Centre)

温哥华是加拿大三大会议城市之一(另两个城市是多伦多和蒙特利尔),作为加拿大的西门户,每年吸引着大量的国际会议和展览。温哥华是2010年冬奥会的举办地,温哥华会议中心是冬奥会主新闻中心和国际广播中心。温哥华会议中心的历史可追溯到1986年。当年,温哥华承办了世界博览会,当时的会议中心是加拿大馆(Canada Place),世界博览会结束后,会议中心花了一年时间进行改造于1987年对外营业。

温哥华会议中心外观漂亮,从远处看像五面船帆,迎风而上。旧馆(东楼)现有可租用会展设施的面积为15 000平方米,其中展厅面积8 000平方米,另有20个会议室,最大的宴会厅面积1 500平方米。一楼主要是商业设施,如餐厅、咖啡厅和售卖部,并提供了较大面积的公共区供会展注册和小型的展架展板展示。旧馆三层以上是泛太平洋(Pan Pacific)酒店,共有240间客房;配楼是写字楼。

新馆(西楼)于2009年上半年开业,可使用的会展面积是旧馆的3倍,即新增了30 980平方米的使用面积,增加了52个会议室,使得温哥华会议中心的会议室总量达到了72个。宴会厅也是最大的会议室,面积为5 000平方米。

温哥华会议中心最引以为豪的是获得了会展场馆的最高荣誉——LEED白金奖[①]。更惊艳的是其2.5公顷的屋顶,全部覆盖了绿色植物,成为加拿大最大的绿色环保屋顶。

2. 多伦多会议中心(Metro Toronto Convention Centre)

作为安大略省的省府,多伦多是加拿大最大的城市,也是加拿大的金融和商业中心。多伦多会议中心由安大略省政府投资建设,并由省政府下属的皇冠公司(Crown Corporation)运营。多伦多会议中心是加拿大最大的会议展览中心,会议和展览的实际使用面积达到了5.5万平方米,拥有64个会议室和2个宴会厅,以及1个世界级的1 330个座位的剧院。多伦多会议中心一年接待700多个会议、展览和公司商务活动,但安大略省政府并不要求该中心营利,而是要求该会议中心不可与市内酒店竞争,重点是把国际会议和展览吸引到多伦多市,给酒店提供充足的客源。

---

① LEED(Leadership in Energy and Environmental Design)是美国绿色建筑委员会(US Green Building Council)建立并推行的绿色建筑评估体系,该体系遵循美国绿色建筑协会政策和方针,目前在世界各国的各类建筑环保评估、绿色建筑评估以及可持续性评估标准中,其被认为是最完善、最具影响力的评估标准。LEED绿色建筑认证是目前国际上最为成熟的绿色建筑认证体系,而LEED白金奖是LEED最高等级。

三、亚洲和大洋洲会议中心的历史和现状

就历史而言,亚洲的会议中心可谓年轻,资格稍老一点的有新加坡新达国际会展中心、香港会展中心,而以阿联酋的迪拜、阿布扎比,马来西亚的吉隆坡为代表城市新建设的会议中心则展现出高投入、高技术、狠营销的特点。

(一)阿联酋

1. 迪拜国际会议中心(Dubai International Convention Center)

迪拜国际会议中心隶属于阿联酋迪拜世界贸易中心(Dubai world trade centre)。迪拜世界贸易中心由迪拜世界贸易中心主楼、迪拜国际会议中心和迪拜国际展览中心三大建筑组成。迪拜国际会议中心能容纳6 000人,主会议厅与展览中心相连。

迪拜世界贸易中心建成当年即作为国际货币基金组织和世界银行年度会议的举办地,吸引了15 000多个参会代表。迪拜国际会议中心共有22个会议室,地面一层10个大会议室的使用面积为1.56万平方米,共容纳12 000人。

2. 阿布扎比国家展览中心(Abu Dhabi National Exhibition Centre,ADNEC)

阿布扎比国家展览中心是中东最大的展览中心,建成于2007年。12个展厅的使用面积合计7.3万平方米,会议室共有22个,其中最大的会议室面积1 150平方米,另有1个专门用于婚礼的礼堂/宴会厅,面积1 500平方米。

(二)新加坡

新加坡位于亚洲的中心地位,地理位置优越,交通便捷,海空航线众多,自由快速畅达亚太各大城市,是通往南亚和东亚以及澳大利亚、新西兰的最佳门户。

2007—2009年,新加坡在国际协会联盟(UIA)①的国家排名中分别位列第4、第3和第2,在城市排名中则连续三年拔得头筹。在国际大会及会议协会(ICCA)的2007—2009年城市排名中始终排在前五名。新加坡汇集华人、印度、马来的多元文化,周边国家又有丰富的自然景观。新加坡的各个景点或会场间交通距离较短,购物场所集中且毗邻会展场所,这极大地减少了参会观众的旅途劳顿。

新加坡拥有上百家酒店及3万间客房,会议设施丰富齐全。新加坡每年会聚众多大型国际会议和展览会。新加坡旅游局(Singapore Tourism Board, STB)及属下的新加坡会议展览署(Singapore Convention and Exhibition Bureau)工作卓有成效。

1. 新达城新加坡国际展览与会议中心(Suntec Singapore International Convention & Exhibition Centre)

新达城新加坡国际展览与会议中心1995年8月30日正式开业,是一个真正世界水准的会展场馆。该会展中心位于新加坡中央商务区(CBD),距新加坡樟宜机场仅20分钟车

---

① 国际协会联盟(Union of International Association, UIA),创建于1907年,总部设在比利时布鲁塞尔,是一个为全球组织提供会议信息的非营利性的先驱者。中国国家会议中心于2011年2月正式加入UIA,也是中国内地唯一的会员。

程,步行范围内有 5 200 间酒店客房、1 000 间商店、300 个餐厅,还毗邻最新的演艺中心——Esplanade。

新达城新加坡国际展览与会议中心共有 31 个小会议室,分布在 2 楼和 3 楼,最大的会议室容量是 400 人;2 楼另有一个大宴会厅,面积 2 150 平方米;4 楼是展厅;6 楼是大会堂,面积达到了 10 600 平方米,安装了可伸缩座椅,可容纳 10 000 人(剧院式),是亚洲最大的无柱式会议室,也可自由分割成 3 个独立的会议室。

其中,新加坡博览中心是亚洲最大的展览馆,2002 年 4 月正式启用,是政府的重点投资项目之一,总投资额为 2.2 亿新元。该中心建有 6 万平方米的展览馆、2.5 万平方米的室外展览场、10 个大小不同的会议厅和 9 个会客厅。

博览中心还建有新加坡的第二大餐厅,可同时供 1 万人用餐,为参展商提供不同档次的商务餐饮。此外,新加坡的会展中心还建有各种大型商场、不同风味的餐馆、出租写字楼和饭店等,实行多元化经营。这既方便了参展商,也吸引了众多其他客源,是对经营展览中心的一种常规补充,收入亦非常可观。

新加坡博览中心从 2010 年 10 月起到 2011 年年底,逐步翻新,为接下来的大型活动做准备。新加坡博览中心率先展开内部翻新,而一些现有会议室的硬件设备也将获得提升。到了 2012 年,博览中心将出现更多新的会议设施,因为越来越多的参展商要求使用会议设施。博览中心每年平均吸引 600 万人次到访,而举办的会展项目超过 600 个。新加坡博览中心内部设施较为人性化,展厅共设有 68 个厕所。

2. 滨海湾金沙酒店(Marina Bay Sands)

滨海湾金沙酒店由拉斯韦加斯金沙集团投资并运营,坐拥新加坡中心腹地,拥有三座豪华酒店大楼,集豪华住宿、著名餐饮、顶尖设计师精品店、功能齐全的会展设施、昼夜不息的娱乐于一身。

金沙会展中心是新加坡最大的会展场馆,最大容量 45 000 人。展厅位于 B2 和 1 层,面积 31 750 平方米;会议室分布在 3、4、5 层,共有 250 个会议室,最小的会议室面积 220 平方米;最大的宴会厅面积 8 140 平方米(仅有 2 根立柱),可举行 6 000 人的宴会。这个大宴会厅同时还可分割为 16 个独立的会议室或宴会厅。

(三)马来西亚

马来西亚对发展 MICE 产业雄心勃勃,于 2008 年 12 月在旅游部下面设立了独立的马来西亚会展局(Malaysia Convention & Exhibition Bureau,MyCEB),做国际市场推广和项目协调。

吉隆坡会议中心(Kuala Lumpur Convention Centre,KLCC)

吉隆坡会议中心于 2005 年 5 月 17 日正式开业,业主是马来西亚国营石油公司(PETRONAS),是马来西亚最大、最新、具国际水准的会议中心,但展览功能不强,4 个展厅的面积仅有 9 710 平方米。大会堂有两层,固定座位数 3 000 个,另有 1 个 500 个座位的剧院。宴会厅可容纳 2 380 人,还有 1 个可容纳 1 800 人的大会议室和 20 个会议室,会议室使用面积 20 059 平方米。

吉隆坡会议中心地理位置极为优越,与世界闻名的吉隆坡双子塔一同位于市中心的"吉隆坡城市中心",配套酒店有 Traders Hotel(571 间客房)和豪华的东方文华酒店(643 间客房)。吉隆坡会议中心引入了在亚太区颇有名望的场馆管理公司 AEG Ogden,由 AEG Ogden 进行管理,双方为此成立了合资公司 Convex Malaysia Sdn Bhd。

(四)泰国

泰国一向就很重视会展业,成立了专门的推广机构——泰国会议展览局(Thailand Convention and Exhibition Bureau,TCEB),该机构在北京、上海、香港等设立了办事处,工作颇有成效。

泰国 Sirikit 皇后国家会议中心(Queen Sirikit National Convention Center,QSNCC)

为了接待第 46 届国际货币基金组织(IMF)和世界银行(World Bank)年会,泰国财政部和泰国央行于 1987 年开始建设泰国 Sirikit 皇后国家会议中心,1991 年开业,2000 年承接了第 10 届联合国贸发会议(UNCTAD)。该会议中心是泰国第一个专业的国际会议中心,展览面积 9 300 平方米,最大的会议室可容纳 5 500 人,也可分割成三个独立的宴会厅。

(五)香港

作为亚洲最为重要的贸易中心,香港的会议业长期保持领先地位。在 2008 年 11 月香港旅游发展局专门成立"香港会议及展览拓展部"(Meetings and Exhibitions Hong Kong,MEHK),以深化香港会展旅游业的推广,保持香港在全球会展旅游业当中的竞争力。香港政府在 2008—2009 年度财政预算案额外预留 1.5 亿元给旅发局,并从 2009 年起每年平均花费 2 100 万元进行海外推广会展旅游业。

旅发局提供的数据显示,2007 年全年共逾 1 300 项不同类型的会议、展览在香港举行,吸引约 170 万观众,总收益高达 110 亿港元。

但随着亚洲其他城市如新加坡、首尔、东京等会议业的不断发展,香港国际会议市场也面临着巨大的压力。

香港会议展览中心(Hong Kong Convention and Exhibition Center,HKCEC)

香港会展中心 1988 年 11 月对外营业,为香港贸易发展局及香港政府共同拥有。政府委托香港贸易发展局负责会展中心的发展、设计及管理事宜。香港贸易发展局与香港会议展览中心(管理)有限公司签订了会展中心的管理及营运协议。会展管理公司是新创建集团有限公司的全资附属机构,而新创建集团则属于香港新世界集团。

香港会展中心位于景致迷人、闻名中外的维多利亚港上,因 1997 年 7 月 1 日香港回归中国大典在此举行而闻名海内外。除了作举行大型会议及展览用途之外,这里还有两家五星级酒店、办公大楼和豪华公寓各一幢。第一次扩建工程于 1997 年 6 月完成,2006 年 5 月开始第二次扩建工程,并于 2009 年 4 月完成。扩建部分令香港会展中心增加了 19 400 平方米的展览面积。

1988 年会展中心开幕时的建筑成本为 16 亿港元(2.07 亿美元),这个数字并不包括地价在内。于1997年完成的第一次扩建工程耗资48亿港元（6.2亿美元），包括填海工程费用。而于2009年完成的第二次扩建共耗资14亿港元（1.8亿美元）。

香港会展中心现在的展览总面积为66 000平方米，多功能场地总面积为20 000平方米，辅助场地总面积为5 500平方米，后两项主要用于会议、宴会、婚礼和演艺活动。

香港会议展览中心在截至2010年6月30日的全年财年收入为10亿港元。该场馆2009—2010财年共计接待1 185场活动，其中包括110个展览、36个国际会议/大会活动、87个娱乐活动、368个宴会及581个其他活动，如企业颁奖典礼、新闻发布会等。

（六）台湾

据台湾会展网2010年5月报道，台湾地方政府将会展业列为未来十大重点服务业之一，"经济部"国际贸易局更是全力推动台湾会展发展，特别将"争取国际会议在台举办计划"列为单项重点工作。

在ICCA最新出炉的2009年全球会议数量排名中，中国台湾在所有国家和地区的排名为第32名，较2008年的排名35名前进了3个位置。台北市在2009年的世界排名为25名，较2008年的第32名有大幅度提升。此外，南部的高雄在会议界的影响也逐步增加。

台北国际会议中心（Taipei International Convention Center，TICC）

台北国际会议中心自1990年落成启用，最大的会议室面积3 000平方米，另有10余个多功能会议室，全年接待700多个会议和活动，包括大型国际会议、演唱会和产品发布会。台北国际会议中心享有盛誉的是餐饮和婚宴，在2楼、3楼和4楼有单独的宴会厅，一般不接待正规的会议。餐饮全部外包给台北世贸联谊社（世贸三三婚宴会馆）。

台北国际会议中心的营运机构是对外贸易发展协会（TAITRA），这是一个具有浓厚官方色彩的机构。

（七）澳大利亚

开业于1987年的阿德莱德会议中心（Adelaide Convention Centre）是澳大利亚第一个真正的专业会议中心。随后，悉尼、墨尔本和布里斯班也都陆续建设了功能齐全的会议中心。这些会议中心给澳大利亚当地带来了丰厚的经济利润以及市场影响力。2000年悉尼奥运会的成功举办更是促进了澳大利亚会议业的发展。

1. 悉尼会展中心（Sydney Convention and Exhibition Centre at Darling Harbour）

悉尼会展中心1988年对外营业，至今已有21年的历史，于1995年扩建了展厅和阶梯形大会议室。悉尼会展中心得益于悉尼的国际地位和知名度，依靠所在的悉尼市会议局的大力推广和自身良好的服务，地理位置优越，一直是澳大利亚最繁忙的会展中心。悉尼会展中心位于达令港（Darling Harbour），风景优美，遍布餐厅、酒吧、商场和酒店，步行范围内的四星和五星酒店就有10多家，客房数超过17 000间，距机场仅仅25分钟车程，城铁和公共汽车往来十分便利。

悉尼会展中心的展厅面积共3万平方米，可随意分割成6个各5 000平方米的小展厅。会议室共有35个，其中大型会议室有4个，剧院式的座位数分别为1 500、3 500、1 300和

1 000,基本可以满足任何大型的国际会议对分组会议室的需求。

2. 墨尔本会展中心(Melbourne Convention & Exhibition Centre)

墨尔本会展中心是澳大利亚规模最大、功能最全的现代化场馆,是与温哥华会议中心、香港会展中心、新达城新加坡国际展览与会议中心齐名的世界顶级会议中心。墨尔本会展中心由墨尔本展览中心和墨尔本会议中心组成,墨尔本会议中心是世界上第一个也是唯一一个获得"六星级绿星"(6 Star Green Star)环保评级的会议场馆。

墨尔本会展中心有52个大小各异的会议室、1个面积5 500平方米的大型宴会厅及1个设有466个座位的礼堂。墨尔本会展中心现有30 000平方米的无柱展厅,配套设施有希尔顿酒店和6万平方米的购物中心。

墨尔本会展中心附近遍布咖啡馆和酒吧、高级餐厅、宾馆酒店以及购物中心。参会、参展客人步行即可体验当地最前卫的时装、美食及娱乐设施。

第3节 国外会展场馆投资和运营管理模式

本文简要分析北美、欧洲、亚太地区的会展场馆的投资模式和常见的运营管理模式,或许可以给我们一些借鉴。

一、投资模式

(一)政府投资

在会议业发达的北美洲、欧洲、大洋洲以及新锐中东,绝大多数的会议中心都是由当地的政府投资建设的。会议中心投资巨大,资金回收期长,市场促销费钱费时费力,如果由企业来投资,还本付息的压力显而易见。还有,市场促销争取到的国际会议和展览在会议中心的真正消费只是总消费的一小部分,会议中心仅能在场馆租金和餐饮上获得极其有限的收入,而酒店住宿、交通通信、会议中心外的餐饮、旅游、购物、娱乐等大部分消费的收入却由其他相关行业获取,企业建会议中心可以说有点儿得不偿失,有点为他人作嫁衣的活雷锋的意思。欧美许多城市都深谙会展业对当地经济的驱动作用,也了解到企业投资会议中心的困难——即企业投资一定会着眼于赢利,但投资会议中心却又几乎无利可图,因此这些会议中心都由州(省)或市政府投资建设,有的甚至联邦政府也是业主。政府投资建设会议中心,就像经营当地的水、电和公共交通,这种政府公营事业的属性是国内不可比的。政府投资有如下几种类型:

1. 联邦政府直接投资,或联合州政府(或市政府)投资

这种情况常见于小国家,原因可能是州政府、市政府资金实力不够,需要联邦政府出面参与投资,也可以说会议业的发展上升到了国家层面。

比如,英国伦敦的伊丽莎白女王二世会议中心。1974年前,在英国中央区召开的政府会议使用的都是陈旧而低效的设施。而其他的商业设施又没有圆桌、书记处和议事办公室,没有同步翻译、多媒体和保安系统。政府原有的、有着悠久历史的会议设施——兰凯斯特议院和马尔泊乐议院已不能适应高级政府会议的需要。于是,当时的英国政府决定在英国中央区建造特定功能的会议中心,这样就有了1986年开业的伊丽莎白女王二世会议中心。从这个会议中心的命名上就可以看出这是一个国家投资的会议场馆。

维也纳奥地利中心也属于这种情况。维也纳奥地利中心由奥地利联邦政府和维也纳市联合投资,紧邻许多联合国维也纳中心和其他国际组织,因此该中心除了接待医学、科技类会议和展览外,还有相当一部分生意来自联合国机构。

泰国 Sirikit 皇后国家会议中心的投资方是泰国财政部和泰国央行,于1991年开业。当时是为了接待第46届国际货币基金组织(IMF)和世界银行(World Bank)年会而投资兴建的。

2. 州政府、市政府直接联合投资或单独投资

这种模式在欧洲、北美和亚太地区普遍存在。如果是州政府和市政府联合投资的,这个城市则往往是州府所在地。

美国和加拿大的大多数会议中心都是由当地的州政府或市政府投资的,这种投资模式在美国十分普遍。如波士顿会展中心(Boston Convention & Exhibition Center,BCEC)就是由马萨诸塞州政府投资。

洛杉矶会议中心的业主是洛杉矶市,运营方也是洛杉矶市,是典型的市政府投资并运营管理(owned and operated by the City of Los Angeles)。

加拿大也十分相似。如,多伦多会议中心由安大略省政府投资建设;温哥华会议中心由加拿大联邦政府投资,交给不列颠哥伦比亚省政府管理,为促进温哥华的会展业,不列颠哥伦比亚省政府又投资建设了新馆;加拿大维多利亚会议中心由不列颠哥伦比亚省政府投资建设;蒙特利尔是加拿大魁北克省的省府,27年前魁北克省政府投资建设了蒙特利尔会议中心;1994年,坎昆所在的 Quintana Roo 省投资建设了坎昆会议中心,因经营业绩不理想,省政府7年前卖给了一家大型的地产商。

日本东京国际展览中心(Tokyo International Exhibition Center)由东京市政府修建,1996年4月建成,总展览面积达8万平方米,会议区有可容纳1 000人的国际会议室、大小会议室共22个。英国伯明翰国际会议中心和伯明翰音乐厅同在一幢建筑里,也均为市政府投资。

3. 政府下属机构、商会、信托、基金投资建设,投资方不是企业,不以赢利为目的,具有浓厚的官方色彩

有的国家或州,因为法律的原因,政府不能直接投资建设会展中心,政府为了规避这种法律障碍,便通过下属机构、商会、联合会、信托基金来进行投资。美国有不少会议中心属于此种类型。如,芝加哥麦考密克会展中心(McCormick Place)是由伊利诺伊州的大都市码头和展览管理局(MPEA)投资并管理。

香港会展中心为香港贸易发展局及香港政府所共同拥有,香港政府委托香港贸易发展局负责会展中心的发展、设计及管理事宜。

悉尼会展中心的业主是新南威尔士州政府下属的悉尼海港管理局。

墨尔本会展中心的业主是墨尔本会议展览信托(Melbourne Convention and Exhibition

Trust),该信托需要每年向墨尔本所在的维多利亚州议会提交财务报告。

日内瓦国际会议中心(Centre International de Conférences Genève,CICG)为国际组织不动产基金(FIPOI)所有,该基金1964年由瑞士联邦和日内瓦市政府所创立。

布鲁塞尔展览中心由布鲁塞尔国际贸易协会所有,这个协会就是一个半官方的机构。

(二)国有企业投资

国有企业投资建设会议中心,不唯中国独有,在国外也能找到不少例子,个中原因多种多样,可能是为了规避政府不可直接参与投资的法律问题,也可能是政府手里没钱,只得找国有企业拿出真金白银来投资。当然,也有一些是国有企业自告奋勇,我们或许需要分析一下背后的真实意图。不容否认,一些国有企业确实想投资会议中心,但根本目的在于拿世界一流的会议中心做幌子游说政府,实际上想获得会议中心所在区域的宝贵的土地资源,同时开发建设公寓、写字楼、酒店、商场。这种模式似曾相识,国内不少会展中心的投资建设基本上也是出于这种目的。

吉隆坡会议中心(KLCC)的业主是马来西亚国营石油公司(PETRONAS)。

阿布扎比国家展览中心(ADNEC)、阿联酋迪拜世界贸易中心所属的阿联酋迪拜国际会议中心也都是这种类型。

新加坡展览中心(Singex)的业主是淡马锡,淡马锡是新加坡的政府企业。

(三)私营企业投资

在国外,真正指望会议中心赢利的私营企业应该没有,因为会议中心本身几乎不能赢利,贷款利息、折旧都是金额惊人,能赢利的是运营部分。所以,国外私营企业投资建设会议中心,也往往是另有所图,图的是一并开发酒店、住宅、娱乐、写字楼和购物中心,也就是所谓的综合商业地产模式。综合商业地产才能给投资方带来真正的利润。

私营企业投资会议中心,最典型的就是拉斯韦加斯金沙集团。该集团除了在美国拉斯韦加斯投资建设会展中心、赌场、酒店、娱乐、购物为一体的"城中城"外,还把这种模式复制到了澳门和新加坡,于是就有了澳门威尼斯人和新加坡滨海金沙项目。

(四)公私合营

公私合营(Public–Private Partnership,PPP)是指政府下属机构、商会、信托、基金和私营企业合资建设会议中心。亚洲国际博览馆(Asia World Expo)就属于这种模式。亚洲国际博览馆位于香港国际机场的北面,是一个较为典型的公营及私营合作联办的发展项目,由香港特别行政区政府与香港宝嘉建筑有限公司及中国工商银行(亚洲)有限公司共同投资发展,用地则由香港机场管理局提供。

(五)其他模式

有的是其他功能的建筑转变而为会议中心,有的是政府出售给了私营企业,股权发生了变化。维也纳的霍夫堡会议中心(Hofburg Vienna)位于霍夫堡皇宫内,是奥地利首都维也纳市中心的宫殿建筑。霍夫堡宫殿曾经是哈布斯堡王朝奥匈帝国皇帝的冬宫,今日的霍夫堡宫殿仍然是目前在用的皇家建筑。霍夫堡会议中心在欧洲是一个非常著名的会议场馆，但几乎没有展览场地，欧洲安全合作组织的总部与该会议中心同在一个建筑群里，因此，霍夫堡会议中心是欧洲安全合作组织的会议定点单位，每年接待该组织的 300 个左右的会议或活动。霍夫堡会议中心现在的股东是 5 家酒店。

墨西哥坎昆会议中心一开始也是政府投资的，只是七年前才出售给一家私营公司。

有的会议中心的业主也可能是由私营机构联合组成的基金会、信托。

二、运营管理模式

会议中心因为投资或所有权的多样性，因而在运营管理模式上也呈现多样性，但很多时候所有权（ownership）和运营管理（operating management）并不具有关联性或一致性。

我们可以粗略地把联邦政府、州政府和市政府投资都归为政府投资，把政府通过下属的部门（机构）、商会、联合会、信托、基金等组织进行投资的归为非营利机构投资，其他的无论是私营机构联合组成的基金会、信托还是国有企业投资，都归为企业投资（这种投资的最终目的就是要赢利，这恰恰与政府投资和非营利机构投资是对立的）。也就是说，会议中心的所有权可以大致分为三大类，即政府所有、非营利机构所有和私营机构所有。运营管理模式则可以分为如下几类：

（一）业主直接管理

①如果是政府投资的并由政府直接管理，则管理人员是政府公务员，而且是政府委派的。洛杉矶会议中心就属于这种类型，即市政府既是业主，同时也是管理方。

②如果是非营利机构投资的，运营管理方也是这个非营利机构，即由这个非营利机构自行从内部选派高管或从外面招聘管理人员。

新达城新加坡会展中心就属于这种模式，其业主是由李嘉诚等知名企业家联合投资设立的非营利性机构。

再比如，布鲁塞尔展览中心就是由业主本身即布鲁塞尔国际贸易协会进行管理的。

③企业投资的，很多业主自己委派、招聘管理人员组建管理团队。

无论是政府、非营利机构还是企业投资的，都很可能会另行组建管理公司，但管理公司的董事长/首席执行官/总经理是业主选派并任命的。比如，维也纳奥地利中心由 IAKW-AG 公司（Internationales Amtssitz - und Konferenzzentrum Wien Aktiengesellschaft）运营管理，该公司于 1971 年设立，即为奥地利联邦政府和维也纳市议会的合资企业。

（二）全部委托管理

全部委托管理，并不存在企业投资的会议中心委托政府来管理。相反，政府投资的会议中心更多的是整体委托给企业或非营利机构来管理。

①政府委托给非营利机构进行管理。这种非营利机构可以是政府拨款但不属于政府编制的机构，有点儿像国内的事业单位，在国外常常是 ×× Authority/Agency，也可以是具官方色彩的联合会、商会、基金、信托。如墨尔本会展中心就是由墨尔本会议展览信托

(Melbourne Convention and Exhibition Trust)运营管理的,管理台北国际会议中心的对外贸易发展协会(TAITRA)也具有较浓厚的官方背景。

②政府委托给私营企业进行管理,这个企业可以是国有企业,也可以是私营公司。

如,泰国曼谷 Sirikit 皇后国家会议中心就是在 1991 年开业之初由泰国政府委托给泰国一家私营企业 N.C.C. Management & Development Co., Ltd. 来进行管理。如今,N.C.C. Management & Development Co., Ltd. 还管理着泰国科学园会议中心(Thailand Science Park Convention Center, TSPCC),后者由泰国科技部投资建设。香港会展中心也属于政府委托给私营企业管理。

③非营利机构委托给另一个非营利机构进行管理。

④非营利机构委托给企业进行管理,这个企业可以是国有企业,也可以是私营公司。

⑤企业委托给另一家公司来管理其所投资的会议中心。

(三)部分职能外包

这种模式是指业主自行成立的管理团队或聘请的管理公司把会议中心的部分运营或管理职能外包给第三方。这里有四种情况:

①源于自己的团队在某些方面没有资源或无法找到高水平的专业人才,故而外包给专业公司。有的会展中心的公关事宜就外包给专业的公关公司,如悉尼会展中心就委托当地的 MG Media Communications 公司来处理公关事宜。

②在建设或翻修、改造时为了最大限度地降低固定资产投资,最常见的就是厨房、餐具和灯光、音响以及投影、同声传译设备,显然,业主在这些固定资产的投资上都比较谨慎,尤其是投影和同声传译设备的更新换代很快,有时候还不如由一家固定的专业公司来为会议中心投资,更新这些设备。

③为了降低人工成本,这可以理解为在会议中心内部直接减少用工人数,也可理解为应该设立的部门/编制可以取消。如国际市场的推广,有的会议中心就委托专业的公司/中介机构(agent)来帮助其在某个区域进行市场推广,这样就直接裁撤了这个编制。

如澳大利亚的阿德莱德会议中心(Adelaide Convention Centre)于 2011 年 1 月 20 日将其在亚洲的市场销售业务外包给新加坡新达城国际会展服务公司。

欧洲的会议中心如果不是整体外包给一家专业的管理公司,也把相当一部分职能外包给不同的专业公司,常见的有安保、餐饮、工程。

④当初投资协议规定的,部分职能由股东单位来实施。如维也纳霍夫堡会议中心的餐饮外包给 Club 公司和洲际酒店,这两个合作伙伴可满足霍夫堡会议中心 90% 的餐饮需求。其中洲际酒店拥有霍夫堡会议中心一部分股份,是其股东之一。如果客户有特殊需求,也可聘请另外的餐饮供应商。餐饮服务价格由客户直接与这两家餐饮合作伙伴进行商谈。餐饮收入的一部分以佣金的形式归霍夫堡会议中心所有。

(四)德国模式

德国模式也可算做业主直接管理。但德国模式确实有其特殊性,且欧洲有些场馆也采用相似的管理方式,不过德国模式似乎仅仅适用于展览场馆,而不适用于纯粹的会议中心,其特点是管理方同时是会展中心最大的客户。

比如,法兰克福会议中心很小,可以被认为是法兰克福展览中心的一个组成部分,而不是一个独立的会议中心。法兰克福展览中心属于法兰克福展览集团(Messe Frankfurt Corporate Group),该集团的持股方为两大部分:法兰克福市政府(持股60%)和黑森州政府(持股40%)。法兰克福展览集团不但是法兰克福展览中心的管理方,还是该展览中心最大、最重要的客户。虽然法兰克福展览集团也在包括中国在内的世界许多地方举办展览,但其业务重心始终是在法兰克福展览中心。这种管理方兼最大客户的例子还可以从德国另外几个重要展览中心如汉诺威、科隆、杜塞尔多夫等得到印证。

布鲁塞尔展览中心由布鲁塞尔国际贸易协会所有,协会下属的 bfe 展览公司负责场馆的日常经营、管理。bfe 公司与布鲁塞尔展览中心签订租赁合同,它具有双重身份,既是布鲁塞尔展览中心的客户,又是该展览中心的管理者。

布鲁塞尔 SQUARE 会议中心(SQUARE Brussels Meeting Centre)因其建筑外形是方形(英文为 SQUARE)而得名,毗邻比利时皇宫,会议面积达 13 500 平方米。该会议中心为政府所有,日常运营由政府聘请的 GL events 集团负责。GL events 集团同时也是该会议中心的客户。

香港会展中心的情况略有不同。香港会展中心的业主是香港政府和香港贸发局,香港贸发局每年主办许多具有世界影响力的专业展览和公众展览,其中不少选择香港会展中心作为展览举办地,这是一种较为罕见的业主兼主要客户的例子。

三、政府建设会议中心的背景

境外的会议中心,除了真正是为了发展会议业而专门投资建设的专业会议中心(purpose - built convention center)外,还可以发现一些有趣的现象,即当地政府投资建设会议中心往往是为了接待某个大型活动,或者是某个大型活动后转变功能而成为会议中心的。这也可以回答部分会议中心/会展中心当时是为了什么原因而兴建的,毕竟,因为会议中心赢利困难,要让政府下定决心投资建设一个大型会展场馆是十分艰难的。这里暂不讨论原来就存在的建筑设施后转为会议中心的情况,如维也纳霍夫堡会议中心,原来是皇宫的一部分。政府建设会议中心的背景有以下一些:

①招徕会议和展览,吸引商务旅行者,为本地区/本市增加酒店住宿客人,以拉动消费,提高本地的知名度,促进本地与外界的沟通和交流。这应该是境外大部分会议中心投资建设的出发点。

②为了某个特定事件/活动而建。

到比利时布鲁塞尔参观游览的人一般都要去看看世界闻名的原子塔。这个原子塔是比利时承办的 1958 年世博会的标志性建筑,它的正对面是布鲁塞尔展览中心。虽然布鲁塞尔展览中心早在 1935 年就建成了,但为了世博会又扩建了。

丹麦哥本哈根贝拉中心 1965 年正式营业,同年,国际食物大会(AIDA)在哥本哈根举行,贝拉中心正是为此而兴建的。

这样的例子不止一个,也不仅在欧洲才有。香港会展中心 1988 年 11 月建成并投入使用,第一次扩建工程于 1997 年 6 月完成,显然,扩建的首要目的是为了香港回归祖国的典礼。泰国 Sirikit 皇后国家会议中心的建设是为了接待第 46 届国际货币基金组织（IMF）和世界银行（World Bank）年会（1991 年）。迪拜国际会议中心隶属于阿联酋迪拜世界贸易中心，当时建设迪拜世贸中心的起因也是要接待国际货币基金组织和世界银行的年会。

③在大型体育赛事和大型博览会中担当重要角色，活动结束后转变而成为会议中心。

1986 年温哥华承办了世界博览会，当时的温哥华会议中心是加拿大馆（Canada Place）。世界博览会结束后，温哥华会议中心花了一年时间进行改造于 1987 年对外营业。

四、境外会议中心的几个建筑特点

境外会议中心的业主具有多种不同的身份，有的是政府，有的是政府下属机构或其他非营利机构，有的是国有企业，有的是私营企业。即使业主身份迥异，但境外的会议中心仍然有其鲜明的建筑特征。

（一）大多位于市中心，而不是郊区

会议中心之所以要建在市中心，而不建在郊区，根本原因是为了方便会议中心的最终用户即参会者、参展商和展览观众，以吸引更多的人做更多的停留、更多的消费，为本地酒店提供更多客源和更多住宿夜数。如果建在郊区，路途遥远、不便不说，各方面的配套设施如酒店、餐厅、娱乐、购物都不齐全，自然来的人就少。这同时也违背了建设会议中心要能增加本地居民福祉的初衷——本地居民失去了很多了解外部世界、获取更多信息和知识的机会。美国、加拿大的会议中心大多不在郊区。

（二）多为本地居民休闲、旅游、购物的热闹场所

境外很多会议中心，在我们看来，就是一个类似于北京王府井、上海南京东路这样熙熙攘攘、人流不断的地点，是一个热闹的公众场所，本地居民到会议中心转乘火车或地铁，人们见面地点设在会议中心，人们在会议中心及其紧邻的商店、餐厅购物、用餐，是一个休闲味十足的地方。这与会议中心的市中心位置有很大的关系，另一方面，政府或其他业主也有意识地在会议中心附近增加其他商业设施（包括酒店）或公共设施。

如英国伯明翰会议中心就与伯明翰音乐厅同在一个建筑群里，内设花店、多个咖啡厅和餐厅，鼓励本市居民在此消费。最为典型的就是地处悉尼最热闹的达令港的悉尼会展中心，这里不但是一个外国游客必到的地方，也是本市居民爱去的休闲场所。

佐治亚会议中心与亚特兰大体育馆以及世纪奥林匹克毗邻，各种商业设施齐全，令当地居民十分钟爱。圣地亚哥会议中心的星巴克咖啡店就有 3 个。

说到底，本地居民爱去的休闲地方，一定是商业设施齐全、购物娱乐旅游项目丰富、高档中档酒店扎堆的旺地，也肯定是外地游客和国际游客喜欢的地方，那么也一定是国际参会者、参展商和展览观众所喜欢的热闹地方。所以，很多境外会议中心占据了这种黄金地点，就能吸引到更多外地和国外的国际参会者、参展商和展览观众来此消费。

（三）新建的会议中心往往是综合高端商业地产的组成部分

新建的会议中心没有机会像一二十年前就建成的会议中心那样占据黄金地点。新的会议中心项目要想赢得本地居民的光顾，办法之一就是建设"城中城"，即一个包含酒店、会展设施、餐厅、公寓、办公楼、商场、电影院等多种消费场所的庞大建筑群（Complex），会展中心也就成了一个不太重要的配套设施，商场、酒店、公寓是业主最为倚重的部分。

这样的例子很多，最经常被提到的案例就是拉斯韦加斯金沙集团在拉斯韦加斯、澳门和新加坡建设的综合体。其他的还有吉隆坡会议中心［与双子塔同在吉隆坡城市广场（Kuala Lumpur City Centre）］、迪拜国际会议中心（在迪拜世界贸易中心）、墨西哥国有银行会展中心等。墨西哥国有银行会展中心靠近墨西哥城的商务中心区，交通方便，2002年2月投入使用，25个会议室分布在2楼和3楼，其中最大的会议室面积为3 000平方米，展览面积3.4万平方米，是拉美地区最大的会展中心之一。该会展中心所在的建筑群里还有写字楼、购物中心和9个餐厅，甚至还有2个医务室，还将建设1家酒店和2栋写字楼。室外的赛马场也可当做停车场，总车位数可达1万个。

（四）大多建有配套酒店

一个会议中心如果没有配套酒店，则在市场推广、招徕会议活动项目、吸引参会客人、组织活动方面会遇到很多意想不到的困难。举个简单的例子，从外地、外国赶来开会的客人在哪里注册就成了绕不过去的问题，是在酒店注册还是在会议中心注册就成了一个难题。一句话，要想吸引主办会议、活动的客户把会议、活动安排在会议中心举办，要想吸引更多的参会者、参展商，配套酒店就是一个必选项。

配套酒店是指与会议中心有内部连廊相通或同在一个建筑群里，步行5分钟可达的酒店。上面讲到的新建的会议中心多从属于综合高端商业地产，也说明一个配套酒店对于会议中心是如此重要。

> 拉斯韦加斯金沙集团在拉斯韦加斯、澳门和新加坡的项目都建有客房数惊人的酒店；
> 墨尔本会展中心自身的附属酒店是希尔顿，河对岸（步行3分钟）是皇冠假日酒店；
> 香港会展中心与万丽酒店和君悦酒店同在一个建筑群里；
> 新达城新加坡会展中心与多个酒店均有连廊连通，如泛太平洋酒店（Pan Pacific）等；
> 温哥华会议中心与泛太平洋酒店也在同一个建筑群里；
> 法兰克福展览中心院内有一个叫Maritim的酒店，马路对面是万豪酒店；
> 吉隆坡会议中心有两个配套酒店，分别是文华东方和Traders酒店；
> 哥本哈根贝拉中心目前正在建设两栋高76米的酒店；
> 芝加哥麦考密克会展中心的配套酒店是凯悦酒店；
> 洛杉矶会议中心有两个配套酒店：万豪和丽兹·卡尔顿酒店；
> 利物浦会议中心有Staybridge Suites（由洲际酒店集团管理）和Jurys Inn两个不同档次的配套酒店。

五、境外专业管理公司

境外会展场馆的专业管理公司一般都涉猎会议中心、展览中心、体育馆、音乐厅、演艺中心(剧院)、体育场等多种场馆,其中既有1977年就成立的老牌公司,也有2010年才设立的年轻公司;既有在全球都有管理项目的大公司,也有仅管理一个项目但雄心勃勃的小公司;既有各种场馆都接手管理、胃口超强的公司,也有仅仅专注于会展中心的挑食者。就项目分布的区域而言,可以把现有的会展场馆专业管理公司分成如下几类。

(一)全球性的专业管理公司

这种具有全球影响力的管理公司目前仅有四个,实力最强的都分布在美国,分别是Global Spectrum、SMG和AEG Ogden,还有一个是总部位于法国的GL events公司。

Global Spectrum不是全球管理项目最多的管理公司,但在影响力方面无人能出其右,之所以如此,只因它的母公司Comcast Spectacor属于世界500强之一的Comcast公司。Comcast公司经营着美国异常庞大的有线电视、娱乐和通信及服务业务。

Global Spectrum的历史不长,前身可追溯到1994年的Globe Facility Services,2000年Globe Facility Services被Comcast Spectacor收购,从此开始有了Global Spectrum公司。

Global Spectrum总部位于美国费城,目前管理着美国、加拿大、中东、南亚近100个场馆,其中28个是会展中心,同时在英国、中国、中国澳门地区、新加坡等国家和地区还有一些咨询项目。据其网站材料显示,该公司与笔克(PICO)远东公司是合作伙伴,把触角伸到了笔克公司与上海绿地集团合资建设的西安绿地笔克会展中心。

SMG总部也在费城,成立于1977年,当时接管了第一个设施——美国路易斯安那体育馆,经过30多年的发展,目前是世界上最大的场馆管理公司,管理着200多个会议中心、展览馆、贸易中心、体育馆、综合体育场、艺术表演中心、影剧院以及其他特定用途的场馆,像马术中心等。SMG原来是凯悦酒店集团旗下的成员公司,现属于美国资本战略公司。截止到2011年2月25日,SMG管理的会展中心有61个,但59个位于美国本土,仅有2个是海外项目,一个在牙买加,另一个在波多黎各(美国托管地)。

AEG Ogden的总部在澳大利亚的布里斯班,原先是一家澳大利亚公司,名字叫"Ogden IFC",这是一家在澳大利亚和亚洲颇有声誉的会展中心专业管理公司,在2008年与美国的AEG Facilities合资成立现在的AEG Ogden公司。AEG Facilities公司的母公司安舒茨娱乐集团(Anschutz Entertainment Group)大名鼎鼎,是一家专门从事举办、接待世界级娱乐、演唱会、体育比赛项目的巨无霸,还拥有无人不晓的洛杉矶斯台普尔(Staple)中心、堪萨斯斯普林特(Sprint)中心等体育馆、体育场、演艺中心。

AEG Ogden目前管理着9个会展中心,其中6个在澳大利亚,另外3个项目是吉隆坡会议中心、卡塔尔国家会议中心(Qatar National Convention Centre)和澳大利亚昆士兰州Suncorp体育场。

Global Spectrum、SMG这两个管理公司在美国和加拿大实力强大,AEG Ogden在大洋洲影响力也不小,但都对中国国情不了解,对中国境内会展中心的客户构成和销售方向也不了解,并不掌握我们期望的国际客户资源。因为,在美国和加拿大,管理公司一般不负责销售,原因是当地政府为统一销售资源和销售渠道,设立了专门的市场推广机构——会议促进或会议局(Convention & Visitors Bureau,CVB)。会议局负责销售会议中心,收到预订后再把预订转给会议中心,因此会议中心委托的管理公司一般仅仅负责接受预订,然后跟踪、落实。

这三大管理公司同时还为其他场馆和项目提供设计、筹备开业等咨询服务。

GL events 集团成立于 1978 年,总部位于法国,是欧洲领先的场馆专业管理公司,旗下管理着 36 个会议中心、展览中心、音乐厅、多功能场馆,其中包括布鲁塞尔 SQUARE 会议中心、巴塞罗那国际会议中心(CCIB)、里昂国际会议中心、里约热内卢会展中心等,足迹遍布欧洲、亚洲、北美洲和南美洲。2006 年 9 月,GL events 接管上海浦东展览馆。与上面提到的 Global Spectrum 以及 AEG Ogden 的母公司(或集团公司)相似的是,GL events 最核心的业务是主办全球性的展会、会议、新品发布等活动,数量多达 250 个。2010 年在全球拥有 3 248 名员工,营业额 7.27 亿欧元。

(二)区域性的管理咨询公司

实际上,区域性的会展场馆专业管理公司不多,从现有的渠道仅能找到如下三个。

1. 英国 NEC 集团

英国"国家会展中心有限公司集团"简称为 NEC 集团。NEC 集团是英国伯明翰市议会遵照 1989 年颁布的地方政府和住宅法而成立的公司,目前管理着英国的 4 个场馆(LG 体育场、伯明翰国家展览中心、伯明翰国际会议中心和 NIA 国家室内体育场)以及爱尔兰都柏林国际会议中心。

2. 新加坡新达城国际会展服务公司(Suntec International)

这个 2010 年 5 月才成立的管理咨询公司依附于新达城新加坡会展中心。新达城新加坡会展中心 1995 年 8 月 30 日正式开业,距今已有 16 年的营运经验。该公司于 2010 年 8 月与温哥华会议中心签约,成为温哥华会议中心在亚洲的独家销售代理;2011 年 1 月与澳大利亚阿德莱德会议中心签订合同,成为后者在亚洲的市场销售代理公司。

3. 香港会展中心

2006 年,香港会展中心和上海国际展览中心(INTEX)组建合资公司,应郑州市政府的邀请,为郑州会展中心提供管理服务。

(三)全国性的专业管理公司

泰国 N.C.C. 管理发展公司如今管理着泰国曼谷 Sirikit 皇后国家会议中心、泰国科学园会议中心、泰国 Golden Jubilee 会议中心(The Golden Jubilee Convention Hall)。

第 4 节 国内会议中心的历史及现状

中国改革开放 30 年,也是中国会展业快速发展的 30 年。这期间,中国从没有商业展馆和专业会议中心,发展到目前的会展场馆数量众多、设施完善,且服务水平逐步提升、京沪两地领先场馆的品牌逐渐形成。

1949年11月16日,新中国刚刚宣告诞生一个半月,就举办了一个国际会议,即世界工联亚洲澳洲工会代表会议。这大概是中国举办第一个国际会议。

中国最早的会议中心雏形是北京友谊宾馆的科学会堂。有据可查的中国第一个国际学术会议是1964年8月在北京举办的北京科学研讨会,来自亚洲、非洲、拉丁美洲、大洋洲44个国家和地区的300多名科学家参加了这次研讨会,位于北京西部的友谊宾馆特意修建了科学会堂。严格说来,这不是一个会议中心,只相当于今天大型会议中心的一个大会议室。我国展览馆的出现要早于会议中心,20世纪50年代前,苏联在北京、上海和武汉建造了"中苏友好大厦",即现在的北京展览馆和上海展览馆(武汉展览馆已拆除)等,但展馆条件较差,并不适合举办商业展。

1952年,政务院经济委员会副主任李富春同志访问苏联,在和苏联谈判中,苏方提出在中国展示苏联的建设成就,包括经济、文化、科学技术、建筑技术和建筑艺术等。为此,中央决定在北京、上海建设苏联展览馆,以学习、借鉴苏联社会主义建设的经验,于是就有了北京西直门外的北京展览馆和上海展览中心。北京展览馆1954年建成,原名"苏联展览馆",1958年更名为北京展览馆。上海展览中心亦称为上海展览馆,位于上海市中心静安区,建成于1955年,原名"中苏友好大厦",也是20世纪50年代上海市建造的首座大型建筑,与北京展览馆一样同属俄罗斯古典主义建筑风格。1959年落成的全国农业展览馆,是新中国成立十周年首都十大建筑之一,举办了新中国成立后第一个全国性的大型展览——新中国成立十周年全国农业成就展览。1974年,中国出口商品交易会(广州)流花路展馆建成,因每年举办春、秋两届中国出口商品交易会而举世闻名。

伴随着改革开放的进程,北京、上海等城市开始兴建专业的展览场馆。国内第一个真正的国际会议中心直到1990年北京亚运会后才正式出现,这就是北京国际会议中心。

我国目前的"会议中心",主要指的是以会议功能为主、展览功能为辅的建筑设施,这有别于国内大多数的会展中心——目前绝大多数的会展中心会议功能比较弱,尤其普遍缺乏餐饮功能,有配套酒店的也不多。

一、国内会议中心的主要类型

目前国内会议中心主要有以下几类:

(一)专业的接待会议以及会议附带的小型展览的建筑设施

主要包括会议设施、餐饮设施,配有面积小于5 000平方米的展览区域,一般还有配套酒店,如北京国际会议中心、上海国际会议中心、广州白云国际会议中心等。这些属于比较传统的会议中心,局限在以下两点:其一,无法接待中等规模的展览,而大型国际会议,特别是大型学术会议和跨国公司会议,对展览场地的要求比较高;其二,餐饮能力不够强,解决办法是依靠配套酒店的厨房和员工队伍,而不是会议中心本身自己拥有的厨房和固定员工。

（二）会展中心的一个组成部分，但也是一个独立的会议中心

这往往是一些新建的会展中心，业主在设计时有意识地把会议中心独立出来，但跟展览功能相比，会议中心在规模上又要小一些，在会展中心的营收上也远不如展厅带来的收入高，如成都世纪城娇子国际会议中心（属于世纪城新国际会展中心）、天津滨海国际会议中心（属于滨海国际会展中心）、南京金陵会议中心（属于南京博览中心）、贵阳国际生态会议中心（属于贵阳国际会展中心）等。[此处不包括展览中心内设的会议厅室或名称叫会展中心但实际会议厅（室）数量少，仅作为展览配套用，且并非独立的建筑。]

（三）带有较强会议功能的酒店、度假村、培训中心

如北京的九华山庄、北京国际饭店国际会议中心、北京外研社国际会议中心（位于北京南部的大兴区）、厦门翔鹭国际大酒店、杭州第一大世界、博鳌亚洲论坛国际会议中心等。这应该是国内所谓的会议中心最多的群体，尤其是郊区的度假村、培训中心，除了客房、娱乐项目外，经常单独建设小型的会议中心，也有建在酒店内或作为酒店的裙楼。这类会议中心数量巨大，全国各地都普遍存在，投资主体多样。

这类会议中心的特点之一是酒店客房数多，一般超过会议用房，在营收上会议室收入远少于客房收入。特点之二就是它们中的一部分名字叫会议中心，但实际就是酒店，如，江苏省会议中心实际就是钟山宾馆、苏州会议中心实际就是苏州中心大酒店，大连国际金融会议中心、苏州太湖国际会议中心等都属于这个类型。特点之三是原来的市政府/省政府定点会议接待场所现在仍然大部分生意来自政府采购，未能完全市场化。

（四）大学等科研、教育机构内部的会议中心或会议室群

几乎每个大学都有自己的会议中心、国际交流中心，主要用途是接待学校内部的会议，有时也对外营业。如北京大学会议中心于1999年9月在北京大学改革过程中决定设立，2000年年初正式组建运行，主要负责组织承办各类国际国内会议，开展多种形式的对外学术文化交流活动；管理经营文化活动场所，组织各类群众文化艺术活动；为外国专家、留学生和其他中外宾客提供住宿、餐饮等服务，是集多种功能于一身的专业化服务实体。2006年5月，上海复旦大学国际学术交流中心（即上海复旦皇冠假日酒店）开始试营业。

（五）各级政府用于接待政协、人大会议（"两会"）的会议中心

近年来，不少地方政府新建了专门接待"两会"的会议中心，普遍带有客房，不用出门就能满足"两会"的所有会务需求，这也给安保、交通带来了很大的便利性。除此之外，这类会议中心最大的特点就是至少有一个大型的安装了固定座位的阶梯式会议室供"两会"的开幕式、闭幕式使用，但这种会议室在非"两会"期间很难销售出去。像北京北五环的北京会议中心、广州白云国际会议中心都属于这类会议中心。

（六）新建的真正国际标准的会议中心

如国家会议中心、上海世博中心。国家会议中心总建筑面积53万平方米，有两栋写字楼和两个配套酒店,会议中心主体建筑面积 27 万平方米,拥有设施先进的会议室 83 个、展览面积 3.5 万平方米,餐饮能力强大,能同时为 10 000 人提供餐食,地理位置优越。上海世博中心在 2010 年世博会期间,是接待国家元首级贵宾、举办庆典活动和会议论坛的重要场所,总建筑面积 14.2 万平方米,世博会后,世博中心将转型为具有国际一流水准的高端会议中心。

何谓国际标准的会议中心？不是最新的就一定具备国际水准。首先是硬件,要求具有超过 30 个独立的会议室;现场能提供餐饮——或自有厨房设备和员工,或外包给第三方,由第三方到会议中心现场制作而不是在外面加工好后再运至会议中心;能接待大型国际学术会议附带的展览,大型国际学术会议附带的展览所需要的展览面积一般在 20 000 平方米以下;拥有配套酒店——内部连廊相通或步行 3～5 分钟可达;拥有足够的停车位;位置不在郊区,而在市区(参见"国外会展场馆投资和运营管理模式"之"境外会议中心的几个建筑特点"内容)。其次是软件,即服务和运营能达到国际客户认可的水准。在亚太地区像这样的国际水准的会议中心/会展中心有香港会展中心、新达城新加坡国际会展中心、墨尔本会议中心等。

二、我国会议中心的发展历程

我国会议业进入较快的发展时期已有十多年的时间,会议中心(包括会议型酒店、度假村以及会展中心内独立的会议中心等)的建设与发展的过程,实际上就是我国会议业发展的过程。

北京的会议中心建设在国内具有很强的代表意义。北京是我国的政治中心、文化中心和国际交往中心,是国际会议起步最早、最为成熟的城市。从某种意义上说,北京会议市场、会议中心的发展历程基本上就是我国会议市场、会议中心的缩影。撇开举办政治性会议的人民大会堂、钓鱼台国宾馆不说,进入 21 世纪以后的 10 年,是北京的会议中心发展最为兴盛的 10 年。比如九华山庄,从 10 年前的一个康体中心到现在的大型会议中心,总共经历了单一的康体功能—小型会议接待功能—强大的会议接待功能—会议加展览综合接待功能四个发展阶段,而这几个阶段实际上折射出了北京乃至全国会议市场、会议中心从起步到逐步发展壮大的一个渐进的过程。

中国真正意义上的国际会议中心发端于北京。1990 年 9 月北京亚运会是中华人民共和国在自己的土地上举办的第一次综合性的国际体育大赛,也是亚运会自诞生以来的 40 年间第一次由中国承办。作为北京亚运会的新闻中心,北京国际会议中心在亚运会后一直是中国的第一个国际会议中心,直到 1999 年 9 月上海接待"财富"全球论坛而推出了上海国际会议中心。2001 年 10 月 15 日至 21 日,第九次亚太经合组织(APEC)会议在上海国际会议中心举行,举办了包括领导人会议、外交和贸易双部长会议等 21 场会议和活动,中外宾客达 1.3 万余人。这是中国首次承办的规模最大、规格最高的多边国际活动。7 年后,也就是 2007 年 12 月,中国南方最大的会议中心——广州白云国际会议中心开业。2008 年 8 月,北京成功举办了无与伦比的奥运会,国家会议中心当时是奥运会的国际广播中心、主新闻中心和击剑馆,奥运后经过一年的改造,于 2009 年 11 月正式开业,中国规模最大、设施最新的国际会议中心自此登上世界舞台。2010年,上海世博会历时半年,接待参观人数7 308.44万,创历史之最,上海世博中心横空出世,2011年对外营业。2010年,广州亚运会再次将世界的目光吸引到了南国。

我们可以发现一个有趣的现象:中国特大型的体育赛事、博览会仅发生在北京、上海和广州,这三个城市是最具活力的国际大都市,且三个城市举办大型活动似乎有着顺时针一般循环的特征;几乎每一次大型活动都会催生出一个新的大型国际会议中心来。

与此同时,在北京、上海、广州三市以"国企"甚至政府投资为特色的大型会议中心陆续建设之际,建在城市郊区的度假村、培训中心、会议中心等融娱乐、酒店客房、餐饮为一体的综合会议接待设施也以星星之火燎原之势在全国蔓延开来。

1997年,在北京北郊,以温泉、保健为特色的四星级酒店——九华山庄开业迎宾,如今九华山庄已发展为有2 300多间风格各异的客房、近5 000个床位,会议及展馆面积逾6万平方米,以温泉、保健、娱乐和会议为特色的大型度假村。正是"九华山庄"式的会议中心取得的巨大成功引发了京郊乃至全国各地的城市郊区兴建会议中心、综合度假村的高潮。到现在为止,北京郊区的各类大大小小的会议中心、会议酒店成了北京各类政府机关、事业单位和公司召开会议的重要场所。

国内其他地区会议中心、会议酒店建设、改扩建的高潮比北京晚3~5年,大约起始于2004—2005年,2007—2009年是各地会议中心、会议酒店投入市场的高峰期。

这其中有几种现象值得关注。一是新建的专业会议中心数量多,除了有代表性的北京国家会议中心、广州白云国际会议中心外,全国二线城市还建了很多大型会议酒店,其中拥有1 000间以上客房、具有较强会议接待能力的单体酒店就有不少,如厦门翔鹭、三亚国光豪生等。二是通过改扩建增加酒店的会议、展览功能。这一类酒店数量也很多,比如贵州饭店、杭州第一世界大酒店、西安建国饭店、山东大厦等。三是新建商务酒店的会议功能都很强,使得商务酒店与会议中心之间的界限更加模糊。

国内主要中心城市近几年新建的商务酒店、度假酒店有几个特点,一是档次高,以四星、五星级居多;二是体量大,拥有500间以上客房的酒店数量迅速增多;三是会议功能很强,拥有一个1 000平方米以上的多功能厅并配有多个中小会议室,成了新建高星级会议型酒店和商务酒店的常规配置。

三、中国会议场馆的分布现状

2000年之后,尤其是在北京成功申办奥运会、上海成功申办世博会之后,我国兴建会议中心的热情空前高涨。会议中心在地域分布上依然集中在东部沿海地区。按照行政区划来看,华东地区呈现百花齐放的态势,上

图1-2 中国会议中心发展大事记

海、江苏、浙江、山东、福建等省市均拥有大量的会展场馆;中南地区主要以广东省为主;华北地区以北京和天津为核心;东北地区发展较为平均,沈阳、长春、大连和哈尔滨四个城市之间尚无绝对老大;西南地区主要集中在重庆市和四川省的成都市;西北地区相对比较落后,会议场馆数目较少,硬件基础较为薄弱。

因很多城市尚没有专业的会议中心,所以本文将带有较强会议功能的会展中心也一并列出。

(一)华东地区会议场馆分布情况

总体上来看,华东地区由于地域的优势,地处沿海地带,社会经济文化都比较发达,而且具有较高的对外开放程度,在国际上有一定的知名度,产业优势明显,具有良好的城市形象和较强的城市吸引力以及完善的基础设施,还有高效的社会服务体系和优良的环境条件。由于在社会经济以及区位环境、基础设施建设方面的优势,华东地区是会议场馆分布数量最多的地区之一。在空间分布上,以上海及江苏、浙江两省居多,安徽省、江西省会展业相对不发达,场馆数量较少,使用率较低。

1. 上海市会议场馆

在上海市接待1999年9月"财富"全球论坛后,尤其是在上海成功申办2010年世博会的推动下,上海会议业进入了蓬勃发展的阶段。国际会议、国内会议不仅在数量、规模上不断增加,而且在质量和专业化程度上也不断加强。2009年4月,国务院发布批准的《关于推进上海加快发展现代服务业和先进制造业、建设国际金融中心和国际航运中心的意见》为上海深化"四个中心"建设提供了新的突破方向,金融产品的创新、航运服务体系的建设以及上海城市环境等的进一步完善将为上海建设国际化大都市指明方向,也为会议场馆的进一步升级与改造提供了新的动力。

表1-1 上海市主要会议中心、会展中心会议室情况

场馆名称	会议室情况
上海国际会议中心	设有8个大型会议厅、28个50~100平方米不等的会议室,以及多个VIP休息室,最大的多功能厅面积4 400平方米
上海环球金融中心会议中心	会议室设置在3层、4层、5层和94层,共19间会议室。最大的宴会厅位于4层,面积800平方米。94层是一个多功能厅,760平方米
上海世贸商城	有面积近2 000平方米的多功能厅和9间50~220平方米的各规格会议室
上海国际展览中心	有4个面积42~100平方米的会议室、1个贵宾室、1个可容纳230人的多功能会议室
上海新国际博览中心	有37个总面积为5 862平方米共可容纳3 616人的会议室
上海展览中心	有42个多功能展厅、100多间会议用房

资料来源:根据中国会展经济发展报告(2010)和公开资料整理

(1)上海国际会议中心

地处上海陆家嘴金融贸易中心,毗邻东方明珠电视塔,于1999年8月落成并正式对外

营业。总建筑面积11万平方米，上海厅面积4 400平方米，可同时容纳3 000人会议，另有28个大小不等、风格迥异的多功能会议厅。配套酒店为五星级的东方滨江大酒店，拥有273间客房。1999年9月，接待了"财富"全球论坛。2001年10月15日至21日，第九次亚太经合组织（APEC）会议在上海国际会议中心举行，举办了包括领导人会议、外交和贸易双部长会议等21场会议和活动，中外宾客达1.3万余人。

（2）上海世博中心

上海世博中心是2010年上海世博会园区内首座永久性核心功能场馆，2007年6月动工兴建，2009年年底竣工。世博会期间，世博中心是国家元首级贵宾开展活动、举办庆典活动和会议论坛的重要场所，主要承担新闻中心、指挥中心和元首间会谈场所的功能。世博会后，转为会议中心，并于2011年1月接待了上海市人大和政协"两会"。

图1-3　上海世博中心

世博中心是按中国和国际标准建成的绿色低碳建筑，创下了三个"世界第一"：第一个申请美国LEED金奖的世博会建筑；同时获得中国绿色建筑三星级和通过美国LEED金奖标准预评，这在国内外尚属首次；是已获得和正在申请的中国绿色建筑三星级和美国LEED金奖新建建筑中体量（指建筑面积）最大的公共建筑。

上海世博中心建筑面积为14万平方米，共有68个会议室，其中最大的会议室是一楼的多功能厅，面积7 100平方米，无柱；大会堂设有2 600个固定座椅，其中1层座位1 800个；大宴会厅位于5楼，面积4 520平方米，可举办2 000人的宴会；国际会议厅的面积是1 890平方米。

2. 江苏省会议场馆

南京是江苏省会展业的领头羊，2008年8月，南京国际博览中心竣工。这座场馆配有一个独立的会议中心，由金陵酒店管理公司管理运营。有5 000平方米的多功能厅、可容纳800人的报告厅，以及20间大小会议室，展厅面积2 740平方米。南京国际博览中心的建成，为江苏省会展业注射了一针"强心剂"，使江苏省特别是南京市举办会展的硬件条件得到了大幅度的提升。

苏州是另一个会展业发展迅速的城市。2004年投入使用的苏州国际博览中心，占地面积 18.86 万平方米,总设计建筑面积 25.5 万平方米,拥有世界一流的配套设施,可承接国际、国内大型展览、会议和活动,可提供世界上最大的不间断展览空间,成为苏州、江苏、长三角地区重要的进出口贸易窗口和经济技术合作平台、商务活动中心和时尚生活展示中心。博览中心配套有可容纳 20 000 人的多功能厅、550 人的报告厅和大小不等的高档会议室,配有多路同声传译系统。

表1-2 江苏省主要会议中心、会展中心会议室情况

城市	场馆名称	会议室情况
南京	南京金陵会议中心	总建筑面积 80 000 平方米,拥有 5 000 平方米的多功能厅、2 000 平方米的报告厅、1 300 平方米的宴会厅、20 个会议室及 19 个宴会包间、1 座四星级国际酒店(在建中)
南京	江苏省会议中心	即钟山宾馆,有 36 间会议室,最大的会议室面积 825.4 平方米
南京	南京市国际展览中心	有近 2 584 平方米可容纳 2 500 人的多功能厅、20 间总面积 1 700 平方米、可容纳 20~50 人的商务洽谈室、90 平方米可容纳 91 人的智能会议室
苏州	苏州市会议中心	建筑面积 68 000 平方米,国际会议厅可提供 6 声道语言同声翻译系统,包括大小会议室 46 间
苏州	苏州国际博览中心	有 9 500 平方米会议室面积,可容纳 20 000 人的多功能厅、可容纳 550 人的报告厅
苏州	苏州太湖国际会议中心	位于苏州太湖国家旅游度假区,有 26 间会议室,最大的会议室面积 2 400 平方米
苏州	昆山华敏国际会展中心	有 4 个约 180 平方米的小型会议室和 2 个约 600 平方米的中型会议室
无锡	无锡体育中心二期(新体育中心)	有两个 120 平方米的贵宾休息室、一个 600 平方米可容纳 250 人的新闻发布中心、面积 350 平方米的国际报告厅、一个面积 175 平方米可容纳 50 人的中型会议室
常州	常州国际展览中心	有 8 个总面积 800 平方米的大小会议室,最大会议室 300 平方米,最小会议室 40 平方米
常州	常州国际会展中心	总面积 20 000 平方米,设有地下车库、大小型会议室、新闻发布厅、商务中心等

资料来源:根据中国会展经济发展报告(2010)和公开资料整理

3. 浙江省会议场馆

1929 年,杭州市成功举办首届西湖博览会,成为中国博览会的开先河之举。2000 年,杭州市政府抓住世纪之交的机遇,恢复举办西湖博览会,为新世纪拓展商务旅游、发展会展经济、传播先进文化奠定了新的基础。西博会全面展示了杭州的资源优势、产业特色、文化魅力和创业环境,扩大了杭州市的知名度和美誉度,使之变成城市的"金名片"。

宁波、温州、义乌等地也都积极拓展思路,大力发展会展经济,形成了东、北、南、中四个会展区域,其中,北部地区以杭州市为主,主要拥有杭州和平会展中心、杭州市国际会展中

心、杭州世贸国际会展中心、浙江展览馆等7个会展场馆;东部地区以宁波市为主,拥有宁波国际会议展览中心等3个会展场馆;南部地区以温州市为主,拥有温州国际会展中心、温州市展览馆两个会展场馆;中部地区以义乌市为主,拥有义乌新国际博览中心等场馆。

表1-3 浙江省主要会议中心、会展中心会议室情况

城市	场馆名称	会议室情况
杭州	杭州国际会议中心（洲际酒店）	采用钢结构建设,建筑高度85米,主体由13米高椭圆形裙房和直径85米的球体组成,2010年12月27日正式开业,共有31个会议室,最大的宴会厅面积2 100平方米,另有2个剧院,容纳人数分别为960人和260人
	杭州西湖国际会议中心	有大小会议厅30个,配有10语种同声传译系统,包括可容纳3 000人的大会议厅、新闻发布厅、可容纳3 000人同时用餐的宴会厅、可容纳1 800人的多功能厅、报告厅、首长接见厅、贵宾厅和行政厅等
	杭州世贸国际会展中心	设有大小会议室和演讲厅,包括一个可容纳800人的多功能厅
宁波	宁波国际会议展览中心	有1个能容纳500人的多功能厅、8间能容纳50~140人的中型会议室、8间能容纳20~40人的小型会议室
温州	温州国际会展中心	有1个650平方米可容纳200人的新闻发布室、1个850平方米可容纳250人的中型会议室、1个1 100平方米可容纳300人的国际会议厅、1个1 380平方米可容纳500人的多功能厅、1个2 700平方米的大型多功能厅、10个小会议室、22个小型洽谈室和1个贵宾室
台州	台州市国际会展中心	会议区共9 592平方米,设有1个可容纳500人的多功能厅、1个可容纳80人的高级商务会议室、1个可容纳50人的中型商务会议室、14个可容纳30人的小会议室

资料来源:根据中国会展经济发展报告(2010)和公开资料整理

4. 山东省会议场馆

山东省会展业起步相对较晚,会展企业规模小,抗风险能力不足。目前,山东有13个专业的会展场馆配备了会议设施,为举办大型专业化会展提供了较为完善的硬件基础。山东省的会展经济正朝着市场化、法制化、专业化和国际化的方向不断提高,会展从业人员的素质和专业技能也在不断进步。

表1-4 山东省主要会议中心、会展中心会议室情况

城市	场馆名称	会议室情况
济南	济南国际会展中心	有25间面积4 200平方米的报告厅、多功能厅、贵宾厅、会议厅、宴会厅、新闻发布中心等大、中、小型会议室
	济南舜耕国际会展中心	会议中心面积7 000平方米,设有可容纳10~7 000人的会议室、洽谈室和贵宾室25个
青岛	青岛国际会展中心	有1个可容纳4 000人的豪华会议室、6个可容纳200人的会议室,以及多个中小型会议室、洽谈室和贵宾室

续表

城市	场馆名称	会议室情况
淄博	淄博国际会展中心	有9个可容纳3 000人的大小会议室
烟台	烟台国际会展中心	有200平方米设有贵宾室的咖啡厅、800平方米可容纳500~800人的会议室
烟台	烟台国际博览中心	有1个可容纳1 500人的大报告厅、13个可容纳100~300人的各类会议室、5个贵宾室
德州	太阳谷国际会议中心	共有58间会议室,最大的会议室7 800平方米
威海	威海国际会展中心	有总面积3 200平方米的会议洽谈室、1个450平方米可容纳400人的大会议室、6个90平方米可容纳60~80人的会议室

资料来源:根据中国会展经济发展报告(2010)和公开资料整理

5. 福建省会议场馆

由于地理区位的特殊性,福建省注重发挥地域的优势,扩大海峡两岸经贸合作,推进海峡两岸经贸交流发展,突出"海峡"特色,取得了巨大成功。大批台湾企业或行业团体组织来闽参展参会十分踊跃,海峡两岸经贸交易会(海交会)、海峡两岸老字号暨福建名牌产品博览会、福州春节年货会等都有大批台商参会,甚至漳州市举办的"海峡两岸花卉博览会"、石狮市举办的"海峡两岸纺织服装博览会"也都吸引了大量的台商参加。

近几年,福建省各地会展场馆建设步伐加快。2008年宁德会展中心和武夷山风景国际会展中心建成,2009年龙岩会展中心建成。截至目前,全省已经拥有11个专业性会展场馆,场馆功能逐步扩大、完善。2008年建成的宁德市会展中心于2009年又扩建了1.5万平方米,使其具备了举办多种形式的大型会展和国际、国内会议的能力。2010年5月竣工的福州海峡国际会议中心占地2 000多亩,总建筑面积38万平方米。

表1-5 福建省主要会议中心、会展中心会议室情况

城市	场馆名称	会议室情况
福州	福建经贸会展中心	有11间大小型会议室
厦门	厦门国际会议中心	共有30多个会议室、贵宾室、会见厅等,其中最大的会议室是2 164平方米的多功能厅,另有一个可容纳1 747人的海峡会议厅

资料来源:根据中国会展经济发展报告(2010)和公开资料整理

6. 安徽省、江西省会议场馆

近几年,安徽省大力发展会展经济,会展业发展迅速。安徽的合肥、芜湖已经初步奠定了宁汉之间区域性会展中心城市的地位。江西省的会展业发展在我国华东地区中相对落后,在2005年之前,只有江西省展览中心一家专业会展场馆。2005年,南昌国际展览中心正式投入使用。

表1-6 安徽省、江西省主要会议中心、会展中心会议室情况

城市	场馆名称	会议室情况
合肥	安徽国际会展中心	有12 000平方米的会议区总面积,最大会议室为2 000平方米
芜湖	弋江国际会议中心	有8个会议室,影视厅可容纳690人,最大的观台式、阶梯式会议中心可以同时容纳800人的大型会议
江西	南昌国际展览中心	总面积约400平方米的会议区设有贵宾会见厅及休息厅,有可容纳700余人的多功能厅及26间小会议室、商务洽谈室

资料来源:根据中国会展经济发展报告(2010)和公开资料整理

(二)中南、华南地区会议场馆分布情况

中南、华南地区气候温和,自然条件较好,投资环境优良,经济运行良好,因此会展业较为发达。总体而言,中南、华南地区的会展业发展很不均匀,广东的会展业一直处于领先地位,其他地区如河南、湖南、湖北、广西等的会展业发展水平比较低。海南的会展业发展也相对滞后,但转机自2010年1月4日开始——《国务院关于推进海南国际旅游岛建设发展的若干意见》发布,发展目标是"到2015年,旅游管理、营销、服务和产品开发的市场化、国际化水平显著提升"。

1. 广东省会议场馆

作为中国改革开放最早的省份之一,广东省是我国会展业的传统强省。目前拥有29个专业会展场馆,其中仅广州市就拥有12个,占据了半壁江山。

表1-7 广东省主要会议中心、会展中心会议室情况

城市	场馆名称	会议室情况
广州	广州白云国际会议中心	有61个会议室,最大的会议室有2 500个固定座位
广州	广州锦汉展览中心	有1个面积1 036平方米可容纳650人的现代会议大厅和9个中小会议室
广州	广州保利世贸博览馆	有1个面积4 500平方米可容纳2 500人的会议室
广州	中国进出口商品交易会琶洲展馆	有8个面积406平方米可容纳184人的圆桌式会议室、1个1 174平方米可容纳675人的课堂式会议室、1个53平方米可容纳10人的会客厅、3个总面积250平方米均可容纳83人的课桌式会议室、2个总面积446平方米可容纳334人的阶梯式报告厅
深圳	深圳会议展览中心	有25个会议厅,最大会场可容纳3 000人
深圳	深圳国际展览中心	会议中心面积16 000平方米。设置能容纳2 500人参加会议的多功能厅、600座中型会议厅、400座中型会议厅各一间,可组合式小型会议室、贵宾室40间,平均每间容纳40人

续表

城市	场馆名称	会议室情况
珠海	中国国际航空航天博览中心	新闻中心建筑面积1.186万平方米,是集新闻制作、电视直播、商务洽谈、学术交流、办公等多功能于一身的现代化新闻中心
汕头	汕头林百欣国际会议展览中心	有1个可容纳1 997人的大会堂、1个可容纳100多人的综合会议厅、1个可容纳300多人的综合会议厅
东莞	广东现代国际展览中心	有11个80~2 400平方米的会议室,包括1个2 400平方米的多功能大型会议厅
江门	江门市五邑华侨广场会展中心	有22 300平方米的会议中心
中山	中山博览中心	会议厅建筑面积10 000平方米,有1个可容纳600人的会议大厅、1个可容纳300人的功能大厅、24个小型会议室
中山	广东小榄会议中心	分别配有可容纳1 000人、130人和55人的豪华多功能阶梯会议室
中山	中山火炬国际会展中心	有2个可容纳600多人的国际会议厅及开发区工业产品展示厅、1个可容纳300人的多功能会议厅

资料来源:根据中国会展经济发展报告(2010)和公开资料整理

广州白云国际会议中心

广州白云国际会议中心是中国南方最大的专业性会议中心,由广东省、广州市政府及越秀集团共同投资约40亿元兴建,以广东省、广州市人大、政协等机关部门召开的大型政务会议为主要服务对象,总规划用地面积约为27公顷,总建筑面积27万平方米,是集会议、展览、酒店、演出、宴会、写字楼于一身的大型综合性会议中心。会议中心部分建筑面积约12万平方米,分有独立大、中、小分会场共61个,最大的2 500座世纪大会堂除了可以举办会议外,还能变身大剧院。该中心主席台有150个座位,并设可升降地板、电子表决系统。此外,会议中心还设有1 000和500座国际会议厅各一间,另设一间250座主席团专用会议厅和多个中型会议厅。配套的东方国际会议酒店,设有1 086个房间。该会议中心还拥有6万平方米的多功能展览场地。广州白云国际会议中心先后举办了"亚太总裁与省市长国际合作大会"、"中国(广州)国际水大会暨展览会"、"第四届中国国际中小企业博览会暨日中小企业博览会"等。广州白云国际会议中心现为广州岭南国际企业集团的成员企业。

2. 广西壮族自治区会议场馆

表1-8 广西壮族自治区主要会议中心、会展中心会议室情况

城市	场馆名称	会议室情况
南宁	南宁国际会展中心	有14个大小不同的会议室、1个面积3 000平方米可容纳1 500人的多功能圆形大厅、1个可容纳300人的会议室
桂林	广西桂林国际贸易展览中心	有1个面积1 000平方米的会议室

资料来源:根据中国会展经济发展报告(2010)和公开资料整理

3. 海南省会议场馆

表1-9 海南省主要会议中心、会展中心会议室情况

城市	场馆名称	会议室情况
海口	海南国际会展中心国际会议中心	会议中心面积3.5万多平方米，包括一个容纳2 000人的多功能厅，一个容纳2 000多人的剧场式会议厅，一个容纳700人、具备同声传译系统的国际会议厅，还有18个贵宾接待厅等设施
三亚	亚太国际会议中心	与三亚海航度假酒店合为一体，亚太国际会议中心拥有16个会议室，其中最大会议室面积850平方米
博鳌	博鳌国际会议中心	以接待一年一度的博鳌亚洲论坛年会而闻名，共有20间会议室，最大的会议室面积2 560平方米

资料来源：根据中国会展经济发展报告(2010)和公开资料整理

(三) 西北地区会议场馆分布情况

现阶段，西北地区是我国会展业较不发达的地区，交通很不便捷，产业结构也欠合理，会展硬件设施条件相对较差，相关的会议服务业也尚未发展起来，这些因素都阻碍了西北地区会展业的发展。从会展场馆上来说，能够查询到的会展场馆只有11个，其中还包括一些博物馆、广场等非正式会展场馆。此外，场馆规模也比较小。但是，随着国家西部开发战略的制定和实施，西北地区也将逐步成为会展的新热点。在西安，总投资达45亿元人民币的西安曲江国家会展中心已经奠基，据称建成后，将成为中国西北地区规模最大、配套设施完备的国际一流会展场馆。

陕西省会议场馆

2009年，西安市政府工作报告提出："大力发展现代服务业，加快推进会展业市场化进程，促进曲江会展产业园建设，精心办好欧亚经济论坛及中亚博览会……"由此可见西安市对会展经济的重视程度。陕西省拥有西安国际会议中心、索菲特国际会展中心（即人民大厦，仅有会议功能）、西安绿地笔克国际会展中心、陕西国际展览中心、曲江国际会展中心和杨凌国际会展中心等场馆。

表1-10 陕西省主要会议中心、会展中心会议室情况

城市	场馆名称	会议室情况
西安	西安国际会议中心	建筑面积达4.5万平方米，最大的会议室（大会堂）可容纳1 000人
西安	索菲特国际会展中心	有11个会议室，大宴会厅1 100平方米。此外，还有一个独立的人民大剧院，座位数1 500个
西安	浐灞国际会议中心	最大的宴会厅1 350平方米
咸阳	曲江国际会展中心	共约50 000平方米，有1个可容纳2 000人的大型会议厅、1个可容纳1 000人的中型会议厅，以及30个可容纳20~300人的中小型会议厅

资料来源：根据中国会展经济发展报告(2010)和公开资料整理

(四)华北地区会议场馆分布情况

1. 北京市会议场馆

作为中国的首都,北京发展会议业有其他城市无法比拟的众多优势,比如中央国家机关、外国使馆、联合国等国际组织的办事处、新闻媒体都集中在北京,全国性的协会、学会,许多国家级的科研机构、知名学府、国际航班、文艺演出团体等也都集中在北京,因此北京是中国会议业最发达的城市。2008年,北京奥运会顺利举行,在进入"后奥运时代"以后,北京会议业面临着机遇,也面临着其他城市的强有力的挑战。

表1-11 北京市主要会议中心、会展中心会议室情况

场馆名称	会议室情况
国家会议中心	设有近100个各种面积的会议室,其中大会堂面积6 400平方米(无柱),另有4 860平方米的无柱大宴会厅,阶梯式报告厅设有350个固定座位,室内展览面积3.5万平方米
北京国际会议中心	拥有各种类型的会议室48间,其中超过1 000平方米的会议室有2个,另有596个固定座位的阶梯式会议室,展览面积近5 000平方米
北京会议中心	有45个会议室,最大的会议室是可容纳1 800人的报告厅。主要接待北京市"两会"和其他北京市的政务会议
九华国际会展中心	有约90个大小不等的会议室,最大的宴会厅3 200平方米
国际饭店国际会议中心	共有30个可灵活使用的会议室,紫金大厅是最大的会议室,面积2 000平方米
外研社国际会议中心	位于北京南部的大兴区,共有23间会议室,另有40间小型的培训教室,大礼堂可容纳1 000人(固定座位)
夏都会议中心	位于北京西北部的延庆县,共有15个会议室,最大的会议室800平方米
乔波国际会议中心	位于北京北部的顺义区,共有14间会议室,最大的会议室面积480平方米
怡生园国际会议中心	位于北京北部的顺义区,共有24间会议室,最大的会议室面积880平方米

资料来源:根据中国会展经济发展报告(2010)和公开资料整理

国家会议中心

国家会议中心是目前中国规模最大、设施最先进、配套最完善的特大型综合会展场馆。国家会议中心位于北京奥林匹克公园中心区,紧邻鸟巢、水立方和国家体育馆,总用地面积约12.22公顷,总建筑面积约为53万平方米。其中会议中心主体建筑面积27万平方米;配套设施建筑面积约26万平方米,包括2座酒店、2栋写字楼和商场等建筑。

2008年奥运会期间,国家会议中心是国际广播中心(IBC)、主新闻中心(MPC)以及击剑比赛的预赛、复赛和决赛及现代五项的击剑、射击项目的比赛所在地。残奥会期间,一层大宴会厅举行了轮椅击剑和硬地滚球比赛。配套酒店供奥运官方注册媒体记者使用。奥运会后经过内部改造,国家会议中心于2009年11月1日正式对外营业。

国家会议中心有大小不等的会议室近100个,配备了最先进的会议视听设备,能最大限度地满足从20人到6 000人不同规模的会议、宴会、演出、新品发布、公司活动等的多功能服务需求。其中最大的会议室6 400平方米,可容纳6 000人,无柱;大宴会厅4 860平方米,无柱,可接待3 500人的宴会;展厅3.5万平方米,其中一层的展厅净高10米,可灵活分割为4个独立的展厅。

图1-4 国家会议中心

2. 天津市会议场馆

作为国际化大都市的天津,在朝着"完善口岸城市"功能的目标奋斗的过程中,需要大力发展会展业,尤其需要举办更多有深度、高层次、影响大的国际化专业会展。2006年6月,国务院发布了《国务院推进天津滨海新区开发开放有关问题的意见》,正式宣布天津滨海新区成为全国综合配套改革试验区。天津继深圳经济特区、浦东新区之后,将成为又一带动区域发展的新的经济增长极,建成我国北方对外开放门户。

表1-12 天津市主要会议中心、会展中心会议室情况

场馆名称	会议室情况
天津滨海国际会议中心	是天津滨海会展中心的一个组成部分,有21个会议室,报告厅能容纳1 000人,最大会议室的面积是952平方米。2010年9月15日投入使用
天津梅江会展中心	天津市规模最大的会展中心,展览面积5万平方米,有会议室共20间、贵宾厅3间,最大的会议室能容纳2 000人。展馆2期已于2010年11月开工。是2010夏季达沃斯论坛主会场

资料来源:根据中国会展经济发展报告(2010)和公开资料整理。

3. 河北省会议场馆

近年来,河北省举办会展的数量逐年增加,呈现出加速增长的趋势。同时,全国及全世界著名的会展开始落户河北。虽然河北省会展业存在一些问题,如场馆不足、规范不健全、市场化程度低等,但是随着各级政府对会展业的认识和投入不断加深、加大,会展经济的影响力将逐步显现,越来越多的国有、民营企业将步入会展业,一些高校开始开设会展设计专

业。我们有理由相信,河北会展业将走上一条专业化、规范化、市场化的发展道路。

表1-13 河北省主要会议中心、会展中心会议室情况

城市	场馆名称	会议室情况
石家庄	石家庄人民大会堂	有1个面积429平方米可容纳374人的学术报告厅、2个面积均为429平方米可容纳160人的中型会议厅、16个面积均为80平方米可容纳50人的小型会议室
唐山	唐山国际会展中心	有4个共可容纳500人的大中小型会议室、1个新闻发布厅、1个豪华贵宾室、多个洽谈室
唐山	唐山渤海国际会议中心	即渤海国际大酒店,位于唐山市曹妃甸,共有26个会议室,最大的会议室面积866平方米
廊坊	廊坊国际展览馆	有5间总面积954平方米可容纳327人的中型会议室、6间面积分别为30平方米的洽谈间

资料来源:根据中国会展经济发展报告(2010)和公开资料整理

(五)东北地区会议场馆分布情况

东北地区是我国传统老工业基地,具有较强的工业基础,近几年会展业发展较快,会展场馆大多集中在大连、沈阳、长春以及哈尔滨等城市。

表1-14 辽宁省、吉林省、黑龙江省主要会议中心、会展中心会议室情况

城市	场馆名称	会议室情况
沈阳	辽宁友谊国际会议中心	即辽宁友谊宾馆,隶属辽宁省人民政府,是接待政要以及商务、会议宾客的大型别墅群式花园宾馆。拥有23个会议室,最大的会议室可容纳600人。国宾剧场共设座位730个
沈阳	沈阳新世界国际会展中心	2006年12月开工建设,预计2014年全部开业,最大的宴会厅容纳人数为1 150人,3 900平方米的多功能厅也可承接会议和小型展览
大连	大连星海会展中心	会议区总面积7 000平方米,有10个各种规格的会议室、1个面积2 600平方米的多功能厅、1个可容纳500人的国际会议厅
大连	大连世界博览广场	多功能厅面积5 766平方米,可举行3 500人的大型会议或1 500人的大型宴会,会议区设有会议室12个
大连	大连国际会议中心	预计2012年完工,总建筑面积14.68万平方米,高59米。分为地下一层、地上四层。有28个会议室,最大的会议室可容纳2 500人。另有一个大剧院,1 650个座位。预计接待大连"两会"和大连夏季达沃斯论坛
大连	大连国际金融会议中心	系中国人民银行与国际货币基金组织(IMF)按国际五星级旅游涉外酒店标准设计和建造的集会议、客房、餐饮、康乐及休闲于一身的综合性酒店,为IMF东北亚唯一培训基地。有14间会议室,最大会议室2 800平方米
大连	长兴岛国际会议中心	宾馆、综合楼、会议中心等项目建筑面积合计17万平方米,2007年开工建设
大连	大连金石国际会议中心	有15间会议室,最大的会议室面积600平方米

续表

城市	场馆名称	会议室情况
长春	长春国际会展中心	设有贵宾室、签约室、多功能厅及各种规模的会议室
哈尔滨	哈尔滨国际会展体育中心	建筑面积为46 000平方米,设有大中小型会议室35间,国际报告厅可容纳470人

资料来源:根据中国会展经济发展报告(2010)和公开资料整理

(六)西南地区会议场馆分布情况

如同西北地区一样,中国的西南地区在经济方面处于比较低的发展阶段,作为会展业而言,也处于起步的阶段。西南地区的会议场馆主要集中在重庆、成都和昆明三大城市。

表1-15 重庆市、四川省、贵州省、云南省主要会议中心、会展中心会议室情况

城市	场馆名称	会议室情况
重庆	重庆国际会展中心会议中心	会议中心拥有33个各种规格的会议室,最大的宴会厅面积1 715平方米
成都	成都娇子国际会议中心	位于世纪城新国际会展中心内,共有28个会议室,最大会议室面积2 800平方米
贵阳	贵阳国际生态会议中心	是贵阳国际会议展览中心的一个组成部分,建筑面积6.46万平方米。设有一个3 500人的大型会议厅及一个可容纳3 500人的大型宴会厅
昆明	昆明国际会展中心	有可容纳2 000人宴会、3 000人会议的大型多功能厅

资料来源:根据中国会展经济发展报告(2010)和公开资料整理

第5节 国内会议中心的投资与运营管理模式

一、国内会议中心的投资主体

在中国,会展场馆的投资主体呈现出多样性,投资方主要包括各级地方政府、国有企业、三资企业(在中国境内设立的中外合资经营企业、中外合作经营企业、外资企业三类外商投资企业)和私营企业等。如,上海的新国际博览中心是由上海陆家嘴展览发展有限公司与德国展览集团国际有限公司(成员包括德国汉诺威展览公司/德国杜塞尔多夫展览公司/德国慕尼黑展览有限公司)联合投资建造。

会议中心的投资模式与会展中心的投资模式十分相似,也就是说,会议中心的业主也是以地方政府、国有企业、三资企业、私营企业这四种单位为主。地方政府无法直接投资会展中心或会议中心,因此政府出资也往往是通过下属的事业单位或国资委系统的企业来进行,也有的地方为一个会议中心单独成立一个新公司。

(一)政府出资

即使会议中心项目一开始是以政府名义投资建设的,但在会议中心完工、即将开业之际,仍然大多会移交给某个公司或干脆成立新的公司作为会议中心的业主单位。

世界上规模最大、水平最高的国际级会展中心 2011 年内有望在上海开工。该国际级会展项目由中国商务部与上海市政府共建,投资额约 230 亿元人民币,将建设以内外贸结合、进出口结合、货物贸易和服务贸易结合为发展模式的项目。这是一个部委和地方政府共同投资建设的案例。但比较多的是地方政府自行投资。如广州白云国际会议中心项目由广东省、广州市政府及越秀集团共同筹资建设,是近年广东省、广州市政府的重点工程之一,现在是广州岭南国际企业集团的成员企业。

青岛准备在现有的青岛会展中心的马路对面开工建设青岛国际会议中心,该项目也可被视为典型的政府投资,因为其筹备组属于青岛市的事业单位。

正在建设中的大连国际会议中心是大连东港区中央商务区(CBD)的标志性建筑,建成后除了承担夏季达沃斯论坛的接待任务外,还将承接大连市的"两会"和其他政务会议。因此,大连国际会议中心也是地方政府出资建设的项目。

地处北京北五环的北京会议中心,其首要功能是接待北京市的"两会",是中央、驻京党政军机关、北京市党政机关及企事业单位的定点会议接待单位,天安门管委会副主任现任北京会议中心党委书记。

南京金陵会议中心是由南京市政府和南京市河西建设指挥部共同投资的项目。大连国际金融会议中心由中国人民银行投资建设,也是属于这种模式。

(二)国有企业出资

国有企业出资,有的是政府全额拨款成立一个新公司,有的是国有企业按照政府要求进行投资。资金来源也是多种多样,常常是自有资金、发行债券、银行借贷混合使用。其中一些业主还是国有控股的上市公司,不仅在中国会议业最为发达的北京和上海如此,其他城市如广州、苏州、唐山也较为普遍。

北京国际饭店国际会议中心的投资方是北京首旅集团,该集团是北京市国资委系统的大型国有企业;苏州国际博览中心有限公司于 2003 年 5 月成立,注册资金人民币 18.947 亿元,属苏州工业园区国有企业;唐山渤海国际会议中心的业主是首钢公司。

在国内,还有一个有趣的现象是有一些地方政府会要求本地的国有控股上市公司来投资建设会议中心、会展中心。国有控股的上市公司投资建设会议中心(会展中心)的有北京国际会议中心(其业主是在香港和上海两地上市的北京北辰实业股份有限公司)、重庆国际会展中心会议中心(会议中心是重庆国际会展中心的一个组成部分,业主是重庆渝开发股份有限公司,在深交所上市)。而贵阳国际生态会议中心是贵阳国际会议展览中心的一部分,其业主中天城投集团股份有限公司是贵州省第一家上市公司,唯一一家房地产类上市公司。天津滨海国际会议中心的投资方是天津泰达集团,也是一家上市公司。有意思的是,这四家业主都是以房地产开发为主业的上市公司。

(三)私营企业投资

目前,私营企业投资建设会议中心、会议型酒店最为常见,也越来越多地被各个城市所效仿。应该说,私营企业投资会议中心,根本目的还是在于会议中心所配套的酒店、写字楼、公寓、住宅项目、购物中心等物业的赢利。

郊区的小型会议中心常常就是客房数量较多、会议功能也较强的度假村、培训中心,如苏州太湖国际会议中心、大连金石国际会议中心、唐山渤海国际会议中心(即渤海国际大酒店)、北京乔波国际会议中心都属于这种类型。北京九华山庄可谓是一个最早进入此行业的成功案例,发展快速,如今规模庞大,共拥有会议室近90个。

在市区能建设会议中心的往往是实力较雄厚的地产集团。这些大型开发商之所以能拿到土地,不但是因为其资金实力雄厚,而且其建设、开发综合商业地产的经验为政府所看重。如正在建设中的海南国际会展中心即由2001年7月成立的房地产综合开发企业天利地产集团公司所投资。

成都娇子国际会议中心的业主是耕耘了10多年的成都会展旅游集团,该集团创立于1997年,是一家集展览、会议、旅游、景区经营、酒店服务及房地产开发、物业管理等于一身的大型企业集团。

昆山华敏国际会展中心的投资方是上海华敏置业(集团)有限公司,这也是一家以地产为绝对主业的企业。

德州太阳谷国际会议中心是由皇明太阳能公司投资兴建的。

(四)业主有外资背景

除了本章开头提到的由上海陆家嘴展览发展有限公司与德国展览集团国际有限公司联合投资建设的上海新国际博览中心外,投资方有外资背景的还有:沈阳新世界会展中心,其投资方是香港新世界集团;西安绿地笔克会展中心,股东之一是笔克远东公司(注册地在香港)。

上海环球金融中心(会议中心的会议设施分布在3层、4层、5层和94层)的投资方是日本森海外株式会社(Forest Overseas Co.,Ltd.)。

(五)其他投资主体

其他投资主体包括大学、科研机构等事业单位,如北京外研社国际会议中心的投资方是北京外国语大学。有些大学的会议中心,则是个人、企业捐资建设或捐赠的,这类情况也较为特殊。

由此可见,国内大部分会议中心的投资主体是企业,这一点跟欧洲、北美和大洋洲正好相反——在这三个地区,政府投资呈普遍化。这与地方政府对会议业的经济拉动作用、创造就业机会和增加税收的重要性理解不足有很大的关系,说明政府真正理解会议业的能量还有很远的路要走。无论是国有企业、私营企业还是外资企业,都有一个最重要的赢利使命。而会议中心恰恰极难赢利,因而国有企业被政府要求投资建设会议中心,而私营企业、外资企业则趁机跟政府讨价还价,筹码就是私营企业、外资企业帮政府盖政府所期望的会议中心,作为回报,政府给予大块土地供私营企业、外资企业整体开发。

二、国内新建会议中心的建筑特点

国内新建会议中心有如下几个特点:

(一)被赋予历史使命,需要成为城市的新坐标

地方政府现在逐渐意识到会展业对促进经济发展和文化交流的意义了,而且为了在与其他城市竞争中不至于处于下风,加上国际化情结,希望提升国际化程度和扩大国际知名度,因而对新建会议中心、会展中心都寄予厚望,期望新的会展场馆能成为城市的地标性建筑,能一鸣惊人。所以,我们可以发现,各地新建的会展中心不但建设规模大,而且往往外形非常漂亮。

海南国际会展中心项目总体规划方案和会展中心单体建筑设计方案由2008年北京奥运会"鸟巢"设计团队——中国建筑设计研究院设计大师李兴钢先生执掌设计,项目最终获得海口市委、市政府的确认。该方案在设计上结合节能、环保等绿色主题,充分考虑沿海建筑景观,在总体布局和功能安排上融入海南独特的热带滨海风情和海洋文化元素,屋顶整体呈波浪形,体现韵律,连绵起伏,主体建筑造型新颖、独特。设计成果于2009年9月18日通过海南省内外数十位著名专家的评审,并获得海口市人民政府批准。当地政府希望海南国际会展中心能成为海南国际旅游岛的"城市名片"。

图1-5 海南国际会展中心效果图　　图1-6 杭州国际会议中心效果图

杭州国际会议中心似活泼的太阳正升腾,大剧院则如同静静的一弯新月才落下,如天造地设一般。这组屹立在城市最核心地带的巨型雕塑式建筑,不仅具有明确的象征意义,而且很好地暗示了杭州的过去和未来,共同构筑出"与日月同辉"的美好寓意。杭州国际会议中心外墙采用金色钛板玻璃幕墙,无论白天黑夜都将是钱塘江畔最耀眼的一颗明珠。

(二)选址不在市中心,而多在政府重点开发的商务区、政务区

因为土地、拆迁成本过大,有时候政府要重金打造新的中央商务区(CBD)、新的政务区,因而新建设的会议中心的选址一般不在市中心,而要跟着政府的指令,选在政府准备建

设或正在建设的城市"副中心"。当然,投资开发商也愿意跟随政府的旨意去商业环境尚不成熟的地方建设会议中心,前提是能拿到用作开发住宅和其他商业用途的宝贵的土地。

成都娇子国际会议中心在当初投资建设时,选址就远离市区,其他商业设施不完善。经过这几年的发展,该地域已成为成都新的政务区。

杭州国际会议中心(洲际酒店)由钱江新城投资建设,位于杭州商务区。

正在建设中的大连国际会议中心,地点在大连东港区的中央商务区,以后该地区将建设大型海滨音乐喷泉,成为高档的商业区和市民休闲的好去处。

贵阳国际会展中心建在金阳区(金阳新城),贵阳市政府办公大楼迁移到了会展中心的旁边。

(三)多以商业地产综合体的面目出现,都建有配套豪华酒店

这是因为投资商也意识到会议中心、会展中心赢利艰难,因此在跟政府谈判时就要求多拿地,同时开发酒店、公寓、写字楼、商场等商业地产,有时候可能还要应政府要求建设体育场、剧院等公共设施。新项目一般都有配套酒店。这种"城市综合体"正在被多个城市所复制。

如沈阳新世界国际会展中心项目占地面积22.8万平方米,总建筑面积70万平方米,其中会议展览中心10万平方米,两座星级酒店(三星级、五星级各一座)共9万平方米,客房数约800间,办公楼10万平方米,办公酒店区域计划70~80层,购物中心14万平方米,酒店式公寓27万平方米。开发商还要建设一个可容纳4 000人的室内体育场。

贵阳国际会议展览中心包含国际会展中心、国际生态会议中心、繁华商业区、超五星级酒店,具有配套服务、文化娱乐与休闲度假、商务办公、商业、住宅等功能。其中,酒店定位为五星级(拟为凯悦酒店),有800间客房;商业中心主要包括购物中心、电影城、文化体育娱乐城、书城和儿童天地、会展创意SOHO商业街区、风情商业街、迎宾广场地下商业区,总面积15.85万平方米。

海南国际会展中心位于海口市著名旅游度假区西海岸,除了大型商业住宅外,还将建设一座五星级酒店(拟为万豪酒店)、一座三星级酒店、海上七星级豪华酒店、国际游艇码头、游艇俱乐部等。

三、国内会议中心的运营管理模式

目前,国内主要会议场馆所采取的运营管理模式基本可以分为如下四类:

(一)业主自行投资,自行组建管理队伍

国内大部分投资方,无论是政府、国有企业还是私营企业、外资企业,多采用"自行投资建设、自行组建管理队伍"这种模式,如广州白云国际会议中心、北京国际会议中心、上海国际会议中心、成都娇子国际会议中心等。尚处于施工阶段的沈阳新世界会展中心的投资方是香港新世界集团,而香港会展中心的管理方是香港新世界集团下的新创建集团的全资附属机构公司香港会议展览中心(管理)有限公司,因而沈阳新世界会展中心也将由香港会

议展览中心（管理）有限公司进行管理（或将在境内设立独立的管理公司）。这也是一种业主自行组建管理公司的模式。

鉴于国内会展场馆的高级管理人才不多，所以投资方在建立管理队伍时碰到的最大的难题是如何找到优秀的总经理，作为国内会展业先驱的北京和上海的老牌场馆就成了外地场馆重点挖人才的目标。广东中山博览中心管理有限公司的现任董事长梁文原来是中国国际展览中心所属的中国国际展览中心集团公司（"中展集团"）的副总裁。而刚退休的上海国际展览中心原总经理方佩英则被新落成的昆山华敏会展中心聘为总经理。

（二）聘请境外公司进行管理

1. 中方和外方（往往是知名的会展中心或会展中心管理公司）组建合资的管理公司，然后由管理公司对某个场馆进行管理

设立合资管理公司可能是为了满足政府要求，也可能是出于签约、收款、避税等目的。2006年，香港会议展览中心（管理）有限公司和上海国际展览中心（INTEX）组建合资公司郑州香港会展管理有限公司，应郑州市政府的邀请，为郑州国际会展中心提供管理服务。据悉，上海国际展览中心是小股东，香港会议展览中心（管理）有限公司占股较多。

2. 由业主和外方设立合资管理公司，对业主投资的场馆提供管理

天津滨海会展有限公司是由天津泰达集团有限公司（业主）和新加坡Singex Venues. Pte. Ltd. 共同投资成立的合资企业，受天津经济技术开发区管理委员会的委托对天津滨海国际会展中心实施运营和管理。

又如，2006年6月，重庆市城市建设投资公司与香港笔克远东集团公司共同出资1 000万元人民币组建了重庆国际会展中心管理公司，由该公司对重庆国际会展中心进行经营管理（现在香港笔克已经不再管理重庆国际会展中心了，退出年份不详）。重庆国际会展中心的业主是重庆渝开发股份有限公司，而重庆市城市建设投资公司正是重庆渝开发股份有限公司的控股股东。

（三）境外公司既当会展场馆的小业主，也提供管理

香港笔克公司是西安绿地会展中心的小股东，控股股东是上海绿地集团，因此该会展中心以两家股东的名字命名。该会展中心由香港笔克公司进行管理。

（四）国内场馆输出管理

国内出于商业目的而建设的第一个专业会展场馆是中国国际展览中心，建于1985年。之前所建设的北京展览馆、上海展览中心、全国农业展览馆、广交会流花路展馆等可被认为是政府工程。而国内第一个国际会议中心——北京国际会议中心1990年后才进入人们的视野。因此，国内专业会展场馆的历史不长，管理经验、底蕴和文化积淀也不深厚。

2003年，上海国际展览中心有限公司参与投资成立宁波国际会议展览中心管理有限公司，正式经营宁波国际会议展览中心，提供以ISO 9001为核心的全套管理输出，成为中国第一家成功进行展馆管理输出的公司。上海国际展览中心有限公司2009年撤出管理。

贵阳国际会议展览中心由贵州当地的大型房地产开发企业中天城投集团投资开发。

2010年,中天城投集团聘请安徽国际会展中心管理团队对贵阳国际会议展览中心进行管理。

(五)酒店代为管理

这种模式比较特殊,前提是会议中心规模比较小,或者会议中心本身就是酒店的一个组成部分,因而酒店可以沿用现有的组织架构,并不需要另外组建专门的管理团队,仅仅需要在现有编制的基础上再增加人手即可,如扩大销售力量、招聘负责会议中心的销售经理、增加工程技术人员和餐饮服务人员等。

国内现在可以查到的酒店代为管理的案例有如下6个:
- 海南博鳌国际会议中心:由博鳌索菲特大酒店代为管理。
- 西安索菲特国际会展中心:几乎没有展览场地,实际上就是一个会议中心,由西安索菲特大酒店代为管理。
- 西安浐灞国际会议中心:由西安中新凯宾斯基酒店管理。
- 杭州国际会议中心:由杭州洲际酒店代为管理。
- 北京金融街会议中心:原由威斯汀酒店代为管理,2010年年底该会议中心改为北京金融资产交易所。
- 南京金陵会议中心:由金陵酒店管理公司管理。

国内还没有专业的会展场馆管理咨询公司,这与国内会展场馆建设起步晚、人才储备少、行之有效的经验积累匮乏等有很大的关系。加上中国东、西部差异大,南方、北方的经济环境、文化也有不小的差异性,所以很多业主只得自行组建场馆管理公司。

四、业主自行运营管理的利弊分析

显然,业主自行管理、聘请国内或国外的专业管理公司或请酒店代为管理,采用的运营管理模式不同,其产生的效果也不尽相同,主要体现在运营收益及风险、管理水平、人才队伍、发展前景以及社会效益等方面。

业主自行管理是目前国内会议中心、会展中心的运营管理普遍采用的模式。它的优势至少有以下七个方面。

第一,业主的收益比较有保障,能根据当初的投资计划和预期收益制定会议中心的收入目标和经营利润率。

第二,对总经理、副总经理、总工程师等领导班子的选派、考评、录用、任免有绝对的主动权,管理团队能较好地贯彻业主的旨意和要求,上下沟通较为容易。

第三,可以根据业主公司的经营方向、战略调整或资金调配而对会议中心的资金使用、大修改造、业务重点、收入来源等施加影响,比如,局部改造的请求很可能得到业主的同意。

第四,一般会让业主其他下属公司与会议中心紧密配合,互相提供支持,确保肥水不流外人田,如物业保洁、餐饮可由业主集团公司的另外一家子公司来负责。

第五,有利于安排母公司或其他子公司无法安置的人员,如即将退休的领导成员、资历较深但一直没有合适机会提拔的中层干部、工龄较长的老员工、"关停并转"分公司的员工等。

第六，大批量采购以降低成本。业主一般还有跟会议中心相似或相关的物业，如酒店、写字楼、公寓、商场等，通过集中、大批量购买可以有效降低采购成本。

第七，从会议中心的经营班子中可以发现、培养领导干部，在合适的时机将其提拔到集团公司的管理层。

业主公司自行管理的优势明显，但这种管理模式的劣势也很明显，主要表现在：

第一，业主往往对会议中心、会展中心的投资回报率、经营收入、利润有较高的要求，有时候这种要求还可能是不切实际的，因为业主大多想尽快收回投资，因此往往会给管理团队下达比较高的经营目标，但常常缺乏科学考评。

第二，对人才的要求较高。事实上，业主要从内部现有的人才队伍中选拔出部分人员组建新的管理团队是不容易的，而从外部寻找人才则意味着文化的不适应和隔膜、理念的差异等问题。

第三，人情关系始终会阻碍会议中心管理团队通过正规的招聘途径录用员工，而上级领导打招呼、递条子安排亲属、朋友、政府官员的子女或强行安排其他子公司的领导、员工不但会使原定的编制超员，还极有可能影响到部门的工作效率和服务质量，继而影响生产力。

第四，成本控制较难。虽然集团公司通过子公司一起大批量采购可以降低成本，然而也有可能集团公司干涉会议中心的自主采购，加上强行塞人、介绍人增加编制，强行把部分业务外包给集团其他下属公司，从而导致总费用上涨。

第五，质量控制有难度。业主委派的管理团队大部分会倾向于竭尽全力完成业主领导要求的经营数字，不折不扣地执行上级领导的旨意，有时候难免忽视人才培养、必要的培训再教育，再加上各种人情关系难以对表现不佳的员工进行惩戒，集团内部兄弟公司的服务也差强人意，因此整体服务质量有可能难以控制。

第六，重眼前利益，忽视长期、健康地发展。会议中心的投资回报周期长，要求会议中心得到长期、健康、可持续的发展。然而业主自派管理团队或组建管理公司往往急功近利，忽略持之以恒的市场开拓和客户关系管理，舍不得必要的人力资源投入、改造维修保养和宣传推广，因而有可能发生会议中心刚建成投入使用时生意不错，但三五年后很快就被新进入的竞争对手超越的情况。

五、国内专业会议中心管理公司呼之欲出

委托管理分为整体委托管理和部分职能外包两种情况。现在国内仍存续的整体委托管理仅郑州国际会展中心、贵阳国际会展中心等有限的几个案例（2004—2009年宁波会展中心曾聘请上海国际会展中心进行管理），主要原因就是国内尚没有专业的会议中心管理公司。必须指出的是，展览中心、会展中心的主要服务对象是展览主办、主场搭建公司，而会议中心主要接待的是各种会议、活动、宴会，展览中心、会展中心和会议中心的服务主体、服务要求等都有本质上的区别。真正的国际会议中心还必须有面积不小的展厅，能承接2万平方米以下的展览，因而，会议中心的管理和运营要求要高于展览中心的管理和运营

要求。

如前文所述,境外有四家全球性的场馆管理公司,三家总部在美国,一家在法国。这四家管理公司中又有三家(或其母公司)同时也是会展中心、体育馆、演艺中心的客户,所以这决定了这种管理公司的业务重点仍将限定在欧美地区。

即使境外专业会展场馆管理公司想进入中国,横亘在他们面前的第一障碍将是文化理念的巨大差异,这首先表现在业主对场馆的期望值不一样。在欧美,大部分会议中心是由政府投资的,政府投资建设会议中心的最主要目的是以此招徕更多会议、展览,吸引更多参会者、参展商和展览观众,从而为当地酒店输送更多商务客源,并不期望会议中心能够赢利,因为它们深知会议中心无法赢利。而国内大多数业主却是期望会议中心能赢利的,因而,聘请管理公司的目的与管理公司的理念发生了根本性的冲突——管理公司认为会议中心能够营运不亏损就已经相当不错了,甚至有时候还需要业主继续输血。

专业的会议场馆管理公司规范化的运营管理对业主(投资方)也会提出种种考验,如拒绝业主强行介绍人、塞人,拒绝业主干涉其日常经营,要求充裕的预算用于积极的市场推广和维修保养等。但实际上,规范、专业的运营管理对会议中心的长期、可持续发展是有利无害的,长期来看,对业主也是负责的,然而与业主的短期目标可能相左,因而会招致业主的不满、怀疑。

选择专业管理公司对会议中心来说,首先就意味着品牌的提升、市场知名度的提高和认知度的扩大;其次是管理方的信誉好,拥有丰富经验和专业知识,其运营管理水平有保障;三是基本收益风险可以降低,一般可保证最低收益;四是可以培养本地专业人才,为业主的人才队伍建设提供实战磨炼。

当然,选聘专业管理公司不应该在会议中心开业之时或临近开业才开始接触专业管理公司,而应该在制订设计方案前就应借助于专业管理公司的独特经验和基于本地市场的客源结构、主要会议活动类型、消费需求等各种因素提出的分析报告,将会议中心的设计做到尽可能开业后不用再改造、符合市场需求和日常的运营。也就是说,聘用专业管理公司越早越好。

除了北京、上海、广州、深圳等少数几个城市适合发展会议和展览业外,许多城市可能并不适合重点发展展览业,而更适合重点发展会议业。这些城市将逐渐意识到本地更适合发展会议业而不是笼统的会展业,将能够正确理解会议业的重要性和巨大的经济拉动作用,也将建设更多的会议中心,对专业会议场馆管理公司的需求将更大。

第6节 对会议中心运营绩效的评价

大体来讲,会议中心的投资主体(owner)无外乎三种:政府(government)、非政府组织或非营利机构(NGO/NPO,如工商联合会、公立大学、基金会等)和各类企业(private entity)。在欧美,比较常见的是前两种,作为业主的企业不多,通常是私营企业,也有少数案例是国有企业(这种情况似乎发生在发展中国家的多,如马来西亚、泰国、阿联酋等)。管理模式则有投资主体直接自行组建管理队伍、投资主体把会议中心交给下属机构(或子公司)进行管理或聘请专业管理公司进行管理三大类。投资建设会议中心的资金来源则由于投资主体的不同而呈现较大的差异性,但也就是自筹资金、银行贷款和捐赠三种。至于会议中心的投资收益,由于投资目的不同而差异甚大。

现在,各地已经投入使用、正在建设和将要开工建设的会展中心不在少数。暂且不论会展场馆的建设是否出现了过热苗头,政府投资建设会议中心,有的是"逼迫"当地的大型国有企业来做投资方,有的是私人企业投资建设会议中心,但以周边的房地产开发、商业开发作为补偿。我们可以发觉,在哪儿建会议中心、建多大的会议中心、会议中心的设计方案都有政府的影子,起主导作用的仍然是政府,政府的目的只有一个:吸引大型国际、国内会议到本地召开,由此提高本地的知名度,促进商贸,拉动本地经济。当然也有特殊案例,比如为了某个特定的大型活动而新建会议中心。如果投资建设会议中心是企业的自主行为,政府高层并未施压,那么赢利就是企业最主要的投资动机了。

那么,到底该如何评价会议中心呢?依据什么标准来判断一个会议中心运行是否成功呢?国外在衡量会议中心的运营方面也有多个说法。

一、国外衡量会议中心运营绩效的标准

(一)以场馆的运营盈亏来衡量

场馆运营的赢利、亏损不涉及利息和折旧,只考核收入和相对应的成本,最主要的考核指标是运营利润(Income from Operations),这是很多国外会展场馆考核运营成果采取的通用方法,也是聘请专业会展场馆管理公司的前提。其根本原因是会议中心投资金额大、资金回收周期长、投资收益率不高,因此企业没有投资建设的动力。想从投资会议中心中获取和酒店一样的利润是不现实的。这也是为什么国外绝大部分的会议中心都是由州政府、市政府投资的原因,有的甚至是由联邦政府这个国家层面投资建设,如奥地利维也纳会展中心(ACV)即属于这一类。国外政府投资的会议中心一般要求运营不亏损,利息、折旧和定期装修改造费用由政府承担。在美国,通行的非营运收入(Non-operating income)还包括利息收入、当地酒店缴纳的税收,后者是政府立法向当地酒店收取来支持会议中心营运的主要资金来源。应该说以场馆的运营是否赢利来考核会议中心是比较合理的,国内也有这方面的例子,如广州白云国际会议中心和深圳会展中心的经营方就没有利息和折旧这两大压力。

(二)以承办会议、活动的数量多寡来衡量

一年下来承接多少个会议、展览和活动(如新品发布、奖励旅游、文艺演出等),基本上也就反映了这个场馆出租率的高低,这是一个很直观的数据。数量多,意味着生意兴隆;数量少,会议中心的生意就是比较冷清。会议室未被租用,当天的价值就是零,但员工工资、利息、折旧等费用照常发生,因为会议室这种商品的价值无法储存。我们看见的只是有形的设施,只有被租用才能实现其价值。当然,关于会议统计是一个绕不过去的难题,大家对一个城市或一个展览中心接待的展览数量不会有争执,但会议统计因为依据不一样,得出

的结论也就千差万别、莫衷一是了。

(三)以接待的参会者数量来衡量

这是计算一个参会者给会议中心带来多少收入的重要依据。与计算一年接待多少个会议和活动相似,到某个会议中心的参会者数量庞大,则说明会议室的出租率高,由此带来的餐饮收入、停车费、广告收入、灯光音响设备租赁收入等相应地也较高,尤其是餐饮收入,人越多,会议中心摊在每个人身上的餐饮成本就越低,而收入却是按人头收取的。举个简单的例子,一个会议室200平方米,如果座位是剧院式摆放,可以坐120人左右,很可能80人的会议也会使用这个200平方米的会议室,会议室租金是一样的,但茶歇、自助午餐的收入就相差不小了。当然,政府希望参会者越多越好,因为参会者越多,对会议中心以外的酒店、旅游、购物、餐饮、交通等相关行业的经济拉动作用就越大。而且,对于同时具备会议室和展厅的会议中心来说,参会者在会议中心的平均消费远高于参展商/观众在会议中心的消费。这种情况下,会议中心接待的参会者数量几乎可以和会议中心的总收入呈正比关系。

(四)以对当地酒店出租率和房价的提升作用来衡量

在欧洲、北美和亚太区会展业比较发达的国家和地区如新加坡、韩国、澳大利亚,会议中心的主要功能之一是为当地酒店提供高质量的客人。加拿大多伦多会议中心首先不能与当地酒店抢会议生意,限制方法之一是会议中心的场地价格要高于酒店的会议室租金,政府要求会议中心全力争办更多的国际会议,首要目的就是为当地酒店提供客源。而在国内,因为投资主体不同,大多数会议中心都或多或少与当地酒店构成直接的竞争关系,这与欧洲、北美的情况迥然不同。但不可否认,大中型会议中心肯定可以为周边酒店和半径10公里以内的其他酒店提供充足的、高质量的住店客人并提高平均房价。因此,这一点也可以作为考察会议中心经营成功与否的指标之一。

(五)以对当地经济的拉动效应来衡量

这种效应是指总效应,因为我们无法得知一个参会者在某个会议目的地在酒店、餐饮、交通等细分项目上的所有花费是如何分配的。业界通常认为一个参会者、一个参展商在会议中心、展览中心的消费为一元钱的话,为该城市带来的间接消费并诱发的其他消费就可能达到九元钱。当然,境外参会客人的总消费要高于国内客人,至少停留时间要长于国内参会者。国际协会在向某个会议目的地发出方案需求书(RFP)时,常常会列出它们的会议能为举办地带来的经济拉动作用(economic impact),以此来说服当地会议局(CVB)和会议中心能引起足够的重视并给予配合。

成都市统计局对2009年3月份在成都举办的第80届全国糖酒会作了专项调查。数据表明,糖酒会期间成都共接待外地客商约22.6万人,总收入约14.88亿元,拉动商务酒店和连锁酒店的平均房价上涨了21.44%。

(六)以会议中心上缴的税收来衡量

这实际上也是在衡量会议中心的总经营收入,因为会议中心上缴的税主要是营业税和企业所得税。政府投资建设会议中心,希望其能为其他行业带来消费,实现增加税收、创造就业机会这两个终极目标。无论是企业还是非政府/非营利机构投资建设的会议中心,为当地政府上缴税费的多少确实可以反映该会议中心的经营状况。

(七)以媒体曝光度来衡量

会议中心不能闷头做事,要让社会各界知道会议中心的价值所在;不但要让公众了解会议中心创造的经济价值,更要彰显其社会价值——创造就业机会,促进商业贸易,加强交流,进而提高本地的投资、旅游吸引力。会议中心能否可持续发展,能否低碳办会,能否为利益相关者带来价值,能否吸引到优秀员工,都离不开媒体的曝光与宣传。因此,媒体曝光度也是衡量、评价会议中心的指标之一。

上面简单分析了可以用来衡量、评价会议中心的七类指标。总的说来,在欧洲、北美和亚太区的部分国家和地区,大部分会议中心都由政府投资,政府经营会议中心是当做公营事业来对待,就像经营博物馆、公共交通一样,不直接追求投资回报,因此,它们的经营压力比较小,各类场地报价比较低廉,在激烈的市场竞争中处于比较有利的地位。

二、评价会议中心运营绩效的几个微观指标

会议中心不同于酒店,同体育馆、剧院等客源几乎全部为本地客源的场馆也有很多的不同。如果不考虑与会议中心一并开发的酒店、写字楼、公寓、商场等商业投资,单纯经营会议中心是不容易的。但这并不妨碍我们选几个关键指标来考核会议中心的运营效果。

(一)营运收入

即使是政府投资的会议中心,政府也是期望会议中心能赢利,如果确实是营运亏损,政府肯定希望亏得越少越好。因此,营运收入是业主、管理团队最为关心的经营指标。收入高,意味着会议中心的总体实力强,占据的市场份额也相对高,对市场的影响力也就越大。《财富》杂志每年依据营业收入排出"世界500强"的榜单,即使其中名列"世界500强"的公司是亏损的,但这种500强的实力仍为全球所瞩目。

(二)营运利润

如果不计算利息和折旧,业主除了对总收入有明确的指标外,营运利润应该是业主最为看重的指标了,没利润就没办法支付利息和折旧。管理公司/管理团队对利息和折旧这两个数据几乎无能为力,但必须对营运利润负责。营运利润反映的是会议中心的赢利能力,亏损则会带来一系列后果,如现金流出现问题,没有能力进行必要的维修保养,不得不缩减预算,继而缩减人员编制,业主则会陷入是否输血、输多少血的尴尬境地。

这个指标也可换算为"人均创利"这个指标。

(三)承接会议活动的数量

承接会议、展览、特殊活动的数量多寡反映的是会议中心的竞争能力。承接活动数量

多,一方面显示客户对会议中心的认可和喜爱,另一方面显示的是市场销售的能力强。承接会议活动的数量多可以表明销售价格为客户所接受,但也有可能是一个需要调整销售价格的信号。当然,是否需要更新改造、增加某些服务、提高服务水准也可以从承接会议活动的数量这个数据上面找到依据。

(四) 出租率

尽管没有一致公认的会议中心出租率的计算方法,但每个会议中心大概都有自己的计算方法。会议室出租率的计算不如展厅的出租率计算那般简单,原因有多个,首先就是如何界定会议室被租用是按天(24个小时)还是按4个小时来核算。国内不少会议中心的会议室报价是基于每4小时的价格,晚上延时也要加收费用。但问题是除了固定座位的剧院/报告厅仅能用来开会以外,会议室都是多功能的——可以用作茶歇、自助餐、宴会的场地,也可以用作小型展示的场所。由此看来,需要一个大家普遍接受的会议室出租率计算方法。

(五) 毛利率

仅有好看的营业收入数字是不够的,还要看成本控制得如何,尤其是会议中心的竞争表现在城市和城市之间会议中心的竞争以及城市内会议中心和酒店之间的竞争,价格常被当做吸引客户的重要砝码,如果成本控制乏力,毛利率偏低,就丧失了价格优势。毛利率高,不但反映出管理团队的管理水平,更可以在日趋激烈的竞争环境下大胆擎起先人一步降价的大旗。

(六) 餐饮收入

餐饮收入似乎不应该成为衡量会议中心运营效果的关键指标。但会议中心如果没有强大的供餐能力和较高的餐饮水平,首先就不能招徕人均消费高的公司会议和新品发布、颁奖典礼等特殊活动,因为会议一般都有餐饮需求。会议中心如果不能自行或通过合作伙伴现场加工食品,就会把送上门来的生意拱手让给酒店,何况现在很多高星级的商务酒店都通过会议室低租金这一手段来抢夺会议,他们看重的正是餐饮消费。

第 2 章 会议中心的选址设计与规划

第 1 节 会议中心的选址

会议中心应该选在什么地方？在回答这个问题之前，我们或许应该先回答"什么样的城市适合建设会议中心"这个问题。

目前，国内兴起了一股投资建设大型会展中心的热潮，这些新建或待建的会展中心绝大多数都是以展览为主的设施，几乎没有会议功能或者会议功能偏弱，用纯粹的展览中心来界定这些会展中心可能更合适一些。不是每个城市都适合发展展览业的，因为展览赖以生存、发展的条件首先在于雄厚的产业基础，如制造业（如广州、深圳、成都、重庆、东莞）和经济辐射能力（如上海、北京）。有的城市制造业并非其强项，但若有地域和交通物流优势，即具备商务贸易中心城市的影响力，如上海、北京，展览业也可获得稳定、长足的发展。一些二线、三线城市现在建设大型会展中心，将很可能不得不面临激烈竞争以争夺十分有限的展览。因为新增展览很少，更多的是合并同类项——相同题材的展览走购并、联合之路，所以展馆利用率将成为当地政府和业主普遍关心的问题。

跟展览的有限数量不同的是，会议数量大，举办频率高，人均消费高，且流动性更强，因为会议的主办机构和参会者更具喜新厌旧的特征，因此，几乎每个二线城市都适合建设独立的会议中心，一些旅游资源丰富的三线城市如桂林、南通也可以建设会议中心，其他城市可以考虑建设会议型酒店来替代会议中心。

会议中心可大可小，特大型的会议中心如国家会议中心，建筑面积达到了 27 万平方米；小型的会议中心如安徽芜湖弋江国际会议中心，实际上就是一个度假酒店。而像三亚亚太国际会议中心、位于北京顺义区的乔波国际会议中心这样地处郊区、以度假功能为主的酒店虽然冠名为会议中心，但显然不是政府愿意大力支持的会议设施。

真正意义上的会议中心（convention center）应该至少有一个 5 000 平方米的独立展厅（非大宴会厅、大会堂），20 间以上的会议室且会议室（含宴会厅、贵宾室）的使用面积不少于 5 000 平方米，并还应具备能现场加工食品的厨房及设备。

现在很多城市都希望新建的会议中心能成为城市的标志性建筑,作为城市的名片对外代表这个城市的形象,因此倾向于会议中心建在新开发的商务区、政务区,而没有考虑到日后经营的实际需求。

总的来说,会议中心的生意 70% ~ 80% 来自本地(本市),20% ~ 30% 来自外地和境外。这是从客户即会议主办方的角度来说的。无论如何,举办国际会议对于北京、上海以外的其他城市而言,都将是一个不容易达到的目标。如果能认识到本地生意的重要性及无可替代的地位,就应该把会议中心建在本地参会人员愿意去、喜欢去的地方,而不是建在远离市中心、周边配套酒店以及商业设施缺乏的地点。

一、会议中心的主要客源结构

从参会者的国际性角度来看,会议可以简单分为国内会议和国际会议。

从地域属性来看,会议还可以分为本地会议、区域会议、全国性会议以及国际会议。比如,××会议的参会者仅来自北京市,则可认为是北京的本地会议;如除了北京参会者外,还有来自天津、河北、内蒙古的参会者,则可认为是区域会议。会议中心投入运营后可以发现,本地会议和区域性会议的数量之和要大于全国性会议和国际会议的数量之和,这是因为交通成本和参会者的时间成本起到了决定性的作用。北京作为首都有其特殊性,中央机关、部委、中央媒体和大型国企以及大部分全国性的协会、学会、研究机构、大学都集中在北京,这种优势是其他城市无法比拟的。

从主办方的角度来看,会议又可以分为企业会议、社团会议、政府会议、事业单位会议[①]。各个城市的这四种会议的比例可能略有不同,但相同的是,主角是企业会议而不是政府会议。根据 2011 年 2 月发布的《美国会议产业影响力研究报告》,该报告调查的 180 万个会议活动(不是美国全年会议活动总数,含展览和奖励旅游),公司会议的数量是 120 万个,占 71%。这说明企业会议占据的份额远远高于其他三种会议之和,只不过很多情况下企业会议不为人所知而已。因此,会议中心的最大客户群来自企业。

二、影响主办方选择会议举办地的因素即为会议中心选址的参照

根据美国学者 Harsha E. Chacko 和 George G. Fenich 所做的会议业研究报告[②],在斟酌举办一场会议时,影响主办方选择会议举办地的最主要的因素有如下这些(按重要性排序):

① 会议中心总体服务质量;
② 外围环境促销效应,主要指城市魅力;
③ 航空、高速公路和铁路的便捷程度;

---

① 《会议分类和术语》国家标准(草案)。
② HARSHA E. CHACKO, GEORGE G. FENICH. Determining the Importance of US Convention Destination Attributes. Journal of Vacation Marketing,2000,6:211. 调查报告的调查样本为 1980 年到 2000 年的 12 次会议目的地。

④ 酒店舒适度；
⑤ 参会人员的餐饮；
⑥ 会议中心周边交通；
⑦ 与会场所安全情况；
⑧ 会议目的地的气候；
⑨ 会议场所面积；
⑩ 会议中心周边商业和娱乐，如购物、酒吧等。

三、在建设会议中心之前，需要判断的因素

在决定建设会议中心之前，首先需要根据下面4个"P"来甄别本市建设会议中心的必要性。

(一) Prosperity——本市的经济繁荣程度

如上所述，会议中心一旦投入运营后，主要的生意来自本市、本地区，且客户多为企业公司。如果本市的人口基数不够大，商业不够繁荣，企业多为中小规模、且销售范围多集中在本地区的话，可以认为本地区的企业会议将难以支持会议中心。有需求，才会议中心的出租率。本地经济的繁荣程度决定了会议中心的需求。

(二) Population——人口

一个城市的人口多，基本上反映了这个城市的商贸活跃程度，否则制造业、服务业难以发展。制造业、服务业雇用大量员工，吸引外地人员到本市工作、生活，因而人口多寡也是一个判断因素。

人口多少还是判断一个会议/展览是否会召开、会议/展览规模大小的依据。非本地客户主办的会议、展览始终看好本地潜在参会者、参展商及专业观众的数量。

还需要注意的一点是，会议中心除了承接常规的会议、展览外，还将承接各种特殊活动，如颁奖典礼、嘉年华、新品发布、小型演出等，本地人口数量及参与意愿都被纳入主办方的考虑范围之内。

如果是大型城市，则应考虑建设功能单一的会议中心，这里说的功能单一不是指只能接待会议而不能承接展览。功能单一是指适合接待会议、展览、新品发布、小型演出以及有与之紧密相关的餐饮。如果是小城市，则可以考虑建成一个集会议、小型展览、音乐厅（剧院）、酒店于一身的类似于贸易中心的大型建筑。

(三) Purpose——投资建设会议中心的目的

为什么要建会议中心？是政府为了提升本市的知名度而意欲打造城市名片吗？政府是否为了借助于会议中心为本市招徕外地、境外客人来本市消费？还是企业投资建设会议中心为了赢利？还是企业为了要拿到宝贵的土地资源开发商业地产而作为交换为政府盖一座会议中心？

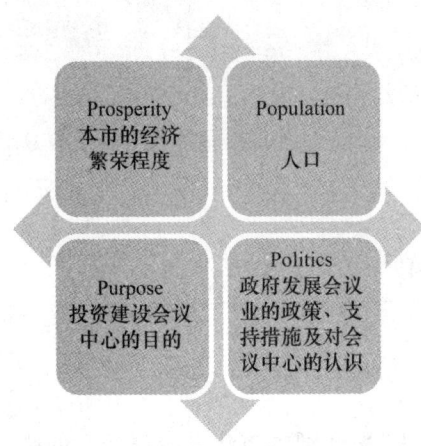

图 2-1　甄别建设会议中心必要性的"4P"原则

政府批复同意建设会议中心的规划时,有没有考虑到会议中心的另一功能是为了增加本地居民的福祉?

(四) Politics——政府发展会议业的政策、支持措施及对会议中心的认识

如果政府对会议业有一个全面、正确的了解继而采取措施支持会议中心的建设以及日后的运营,那么无论是政府还是企业投资建设会议中心都可能得到各种便利和支持,如土地价格优惠,市政道路、设施及停车场配套,税费优惠,财政返回及补贴,能源费优惠,指定会议中心为政府集中采购定点单位等,都对会议中心的建设和运营起到积极的推动作用。在中国,如果业主投资建设会议中心得不到当地政府的支持是难以想象的。

眼睛不但要向外,也要向内。会议中心不只用来招徕本地之外的会议、展览生意,更要适用于本地客户,还应成为本地居民乐意介绍、愿意前往参加各种活动的地方。从这个角度讲,政府对会议中心的认识还有待提高。

四、会议中心选址的考虑因素

选择建设会议中心的地点时,需要把以下几个因素考虑进去:

(一) 尽量建在市区而不是郊区

上面谈到,一个会议中心的客户主要是本地客户,参会客人也主要来自本地,而且市场重点是企业,因此会议中心应该选择建在交通快捷、方便的市区,而不是交通不便,甚至必须要在酒店过夜的地点,因为后者会增加参会者的成本,因而会议主办机构为了招徕更多的参会者而选择市区的会议地点。

国外的会议中心也大多建在市中心,很少选在郊区。德国的情况较为特殊,德国的展览业发达,所以展览中心一般不建在市中心,但德国的城市规模也不如中国的省会城市大,而且德国的展览中心离市中心也不远,比如法兰克福、柏林的会展中心,步行就可以达到市中心。

(二) 交通必须便利

会议中心的交通便利不但方便了外地、境外客人,也极大地方便了本地居民。即使有地铁联络线,会议中心也不应该建在远离市中心的地点。地铁能快速输送大量的客流量到比较远的地方,但前提是客人愿意去那么远的地方。如果客人不愿意去,主办方也就不愿意选择这个会议中心。因此,交通便利并不是简单地有地铁、高速路就能达到便捷的效果,而是给外地客人、本地居民的心理感受。举个最简单的例子,远离市中心的地方,出租车相对来说比较少,碰到下雨天就更是不容易找到出租车。

有的会展中心建在地铁的最后一站,在展览闭馆、会议散场、宴会结束时大量客人涌入地铁造成长时间的排队安检进站,甚至出现拥堵。所以,如果有条件,会议中心应建在有多条道路(非单行线)、多条公交线路、多条地铁线的交会处,这样利于展览物资及搭建车辆的进出、车辆的调度、客人自驾车的抵离,可以快速疏散客人。总而言之,交通便利不但是针对人的便利,也是对物流、车辆的便利。

交通便利还指到机场的便捷,否则外地、境外商务旅行者会产生不满、牢骚。请记住,即使有地铁或机场快轨,会议中心的地点也不应该远离机场。在国内,由于城市规模都很大,人口多,搭乘地铁总不是一件十分愉悦的事情,所以,外地来的参会者、参展商、专业观众相当一部分仍然会选择出租车。

(三)建在商业环境成熟的地方

一个会议中心,其主要功能是为了吸引更多的外地、境外客人到本市来参会、参展或观展,让客人多停留、多消费,以带动商业、娱乐、旅游等多个行业的消费,同时方便本地居民了解、掌握更多的信息和知识,方便本地居民与外地、境外客人的联络、沟通,因此会议中心不但应建在市区,还应该建在商业环境成熟的地方,酒店、商场、超市、餐厅、酒吧、电影院最好都在步行范围内。主办方喜欢这样的会议地点,是因为他们的参会客人以及参会客人的配偶都喜欢这种热闹、繁荣的地方。

(四)必须有配套酒店

国内有的新建会议中心,选址不但不在市区,而且还没有配套酒店,或者有建设配套酒店的计划但配套酒店的开业晚于会议中心的开业,这都将为会议中心的市场销售带来很大的难度。会议中心建在市区和商业成熟的地方,是因为这样的地点通常都有酒店,而酒店对于地区性会议、全国性会议乃至国际会议来说不是可有可无的,而是必须具备的条件,而且还应该有不同档次的酒店可供客人选择。值得注意的是,我们不少新建会议中心的配套酒店往往都是豪华五星级酒店,而缺少三星级、四星级的酒店,这可能是政府官员或业主为了追求档次而要求的。但参加会议的客人参会预算各不相同,即使是企业付费的内部会议,大多数也选择四星级酒店。展览的参展商、观众的预算还要低一些,因此配套酒店应该以四星级酒店为主力,辅以三星级经济型酒店和豪华五星级酒店为宜。

配套酒店跟会议中心主体相连,有内部连廊、通道当然最为理想,这样客人从酒店到会议中心往返直接步行即可,且用时较短,大大增强客人的愉悦感。步行在5分钟之内、没有内部连廊相通的酒店也是会议中心的配套酒店,只是遇到雨雪天气或极端高温、极端低温天气时,客人往返于酒店和会议之间就需要携带雨具,参加正式会议的着装问题也会让客人左右为难。

(五)应成为城市的新名片,跟周边建筑、地形相融合

会议中心作为一个城市的名片,应该体现这个城市的活力、文化和当地的自然条件。因此,选择会议中心的建设地点时应该选择能够传递上述内涵的地点。实际上,无论是政

府官员还是普通百姓，都希望新建的会议中心能代表自己城市的形象，能成为城市的标志建筑。但国内很多人都把标志性建筑误解为最高的写字楼/办公楼。写字楼的高度可以体现这个城市的进取心，但跟外地人、境外的旅行者交流有限，跟本地市民的互动也不多。会议中心恰恰可以扮演一个沟通内外的媒介角色，因此，境外的会议中心事实上几乎都是当地的标志性建筑。

会议中心跟周边建筑、地形风貌浑然一体，不破坏周围环境，与周围的商业建筑和民用住宅相呼应，彰显当地的历史文化底蕴或自然条件特征，才能够成为一个城市的代表，体现这个城市的个性。

港口城市一般会把会议中心建在临江、临湖、临河、临海的区域，如香港会展中心、温哥华会议中心、利物浦会议中心，国内的城市有大连、海口等。

（六）将来扩建的可能性

中国的经济发展在"十二五"期间预计将能达到7%~8%的GDP增长速度，个别城市的GDP增长速度能达到10%，今天能完全满足需求的会议中心在5年以后、10年以后很可能将面临会议规模更为庞大、展览面积增加、会议室不够的局面，因此，将来不得不进行扩建以适应市场需求从而增强竞争力。这方面的例子不胜枚举。

辽宁友谊国际会议中心，即辽宁友谊宾馆，坐落于沈阳市著名的风景区北陵公园西侧，1970年建成，隶属辽宁省人民政府，是接待政要以及商务、会议宾客的大型别墅群式花园宾馆。2002年扩建，现在该会议中心有23个会议室，其中最大的会议室可容纳600人，新建的国宾剧场共设730个座位。

香港会展中心1988年11月开业，第一次扩建工程于1997年6月完成，主要场地总面积增加了一倍。为了适应会展中心新老客户对展览场地空间的需求，香港会展中心于2006年5月开展第二次扩建工程，并于2009年4月完成。扩建后香港会展中心增加了19 400平方米的展览面积。

美国的洛杉矶会议中心1971年开业，1993年开始扩建，增加了3.2万平方米的展厅和43个会议室。1997年再度扩建，又增加了15 000平方米的展览面积。

澳大利亚墨尔本会议中心、加拿大温哥华会议中心、丹麦贝拉中心等都是扩建过的。

重新建设一个新的会议中心，最难的可能是找不到原来那么好的地理位置了，毕竟拆迁成本大，谈判过程漫长。因此，会议中心在选址时应考虑到今后扩建的可能性。

总的来说，展览中心或许可以建在机场附近、离市中心稍远的位置，但会议中心一定要选择在市区的黄金地段（展览面积超过2万平方米的会议中心不应建在写字楼密集的CBD中央商务区），会议中心本身应建有配套酒店或步行5分钟内有不同档次的多个酒店，且还应该做好将来扩建的准备。会议中心不但应成为外地、境外商务旅行者向往的地方，也应是本地居民引以为豪的地方。一句话，会议中心最重要的是location（位置），location！除了location，还是location！

五、对候选地点的评估

优秀的会议中心建造地点是会议中心日后成功运营的基础。那么，如何对候选地点进行评估呢？也就是说，评估的依据是什么？

评估一个会议中心的备选地点，依据可以有多个，特别是当业主同时开发酒店、写字楼、住宅、商场等综合商业地产时，会议中心的地点选择可能受到这些物业的影响。一般而言，我们可以根据下面八个依据来判断这个地点是否合适。

- 面积大小（包括将来扩建用地）；
- 醒目（Visibility，能否成为城市的新坐标）；
- 总体协调性（Context，周边建筑、环境的吸引力及协调一致）；
- 停车需求；
- 交通便利性（包括到机场的便捷）；
- 周边成熟的商业设施（包括配套酒店，步行可达的酒店、餐厅、商场、超市、酒吧、写字楼等）；
- 拆迁成本；
- 人流增长带来的压力（包括交通压力以及小贩、偷盗等不安定因素）。

我们看一下香港贸易发展局对香港会展中心第二次扩建的评估[①]

表 2-1　香港会展中心扩建工程：主要数据

发起人	香港贸发局
具体项目	通过扩建会展中心两座建筑中间的空中连廊以改善香港会展中心的建筑布局
额外展览面积	19 400 平方米或约 1 000 个展位
费用	13 亿港币，全部由香港贸发局提供
竣工日期	2009 年年初，同时完成所有必要的审批工作
对香港的积极影响	竣工后的第一年： ①使得消费增长了 14.6 亿港币 ②新增了 3 630 个就业机会 2009—2025 年： ①拉动 400 亿港币的消费增长 ②新增 92 000 个就业机会
其他公众关注的问题	①没有填海项目 ②没有造成额外的道路或交通拥堵问题 ③没有对周边景观造成明显影响 ④没有给纳税人造成负担

如果不考虑建造成本，业主、设计公司或咨询公司在具体考核一个备选地点时，可以根据物理特性和市场适销性两大指标来测算。

物理特性通常是指地理位置和土地，而市场适销性可以理解为被市场所接受、为市场所喜欢的能力，即将来抢占市场份额的能力。

以下表格是一个评估会议中心综合指标的例子。各项标准的比重根据场馆所在社区的不同而有所不同。在这个表格中，得分最高的 C 是首选场馆。

---

① 香港贸发局网站。

表 2-2 会议中心选址评分表

评判标准 \ 备选地点	备选地点 A 得分/加权	备选地点 B 得分/加权	备选地点 C 得分/加权	备选地点 D 得分/加权	备选地点 E 得分/加权
物理特性					
土地价格	5/10	5/10	5/10	3/6	1/2
交通便利、可进入性	5/5	3/3	3/3	1/1	5/5
停车场	3/6	3/6	5/10	3/6	1/2
土地征用、拆迁的难度	5/10	5/10	5/10	3/6	1/2
加权得分	31	29	33	19	11
市场适销性					
本地市场的渗透	3/3	3/3	3/3	1/1	5/5
区域市场的渗透	3/6	3/6	3/6	3/6	5/10
附近的支持服务	1/1	1/1	3/3	3/3	3/3
主要租户的承接能力	1/2	5/10	5/10	1/2	1/2
加权得分	15	25	25	13	25
总加权得分	45	51	58	32	36

资料来源：Petersen 2001

有必要对市场适销性这个概念作一解释。会议中心的市场适销性可以分解成 7 个指标。

表 2-3 会议中心的市场适销性

指标	备选地点 A	备选地点 B	备选地点 C	备选地点 D	备选地点 E
目的地吸引力	决定性的	差	优秀	一般	差
配套酒店	决定性的	差	不知	优秀	差
靠近其他酒店	重要	一般	好	好	一般
靠近其他会议设施	重要	优秀	好	优秀	差
临近机场	重要	好	好	优秀	好
周边商业、娱乐、餐饮服务及设施	决定性的	一般	优秀	好	差
高速路、车站的距离	重要	好	好	好	好
评分	直接淘汰	3	1	2	4

资料来源：Petersen 2001

案例分析：澳大利亚达尔文市会议中心的选址评估

达尔文上届政府曾经公布了一个关于会议中心意向书的呼吁，但是并没有收到合适的方案建议书。

2003 年，本届政府借助普华永道会计师事务所进行了一个全面的回顾总结：

① 制定了一个关于会议中心适当的规模、经济效益和潜在融资模式的需求模型。
② 分析了达尔文周边的9个潜在选址的适用性。

报告显示,会展行业是一个迅速发展的行业,我们十分需要建立一个达尔文会议中心。由于建立达尔文会议中心可以增加对经济的刺激作用,提供更多的旅游和商业收入,同时也对经济效益有潜在的影响,因此政府支持这个项目。

报告建议,应建造一个综合的会议接待设施,达尔文以外地区是其主要市场目标,并着力提高本市对外沟通的能力。

普华永道会计师事务所考察评估了9个候选地点,均按以下的标准进行评估:
① 占地面积(至少2公顷);
② 须有800至1 000个停车位和装卸货物的卸货区;
③ 成为城市新中心的可能性;
④ 市场适销性及开拓能力,包括对活动的吸引力、体现海滨特色;
⑤ 靠近购物中心;
⑥ 靠近中央商务区(CBD);
⑦ 周边酒店应步行可达;
⑧ 土地使用和形象的相容性;
⑨ 将来再开发的可能性;
⑩ 尽可能减小对交通的影响;
⑪ 相互利用、相互促进;
⑫ 可提供的服务;
⑬ 游客的舒适性,包括安全和噪声问题。

这9个备选地点分别是:
① 米高梅赌场酒店
② Lambell Terrace 的医院旧址
③ 加文那街的停车场
④ 伍兹小学旧址
⑤ 基齐纳道上的码头区
⑥ 卡尔顿饭店/假日酒店
⑦ 赫伯特街上的国会大厦
⑧ 史密斯街上的商务中心
⑨ 滨海大道上的金钟大厦

在资料的收集阶段,我们也曾考虑了其他的选址,但都由于不适合的原因放弃了。

为什么选择码头区作为达尔文会议中心的地点?

经过综合评估,我们认为码头区具有最突出的价值。首先,码头区地理位置优越,靠近中央商务区,步行即可抵达附近的商业区和多个酒店,将为商场和餐厅带来丰富的客源;其次,有足够的土地可供将来扩建或建设其他服务、商务设施,不会对交通造成负面影响,完全能够成为本市居民休憩和外来商务客人参会、购物的新亮点。

第2节 会议中心的规划和设计

要天生丽质,不要人造美女。

经过整容的人造美女,表面光鲜,但需要花费大量金钱,而且还有很多不可知的隐患和后遗症,甚至还有难以预测的危险性。会议中心也是如此。会议中心是否节能,是否能获得足够的市场份额,展厅及大宴会厅的出租率是否合理,客户是否认可会议中心,客人是否喜欢来这里参加会议、参观展览,供餐能力是否足够,大堂温度是否调控自如,玻璃幕墙除了好看之外是否能够容易清洗和更换,货梯够不够用,员工是否必须乘坐电梯才能上楼、下楼,等等,这些问题都必须在方案设计前全部加以考虑并在设计时全部解决掉。

会议中心的设计方案一旦确定,招标、施工、装修、采购等环节一环套一环,无法中断下来重新开始。国内不少场馆边施工、边修改,是源于业主、设计公司以及管理团队之间的配合出了问题,当然也不排除政府领导的旨意或者是业主自身的原因。会议中心一旦建成投入使用,要想再进行改造会极大地伤及会议中心的销售预订和运营,成本巨大。

所以,在投资建设会议中心之前,一定要舍得投资在前期可行性调研(feasibility study)上面,并在确定方案时聘请专业的会议场馆管理公司/咨询公司以及专业人士以获得全面的意见、建议,这种投资是必要的。举个最简单的例子,在设计时聘请专业的节能管理公司提供高水准的节能建议,花费可能是200万元,但效果可能在会议中心开业第一年就显现出来,当年就可节省能源费200万元。但我们的业主往往舍不得购买专业咨询意见,结果管理团队在接于会议中心的运营时发现诸多不合理的地方,却又无能为力。

笔者不是专业设计人士,但根据经验,建议在设计会议中心之前先行思考如下几个比较重要的问题:

- ➢ 会议中心多大才合适?多高才合适?
- ➢ 会议中心的主要客户将是哪些?他们分布在哪里?
- ➢ 会议中心承接的活动(event)主要是哪些?是纯粹的会议还是会议、展览、宴会、演艺活动等各类活动都有?各自的比例大概是多少?
- ➢ 会议中心的会议区、展览区的面积配比多少才是合适的比例?
- ➢ 会议中心的厨房面积多大?将来准备是外包给餐饮公司还是会议中心自己制作加工食品?
- ➢ 本地的淡旺季是什么时候?
- ➢ 会议中心的主要竞争对手是谁?
- ➢ 业主有多少预算?如果是企业投资的话,业主期望的投资回报率是多少?
- ➢ 业主准备同时、同址投资建酒店吗?拟建酒店的星级及客房数是多少?

➢ 政府对会议中心是什么态度？政府高官在设计方案确定前的介入（干预）有多大？

在选址正确的前提下，会议中心的运营能否成功完全有赖于当初的设计。如果设计不合理，开业后的运营就是无米之炊。所以，优秀的设计铺就了会议中心的成功运营之路。

一个好的设计能帮助会议中心获得最大可能的市场份额，提高会议室、展厅的出租率，从而获得预期的基础收入；增加广告、停车、旗杆等辅助收入；方便将来的服务和运营，提高运营效率；减少员工配备，降低人工成本；克服隐患，保证安全生产；有效降低建造、装修、采购和维护、改造成本；体现人文关怀，提升参会者、参展商的愉悦感。如果用通俗的话来形容设计的重要性，那就是四个字"多快好省"。"多"，是指将来承接的活动项目多，生意多，收入多；"快"，是指因为流程通畅，所以服务用时短、速度快，翻台快，响应快；"好"，不仅是客户满意，客户的客户即参会客人和参展商也满意，也指客户的供应商、会议中心的供应商满意，更指会议中心的员工满意（比如，库房近而省力气）；"省"，指省建造费用，省装修、设备费用，省员工，省能源费。要实现这些目标的前提是优秀的设计。

一、会议中心的规划流程

从设计公司的角度来看，设计公司的工作可简单划分为5个步骤，即提出概念、可行性分析、确定需求、出设计图、建设检查。

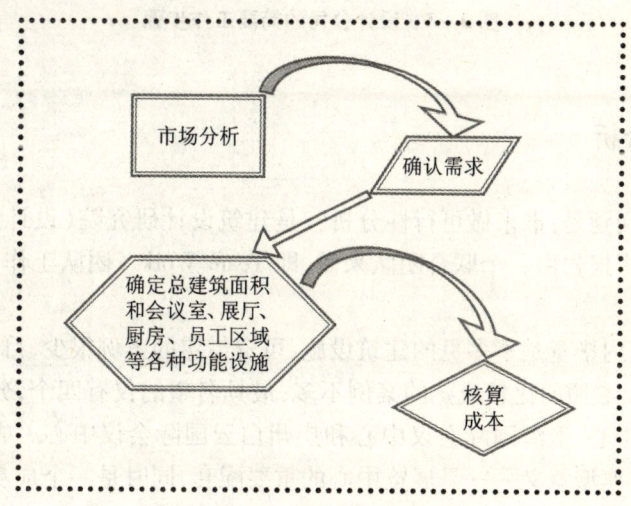

图 2-2 设计公司的简要工作步骤

当然实际情况远不如想象的那么简单。每个步骤里都涉及大量的反复修改、反复论证，特别是当政府官员介入、干预时有不得不推倒重来的可能性。当业主的意见与政府的意见相左时，业主往往不得不根据政府官员的意见对设计方案做大幅调整，结果很可能是外形好看，但内部功能不实用，更有甚者建成后根本不好用，运营相当困难。如何在遵循政府官员意见、满足政府要求的前提下，将会议中心设计成实用性强的城市形象建筑，是摆在业主面前的一道难题。这时候，就需要一个可靠可信、科学又具有前瞻性的可行性分析报告,国内一般将之简称为"可研报告"。

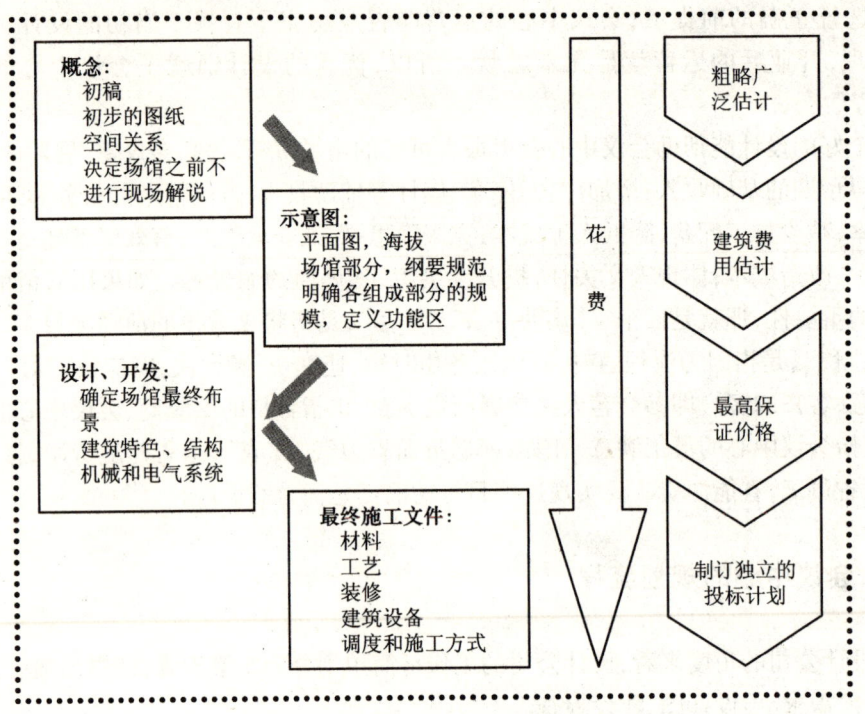

图 2-3　设计公司的简要工作步骤

二、可行性分析

首先,第一个问题是:谁来做可行性分析?是建筑设计研究院(设计公司)吗?比较理想的是,可行性分析报告由一个联合团队来做,即 Team Work(团队工作)。为什么要强调联合团队呢?

会议中心在国内毕竟是不多见的建筑设施,可资借鉴的案例很少,目前在国内(截止到 2011 年 4 月),可以参照的比较成熟的案例不多,最具名望的仅有四个,分别是国家会议中心、北京国际会议中心、上海国际会议中心和广州白云国际会议中心。成都世纪城娇子国际会议中心也具有典型意义——是展览中心的重要配套,同时是一个成功的大型综合商业地产项目的组成部分。大连国际会议中心即将于 2012 年投入使用。

懂得如何设计会议中心的设计院/设计公司少之又少,这方面懂行的专业设计人士、专业书籍及理论也是凤毛麟角。

中国专业会议中心的历史很短。北京国际会议中心是中国第一个国际会议中心,1990 年北京亚运会后才出现在人们视野里,屈指算来至今仅有 20 年的时间。

国外的会议中心,尤其是欧洲、北美的会议中心,绝大部分都是政府投资建设、不以赢利为目的的,而国内的情况正好相反,几乎都是企业投资的。无论是国有企业被动投资,还是私营企业、合资企业主动投资,最终目标却是殊途同归——企业投资的目的就是为了赢利。因此,中外会议中心投资目的、出发点不同,国外的会议中心无法照搬到国内来。

国内不少业主从酒店挖人成立管理团队或直接委托酒店管理会议中心,这里面有风险。会议中心与酒店有很多相似性,但又与酒店有极大的差异性,如客户构成、淡季旺季、收入来源、安全生产等,所以,一个酒店的高级管理者进入到会议中心的管理层,会碰到很多以前未曾碰到过的难题。比如,酒店不接待专业展览,顶多接待一些会议附属的小型展示或类似于珠宝展这样规模很小的展览,而会议中心的展览却是场馆收入的主要来源之一。

在这样的背景下,成立联合团队来做可行性分析是不二选择。

那么,起草、撰写可行性分析报告的联合团队应该有哪些成员呢?应该包括以下一些成员:

① 设计院
② 业主代表
③ 会议中心将来的管理团队成员
④ 主要客户群的代表
⑤ 专业的管理咨询公司(专业资深人士)

可行性分析报告应避免仅仅聘请学界或是媒体杂志来做。会议中心的运营管理是一门基于实践的学问,不经过实际的一线工作经历难以提出切合实际的方案、建议,比如,会议中心有多少展览面积才能有效占据市场份额?再如,配套酒店应该是五星级酒店还是四星级酒店、有多少间客房更符合客户需求?学界、媒体要对类似这样的问题给出漂亮的答案是不容易的。

三、向专业管理咨询公司/资深专业人士咨询

聘请专业的管理咨询公司或多年从事会议中心的运营管理的人士是因为他们具有经验、视野和理性的分析,不会根据业主的要求(有时候是不尽合理的)而生编出或反向推导出诸多数据和预测。经验之宝贵在于无法照搬教科书,必须兼具成功的运营经历和不成功的教训、反省。一个城市有一个城市的特点和禀赋,即使自然条件相近的城市,也可能有完全不同的客源结构和本地消费特征,这种情况下,一个城市的会议中心设计方案难以复制到另一个城市。例如,大连和青岛都是美丽的海滨城市,这两个城市的会展办也都十分支持本市的会展业发展,工作积极,但除了本地的政府会议,大连和青岛在国际会议和企业会议这两个市场就有比较大的差异性。先说合资企业,大连比较多的是日资企业,而青岛较多的是韩资企业;青岛知名的本地国有企业有海尔、海信、青岛啤酒,而大连以软件外包著称。再说社团会议,大连的国际协会会议要远多于青岛,这是因为大连有不少高水准的研究机构如中科院系统的研究所,还有百奥泰这样领先的专业会议公司。客户市场不同,对会议中心的需求也就不同。因此,在设计会议中心时,如果没有真正懂行的专业人士来出谋划策,设计出来的会议中心就有可能只是满足了业主(很多时候还有政府)的要求,但却不能满足客户的需求。

专业管理咨询公司/资深专业人士应该与设计院同时开始工作,越早越好。他们越早

介入,就越能够帮助业主省钱,少走弯路。专业管理咨询公司/资深专业人士也许会对设计院或业主的某些方案提出反对意见,但却是真正地在替业主考虑。比如,业主可能喜欢大宴会厅吊挂水晶灯以达到金碧辉煌的效果,而专业人士则会建议吊挂水晶灯的同时一定还要有吊点,以满足多种活动对吊挂的需求。

国内尚没有会议中心的专业管理咨询公司,在北京、上海等大城市的会议中心有长久工作经验的资深人士应该可以成为好参谋。

四、前期工作

业主在得到政府同意或拿到用地许可后,首先要找设计院。目前,做过会议中心案例的设计院不多,业主在评估设计院时除了要评估设计院的资质、设计力量(人员)外,还要评估设计院设计过的以往项目,最好有做过的会议中心、展览中心的案例,因为这意味着至少设计人员知道哪儿设计得不错,哪儿设计得不好、不尽合理而必须改进。

接触、选定设计院后,业主要同设计院的代表一起组成一个小型团队接触、聘请专业管理咨询公司/资深专业人士,进行头脑风暴,获取他们的专业意见、建议。当然,还应该咨询其他专业的供应商或咨询公司,如节能咨询公司、设备供应商等。

现场考察国内、境外的会议中心,与国内、境外的会议中心的高管和部门经理座谈不但可以让业主和设计人员获得第一手资料,丰富他们对会议业的知识和理解,深化对待建会议中心的概念,而且可以同被考察的会议中心高管建立起一种联系,在以后的方案设计时可以咨询这些人员。

国内在前期调研时往往缺乏对主要客户群(user groups representative)的拜访及意见收集。主要客户群愿意租用会议中心,除了价格等因素外,很大程度上是因为这个会议中心"好用"——即能满足主要客户群的多种需求。如果能征集主要客户群的意见,就能在大宴会厅、展厅、会议室、大堂等既是会议中心的主要创收点又是客户最为关注的功能设施上达到最大程度的协调。一般情况下,一个城市的最大的客户群是企业,假设某个城市要新建一个会议中心,那么除了政府和事业单位外,企业客户和社团组织就可能是主要客户群。先行拜访大企业客户,就能了解企业年会的规模、用餐预算;拜访医学社团的会长、秘书长,就能掌握医学会议对大堂当做注册区和会议同期举办小型展览的具体要求。这样,对大宴会厅的面积、装修和大堂的面积就有了初步的概念。

五、常规的设计要求

会议中心因业主的愿望以及为了主要客户群的需求而在功能上各有侧重,比如有的会议中心更强调有固定座位的阶梯式礼堂,有的会议中心的主要目标客户是小型展览以及大型国际会议,因而展厅面积更大一些。会议中心的各种功能没有办法找到一个跟建筑面积对应的对照表,但也都遵循常规的设计要求。

基于标准的行业比例,会议中心的会议室可以参照的比例如下:

> 剧院式大会堂/大礼堂可容纳的人数假设为100%;

> 剧院式大宴会厅的人数容量为大会堂/大礼堂容量的60%;
> 剧院式会议室的人数容量为大会议厅的80%;
> 会议室不包括大会堂/大礼堂和大宴会厅,也不包括贵宾室。

表2-4 会议中心的常规设计要求

区 域	设计指标	常规要求
会议室	容量(可容纳人数)	0.7~0.9平方米/人(剧院式)
大宴会厅	层高(装修后的净高)	6~8米
	柱子	应该无柱
	地面	地毯
	吊点	网格布局最为理想
	货物进出的门	高3米,宽4~5米
	厨房位置	同一楼层且与大宴会厅相连
	前厅面积	不少于大宴会厅面积的30%
	容纳人数	1.1平方米/人
所有可供出租的区域(如大堂)	空调	须提供冷暖空调
	地面长宽比	2∶1
展厅	层高	9米
	是否有柱子	最好无柱
	①柱子尺寸	直径小于1米
	②柱子间距离	27~30米
	地面承重	至少3 500千克/平方米
	吊点	网格布局最为理想
	管沟(电、水、电话线、网线、压缩空气和排水)	每间隔3米或6米
	照明	500流明/平方米(在桌面高度)
	登录大厅	不小于展厅面积的10%
展厅的货运通道	卸货平台或门	1/1 000平方米,且须有斜坡
	卡车直接驶入展厅	每5 000~10 000平方米应有一个
	门高、货梯高度	6米
	门宽	6~7米

六、会议中心的发展趋势

明天的会议中心将是什么样子?换句话说,客户对会议中心的期望是什么?将来5年内会议中心会有哪些变化呢?

国际会议中心协会[①]（AIPC）于2010年5—6月间对全球的会议中心高管就会议中心的发展趋势进行了问卷调查。在当年7月于英国利物浦举行的年会上，国际会议中心协会发布了该调查报告。该报告显示，目前会议中心的总使用面积是45 808平方米，这个面积包括了大堂、宴会厅的前厅和展厅的登录大厅等可出租的区域，展厅的平均面积是31 800平方米（中位数是10 700平方米），最大的会议室（非展厅）面积为4 409平方米，固定座位的阶梯式礼堂可容纳3 128人，会议室总数量是32个。这些数据表明了国外的会议中心实际上展览功能很强，展览面积大于会议的总使用面积；而且，至少还各有一个大宴会厅和大礼堂。这对我们或许有所启发，即将来的会议中心应该朝着多功能、展览、会议和大型宴会通吃的方向发展，而不应该局限在承接会议这一单一业务上面。

除了对现有的会议场馆进行扩建外，不少城市大多通过新建会议中心来响应客户不断要求增加场馆使用面积和会议室数量的呼声。当然，超过20年以上历史的会议中心设备陈旧，难以添加最新的技术，因此通常采取异地新建的方法来解决原址过于狭小、无法扩建的问题。这同样要求业主在选址、设计时兼顾到将来会展项目的增加导致对会议室、展厅的需求增长问题。

关于如何拓展新途径以增加会议中心的收入，国际会议中心协会的调查报告显示，会议场馆最为迫切的是扩建以增加使用面积，增加技术、无线上网、互联网和AV设备服务，增加餐饮服务如开设新的食街，以及增加会议活动的服务。会议中心比较在意但不是列入最重要的收入新来源（或辅助手段）有预订更多的娱乐表演活动、自办活动、增加标志和广告、包价会议、提供注册服务、停车收费。

在会议中心的投资者、经营者的眼里，未来五年，会议中心的设计和功能方面会有哪些显著的变化呢？

未来的五年，随着网络使用费用的降低和公众对无线网络的需求不断增长，免费无线上网将成为一个通用标准，而不再是收费项目。

除了无线上网，更多新技术将被运用到会议室的装备、照明、装饰审美、标志等多个方面。实际上，新技术是一个泛概念，不再局限于AV和网络，比如停车收费，可以实现网上预订车位、手机付费等。

当然，从会议、展览的主办者角度和参会者、参展商的角度来看，他们最关注的仍然是会议中心的会议室和展厅的质量和多功能实用性，因此，会议室是否能转变为"全能型的选手"——除了开会外，能否吃饭（要求厨房就在隔壁），能否开派对（要求隔音效果好），能否作为小型展厅（承重、门的尺寸、吊点）等，是他们非常看重的。展厅将不再仅仅用做展示、陈列物品和服务，也极有可能用来当做嘉年华、室内赛马、娱乐表演的场地。展厅里开餐将越来越多，因此要求有厨房以及相应的水电、室温等。

综合起来，明天的会议中心的发展方向是多功能，适合接待会议、展览、演艺等多种活动，餐饮质量高，展厅面积趋向于更大，装备新技术，提升最终用户的体验和好感。

[①] 国际会议中心协会（AIPC）成立于1958年，总部位于比利时首都布鲁塞尔，是集合了全球知名的大型国际会议中心的国际协会，现有分布在53个国家和地区的155个会员。

七、什么是用户体验和好感

除了特大型的会议和规模适中的展览外,会议中心接待大量的中小型会议和宴会,其中有不少中小型会议的主办方选择了不再回来。客户一去不复返,没有了回头客,对会议中心来说就意味着需要花更大的力气去开发新客户。

客户不再回来,原因多种多样,比如客户的预算不足,或者客户想尝试别的新场所。但其背后一条主要原因是"会议中心太大了"、"我们的会被淹没了"、"小会议对会议中心来说根本不重要"。会议中心的规模不可能不大,否则就不是会议中心而是一个会议型酒店了。但无论如何,我们要正视客户的顾虑。

这里就牵涉用户的体验问题。

用户可以分为客户(client)和顾客(customer)两种。根据互动百科的解释,工厂企业或经纪人称来往的主顾为客户;在客户关系管理中,客户是对企业产品和服务有特定需求的群体,它是企业经营活动得以维持的根本保证。这很像当下的 B2B。而顾客原指购买物品、商品的人,现解释为消费者。国际标准化组织(ISO)将顾客定义为:接受产品的组织或个人。用眼下的商业模式描述的话,则是 B2C 中的 C。

酒店把最后来支付消费的组织(企业、协会、非政府组织等机构)和个人叫做最终用户(end user),这有别于那些中介公司如公关公司、会务公司、旅行社。这里的区别是最后谁来埋单。我们可以套用酒店的说法,把直接跟会议中心接洽、谈判并直接支付会议、展览费用给会议中心的组织以及到会议中心来参加会议、参展、参观展览的消费者称为最终用户,像 DMC(目的地管理公司)、PCO(专业会议服务公司)、旅行社、会务公司、公关咨询公司都可列为中介机构,它们也是会议中心的客户,但不是最终用户。

回到刚才的问题,客户不愿意回来,是因为最终用户不愿意回来。到底是什么阻碍了最终用户再次光临会议中心的愿望呢?

参加展览、参加会议,从本质上来说属于体验经济[①]。体验经济有一个特点,就是一次体验基本上决定了下次是否参展参会。到会议中心来参会、参展或观展,就是一种体验。参会者、参展者或观展者喜欢这个会议中心,不但自己愿意来会议中心,还会主动传播向亲朋好友推荐会议中心,形成免费但效果最佳的口碑效应;反之,则会自己不愿意来,还会逢人便说会议中心的种种不是。

用户体验可以分为实际体验和虚拟体验。虚拟体验可以是打电话咨询、确认会议展览的信息、地点、时间、交通工具等,也可以是经由网站了解会议中心的地理位置、企业文化、会展项目的信息等,还可以是听同事、朋友的介绍和看报章媒体的介绍。

决定用户体验的是实际体验。总的来说,任何一个小细节都会对每个人的体验产生影响,但也因人而异。影响会议中心的用户体验的因素包括:

➢ 交通工具的接驳、乘坐拥挤程度和步行时间;

➢ 从远处清晰可见;

[①] 详见《中国会议》2009 年第 4 期"海莹专栏"《实现客户的梦想》。

- 停车的便利及停车收费;
- 大门口的保安;
- 经由哪个门进入会议中心;
- 标志、导向指示;
- 即将参加的会议、展览的具体地点及如何抵达(步行、走楼梯还是乘扶梯、直梯);
- 室内温度;
- 工作人员的态度、礼仪及回答问题的效果;
- 休息区域及咖啡饮料、点心的售卖;
- 非自付费的茶歇、午餐、晚餐的质量;
- 自付费午餐的价格、食品质量、食品安全;
- 无线上网;
- 会议中心内会议区和展览区之间连接的便捷程度;
- 人身安全、财物安全;
- 配套酒店与会议中心之间连接的便捷、舒适度;
- 商务中心的服务和价格;
- 没有公然违背社会公德的行为,如吸烟、吐痰。

如果主办机构(如企业、政府部门)是直接最终用户,那么它们最关心的除了会议室和展厅是否适用和价格高低之外,还特别关心会议中心的服务流程。

设计会议中心时,应该真正做到"以人为本",从满足主办机构和个人需求的角度出发,从利于运营经营的角度出发,而不是把会议中心设计为仅仅外表美丽但无法留住客人、难以经营的"太空馆"。

具体到会议中心,人性化设计到底指的哪些人呢?仅是针对用户吗?答案是否定的。人性化设计除了要满足用户的需求外,更要针对员工,要对于服务、运营的方便、高效、节约成本给予足够的考虑。除此之外,还要考虑会议中心自己的供应商、外包服务公司、租户以及会展主办自带的供应商,因为这些公司和它们的员工的行为将影响到会议中心的客户利益,进而影响到会议中心本身的利益。只要是跟会议中心相关的人,在设计会议中心时就需要考虑如何给予他们人文关怀。

八、对会议中心美观和实用的思考

如果要从美观和实用两者中选一,理所当然首选实用。如果会议中心由政府投资而不是企业投资,政府关心的重点是会议中心是否傲视群雄;但如果是企业投资,不论是国有企业还是私营企业,那么会议中心是否亏本或亏本多少就是企业最为关注的。实际上,会议中心极难赢利,否则境外的会议中心就不会由政府来投资建设了。因此,如果是企业能够自主选定会议中心的设计方案,首先就应该着眼于实用,即"好看"远不如"好用"来得重要。

会议中心的"好看"是以设计费用和建筑装修成本的增加为代价的,有时候还要增加土地成本。不但如此,开业后的"好看"需要额外的维护费用。但最关键的也是最让人不情愿的是,"好看"往往导致不好用,有的时候即使超额支出大量费用也仍然达不到常规效果,被管理团队所诟病,被客户所抛弃。

比如,会议中心大堂的层高,肯定是越高越好看,但层高越高,建造成本也随之增加,运营也会碰到诸多难题,比如,如何更换灯泡,如何做到快速制冷或供暖。

玻璃幕墙能让会议中心熠熠生辉,在会议中心内部因为自然采光的原因光线充足,但自然采光的背后是巨大的费用,包括玻璃幕墙的清洁维护、定期安全检查费用等,还有幕墙脱落造成的事故隐患以及爆裂后无法到货、难以安装的尴尬,最大的问题就是业主(更多的是因为政府官员的旨意)当初普遍没想到的巨大的能源浪费。

好看美观与低碳环保在很多方面有冲突。专业管理咨询公司、设计公司一定要让业主明白其中的利害关系,才能共同设计出一个优秀的会议中心。会议中心之优秀,绝非仅仅是好看美观,而是必须重视用户体验、利于服务运营、成本最低。

九、设计决定了将来会议中心的服务、人工配备和节能

会议中心开业后,惊艳的外观当然能引来欢呼,但外表美丽并不能博得用户的赞誉。管理团队对会议中心的设计是否持肯定态度,用户(主办方、供应商、参会者、参展商和观众)对会议中心的好感或恶评,实际上都指向当初的设计。业主对会议中心、博览中心的认识和理解有很多片面之处,其背后往往受到政府官员意志的影响。会议中心、博览中心开业后用户、媒体的恶评极大地损害了会展场馆的声誉。

会议中心服务响应速度是否够快,标志是否足够清楚醒目,人工配备是否可以降到最少(但又不影响服务质量),能源费是否可以降到最低(但又不影响客人感受),客人来了是否愿意多消费,诸如此类,都可追溯到会议中心的设计是否科学、合理。

根据最佳使用效果做出来的设计方案,可能会增加前期投资,但这里有三方面需要澄清。

第一,如果能去掉一些毫无用处的设计,如会议室里不安装同声传译设备,过大、过高的大堂(登录大厅)缩小至合理的高度和面积等,就可以有效降低建筑、安装成本。

第二,如果能增加一些必不可少的设计,将来运营可以节省大笔费用,还增加了用户的好感。举个简单的例子,有的会议中心的电梯没有楼层提示灯(原因很可能是为了节约资金),结果乘客因为没有听到、看到信号,电梯门已经开了,可错过了电梯,电梯来回空跑,既浪费电费,又让客人很恼怒。

从节能的角度来讲,扶梯一定要变频,空调一定要分区等,这些都将为以后的运营节省大量的能源费,而目前的状况是能源费日趋高涨。人工成本也是如此,如果会议室的后面没有厨房,就需要使用大量人力传菜。

第三,设计是否适应客户的需求决定了将来能否增加收入。如设计有运送搭建物资或展品(如汽车)的大尺寸货梯将大大增加市场竞争力;大堂预先设计了用于发布客户广告的挂钩或灯箱位置,也极大地方便了客户,等等。

第3节 会议中心功能区域的设计

在设计会议中心功能区域时,并没有一定之规。本节仅提出一些想法以供参考。

一、面积和规模

需要注意的是,功能区域面积越大并不意味着一定可以增加收入,相反很有可能造成浪费;而功能区域面积过小,则又有可能白白丧失生意和机会,未能实现最大收入,而且在竞争中长期处于劣势。功能区域面积大小取决于最主要客户群的最大活动的规模、分组会议的需求、用餐需求、会期、附带展览的面积以及举办频率。功能区域面积大小的确定需要严格的市场调研。

事实上,每个城市会议中心除了本地生意(local business)外,能吸引到的外地生意/境外生意各不相同,也就是说,会议市场因地而异。比如,深圳、广州这两个城市,除了本地的政府会议和企业会议外,能吸引到的外地会议/境外会议尤其是协会会议数量在近期内难以实现大的突破。而本地的企业会议市场,尽管深圳、广州都各有几个特大型企业,如广州的宝洁、安利、广汽,深圳的沃尔玛、平安保险,但显然广州的快速消费品、制造业的大公司规模要大于深圳,因此可以粗略地认为广州如果要新建一个会议中心,应该主打公司的年会、奖励旅游市场,其会议中心的功能区域应大于深圳的会议中心。

如果仅仅考虑国际会议,我们可以借助于国际大会及会议协会(ICCA)的统计报告来看看会议规模的分布。

表2-5 国际会议规模

会议规模(人)	会议数量	所占比例
50~149	1 142	26.8%
150~249	835	19.6%
250~499	1 037	24.4%
500~999	659	15.5%
1 000~1 999	329	7.7%
2 000~2 999	110	2.6%
3 000~4 999	78	1.8%
5 000~9 999	49	1.2%
10 000以上	19	0.4%
合计	4 258	100%

数据来源:国际大会及会议协会(ICCA)2009年度报告

表格和图说明绝大部分国际协会会议的参会人数都少于2 000人,2 000人以下的会议

第 2 章 会议中心的选址设计与规划

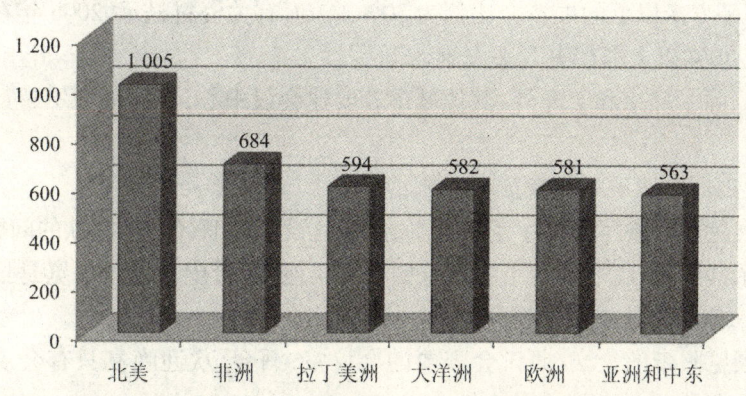

图 2-4 各大洲国际协会会议的平均人数

数据来源:国际大会及会议协会(ICCA)2009 年度报告

占到了 94%,而其中 70.8% 的会议人数少于 500 人。500 人以上的大型会议的比例仅有 29.2%。而国际协会会议规模最大的一般是医学类会议。也就是说,一个城市要建会议中心的话,就要看能抢到多少国际协会会议、多大规模的国际协会会议。这只说明会议中心能拿到的国际会议,在设计会议中心时更要研究本地企业会议的规模,以及来自国内其他地方的企业会议,如直销类企业会议、保险公司会议,这种行业的公司会议、奖励旅游往往能达到 5 000 人的规模,但安利公司的奖励旅游一般都安排在境外,所以一定要研究特大型企业会议的一般规律。会议中心功能区域的规模也要根据会议中心承接的国际会议、本地企业会议的规模而定。

二、展厅

前面已经分析过,会议中心除了会议室外,还必须有展厅。展厅必须是独立的展厅,不是大堂、大宴会厅。展厅是会议中心的必备条件,没有展厅的会议中心将成为跛脚鸭。但会议中心的展厅与展览中心的展厅的不同之处不是仅仅在于面积不同,而是会议中心的展厅有它本身独特的功能。

会议中心展厅面积适中,即小于展览中心的展厅总面积,可以牢牢抓住细分市场(niche market)——不愿意去、不适合去展览中心的中小型展览,尤其是在 3 万平方米的展览仍然是大多数城市的展览市场里的主角的情况下。

除了上海、北京、广州、深圳这四个城市外,其他城市除了少数展览如全国糖酒会、机械类展览、医药器械展外,3 万平方米以下的展览会仍占主体。2008 年,根据北京 131 个展览会的展出面积的统计结果,展览面积在 1 万~3 万平方米的展览会比例最高,达到 37%,展

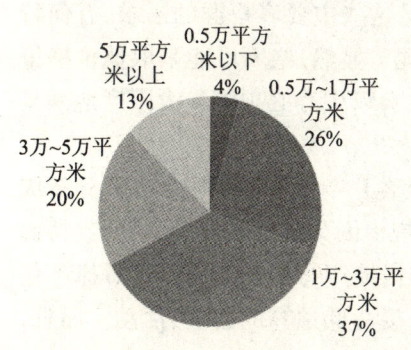

图 2-5 北京展览会的展出规模

览面积在1万平方米以下的展览会比例为30%[①]。而有关资料显示,2006年在北京举办的展览会大约有70%以上都在1万平方米以下[②]。

由此看来,除了北京和上海外,其他城市若要建会议中心,展厅面积不超过2万平方米为妥。

会议中心展厅有以下一些特征和功能:

① 现有展馆一般展厅面积小于3万平方米,且设施陈旧,停车、餐饮的问题日益突出。

② 为显示其质量,高端的中小型展览更具有排他性,希望自己的展览是场馆展厅里唯一的展览,不愿意与其他展览同期举办。

③ 展厅展览附带的论坛/研讨会需要的会议室、酒会、欢迎晚宴只有会议中心才能提供,展览场馆能勉强提供会议室及盒饭。

④ 大型会议同期举办展览展示,尤其是大型学术会议需要专业展厅。

⑤ 展厅的多功能用途,如新品发布以及举办圣诞晚会、嘉年华、小型比赛、考试的需求也很大。

⑥ 会议区在接待大型会议时,展厅可为会议区分担部分功能,除了承接展览外,还可以用来举办大型开幕式、酒会,提供自助餐、盒饭甚至宴会。这种相互支持作用对主办方和参会客人来说都是一种舒适的体验。

三、会议区

会议区面积应该多大,没有固定的公式。会议区面积大小完全取决于市场和客户需求。分析市场需求主要看竞争对手(现有的,以及将要进入的)和客户需求(目前需求和五年内的需求变化)。

第一,现有的会议接待设施(包括酒店)应该区别于这些直接的竞争对手,以更好的设施、更好的流程、更快的速度攫取最大的市场份额。

第二,未雨绸缪,待建的会议中心的优势至少应领先5年,5年之后这个会议中心的硬件设施自然比不过新建的会议场馆了。从这一点来说,一个会议中心获得最大效益的黄金经营期一般不超过6~7年。

第三,要满足现在主要客户群的需求。如果不能满足这些主要客户群的需求,有何特别优势诱使这些客户群把会议、活动挪到新的会议中心呢? 显然,绝不可能采取低价格策略,而新设施、新建筑的吸引力又不能够持续很久。所以,会议中心必须能最大限度地满足主要客户群的需求。

第四,要顺应五年内主要客户群的需求变化。会议客户与展览客户相比,更喜新厌旧,五年内市场一定会发生变化。比如,有一些新行业的规模因为受到政府、政策的支持而迅速膨胀,一些行业却不再受到政府的青睐了,如当下的房地产行业。如果五年后抓不住那些发展快、预算充足的行业的客户,会议中心就不得不接待低预算的会议、活动。而且,

---

① 刘大可,李美. 北京旅游发展研究报告 2009. 北京:旅游教育出版社,2009.
② 过聚荣. 2006-2007年:中国会展经济发展报告. 北京:社会科学文献出版社,2007:164.

在5年左右的时间内,展厅的扩建相对容易,而会议区的扩建则比较难,因为展厅不需要会议室必备的地毯、灯光、音响、布线、吊顶装修、隔音措施等。

四、会议区和展厅的布局

(一)会议区和展厅最好在同一幢建筑里

这是为了给客人更舒适的体验,客人足不出户就可自由轻松地实现在会议区和展厅之间的位置转换。即使是通行在有封闭连廊相连接的两栋楼,客人也会觉得是离开了一栋楼,去了另外一栋楼。把会议区和展厅安排在同一幢建筑里,对客人参加所有活动起到了最直接的鼓励作用,且客人不会感觉疲惫,对同在一个建筑里的各种会议、展览、餐饮等活动会欣然前往,尤其是不必加减衣服,这样的效果正是会议主办方、展览主办机构所希望的。

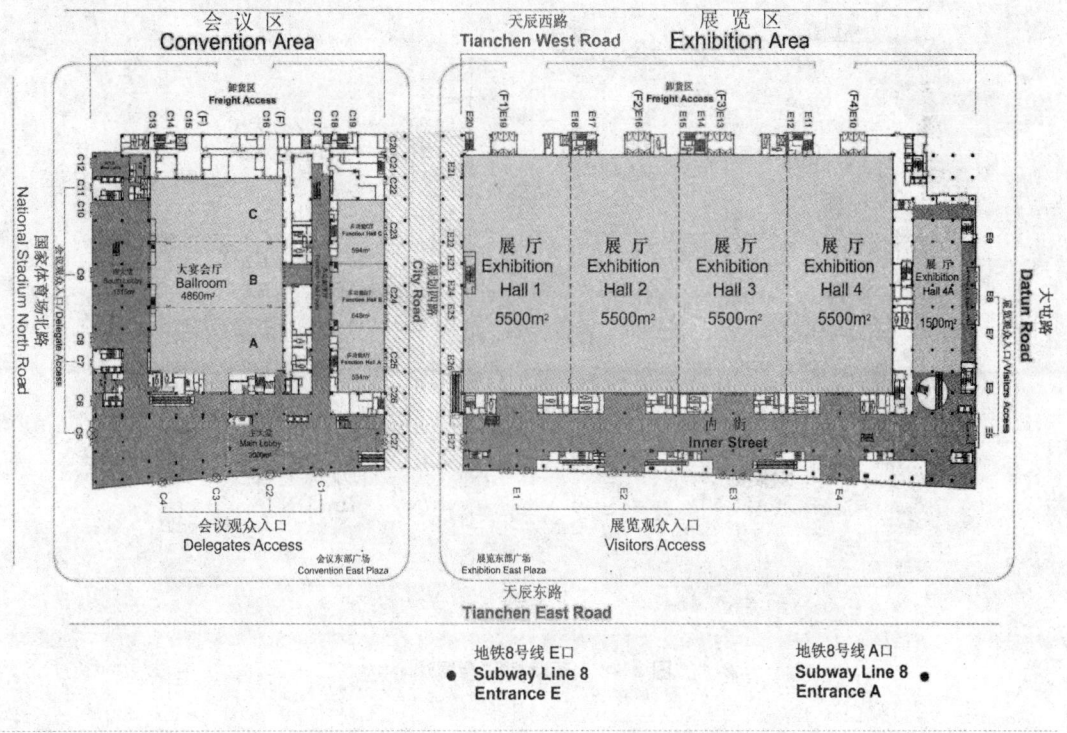

图2-6 国家会议中心一楼平面图

注:国家会议中心的展厅在北侧,会议区在南侧。从会议区到展厅,可以经由一层(不必走到室外)和三楼的扶梯轻松抵达。

(二)会议区和展厅最理想的布局是都在一个平面上,展厅和会议区的相互支持作用通过这种布局表现得淋漓尽致

这样建造成本低,但土地成本高。要想在市中心的黄金地段拿到大幅土地,难度可想而知。所以,我们可以发现国内这种布局的会议中心/会展中心大多不在市中心。

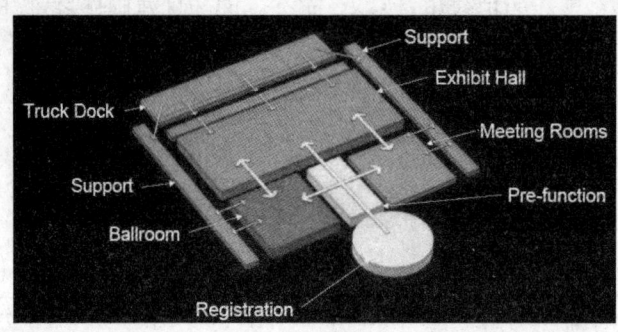

图2-7 理想的会议区和展厅布局

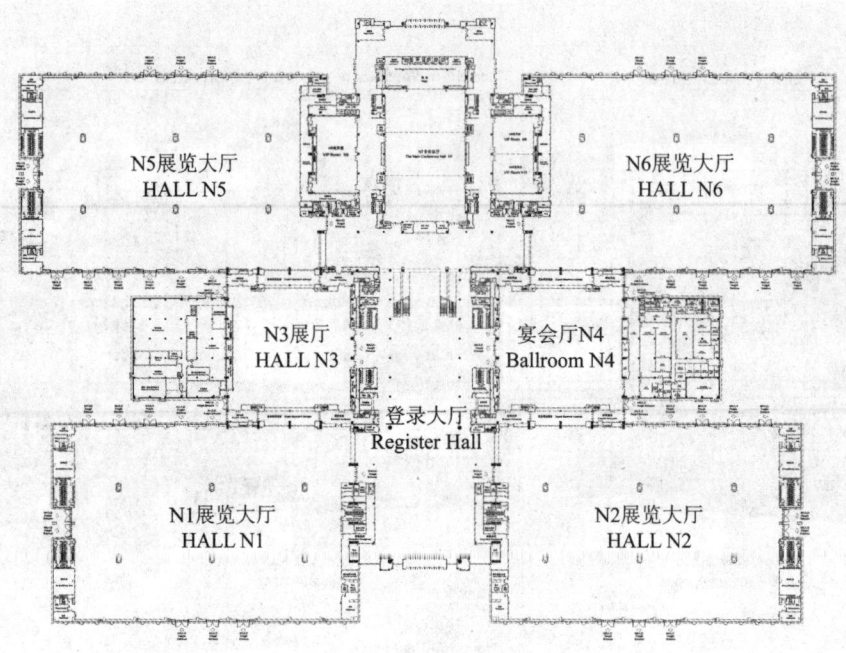

图2-8 天津梅江会展中心

(三)垂直布局

这种情况大多是因为土地的限制而致,一般是展厅地面一层,会议区在上面一层。这样的安排主要是出于地面承重、方便物流的考虑。常规的展厅地面承重是每平方米3.5吨,净高要求9米,展品的输送、特装展台的搭建需要大尺寸的货门,且货车如果能直接开进展厅地面则能加快装卸速度。还有,展览主办方要能够接受展厅内有柱子。会议区的地面承重不须达到展厅的地面承重,大件运输一般只是为舞台搭建,靠大尺寸的货梯可以解决,净高6米也能为客户所接受,一般借助玻璃幕墙而享有更美的室外风景,因而会议区设置在展厅的上方也是不错的选择。

新加坡金沙滨海湾两个楼层都是展厅,采取的是垂直布局法。展厅设在地下一层、地面一层,而会议室、宴会厅分布在3楼、4楼和5楼。可以预测的是,地面展厅要比地下展厅更受欢迎,价格也要比地下展厅高出很多,原因是展览主办机构喜欢把展位都全部铺在地面一层,这样更利于吸引观众。

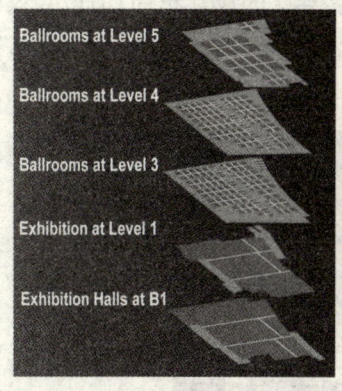

图2-9 新加坡金沙滨海湾楼层示意图　　图2-10 温哥华会议中心剖面图

温哥华会议中心(西翼)的展厅也设置在一楼,层高9.14米,2楼、3楼为会议室。2楼是大宴会厅,配有一些面积稍小的会议室。大宴会厅的层高是5.14米,但拥有美丽的港湾风景。

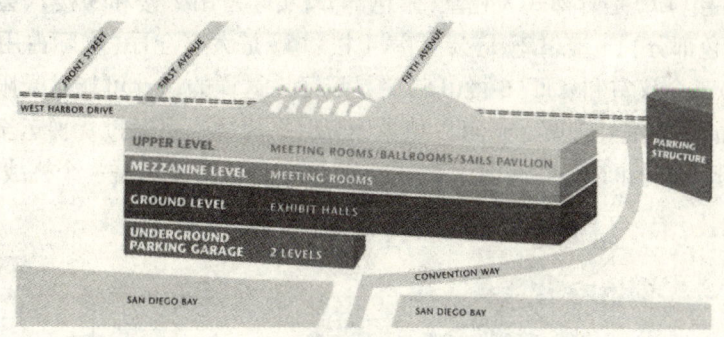

图2-11 圣地亚哥会议中心剖面图

圣地亚哥会议中心的地下停车场有两层,展厅在地面一层,2楼是会议室,3楼是大宴会厅和会议室。2楼的会议室层高较矮,面积不大,不适于举办表演、颁奖典礼、主题晚宴等;使用高分贝音响的可能性极小,有效地避免了对3楼大宴会厅与地面展厅的音响干扰。

(四)混合布局

混合布局一般也是展厅设在地面一层,在展厅的隔壁设置宴会厅,这样宴会厅的层高就能达到展厅的层高,有舒畅、大气、开阔的气魄。宴会厅有单独的出入口,当然利于人群集散,大部分客人无须乘坐电梯、扶梯,少量客人经由电梯自地下停车场抵达大宴会厅。在展厅、大宴会厅的上部设置小会议室。

如果大宴会厅设在展厅的上部，有一个施工噪声和会议活动音响互相干扰的问题，这好像是一个通行的难题，并没有特别好的解决办法，因为展厅内的施工噪声以及活动的音响和大宴会厅内的音响分贝都很大，要想说服主办方调低音响是不可能的。夏威夷会议中心想到了一个解决这个问题的绝妙的主意。

夏威夷会议中心仍然采用了一楼展厅，楼上是会议室、宴会厅的设计布局，但该会议中心创造性地在展厅和上方的楼层之间设置了一个缓冲带，把停车场设在了展厅的上方。宴会厅设在了4楼，宴会厅的序厅外是室外花园。

图2-12　夏威夷会议中心剖面图

香港会展中心的设计较为特殊。香港会展中心的地面一层即（G层）中餐厅和小会议室"紫荆厅"，2楼（L1）是阶梯式大礼堂（紫色部分，实际占用2楼和3楼）、会议室（紫色部分）及展厅（蓝色部分），3楼（L2）是会议室，4楼（L3）是大宴会厅（实际占用两个楼层）和展厅，5楼（L4）是会议室和餐厅，6楼（L5）又是展厅。这样的设计可能是受限于土地面积，这在寸土寸金的香港很好理解。但可以想象，展品、搭建物资要通过货梯运至4楼和6楼，费时费力。而且，4楼和6楼的地面承重对于设计公司来说，绝对是一个挑战。

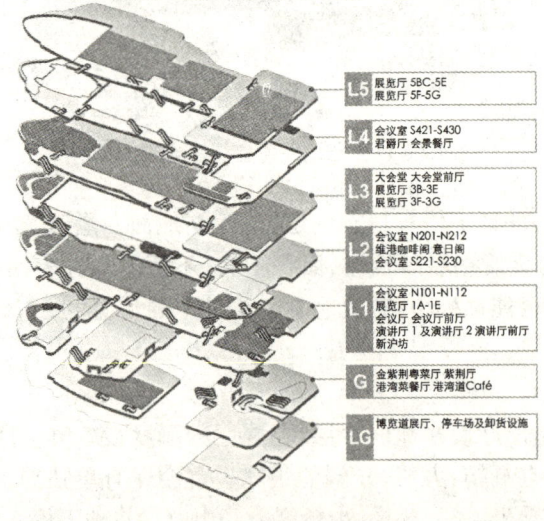

图2-13　香港会议中心剖面图

图 2-14 香港会议中心

五、展厅的设计

展厅的设计在前一节已有所涉及（如表 2-5 所示）。展厅的设计一般要求如下：

（一）柱子

展厅如果没有柱子，将极大地方便主办方提高出摊率，减少面积浪费，否则画线时一定要将柱子包在某个展位里，而这个展位的价格将会很低。如果没办法做到展厅无柱，则一定要想办法把柱子直径做到最小尺寸，目的只有一个——帮助展览主办机构提高出摊率，实际上也就是帮助展厅提高价格。

（二）洗手间

洗手间应在观众出入口和货物出入口分别设置，且应在每个独立分割的展厅分别设置，须有残疾人洗手间。为减少建造成本，两个展厅可以共享一个洗手间。如温哥华会议中心 A 展厅和 B1 展厅（见图 2-15）就共用一个洗手间，但内部应有固定隔断，否则 A 展厅的观众将可以通过这个洗手间进入 B1 展厅，如果 A 展厅和 B1 展厅举办的是两个不同的展览，则主办方不会允许观众这样自由流动的。

（三）卸货区和卸货车位、坡道

卸货区要足够大，这样利于多辆货车同时卸货、装货，最好能允许货车掉头。国内的展厅常常不够人性化的一个表现是卸货区的地面和展厅的地面在同一个水平面上。这没有考虑到卸货、装货的方便。这样设计的结果就是货车开到货门口外，人工把货物卸到地面上，再用人工抬进去。大件物品、重物要用叉车送进展厅。展览结束撤展时以同样的方法把展品或搭建物资移至卡车上。这需要大量的人工和大量的时间，叉车收费也不便宜。这样的设计还给展厅的管理增加了难度，我们不难发现，只要是进场，卸货区就一片忙乱，各

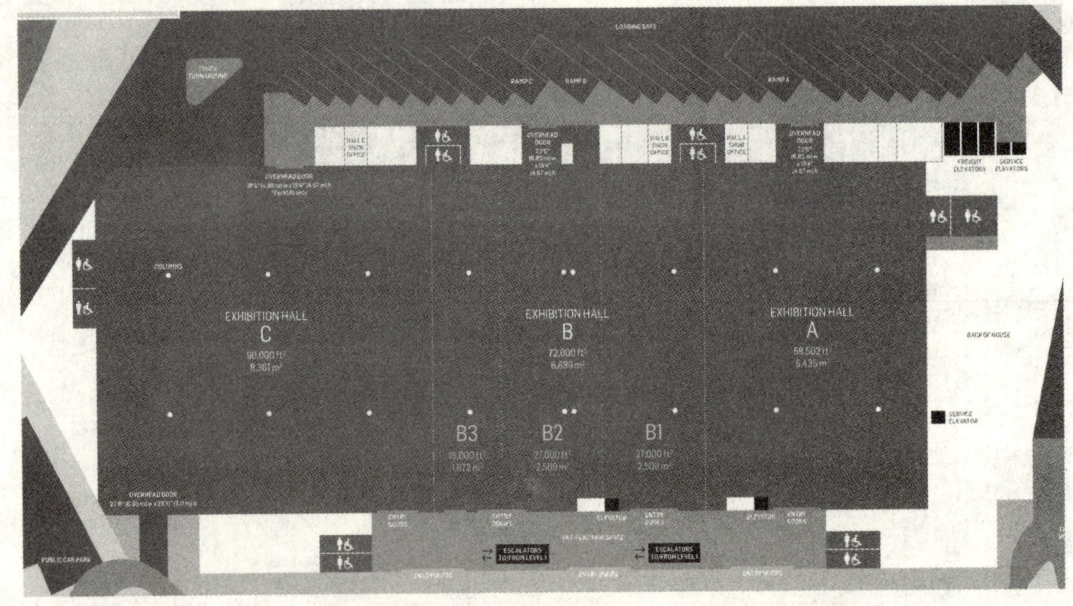

图 2-15　温哥华会议中心的展厅平面图

个参展公司争先恐后往展厅里运货。撤展时货车就更不听车辆调度了,所以不但卸货区车辆乱停乱放,而且常常能把道路堵死。

当然有的展厅的货门足够宽,货车可以直接驶入展厅,但能开进展厅里的货车仅限通道特别宽的展览或新品发布、演艺等活动。

国外展厅的设计则比较人性化。国外展厅的卸货区地面高度一般低于展厅地面高度,有十分舒适的卸货车位(loading dock)——卡车将车尾对着卸货平台,打开车厢后门,装货的车厢高度与展厅高度一致,铺上铁板或者根本不用铁板,工人用小推车就能极其容易地将货物推进展厅(重物仍需使用叉车)。装货时如法炮制。这极大地减轻了劳动强度,加快了速度,为参展商节省了费用,最主要的是节省了大量时间。如果碰到需要将货车驶入展厅的情况,则建造一条坡道(ramp)。

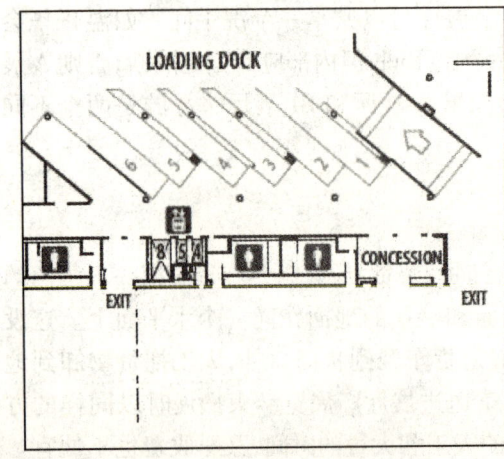

图 2-16　理想的卸货车位

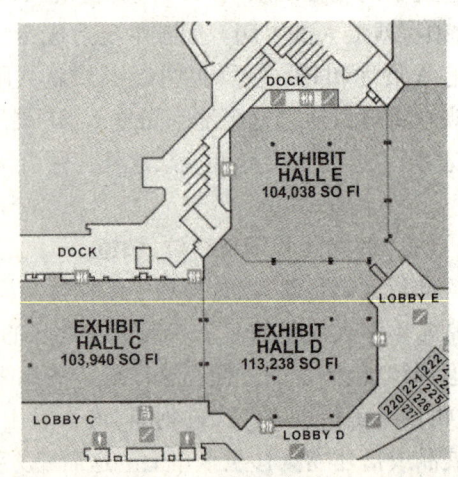

图 2-17　达拉斯会议中心展厅卸货区(局部)

国内似乎还没有这种卸货车位的设计,因此卸货区只能是露天而不能是封闭的,因为有时候需要使用吊车。

卸货区最好是在室内,或有顶棚。这种设计有两个好处,其一,碰到雨雪天气或极端高温/低温天气,卸货、装货仍可照常进行,许多展品和搭建材料不会淋雨或沾雪;其二,美观,卸货、装货总是忙乱,各色人等人声鼎沸,这些不雅的场面和噪声在封闭的室内就不会传到外面,尤其是撤展时遇到刮风天气,如在室外,各种轻型装修材料如泡沫、KT 板漫天飞舞,极大地影响了市容。

图 2-18　蒙特利尔会议中心的室内卸货区

有的展厅不允许装修工人将外面的盒饭带进展厅,于是工人就蹲在马路边或坐在马路边用餐,餐盒被随意丢弃,餐盒里的油、菜撒得到处都是,极不雅观。如果卸货区有顶棚或在室内,这些不雅画面就可限定在卸货区内。

图 2-19　布鲁塞尔展览中心卸货区(顶棚是后来增加的)

(四)主办办公室(organizer's office, show manager's office, show office)、主场办公室

尽量把主办机构的办公室和主场搭建商的办公室、货运服务办公室都安排在同一个楼层,不要让它们的客户跑来跑去,这样一方面它们的客户可以快速响应,一方面能够减少甚

至避免搭建公司员工穿越展区。主办机构的办公室可以安排在登录大厅,主场搭建商的办公室、货运服务办公室最好设在货物出入口的旁边,因为它们的服务对象是展品、搭建公司的车辆和人员,而不是观众。有的会展中心如华盛顿会议中心、悉尼会展中心、国家会议中心主办办公室设在楼上,可以从办公室的窗户观察到整个展厅。

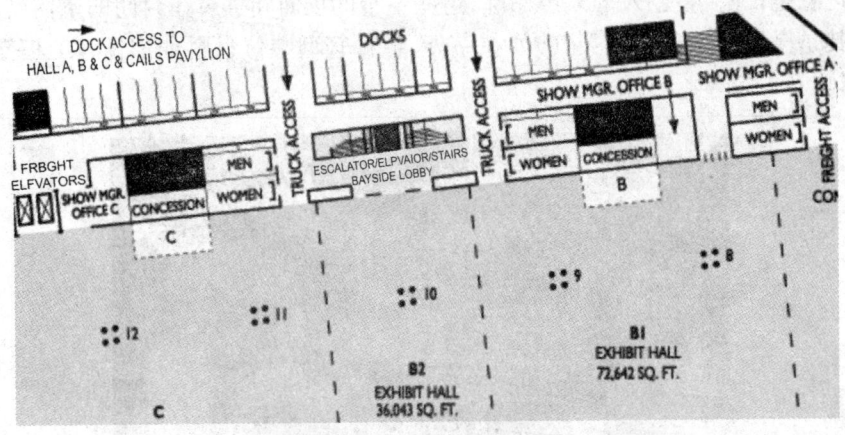

图2-20 圣地亚哥会议中心展厅的主场办公室及餐饮专卖

(五)餐饮专卖区(concession area)

与其跟快餐公司(很多是个人、家庭作坊)送盒饭的人斗争、不让装修工人或参展商把盒饭带进展厅,不如在展厅的后方设置固定的快餐区。无论是展厅指定的送餐公司可以把盒饭送到展台,还是在展厅的外面卖盒饭,都不如让装修工人、展览期间为水电保驾的技术工人、参展商和观众在展厅内的餐饮区享用午餐,而不必离开展厅。当然,每个人的预算高低不同,比如,装修工人的午饭可能只有10元的预算,而观众则愿意花25元吃一顿午饭。如果有条件,这或许可以通过设置不同价格档次的两个餐饮区域来满足不同的需求。

图2-21 布鲁塞尔展览中心展厅的餐饮专卖

图 2-22　墨尔本会议中心展厅的固定快餐区

展厅内的餐饮区、快餐区需要在设计时考虑到上下水、电、收银网线、照明等。餐饮区可以由外面的公司来承包经营,也可以自营。这一方面可以增加展厅的收入,另一方面可以省却用餐者出门进门的劳顿,展厅内一直保持可观的人流,这是展览主办机构最大的愿望之一。我们国内许多展览,一到午饭时间,就只剩下留守照看展台的工作人员,其他人都外出用餐去了。但请别忘了,其中很多观众一旦离开展厅很可能就不再回来了。把观众请到展厅来需要很大的花费,但观众因为午餐问题在展厅里停留时间太短实在是一个极大的浪费。参加国外的展览,我们有一个很明显的对比,就是展厅开馆和闭馆时间人流是均衡的,不会在午餐期间出现空馆,这跟展厅的餐饮服务有很大的关系。而这正是在设计时需要特别注意的。

(六) 吊点 (rigging point)、马道 (catwalk)

相对于国外,国内的展览搭建似乎不太爱用吊点,很多展厅本身就没有吊点。随着特装的规模越来越大,使用的材料和电子器材也越来越复杂,这时候就是展厅的吊点大显身手的好时机。对于特装,吊点能保证复杂装修的安全,大幅提高工作效率,可为参展商节约大量材料,尽最大可能地实现绿色展会,因为目前使用地面木质结构进行大面积搭建呈下降趋势。而且,使用吊点来悬挂,视觉效果更好、更美观。

实际上,除了展厅和大宴会厅,展厅的序厅(登录大厅)也最好设置吊点。这样做的好处是除了利于吊挂展览的装饰、宣传标语外,还可以增加展厅的收入。墨尔本会议中心展厅的登录大厅就设置了吊点,如图 2-24 所示。

展厅和序厅不是仅仅局限于展览用途,还应该考虑到多种用途,如公司嘉年华、新品发布和酒会,这些活动都对吊点有很多需求,实际上方便了客户,也增加收入来源。

马道除了方便更换灯泡、检修外,平常跟吊点配合使用。

(七) 地沟/管沟

地沟内应水、电、压缩空气、网线的接口齐全,一般是地沟与地沟之间的间距是 6 米或者 9 米,均匀分布。国内有的会展中心设置的是正方形的地井,每个地井中又是间隔设置

图 2-23 装修搭建应多用吊点

图 2-24 墨尔本会议中心的登录大厅　　图 2-25 SAP 公司在国家会议中心展厅的酒会

不同的水电气网络,也就是每个地井里只有水电气网络中的一种,而不是全部都有,这样展览主办方或主场搭建公司就不得不在展厅地面布满线缆和线槽。

(八) 仓库/库房

这里讲的仓库是给会议、展览主办机构或参展商准备的,不是展厅用于存放工具、工服、餐具等自用品的库房。展厅库房不仅仅用于存放先行运达的展品、资料等物资或撤展后等待物流公司来收取的展品,展览期间也用于储存展品的包装箱,否则这些包装箱就只能堆放于卸货区,不但占用卸货区面积,还有可能丢失和淋雨,而有的包装箱还不能淋雨。当然,这种库房可以向参展商收费。

六、大宴会厅(ballroom)的设计

会议中心的大宴会厅是会议中心最赚钱的单元,也是会议区最主要的功能区。大宴会厅用途广泛,除了顾名思义可以举办宴会、酒会、自助餐外,也用来举办各种会议、颁奖典礼、新品发布、小型展览、演出等。如果按每平方米每天的收入来衡量,毫无疑问,大宴会厅的每平方米产出应该是最大的。因此,在设计会议中心的大宴会厅时,必须做到气派、灵活组合、多功能,特别要做到利于人群集散,利于宴会的备餐、上菜、传菜。

从作者的观察来看,会议中心的大宴会厅设计最应该学习香格里拉新建的酒店大宴会厅。

(一)面积

大宴会厅的面积一定要比市区的任何一家酒店的大宴会厅至少大30%,否则就抢不到最值钱的生意——大型宴会、大型会议。这也是考虑到5年后可能有新建的酒店,其大宴会厅面积可能会超过现有酒店的宴会厅面积,也就是说会议中心的大宴会厅的面积优势应至少保持5年。会议主办方和普通公众对会议中心的宴会存有疑虑,或者说存有偏见,以为会议中心的餐饮质量肯定不如高档酒店。打消这些用户的顾虑需要时间,但首先可以凭借面积最大这一优势从酒店的手里抢夺大型会议和宴会。

大宴会厅应至少可轻易分割为2个独立的宴会厅,以提高出租率。

(二)层高

大宴会厅装修后的净高应至少6米,这样才能给人以宽敞、气派的感受。

(三)吊点

我们不应该把大宴会厅的用途局限于开会和举办宴会。大宴会厅几乎可以承接全部种类的活动(对有承重要求的展览除外),而且客户也愿意支付较高的价格。即使是大型会议和宴会,也有吊挂投影、屏幕、音响和特殊照明以及装饰的需求。没有吊点,似乎看上去很美,但会给客户增加很多难题,比如必须增加桁架(truss),相应减少了使用面积,且很不美观。客户要多支出不少费用,包括设备费用和人工费用,还无形中增加了施工难度和不安全因素。

宴会厅的出租率应该是最高的。在旺季,可能是一个活动接着一个活动,使用吊点可以有效节省搭建、拆卸的施工时间,根本上对提高宴会厅的使用率和收入有帮助作用。

有时候可以用龙门架代替吊点,有的龙门架还可以遥控升降,但这种通过遥控操作的龙门架则对悬挂物体的重量有较多的限制,不如固定的龙门架。像北京国贸三期的国贸大饭店和紧邻上海新国际博览中心的上海浦东嘉里大酒店,大宴会厅都设置了较多的龙门架。

(四)水晶灯

既然叫宴会厅,就应该安装酒店宴会厅都有的水晶灯。水晶灯和吊点不冲突。要想从酒店手里多抢宴会生意,宴会厅的装修就不应该比酒店差,否则客户很难认同会议中心的

宴会价格。

(五) 序厅 (pre-function area, foyer)

序厅不仅是大宴会厅的组成部分,具有为客户的活动提供注册、发放资料、衣帽间、主人迎送、宴会和会议前的暖场表演等功能,也能为会议中心带来收入——在序厅举行的宴会前的酒会、会议期间的茶歇、与会议同期的小型展示、广告等都可以获得收入。上海浦东嘉里大酒店的大宴会厅序厅的面积达到了1 200平方米①。

(六) 贵宾室和化妆间

除了配备常见的贵宾室外,如果能在某个不起眼的地方或大宴会厅的后侧设置用于演员化妆、候场的化妆间(changing room),将可以帮助会议活动主办方省却诸多烦恼。特别是有明星参加活动时,他们做美发、化妆时不愿意被别人看到,这时化妆间就派上了用场,除非贵宾室为他/她一个人专用。

(七) 出入口、楼梯

大宴会厅最好设置在一楼,且有单独的入口、出口和贵宾室,这样客人就不必经由会议中心的正门穿越大堂。单独的出入口能给客户以独享、私密、有尊严的感觉,因为如果与其他会议、活动交叉给双方都带来尴尬。当然,最大的好处是人流快进快出,疏散速度快。特别是有政府官员和企业高管出席的会议和宴会,他们更不喜欢穿越人多声杂的区域,而喜欢由司机直接驾车到宴会厅门口(非会议中心大门口)下车,离开会场时也是如此。因此比较理想的是可以从市政道路直接驾车到宴会厅门口,这种设计有时候要求建有坡道。

如果大宴会厅设在楼上,则必须在会议中心的大堂正对着正门的位置设置宽敞的步行楼梯。尤其是在散场时,大量客人会等不及乘坐直梯或扶梯,而会选择步行下楼。

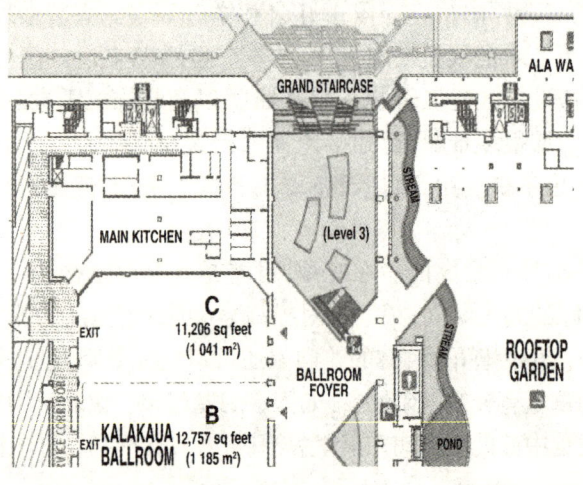

图2-26 夏威夷会议中心大宴会厅位于4楼,仍设置了宽敞的步行梯

---

① 数据来自该酒店的宣传册。

(八) 厨房、备餐间

餐饮的毛利率高,人均收入高,因此大宴会厅必须主打餐饮牌。大型宴会需要众多的服务人员,但如果厨房供餐跟不上,则再多的服务员也无济于事。厨房最好设置在大宴会厅的后面,这样食品从厨房出来后可以最短距离、最快速度、最少的人手送到大宴会厅,特别是中餐宴会,对出品十分讲究,这就要求菜出即送,避免浪费时间。宴会后收餐盘也要避免浪费时间。

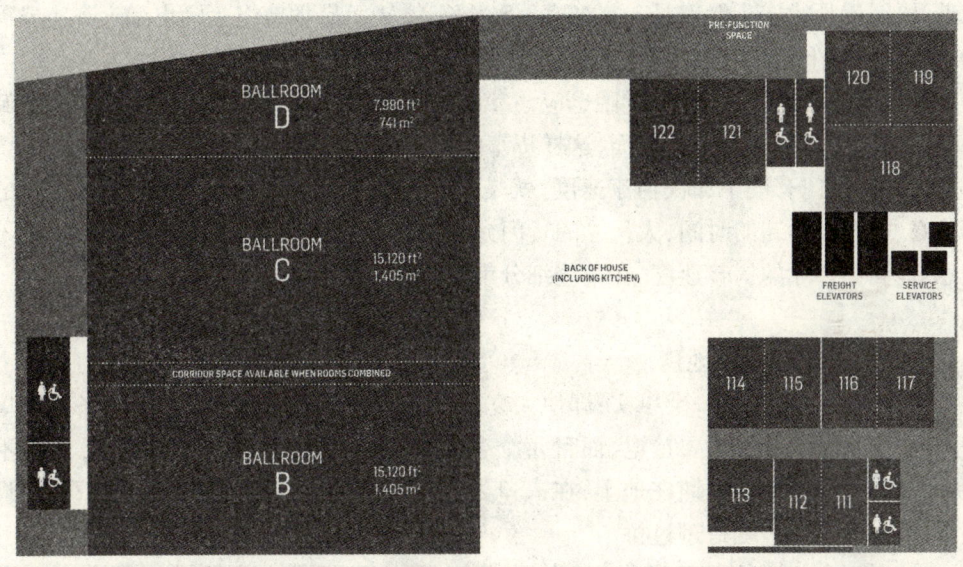

图 2-27 温哥华会议中心的大宴会厅、会议室和厨房背靠背

如果会议中心因为场地原因不能做到厨房和大宴会厅背靠背,一般会把中央厨房(主厨房)设在地下一层,然后使用专用货梯、专用保温车运输食品,这种情况下应该在大宴会厅的后侧专门辟出一处独立、封闭的区域作为备餐间。如果没有备餐间,而厨房在另一个楼层,厨房加工出来的食品将无法保证传菜速度和出品。如果碰到国内高端宴会需要 VIP 桌分餐的情况,则根本无法实现。

温哥华会议中心的厨房设计值得借鉴。虽然大宴会厅在 2 楼(1 楼是展厅),但厨房也设在了 2 楼,且大宴会厅和同楼层的小会议室分布在厨房的周围。这种以厨房为中心的安排极大地方便了会议室、宴会厅的宴会、自助餐、酒会和茶歇的服务,可以省却大量员工。

(九) 货门、货梯、卸货区

前文讲到,大宴会厅应该是出租率最高的、租金最贵的、功能最强的,所以在设计时要尽量将宴会厅的货门尺寸设计得大一些,最好能达到高度 6 米,宽度 6 米。如果宴会厅不在地面一层,则要求货梯也须满足 6 米高度的条件。如果货梯能容纳一辆 3.5 吨的卡车,则能大大提高运输速度,并可承接含有大型展品的高端活动。这样无论是会议中心的员工在进行宴会前的摆台还是搭建公司运输装修材料、灯光、音响或展品时,都可以较快的速度进行。对于复杂的舞台装修来说,大尺寸的货门更能显示出优势来。对于新品发布来说,大尺寸的货梯和货门就能允许比较特殊的展品进出，也就意味着可以承接酒店无法接待的特殊活动，如汽车发布会。如上海环球金融中心会议中心，492米高，共101层，最大的宴会厅位于4层，面积800平方米；94层是一个多功能厅，760平方米。货梯尺寸分别是高6米、宽2.2米、深（长）2米，这个尺寸能容纳一辆客用轿车或多功能运动车。于是在94层的多功能厅举办了多场豪华汽车发布仪式、汽车纪念庆祝活动和有钢琴表演的小型音乐会等高档、时尚类活动。

香格里拉酒店的大宴会厅普遍受到欢迎，特别是会议活动主办方和搭建商无不对此津津乐道，原因就是货梯一般都是3.5米宽×5米长，能轻而易举地将一辆小型火车头或展示用的小客车从地下运到宴会厅所在楼层。

如果宴会厅在地面一层，卸货区也应该参照展厅的卸货区，设置固定的卸货车位，卸货区的地面要低于宴会厅货门的地面，这样货车的后车门一打开，货物就可轻易推入宴会厅。

大尺寸的货门有助于加快物流速度，就是缩短客户包括装修公司、物流公司在内的供应商装修、搭建及拆卸的时间；大尺寸的货门允许大尺寸的展品，就能拿到竞争对手做不了的生意，提高宴会厅的周转速度，在某些细分市场上可以做到卖方市场。

（十）门口的大理石或地毯

我们必须要了解这么一个事实：即使大宴会厅里预留了电源接口或后边的备餐间里接电很方便，但每次活动都需要接电，而且每个会议、每个宴会的舞台、控制台的位置各不相同，所以电缆电线常常沿墙铺在地上，在入口处就不得不使用过桥，不但不甚好看，而且客人还需要特别注意、迈腿跨过过桥。

也许，可以在门口的大理石或地毯做一个特殊的处理，挖出一个凹槽，上面加一个美观的可以随时更换的盖板，电线就从盖板下穿过。

七、阶梯式大礼堂/报告厅（auditorium）

大礼堂的面积有的大于宴会厅，有的小于宴会厅，这取决于大礼堂的位置和市场定位。一般而言，大礼堂因为有阶梯式固定座位，因而出租率要低于宴会厅，所以，大礼堂的装修不必豪华。要做到有效提高大礼堂的出租率，首先在于设计，如果设计出来的大礼堂布满了阶梯式固定座位，那么这个大礼堂除了用来开会和少量的演出以外很难租出去，因为客户对舞台、座位总有自己特殊的想法，而固定座位限制了客户的种种需求，而且有坡度的会议室更不为企业会议所接受。

国家会议中心4楼的大会堂是个不错的案例。该大会堂面积6400平方米，是2008年奥运会时的击剑比赛馆。在奥运会后进行改造时，创造性地改建成多功能的大礼堂：在调高固定看台下安装了推拉式座椅，遇到大型会议的开幕式、全体大会，把推拉座椅拉出来，在舞台之间和座椅之间的平地上摆放座椅。如果是宴会、酒会、新品发布，就把推拉座椅推回至调高固定看台下面，用特制的窗帘布遮住。这样有5500平方米的平地，就成了多用途的场地；可以举办小型展览、酒会、宴会、自助午餐甚至考试。还把大礼堂分隔成两个面积比例为55:45而不是两个面积相同的独立会议室，这样就有效缓解了一楼大宴会厅供不应求的困难。

八、会议室（meeting rooms）

会议室一般是指大宴会厅、大礼堂之外的会议室。除了大宴会厅外，500～800平方米面积的中等规模的会议室是招徕会议、承接活动的主力，一方面作为大型会议的分组会场，与大宴会厅、大礼堂配合使用；一方面是独立接待会议的主体，即接待500人以下规模的会议要远远多于500人以上规模的会议。无论是政府会议、社团会议还是企业会议，人数超过1 000人的会议毕竟是少数，而且500人以下的会议在会议中心和酒店的人均消费要稍高一些。而500～800平方米的会议室与酒店的竞争最为激烈，酒店看重的也正是500人以下的会议、活动。

首先，中小型会议室一定要成为大宴会厅、大礼堂的有力帮手，一起帮助会议中心抢夺1 000人以上的大型会议和会议规模介于500～800人之间但分组会议较多的中型会议，依靠足够的会场数量一次性满足开幕式（全体大会）、平行分会、自助餐、晚宴等会议需求。其中500～800平方米的会议室最好相对集中，层高5～6米，每间会议室还应可自行独立分隔成两个会议室，如果能与厨房处在同一个楼层、靠近厨房则更为理想了。如果不能靠近厨房，那么需要靠近同一楼层的备餐间，同时与货梯的距离越近越好。

100平方米以下的小型会议室的出租率不会很高，这是因为扣除舞台、背景板和通道占用的面积后，100平方米的会议室仅能容纳60人（剧院式），而在会议中心召开的会议，分会场人数一般在100人以上。

会议室层高多高才合适？客户都喜欢层高高一点的会议室，毕竟给人的感觉比较舒畅，但层高受限于所在楼层和建筑成本。除了大宴会厅和大礼堂/大会堂外，300平方米以上的中型会议室层高5米比较合理，而300平方米以下的小型会议室层高应该保证3米。

会议室应该安装同声传译设备吗？永远不要在会议室内安装同声传译设备。同声传译设备造价高昂，更新换代快，还需要专业技术人员，更重要的是，客户极少使用带有固定同声传译设备的会议室。原因有三方面：其一，本身带有固定同声传译设备的会议室报价一定要高于没有同声传译设备的会议室；其二，客户摆放主席台、会议室摆台、背景板高度、以及音响、电脑灯和控制台的方向、位置每次都不一样，固定同声传译设备意味着只能遵循一种台型，没有第二种选择，联合国总部的会场就是如此，台型只有一种，且固定不变，否则耳机接收器接收到的信号可能难以如愿；其三，需要同声翻译的国际会议数量极为有限。

会议室应该安装固定的投影银幕和投影仪吗？是的，大部分会议室应安装固定的投影银幕和投影仪。请记住，中小型会议室最大的竞争对手是酒店，大部分酒店的会议室都安装了固定的投影银幕和投影仪，况且，普通投影仪（比如3 000流明）和投影银幕的采购成本不高。另外，上面讲到，客户摆放主席台、会议室摆台几乎每次都不一样，但对于中小型会议室来说，主席台不是放在一侧，就是放在另一侧，很少有第三种选择。考虑到乘电梯的客人习惯从哪个方向进入会议室，就可以分析出哪面墙最容易被主办方设为主席台方向，电动升降投影银幕就可安装在主席台上方的中间。

会议室一定要有序厅吗？有总比没有好。300平方米以上的会议室则一定要有序厅，这是因为会议注册、茶歇都需要序厅,当然有的茶歇也可以放在会议室内。会议注册就需要电源,所以在会议室的门外应有电源接口。

小型会议为什么需要有挂横幅的挂钩?这是中国特色所决定的,规模在200人以上的会议一般会自行搭建背景板,而小型会议因为预算问题就会选择悬挂横幅,所以在会议室的墙上应预先设置用来悬挂横幅的挂钩。为保护墙面,会议中心不允许客人在墙上钉钉子或使用强力胶,但客户有这种挂横幅的需求。

会议室应该有吊点、固定灯杆架吗?应该说,800平方米以上的会议室应该有吊点,这是因为客户使用800平方米的会议室就开始有多种需求了,例如,可能有两个投影幕布,舞台灯光比较复杂,背景板搭建、舞台装修比较复杂,如果没有吊点,则只能使用木质基础,再加上桁架,大大增加了成本,还浪费时间。如果没有吊点,那也至少应该有固定的灯杆架,这样客户根据主席台的人数、会议议程及摄像、照相要求可以自由添加、调节舞台灯光。500平方米以上的会议室,应充分预见到客户主席台方向的可能性,而至少在两个方向的主席台前方安装灯杆架。

会议室的灯光都有哪些要求?首先,会议室灯光亮度应是可调的,这不但可以节省电费,还能根据会议进行中的不同要求进行调节。当然,投影银幕上方的灯一定是可以完全关闭的。其次,会议室的灯的按钮应在会议室内而不是在门外。最后,调光按钮应是每个人都可以立即懂得如何操作的,而不必非要等服务员来调灯光。也就是说,控制面板不能复杂,简单易懂易操作即可。

九、大堂和室外广场

大堂当然应该好看、气派,这样才可以给客户的活动一种荣耀感。但好看、气派的同时必须能卖钱。我们应该时刻牢记这么一个概念——大堂应该用来为会议中心挣钱,而不是仅仅让用户感觉人气、敞亮。

大堂作为会议中心外表之外的第二门脸,应该营造舒适、开阔、有条不紊、信息齐全、标志清楚的美好感觉。大型会议通常在大堂设置注册台,参会客人一进入大堂、进行注册后就去往自己想去的会议室。有的客人漫步于大堂,或照相留念,或只为欣赏建筑之美,或挑选纪念品。许多客人在大堂等候他人,更多的客人在大堂跟同事、朋友、客户道别。这是大堂的公共服务职能。

用户对大堂有许多期待,因此大堂既不能狭小,这样会让客人感觉局促、压抑,也不能面积过大、层高过高,否则让人觉得这个会议中心太大了,没有了亲近感,大堂就变得与自己没有任何关系,大堂与客人之间根本没有对话交流的可能性。而客人进入会议中心接触的第一个室内单元就是大堂,离开时又是从大堂走过,让客人对会议中心印象最深的大概非大堂莫属了。

大堂除了依靠面积、层高、照明(自然采光)给人以舒适、轻松的感觉外,更要在设计时着重公共服务职能的完善和提高。

服务台(咨询台):应设置在大堂的显著位置,最好正对着正门。通常,服务台是固定在地面上的,然而也有一些服务台是可移动的。可移动的设计一定是为了更好地方便客户利用整个大堂用做注册、展览、新品发布等。

图 2-28　上海世博中心的服务台　　图 2-29　日内瓦国际会议中心（CICG）的服务台

服务台如果是靠墙设置，形状可以是方形，也可以是弧形。如果设在大堂的中间位置，则一定是圆形。如果是靠墙设置，那么根据实际情况可以辟出一块区域用来储存客人的小件物品或大件行李——这个时候应考虑到客人大件行李寄存需要较大的面积，应在后面或不远处有一个独立的封闭房间单独作为库房。国际会议和国际展览常常会有客人一下飞机直接来到会议中心开会、参展的，也有本地客人用行李装资料、小礼品到会场或展台发放的。小件物品的寄存则要求有保险柜、铁皮柜。设在大堂中间的服务台不应接受小件或大件物品寄存，因为物理空间极为有限，应在大堂的某个角落或别处（甚至可以是地下）单独设立行李寄存处。

无论如何，服务台需要有电源、网线、电话线，在设计时必须留好接口。如果是设在大堂中间的服务台，那么电源、网线、电话线的接口只能安装在地面，这时方法之一就是挖一凹槽，上面有一个活动的锁住的盖板，盖板应美观、与地面齐平，更应结实耐用。因为有可能推车或展位搭建会损坏盖板，所以，盖板还应该是可以更换的。

电子显示屏、触摸屏：不但是信息集成和传播的媒介，更是广告载体，会议中心一定要善加利用电子显示屏。大堂的电子显示屏应该吊挂在客人一进入大堂就可轻易看见的地方，如果不是吊挂在墙上，则一定要注意其吊挂高度，很多时候大堂的特装展览或背景板把电子显示屏遮挡住了。

触摸屏可以设在服务台的旁边，也可以设在大门内侧，也可以在其他方便客人且不影响大堂出租使用的角落。

电子显示屏和触摸屏都需要电源和视频线、音频线。

电梯：大堂除了直梯外，还应有扶梯，这样在人流集中的时候可以快速运送，而且一般客人喜欢使用扶梯。扶梯一般是两部，一部上行，一部下行，但如果预算充足，可以考虑再增加一部扶梯。这样做的好处是，一部备用以防一部突然失灵，这样仍然可以保证一部上行，一部下行。另一个好处是，遇到大型活动，可以根据现场情况或提前制订运行方案，两部同时上行或两部同时下行。

如果是靠墙安装的扶梯，则可以考虑在墙上安装灯箱、LED 显示屏以宣传会议中心、宣传客户活动。请记住，会议中心的很多设施和服务是不被客人所了解的，比如咖啡厅、礼品售卖、食街的特色菜等。当然，还可以被客户租用，也可以作提示用，比如在中心严禁吸烟。

步行楼梯：在大堂设置步行楼梯不是应该不应该的问题，而是如何设置更美观、更宽敞、更醒目以诱使客人使用步行楼梯。大型会议或宴会、自助餐结束或开始时，人流短时间内要能够以尽快的速度疏散到另一个地点，在这种情况下步行楼梯就成为最受欢迎的路径，安全更有保障，且给人以不拥挤的感觉。实际上，步行楼梯除了快速输送客人以及诱使客人不使用电梯、扶梯以真正节省能源之外，还可以被小型团体用来拍摄合影，还能用来发布客户的广告。

标志：标志有多种多样，有纸质的，有木质的，也有铝合金或其他材料的，但更多的是使用灯箱，因为视觉效果最好，尤其是在夜间，或不是夜间但没有活动期间仅有基础照明时，人能在远处就轻易看见灯箱标志。所以一定要仔细规划好灯箱位置，提前设置好电源。电子显示屏如LED、液晶显示器也可以成为标志，除了电源，还需要视频线、音频线。

标志不仅仅提供导向功能，更是促销（如"3楼设有茶室"）、管理（如"严禁吸烟"）的好帮手。

柱子：大堂若没有柱子，视线会很舒服，而且也较容易出租，出租价格可以略高一些。如果建筑设计无法省却柱子，则可考虑将柱子设计成圆柱，一来弧线让人感觉不那么生硬，二来可以用来安装弧形灯箱，出租给客户发布广告或用来宣传会议中心的设施和服务。靠近地面的柱子应该有带有坡度的保护板，因为搭建小型展示或平常清洁时小推车或电动推尘车会破坏柱子的装饰层，所以，这个保护板应该可以更换以保持常年的光滑平整。

除了灯箱广告需要提前设计好电源外，在柱子底部靠近地面处还可以提前安装嵌入式电源接口，不但方便柱子保洁使用（如大理石结晶等），还可以在客户临时使用柱子当做上网区、手机充电区或自助注册区时提供需要的电源。

上海虹桥机场航站楼有一些柱子被汇丰银行所租用。汇丰银行除了将柱子布满该银行的广告外，还将柱子改造成了一个符合人体工程学的小展示台，候机客人不但可以把自己的笔记本电脑放在这个展示台的上面，还可以为手机充电，因为柱子上留有各种型号的手机充电接口。这样做既卖了广告位（给汇丰银行），又提供了使用电脑的托架和手机充电的公共服务，是一个在设计时就想到了如何最佳利用柱子的范例。

图2-30 上海虹桥机场航站楼的柱子

咖啡饮料和纪念品售卖（kiosk）：来会议中心的人总需要喝水、喝咖啡、吃东西，但一般又不愿意跑到楼上专门的餐厅、酒吧里。所以会议中心在大堂最好设置简易咖啡厅，但不设固定座位，仅销售咖啡、饮料、冰激凌、汉堡、三明治等,配以明显的招牌和标志。一些参会客人还会在大堂买了咖啡、饮料后带到会议室或带出会议中心。

外地人还会利用间隙在会议中心挑选一些富有本地特色的小纪念品,因为相当一部分参会客人、参展商、观众来去匆匆,没有时间外出购物。会议中心大堂应该是一个展示这个城市的文化、旅游资源和经济活力的场所,那么旅游地图、明信片、工艺品、风光书籍就成为外地人、境外参会者的最爱。所以,如果场地条件允许,应该有这么一个小卖部(kiosk),这个地方甚至还可以销售飞机票、火车票。

咖啡饮料和纪念品售卖需要上下水、电、网线(收银系统和销售机票、火车票均需要)和电话线。

自动取款机(ATM):自动取款机选在大堂的某个角落即可,但除了电源、电话线外,还需要提前安装监控摄像头。自动取款机越来越受欢迎,尤其是对境外参会者、参展商来说,他们不太愿意现场兑换人民币,这也就意味着会议中心可以取消外币兑换的岗位,节省员工,还免掉了现金押送、假外币等风险。

城市宣传:大堂除了销售能介绍本市的旅游文化和投资环境的旅游书籍、明信片、工艺品、风光画册等外,还可以摆放吸引外资的宣传册/宣传CD以及近期演出、本市的酒吧、餐厅等的介绍资料,供客人免费取阅。此外,城市宣传还可以借助最能体现本地特色的手工艺品、艺术品来进行,比如手工制作的风筝可以在一段时间内吊挂在大堂的某个区域。

无线上网:现在很多会议中心的无线上网需要收费,客人需要另行购买会议中心的上网卡。但随着智能手机、智能电子设备、iPad等对无线网络越来越大的需求,会议中心应该提供无线上网服务。

电源:大堂除了设置服务台外,还可用做注册以及举办会议附带的小型展示和展览、常年产品陈列、广告发布的场所,此外,清洁、安检设备都要用到电源,因此一定要合理设计电源接口,尽量避免日后临时接电。

收费电视或灯箱广告:大堂合适的地点可以租给楼宇广告公司、收费电视服务公司和企业以播放电视新闻和广告,这需要电源、音频线和视频线。如北京的北广传媒公司在商场、写字楼、会议中心的大堂架设电视机,播放自己制作的电视节目,会议中心据此可以获得一部分收入。

室外广场:室外广场应该多大?应该有旗杆吗?应该种树吗?还是用来停车?需要安装电子显示屏吗?这些问题都没有肯定的"是"或"不是"的答复,依业主的喜好和将来的用途而定。对于中国的政府官员和大型国企的高管来说,他们(实际上应该是他们的秘书、下属)可能最担心的是,他们的车能否直接开到会议中心的大门口,下车推门即可进入会议中心大堂。但这种设计会与绝大多数步行客人发生冲突,特别是当有演艺体育明星时更容易引起混乱,所以不建议采用正大门车辆和步行客人混杂的设计。比较理想的设计是北京人民大会堂的设计——东大门供普通代表出入,高级官员的车经由北门的坡道直接驶至北大门,互不干扰。

会议中心作为一个城市的形象的代表,是这个城市对外交流的重要平台,同时也是这个城市本地人引以为豪、聚会和交流的地方,因此,会议中心应该是开放式的,而不应设置铁栅栏将自己封闭起来。室外广场应该体现开放、包容、自由的特征，但若干中国特色（比如闲人过多、总有不良商贩甚至小偷骗子）却常常迫使会议中心用铁栏杆、铁栅栏将自己与外界隔离开来。这大概是设计师不愿看到而会议中心管理团队不得不为之的事情，看来短时间内无法解决。

会议中心的室外广场若有一个置于地面或置于一个突起的基础上、明显又美观的会议中心标志，不但方便行人找到会议中心，还可以成为本地人、外地人和境外旅行者照相留念的背景。我们都有这么一种体验，当驾车或坐在车里靠近会议中心时，看不见楼顶的会议中心标志。如果有2～3米高、明显的标志，就能消除因为视线原因人就在近处却找不到会议中心的紧张感。

室外广场的旗杆除了悬挂国旗和会议中心旗帜外，还可以租给客户用来悬挂公司产品广告或会议、展览的宣传品。

道旗杆：我们会展场馆的广告载体缺乏是因为设计时未能想到实际运营时客户的多样性需求，比如，展览常常会用到道旗杆，有时候是展览主办方自用以宣传自己的展览品牌，有的是租给参展商以发布广告。但国内一些场馆用临时的道旗杆，部分是水泥底座的高度有限的旗杆。虽说可以灵活搬动，但实际很重，而且谈不上美观。如果在会议中心建筑的外墙上安装固定的旗杆悬挂装置，或借助灯杆悬挂旗杆，都要来得大气、美观。

图2-31　北京东方广场的室外道旗杆

垃圾箱：垃圾箱也大有文章可做。室外广场的垃圾箱远非美观与否那么简单。美观固然好，但实用才是最重要的。

① 吸烟客人多，即使会议中心内部辟有专门的客用吸烟室，但很多人还是会跑到室外广场去吸烟。因此，室外广场的垃圾箱除了储存垃圾、废弃物外，还应充当客人吸烟站立时的中心点，所以垃圾箱的上部一定要有金属或大理石凹槽，放上水，客人熄灭香烟后自然会把烟蒂扔入垃圾箱内。

② 垃圾箱的投入口要大。很多时候我们发现垃圾箱的四周有矿泉水瓶、废展览资料、废报纸，客人就是不把这些废弃物扔进垃圾箱内。原因是投入口太小或需要弯腰才能投入或需要触动活动板，但客人都是不愿意弯腰或用手触动活动板的。

③ 室外刮风会把垃圾箱吹跑，因此垃圾箱的外壳要固定在地面上。但如果遇到特别重要的中央领导来会议中心，因为防

爆的要求，可能需要临时撤销垃圾箱。北京东方广场的室外垃圾箱的外壳是用大理石装饰的，因此比较美观。

出租车站（Taxi Stop）：如果有事先规划好的出租车站，就可以提前与有关市政、交通部门沟通，在道路修建、画线等方面获得政府支持。有的会议中心自行修建遮雨棚/遮阳棚和等候排队用的栏杆。下车点和上车点最好分开，这样可以避免出租车拥堵。如果没有出租车站规划，开业后会发现出租车无处停靠，给客人带来不便的同时还让人对会议中心门口出租车乱停乱放产生不满。

图 2-32　北京东方广场的室外垃圾箱

十、正门和贵宾出入口

全体客人使用的门是会议中心的正门，但因为安保原因，对政府高级官员或演艺文体明星应区别对待，最好使用别的门。

大部分会议中心的正门都是转门，自动转门有利有弊。"利"是指节能、美观，"弊"也很明显，比如通行速度有限，人多时易造成拥挤，总有人用手推自动转门而使得转门自动休息不工作。理论上，正门不允许客户携带参展用的展品、在会议现场做推广用的物品，但很多人都经由正门而不会通过货门或地下停车场的直梯进入会议中心。比如，会议主办方、参展商用小推车运送资料、易拉宝、2米高的花篮、小型展品经由正门进入会议中心。

对于大型会议中心，建议平开门和自动转门同时安装，且平开门位于正中间。平开门耐用，能让人流快速通过，且方便不听劝阻的参会客人、参展商运送印刷材料、易拉宝、立式花篮等，也方便演出用的乐器和道具通过（尤其是演出结束时有关人员根本不使用货门）。节能问题可以通过安装两道平开门来解决，但平开门的内侧须安装风幕以阻挡冷热风交换。

正门的外侧可以安装电子显示屏。

在设计时，正门的外侧最好有防滑垫，在多雨的南方和多雪的北方，防滑垫能有效吸干客人脚底的雨水或雪，客人进入正门后不易滑倒，也能帮助保持入口处地面的整洁。防滑垫铺设后，应与地面齐平，因此需要预先挖一个浅浅的凹坑。

贵宾出入口：请参见本节"室外广场"部分。需注意的是，贵宾室应靠近贵宾入口，而且，贵宾入口应有专门的电梯。

国内许多会议中心常会有客户搭起拱形充气门以宣传有关会议或租给企业发布广告，但我们常见的是气球两端用沙袋或大石块绑住，极不雅观，而且沙袋里的沙子还容易露出来。解决方法之一是在正门外的两侧预先各挖一个凹坑，定制美观的重物嵌入凹坑，充气气球拉线靠重物压住。平常没有拱形充气门时，把花盆、绿植放入凹坑内。

十一、商务中心

商务中心的选址要考虑到会议区和展厅两边的需求,选在中间地带为宜,否则一边的客人走路时间会稍长。可以设在地下,但不是必须安装扶梯,因为到商务中心的客人局限于展览主场、参展商、会议主办方、会议赞助商等群体,使用商务中心的普通客人不会很多。如果会议中心规模不大,商务中心可以跟咖啡厅、小卖部合并。商务中心需要电源、网线、电话线及收银系统。

十二、餐饮区

餐饮区可集中,也可分散,各有各的好处。会议中心的餐饮区包括:设有座椅的固定餐厅、固定咖啡饮料店(分有座椅或无座椅、只能带走消费两种)、美食街(food court)、临时搭设的售卖区(有座椅,也可以是在室外广场)、流动售卖车(没有座椅)。

餐厅、食街除了需要上下水、电源外,还需要热水、煤气。此外,收银系统还需要网线和电话线以使用信用卡以及内部电话。餐厅还应有直线电话。餐厅、食街都需要独立的音频信号和电视信号,以播放音乐和电视。

固定餐厅:固定餐厅的地点一旦选定,就需要复杂装修,因此要慎重、仔细地研究其位置、造价和消防安全的可行性。另外,固定餐厅的目标客户除了来会议中心参加会议、参展或观展的客户外,一定要面向社会,否则,经营将面临相当的难度。所以,固定餐厅比较理想的位置是会议中心的一楼、临窗,有单独的出入口,同时与会议中心内部如大堂相通。可以不设单独的洗手间,用餐客人可以使用会议中心一楼的洗手间。

美食街:应设在会议区和展览区的中间,或距离会议区和展览区差不多的地点,以求吸引最多的用餐客人。美食街之所以受欢迎并不全依赖廉价,而是因为很多参会、参展客人中午时间很短,需要快速用餐。

美食街可以设在会议中心的二楼、三楼或更高的楼层,也可以设在地下,只要有扶梯(或步行楼梯)通达、方便会议区和展厅两边的客人就可以,并不需要占用最佳地点——最佳地点应该用作展示、广告或咖啡厅等租金收入相对较高的用途。

在设计会议中心时,餐厅和美食街一定要给予充分的考虑,因为一经装修,日后再改造将大面积影响会展活动,且时间较长。餐厅和美食街一

图2-33 香港会展中心的餐厅

定要接通煤气。

考虑到会议中心的客流集中在上午、中午和下午，但几乎没有人自费在会议中心吃晚饭，因此，美食街不宜提供过多的花色品种，否则成本太大。可以参照麦当劳、肯德基、吉野家等快餐餐厅的做法，仅提供有限食品种类，方便客人快速用餐。

美食街的椅子、桌子最好不要固定在地面或墙上。同样，餐厅和美食街都可以安装灯箱广告、收费电视。

十三、停车场

一般地，会议中心有地面停车场和地下停车场两个区域，也有少数会议中心会与临近的写字楼、商场、体育馆或其他业主等谈妥长期的合作协议，客人可将车停到合作单位的地面或地下停车场。

停车场的收费系统需要电源、内部电话线和网线，后者为磁卡停车卡结算所需要。停车场除了面向客人、员工开放外，还是供货商送货和垃圾清运车辆最常使用的区域。因此，应优先考虑送货车和垃圾清运车的停车地点和高度。

十四、库房

除了展览区需要库房外，会议区也需要供客户使用的库房。这里的客户有两种，一种是主办方，需要存放资料、礼品、会议包、电脑、打印机、T恤衫等物品；一种是会议赞助商和会议参展商，他们也需要租用库房。

十五、卫生间

相信没有人会不同意每个楼层都设卫生间，但可能有人会觉得每个楼层都设残疾人卫生间造价太高，那么可以在一楼、三楼设置残疾人卫生间，而其他楼层不设。

大宴会厅、大礼堂/报告厅的卫生间的设计需要考虑到女士的特殊需求。我们的设计师常常会把男卫生间和女卫生间的面积设计得一样大小，但遇到大型会议、展览或宴会时，女卫生间门口总会排长长的等候队伍，这种现象我们在生意火暴的麦当劳、肯德基那儿也能找到。所以，大宴会厅、大礼堂/报告厅的女卫生间面积应大于男卫生间。

卫生间，尤其是大宴会厅、大礼堂/报告厅的卫生间应配备储物间，否则就可以见到服务员（也可能是外包公司的员工）手里拿着卫生纸、刷恭桶的器具以及收集的擦手纸来回穿越公共区域。储物间还可以放置负责卫生间清洁的员工个人喝水的杯子等小物件。

十六、吸烟室

虽然有些城市三令五申不得在公共建筑内吸烟，但我们必须了解在公共建筑内真正做到禁烟将是一个漫长而艰难的过程，中国烟民多，尤其是不乏烟瘾大的基层政府官员。事实上,到室外如大门外吸烟有诸多难处,如会议茶歇间隙不过 15~20 分钟时间,而且穿着西服在冬天或盛夏的室外吸烟确实不甚方便。吸烟室不一定非要在每个楼层设置,可以每两个楼层设置一间吸烟室,但不能安装椅子,这也是为了节省空间,更是从保护吸烟者健康的角度出发。吸烟室内若有椅子,吸烟者就更可能在里面停留很长的时间。

十七、更衣柜(免费或租赁)

似乎只有内部员工才需要更衣柜。实际情况是,外部的人员也需要更衣柜,如礼仪小姐、演员,包括志愿者、客户聘用的保安在内的需要统一着装的会展服务人员,展台工作人员都有租赁更衣柜的需求。否则,这些人无一例外地会去卫生间更衣,而这是穿着西服革履的参会客人、展览观众所忌讳的。

更衣柜一般设在地下楼层。更衣柜应配有长凳和镜子,应靠近卫生间。

第4节 会议中心内部区域的设计

顾名思义,内部区域是会议中心内部使用的区域,从使用功能来看,可以简单分为服务支持区域、外包公司区域和内部员工区域。

千万不要以为内部区域的设计不如公共区域的设计那么重要。会议中心的服务效率、质量,员工的劳动强度,外包公司的服务水准,员工的愉悦心情,能源的节省与否,安全生产的保障,等等,全有赖于内部区域设计是否合理科学。至少,内部区域的设计应该跟公共区域的设计同等重要。要说不同之处,除了使用功能不同外,最大的不同可能就是装修不同罢了。

楼梯!楼梯!

在介绍内部区域设计的一些想法和建议之前,首先想强调一点内部区域一定要有友好型的步行楼梯。友好型的步行楼梯可以让员工自己产生使用楼梯的主观愿望,在管理时对员工要求使用步行楼梯也不会遭遇阻力。使用步行楼梯的好处是明显的:节省能源;移动快,减少等候时间,响应快;适应员工不能使用客用电梯、扶梯的需要;员工使用楼梯还能起到锻炼的作用。

有的会议中心把紧急逃生楼梯设计在偏僻的角落,员工需要走很远才能走到逃生楼梯,因而不爱使用楼梯而宁愿较长时间等候电梯。

步行楼梯的友好性是指让员工第一时间产生"使用员工楼梯更快更方便",而不是"走员工楼梯太远了"这个想法,所以,在设计时要顾及员工的心理诉求,找到最佳的地点。

洗手间!洗手间!

另外,还必须强调内部区域的洗手间。这个貌似不应成为问题的问题却常常成为最大的问题。如果没有专门的内部卫生间,就会看到自己的员工、在会议中心内租赁经营的银行职员、电梯公司的员工、茶艺服务员、打扫卫生的叔叔阿姨等都跟穿着西服革履的客人使用同一个洗手间,我们不用想象就可以知道客人是何等的别扭。

问题就出在设计时忽视了内部洗手间。内部洗手间应每个楼层都设置,因为通行的要求是员工上厕所必须在20分钟内回来,而且在宴会期间根本不可能给予员工20分钟去卫生间。如果条件实在不行,应该每两个楼层单独设置员工洗手间,以明显的标志表明这是内部员工专用,不对客人开放。

一般员工的更衣间、工服房和卫生间都在地下一层。有的酒店宴会厅在3楼,如果专门在3楼和地下一层设置一部员工梯,就能极大地方便员工上下。这是比较漂亮的设计。作者见过的最好的设计是上海浦东嘉里大酒店,该酒店的两个大宴会厅设在3楼,后边的备餐区就有员工卫生间。

下面介绍内部三大区域的设计。

一、服务支持区域

服务支持区域包括:
① 厨房及备餐间
② 管事部库房(Steward Store)
③ 库房(不是外库),包括验货收货处
④ 储物间
⑤ 布草房
⑥ 开水房
⑦ 机房、中控室
⑧ 监控摄像头
⑨ 安保岗亭
⑩ 垃圾分类和清运站

(一)厨房及备餐间

如果会议中心规模足够大,餐饮宴会生意好,那么最理想的设计是每一个楼层都有厨房。如果做不到每个楼层都有厨房,也应该做到每个楼层都有备餐间。会议中心如果在餐饮上做不到每间会议室都可以开餐,也应该至少做到2/3楼层的会议室都可以开餐。会议中心必须靠餐饮获得稳定的收入,很多会议之所以弃会议中心而选择酒店,原因之一就在于大多数会议中心的供餐能力薄弱。对于任何会议主办方来说,最希望一间会议室开会,会议室外的序厅用作茶歇和注册,隔壁的会议室用来吃饭。展厅的收入除了展厅租金和现场服务收费外,另一重要收入来源就是餐饮。无论是盒饭还是欢迎酒会、欢迎晚宴,都需要功能强大的厨房,否则,这些餐饮收入就白白流失。所以,会议中心的设计一定要围绕餐饮这篇大文章来制订方案。

大多数会议中心都采用中央厨房加每层设备餐间这种设计方案。

(二)中央厨房

中央厨房可以设在楼上,如温哥华会议中心的中央厨房就设在2楼,紧邻大宴会厅(请见本章第 3 节"会议中心功能区域的设计"之"大宴会厅的设计"相关内容）。

中央厨房一般有如下几个部分：

① 冰箱、冰柜、冷藏室
② 中西餐肉库
③ 酒水库
④ 蔬菜、水果清洗区
⑤ 海鲜房
⑥ 中餐冷菜房
⑦ 中餐热菜房
⑧ 西餐冷菜房
⑨ 西餐热菜房
⑩ 糕点面包房
⑪ 食品检验区

中央厨房和管事部工作人员多，所以应该靠近员工更衣室、卫生间，有利于大量员工节省时间。

中央厨房的食品出口必须紧邻专用货梯，以保证食品卫生，避免受到污染。专用货梯需要大尺寸，这样才可保证食品加工出来后以最快速度运到各个楼层，而一部电梯能容纳更多的专用食品保温车就意味着速度更快、更省人工。

食品加工制作的最后一道工序是食品检验。为了保证食品完全符合卫生要求，必须在将食品送到餐厅/宴会厅前进行食品检验，所以需要一间单独的房间。

（三）管事部

负责接收餐厅员工收集的脏餐具、脏器皿，并进行清洗、消毒和存放。

（四）库房

会议中心的库房绝大多数都在会议中心建筑内，也有在会议中心建筑之外的库房，即外库。库房设计合理，首先能让服务运营增加诸多便利，比如节省人工、节省时间。若不得不使用外库，增加人工验货盘点和车辆运费不说，单是租金就是一个额外的支出。试想要租搬家公司的车辆从外库往会议中心运物资，增派员工不说，很多城市还受货车在市区禁行的限制，可以说外库是不得已而为之。

除了管事部的库房和对外出租给客户、参展商的库房外，还须有存放工程机械、设备、工具以及灯光、音响设备和桌椅的库房。

库房一般在地下，还须有验货、收货处，应靠近卸货区。

（五）布草房

布草房是存放台布、餐巾、椅套等，并且进行服装缝补管理的地方。会议中心的会议和餐饮会用到大量的台布、台呢、椅套，这些物品一般不存放在库房，而是放在单独的布草房。

(六)监控摄像

监控摄像头除了必须全覆盖、避免死角外,还要根据特定的地点注意高度,如卸货区或经常搬运搭建物资的大宴会厅、大礼堂的货门处,摄像头必须避免被货车或装修材料剐蹭、损坏。

(七)垃圾分类和清运站

垃圾问题越来越被社会所关注。国务院总理温家宝 2011 年 3 月 23 日主持召开国务院常务会议,研究部署进一步加强城市生活垃圾处理工作。会议指出:"城市生活垃圾处理是城市管理和环境保护的重要内容,是社会文明程度的重要标志,关系人民群众的切身利益……通过努力,到 2015 年,全国城市生活垃圾无害化处理率达到 80% 以上,50% 的社区初步实现餐厨垃圾分类收运处理。"[①]

会议中心的垃圾有建筑垃圾、生活垃圾两大类,其中,生活垃圾有大量的餐厨垃圾。建筑垃圾通常集中在展厅和会议区的卸货区,生活垃圾都收集到在地下专门的区域,由专业清运公司运走。现在,各级政府已经认识到加强垃圾处理的重要性和紧迫性,公众和媒体对酒店、餐厅、写字楼和会展场馆的垃圾分类也寄予了很高的期望,因此在设计会议中心的垃圾站时,应对设置专门的垃圾分类的作业区域和垃圾站的密闭性给予充分的考虑,同时还须考虑作业工人的防尘、消毒要求。

二、外包公司、承包租赁公司使用的区域

会议中心所有的服务都由自己员工来完成,这种情况越来越少了。若是有承包租赁公司和在现场服务的外包公司(有的外包公司不需要在会议中心现场服务,如员工招聘、解聘以及享受福利等),就需要安排专门的区域供外包公司使用。

外包区域主要包括办公室、更衣柜、更衣室、倒班宿舍和储物间。

(一)更衣柜、更衣室

除了会议中心的客人和自己的员工需要更衣柜、更衣室外,外包公司的服务员、员工也需要更换制服、存放个人物品的房间。供外包公司的服务员和员工使用的更衣柜、更衣室不应与自己的员工或客人使用的更衣柜、更衣室安排在一起。

(二)倒班宿舍

理论上,外包公司的员工不能在会议中心内过夜,因为会议中心没有义务提供住宿,但实际情况并非如此。在 11 月、12 月生意非常忙的时候,展厅、会议区的活动一个接一个,翻台、清洁、摆台的任务非常重,很可能一个活动晚 10 点才结束,清洁、摆台工作要直到 12 点才完成,而第二天早上 6 点半就需要外包公司的服务人员到达会议中心开始上班,这对于

---

① 据中央政府门户网站(2011 年 3 月 23 日)。

那些住得较远的员工来说是做不到的,因此要给他们准备倒班宿舍。有的重大活动还需要电梯、空调等专业公司临时抽调人员来会议中心保驾,这些人也需要临时的倒班宿舍。

提供给外包公司的倒班宿舍不应该与会议中心的员工倒班宿舍混在一起。

三、员工区域

爱员工,员工才能爱企业。爱员工,就需要把员工区域做得舒服、快捷、周到。会议中心员工使用的内部区域包括以下一些:

(一)会议室

会议室可以分成三种用途:①举行内部会议,如安全例会、晨会等,或召开电视会议;②跟供应商、外包公司开会,也可能召开远程电视会议、电话会议;③面试和培训,用于员工培训或排练节目等。

会议室应该安装音响、投影仪、投影银幕和电视机,需要网线和闭路电视信号以及分机号。如果是用于召开电话会议的会议室,则还需要电话直线。

应该至少有1间小型会议室和另外1间面积稍大的会议室。小型会议室用作会见供应商、招聘面试、领导谈话等。

会见客户以及举行会议、展览活动前跟组委会的沟通会,应选择公共区域的会议室,毕竟客户不应该进入内部区域。

(二)员工餐厅(食堂)

员工一般凭员工卡刷卡用餐,员工餐厅还应有至少2台电视机,所以需要网线和闭路电视信号。

如果是规模大的会议中心,则需要单独设置高职餐厅,供部门副经理以上的职员用餐。高职餐厅不但可以提升部门经理一级职员的荣誉感,也是让部门经理间相互沟通、加强合作、提升工作配合默契度的场所。

(三)员工吸烟室

要想让所有员工都不吸烟是不现实的,与其堵不如疏,设置一个小房间供员工吸烟,但不能有任何座椅或电视机,目的就是为了让这些吸烟者尽快离开。没有员工吸烟室,有些员工就会到更衣室、楼梯间、卫生间偷偷吸烟,或到室外吸烟。

(四)倒班宿舍

会议中心必须有倒班宿舍。特别是在旺季,宴会等部门的员工需要在会议中心过夜,否则无法保证第二天早上的会展服务。

(五)工程维修部门

会议中心同酒店一样,总会有水暖、木工等维修事项,这些维修没必要都拿到外面去加工或由外包公司来完成。

（六）出纳室
是一个独立的房间，具备三"铁"——铁门（防盗门）、铁窗和铁柜（保险柜），还应有报警系统，门口应安装监控摄像头。

（七）员工娱乐区
如果有条件，可以辟出一小块区域供内部员工在非工作时间娱乐，如打乒乓球、台球以及看电视等，员工娱乐区应该禁止吸烟。

第5节 会议中心的标志和编号

阿里巴巴的马云曾说过一句话："服务是全世界最贵的产品，所以最佳的服务就是不要服务，最好的服务就是不需要服务。"这句话用到会议中心的标志上面十分妥帖。会议中心的标志如果真正做得好，就使客人根本不需要任何服务，一看就全明白了，一看就知道该去哪儿花钱消费了，于是感觉自在、从容。从这点上来说，会议中心的标志不怕多，不怕大，就怕为了所谓的美观而让客人产生茫然、焦灼感。

在设计会议中心时，必须仔细、通盘考虑会议中心的标志，提前规划好标志的位置、材质、重量、需要的电源和网线，否则在装修后就有可能不得不破坏精装修、使用线槽和明线，有时因为电源问题或结构问题还无法安装标志。

会议中心的标志，可以分为如下几大类：

一、按处在建筑内和建筑外，可分为会议中心内标志和会议中心外标志

会议中心外的标志，有建筑顶部标志、建筑墙面标志、入口出口标志、室外广场标志、停车场标志、安保岗亭标志、周边道路标志。

（一）建筑顶部标志
常常是霓虹灯或铁字，固定在建筑的顶部。

（二）建筑墙面标志
可以是霓虹灯或铁字，也可以是其他材质粘贴在墙面或幕墙玻璃上。但粘贴在墙面或幕墙玻璃上的标志最好有立体感，这样更容易被发现。

（三）室外广场标志
可以是旗杆，也可以是铁架焊接或混凝土建、砖砌而成的，高于地面，较为醒目。还有

一种是石头或砖砌以大理石装饰、立于地面,上刻会议中心名称。

如果会议中心处于交叉路口,则标志推荐三个方向均可清晰地看到的三角锥形状,行人从任一角度都能够看到这个标志。北京首都机场三号航站楼的民航大巴候车区域,就设立了这种三角锥标志,清晰地指明了大巴线路的目的地,乘客看后一目了然。

(四)周边道路标志

不但应想尽办法同公安机关协商,在周边道路设置尽可能多的方便驾车和行人的指示牌,还应在比较重要的高速路、城市环线通往会议中心的出口处设立指示牌。

会议中心外的标志应考虑到两种人的不同需求,即驾车和坐车的人以及行人,他们的移动路线、

图2-34 首都机场标志

速度和产生疑问时的方位都是不一样的,比如,行人坐公交车到附近公交车站下车后就有可能茫然不知身在何处,而驾车和坐在车上的人有可能不知道在环线公路上哪个出口驶出环线。

二、根据使用者的角度,可以分为客用标志和非客用标志

客用标志比较好理解,是为客户或参会、参展客人以及观众指明方向或服务处所的标志,如商务中心、停车场。

非客用标志实际上为以下四个群体服务:

① 会议中心的员工

② 会议中心的供应商以及维保期内的厂家

③ 会展活动的参展商、搭建商以及会展主办方自带的供应商

④ 外包公司、承包经营公司的员工

不要忽视这些人对标志的渴求,如果没有标志或标志不够清楚,他们就会焦灼不安地四处走动,也不能确定哪些区域自己是不能去的。比如,公共服务区的卫生间,无论是会议中心的员工还是外包公司、承包经营公司的员工(均身穿制服)都不能去,但如果卫生间标志的颜色是一样的,则员工有可能误认为这个卫生间等同于员工区的卫生间。

客用标志和非客用标志可以依靠颜色来区分,也可以依靠形状来区分。

三、按照区域划分,可以分为会议区标志和展览区标志

会议区的标志同展览区的标志可以采用统一的颜色和形状,也可以用不同的颜色将两个区域区分开来。

最重要的是,我们的标志需要真正考虑到了客人的心理需求,而不要想当然地认为"这是常识,没人不知道。"比如,停车场一定是在地下吗?扶梯一定到2楼、3楼、4楼吗?这些问题客人未必都知道。

我们不妨找出客人最关注的、经常询问(或者最容易犯迷糊的)的问题,把这些问题列为头等重要的标志:

- ➢ 正门在哪里?
- ➢ 会议区的正门和展览区的正门是同一个门吗?
- ➢ 如何去2楼?如何去3楼、4楼?
- ➢ (人在地下停车场)我怎么去××会议室?
- ➢ (人在大堂)××会议室在哪里?依此类推。
- ➢ (人在楼上)如何去地下停车场?
- ➢ 大宴会厅在哪里(即使他已经在大宴会厅的门口!)?
- ➢ 在哪儿吃饭?
- ➢ 商务中心在哪里?
- ➢ 洗手间在哪里(即使他的背后就有一个洗手间!)?
- ➢ 去××酒店怎么走?

……

当然,要列出的问题很多,客人只要抬头看不见,就会找人询问。如果碰巧没有员工在身边或员工也不知道方向,客人多半会很不悦。这是人之常情。

会议中心的导向、标志的制作应严格按照国家有关规定执行,如果没有国家规定的,则按照通行的做法来制作。

会议中心的内部标志建议采用灯箱,不但醒目,而且在某个场所的服务功能改变后可以立即更换,如原来是一个VIP贵宾室,现在改为小卖部了,标志可在几天内制作完成。

编号不仅仅是展厅、会议室才需要,事实上,门(正门、货门、员工出入口)、电梯(扶梯、直梯、货梯)、机房、机房里的电机、卫生间、停车场的停车位、ATM机等,全部需要编号。只是有的编号不是针对客人的,而是完全供内部使用,如洗手间的水龙头编号,只是为了方便快速报修而已。

四、各种标志说明

(一)中英文标志

一个会议中心要真正体现其国际化,首先要在标志上使用规范、正确的中英文两种文字,比如,会议中心的洗手间一般不用 Toilet 这个英文单词,"闲人免进"如果用"Staff Area"并没有真实地反映管理者的要求,"Staff Area"表示的是员工区域,但实际上要表达的意思是"跟这个工作区域有关的员工才可以进入",英文应该是"Authorized Personnel Only"。

(二)中文字体

一般用黑体字比较醒目、清楚,因为笔画都是一样粗细,而"中宋"、"标宋"、"楷体"等字体有的笔画过细,从远处看就似乎没有那个笔画了。

(三)英文字体

会议中心在委托外面的公司制作指示牌时,一定要特别注意使用英文环境下的字体,而不能用中文环境下的字体。比如,Business Center 是中文黑体,但在外国人看来,这个字体极不舒服,国外常用的英文字体是 Arial、Times New Roman 等。

标志要兼顾中国人和外国人的不同文化背景和不同需求。对同一个处所,中外就有不同的理解。比如,国内的衣帽间一般不存行李箱包,只存衣服;而在国外,衣帽间对行李、衣服、装资料的纸箱子照单全收。还有,国外的监控摄像头的英文缩写常常是 CCTV,是 closed – circuit television 的英文缩写,而不是我们熟知的中央电视台。所以,国内的监控摄像头的标志是"图像采集 Video"。

(四)固定标志和临时标志

我们常常特别注意固定标志的材质和加工质量,但对临时标志就不那么在意了。例如,电梯暂时不能使用,就用一张白纸随手写上"不能使用",粘贴在按钮的旁边。如果这部电梯不能使用,那就应该告诉客人去哪儿乘坐电梯。而且,一定要打印得精致一点,用中英文两种文字,除了告诉客人去别的地方乘坐电梯外,还要加上"对给您带来的不便表示歉意"。客人最恼怒的是,洗手间可能在内部维修而被锁了,推不开门,门上面又没有任何提示,而周围还没有员工可以咨询最近的洗手间在哪里。因此,要特别注意临时标志,需要准备一些空白的临时标志牌,上面贴打印的文字内容,告诉客人最近的电梯在哪里,最近的洗手间在哪里,从哪个门可以进去,等等,这样才显出对客人的真心和尊重。

(五)警示标志

有些是临时标志,如"地面湿滑"、"油漆未干";有些是固定标志,如"高压危险"、"严禁吸烟"等警告客人和内部员工的提示。警示标志不一定是纸质或易拉宝或木结构,电子显示屏、隔离墩、警戒线等都可以用作警示标志。

会议室和展厅的编号既可以以顺时针的方向来命名,也可以以逆时针的方向来命名,对客人的影响不大,客人仅仅需要清晰醒目的标志。但会议区的编号和展览区会议室的编号应有明显的区别,否则参展、观展的客人要去会议室常会走冤枉路。

总之,会议中心的标志和编号首先是为了方便所有在会议中心内的人,要让有关的人快速找到他要去的地方,不管他是参展商还是一个来送会议资料的志愿者;其次,要鼓励、促进来会议中心的外部人员多消费;最后,要有利于内部管理,提高反应速度,节省时间。

第6节 会议中心的配套酒店

我们知道,会议中心一般都有配套酒店。配套酒店是指酒店跟会议中心在同一建筑群(complex)内,有内部连廊相通;或酒店跟会议中心由同一业主投资建设,不必穿越马路,步行不超过5分钟即可互达。配套酒店在国外被称为总部酒店(Headquarters Hotel),是指主办方将临时的总部设在该酒店内,总裁或秘书长、大会主席、名誉主席都下榻在该酒店,组委会/秘书处的会务人员也住在这个酒店,在酒店内召开内部会议等。有一部分客人也住在总部酒店。一部分客人住在大会组委会/秘书长指定的酒店,主办方常常在这些酒店设有信息咨询台,有时候还开通穿梭巴士,这种酒店叫大会指定酒店,英文是official hotel。

客人从酒店步行到会议中心的忍耐极限是10分钟,还必须是天气晴朗,温度适宜。如果是下雨、下雪、刮风或在太阳暴晒下,客人都不愿意步行,特别是穿戴得比较整齐的时候。

一个会议中心如果没有配套酒店,那么在吸引会议、展览,与其他酒店竞争时就没有什么特别的优势。

在本书第1章第3节"国外会展场馆投资和运营管理模式"中列举了部分境外场馆的配套酒店。国内的会展中心也大多有配套酒店。

表2-6 国内会议中心/会展中心的配套酒店

地区	会议中心	配套酒店
北京	中国国际贸易中心	中国大饭店、国贸饭店
	中国国际展览中心	北京皇家大饭店
	国家会议中心	国家会议中心大酒店、北辰洲际酒店
	北京国际会议中心	五洲大酒店、五洲皇冠大酒店
	北京会议中心	院内有多栋酒店
上海	上海国际会议中心	上海东方滨江大酒店
	光大会展中心	上海光大国际大酒店
广州	广州白云国际会议中心	东方国际会议酒店
	琶洲会展中心	威斯汀酒店
	广州保利世贸博览馆	在建,2014年开业,约500间客房
青岛	青岛国际会议中心(待建)	有规划的配套酒店
大连	大连国际会议中心	五星酒店(待建)
沈阳	新世界国际会展中心	三星、五星酒店各一座(在建)
成都	娇子国际会议中心	洲际酒店、假日酒店
西安	浐灞国际会议中心	凯宾斯基酒店
杭州	杭州国际会议中心	洲际酒店

续表

地区	会议中心	配套酒店
厦门	厦门国际会议中心	厦门国际会议中心酒店
哈尔滨	哈尔滨体育会展中心	华旗饭店
贵阳	贵阳国际生态会议中心	凯悦酒店
海口	海口国际会展中心	千禧酒店(待建,108层高)

据2011年3月15日的《中国贸易报》报道,海南省海口市的"填海造陆建108层七星级酒店"的消息让海口市政府和市民再次成为激辩的双方。海口的这一七星级酒店名叫"千禧酒店",其填海工程项目海域使用论证报告及海洋环境影响报告已于近日通过由政府组织的专家评审,将投资28亿元在建成的人工岛上修建七星级海口千禧酒店,共108层,高300多米。酒店用海面积8.3713公顷,其中填海面积7.232公顷。千禧酒店是海口市重点工程国际会展中心的配套项目,地址选在已停业多年的旅游景点"热带海洋世界"旧址,而海口国际会展中心将成为2011年泛珠三角区域(9+2)合作与发展论坛的举办地。海口市海洋与渔业局海洋管理处相关负责人说,海口千禧酒店为海南国际会展中心的配套项目,符合海口市海洋功能区划,建在海上是为了提升会展中心的规格,同时突出酒店的特色,以及提高酒店和海口会展、旅游的档次,吸引更多游客。在规划和选址方面,政府是做了充分的科学论证的。

会展中心的配套酒店需要七星级吗?如果是为了"提升会展中心的规格,同时突出酒店的特色,以及提高酒店和海口会展、旅游的档次",那么就需要分析到海口参加会议和展览的客人是否有这种支付能力。参加展览的参展商和观众应该几乎没有这种支付能力,那参加会议的呢?也几乎没有。海南岛本地的会议大多不需要住宿,从岛外来的生意主要是社团会议和企业会议。社团会议,尤其是学术会议的参会客人绝大多数住不起如此豪华的酒店。企业会议就能一掷千金吗?也不能,除非是微软、英特尔、波音这些富得流油的大公司,但这样的公司到海口开会的机会也不多。大型国有企业如中国移动、中石化也不敢使用这种超豪华酒店,因为有很多忌讳。安利、宝健、如新、完美、平安保险、信诚保险这些直销巨头,对会议预算更是以节俭出名。

一、配套酒店的星级和客房数量

会议业发达的一线城市如广州和比较领先的二线城市如深圳、杭州、成都等,因本地市场已经足够大,城市知名度和吸引力都很强,因此在建会议中心时可以建设两个配套酒店,分别是四星和五星酒店,房间总数在800~1000间为宜。其中,四星酒店的客房数以500间左右为宜,五星酒店以400间左右为宜。其他城市的会议中心以建一家酒店为妥。

北京、上海这两个城市是中国会议业最为发达、国际化程度最高的领军城市,在建设会议中心时,可以同时建设客房总数超过1200间的3个酒店。这三个酒店档次应有明显的错位,可以分别是五星、四星和三星,满足所有客人的不同需求。所有客人不仅是指参会者,也指参展商和观众。住宿客人指组委会成员以及必须住宿的服务人员及志愿者,这些人的住宿预算很低。会议中心跟酒店竞争,最大的优势是会议中心大宴会厅、分会场多,供餐能力强,因此对于吸引大型会议会议中心具有单体酒店无法比拟的优势。大型会议对配套酒店的客房数有较大的需求,这种情况下受益的往往是周边酒店,因为配套酒店的客房数只能满足参会客人的一部分住宿需求。从国家会议中心的运营来看,两个配套酒店受益匪浅,在旺季仍然不能满足主办方的需求。

大部分二线城市和三线城市建会议中心,主力配套酒店应该是一家高品质的四星酒店和一家三星级酒店,客房总数在 600~700 间为宜,没有必要一定要做成豪华五星级酒店。因为,这些城市举办国际会议的数量不太多,大部分是国内会议,而国内会议的预算实际上是不高的,到头来豪华五星酒店可能不得不按四星酒店的房价来卖。还有一个原因,即使是同一个会议,不同的参会客人的酒店预算也是有高低之分的,比如,企业效益不同,出门参会的预算就不一样;企业总经理可能住四星酒店,陪同人员(部门经理、销售人员)就可能住三星酒店。毕竟,业主投资建设配套酒店,看重的是酒店开业后的平均房价和出租率,否则投资回报遥遥无期。

展览的参展商、付费买家、专业观众,除了高品质的国际展,一般而言,对于酒店的预算更低。而高品质的国际展大多集中于上海、北京和广州、深圳四个城市,其他城市的展览国际化程度并不是想象的那么高。客人在酒店住宿方面的花费愿望受限于参展企业的预算,而我们知道盯展台的大部分不是公司的总经理,而是市场销售人员,因此企业提供的预算有限。所以,对于大多数城市的会展中心、展览中心来说,四星级酒店应该比较适合需求。如果在展览中心附近建设三星级的经济型酒店,将会受到参展商、观众的热捧,业主的投资回报率更高,只是政府官员会觉得那很没档次,有损城市形象。

二、配套酒店的会议设施

配套酒店虽然背靠会议中心,客源大部分来自在会议中心召开的会议和举办的展览,但在会议和展览的淡季仍需自主寻找客户以销售客房,这时候酒店如果没有宴会厅、会议室,将吃大亏。不需要会议室的客人或为商务散客、旅游散客,或为旅游团,而旅游散客和旅游团的房价偏低,在酒店的综合消费很低,人均消费高的商务散客别的酒店也都在抢。要想提高平均房价和出租率,配套酒店就必须有自己的宴会厅和会议室,否则拿不到会议、宴会生意。

三、配套酒店与会议中心之间须内部连接,步行不超过 5 分钟

内部连接可以是两者在同一座大楼里,也可以靠空中连廊、地下通道把两个建筑物连通起来,只要客人从酒店到会议中心不用走到室外就是最理想的。在寒冬酷夏、下雨雪、刮风等情况下,穿戴整齐的客人因此可以省去很多麻烦和不便。空中连廊可以是全封闭的走道,如果超过 50 米则需要空调;也可以不是全封闭的,但有屋顶可以遮挡雨雪和太阳。

新加坡新达城国际会议中心自身没有配套酒店，但其周边酒店与会议中心之间全部有空中连廊（非全封闭）相通，或可通过地下通道轻易抵达。

这张图显示了新加坡新达城国际会议中心周边的酒店、商场、写字楼、剧院以及彼此之间的连廊和地下通道。图中2~6以及13都是酒店。

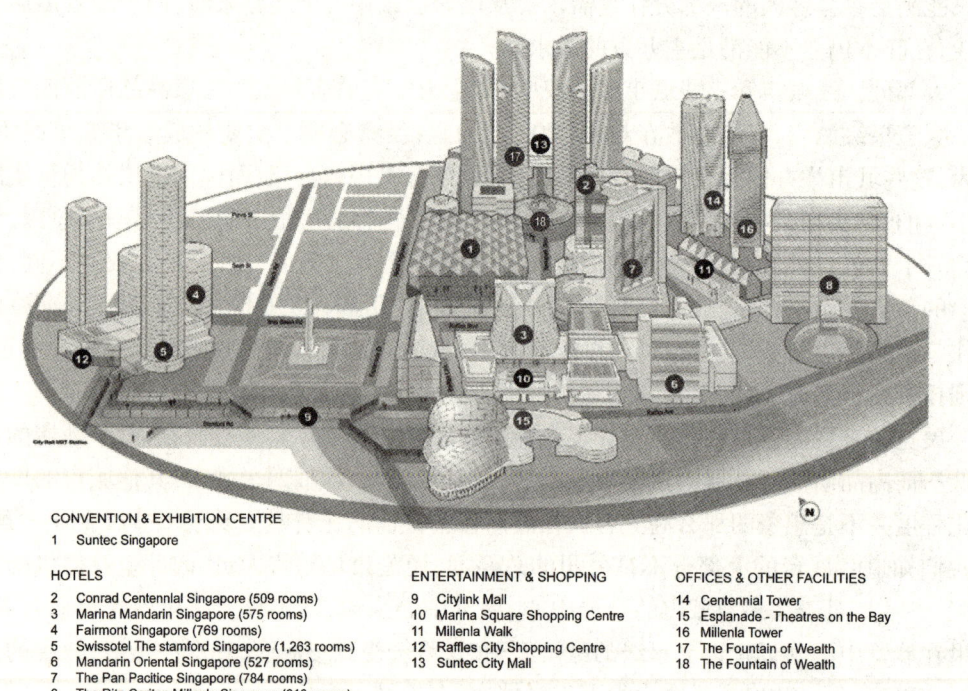

CONVENTION & EXHIBITION CENTRE
1　Suntec Singapore

HOTELS
2　Conrad Centennial Singapore (509 rooms)
3　Marina Mandarin Singapore (575 rooms)
4　Fairmont Singapore (769 rooms)
5　Swissotel The stamford Singapore (1,263 rooms)
6　Mandarin Oriental Singapore (527 rooms)
7　The Pan Pacitice Singapore (784 rooms)
8　The Ritz-Cariton Millenla Singapore (610 rooms)

ENTERTAINMENT & SHOPPING
9　Citylink Mall
10　Marina Square Shopping Centre
11　Millenia Walk
12　Raffles City Shopping Centre
13　Suntec City Mall

OFFICES & OTHER FACILITIES
14　Centennial Tower
15　Esplanade - Theatres on the Bay
16　Millenia Tower
17　The Fountain of Wealth
18　The Fountain of Wealth

图2-35　新加坡新达城国际会议中心地图

四、配套酒店应相对独立

不要以为会议中心就是一切，会议中心的配套酒店应该是一个独立经营的单元，不要把会议中心和酒店混为一谈，否则酒店很难销售，对客服务也很难进行。我们需要了解很多人只是到酒店而不到会议中心的，也有很多人只是到会议中心而不到酒店的。所以，要给所有人呈示清清楚楚的区别特征，如独立大门、楼顶霓虹灯、总机号码、员工制服等。

如果会议中心的卸货区是露天的，没有任何顶棚的话，那么配套酒店的位置需要考虑到从客房应该看不到会议中心卸货区，因为卸货区总有乱停乱放的货车、坐地上吃饭的装修工人、贩卖盒饭的无证商贩，会破坏住店客人对整个会议中心及酒店的好感。况且，夜间卸货或装货时，大型卡车的引擎轰鸣声及工人的嘈杂声会影响客人休息。

配套酒店应有独立的停车场入口，而不能和会议中心的停车场共用一个入口——这会让驾车者感到迷惑。即使是和会议中心共用同一个停车场，也需要分开设置酒店的入口，但收费系统可以统一起来。

第3章　会议中心的开业筹备

第1节　筹备小组的建立和工作内容

会议中心的开业准备（pre-opening）是指从建立开业筹备小组（pre-opening office）到会议中心正式开业（grand opening, official opening）这段期间内的所有准备工作。

开业准备时间短则半年，有的长达3年。如果业主能充分意识到开业筹备的重要性，就应该尽早组建管理团队，让管理团队尽早介入前期的规划、设计和装修，根据会议中心的定位和竞争对手的情况，提出切实可行的建议，对公共服务区、内部区域的面积以及功能区的划分提出翔实的要求，同时开始市场推广。应该说，成立开业筹备小组的时间越早越好。当然，在规划、设计阶段，也可以先行聘请专业会议中心管理咨询公司来做可行性分析并提出专业意见，然后在建设阶段择机确定开业筹备小组的负责人，继而成立管理团队。

专业的会议中心管理咨询公司也应该有能力来进行开业筹备。也就是说，开业筹备可以由业主委托专业会议中心管理咨询公司来独立完成，也可以由业主自行成立的管理团队（管理公司）和专业会议中心管理咨询公司一起执行，也可以由业主成立的管理团队或筹备小组独立完成。如果业主本身有会展中心的建设经验和运营人才，那么从内部选拔人才并成立筹备小组相对来说会顺利得多。如果业主仅有酒店项目或没有酒店、会展中心等物业，那么从何处找到懂行的筹备小组领头人就是颇伤脑筋的事。酒店与会议中心虽然在很多方面有相通之处，比如餐饮、安保、总机、布草房等，但必须说明的是，两者是具有极大差异性的物业，市场定位、销售手段、淡旺季、赢利来源、用工技巧、工程服务、财务结算等都没法从酒店平移到会议中心的运营和管理上来。

在国内，不少政府投资或国有企业投资建设的会议中心，其业主对开业筹备重视不够，常常等到建筑结构封顶开始装修时才开始成立筹备小组，这个时候成立的筹备小组对会议中心的任何设计即使有想法也无能为力了，实际上没有任何发言权，为时已晚。国内的工程进度很快，从装修到开业也就半年多的时间，要在短短5~6个月的时间内进行人员招聘、培训上岗、物资采购、推广宣传、标志制作、菜单确定、工商手续办理等繁杂的工作，其匆忙、其质量可想而知，因而开业后生意清淡也就在所难免了。

筹备小组的工作内容可以说包罗万象,覆盖了会议中心运营的方方面面,工作难度之高、强度之大、压力之大、对专业技术的要求之高、对人才的渴望之迫切、对市场前景之担忧,若不是身在其中实在难以想象。

会议中心的筹备工作需要业主的全力支持和配合,不但需要业主给予高度的重视,而且需要业主通过多种渠道找到真正在行、懂市场、懂运营的筹备小组领导班子;不但需要业主给予工作上的支持,而且需要业主给予充分的资金支持。当然,业主需要定期地评估筹备小组的工作质量。

筹备小组的工作跟正式运营的工作相比,其实更难、更吃力,不但因为筹备时间总是短促,而且因为要把一张白纸画成一张中看的彩色画,需要更多的智慧和更大的付出。用通俗的语言来描述的话,筹备小组的工作大致包括"改设计"、"招人及培训"、"花钱"、"买东西"、"跑销售"、"建制度"、"打品牌"这七方面的内容。

一、立即介入会议中心的规划设计和装修

无论筹备小组何时成立,筹备工作的第一要务是立即从专业和市场需求两个角度对会议中心的设计提出完整的修改意见,把文字方案向业主主管领导汇报,跟业主主管领导做解释和沟通,让业主了解现在会议中心的设计缺陷,请求业主同意修改方案。哪怕因为时间关系只能修改一小部分,业主也应该当机立断,在不影响工期的前提下,尽最大可能予以修改。开业后的修改可能会影响到工程进度并导致费用的增加,但从长远来看,一定是划算的。比如,卸货区的小型货梯如果能改成可以装进一辆卡车的大型货梯,将来产生的经济效益绝不是大型货梯费用的2倍、3倍,很可能是10倍、15倍。

业主有时候会片面地认为,筹备小组提出的修改方案一定会增加费用。事实上,因为原设计不合理,修改可能导致费用的增加,例如增加一个开水房显然会导致费用的增加,但并不是修改方案全都会让业主多掏钱——例如,报告厅废除同声传译设备就能帮业主节省不少资金。只是有的业主运气欠佳,找到的筹备小组领头人或咨询公司不在行,导致修改的费用增加。

二、尽快招聘人力资源、财务、市场销售和工程四个部门的经理(总监)

筹备小组刚成立时,需要开始招聘人员,首先要找到合适的人力资源总监人选——要靠他(她)去找其他部门主管及专业人员。人力资源总监人选甚为关键,因为在国内会议中心还不多,这方面的专业人才本身就比较少,不像国际品牌酒店在中国已经发展了20多年,人才储备较充分。人力资源总监应该具备广泛的交际网络,至少知道从何处挖人,能快速地圈定其他专业的候选人。

人力资源招聘是一个漫长的过程,贯穿于筹备期及正式开业后的每个星期、每个月。

财务经理(总监)也要尽早到位,他/她要着手许多工作,包括与人力资源部反复商讨人工成本、与市场销售部商讨市场推广费用和销售价格、确定开办费及相应的现金流、测算支出、预测开业后的收入、建立财务制度和台账等。

市场销售从筹备小组成立之日起就需要开始,时间越早越好。要让外界知道一个新的会议中心,找到潜在客户,拿着效果图去说服潜在客户预订一个还看不见完整外观的会议中心的某间会议室或某个展厅,是一件相当困难的事。会议中心开业后每天将发生大量费用,必须保证每个星期都有会议或展览项目,而这就需要积极有效的市场开拓。

有的工程部经理(总监)是从项目公司调过来的,这样做的好处很明显,就是此人对项目很熟悉,无须花费任何时间去了解工地现场,与项目公司以及设计、总包等单位沟通方便、效率高。但也有弊端,比如对会议中心的运营没什么概念,无法从将来的服务运营角度提出意见,有时候还因为与项目公司、监理公司、总包等的有关人员熟悉而难以据理力争、严格要求。

三、采购不单单是物资采购,还包括服务采购

采购部一般设在财务部,归财务经理(总监)管理,这样可以有效控制采购成本,利于安排资金。物资采购比较好理解,买瓷器、买炊具、买办公设备,但采购的内容和范围远远超出我们的想象所及。会议中心的筹备期有大量的服务采购,如寻找快递公司、猎头公司、人力资源代理公司以及采购管理软件服务、工程服务、销售代理服务、宴会服务、清洁服务、外保服务,涉及许多行业和专业。

四、申请营业执照

必须拿到齐全的竣工验收证明、消防检测报告后,方可申请营业执照。在拿到营业执照前不能开业,只能是试营业。试营业期间是不可以向客户收费的,不但公安机关不允许,也没有税务发票。有的业主会指定一个人专门申请营业执照(常用语"跑执照"内涵丰富),有的是由项目公司的人员跑营业执照,究其原因,主要是土地、消防等证件、许可的获得绝非易事。如果业主让筹备小组自行跑营业执照,业主或项目公司仍须给予大力支持,否则筹备小组要在预定开业日期前拿到所有证照几无可能。

会议中心的筹备工作效果如何、人员何时到位、市场推广是否得力,都取决于业主能给多少预算。

第2节 市场推广和预销售

自会议中心筹备小组成立之日起,就需要一个资深的市场销售负责人,或从外面聘请专业人士向筹备小组提供咨询意见。

从哪里找到这个市场销售负责人?

尝试从本市的会展中心或大型会议型酒店里找到可能的人选。如果没有合适的,把范

围扩大到本市四星至五星、且大宴会厅面积不少于1 000平方米的商务酒店。会议中心将来的主要客源来自本地区,因此市场销售负责人必须熟悉、了解本地客户,与本地客户已经建立起了可靠的个人关系。

筹备期市场销售有以下一些主要工作内容:

一、分析市场需求和竞争,对会议中心的功能布局提出修改意见

市场销售负责人必须深谙本地会议、展览市场的规律,知道待建的会议中心在功能布局尤其是在展厅、大宴会厅、大会堂和300平方米以上的分会场会议室方面存在的主要问题,根据本地市场需求和竞争对手的情况,提出合理的修改意见。比如在大会堂内设置可移动隔断以提高出租率,将两间小于100平方米的小会议室合并成1间会议室(如果条件允许)等。

二、拟定市场销售人员编制、到岗进度和预算

如果会议中心的开业时间不到一年,那么市场销售人员的到岗进度则需要加快,在开业半年前就需要想办法让70%的人员到位,因为这些人需要时间熟悉会议中心、了解会议中心的功能后才可以去约谈客户。

三、市场销售负责人要通过自己的个人关系招聘市场销售经理以及会议销售经理和展览销售经理

不能仅仅仰仗人力资源部招聘到所需要的高水平销售经理,会议中心本身就少,有会议中心销售经验的人更少,因此市场销售负责人要想尽办法从别处挖人。市场销售经理来自会展中心、会议型酒店等竞争对手是比较理想的,因为他们手里有现成的客户。还有,虽说会展不分家,但实际上会议客户和展览客户是两个很少互相来往的群体,而来自会展中心的市场销售经理对这两种客户群体都有掌握。

四、对会议中心宣传品的制作提出专业意见

企业的宣传品、小册子听来似乎不是什么要紧的事,但很多情况下委托给外面的设计公司制作出来的宣传品不对客户的口味,原因是它们不清楚客户关注的是什么。客户除了关心会议中心的展厅、大宴会厅、分会场外,还想知道餐饮点、配套酒店及附近5公里范围内的酒店、到机场的距离等情况。就这些情况,市场销售负责人应该对会议中心宣传品的制作提出专业意见。

五、市场销售负责人带领市场销售经理开拓市场

要让本地客户知道在建的会议中心,要让外地客户、境外客户了解新建的会议中心。而且,应尽量让同一个面孔(人)跟同一群客户联络,不要隔三差五地换人。

六、建立企业网站

要根据客户对使用网络的偏好,实行有针对性的推广和销售,其中建立企业网站就是一个利器。没有实景图片不要紧,没有最终的楼层平面图也不要紧,要紧的是以专业态度向潜在客户提供尽可能多的信息,让客户了解会议中心的建设、试运营进度,特别是已签约的展览、会议将起到示范性作用,这比任何广告的威力都要强大。关于如何建立会议中心网站,请参见本书第 4 章第 5 节"如何打造成功的会议中心网站"。

国家会议中心 2009 年 11 月才正式开业,但信息丰富、专业水准很高的企业网站于 2008 年 1 月 7 日就上线运营了。这为宣传推广国家会议中心起到了很大的帮助作用。

图 3-1 国家会议中心(筹备期)2008 年 1 月开通的网站

七、预销售

会议中心的预销售与酒店的预销售相比较,会议中心的预销售更难,而且事实上压力也更大。相对来讲,潜在旅行客人对一个四星酒店或五星酒店的设施和服务有一个普遍和通行的认知,比如,五星酒店肯定有游泳池,现在新建的五星酒店的客房面积至少 40 平方米。尤其是国际品牌的酒店,客户的预期和实际入驻的客房以及使用的会议设施不会相差很多。而会议中心则不然,客户对在建的会议中心没有任何概念,根本想象

不出将来的会议中心的大堂、大宴会厅的装修如何、灯光如何、用餐环境如何,因而对要把将来的会议放在会议中心召开存有疑虑。销售人员也找不到可资比较的现存的其他会议中心,只凭一本印有效果图的宣传册就要让客户预订会议室,确实是一件难度很大的事。

低价不是预销售的武器。预销售首先要求有一个销售计划表,销售计划表与淡旺季是相吻合的,每个月要完成的销售任务最好不要做大的改动,这就要求制订销售计划表时科学分析本地会议和非本地会议、本地展览和非本地展览、会议淡旺季、展览淡旺季等因素,同时配备销售人员。

预销售需要会展场馆管理软件。预销售和正式销售都会面临预订冲突、预订排队、预订优先权的问题,在初期预订不多的情况下可以使用Windows里自带的Excel、Access,但若有多个预订冲突的时候,就要考虑使用专门的会展管理软件。这部分内容将在本书的第七章介绍。

第3节 采购及设备调试验收

会议中心的采购通常有业主采购和管理团队采购两种。业主采购是通过项目公司来执行的,包括设计院的选定、总包的选定以及大宗物资如电梯、玻璃幕墙、大理石、转门、水龙头等的采购。管理团队/管理公司采购的项目一般与业主/项目公司采购没有冲突,因为项目公司要把会议中心建设好,必然需要预安装许许多多物件,列入建筑安装费用和精装修费用,而会议中心管理团队/管理公司的采购费用列入开办费。管理团队/管理公司采购的内容一般包括两大类,即生产性采购和非生产性采购。就采购本身来说,除了我们常见的物资采购外,还包括服务采购。

生产性采购,顾名思义,就是采购直接用于生产的设备和物料。非生产性采购的物资和服务不是直接用于生产,而是用于支持生产或为生产服务。

会议中心的生产性采购是指直接为会议、展览等活动项目服务的物资采购,既有根据每次使用而收费的物资,也有报价中含的免费项目物资,如宴会桌椅、IBM桌、台布、椅套、餐具、厨房设备、炊具、封闭食品运输车、投影设备、灯光设备、音响、同声传译设备、复印机、电脑、流动餐车、冰箱、冰柜等,名目繁多。宴会桌椅、台布、椅套、会议室基础音响、展厅基础照明设备等绝大多数物资是直接为会展活动服务的,是会议中心必须提供的物资,会议中心不另收费。而有些物资是客户若使用就需要付费的,如商务中心的复印机、上网用的电脑、打印机等。另外有一些取决于会议中心的报价体系,有的报价(meeting package)包含了免费的投影仪、投影幕布、2支麦克风及根据会议室面积而事先设定好的多少块舞台板,客户需要增加报价以外的物资就需要另行付费。

会议中心的非生产性采购包括直接用于筹备小组的采购和将来会议中心开业后供会议中心使用的物资和服务采购。它包括以下一些内容:

① 与办公室行政有关的采购：包括筹备小组临时办公室租赁及装修、快餐、办公家具、办公用车辆、会计、人力资源、法律服务、税收服务、咨询、保洁安保服务、家具/地毯、快递公司服务、搬家公司服务等；

② 与信息技术有关的采购：包括电脑、打印机、复印机、传真机、电话机、电视机、路由器、服务器、电信服务、软件、网站建设等；

③ 与市场营销服务有关的采购：包括广告、礼品、市场营销服务、设计印刷、翻译、销售代理服务等；

④ 与工程以及安保设施、设备有关的采购：包括五金工具、温度检测器、安全帽、手电、对讲机、维修保养服务、打卡钟（或指纹打卡器）、标志的加工等。

我们注意到，即使是同一种物资，也有一部分是用于生产，另一部分不是直接用于生产的。比如，饮水机，内部办公室用的饮水机、复印机是非生产用途，而出租给客户的饮水机和复印机就属于生产性采购。

筹备期间的物资采购经常要采购的是"FF&E"。"FF&E"是"Furniture"、"Fixtures"和"Equipment"三个英文单词的首字母，分别对应"家具"、"固定装置"和"设备"。这里的"FF&E"属于生产性采购，也就是我们经常说的直接面对客人的物资。它具体包括以下一些物品设备：

家具：会议桌，茶几，会议椅（常和宴会椅是同一规格、同一颜色、同一材质，也有双扶手的贵宾椅等），宴会圆桌及转盘，商务中心用的沙发、桌子，美食街和咖啡厅用的桌椅，VIP室用的沙发、茶几，活动衣架车，舞台板，注册用的桌子等。

固定装置：展厅及大宴会厅、其他会议室的吊点、挂钩、隔断、固定投影幕布、投影仪的升降底座、标志，商务中心的隔板，咖啡厅的吧台，开水房等。

设备：厨房设备、流动售卖车、冰箱、冰柜、专用食品封闭运输车、灯光设备、音响、投影仪、同声传译设备、咖啡机、复印机、各种小推车（服务车）、转盘车、电脑、打印机、传真机、书架（商务中心）、美食街的电视机、大堂的电子显示屏、服务台的保险柜、物业清洁用的工具（若清洁外包则由外包公司自行购买）等。

一、如何判断哪些物资属于"FF&E"

一般可以根据以下三个条件来判断：

① "FF&E"是跟建筑不混为一体的，与建筑没有永久的连接（no permanent connection to the structure of the building）。如转门、货门就不是"FF&E"。

② "FF&E"经过几年的使用后需要被淘汰，以新产品替换。

③ "FF&E"应由管理团队/开业筹备小组来采购，至少应由管理团队/开业筹备小组确定品牌、型号、技术参数、材质、维保要求等，由业主/项目公司公开招投标。如果业主/项目公司非要自行确定并采购，那么除非业主/项目公司确有懂行的专家，否则就是另有所图（但打的旗号一定是控制成本）。

二、价格和质量哪个更重要

这个问题很难回答,质优就不应该廉价。一切视会议中心的定位、档次和预算而定。预算不足,就谈不上采购高质量的物资和服务。另外,在同等产品质量或质量的小差异不影响使用效果的前提下,也不一定就应选择报价低的供应商,还要看其后续的服务质量和其他要求,比如送货速度、挂账要求等。

但本质上,降低采购成本=增加企业税前利润。因此,价格是采购团队最最关心的因素。很明显,单独设立一个采购团队就是为了采购更便宜、采购更快、采购更专业、所采购的物品和服务质量更优异。

三、厂家直供就一定便宜吗

非也。如果不能成为生产厂家的最大客户,就拿不到最好的价格。这时候可以考虑成为贸易公司的最大客户,贸易公司会以低于你从厂家直接采购的价格向你供货。

四、定制有什么优缺点

定制可能是因为建筑结构、面积、高度的限制而需要厂家根据实际情况专门加工、制作,这方面最多的就是定制厨房、食街(美食区)、咖啡厅、小卖部、服务台等;也可能是为了将自己与竞争对手区别开来、达到提升品牌的目的,如定制茶杯、宴会座椅等。

采购通用产品能保证质量,且供货商众多因而会议中心有较强的议价能力,还有一个好处是不会受制于供货商。最好不要定制,除非容易找到多个生产厂家或供货商,否则定制产品的价格高、供货期难以保证,且容易被厂家绑架,质量有时难以保证。

有些物品的定制需要考虑到下游的工作,特别是经常使用的物品,要想想配套的物品是否可以买到。如定制的垃圾桶,外观可能好看,但是否有配套的垃圾袋?有的垃圾桶过深,市面上买不到合适的垃圾袋,这将给清洁工作带来极大的不方便,清洁不仅费时,还容易引起生锈。

图3-2 北京东方广场的垃圾桶

五、手里有粮，心里不慌

采购也要运筹帷幄，有时候为了节省租赁外库费用而要求厂家、供货商直接将货物送到会议中心工地，就能直接安装。但极端的冰冻天气、暴雨、大雪天气会影响到远途运输，另外，由于春节前后各15天内的用工荒、无人上班，因此不是多付费就能保证到货时间的。还有一种情况是厂家、供货商自己出了问题，或到货后发现质量不符而需要退回。因此，对于开业前的大宗物资采购，一定要考虑到多种可能的因素以免影响工期。

国家会议中心在2008年筹备期，就碰到了极端天气。当年春节前，中国南方的浙江、江苏、安徽、江西、河南、湖北、湖南、广东、广西、重庆都遭受了严重的雪灾，河南、陕西、甘肃、青海等地雨雪持续日数百年一遇。国家会议中心筹备小组在2007年下半年向广东某家具厂订购了酒店家具，订货时就坚决要求在2008年1月1日送到北京，当时担心的是春节期间长途运输车辆都要歇业。2008年1月10日开始，暴雪袭击中国南方，幸运的是国家会议中心采购的物资如期在2007年年底到货，没有影响2008年酒店的精装修。国家会议中心大酒店2008年如期开业，顺利接待了北京奥运会的媒体记者团。

六、别被供应商忽悠了

供应商的投标书、演示文件、证书、样品都是极尽优秀之能事的，但供应商提供的实际物资有时质量却是不过关的。由于筹备小组的采购主管对会议中心的物资采购和服务采购不熟悉，所以除了货比三家、实行公开透明的招投标程序外，一定要在验货时严把质量审核关，有时可聘请有关专家一起来验货、检测。

国家会议中心在2008年筹备期要采购宴会椅，实行公开招投标。4月14日下午，入围的三家企业送来了20把精美的宴会椅样品。此前采购部已经仔细调研查看了各供应商厂家的资质文件、生产规模及业绩。在征得供应商同意后，国家会议中心领导让工程部的两名员工当众把其中不同厂家的4把椅子全部拆开。如果说样品椅子在外观、布料、结实度等外表方面打分不分高低的话，那么把芯打开就能立即看出不同厂家的产品优劣来。果然，其中一把椅子使用的海绵填充物有轻微的异味，一把椅子用的是使用过的旧木料，螺丝钉在拧开后明显变形，说明螺丝钉不耐用。厂家代表没有料到会有这一招，表示很佩服国家会议中心采购工作的严谨。这个案例说明采购时不能偏信厂家在投标书中作出的申明、保证。

针对在国家会议中心召开的高级别政府会议多的特点，国家会议中心在2010年下半年特意订购了双扶手的主席台贵宾椅50把，结果1把椅子在2010年11月的某个大型国际会议的开幕式期间突然折断，好在没有任何人员受伤，也没有引起主席台的混乱。这充分说明物资采购中检测物资的重要性。

七、考虑中国国情

中国人有一些习惯是中国所特有的,在采购时要注意到这些习惯的特殊性。这里举三个小例子。

①厕所:有相当一部分人不爱使用坐便器而偏爱蹲便器,所以要采购一些蹲便器在卫生间里设置,并在门上标注。

② 喝茶:即使有很多人开始接受咖啡,但仍有很多年纪稍大的人特别是政府官员及国有企业领导偏爱喝茶,这就要求大会的主席台和贵宾室服务应提供茶水,在采购时可以专门定制一些印有会议中心标志的茶杯、垫子。

③ 不爱在大堂存衣服,偏爱自己拿着大衣,搭在椅子背上:因此如果遇到小型会议,那么会议室内应有流动衣架车,因为小型会议的参会者一般都互相认识,他/她可以放心地把衣服挂在衣架车上。如果是大型会议,参会者互相不认识,他们一般都会自己拿着大衣。

八、绿色理念和实际贯彻的反差

绿色环保、低碳等不仅是理念,也都是会议中心应该追求的目标,在采购时要践行绿色要求,严格要求供应商提供节能环保的产品和服务,这方面国家也有不少规定。

但有些很好的绿色理念是无法实施的,原因或者是找不到供应商(实际上是供应商觉得无利可图而不愿生产或制作有关产品),或者是用户/参会客人不认可,觉得不方便或需要增加费用。我们都知道矿泉水瓶多用PET(聚对苯二甲酸乙二醇酯)塑料制成,反复使用可能会致癌,瓶子本身也极难降解。而在国外,会议、宴会用的矿泉水多为玻璃瓶灌装,玻璃瓶回收处理后可以继续灌装。在国内,如果我们也想效仿国外的做法,就会陷入尴尬境地——找不到玻璃瓶装的矿泉水,除非是巴黎矿泉水(Perrier),但价格无法承受。

客户的使用偏好也是一个障碍。例如,中国开会多爱用背景板,大部分是质量低下的宝丽布喷绘,常常散发着异味。而国外却很少搭建背景板。有鉴于此,我们仍可以做些力所能及的事为保护环境、节约资源贡献一份力量。比如,国家会议中心针对某些高端会议,在不影响服务质量的前提下,提供咖啡散装糖而不是提供袋装糖,客户一般都认可。

九、设备调试验收

工程部总监(经理)应该在设备建筑、安装、维修期间熟悉、了解施工方法,进行现场勘察,提出整改意见,这对将来的接收和运营将起到极大的帮助作用。这也正是为何在筹备期间工程部经理必须提前到位、开展工作的原因。

如果可能,项目公司在对设备验收调试时,应该邀请管理团队的工程小组参与,发现问题尽快整改。如果确实由于某些原因无法立即整改,工程小组就需要做详细的记录,列明原因和对将来可能产生的不利影响,这样做有助于分清责任,内部也可有针对性地预先做好应对方案。

案例

空调机组的电机轴承发生异响,将电机拆开后,经分析判断得出的结论是轴承需更换,为此,空调机组不得不停止运行,因为不知道轴承的型号,无法更换。于是紧急采购,而在等待到货期间很可能不得不继续停止空调机组运行,从而影响正常的供暖制冷。不但如此,紧急采购的另一层意思就是需要付出较高的价格。这里不排除有的生产厂家(安装公司)在安装时故意抠掉电机的型号字模。如果在安装时筹备期间的工程技术人员在现场,就有可能阻止生产厂家(安装公司)的这种行为,并且把电机型号一一记录在案,这样在会议中心开业后无须拆开电机就可立即订购备件。

第4节 人员招聘及培训

最新的管理学已经把人力资源管理(human resources management)升级到"人力资本管理"(human capital management)了,也有时髦一点的说法,把员工视为企业的资产。

人力资本管理理论最早起源于20世纪60年代。美国经济学家舒尔茨和贝克尔创立人力资本理论,认为物质资本指物质产品上的资本,包括厂房、机器、设备、原材料、土地、货币和其他有价证券等;而人力资本则是体现在人身上的资本,即对生产者进行教育、职业培训等支出与其在接受教育时的机会成本等的总和,表现为蕴涵于人身上的各种生产知识、劳动与管理技能以及健康素质的存量总和。

说到资产,我们一般认为资产是不能被企业随便剥离或闲置的,由于员工是可以流动的,因而人力资源管理追求的是把每位员工转化为对企业有用的优良资产,随着企业的发展,劳动力这种资产也会增值、升值。如果要让组织发展,首先就要让员工发展。

在会议中心的筹备时期,人力资源管理当然不仅仅是招聘、培训,也需要业绩评估、绩效管理和员工应用开发。鉴于国内大多数业主对筹备期工作理解上的偏差,筹备期经常少于1年,因此筹备期人力资源部最头疼的事莫过于招聘了。

在本章的第一节"筹备小组的建立和工作内容"中已经讲到,如果预算合适,除了总经理、副总经理外,开业筹备期首先要招聘的是人力资源、财务、工程和市场销售这四个部门的经理(总监),因为工程需要尽早跟项目公司、设计院、施工方、监理公司等对接;市场销售工作也须提前开始,尽可能早地接触客户,让客户知道会议中心的接待能力,争取落实预销售;财务涉及预算编制、营收预测,且筹备小组自成立之日起就时刻都需要财务服务和管理;人力资源经理可以尽早招聘到业主所需要的人才。从实际操作来看,人力资源总监经常是比较晚一些的时间才来报到的,业主的预算是一个原因,另外一个原因就是人力资源总监候选人很难找。有时候,管理团队或业主对员工的招聘培训也掉以轻心。

一、人力资源总监从哪儿来

对于人力资源总监人才,业主自己组建的管理公司可以通过猎头公司招聘,或直接从集团内部选拔,或从别的场馆挖人。人力资源总监的来源一般就两个渠道,一个来自现有场馆,一个来自酒店。考虑到国内现有场馆不多,营运得好的现代化场馆更是寥寥无几,因而从别的场馆挖人的概率不大,人选来自酒店圈子的可能性较大。

有酒店行业工作背景的人力资源总监(经理)候选人有以下几方面的好处:

① 酒店行业与会议中心同属一个泛旅游的行业,均为 hospitality(好客)业,两者存有诸多相似性和共通之处,如部门设置、预开业、绩效管理、采购等。

② 酒店的一些经验和知识可以直接移植到会议中心,如编制、职位说明、培训内容等;还有,酒店也有跟会议中心的"FF&E"(家具、固定装置和设备)相似的"FFI&E",即"家具、固定装置、工具和设备"。

③ 在酒店工作的人一般英语都很流利,这有利于会议中心的招聘。

④ 一般有筹备开业的经验,知道筹备开业的艰辛、可能面临的困难,有心理准备。

⑤ 最重要的是,有一个圈子,知道可以从哪儿招人、从何处挖人,有直接的渠道和人才库(pool)。

二、从哪儿招人

从现有的别的场馆招人显然是最理想的。除此之外,会议中心需要的员工大部分从酒店可以找到,所以,招聘主要面向酒店。但需要注意的是,如果一个会议中心有较强的展览功能(比如说有1万平方米的展厅),就需要招聘专门的展览销售、现场服务人员,这种岗位的员工只能从别的展览馆挖,而不能从酒店找,因为酒店没有这种人才储备。

有些专业的员工,可以从相似行业里找,比如,工程专业和安保岗位可以从物业公司(大厦、写字楼、商场)里找。

对于一些不需要专业技术的岗位,国内的会议中心通常跟包括职高在内的大专院校合作,由学校向会议中心派遣实习生(在会议中心内部把实习生叫做"学员")。

案例分析:北京市九华旅游职业学校[①]

北京市九华旅游职业学校是由北京九华山庄投资、经北京市昌平区教委审批、于2006年成立的一所中等职业学校,学制三年,设有酒店服务与管理、商务英语、计算机应用、会展服务与管理四个专业。自建校以来,九华学校为贫困家庭的子女提供免费读书的机会,学生第一、二年采取半工半读的模式,学生在学习之余在北京九华山庄参加岗位实践,第三年全日实习,安排在九华山庄的餐饮部、客房部、会展部、商品部、康乐部等岗位。

---

① 信息来自北京市九华旅游职业学校网站。

学生在校期间学费全部由九华集团承担,也不用交住宿费,还每月享受300元餐费补助。学业完成后,各科成绩合格,获得北京市中等职业教育毕业证书。学生完成学业后安排在九华山庄就业。

北京九华山庄依靠这种模式获得了定向培养的人数足够的年轻员工。

三、有哪些招聘途径和方法

会议中心跟酒店还有一个相似的地方,就是都属于劳动密集型单位,尤其是自己加工制作餐饮(非外包餐饮)的会议中心需要大量的员工。怎么才能找到足够多的员工呢?

会议中心筹备期的招聘可以用通俗的话来表达:传统与现代结合、线上与线下结合、自招与外包结合和个人与团体结合。

(一)传统与现代相结合

传统的招聘方法是在报纸、杂志、电台等媒介发布广告,自行举办招聘会或参加人才招聘会,或者在筹备办公室门口立一个牌子,写明要招聘的工种及要求,这很像户外广告。现代方法较之传统的招聘手段宽泛了许多,如在员工餐厅、员工区域张贴告示,鼓励员工推荐自己的亲朋好友来面试,如推荐的人被录用,则该员工将受到奖励。企业招聘的手段日新月异,当下热门的微博也成为一种招揽人才的途径。电话面试、心理测试都是现代招聘、选择人才的新方法。

(二)线上与线下相结合

目前网络普及率越来越高,企业除了在自己的网站上发布招聘信息、接受在线应聘外,还可以与招聘网站合作。线下招聘活动仍有较大的空间,一部分应聘者对于到现场来亲眼目睹有较强的兴趣,因为报章有对欺骗招工的新闻报道。同样,面对面的谈话、观察、判断十分有助于对一个应聘者的综合分析,尤其是人力资源管理中重要的一环是配置(match),就是把一个合乎条件的应聘者根据其资质、能力和经验分配到最适合其本人的地方,以求发挥最大效用,而配置前的面试能帮助招聘经理现场发觉应聘者的一些书面简历和电话沟通中无法体现的应聘者的情况。

(三)自招与外包相结合

自己招聘利于精选,也能节省费用,但缺点是选择的范围有限,且速度较慢;外包则可利用外包公司的优势和品牌在短时间内吸引到众多应聘者。外包可以是外包给招聘网站,也可以是外包给猎头公司。建议跟至少两家公司合作,特别是招聘中高层管理者如部门经理,可以与猎头公司合作,当然猎头公司的价格也是不菲的。

(四)个人与团体相结合

向社会发布招聘信息,对应聘者逐一筛选、面试,这种针对个人的招聘方法有助于发现人才,但在筹备期无法满足急需大量员工到位的要求。团体招聘的形式经常是校园招聘会,与学校合作,由学校统一组织学生到会议中心来实习。这种属于定向招聘,能以较快的速度找到较多的人。

四、如何编制招聘计划

根据预开业日期和正式开业日期以及正式开业后的会议展览活动,编制倒排计划表。如果确定了正式开业日期,实际上就是把后门关死了,在这之前必须按照计划表完成招聘和培训任务。

需要强调的是,如果预算不够的话,将极大地影响员工到岗时间。人力资源部负责编制招聘计划,然而各个部门都会先行提出自己的招聘计划,而且部门提出的方案都是比较保守的、有备无患的,实际上也是企业难以做到的——去哪里短时间内找到如此多的符合条件的新员工?所以,人力资源部就需要对照预算与部门经理谈判,争取取得部门经理的理解,既尽最大所能满足部门的大部分需求,同时又把人员工资降到合理的水平。

五、谁来培训新员工

不经培训的员工不能上岗,在筹备期内到岗的员工应该接受充分而全面的培训和实际演练。

那么谁来培训新员工呢?当然是人力资源部。

这句话当然对,但也不对。

培训新员工应该由人力资源部来主导,但人力资源部不是万能的,不要期望人力资源部可以提供所有的培训,也不要期望人力资源部执行的培训的质量都是上乘的。

人力资源部编制培训计划前,要跟各相关部门商洽培训内容、培训时长、培训方式、培训老师、培训考核等细节。术业有专攻,人力资源部没有办法凭一己之力做出完美的培训方案,一定要借助于部门的力量。各部门有义务对培训计划提出修改意见和建议。

培训新员工的力量主要有三部分:

① 人力资源部的专职培训师

② 部门培训师

③ 外面聘请的培训师

人力资源部的培训集中在入职培训(general orientation),包括在企业总体情况知悉、企业文化、节能、信息保护、员工手册、规章制度、福利薪酬、电话礼仪、制服、更衣室等方面的培训。

人力资源部还要组织内部和外部资源为部门培训合格的培训师,即 Train the Trainer。经过指导的资深主管、领班或部门经理考核合格后才能充任部门培训师。

对于从外面聘请的培训师,对其培训的内容如礼仪、电话销售技巧、合同谈判等,要注意收集员工的反馈意见,从而对培训师进行评估。

培训应该包括情景演练、实际演练,既可以在一起接受培训的新员工内组织此项演练,他人现场观摩,也可以由外面的人(包括老员工和企业外部的人员)来跟新员工一起进行实际演练。

案例:阿里巴巴部分员工参与协助客户欺诈

2011年春节后,阿里巴巴(中国)网络有限公司宣布,公司在2010年清理了约0.8%逾千名涉嫌欺诈的"中国供应商"客户,公司首席执行官及首席运营官双双引咎辞职。背后的原因由阿里巴巴的创始人马云在他致阿里巴巴全体员工的邮件中替我们解答了:"有迹象表明直销团队的一些员工默许甚至参与协助这些骗子公司加入阿里巴巴平台,有近百名为了追求高业绩、高收入,明知是骗子客户而签约的直销员工。"

马云在2008年金融危机期间,提出多招人的想法,那段时间,阿里巴巴一口气招了5 200多人。"招那么多人,训练机制都跟不上,有些人就直接去上班了,去前面做销售了。在这个过程中,招来那么多人出现了训练和时间等方面的问题。下面那么多人,干部不知道要配多少呢。"马云说。

然而据阿里巴巴网站介绍,"新员工加入阿里巴巴集团的时候,需于杭州总部参加全面的入职培训和学习团队建设课程,该课程着重于培训公司的使命、愿景和价值观,而我们也会在定期的培训、团队建设训练和公司活动中再度强调这些内容"。

这个案例说明,即使像阿里巴巴这样的知名大公司,也存在新招聘的员工未经严格的培训和训练而直接上班的情况,意想不到的后果可能在当时不显现出来,但时间长了,终究会损害公司的利益。

培训的重要性可见一斑。

第5节 预开业和开业典礼

一、会议中心必须如期开业

会议中心一定要在承诺的日期前开业,而不要一拖再拖,否则已经预订会议中心的客户会非常失望甚至愤怒,潜在客户以及媒体的质疑、担忧也会伤及将来的预订,竞争对手更是幸灾乐祸,甚或制造谣言以攻击这个尚在襁褓之中的弱小生命。

案例:国家会议中心2009年7月未能如期开业

按照2007年编制的开业进程,国家会议中心在奥运会后经过内部改造应于2009年7月正式开业,2007年6月筹备小组成立之前就在印制好了的第一批宣传材料中注明了开业日期。然而,奥运会后因为会议中心内的奥运物资处理速度没有预期的那么快,影响到了后面的改造和装修,后来筹备小组将开业日期改为2009年9月,按照这个日期接受了一些大型国际会议和展览的预订并签订了租赁合同。改造、装修进度还是慢了半拍,结果正式开业日期不得不推迟到2009年11月1日,而已经签了合约的在这日期之前要举办的会议和展览不得不移出国家会议中心,另寻别的场馆,但时间仓促,主办方一下子难以找到合适的举办场所。客户的投诉、媒体的质疑以及竞争对手的不实之词破坏了国家会议中心苦心经营起来的认知度。国家会议中心通过多种积极有效的公关手段才逐一打消了公众的疑虑。

案例:意大利里米尼会议中心延迟开业[①]

里米尼(Rimini)是意大利东北部的港口城市,市政府投资建设的里米尼会议中心(Rimini Palacongressi)于2010年就已经建设完毕并通过了验收,并宣布2011年年底开业,但直到2011年5月仍未开门纳客。糟糕的是,即将管理该会议中心的市会议局(Rimini Convention Bureau)尚不知道何时才能开业,国内、国际业界对此议论纷纷,里米尼市会议局主任Stefania Agostini女士表示,该会议中心的延迟开业造成了巨大的损害,这种罢工式的不开业将以前的推广和销售努力全部毁于一旦。

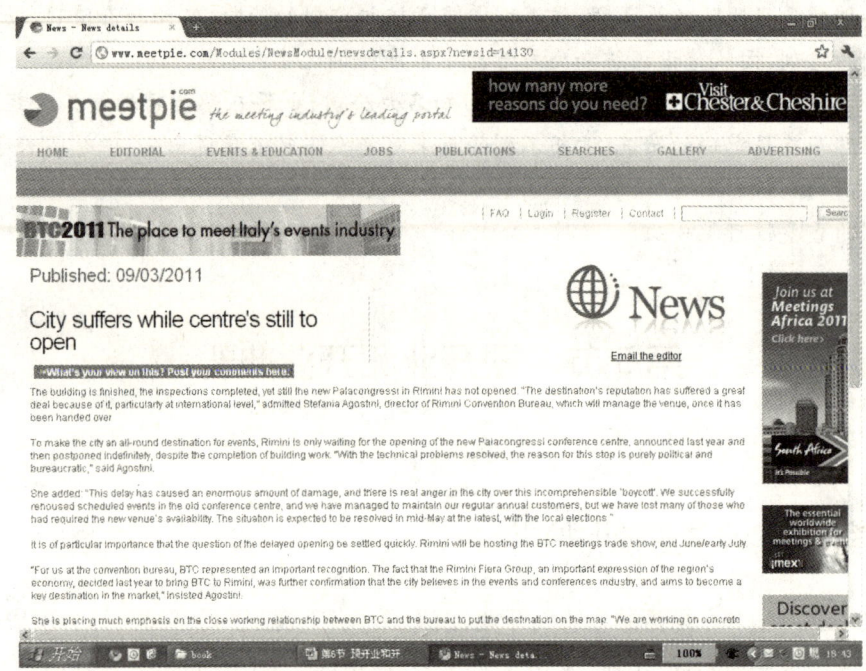

图3-3 Meetpie网站关于意大利里米尼会议中心延迟开业的报道截图

在意大利里米尼会议中心发布延迟开业的公告仅仅13天后,瑞典斯德哥尔摩水岸会议中心(Stockholm Waterfront Congress Centre)正式开业,该消息同样得到了业界和媒体的高度关注。

---

① 信息来自2011年3月9日Meetpie网站。

第3章 会议中心的开业筹备

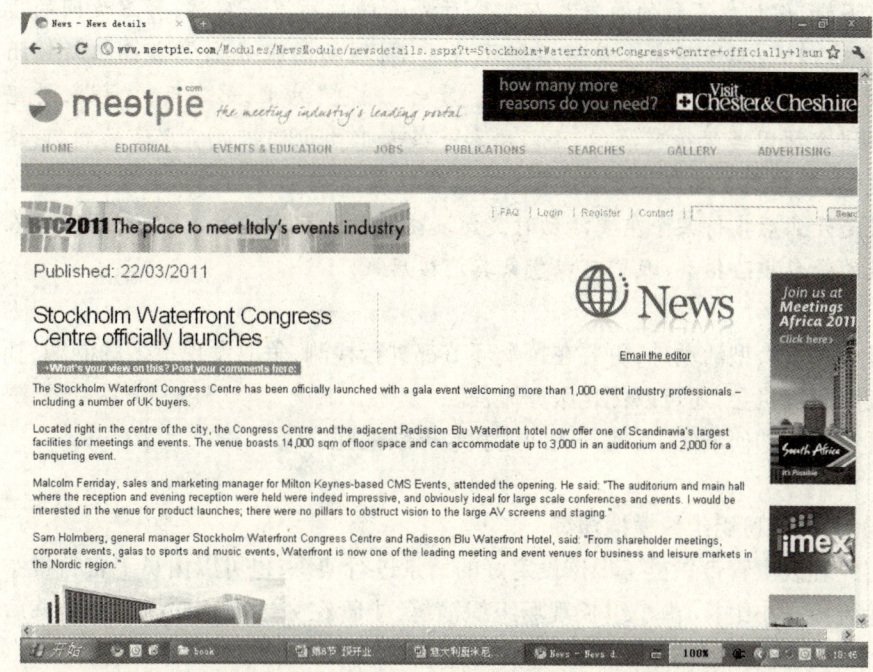

图 3-4　Meetpie 网站关于斯德哥尔摩水岸会议中心正式开业的报道截图

两相对比,立马分出高下来。

二、会议中心必须预开业

会议中心不经预开业就正式接待会议、展览项目是不可想象的。正如酒店的试营业一样,会议中心的预开业(也叫试营业,Soft Opening)是在正式开业前的必要步骤。会议中心跟酒店不同的是,酒店正式营业期间服务跟不上影响的只是一个个住店客人(individual),但会议中心在正式开业后服务跟不上影响的是一个个活动(events)和后面的众多参会者、参展商、观众群体。

会议中心的预开业可能长达半年,也可能短至两个月,这一方面取决于工程的竣工验收、必要的消防、食品卫生检验检查以及随后的工商税务手续的办理进度,一方面取决于预开业期间设备设施的运行情况以及员工的服务和应变能力。会议中心的试营业不但要检验前期的员工培训和预案执行效果,更要检查设备设施在真实情景中满负荷的情况下是否能够胜任大型活动。如果没有试营业这一环节,工程设备设施的满负荷试验可能就是在没有活动时把水、电消耗量人为加大到最大限度,但无法知道一个大型宴会的灯光、音响、投影和同期一个展览的空调以及展商的用电加起来是多少千瓦。

案例:国家会议中心预开业期间"承接"的某大型宴会

为了测试国家会议中心的餐饮服务、设备保障和员工实际操作能力,国家会议中心在预开业期间"承接"了一个大型宴会,当天晚上,电力保障、照明、空调温度、食品、员工服务等一切都不错，但意想不到的事发生在宴会厅外面的厕所里。突然，男卫生间的排污管发生堵塞，臭味四溢，工程部来人疏通后仍无济于事，现场的服务主管当机立断锁闭该卫生间，指派人员将客人引导至临近的卫生间。宴会"顺利"结束，第二天，工程人员锯开排污管后发现堵塞原因是里边有铁丝、小石块和一条女卫生巾编织成了严密的阀门，这些物品全部是施工、装修时遗留下来的，如果不经真实情景下满负荷的测试是发现不了这个问题的。假设是开业后接待某个重要活动时突然发生排污管堵塞的情况，而现场服务人员未能采取有效的紧急排险措施，我们可以想象其消极后果。

预开业除了大型活动外，更要在每个环节都进行检测，争取发现更多的问题，让员工有更多的实际演练机会，还可以优化服务流程。

预开业期间如何演练、如何查找问题和服务缺陷呢？

(一) 部门或班组组织模拟演练

部门经理或主管带领员工根据设定好的情景进行演练，也可以由员工自行推举一个小组长或轮流担任小组长，由小组长现场组织演练，主管在旁边观察并指导。演练后当天总结、评述，指出应该注意的重点。

(二) 部门或班组内部自查自纠

一般而言，部门内部和班组内部要自己找出关键性问题是不容易的，员工的经验、见识是一大障碍，提出来的问题也大多来自已经写好的服务流程或预案。

(三) 部门交叉模拟演练

由其他部门的员工担任客户或参会客户、参展商，就设定好的主题或情景进行无准备的演练，其他部门的员工临时会提出多种需求，甚至"刁难"，这可以让参加演练的员工能感受到客人的挑剔或不满。这样做还有一个好处，就是其他部门的员工可以从侧面了解到该部门的服务程序以及可能碰到的问题。

(四) 企业范围内的模拟演练

上面三种情况属于小范围的演练，还可以组织会议中心的所有部门参与情景演练。最常见的就是火灾消防演练，各部门都要参加。但要组织企业范围内的演练有不少困难，比如难以设计出一个覆盖所有服务部门的大型活动，而且组织众多员工的难度也不小。

(五) 企业自己组织会议

企业自己组织的会议就不再是模拟演练了，而是一个像模像样的正式会议，比如，动员大会、安全生产教育会议，尽量把总机、停车、安保、问询、标志引导、灯光、音响、投影、会议室内服务、疏散、卫生间、电梯、用餐、丢失东西服务、开发票、发票开错要求重开等服务全部检测一遍。

(六)邀请集团内部、兄弟企业来会议中心举办会议

这是一个真正意义上的客户举办的会议。单就会议中心领导成员来说,如果说企业自己组织会议,企业领导作为嘉宾先进入贵宾室再坐主席台上,那么集团公司、兄弟单位来到会议中心组织会议,企业领导就可以亲身参与实际的服务接待,比如总经理提前检查贵宾室,在门口迎候集团领导,散会后恭送集团领导,向集团领导和参会者索要反馈,这样就能发现更多问题。而且,会议中心领导本人可以积累经验,因为在会议中心正式开业后将迎候、恭送政府高官、知名大企业的领导。

(七)请客户代表和供应商代表来提意见、找毛病、挑刺

会议中心预开业期间不宜拿外面客户的会议来做试验,但若征得客户同意,客户内部的会议也可拿来做试验,比如,某公关公司内部的销售会议。通过举办会议,让客户代表和供应商代表来提意见、找毛病、挑刺。

(八)神秘顾客

神秘顾客(mysterious guest, mysterious shopper)可以由企业内部的员工担当,也可以是外部人员。外部人员分付费人员和不付费人员两种。担任神秘顾客的人首先须有经验,不但能在现场发现问题,还能在非现场发现问题,如电话总机、网站等。神秘顾客应该有一张检查表(checklist),根据表中所列内容一一检查、测试,但不可以当面向员工指出其服务瑕疵。

专业的管理咨询公司不但有时候选拔内部资深员工担任神秘顾客,还付费请外部专业人员从国外打电话到会议中心,比如恐吓(当然企业领导层已经知晓,否则会弄巧成拙)以及询问如何驾车前往会议中心、停车如何收费、有没有婴儿衣物换洗室等,甚至派人到会议中心现场检查。值得指出的是,神秘顾客不但适用于试营业期间,更适用于正式开业后的运营。

三、开业典礼必须一炮打响

市场不给你第二次机会。开业典礼必须一炮打响,要博得满堂喝彩,把最美的东西展现给客户。

(一)开业典礼的形式

开业典礼的形式一般是酒会,在晚上举办,这样利于企业领导和市场销售人员能接触到较多的宾客。首先由会议中心总经理代表会议中心致辞,间以赏心悦目的表演和会议中心宣传片DVD播放。

酒会应该在最富丽堂皇的大宴会厅举办,并结合常规的宴会安排,在序厅安排注册、衣物存放和酒会结束后的礼品发放。

酒会实际上也是一个向潜在客户销售将来的宴会、酒会和会议室、展厅的最佳机会,因

此可以根据情况安排参观会议室、大礼堂和展厅,即现场考察(site tour, site visit),须由销售人员亲自陪同,客户不可自行参观——客户是好不容易请来的客人,主人当然要全程陪同。

开业典礼可以根据当地城市的具体情况和参加人数,举办一次(即把所有客户都请来),也可以举办两次(如第一次招待政府、协会、展览主办机构有关人员,第二次招待会议主办、公关咨询公司、旅行社、会奖公司有关人员)。

(二)开业典礼的承办

开业典礼可以由会议中心的市场销售部、公关部来执行,也可以外包给一家有举办开业庆典经验的公关公司来承办。会议中心自己承办可以节省费用,但缺点是质量欠佳,起不到一鸣惊人的效果。公关公司不但有创意,还有一些资源是会议中心刚开业时不具备的,如媒体资源、部分客户资源、政府资源等。会议中心应借助公关公司以及其他中介公司的力量,把重要的客户、政府官员和新闻媒体都请到会议中心来。

(三)开业典礼的餐饮及服务必须卓越

优秀的餐饮还不足以打动客户,因为客户见惯了豪华五星级酒店的开业庆典的优秀的餐饮。会议中心要打消客户对会议中心餐饮质量的顾虑,就必须全力以赴,拿出最美的菜单、最美的出品和最美的服务(包括着员工制服、殷勤好客但不是过度服务)呈献给客户。如果会议中心自身的厨师队伍不足以完成这个任务,可以请配套酒店或外面的供餐公司一起来做。

开业庆典不只是一个请客人来会议中心、向客人发布开业消息的场合,更是一个难得的销售良机,所以不但要让客人惊艳,还要让客人回味、帮助传播。

(四)照顾好媒体,但不谄媚

媒体是一支特殊的力量,记者或凭个人好恶、或凭与会议中心市场总监、公关经理的个人关系而对开业庆典褒贬,媒体的褒奖自然是对会议中心的加分。不必要给予记者特殊的礼遇(谄媚是被别人瞧不起的),但要给予记者更多的信息和背后的故事,请记住,记者需要会议中心(的更多亮点),就像会议中心需要媒体一样。如果能把开业庆典做成一个媒体需要的案例分析,就是一种成功。

(五)消除一切瑕疵

不要让总机答疑、停车、安检(很多地方的公安机关对大型活动都有安检的要求)、衣帽间等环节妨碍了参加庆典的客人的体验。市场之所以不给第二次机会,是缘于客户不给予会议中心第二次机会,客户第一次现场体验基本上决定了他对这个会议中心的评价,除非展览场地、档期问题或大型会议对会议室的硬件要求迫使客户别无选择。是否能控制室内的吸烟,是否能选择适合当天主要宾客的音乐,取决于会议中心筹备小组对客户的关注度和专业服务技巧。

第4章 会议中心的品牌建设与市场推广

第1节 会议中心的使命、愿景和价值观

大海航行以前靠指南针,如今靠全球定位系统(GPS)。会议中心的使命、愿景和价值观就是确保会议中心沿着正确的发展路径稳步前进的GPS。

会议中心的发展方向,会议中心的使命、愿景和价值观在会议中心筹备期间就应该开始考虑并在条件成熟时立即确立,而不是等员工都招聘到了、上岗了或是会议中心开业之后才提出来。

使命、愿景和价值观是会议中心筹备小组负责人有效地领导会议中心筹备开业工作的战略保证,更是会议中心正式营运之后引领人力资源管理、企业文化建设、市场推广等各项业务的指针。

要确定会议中心的愿景肯定不仅是文字方面的功夫(但肯定是用精确、简洁的文字进行阐述),也不仅仅是提出一个有吸引力、朗朗上口的口号(但朗朗上口的口号一定有助于员工更好地认识和理解)。会议中心的使命、愿景和价值观的确定,需要深入思考、群策群力,围绕"什么"、"谁"、"采取什么样的方式"三大主题来进行,使之成为有用的、明确方向的工具,选定自己特定的身份、业务重点和发展道路。

一、使命书/使命陈述(Mission Statement)

如同任何公司的使命书一样,会议中心的使命书陈述要包括"什么"、"谁"、"采取什么样的方式"三个内容。

① 什么——顾客的需求,也就是需要满足的是什么;
② 谁——顾客群,也就是需要满足的对象是谁;
③ 采取什么样的方式,即如何——会议中心所拥有的设施、能力和技术,所开展的各种活动包括招聘、工会活动、市场宣传等,或者说,会议中心将如何为顾客创造价值,以满足

他们的需求。

从满足什么需求、满足谁的需求以及如何满足需求这三个方面界定会议中心的业务使命,就能够确定一个会议中心为其顾客创造价值所必须做的事情的本质。

会议中心的使命从来就不是获取赢利,利润是公司经营的目标和结果,对利润的追求并不能说明会议中心所在的业务领域。要把自己同竞争者(酒店、其他会展场馆)区别开来,会议中心就要说清楚上文所谈的"什么"、"谁"、"采取什么样的方式"。

我们不妨简单地分析一下大多数会议中心的使命陈述要包含的三个内容。

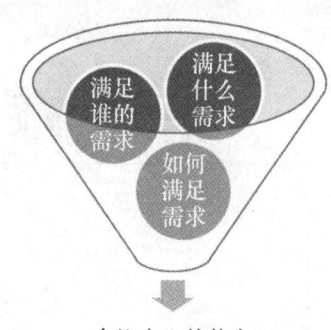

图4-1　会议中心使命感包含的内容

"什么":需要满足在会议中心举办的展览、会议、宴会、新品发布、演艺等各种活动所需要的场地、餐饮、现场服务(工程、IT、摆台等)、停车以及顺畅的服务流程,保证活动的成功并保护参会者、参展商以及观众的人身财物安全。

"谁":包括展览、会议等各种活动的主办方,参会、参展、观展的所有人员,以及活动的供应商、合作伙伴。

"如何":首先,保证设施设备的正常运行,保证参会者、参展商以及观众、搭建工人和会议中心员工的人身财物安全;其次,向顾客提供与价格匹配的专业服务;最后,以优秀的员工、品牌价值、用户体验让顾客感觉物有所值。

二、愿景(Vision)

通常情况下,会议中心、会展中心所面临的竞争形势每五年会发生一次比较大的变化,主要原因是5年内大量新进入者直接成为会议中心的竞争对手。因此,在设计愿景时,也应该考虑到至少未来5年甚至更长的时间。

会议中心的愿景体现了会议中心最高管理层的立场和信仰,是最高管理者对会议中心未来的设想。会议中心的愿景同其他任何公司的愿景一样,都应该是不那么容易实现的(所以才需要这个方向),既是宏伟的同时又是激动人心的。假如愿景是那么轻易就可以实现的话,那愿景又怎么会激动人心呢?如果愿景不能让人激动,那员工的精神支柱又在哪里?但若会议中心的愿景是遥不可及的,员工也就不会激动了,因为无论如何都实现不了,员工也就没有任何信心了。所以,会议中心的愿景不是凭空想象。

有意思的是,中外很多有关管理学、公司战略的书都提到,企业愿景的制定少不了企业家精神,需要敏锐的企业家判断力。或许可以这么说,会议中心的愿景或多或少反映了管理高层的意志和追求。

酒店的历史要长于会议中心,不少国际品牌酒店都为我们树立了好客产业(hospitality)奉行殷勤之道、待客之道、发展之道的典范。其中,万豪酒店集团的另一独立品牌丽思卡尔顿(The Ritz-Carlton Hotel Company)就是一个令客人向往、令同行妒忌的佼佼者。

丽思卡尔顿的信条[①]：

丽思卡尔顿以客人得到真诚关怀和舒适款待为最高使命。

丽思卡尔顿承诺为宾客提供细致入微的个人服务和齐全完善的设施，营造温暖、舒适、优雅的环境。丽思卡尔顿之行能使您身心愉悦、受益匪浅。丽思卡尔顿甚至还能心照不宣地满足客人内心的愿望和需求。

丽思卡尔顿的座右铭[②]：

丽思卡尔顿酒店集团公司全体工作人员的座右铭是"我们以绅士淑女的态度为绅士淑女服务"（We are Ladies and Gentlemen serving Ladies and Gentlemen），而丽思卡尔顿全体工作人员服务先行的态度正是该座右铭最好的佐证。

三、价值观（Value）

如果用最简单的文字来描述价值观，价值观就是可依据的是非标准和可遵循的行为准则。说得复杂一点，会议中心的价值观是会议中心的政策、惯例、传统、哲理信条以及处事方式等因素的总和。

事实上，正如会议中心的愿景在某种程度上反映了管理高层的意志，会议中心的价值观同样带有最高管理者个人的烙印。前几年，我们耳熟能详的"惠普之道"（The HP Way）就是一个典型的例子，惠普公司的创始人之一戴维·帕卡德（David Packard）在1995年出版的《惠普之道》（The HP Way）一书中对惠普公司的价值观进行了详细的介绍。"惠普之道"的精髓是"只要企业提供合适的环境，相信员工必然全力以赴"。

国外的会议中心虽然绝大部分都是政府投资建设的，不以赢利为目的，但都根据会议中心的功能、会议中心行业特点和自身所处的市场环境提出了有见解的使命陈述和愿景以及价值观。

（一）香港会展中心

使命

我们一贯的服务宗旨是以顾客为先。

抱负（愿景）

我们致力于令香港会议展览中心成为亚洲最佳展览及会议场地，并以提供卓越服务及举办环球盛事而驰名国际。

经营宗旨

我们承诺通过个人及团队提供的优质服务，并采用先进及创新的操作技术，确保香港会议展览中心的顾客能时刻享受超值及令其喜出望外的一级服务。

[①] 来自丽思卡尔顿酒店网站。
[②] 来自丽思卡尔顿酒店网站。

（二）新加坡新达城国际会展中心

企业愿景

成为世界上最好的会展活动主办场所。

企业使命

为顾客提供高于其期望的、创新的、一站式的专业和个性化的服务和体验,从而加快会展业前进的步伐。

企业核心价值观

①以客户为中心
- 我们认真听取客户的需求。
- 我们管理并超越他们的期望。
- 我们为客户提供优质的产品和服务。
- 我们每一个员工都不仅仅代表其部门,而是代表我们整个公司。

②企业家精神
- 我们鼓励员工积极创新。
- 我们期望员工独立决定自己的行为。
- 我们希望员工为自己的表现和职业发展负责。

③培养团队精神
- 我们承诺,以团队合作的工作形态满足客户和其他利益相关者的期望。
- 做到4个"F":"快速"(fast)、"友好"(friendly)、"灵活"(flexible)、"有趣"(fun)。

④信任、正直和尊重
- 我们以诚待人,尊重每一个员工。
- 保证公开、真诚和真实。
- 每个人都要为自己的行为负责。
- 我们尊重个人思想和文化的多样性。

⑤承认和赏识
- 我们重视员工的参与和贡献。
- 我们培养并最大限度地发挥每个员工的才能。
- 我们积极表彰并分享回报。

⑥道德操守
- 我们以最高标准的专业操守为基准开展各项业务。
- 我们积极回馈社会。
- 我们致力于保护环境并节约自然资源。

（三）洛杉矶会议中心

企业使命

使洛杉矶成为会议、展览、博览会和其他重大活动的首选地。通过刺激直接消费并拉动间接消费,担当洛杉矶经济驱动之引擎并扩大就业,为艺术、科学、人文和教育活动提供支持。作为可靠的业务伙伴和企业公民,有效地驱动体育和娱乐业。

企业形象定位

世界级的设施,世界级的服务

企业愿景

通过创建超越完美的企业文化,将洛杉矶会议中心建设成为客户举办活动的首选场馆、员工的首选雇主、维护环境可持续性和履行社会责任的最优秀代表。

核心价值观

➢ 重视员工
➢ 诚信
➢ 优质服务
➢ 创新
➢ 开放
➢ 学无止境

企业目标

① 提高客户和参会者、参展商以及观众的体验和对顾客服务的水准。
② 改善和提高场馆的功能和基础设施。
③ 维持、加强并扩大我们的竞争优势。
④ 永不满足,不断寻求更好的解决方案,提高效率,寻求降低成本的潜在可能和更多的服务、收入来源。

(四)蒙特利尔会议中心

企业使命和价值观

蒙特利尔会议中心的使命是吸引和承办各种会议、展览和其他活动。

作为一个具有商业职能的公共机构,蒙特利尔会议中心旨在为魁北克省创造极为重要的经济利益和知识利益,并致力于提高蒙特利尔作为世界一流会议目的地的地位。

我们为客户和参会者、参展商以及观众提供高质量的服务、独特的氛围和难忘的经验。

我们坚持以下五项原则:

① 精益求精,借助于员工及其工作表现、服务和设施的质量。
② 信任,这是连接员工、客户和合作伙伴的桥梁。
③ 尊重,即尊重各类人群和它们所代表的组织。
④ 团队合作,包括员工之间及我们和客户、合作伙伴、供应商之间的合作。
⑤ 诚信,诚信涉及我们的每一个员工和我们所做的所有工作。

(五)温哥华会议中心

企业价值观

尊重、责任、激情、创新、协作、精益求精

在温哥华会议中心,我们的成功依赖于可持续的、具有较好收益回报的竞争力表现,同时致力于为社区服务,为员工创造充满挑战和有着良好待遇的工作环境。

企业使命

从1987年营业开始,我们的使命始终是借助于高效管理和营销,促进(本会议中心所在)不列颠哥伦比亚省的经济和社会发展。

企业目标

通过为我们的客户、团队和社区提供鼓舞人心且持久的体验,使温哥华成为全球会议目的地的领军城市。

(六)伯明翰国际会议中心

企业愿景和价值观

伯明翰国际会议中心致力于保证各类活动的成功举办,并为其提供最好的顾客服务、良好运行的设施以及商业效益。这包括4个领域的目标:经济拉动作用、客户反馈、员工反馈和创新。伯明翰国际会议中心将成为政府、社团、企业不可或缺的会议专家顾问。

企业价值观

精神:我们有竞争的欲望和决心,并有信心取得成功。我们希望为我们和我们的客户争取每一个取得最大效益的机会。

合作:我们竭尽所能团结合作,为我们的客户和伙伴奉献心力,履行我们在团队合作中的责任。

能动性:我们将每一次的活动都当做重大的事情来完成。我们竭尽所能并从中得到快乐。当遇到困难时,我们不断寻求新的解决办法。

顾客:我们因顾客而存在。我们尽我们所能满足顾客所需,赋予顾客难以忘怀的参会参展体验,促使他们再次光临。

企业使命

伯明翰国际会议中心致力于为我们的客户和利益相关者提供全方位的卓越服务。

我们的使命是确保每一个在伯明翰国际会议中心举办的活动都取得成功,并公开我们的承诺。

为了确保成功,我们将通过"商业卓越"支持系统,为我们的客户提供物超所值的活动体验和专业水准的服务。伯明翰国际会议中心已经通过了ISO 9001:2000国际认证标准认证。伯明翰国际会议中心将严格按照该标准,向利益相关者和客户承诺:依靠受过良好培训的员工在第一时间及时完成每一次服务。

伯明翰国际会议中心言必信、行必果。

(七)夏威夷会议中心

企业使命

为夏威夷居民创造经济利益。

提高夏威夷居民的生活质量。

为我们的客人提供最难忘的参会参展体验。

企业愿景

成为世界上最令人向往的会议举办场。

企业价值观

完成每一件事均体现优质的、令人赞赏的、完善的特征。

做到率直、诚实和公平。

在行使权力的同时要切实履行自己的责任,从而使会议中心日臻优异。

要始终行事慷慨,宽以待人。

要始终做到与同事团结协作,乐于施以援手,尤其是在工作压力大的时候。

要无条件地容忍和宽容他人。

对待自己要始终高标准严要求。

真诚对待每一个人,要像家人一样团结一心。

团结协作并和睦相处。

精益求精,工作无失误。

向每一个访客伸出热情之手。

理性地思考问题。

前文说到,利润是公司经营的目标和结果,赢利不是公司的使命,但太多的公司为了追求赢利(业绩)而把口口声声喊的企业价值观弃之如敝屣。

案例:百度竞价排名及百度文库

百度自称是目前全球最大的中文搜索引擎,每天的搜索人次超过 1 亿。在其官方网站上,竞价排名被称为一种按效果付费的网络推广方式,用少量的钱就可以提升企业的销售额和品牌知名度。

2008 年 11 月 15 日、16 日,央视《新闻 30 分》连续两天报道百度的竞价排名黑幕,百度竞价排名被指过多地人工干涉搜索结果,引发垃圾信息,涉及恶意屏蔽,被指为"勒索营销",并引发了公众对其信息公平性与商业道德的质疑。央视记者以需要竞价为名与百度在线网络技术北京有限公司客户发展 C5 部取得联系,销售代表表示,竞价中花的钱多,就会往前排。央视记者暗访中还发现,对于一些发布医药信息的网站,百度个别工作人员不仅没有进行严格审查,甚至还帮助它们蒙混过关。某销售代表表示,前两天他的一个客户要为一种胶囊竞价排名,"肯定是没有医药许可证的",但对方另外一个品种的一种药有许可证。该销售代表说,用 photoshop 抹去名字,然后重新换一下,打印出来就行了。

百度为了拼命追求业绩而惹上的麻烦远没有结束,百度还为盗版音乐网站提供深度链接。2011 年 3 月 15 日,涉及侵权盗版的百度文库更是遭到贾平凹、韩寒等知名作家的讨伐,百度遭受到巨大的舆论压力,截止到 2011 年 3 月 29 日中午 12 时,百度文库中非授权文学类作品基本清空。

在业绩和价值观发生冲突时,百度选择了业绩,抛弃了价值观。但阿里巴巴却是勇敢地选择了价值观。

案例：阿里巴巴坚决捍卫阿里巴巴价值观

阿里巴巴集团及其子公司基于共同的使命、愿景及价值体系，建立了强大的企业文化，作为其业务的基石。阿里巴巴的价值观是：坚持"客户第一、员工第二、股东第三"。

阿里巴巴有六个核心价值观，是阿里巴巴企业文化的基石和公司 DNA 的重要部分。该六个核心价值观见表 4-1：

表 4-1　阿里巴巴的六个核心价值观

客户第一	重视客户的关注点，为客户提供建议和资讯，帮助客户成长
团队合作	共享共担，以小我完成大我
拥抱变化	突破自我，迎接变化
诚　信	诚实正直，信守承诺
激　情	永不言弃，乐观向上
敬　业	以专业的态度和平常的心态做非凡的事情

然而，一方面是公司反复强调价值观，一方面仍有背离价值观的事情发生。

2011 年 2 月 21 日，阿里巴巴（中国）网络有限公司宣布，查实 2009 年、2010 年两年间分别有 1 219 家（占比 1.1%）和 1 107 家（占比 0.8%）的"中国供应商"客户涉嫌欺诈，而骗子公司得以加入阿里巴巴平台的唯一原因是近百名阿里巴巴员工为了追求高业绩明知是骗子客户而签约。公司首席执行官卫哲和首席运营官承担责任引咎辞职。

卫哲在辞职邮件中说："我刻骨铭心地体会到以客户第一为首要的阿里巴巴的价值观是公司存在的立身之本！尽管我们是一家上市公司，但我们不能被业绩所绑架，放弃做正确的事！"但为时已晚。

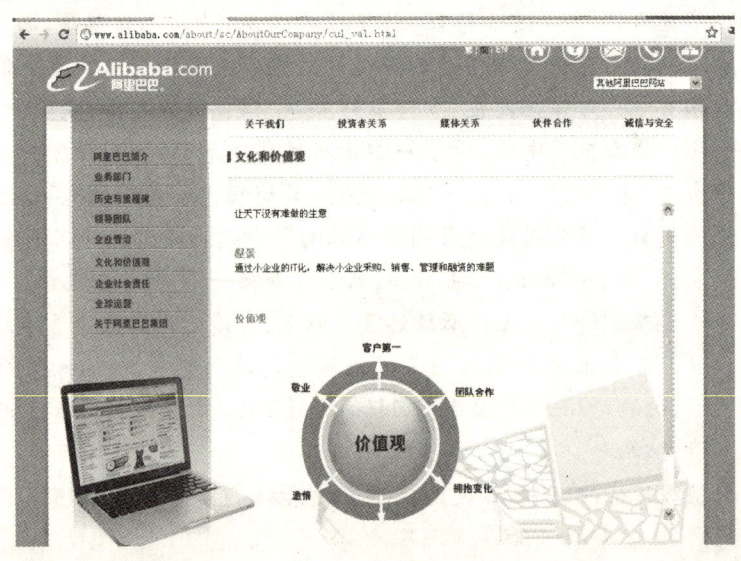

图 4-2　阿里巴巴集团网站关于公司价值观的截图

第4章 会议中心的品牌建设与市场推广

马云在接受《中国企业家》杂志采访时,表示"业绩与价值观对立,这事儿不通","我要做的是捍卫这个公司的价值体系"。

马云在2月21日致阿里巴巴全体员工的邮件中表示:"对于这样触犯商业诚信原则和公司价值观底线的行为,任何的容忍姑息都是对更多诚信客户、更多诚信阿里人的犯罪!我们必须采取措施捍卫阿里巴巴的价值观!所有直接或间接参与的同事都将为此承担责任,管理层更将承担主要责任!目前,全部2 326家涉嫌欺诈的'中国供应商'客户已经全部做关闭处理,并已经提交司法机关参与调查","客户第一的价值观意味着我们宁愿没有增长,也绝不能做损害客户利益的事,更不用提公然的欺骗。"

马云坚持他的价值观终将获得回报,首先是来自客户、社会的认同和赞赏。

阿里巴巴捍卫价值观与百度百般狡辩、受到社会舆论谴责形成了鲜明的对比。

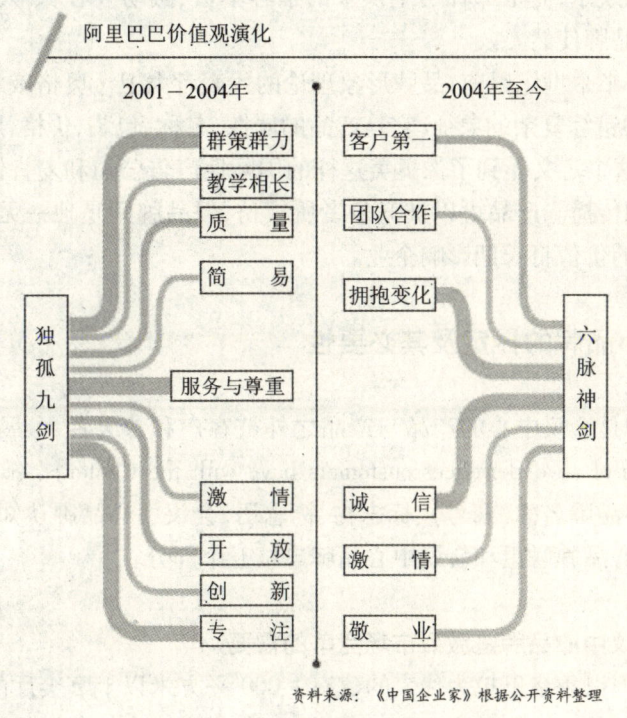

资料来源:《中国企业家》根据公开资料整理

图4-3 阿里巴巴价值观的演化

第2节 会议中心的品牌建设和传播

随着各地新建会议中心、会展中心的热潮加剧,加之每个城市内部带有大型宴会厅/会议室的豪华商务酒店不断投入使用,会议中心、会展中心正面临着比以往更激烈的竞争,首先表现为城市和城市的会议中心之间的竞争,其次表现为一个城市的会议中心和大量商务酒店、会议型酒店之间的竞争。一个会议中心要在激烈的竞争中占有一席之地,必须走品牌化发展道路。事实上，会议中心当地政府非常期望会议中心能成为代表自己城市的名片，因而对会议中心的品牌寄予厚望，所以有的城市有关管理者鼓足了勇气聘请境外的会展中心管理公司来管理会议中心，目的就是为了打造会议中心的品牌。

任何一个商业组织，都面临两个选择，要么成为一个最低价格的供应者，要么拥有客户不离不弃、将自己与他人（竞争对手）区分开来的质量和品牌。以"天天低价"为口号的沃尔玛超市就是最低价格供应商的代表，而开发了 iPhone 手机、iPad 超薄电脑、iPod 随身听等风靡世界的产品的苹果公司则拥有世界各地的无数死忠拥趸，即使 2010 年 7 月 iPhone 4 手机的天线设计存在缺陷而导致信号不好，但用户仍然痴迷不改。

谈起香港会展中心，大家都感叹其外形漂亮，但业界极其推崇香港会展中心的真实原因并不仅仅是其建筑外观。大家喜欢澳门的威尼斯人，并不是因为它有赌场，相反威尼斯人传达的重点不是娱乐，而是那种与生俱来的雍容华贵、激动人心、令人难以忘怀的气质。实际上，这些就是品牌使然。

什么是品牌？半个世纪以前，品牌形象理论的代表者大卫·奥格威对品牌作出这样的定义："品牌是一种错综复杂的象征，它是产品的属性、名称、包装、价格、历史、声誉、广告风格的无形组合。"这个定义受到了像奥美这样的国际性广告公司和麦肯锡这样的知名咨询公司的广泛认同和传播。产品可以被竞争者所模仿，但品牌则是独一无二的，成功的品牌能持久不衰，品牌的价值将长期影响企业。

一、会议中心品牌的界定及其必要性

会议中心品牌是会议中心的产品与产品之外被客户和参会者、参展商、观众接受的一切的总和（the sum of all experiences customers have with the Center）。概括地说，会议中心品牌包括会议中心品牌名称（商号）、标志物、标志语，会议中心品牌认知，会议中心品牌体现的质量，会议中心品牌联想和会议中心品牌忠诚五个部分。

（一）建立会议中心品牌是激烈市场竞争的需要

如前所述，不但以香格里拉为代表的建有 1 000 平方米以上宴会厅的豪华商务酒店汹涌进入市场，而且各地为贯彻政府意图而新建的会议中心、会展中心体量大、设施新，加剧了竞争。可以说，会议接待酒店和场馆供过于求，会议中心的出租率、平均利润率一直在下降。品牌作为会议中心的核心资源，已成为增强竞争力的最重要的手段。

客户越来越挑剔，因为无论在北京、上海还是在新加坡、首尔、台北都能找到相当好的会议、展览场馆，即可轻易找到替代产品，因此客户更能讨价还价。如何吸引客户，如何增强客户的购买欲望，如何让客户重复购买，如何培养客户的忠诚度？这些都需要品牌。也可以这么说，会议中心如果不能拥有品牌，就很可能沦为最低价格的供应商。

（二）建立会议中心品牌是满足市场需求的需要

不是所有的客户都只认低价。从政府到广告公关公司客户的需求层次是多样的，政府喜欢庄重（或者说保守一点），广告公司更倾向于活跃、炫一点。大型国际社团会议和政府会议、高质量展览以及公司会议为了提高它们的产品(即展览和会议)质量,进一步增强它们的客户即参展商、买家和参会者的体验以黏住客户,愿意到有知名度、为公众所喜爱的会议中心、豪华商务酒店举办会议和展览。因此,会议中心的客户希望承接会议、展览的场馆拥有与其他场馆相区别的品牌。也就是说,会议中心的品牌不但直接服务于客户(展览主办方和会议主办方),还直接服务于客户的客户——参展商、观众以及参会者。这与其他大多数产品都直接服务于最终用户有着明显的区别。

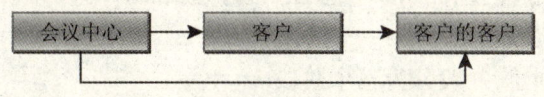

图4-4 会议中心服务对象

(三) 建立会议中心品牌是会议中心产品的特殊性决定的

会议中心同酒店十分相似,其产品本质是一种服务产品,因而同具有实物形态的其他产品如手机、汽车相比,具有无形性、不可储存性、难以展示、脆弱性等特点。除非顾客对会议中心的产品(展厅、会议室、宴会、茶歇、停车等)亲身尝试和感受,否则无从比较,无法对即将使用的产品质量作出判断。因此,品牌的作用之一在于刺激、鼓励客户考虑并选择会议中心作为活动举办地。

脆弱性是指受到政治环境、经济形势、自然灾害、重大疫情等外部因素的影响而立即导致销售下降甚至无人消费。2003年的"非典"、2008年的北京奥运会以及2010年的上海世博会对会展项目的限制,2009年甲型H1N1流感的暴发都极大地影响到了会展业。而最近的例子是2011年3月11日,震中位于日本本州岛仙台港以东130公里处、震级达到9.0级的日本强烈地震以及引起的核电站事故更是重重地打击了日本的会展业。品牌的优势就在于即使处在这些艰难的时期,但客户仍然与会议中心保持着感情联系。若没有感情,客户将义无反顾地投向别人的怀抱。

建立品牌、关注品牌管理是会议中心在筹备期间就需要重点考虑的,而不应该等到会议中心正式开业后才开始实施。请记住,品牌意味着销售增加以及销售价格的坚挺。

初创企业需要一个指针来指导日常管理和战略定位,犹如当初的"华为宪法"之于华为公司。会议中心处在紧张的筹备工作阶段,面临着诸如人员招聘和培训、建立合理的组织架构、建立企业文化、开展市场营销等多方面的挑战和问题。理论上,品牌的内涵在一定程度上反映了企业文化。没有品牌,企业就没有灵魂;没有品牌,企业就失去生命力。如能在筹备期就着手逐步建立起会议中心的品牌,管理和服务就有了思想纲领和自我评价的准绳,管理层和员工就能自觉、主动地为消费者即客户提供最优质的服务(服务并不是在开业后才开始的,而是从筹备小组成立的那一天就开始了)。品牌不仅是对外(客户)销售的利器,同时也是对内(员工、供应商)管理的道德力量。

正如亚马逊(Amazon)公司的创始人及首席执行官 Jeff Bezos 先生的说法:"品牌就是指你与客户间的关系,说到底,起作用的不是你在广告或其他的宣传中向他们许诺了什么,而是他们反馈了什么以及你又如何对此作出反应。对我们来说,口碑极其重要,简而言之,品牌就是人们私下里对你的评价。"如果哪一天我们的客户说"我就喜欢××会议中心",且能主动向别人介绍,那这个会议中心的品牌效应就显现出来了。

二、会议中心品牌建设和传播的过程

品牌建设是一个复杂、科学的过程,品牌管理理论现在已经相当丰满了,关于如何定位品牌的精髓及归纳出品牌的理性因素和感性因素,寻找品牌的灵魂即找到品牌与众不同的求异战略等,这里不作赘述。

会议中心的品牌创建,一般分为三个阶段。

第一阶段,品牌创立初期,以提高品牌知名度为主要任务,告诉受众"品牌是谁"、"品牌下的产品优势是什么"。

第二阶段,品牌成长期,以提高品牌影响力,尤其是美誉度为主要任务。

第三阶段,品牌成熟期,以巩固品牌的影响力,使其成为会展产业文化的代表为主要任务。

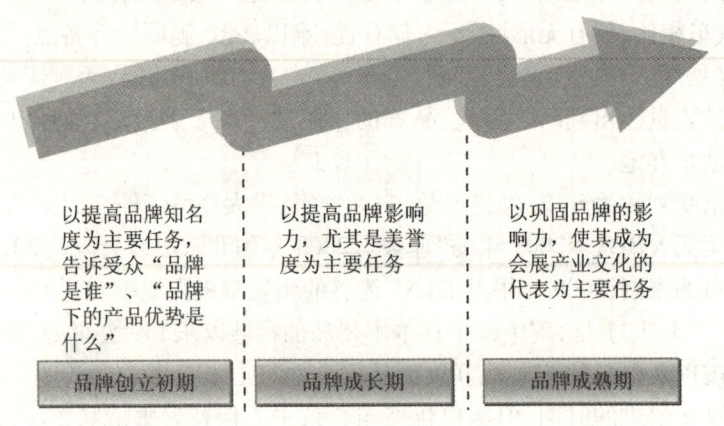

图4-5　会议中心品牌创建阶段

下面结合作者本人对于品牌的粗浅认识和对会展业的理解,介绍会议中心品牌建设和传播的一些想法。

(一)会议中心的品牌建设自筹备小组成立之日始,且从不间断

会议中心筹备期或长或短,长则2年,短至3个月。无论会议中心筹备小组多晚成立,都需要开始考虑会议中心的使命、愿景、价值观,这些因素对会议中心的品牌确立起到无可替代的作用。

品牌建设和传播的努力不可中断,跟会议中心的关系可以用"如影随形"来形容。品牌建设是个长期的过程,绝不能认为生意红火时就可以暂时放一放或者不用投入了,而应该继续给予同样的人力投入和资金投入,把老客户留住,吸引更多的新客户,创造各种软因素为销售增加价格谈判的筹码。

(二)会议中心的品牌建设和传播须由总经理挂帅,总经理亲身参与、推动,而不应推给品牌经理单独执行

总经理重视会议中心的品牌建设和传播还不够,还必须高度参与,协调各部门、联合各种外部力量和内部力量进行品牌建设和传播,时刻关注、评估品牌建设和传播的进程和效果。特别是在会议中心筹备期或开业后的短时间内,可能还没有设立品牌经理职位,品牌建设和传播的任务和执行者不够明确,这样往往由市场部或总经理办公室(综合办公室)来捎带做这一项工作,因此总经理的推动至关重要。

在中国,展览、会议还有一个特点,就是展览、会议的主办方——政府、社团、企业的领导喜欢找会议中心的总经理,有时候是由于价格原因,有时候是因为展厅、会议室的档期调剂不开,所以,某种程度上(或某个阶段),会议中心的总经理就代表了该会议中心,如果总经理没有高度参与品牌建设和传播,会议中心就未能抓住那些重量级(往往是预算高、消费高)的客户。

案例:香港会议展览中心董事总经理就是一张响亮的名片

境外会议中心不少都大打总经理/首席执行官的牌,总经理实际上就代表了他所在的会议中心的名气、水准和服务高度,比如墨尔本会展中心的首席执行官 Leigh Harry 和温哥华会议中心的前首席执行官 Barbara Maple 都在业界鼎鼎大名,而其中做得最好的当属香港会议展览中心的董事总经理王礼仕(Cliff Wallace)。鉴于王礼仕对会展业的贡献,2009年7月,总部设在美国的国际场馆管理者协会(IAAM,现改名为 IAVM)授予他终身成就奖,这是会展场馆行业最高的荣誉。

图4-6 香港会议展览中心网站关于王礼仕董事总经理献辞的报道的截图

王礼仕的一头银白头发让人记忆深刻,但他的温文尔雅、他对会展业的洞察和理解更让人对他领导的香港会展中心增添了好感。王礼仕在重要行业论坛上的演讲总能吸引参会者和媒体的兴趣,这无形中为香港会展中心作了最好的宣传,他的一言一行让人相信香港会展中心的品牌,从而对香港会展中心的要求、收费产生一种盲从、少了一种质疑。说得形象一点,假使我们去香港会展中心组织一个会议,碰到一个价格偏高的收费项目,心理上可能就先自觉不自觉地认同了。

(三)确立品牌内涵一步到位,不要反复,变幻不定的品牌让人疑惑

品牌定位已经确立,就需要坚持品牌的灵魂,一切工作安排和内部的工作要求、质量标准都要服从于品牌。

洛杉矶会议中心的口号是"世界级的设施,世界级的服务"(World - Class Facility, World - Class Service),该会议中心始终坚持"世界水准"这一要求,在会展所需的设施设备和配套服务方面孜孜以求。

而国内知名的运动品牌"李宁"的内涵却一直变幻不定,从"一切皆有可能"到"东方精神"再到"make the change",这几年不断在变。"一切皆有可能"的提出,却不知如何演绎;高举东方精神的大旗,却找不到东方精神;如今的"make the change"又主攻"90后"传播,始终变幻不定。20世纪90年代买"李宁"的产品可以不需要任何理由,现在不买李宁品牌产品的人也有绝对不买的理由,因为"李宁"的营销传播已经把"李宁"这个品牌推进了很大一部分人绝对不买的名单。

(四)广告不等于有效的品牌传播

依赖广告是源于品牌传播手法单一,用"简单粗暴"来形容也不为过。广告的命中率很低,且费用昂贵。手机短信中的广告虽是100%的抵达率,但非常遭人反感。而且,广告比较呆板,不能给人以鼓励、亲近感。

会议中心不能走猛打广告的路子。不同于快速消费品的客户是普通百姓,会议中心的客户是特定的,而不是普通百姓。会议中心的客户——政府、事业单位、企业、社团存在于某些场合,其决策者——处长、局长、会长、秘书长、总经理、采购经理,他们何时出现,出现在哪些地方,喜欢以哪种方式被接触,都要仔细甄别、筛选,投其所好才能准确命中,被命中的客户才欣然接受会议中心。

确立了××会议中心的产品优势,就要辅以有效的市场营销手段和技巧,协调广告、公关、促销、推广等活动。特别需要指出的是,这些方面都要用专业人员,更要使用专业技巧。

(五)业界喜欢领军会议中心

领军会议中心不是指简单的最大的展厅、最高的宴会厅、最先进的设施,任何一个会议中心在五年之后就很可能会哀叹自己的设施老化而羡慕新进入者的豪华、气派,这是不可逆转的。各领风骚六七年,尤其是外表的辉煌极为短暂。就像大多数人喜欢明星、崇拜明星一样,客户也偏爱明星会议场馆,但要想让客户的喜好一直维持下去就要靠会议场馆的魅力而非其漂亮的外观。

人们之所以喜欢年轻的明星，有的是因为其青春靓丽，但大多是过眼烟云，因为更靓丽、更好看的明星接踵而至，所以也就很难记住前一拨明星的名字；有的是因为其演技、其人品、其号召力、其明星范儿，葛优就是一例。会议中心刚一亮相，必然是让人惊艳的建筑，短时间内生意可能不错。但若客户体验不佳，与其他酒店、场馆相比没有让人留恋的东西，客户就会扭头而去。会议中心也要有"演技、人品、号召力和明星范儿"，只有这样才能赢得有价值的客户的尊重和喜爱。

有价值的客户大多领风气之先，会议中心也须领风气之先，至少要紧跟社会潮流，做一个"潮人"。譬如，企业社会责任（corporate social responsibility，CSR）包括了节能环保、保障员工安全、保障员工享有权利和保障员工职业发展等，已经为众多企业所承担，会议中心就需要想方设法与承担企业社会责任的先进理念保持一致，才能获得潜在客户的认同和青睐。

（六）品牌建设的基础是会议中心的优质服务和优秀员工

归根结底，会议中心自己的服务跟不上，员工不争气，也无法塑造品牌。特别是当客户慕名而来但失望而去时，客户如今会通过博客、微博等新社交媒体极尽渲染其对会议中心的不满和愤怒。

会议中心应该要求合作伙伴和供应商必须在品质、服务理念和水准以及自身品牌等方面与会议中心的完全一致，不要让供应商、租赁商、外包服务商损害会议中心的品牌。如果客户在会议中心的门口遇到了衣帽不整的保安，他们就立即会联想到"这个会议中心的保安怎么会是这样啊"，而不会去琢磨"这个外包的保安公司也太次了"。

（七）人人都是品牌大使

会议中心要有"演技、人品、号召力和明星范儿"，最终落在了员工身上。员工的礼貌礼仪、恰当的待人接物技巧、完成本职工作的效率和专业技巧、灵活的工作方法、积极向上的风貌、对会议中心的喜爱、对工作的热情、对同事的友好和真诚、对节能的敏感等，都能让客户把这个会议中心同其他会展接待场馆区分开来，从这个角度上来说，员工就是会议中心品牌的建设者和传播者，他们每天都直接或间接、主动或被动地在传播品牌的信息。

（八）借用第三方的力量

在国外，"testimonial"一词经常被会议中心、会议公司所采用。"testimonial"意为"推荐书"、"证明书"。让同行替你说好话，让客户替你说好话，这是任何广告都无法起得的最佳效果。口碑作用之所以如此强大，是因为口碑制造者是客户而不是会议中心自己，有说服力，更具示范作用，因此比较容易获得其他客户的认可。选择代言人需要注意代言人必须是业内公认的名客户，如果是一个名不见经传的小客户，大客户就会觉得会议中心不适合它。如果选择行业媒体的总编或主编作为代言人，则要避免在该媒体上投放广告，否则别人会觉得那是投桃报李。

如果是业内知名人物主动向同行推介你的会议中心，那么说明品牌的威力已经显现出来了，因为虽然没有花费一分钱，但向潜在客户极具针对性地传播了你的会议中心。

图4-7 著名协会会议杂志 HQ 主编 MARCEL A. M. VISSERS 关于国家会议中心及国家会议中心大酒店的博客截图

第三方力量不限于有人替你说好话。有影响力的国际会议若能早一点确认,主办方(组委会、秘书处)就可能在其发出的会议通知上把你的会议中心一并列出,通过印刷品、电子文档和电子新闻、网站等多个途径发放到世界各地。会议中心也可在与主办方签订合同时要求在其会议通知、新闻通稿上注明是××会议中心。这也是一种很好的借力。

这是印有会议地址为旧金山 Moscone 会议中心的2011经导管心血管治疗大会(TCT)的会议通知(传单),该传单于2011年3月16—19日第九届中国介入心脏病学大会(CIT)期间在国家会议中心发放。经导管心血管治疗大会(TCT)是世界上经导管心血管治疗领域内最具影响力的学术会议。

图4-8 印有会议地址为旧金山 Moscone 会议中心的2011经导管心血管治疗大会(TCT)会议通知(传单)

（九）增加客户亲身体验的机会，与客户建立亲密的关系

会议中心的产品特征是不使用就无法评价，因而客户在购买前会犹豫再三。如今客户购买的习惯发生了巨大的变化，仅靠广告上的信息就决定购买的机会已经越来越少了。会议中心要做的就是如何让客户在最方便的环境下，不需要花费太多时间、精力就可以充分了解会议中心的产品和服务的质量和功能，比如邀请客户来现场考察，邀请客户到专业展览上参观会议中心的展台、新闻发布会以及参加年底客户联谊活动等。通过友好型的电子邮件将新闻稿、企业新闻发送到客户手里，这也是提供一种客户体验。

第3节 会议中心的市场推广

为了把市场营销与下一章要讲到的销售（sales）区别开来，因此本节把市场营销用"市场推广"来代替。市场营销、市场推广，都是marketing，包括了市场机会的分析、目标市场的选择、市场推广计划的制订以及市场推广成果的管理等内容。

市场推广工作是一项系统工程，不只是市场部的工作（当然市场部、市场经理是主要的执行者），还是一项需要持久投入、需要高超技巧的工作。如果广告就能起到市场推广的全部作用，那就根本不需要市场经理，仅需要一个采购经理就可以了。

一、市场推广的展开越早越好

会议中心开业筹备小组成立后，除了寻找合适的工程、人力资源和财务经理以外，还需要立即寻找合适的市场销售经理。要在会议中心开业筹备期把一座尚处于建设之中、客户仅仅能看到建筑轮廓的会议中心销售出去，让尽可能多的客户都知道这个会议中心什么时候开业、开业后都有哪些产品和服务，继而相信产品和服务的价格是合理的，质量是可靠的，其难度可想而知。会议中心不像酒店，客户知道豪华商务五星酒店如威斯汀、四星酒店如假日酒店，而会议中心几乎没有参照物，客人不会拿本人没去过的香港会展中心做对比，所以想象不出建好后的会议中心将是什么样子、会议中心提供的餐饮将是何种水准。一句话，客户对将要投入使用的会议中心几乎没有任何概念，连想象的空间都没有。因此，会议中心的市场推广工作之难就可以想见了。正因为如此，才需要尽早开始市场推广工作。

二、市场推广应服从于品牌建设

会议中心的品牌建设也要求尽可能早地确立品牌内涵和企业目标、价值观，这样才能指导包括市场推广在内的会议中心的日常工作。市场推广不但要配合品牌建设，维护企业品牌，而且是品牌建设的重要组成部分。外界，无论是政府主管机构、客户还是媒体、公众，它们知道、了解、喜爱一个会议中心，首先是从接触该会议中心的市场推广人员开始的。另一方面,市场推广反过来还会影响到潜在求职者对会议中心的兴趣、向往,吸引到优秀供应商,对现有员工产生一种压力——自觉地表现出热情、积极、主动的态度,杜绝损害企业的行为。从这一点来说,会议中心的市场推广同品牌建设密不可分、相辅相成。

三、市场推广需要专业技巧

只要是俊男靓女就可以成为市场推广人员吗?不是。但不可否认,俊男靓女在某种程度上、在某些地区、在某些细分市场确实奏效。显然,有过在会议中心、会展中心、酒店从业经验的人能比较快地进入角色,容易胜任工作,他们知道潜在客户是哪些,这些潜在客户在什么场合出现,他们的喜好是什么,他们担心/计较的是什么,他们的采购流程和时间多长,等等。

市场推广需要专业知识和专业技巧,表现在市场推广人员要有如下特征和条件:
①从业经验;
②现成的渠道(会展业是一个不大但又不小的圈子,不能让一个摸不着门的市场经理总在圈子外徘徊而进不了圈子);
③向总经理争取合理的预算(告诉总经理为何要这么多预算);
④制定预算在境外和国内的分配比例;
⑤制定预算在媒体选择及广告购买、差旅、行业展览、行业会议、邀请媒体现场考察、邀请客户现场考察、应酬娱乐、宣传材料的印制、礼品、市场推广咨询公司等方面的分配;
⑥制订市场营销方案;
⑦亲和力、表达能力、现场演讲技巧;
⑧会议展览的专业知识(否则客户会欺负市场推广人员,例如,客户会问"你的大宴会厅有多大门吗?"你的市场推广人员回答得上来吗);
⑨对展览客户和会议客户偏好的准确把握;
⑩知道目标市场在哪里;
⑪一些与众不同的市场推广创意;
⑫跟潜在客户建立亲密联系;
⑬媒体喜欢,同行不排斥;
⑭文字(写作)能力(中英文);
⑮具备日用品直销人员那股绝不放弃的韧劲。

根据我们和境外客户及会议中心同行的沟通,国外客户对中国的会议中心市场推广人员给出的建议是:smiling, Chinese face, language, follow up,翻译成中文就是"亲和力、中国面孔、英语流利、及时跟进"。及时跟进听上去似乎应为理所当然之事,但客户提出问题,多长时限内答复?如果出差,有人替你作答吗?你回答的质量如何?客户满意吗?客户的耐心是有限度的,如果发来2次邮件,不见你的回复,他的信心和好奇就降低,直至消失,同时还传播你的坏名声。

会议中心要跟酒店竞争,会议中心市场销售经理的行头、做事水准就不能比酒店市场销售经理的差,否则气势上就已经先输了。

四、市场推广可以外包

如果会议中心自己无法招聘到满足上述条件的市场经理,不妨聘请外面的专业公司来替你执行市场推广。需要说明的是,境外客户倾向于跟外国公司打交道,而国内的客户碰到一群沾有洋气的公关小姐可能也会感觉不那么舒服,所以,境外市场应考虑请境外的专业公司来打理,他们除了提出市场推广方案外,还可以代表会议中心去参加行业展览、撰写新闻稿、购买合适的媒体广告、直接向数据库的客户邮寄宣传资料、拜访有意向的客户、在境外举办说明会/推介会等。

国内会展场馆有一个现象,似乎不太相信专业市场推广公司,愿意一切都自己干。殊不知,派一个对这个行业了解不多、不擅谈吐的员工去接触客户和同行,将起到十分负面的作用。愿意自己做也许可以省下一部分费用,但没有找到有价值的客户,会议室闲置,展厅闲置,没有挣到应该挣到的收入,是否考虑过这种投入产出比?

市场推广可以整体外包,也可以部分外包,如仅把境外的市场推广外包给一家公司,也可以仅仅把媒体关系外包。悉尼会展中心就把其媒体关系委托给当地一家叫 MG Media Communications 的公司打理。

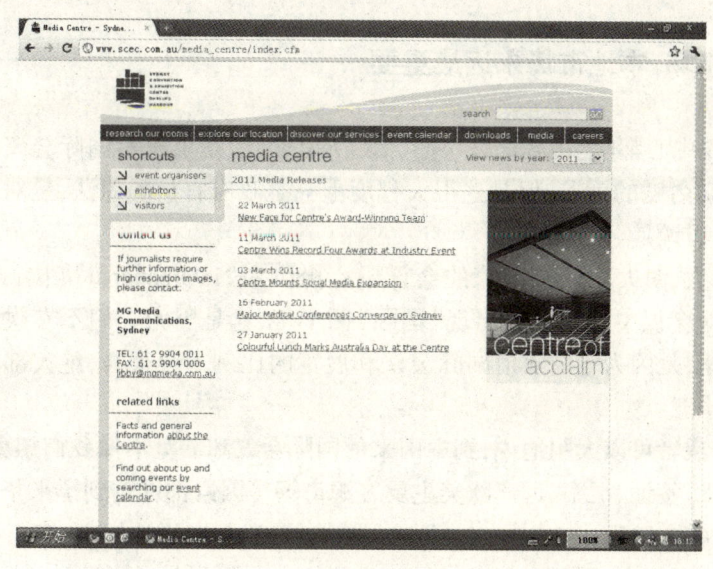

图4-9　悉尼会展中心把其媒体关系外包给了当地
MG Media Communications 公司打理

五、市场推广人员最好是一张老面孔

这里的"老面孔"当然不是指年纪大的人,而是指"同一张面孔",意思是尽量安排同一个员工跟固定的客户群打交道,派遣同一个员工参加每年举办的专业展览或论坛,比如接触媒体的市场经理就最好不要换来换去,接触境外会议客户的市场经理最好始终是同一个人。

为什么不宜频频换人呢?

首先,会议中心的市场推广需要从筹备期就开始进行,时间长,一个市场经理要熟悉这个行业也需要时间来积淀感觉和经验。

其次,客户从听说过一个会议中心,到关注会议中心、有兴趣了解会议中心的会议室设施和展厅设施,再到打听价格和档期,是一个漫长的过程,在这个过程中间如果是同一个市场经理与其接触,他(她)就对这个市场经理有了印象和好感,于是爱屋及乌,对会议中心也有了好感和印象。客户想到会议中心举办会议和展览,就说明有了消费欲望,市场推广就有效果了。

再次,会议中心要从别的场馆和酒店手里抢生意,靠的是关系营销和感情营销。尤其是会议,除非是客户实在找不到场地了,否则他就有好几个会议场地的选择,这时候会议中心的优势不明显。如果市场经理拿出日用品直销人员那股绝不放弃的韧劲,靠多年维系的交往和感情,就有可能帮助会议中心拿到这一单生意。

市场推广和销售一样,都是 sell face, sell friendship, sell facility,从而依靠多年培养的友谊和交情,把会议中心的会议室场地、展厅销售出去。

六、国内市场、本地市场永远最重要

大部分会议中心都叫"国际会议中心",之所以如此,是出于对国际会议的渴望和对提升本市的国际知名度的诉求,但是这很大程度上只是政府官员的想法,是对会议市场的不理解造成的,可以说是一相情愿。

美国、加拿大、澳大利亚等国家的会议中心极少用"international"(国际)这个英文单词,而用"×××会议中心",没有出现"国际"两个字,这是因为它们不喜欢国际会议和展览吗? 当然不是,是因为它们知道国际会议和展览的比例不会很高,绝大部分生意都是国内生意和本地生意。

中国亦然,或者可以大胆地说,到中国来的国际会议和展览不像我们想象中的那么多,国际会议的审批、签证、汇率、远离欧美主要客源市场等因素都影响到了来华的国际会议和展览。2011年4月13日,在中国(上海)会议与旅游产业发展论坛上,来自中华医学会学术会务部的演讲者指出,国际会议来华目前碰到的主要障碍是:政策、政治(如台湾问题)、签证、注册费中外有别(指中国人参会只愿意支付低于国际参会者的注册费,造成国际协会的被动)、场馆价格以及公安部门对大型活动的管理等。

展览主办方如政府、协会、展览公司无不显现出本地特征,即使国际展览公司如励展、科隆展览公司、法兰克福展览公司也都在国内设有分支机构。

会议中心的会议、展览生意主要来自国内、来自本地,所以,市场推广就应该把火力对准国内、对准本地,不要做无谓的努力。

七、首先要推广的是城市,然后才是会议中心

如果要从本地以外的地方抢到客户和生意,就要首先推广你这个城市。外地生意之所以选择你这个会议中心,主要原因之一就是主办方或他们的客户(参会者、参展商、观众)喜欢你这个城市。政府依靠慷慨给予大额资金补贴或奖励手段抢来的会展项目不在此列,实际上这类会展项目的客户是没有忠诚度的,下一次会议他很可能投向另一个给予更大额补贴或奖励的城市。

首先喜欢一个会展目的地城市(destination),选定了一个城市,主办方才开始选择会议中心或酒店,我们很少看到一个客户是因为喜欢某个城市的酒店/会议中心然后才去这个城市办会、办展的。

图4-10 NO ONE BUYS PALEXPO! 没人向往 PALEXPO 展览中心

承接世界知名的日内瓦车展(Geneva International Motor Show)的日内瓦 PALEXPO 展览中心在发给作者的公司介绍中一针见血地指出:"没人向往 PALEXPO 展览中心,客人向往的是日内瓦。""没人向往 PALEXPO 展览中心"的潜台词是"如果不喜欢日内瓦,就根本不会来 PALEXPO 展览中心"。

明白了这个因果关系,会议中心的宣传推广就应该始终"绑住"所在城市的会议促进局(CVB)。国内还没有真正意义上的会议促进局,会展办/旅游局就是会议中心应该争取的永远的合作伙伴。

事实上,国外的国家级会议促进局和每个城市的会议促进局每次对外促销时,都把航空公司、会议中心、酒店、目的地管理公司(DMC)等集合在一起,目的就是为了把整体实力展示给外界。会议中心自己在外面独自宣传推广自己,效果并不理想。我们可以问自己一个问题:我去巴黎参加一个会,是为了一定要去看看巴黎的会议中心吗?我们心底的答案应该是:我之所以要去巴黎,是因为我喜欢巴黎,所以我得去参加在巴黎会议中心召开的那个会。

图 4-11 参加澳大利亚 AIME 展的福冈会议局展台

八、市场推广的对象

很多人认为,市场推广的对象非客户莫属。这是一种不全面的理解。

市场推广的对象首先是客户,这句话没错。客户分潜在客户(potential clients)和现有客户(existing clients),所以市场推广要针对潜在客户和现有客户,对现有客户的市场推广可以换为"客户关系管理"。潜在客户对你的会议中心可能一无所知,也可能听说过但没来过,购买你的会议中心的使用权属于"待定",你的市场推广做得好,就刺激、加强了他的购买欲望。现有客户有的很喜欢你这个会议中心,也有心有不满准备离开的,你的客户管理或能增强这个客户对会议中心的忠诚度,或能留住这个客户,让他再试着在你的会议中心举办一次活动。至少,对于潜在客户和现有客户的市场推广应采用不同的策略。

但是,市场推广的对象远不止客户这一群体,还应把所有的利益相关者都纳入进来。

根据维基百科的解释,商业上的利益相关者(Stakeholder)是影响组织的行为或被组织行为影响的个人、团体、组织或制度。

我们可以把会议中心的利益相关者简单地分成两大类。

第一类,外部利益相关者,一般指使用者和供应商、政府、媒体。

会议中心的外部利益相关者包括:

①客户:会议、特殊活动主办机构,展览主办机构,个人(如婚宴、生日派对等);

②参会者、参展商、展览观众(即客户的客户);

③客户的供应商(到会议中心为客户的活动提供搭建服务、灯光音响设备、同声传译设备、翻译、鲜花等)及人员;

④政府:市政府、区政府、会展办、贸促会、商务局(商务委)、旅游局、统计局、协会等;

⑤媒体:行业媒体和大众媒体;

⑥同行(会展中心、酒店)。

第4章 会议中心的品牌建设与市场推广

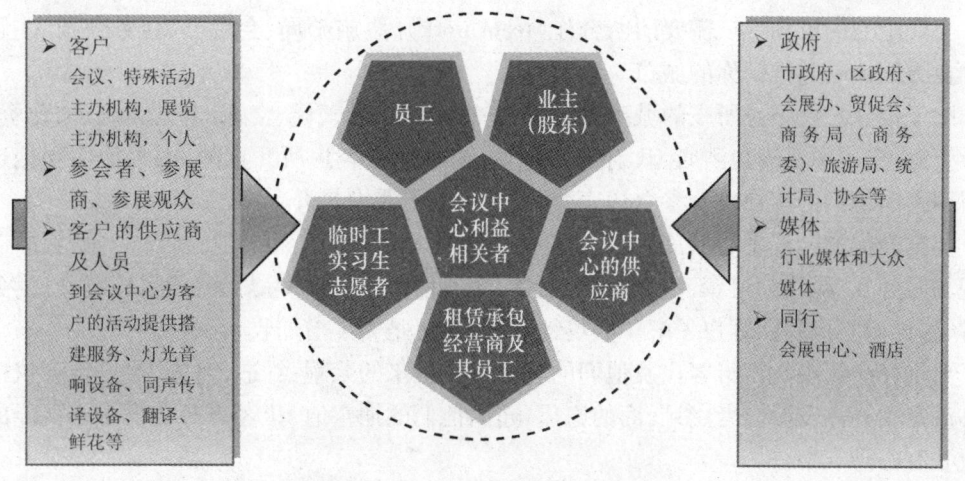

图4-12 会议中心利益相关者示意图

第二类,内部利益相关者。

会议中心的内部利益相关者包括:

①员工;

②业主(股东);

③会议中心的供应商:为会议中心提供原材料、产品和服务的供货商、外包公司等;

④租赁承包经营商及其员工(如在会议中心里边的银行、邮局、咖啡店、机票销售等);

⑤临时工、实习生、志愿者。

市场推广不但要让外界了解会议中心,使外界产生在会议中心举办活动、参加活动的兴趣和愿望,从而推销会议中心的场地,更要通过合理的途径和方法帮助企业树立团队合作意识、建立企业文化、改善服务质量、提高员工对企业文化建设的认识和理解、自觉执行企业服务标准、提供超出客户期望值的服务,因为,归根结底,基层员工才是决定会议中心的最终服务质量的关键因素,如果员工服务质量无法达到市场推广对客户的承诺,客户终究会离会议中心而去。会议中心品牌的基石是内部员工对会议中心使命、愿景、价值观的高度认可并通过执行高标准的服务要求自觉维护企业荣誉。

所以,市场推广绝对不是仅仅针对外部,也要着眼于内部,是一种全方位、全角度的市场营销。

九、向客户推销什么

客户是因为首先喜欢这个城市,才会考虑把展览、会议项目从别处挪到这个城市举行,然后才会想到你这个会议中心。所以,会议中心的市场推广首先要牢记"会议中心代表着这个城市",以推广宣传所在的城市为己任。有的会议中心会说,我们是私人企业,没有这个思想高度,没必要为他人作嫁衣。这种想法恰恰反映了其对会展业的不理解,自私的人是无法获取大的利益的。你的会议中心远离市中心,配套酒店客房严重不足,周边没有任何商场、餐馆、卡拉OK、洗脚屋,客人会来吗?

会议中心的市场推广需要团队合作（team work），跟旅游局、会展办、会务公司、主题餐厅等业界伙伴一起推销你的城市。

除了推介会议中心所在的城市，还要推介这个城市的气候、交通、基础设施、文化资源、旅游资源、会议中心周边酒店、政府支持政策，这些都是客户所注重的，因为他们要把这些吸引因素向他们的客户——参会代表、参展商和展览观众推介。

要推介你的会议中心的展厅（及卸货区、序厅）、宴会厅、大会堂、会议室、配套酒店以及现场服务及项目，如道旗、室外展场、餐饮、交通停车、大堂、AV灯光、背景板制作、商务中心等，这样做不但是让客户了解你的场地和设施，更是为了增加收入。

要推介会议中心将给客户及他们的客户可能带来的荣耀、舒适、自豪，要宣传会议中心能够满足主办方及参会者、参展商的愿望，超出他们的期望值，让客户对会议中心可能的较高收费有心理准备。

要推介你的员工和他们的服务。要宣传员工对客户的尊重、员工的主动热情服务及专业水准——请注意，这种推介宣传不但对客户有帮助作用，对内部的员工也有鞭策、鼓励作用。

丽思卡尔顿酒店集团公司的座右铭是：我们以绅士淑女的态度为绅士淑女服务。很多人可能没有亲身体验过丽思卡尔顿酒店的服务，但一定听说过这个酒店的口碑，尤其是在你办完离店手续准备离开时，门口的迎宾员能亲切地称呼你的姓名。对员工服务的推介能让你从竞争包围圈中被客户区分开来，因为硬件设施的先进只能风光几年，后来者总会采用最新技术、装备最新的设施，而员工服务则是永恒的。

图4-13 青岛国际会展中心的广告突出员工

图4-14 布里斯班会展中心的广告以员工服务为特征

在国内,我们欣喜地看到青岛国际会展中心大概从 2010 年开始做广告时也打员工服务牌。这也许是国内第一例。

十、不需很多钱,但钱要用在刀刃上——找到目标客户

一般人认为,市场推广总是要花太多的钱,总是在花钱。没错,市场推广肯定需要花钱,无论广告、出差、印制宣传页、建立网站,都需要资金投入和人力投入。人力投入还应该是较贵的人力,否则市场推广没有质量。

在计算市场推广预算时,首先需要分析你的目标客户。前文提及,不要迷恋国际市场,国际会议和展览数量极其有限,绝大部分国际会议被北京和上海拿走了,大部分国际展览被上海、广州、北京、深圳四个城市瓜分了。对于大多数会议中心而言,要主打的是国内市场和本地市场。因此,目标客户在国内,而不在境外,这样我们就基本上不需要在境外媒体上投放广告,也不需要花费太多精力去境外推广促销。在国内和本地的市场推广预算不可能太大。

会议中心的目标客户在哪里? 请参阅本书第 5 章第 1 节。

十一、整合营销是正道

根据《科特勒市场营销教程》,一个公司的总体营销宣传组合,也称做促销组合(promotion mix)①,包括如下 5 种营销宣传手段:广告、销售促进、公共关系、人员销售、直复营销。其中,印刷品、户外广告属于广告,但邮寄印刷品又可归为直复营销,派员参加行业展览属于人员销售,公共关系将在下一节作介绍。

整合营销传播(integrated marketing communication,IMC)是指公司认真地整合并协调它的多种宣传渠道以便传递公司及其产品的清晰一致且有说服力的广告信息②。

一个会议中心的营销有多种多样的方法。归纳起来,有如下 19 种:

① 广告(报纸、杂志、电视、广播广告以及户外广告、网络广告、行业会议的会刊等)
② 网站
③ 新闻发布
④ 邀请媒体现场考察场馆
⑤ 邀请媒体参观展览或参加会议
⑥ 邀请客户参观会议中心
⑦ 拜访客户
⑧ 到客户那里组织专题介绍说明会
⑨ 邮件
⑩ 邮寄印刷品
⑪ 传真

---

① 《科特勒市场营销教程》第六版,2004 年 10 月,华夏出版社,p.526。
② 《科特勒市场营销教程》第六版,2004 年 10 月,华夏出版社,p.529。

⑫ 电话直销
⑬ 手机短信
⑭ 参加行业展览或行业论坛
⑮ 事件营销
⑯ 赞助
⑰ 博客
⑱ 创造机会安排总经理演讲
⑲ 沙龙、联谊会

会议中心需要整合营销是因为：
① 会议产品是无形的，顾客不消费就无法感知；
② 会议产品不可储存；
③ 营销时间长（学术会议甚至长达3~4年）；
④ 对重复购买有重大影响；
⑤ 同类产品竞争激烈；
⑥ 客户的需求呈现多样化，如社团、协会的会长、秘书长（年长者）喜爱阅读报纸杂志，而外企白领严重依赖网站和社交媒体（社交媒体内容请参见本章第7节）。

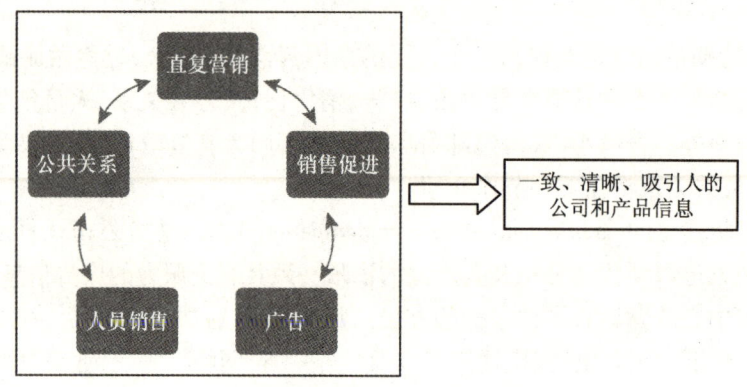

图4-15 精心组合的促销手段

采取整合营销传播不但可以节省大量无法命中客户的广告的费用，而且可以直达目标客户，反复地与客户发生交互接触并加强情感联系。

除此之外，我们还要注意跟同行甚至是竞争对手（酒店）搞好关系，让它们替你说好话，因为口碑的力量是巨大的。而且如果是举行大型会议或展览，会议中心特别需要周边酒店的配合，虽然有时候酒店和会议中心构成直接竞争关系。

十二、有很多免费的机会，但别让免费害了你

广告、邮寄、电话直销、参加展览等市场推广途径尽管代价高昂，但到达率不高。有免费的而且能准确抵达目标顾客的市场推广手段吗？

有。

(一)媒体需要你,正如你需要媒体一样

媒体当然最看重的是会议中心投放广告,但媒体也迫切需要有价值的新闻、对业内有借鉴意义的案例,因为媒体始终是以内容为主。它们的主编、记者获取信息的速度、范围、角度可能不如会议中心,因而向媒体发送新闻通稿、有典型意义的会议展览项目的新闻信息,媒体选择性地刊登,就是免费的软文。

(二)总经理演讲

让参会者印象深刻的还有会议中心总经理的演讲,听完会议中心总经理的演讲,即使未能当场与总经理交换名片,参会者也会对会议中心的设施、总经理留有记忆。我们不应忘了中国会展业的特点之一就是主办方喜欢找会议中心的总经理。

(三)获奖、荣誉

业内有一些评奖值得参加,有一些则质量不高。会议中心要参加一流会展场馆都去参加的评奖活动,入围就能让会议中心在一定范围内得到曝光,如能获奖则是更好的宣传。

(四)知名人物的推荐和积极评价(testimonial)

(五)免费的行业网站推介

国内外有很多会议、展览业的行业网站,有些是向企业收取广告费,有些则是免费的,会议中心可以根据行业网站的质量决定做推介还是拒绝。

国家会议中心的整合营销采用了大量免费通道,下面是三个事例。

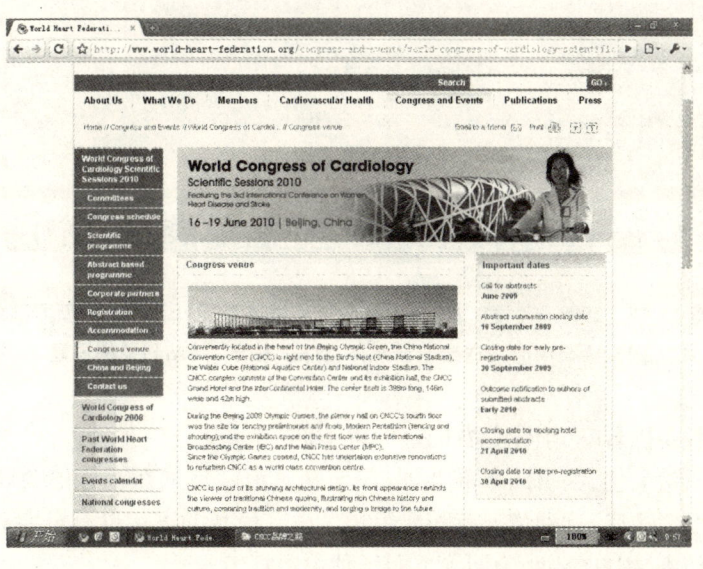

图4-16 2010世界心脏病学大会的官方网站

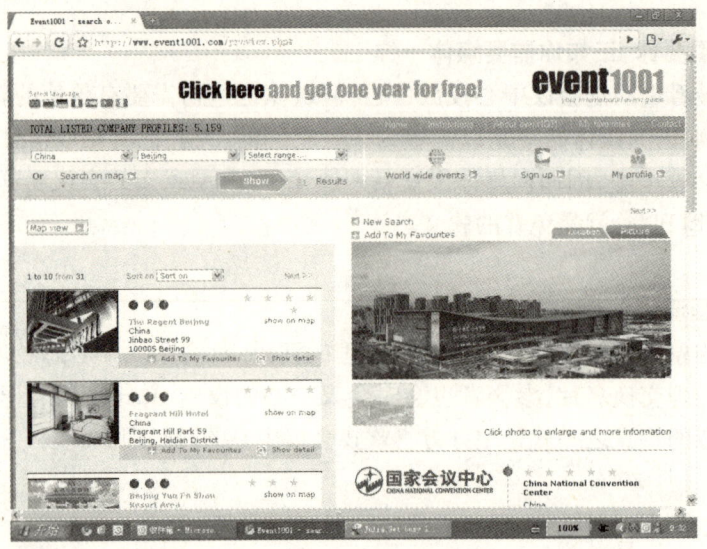

图4-17 这是一家境外的会议行业网站

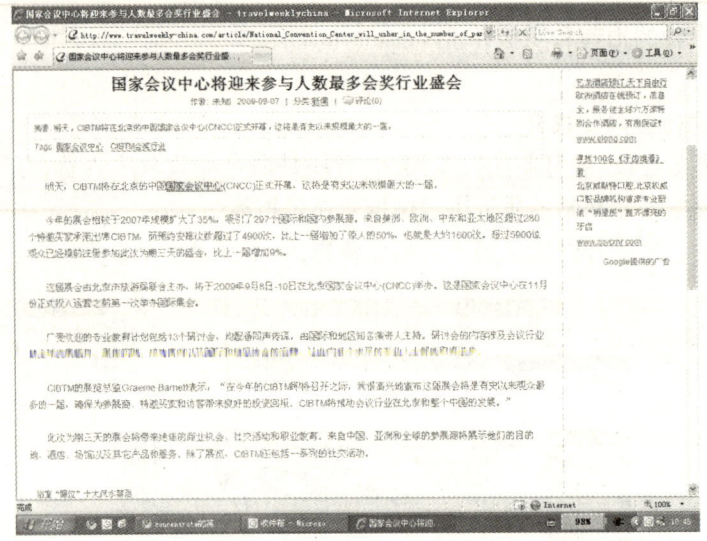

图4-18 2009年中国(北京)国际会议奖励旅游展(CIBTM)的新闻稿由国家会议中心发送给专业媒体,这是"旅讯"网站刊登的消息

免费的午餐要挑着吃,别让免费的宣传害了你。

有些网站质量欠佳,编辑的水准低下,在该网站上跟你列在一起的会议场馆都是一些未曾听说过的度假酒店,这种情况就需要慎重考虑。免费的宣传也有可能对会议中心的品牌和定位造成伤害,因此,要明确回绝下面三种免费宣传:

① 远离你的目标受众的媒体,如美容、养生、家居等的媒体。

② 质量低劣的网站、报纸、杂志。

③ 没有任何知名度或无关紧要的供应商,不得使用你的会议中心的品牌,如速记公司、礼仪公司等。

什么是锚定原理?

在心理学和经济学中,人们设定评价基准(锚定的基准)不一样,对他人和产品的评价就高低不一。锚定理论说的是一种先入为主的现象,一个事物在脑袋中的最先记忆,起了船锚的作用——抛下锚,船就漂不远了。

如果会议中心跟上面三种媒体/网站/公司牵扯到了一起,人们就会先入为主,对会议中心的评价也不可能高。所以,即使是免费的推介,会议中心也要傍大款——傍质量高,知名度高,阅读人群是政府、协会、企业的中高层(不是退休人员),潜在客户集中的媒体和网站。

十三、关注客户会展周期,取得最佳市场推广效果

一个客户的活跃程度、购买意向也不是一年下来呈平均分布的,也有周期:可能是 8 月开始筹划年底的年会,也可能是今年 3 月的展览结束后开始寻觅明年 3 月展览的展馆(或后年 3 月的展馆)。对于会议中心来说,要注意分析展览客户和会议客户的不同展览周期,事实上,展览客户和会议客户的会展周期有着比较明显的差异,比如,在 12 月至次年 2 月之间是展览休息期,因此投放针对展览客户的广告效用不大,而这个时间却是公司年会最忙的时段;3 月是展览小旺季,而企业会议却要到 3 月下旬才开始多起来。中国会展文化节每年都安排在 7 月下旬,就是考虑到了 7 月、8 月是展览小淡季的特点,所以,中国会展文化节也是一个向展览客户作推介的好机会。

我们去人型会奖公司、公关公司的办公室时,会发现每次去都只能遇见少数几个人,大部分员工都外出了。这类公司的运营周期呈现另一个特点,就是什么时候去拜访,都无法见到另一半的客户。那么,何时可以把会奖公司、公关公司的销售人员都拜访到呢?答案是在元旦前或春节前举办年会的时候,基本上所有员工都参加,所以这种场合做推介能起到最好的效果。会奖公司、公关公司的年中(半年)总结会一般是在 7 月,一般都会选择郊区的度假村来举行,如此看来,会议中心市场推广人员 7 月不能休假,应该是最忙的时候。

境外的专业媒体杂志,都会依照知名的行业会议和展览如国际大会及会议协会(ICCA)年会(一般在 10 月底—11 月初)、国际会议及奖励旅游展览会(IMEX,一般在 5 月)、国际会议中心协会年会(AIPC,6 月底—7 月初)、欧洲商务及会议奖励旅游展览会(EIBTM,11 月底—12 月初)发表专题报告、特写,并在这些行业会议和展览上发放杂志,会议中心投放广告时可以根据自己的市场定位来选择这些杂志。

市场推广不要均匀用力,应该有节奏,跟着客户的有关周期和节奏走。

第4节　会议中心的公共关系与危机管理

一、会议中心的公共关系

公共关系是一种大众传播工具,它通过进行有利的公众传播而与公司的不同客户建立良好的关系,树立良好的公司形象,对付或消除不利的谣言、传闻或事件①。

公关经理可以发挥下列功能中的一种或全部:

① 搞好公关关系或发布新闻(比较常见的是新闻通稿)。

② 产品宣传:宣传特定的产品,如北京九华山庄为了促销老年人消费市场,推出的优惠泡温泉的新产品。

③ 游说:建立和维持政府官员和协会的联系以及影响政策的制定。

④ 建立投资关系:主要是针对股东(现在一般由董事会秘书来担当此任)。

现在国际品牌酒店、会议中心很少设立单独的公共关系部了,而设立市场传播经理(Marketing Communication Manager)或公关经理这一职位。如威斯汀酒店的职位是 Mar-Comm(即 Marketing Communication)经理,香港会展中心有传播经理(Communications Manager),新加坡新达城国际会展中心相对应的职位是品牌与传播经理(Brands & Communications Manager),华盛顿会议中心则使用传播与市场(Communications and Marketing)这一职位,由一位副总裁统辖。究其原因,是当今广泛采用整合营销的缘故。

公共关系可以以远低于广告的代价而对公众心理产生较强的影响,如果搞好了公共关系,会议中心就不需要为新闻媒体中的广告篇幅和时间付钱;如果是需要付费的,如软文,就是广告而非公共关系。如果一个会议中心能通过媒体发布一些有趣的新闻或故事,不但能起到广告的效果,更能制造比广告还要高的可信度。

会议中心主要的公共关系工具有:

① 新闻:找出或创作一些对会议中心、会议中心的产品、会议中心的客户、会议中心的员工有利的新闻,有选择地发给媒体、网站(注意:不是所有的媒体和网站,需要有针对性)。

② 演讲。

③ (由总经理)回答媒体的书面采访和当面采访。

④ 事件:新闻发布会、开业庆典、客户联谊会(答谢会)等。

⑤ 宣传材料:印刷品、CD、DVD、明信片、贺卡、小礼品(如鼠标垫)等。

⑥ 网站。

⑦ 向客户、政府、行业协会、同行发送电子新闻、企业刊物。

⑧ 承接一些政府或协会委托的课题,如撰写调研报告、分析总结等。

---

① 《科特勒市场营销教程》第六版,2004年10月,华夏出版社,p.559。

⑨ 慈善、公益活动。

有人认为,公共关系的工作重心是媒体,实际工作也是围绕着媒体来进行的。但从会议中心的运营来看,公共关系应该始终围绕着客户来展开,客户是上帝,客户不把生意带到会议中心来,公共关系就是失败的。媒体关系、政府关系都是服务于客户关系,最终都要对客户产生正面、积极的影响才是公共关系的目的。这也是为什么国际连锁酒店、会展场馆更侧重于市场传播的主要原因之一,因为公共关系的手段是有限的,需要跟其他营销手段紧密结合,对待不同的客户、不同的年龄段的客户、不同的网络使用偏好,使用不同的营销工具。

公共关系的投入是投资。公共关系是要与会议中心的不同客户建立良好的关系。会议中心的客户说白了就三大类:真正到会议中心来举办会议、展览的会议客户、展览客户,客户的客户即参会者、参展商及展览观众,政府(指不来办会办展,但对会展和旅游业起着监督、协调和服务作用的政府部门以及行业协会)和媒体(作为特殊的客户群,媒体也能对会议中心的良好形象起到一种令人难以察觉的影响作用)。同这三大类客户进行有效的沟通,把会议中心领先于同行的想法和做法跟业界分享,提升会议中心的知名度,争取政府的首肯和媒体的喜爱,在最短的时间内消除不利影响,为品牌建设打下坚实的基础,最大限度地促进更多的展览、会议主办机构购买会议中心的产品,这实质上就是一种投资。有了投资的理念,就不会急于求成——政府关系和媒体关系是需要依靠长时间的感情培养的,这样就有了不卑不亢、不谄不媚的正确心态,就能同政府和媒体建立起互相帮忙、互为朋友的关系。很多时候,政府和媒体帮你的忙,不是因为你请它们的有关人员吃了几顿饭、送了几次圣诞礼物给它们,而是因为你帮了它们的忙。

同行是一个较为敏感的话题,至少在很多情况下同行互为竞争对手。但对手也有可能发展成合作伙伴。2010年4月,新加坡新达城国际会展中心与新加坡圣淘沙度假村(Resorts World Sentosa)达成合作协议,双方互相销售对方的产品,携手创造更多的生意机会,采取的手段是联合进行市场促销、一起向国际会议策划公司提供定制化的会务方案。不论效果如何,这是一个有意思的尝试。国内发展很快的电子营销公司京东商城不再局限于网上销售电子产品了,也开始销售图书、日用品了。当被问及如何处理与竞争对手的关系时,总裁刘强东说,所有的同行都有可能成为京东商城的用户,所有的竞争对手都是京东商城的朋友。这对我们会议中心也有启发。

阅读资料:同行的力量

"那家酒店的宴会厅租金太贵了","那家旅行社的手续费有点高","那个餐厅的服务稍微差一点","那个城市的AV供应商都不怎么样"……类似这样的评价我们几乎每天都能听到。现在的旅行社、会奖公司和酒店,都学聪明了,他们的销售人员基本上都不在客户面前直接诋毁同行了,知道这会招致客户的反感,生怕客户瞧不起自己,但时不时会拐弯抹角地夸赞自己、贬低别人,当然,技巧也提高了不少,只说业内皆知的对手的毛病。真有公司严格规定的,不可在客户面前抑对手扬自己,但与自己竞标、对手落败时,多多少少仍会在背后嘲笑对手的无能。

同行是冤家。同行就是竞争对手。虽不至于你死我活,但也都明白,竞争就是零和游戏,意思再浅显不过了,就是这些生意你拿走了,我就没有了,竞合——竞争合作也只是说说而已。客户的眼睛是雪亮的,供应商的服务总有这样那样的瑕疵,只不过客户为了"顾"大局——如你的整体报价偏低,对手正在接一个大 case 而腾不出手来跟你认真 bidding,等等,而对你和颜悦色罢了。贬同行就是贬自己,所以,千万不要在客户面前露出任何对竞争对手的攻击和嘲笑来。

比较时髦的是,尊重竞争对手。至少竞争对手还有生意做,证明有客户认可他们,那么对手就一定具有你不具备的优势(否则他就没有生存的机会)。这会让你保持清醒,保持前进的动力,你要比竞争对手更优秀,那你就需要做得更好,从竞争对手身上就能找到他的可取之处,分析他的薄弱项从而避免犯同样的错误,巩固自己的优势。同时,要尊重客户的选择和判断,客户选择那家供应商而没选择你,个中一定有原因。同行身上一定有你值得学习、借鉴的地方。

最时髦的是,尊重同行,相信同行的力量。此话怎讲?客户是衣食父母,客户是上帝,客户的肯定和认可自然是对我们服务的最好褒奖。但如果能得到同行的认可和赞扬(虽然极可能是背后默默地赞扬)才是最高境界。公平竞争下,你以你的品质让同行心服口服,客户岂有不选择你之理?试想一下,同行在客户面前夸你、赞你,客户对你将留下何等美好的印象和感觉?大家对你信任和期望,你自然感觉自豪,同时你要保住你的至尊地位,一定会想方设法善待员工、善待客户。所以,我一个朋友负责一家新开张酒店的市场销售,我给的建议是在开发市场、维系客户关系的同时,一定要在酒店同行之间营造一种融洽、不具有侵略性的氛围,这样大家非但不排挤你,相反愿意向外传播你酒店的名声和服务,那你的公关努力算是做到家了,而且是全免费的、能直达目标客户的。

从现在开始,敬重对手,跟同行做要好的朋友,让同行帮助你进行销售。

(发表于 2011 年第 1 期 MICE China 杂志,作者:许锋)

二、会议中心的政府关系

如果把会议中心的政府关系想象成请客吃饭、过年过节送礼+短信问候,也未免太小儿科了。这种走偏了的理解是因为没有琢磨透关系需要长时间的经营。经营肯定不是投资政府官员,更不是拿钱就能办到的,而是需要真诚、真心,与政府部门建立友谊。

实际上,现在会展业主管部门的政府官员绝大多数很廉洁(会展业是一个毫无油水可言的行业!),很想做点事,很愿意为企业服务。他们不在乎你过年过节是否提着礼盒上门去。他们在乎的是你这个会议中心是否能取得出色的业绩,是否可以抢到大型、有影响力的会议、展览,说白了就是如果会议中心经营困难、展虫猖獗,他们感觉也很丢脸。所以,从本质上讲,会议中心经营良好、环境整洁就是对会展主管部门和所在区、街道领导的最大支持。政府愿意帮助你,是因为你帮助了政府,比如一年接待了多少个千人以上的大会、多少个国际会议、多少个国际展览,创造了多少税收,而且没有负面报道。

良好的政府关系是会议中心顺利运营的基础,至少政府的不为难在当今环境下就是一种照顾。会展办、旅游局、贸促会、商务局也办会办展,这些政府部门不仅仅是客户,更重要的是,它们作为政策的制定者和舆论的引导者,能够通过某些政策和规划、向上级领导提交的汇报和调研报告等对会议中心产生难以察觉的积极影响。

在某种程度上,你能早于他人从政府得到信息,就意味着生意机会、先人一步。要积极参加各级政府(包括区政府)和协会、商会组织的会议、研讨会、座谈会、联谊会、集体参展等,接待好政府部门介绍来的参观交流团体和媒体记者,积极配合所在市、区、街道的安全生产检查、评比、运动会、竞赛等活动,与公安、消防、交通、城管、市容等部门积极沟通,取得这些部门的理解和支持。前提是会议中心的自身管理要强,对供应商、搭建商、参展商的管理有具体的措施,不给政府添乱,这样政府才会乐意支持,比如打击游商、打击非法展虫、治理黑摩的、清理非法发放小广告等。任何关系都是相互的,政府关系亦然。

会议中心开业后,应尽快进入政府采购的名单。

三、会议中心的媒体关系

媒体关系跟是否购买广告、购买多少金额的广告无关。与政府关系一样,媒体关系也要靠互相帮忙。

①媒体记者希望报道这个行业的全貌,而不仅仅是大型展览、奖励旅游,会议中心承接的大会、宴会、新品发布、演艺表演、中小型展览恰恰是他们急需的新闻素材,他们从其他酒店和会务公司很难得到这类题材。

②即使勤快的记者也难以参加、观看有代表性的会议、展览、新品发布等活动,况且有些记者还不是很勤勉。

③新闻稿、案例、新闻背后的故事是以内容为主的媒体的"食粮"。

④媒体记者对行业的理解和洞察可能远不如会议中心的总经理、专职市场经理,他们迫切需要入木三分的分析和个人的独到见解。

⑤行业媒体互为竞争对手,它们更需要被区别对待,希望能得到别家媒体得不到的信息。

跟媒体成为好朋友,好朋友之间自然相互帮忙,有问题自然会向好朋友征求意见(一次采访就是对你的会议中心的一次正面曝光),有困难自然向好朋友求助(出现不利于会议中心的谣言、传闻或发生危机了,媒体一般不会肆意扩大、传播,它会负责任地寻求真实的信息,这本身就是帮忙)。

会议中心应该设有专员负责向媒体提供高质量的新闻通稿和案例。关于如何发布新闻通稿,请参阅本章第6节。

阅读资料:国家会议中心的媒体关系建设

国家会议中心的市场推广预算十分有限,为了尽快提升企业的知名度、建立品牌,国家会议中心除了投放一小部分广告并精心组织人员参加高端的行业会议和展览外,更多地依靠低成本甚至是无成本但高质量的推广手段来宣传国家会议中心,取得了不错的效果。

对于影响力大、覆盖面广的行业会议,国家会议中心不采取赞助、广告等常规手法,而是为企业领导争取全体大会发言机会,以便把国家会议中心这一品牌直接传达给参会者并获得媒体集中报道的效果。

国家会议中心始终把自己定位为国内最高端的会展场馆,因此对参加评选十分慎重,仅参加有部委支持、业内广泛认可的奖项评选,以维系国家会议中心的商誉。

媒体,对于国家会议中心而言,更是一个互相信赖、互相帮忙的好伙伴。每次大型会议、活动和展览前,国家会议中心都会把详尽的背景资料发给记者,并邀请记者到会议、展览现场,把企业自己拍摄的高质量图片发给报社。如果记者不能到场,企业则在最快的时间内将新闻通稿发给对方,因此获得了众多媒体的好感和信赖。尤其是部委报纸及其所属网站,其官方背景使得各大网站的转载率特别高,因此国家会议中心十分注重维系与中央媒体的关系。

案例:一次近乎完美的借力
——国家会议中心借助2010世界高铁大会获得极佳宣传效果

第七届世界高速铁路大会暨第十届中国国际现代化铁路技术装备展览会于2010年12月6—9日在国家会议中心顺利召开。高铁大会是中国铁路系统承办的规格最高的大型国际会议,共有3 000余人与会,展览面积达到了2.5万平方米,中共中央政治局委员、国务院副总理张德江参加了12月7日上午的大会开幕式并发表了主旨演讲。参加开幕式的还有老挝常务副总理宋沙瓦、泰国第一副总理素贴等国外政要。有40余场分会和活动。该会议也是国家会议中心开业以来接待的部级领导最多的会议,共有300多名部级领导参会,21个贵宾室从6—9日4天全天使用。

2010年高铁是全国人民高度关注的新闻词。在大会举办前,国家会议中心意识到这是一个难得的宣传机会,就开始着手借力这个有极高影响力的事件来推广国家会议中心。

表4-2 高铁大会宣传工作流程

时间		事项
12月1—2日		市场部内部布置任务,开始在内部EBMS系统和网上寻找相关信息
12月6日	中午	在4楼大会堂,找项目协调经理和展览运营部的同事,抽空了解会议和展览信息
	下午	拟出初稿,待定的是:出席开幕式的VIP名单;拍摄室外高铁车头的照片
12月7日	8点30分	高铁大会开幕式,拍摄照片
	9点30分	4楼大会堂,听到张德江副总理的发言中提及老挝常务副总理宋沙瓦、泰国第一副总理素贴,确定当天的参会外国政要
	10点	完善新闻稿,选择照片,将稿件及照片向中国经济网发稿

推广的重要手段之一是向媒体发送新闻稿,除了向中国经济网发稿以外,同时还给以下媒体和单位发稿:《中国会展》、《中国会议》、《中外会展》、《中国展会》、《会议》、《旅讯》、TTG杂志、MICE China杂志、中国会展经济研究会(被采用,刊登于周五的电子新闻)。

第4章 会议中心的品牌建设与市场推广

图 4-19 TTG BT MICE 杂志为高铁大会专门制作了一整版的案例分析

12月7日10:27，中国经济网就上传了该新闻稿和三张照片，上传地址："会展中国"频道的"中国新锐展馆风云榜之国家会议中心"专题，标题"国家会议中心成功接待高铁大会暨铁路装备展"。

12月7日13:20，中国经济网在"会展中国"（二级网页）另外刊出新闻，标题改为"世界高速铁路大会首次移师中国在京开幕"，刊出2张图片，文字略有修改。

12月7日13:29以后，以"世界高速铁路大会首次移师中国在京开幕"为标题的新闻被主流媒体纷纷转载，全部提及国家会议中心，刊出2张图片，并保留了绝大部分由市场部提供的文字。

这些主流网站是：新浪网、网易、和讯网、21世纪经济报道网、金融界、铁流网（铁道部下属）、中国经济网等共74家主流网站。

12月8日，《旅讯》刊出新闻。

2011年4月，TTG BT MICE 杂志整版刊登案例分析《充满挑战与惊叹号的高铁大会》，全文3 000余字，配2幅图片。

四、会议中心的危机管理

危机一旦发生，再高明的危机处理手段都属于事后补救，要将负面评价转化为正面效果是可遇不可求的，因为在目前网络使用广泛、智能手机智能终端普及的形势下，负面评论一经发出，能做的大概就是把其危害性、把客户的不满降到最低程度。

每当危机突如其来时，太多企业第一反应就是如何掩饰真相，为此用尽各种手段。特别是针对媒体这个最重要的传播通道，更是威逼利诱。事实上，最重要的也是最有力量的只有一条，就是真诚，把真相在第一时间内告知公众。如果你自己也还来不及了解真相，也要第一时间告知你的态度和处理措施，并不断报告进程，用最开放的方式主动释放信息并迎接追问。

一些人把危机管理片面地理解为跟媒体谈判：如果媒体"帮忙"，就上广告或继续投广告；如果媒体不出面"制止"，就威胁下广告。这是一种十分苍白无力的讹诈，如果你找的媒体是如此顺从，这种媒体也是档次很低的媒体，不足以长谋。

真诚（态度）和第一时间（时机）是危机公关的最为重要的解决之道。只有态度端正了，接下来的事情才会相对简单而有效。这接下来的事情，包括对公司员工、政府相关主管部门、供应商、经销商等利益相关者说明发生了什么和公司的态度、主张以及采取的措施。他们都是媒体有可能立即采访的对象，因此也构成重要的传播路径，向他们说明是保持信息一致性的必要动作。

有些企业遇到危机后，采取的是"躲"、"捂"、"逃"的策略，其实，这些都是欲盖弥彰。你越躲，事件就会越被急剧放大，且以讹传讹，谣言的传播速度更快。因此，要直面危机，勇敢地面对,向客户说清真相,真诚地道歉,告诉客户下一步你将采取何种措施。事实上,危机公关,永远是态度最重要,而不是所谓的技巧。

国家会议中心在2009年下半年就遭遇了一次危机。国家会议中心原定2009年7月正式开业,当时为了保险起见,没敢承接9月之前的会议和展览。到了当年6月跟施工方反复核实后确定11月1日开业,这样9月到11月已经接受的预订就成了一个难题。向客户艰难地解释、最终成功取消所有预订后,业内就有了"国家会议中心即使11月也无法开业"的不实传闻,已经预订11月以后会议展览场地的客户纷纷跑过来询问,一时间国家会议中心陷入被动。国家会议中心没有选择"事实胜于雄辩"式的等待,而是立即行动,由企业高层亲自向客户说明11月前未能开业的真实原因,还把行业媒体请来,通过媒体把国家会议中心即将于2009年11月1日正式营业的官方信息传送给业界,打消了客户的疑虑。

公众之所以普遍盼望企业诚信,是因为太多的企业缺乏诚信。危机发生后,你能真实起来,你能勇敢地承担责任,大方地道歉和进行合情合理的解释,这种勇气更容易获得赞美,是重新赢得客户信任的理想方式。已在汽车行业里成为共识并为消费者所广为接受的"召回"制度,就是最好的参考案例。

案例:双汇和阿里巴巴迥然不同的态度

2011年3月中旬,河南双汇被曝使用"瘦肉精",社会一片哗然。"瘦肉精"事件曝光后,双汇牌肉制品在大部分地区还在继续销售,不过3月30日《每日经济新闻》调查发现,双汇牌冷鲜肉在上海市场已难觅踪影,部分专卖店甚至倒戈双汇最大的竞争对手雨润。迫于外界压力,双汇集团3月31日在其公司所在地河南省漯河市体育馆召开"双汇万人职工大会",参会人员包括双汇集团所有管理层、漯河本部全体职工、全国经销商、全国新闻媒体。这是双汇自陷入"瘦肉精"风波后召开的第三次公开会议,也是规模最大、最隆重的一次。可惜的是,该会议被演绎成了一出闹剧,双汇员工和经销商纷纷表态,全场气氛达到高潮,经销商很激动,辽宁营口经销商高呼4声"万总万岁!双汇万岁"。如此严肃的誓师大会,被这"万总万岁"喊成一幕闹剧。双汇员工和经销商牵涉其中,双汇公司难辞其咎。

双汇举行万人会议本该是消除不利影响的公共关系行动,却弄巧成拙,反而害了自己。与双汇形成鲜明对照的是前面讲过的阿里巴巴公司。

2011年2月21日,阿里巴巴(中国)网络有限公司宣布,2009年、2010年两年间分别有1 219家和1 107家"中国供应商"客户涉嫌欺诈,而原因是近百名员工为了追求高业绩明知是骗子客户而与这些公司签约。公司首席执行官卫哲和首席运营官承担责任引咎辞职。阿里巴巴"杀"公司首席执行官就是向公众表明了公司的坚定态度——在对待公司价值观的问题上,没有人可以越过这条红线。

事发突然,而阿里巴巴的公关工作做得一如既往的到位:对外宣布该负面消息的同时,以更强的力度对内对外宣示——阿里巴巴是一家"价值观"、"使命感"驱动的公司,为了捍卫它,阿里巴巴不惜任何代价。

此举受到商界人士和消费者的肯定。也就是说,阿里巴巴重新获得了用户的信心和赞誉。

第5节　如何打造成功的会议中心网站

有几个网站设计公司做过会议中心的网站设计？它们做出来的质量如何？

对会展业的极为有限的理解导致了设计公司在帮会议中心、会展中心做网站设计时，陷入一种迷茫：信息这么多？逻辑是什么？怎么会需要如此频繁地更新内容？真的有人会上网站下载吗？

不但是网站设计公司感到为难，即使是会议中心的员工也觉得设计会议中心的网站难以把握尺度。那么，让我们从国外最好的会议中心网站汲取一些灵感吧。模仿并不可耻，模仿也是一种学习行为，可耻的是没有根据本地用户的特殊偏好对会议中心的网站做一些适用性改进。

作者本人从2007年下半年开始参与国家会议中心的筹建工作，2007年10月开始考虑建立企业网站。当时国内没有用户评价比较高的场馆网站，于是，我们把目光转向了境外。

比较有参考价值的境外会议中心网站有：

①温哥华会议中心网站
②墨尔本会展中心网站
③悉尼会展中心网站
④新加坡新达城国际会展中心网站
⑤达拉斯会议中心网站
⑥澳门威尼斯人网站

经过细致的分析，国家会议中心建立了以刘海莹总经理为组长的网站攻关小组，在人手十分缺乏的情况下，根据企业的定位、目标市场和服务，结合国外会议中心网站优秀的设计理念，提出了一套既符合国情、又契合国外客户使用偏好的网站设计方案，与本土的网站设计公司合作，经过2个多月的奋战，国家会议中心网站于2009年1月7日上线运行。国家会议中心2009年11月1日正式开业后，网站又在局部做了优化，如将原来的效果图全部改为实景图，将原来并不确定的会议室面积、展厅高度全部更新，为浏览者提供了一个比较不错的上网体验。

一、开业筹备期就要建立企业网站

开业筹备期，外界对于待投入使用的会议中心一无所知，囿于市场推广人手和经费预算的不足，在筹备期要把尚不能见到建筑全貌的会议中心推销给客户，确实有相当的难度，除了人员推广外，网站就成了一个必需的项目。会议中心网站越早开通，客户、媒体、公众就对会议中心了解越多，也就越感兴趣。

二、筹备期的网站就需要体现高水准

还是那句话，会议中心要跟现有的场馆、高星级的商务酒店竞争，绝不能在气势上

先输给它们。筹备期的网站即使素材不够,如没有实景照片,没有已签约的会议展览项目可以发布、炫耀,现场服务尚不能确定(如停车位数量及价格、咖啡厅在那时还不知道有没有,若有的话估计也不知是在哪个位置),但仍然要想方设法把会议中心的网站做到一流水准。

品牌建设从开业筹备期就开始着手进行了,市场推广更是依赖网站,所以筹备期网站的建设绝不可存有"先做一个简单的,待开业后再做一个完善的"这种想法,客户是势利的,他们瞧不起平均水平;客户又是挑剔的,他们不会给会议中心第二次机会,所以,第一次就需要做到最好。

三、网站首先要服务好三种人

会议中心的网站主要为三种人服务,根据这一思路,在主页上就要针对这三种人提供全方位的信息和服务。这三种人包括:

①会议展览主办方(客户)——Organizer
②参展商——Exhibitor
③访客——Visitor

其中访客(visitor)是指前来参加会议的参会者、展览观众、来参加宴会的用餐者、来参加颁奖典礼和新品发布等特殊活动的观众。这是会议中心最需要细心呵护、盼望其到会议中心来消费(最好是反复来消费)的群体,所以国外会议中心的网站都在首页的醒目位置为这三种人设置了快捷路径。

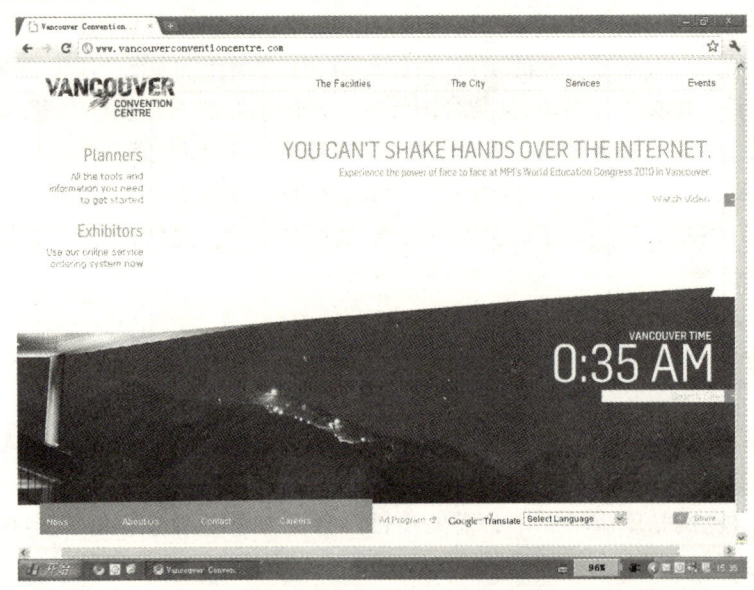

图4-20 温哥华会议中心网站的首页
注:Planners对应主办机构,Exhibitors指参展商

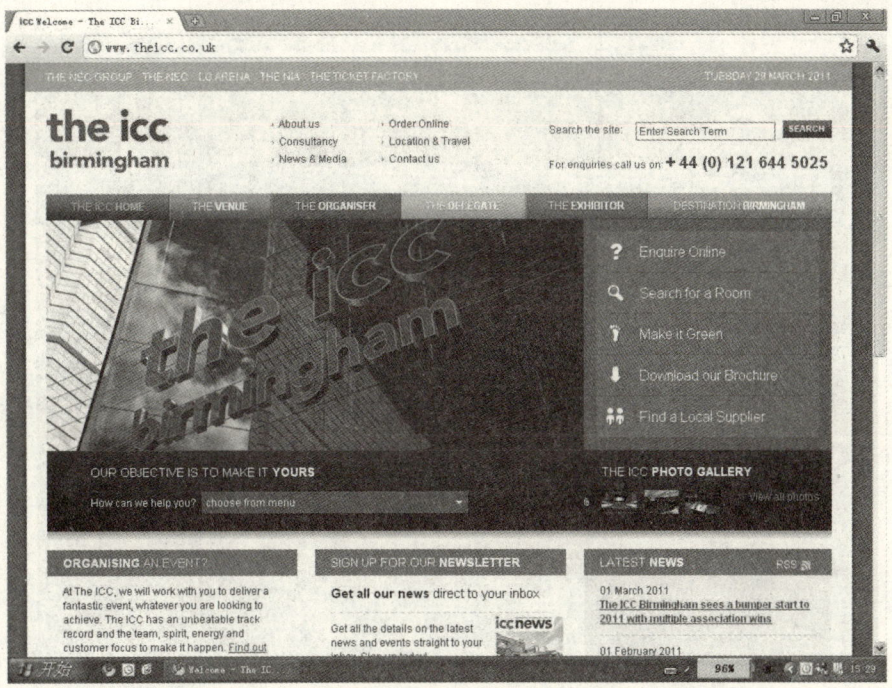

图 4-21　伯明翰会议中心网站的首页

注：THE ORGANISER 对应的是主办机构，THE DELEGATE 对应的是参会者，THE EXHIBITOR 对应的是参展商

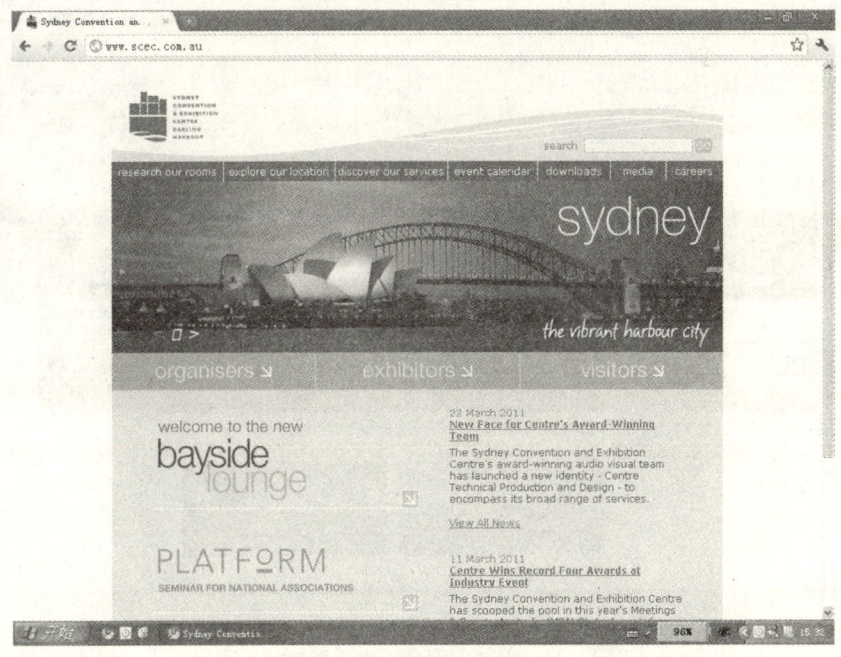

图 4-22　悉尼会展中心网站的首页

注：organisers、exhibitors、visitors 分别指会议展览主办者、参展商和访客

图 4-23　香港会展中心网站的首页

注：Organisers 和 Visitors 分别指的是主办机构和访客

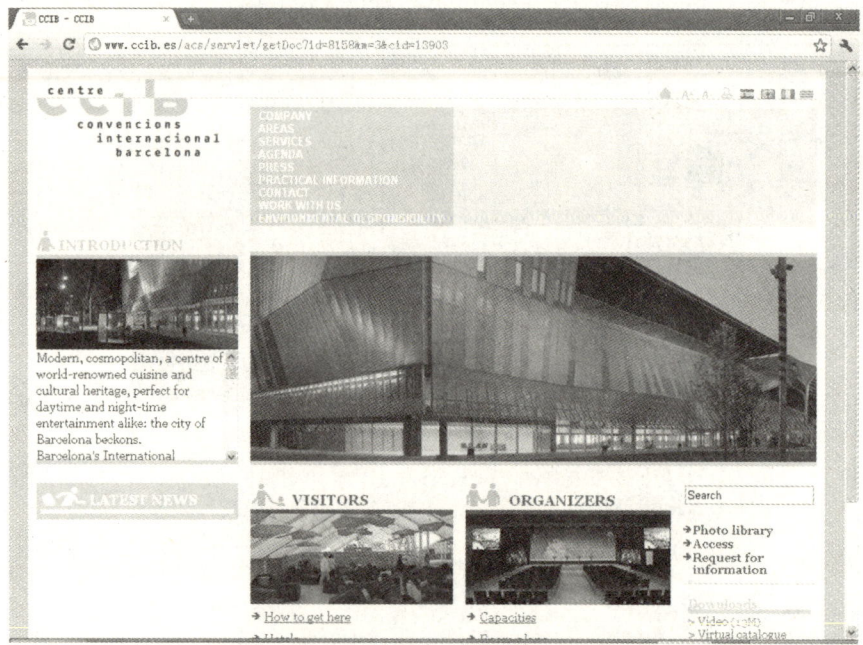

图 4-24　巴塞罗那会议中心网站的首页

注：VISITORS 指访客，ORGANIZERS 指主办机构

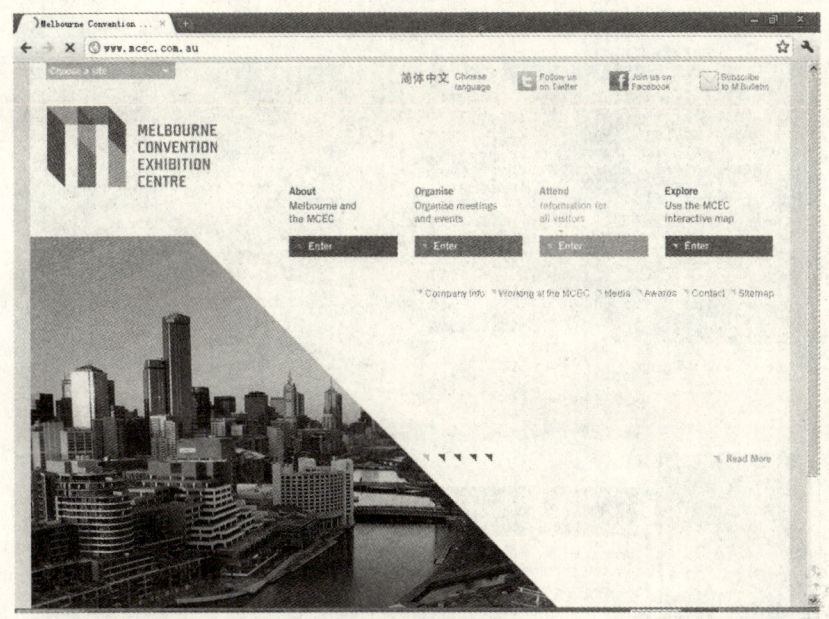

图 4-25　墨尔本会展中心网站的首页

注：Organise 是专为主办机构服务的频道，Attend 服务于参展商和访客

图 4-26　华盛顿州会议中心（在西雅图）网站的首页

注：右下角的 Meeting Planners、Exhibitors、Attendees 分别指的是
　　会展主办方、参展商和观众、参会者

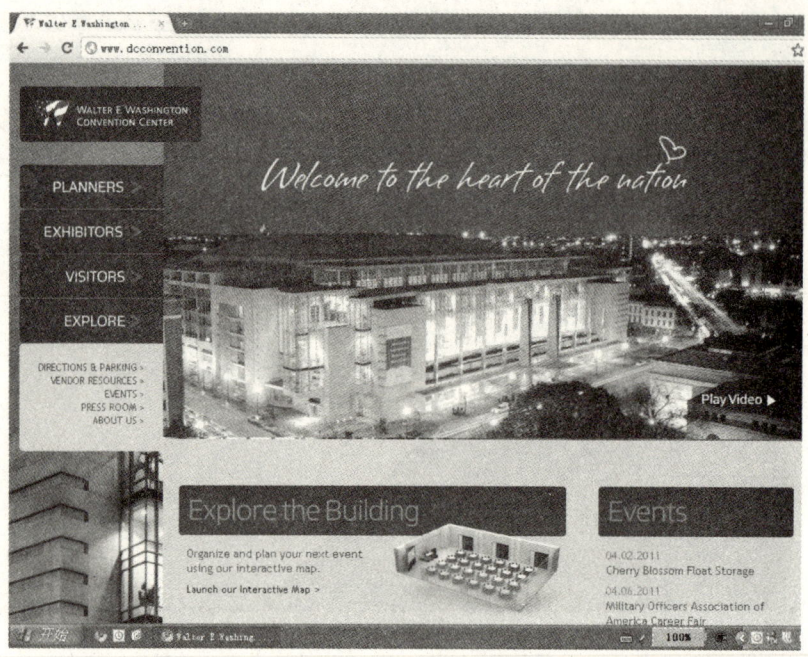

图 4-27　华盛顿会议中心（WALTER E. WASHINGTON CONVENTION CENTER）网站的主页

注：PLANNERS 是指主办机构，EXHIBITORS 是指参展商，VISITORS 是指包括展览观众和参会者在内的访客

图 4-28　达拉斯会议中心网站的首页

注：MEETING PROFESSIONAL 是指会展策划者（在美国，展览属于会议业），ATTENDEE INFORMATION 是为参会者、展览观众提供的信息，EXHIBITOR SERVICES 是为参展商提供的服务

综上所述,会议展览主办方(客户)和参展商、访客(客户的客户)是会议中心网站最需要给予特别礼遇的,应放置在主页上的最明显位置,让这三种人群一打开网站就能立即找到他们所需要的信息,而且,他们会有一种荣耀感,感觉自己被重视了。

四、做雷锋,推介城市

一个会议中心有必要推介所在的城市吗？这么做是不是有点儿活雷锋的味道？

会议中心被外界寄予厚望,普遍被认为是一个城市的名片和代表,因此会议中心有必要大力对外介绍自己的城市,以不负盛名。这是由会议中心的功能所决定的。

另一方面,只有先推介城市,才能把更多的会议、展览吸引到会议中心,原因是客户选择你这个会议中心,首先是因为他(她)喜欢这个城市。

达拉斯会议中心的网站首页就在主导航条里设置了"Attractions"(游览景点)和"Convention & Visitors Bureau"(会议促进局)两个频道,墨尔本会展中心的网站首页第一个就是"About Melbourne"(关于墨尔本),温哥华会议中心的网站首页"The City"就是介绍城市的,而伯明翰会议中心的网站首页主导航条也有一个栏目是"Destination Birmingham"(伯明翰市介绍),吉隆坡会议中心网站的境界更高,在其首页的主导航条有一个栏目是"Destination Malaysia"(马来西亚介绍)。

五、场馆介绍越详细越好

"场馆介绍"是指介绍会议中心有可能被用到的场地、设施、服务,包括会议室、大宴会厅、大会堂,展厅、卸货区、餐厅、咖啡厅、快餐区,商务中心、上网区,停车场和交通,货梯和货门,配套酒店以及现场服务等。这不但是会议、展览主办机构最为需要的信息,也是参展商、会议赞助商以及他们的主场搭建商、施工承建商所需要的,所以,场馆信息越详细越好。

比较好的一种方法是先给出一个列表,把所有展厅、会议室、宴会厅和大会堂的面积、长宽高尺寸以及(会议室)可容纳人数(分剧院式、酒会式、课桌式、10人一桌宴会式)全部列出来,客户察看这个列表时一目了然。

下一步,就是给出每个会议室、展厅的具体细节,即"会议室详细条件表",英文叫"Fact Sheet"或"Fact Statement",把该楼层平面图、该会议室平面图、实景照片、基础照明、地毯、投影幕布、投影仪的流明、电源插座方位以及多少安培等细节——列出,主办方得到这些详细的数据后就知道如何使用该会议室了,比如知道主席台设置在何处、茶歇可不可以放在会议室里边等。对于小型会议,有了这个"会议室详细条件表"后,主办方可能就不必去现场察看场地了,另外一个好处就是负责给这个会议做搭建、会务服务的公司拿到这个"会议室详细条件表"后就可以立即开始准备会务方案了。

实际上,方便客户使用,就是减少会议中心销售经理或项目协调人员的工作量,否则,我们的销售或项目协调经理整天就是忙着发 JPEG 或 PDF 格式的平面图和 WORD 文档。

国家会议中心会议室、展厅、宴会厅一览表

场馆信息	楼层	面积(m²)	长×宽×高(m)	最多可容纳人数 剧院式	课桌式	宴会	酒会		
大会堂	4	6,400	80×80×12	5,700	3,600	4,500	6,000	查看详情	预定
大会堂A	4	3,600	45×80×12	3,200	2,000	2,600	3,500	查看详情	预定
大会堂B	4	2,800	35×80×12	2,500	1,600	1,900	2,500	查看详情	预定
大宴会厅	1	4,880	81×60×9.6	4,000	2,400	3,500	4,200	查看详情	预定
大宴会厅A	1	1,620	27×60×9.6	1,300	800	800	1,300	查看详情	预定
大宴会厅B	1	1,620	27×60×9.6	1,300	800	800	1,300	查看详情	预定
大宴会厅C	1	1,620	27×60×9.6	1,300	800	800	1,300	查看详情	预定
大宴会厅A+B	1	3,240	54×60×9.6	2,600	1,600	1,600	2,600	查看详情	预定
大宴会厅B+C	1	3,240	54×60×9.6	2,600	1,600	1,600	2,600	查看详情	预定
展厅	1	-	-	-	-	-	-	查看详情	预定
展厅1	1	5,500		-	-	-	-	查看详情	预定
展厅2	1	5,500		-	-	-	-	查看详情	预定
展厅3	1	5,500		-	-	-	-	查看详情	预定
展厅4	1	5,500		-	-	-	-	查看详情	预定
展厅5	B1	6,500		-	-	-	-	查看详情	预定
展厅6	B1	6,500		-	-	-	-	查看详情	预定

图 4－29　国家会议中心的场地列表

KUALA LUMPUR CONVENTION CENTRE
DIMENSIONS AND CAPACITY CHART

ROOM	GROSS AREA m²	ft²	THEATRE	THEATRE COMBINED	BANQUET	BANQUET COMBINED	CLASSROOM	CLASSROOM COMBINED	U-SHAPE	U-SHAPE COMBINED	BOARDROOM	BOARDROOM COMBINED	COCKTAIL	COCKTAIL COMBINED	OVERALL ROOM DIMENSIONS L x W x H (METRE)	BOOTH CAPACITY 3m x 3m
EXHIBITION HALLS (STAGE SIZE: L 24' x W 40' x H 4') GROUND LEVEL																
Exhibition Hall 1	2,502	26,922	2,700	5,200	1,540	3,020	1,260	2,436					3,100	6,000	29.0 x 86.61 x 9.36	152
Exhibition Hall 2	2,332	25,092	2,500		1,480		1,176						2,900		29.0 x 80.44 x 9.36	136
Link Hall 3	560	6,026														11 x 3 x 2m 8 x 3 x 3m
Exhibition Hall 4	2,071	22,284	2,100	4,500	1,280	2,680	1,008	2,184					2,500	5,300	28.99 x 71.44 x 9.36	120
Exhibition Hall 5	2,245	24,156	2,400		1,400		1,176						2,800		29.0 x 77.44 x 9.36	136
Exhibition Hall 1-5	9,710	104,480														587
AUDITORIA LEVEL 1 & 3																
Plenary Hall	Balcony		[illegible]	3,000		Fixed auditorium seating with built-in stage										
Plenary Theatre	Stalls only			500												
FUNCTION HALLS (STAGE SIZE: L 16' x W 24' x H 3') LEVEL 3																
Ballroom 1	1,207	12,987	1,100	2,200	1,000*	2,000*	630	1,260					1,500	3,000	29.0 x 41.60 x 9.0	72
Ballroom 2	1,182	12,718	1,100		1,000*		630						1,500		29.0 x 41.20 x 9.0	70
Grand Ballroom (Ballrooms 1&2)	2,389	25,705	2,200		2,000*		1,260						3,000		29.0 x 82.80 x 9.0	142
Banquet Hall	738	7,941	800		390		360		84				950		29.0 x 25.45 x 9.0	48
Conference Hall 1	505	5,434	510	1,836	300	1,080	252	888	72	228			650	2,280	27.81 x 17.57 x 9.0	32
Conference Hall 2	778	8,371	820		480		384		84				980		27.81 x 26.90 x 9.0	48
Conference Hall 3	517	5,563	510		300		252		72				650		27.81 x 17.85 x 9.0	32
Conference Halls 1,2&3	1,800	19,368	1,836		1,080		888		228				2,280		27.8 x 62.42 x 9.0	112
MEETING ROOMS LEVEL 3																
301	173	1,861	162		50		81		24		24		220		16.83 x 10.86 x 2.85	
302	83	893	80	170	40	80	42	84	24	48	20	40	110	220	11.04 x 7.38 x 2.85	

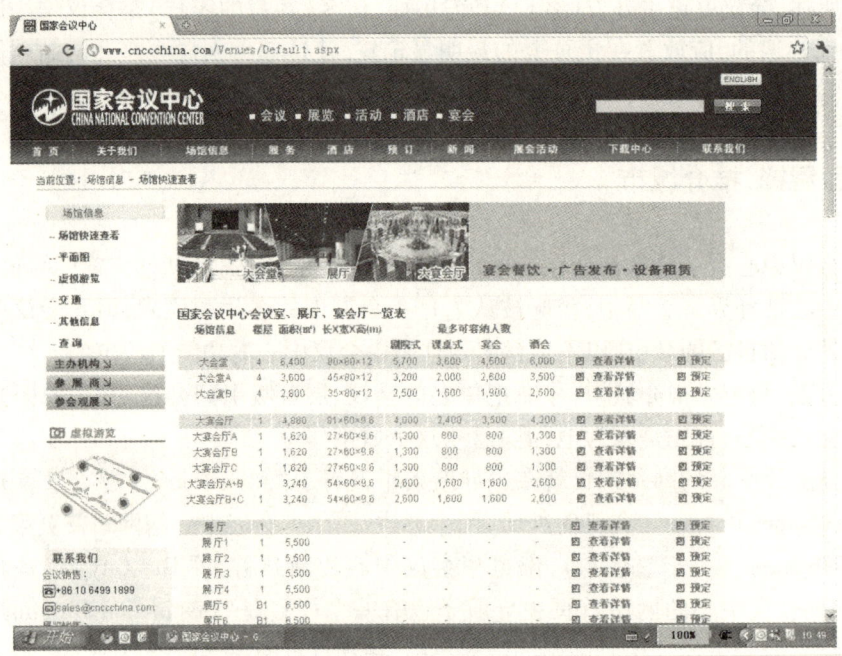

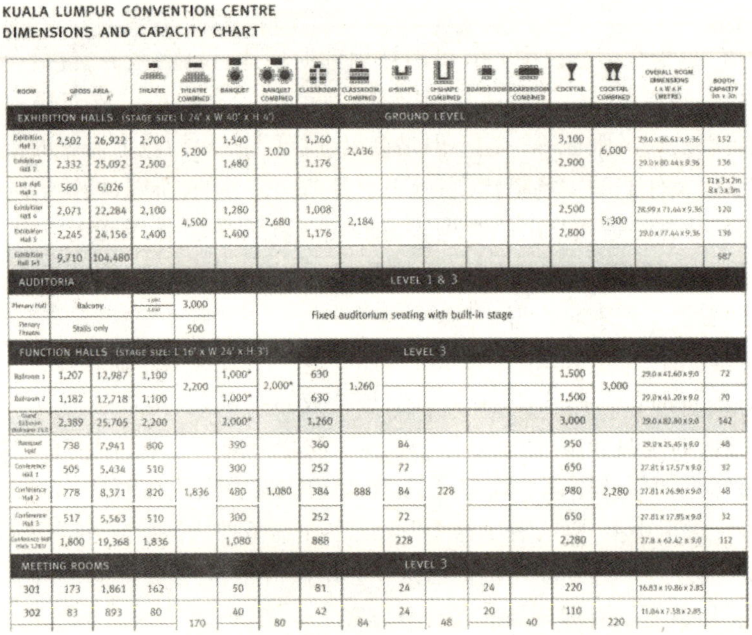

图 4－30　吉隆坡会议中心会议室、展厅数据一览表

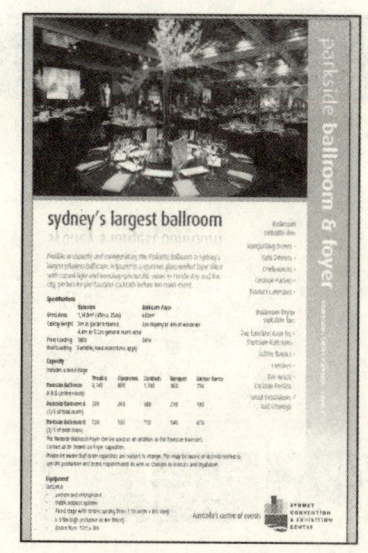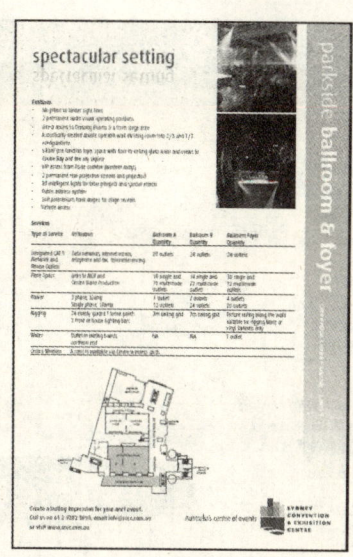

图4-31 悉尼会展中心大宴会厅的"详细条件表"

六、重视下载的便利性

可以下载不但极大地方便了会议、展览主办机构以及它们的供应商、参展商,还为媒体的编辑、记者提供了便利,也增加了客户及媒体对会议中心的好感、好评,他们在建立会议网站以及制作会议通知、标书、会刊和会场搭建方案书还有刊登介绍文章时都会用到网站提供的各种文字信息、数据、会议中心标志和照片。方便客户随时随地下载使用的同时,也大大节省了会议中心销售和项目协调人员的时间,把他们从简单的重复劳动中解放出来,既给用户增添了愉悦感,也为员工增强了幸福度。

用于下载的文件,一定要注明格式、文件大小,视频文件还需要另外注明文件长度是多少分钟,是中文,还是英文。为提高浏览和下载速度,供下载的图片最好是PDF格式或小于300K的JPEG格式。如果用户需要高清晰度的照片,则旁边增加一个提示:"请向我们索取高质量的图片",以邮件形式直接发送到会议中心客户手中。

把能下载的文件全部放在网站上,让客户、媒体、同行和公众随意下载。下载得越多,说明阅读的人越多,使用的人越多,知道会议中心的人越多,对会议中心的市场推广就越有提升作用。

哪些文件可供下载呢?

①会议中心总体介绍(地点、开业时间、业主、展厅及会议室概况等)

②新闻稿(以PDF格式为佳)

③企业刊物(仅允许PDF格式)

④企业宣传册(仅允许PDF格式)

⑤会议室、展厅列表

⑥每个会议室、展厅的详细条件表(Fact Sheet)

图4-32 用户可从国家会议中心网站下载大量文件

⑦平面图
⑧各种管理规定、政策
⑨表格(如服务预订表)
⑩会议中心图片(外景、室内、会议室、大宴会厅、展厅、酒店等)
⑪举办过的各种类型的活动的图片(可能需要事先征得客户的书面许可)
⑫交通图(包括会议中心所在位置图、地铁图、驾车行驶路线图)
⑬菜单(早餐、茶歇、自助餐、宴会、到展台为展商举办酒会、盒饭、婚宴等)
⑭配套酒店的宣传册
⑮周边酒店列表和地图

需要指出的是,绝大部分文档应转换成PDF格式,因为Word文档可能带有病毒,用户下载后其电脑可能会被病毒感染。图片则以JPEG或PDF格式为妥。

七、销售你的会议中心,销售你的服务

网站所做的一切除了方便用户快速了解并获得会议中心的介绍、数据等信息外,更重要的功能是销售——销售你的场馆、销售你的配套服务、销售你的酒店。网站是一个非常好的卖东西的平台,把能销售的东西全部列出来,因为客户的需求多种多样。

可以在网站上销售的有:
①会议中心的名声、知名度(所以,会议中心的网站必须做到一流)
②会议中心的大宴会厅、会议室、展厅
③会议中心的大堂、序厅、室外广场、停车场
④会议中心现有的餐厅、咖啡店、食街(美食广场)
⑤会议中心的各种餐饮服务(包括到展台组织酒会和外卖,会议中心的餐饮如果不行,

那么主办方就会很犹豫!)
⑥会议中心的广告位置
⑦会议中心的现场服务,如吊点、水电接驳、设备租赁、鲜花等
⑧会议中心的人员服务(如抽掉部分员工临时担任礼仪小姐、展台值台)
⑨会议中心的制作和商务中心
⑩会议中心的配套酒店
⑪业主(集团公司)的其他产品和服务(如旅行社、餐厅等)

图4-33　华盛顿州会议中心网站首页的主角竟然是诱人的食物图片

八、真正为客户着想

这句话说起来容易,但要做到设身处地地为客户着想确实要花费很多心思。比较好的方法之一就是在设计网站时征求一些主办机构、参展商和访客的意见,了解它们的真实需求,要始终记住网站首先要服务好这三类人。我们可能难以想象到墨尔本会议中心网站有中文内容,而洛杉矶会议中心网站竟然也有中文内容(还有西班牙语内容)!

(一)中英文内容不一定非要对应

比如,国外使用英语的浏览者的偏好就有很大的不同,他们可能不需要了解业主是谁、不想知道公司大事记,但对时差、气候、签证、酒店、当地旅游资源这些信息却十分看重,所以一个会议中心的网站不一定非要中英文严格对应,有些中文信息不需要展现给客户,原因很简单,客户不要的信息就不要出现,而是给他(她)想要的信息。

(二)照顾客户的浏览和阅读习惯

除了前面讲到的各种可供下载的文件外,要注意境外客人对温度的华氏、摄氏,路程的英里、公里以及面积单位是有不同的使用偏好的,比如北美用户就偏好英尺、平方英尺和英里。最好把温度和里程同时用两种计量单位表示。

(三)英语一定要漂亮,否则会招致别人的嘲笑

(四)可以立即打开网站,不要期望用户会有耐心在电脑前等两分钟才可看到首页

(五)很多外国人对中国很不了解,可以多介绍一些中国的实用信息

比如签证、气候、货币,比如从机场打出租车到会议中心一般是多少钱(人民币),比如你的会议中心是否接受信用卡、是否有 ATM 机等。

针对境外客人对中国的节假日毫不知情的特点,国家会议中心的网站创造性地增加了"中国公众假期"项目。

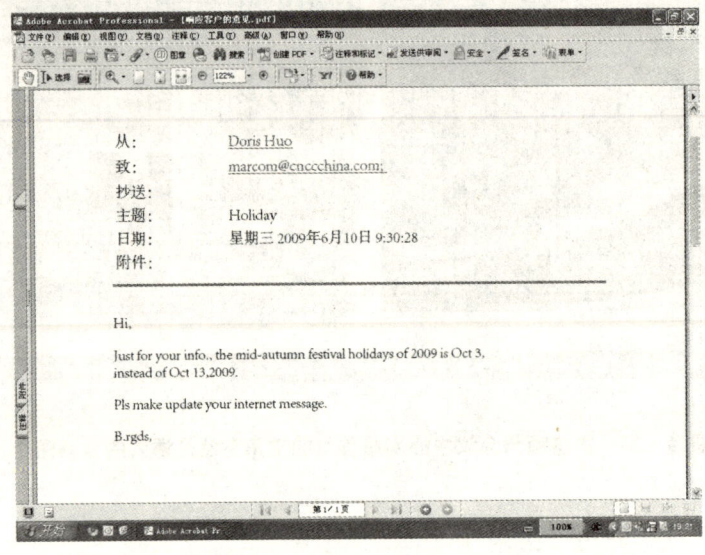

图4-34　这封邮件显示,2009年6月10日,一位叫 DORIS Huo 的客人指出"中国公众假期"里面的中秋节日期有误

这么好的客户写信来指出网站瑕疵,就是送给会议中心的宝贵礼物,这说明网站信息对客户有吸引力。

(六)关注手机、智能终端阅读者的特殊需求

我们现在的网站,如果用手机浏览,显示的页面是不全的,也就是说用户用手机访问网站时很多信息可能看不到。而现在手机应用越来越广泛,在设计网站时应考虑到这种需求。

(七)具有亲和力、打开速度快、下载内容多、下载速度快也能造就用户的好感

会议中心有很多管理规定和要求,比如对搭建施工的管理规定、对停车设施和收费的

介绍等,但一般都是以管理者的口吻提出来,显得生硬。

圣地亚哥会议中心网站就用客户喜闻乐见的"常见问题"(FAQ)替代了严肃的面孔。该网站列出了许多主办机构和访客关系的问题,如:

①圣地亚哥会议中心的详细位置在哪里?
②圣地亚哥会议中心目前的空缺职位有哪些?
③我应该跟会议中心的哪个部门、哪个负责人联系?
④我如何预订场地?
⑤我如何停车?
⑥从哪儿可以得到详细的驾车路线图?
⑦您的会议中心可以无线上网吗?
⑧会议中心里面有餐厅吗?
⑨会议中心里有商务中心吗?
⑩圣地亚哥会议中心的经济拉动作用如何?
⑪从机场到圣地亚哥会议中心的距离是多少?都有哪些交通工具?
⑫会议中心最近的酒店有哪些?
⑬我从何处可以得到市区游览图?
⑭您能帮我推荐一个好餐厅吗?
⑮若有自由时间,您会推荐我做什么?
⑯目前天气如何?
⑰如果我有特殊要求,我应该找谁?
⑱您能简单介绍一下圣地亚哥的历史吗?
⑲您能给我一份会议中心的场地平面图吗?
⑳进场施工搭建都有哪些规定?
……

一问一答,这种互动式的信息提供一下子就把客户拉近了。

九、善待媒体

网站如何呵护媒体记者?

媒体记者是一个极为特殊的群体,报纸杂志和网站刊登的文章或信息将透露出记者对一个会议中心的评价,字里行间会有意识地把他们对会议中心的好恶表现得淋漓尽致。请别忘了,会议中心对记者友好,记者就会对会议中心友好,而网站在其中扮演了一个重要的角色。记者,尤其是未曾谋面的或非会展行业的记者若想寻找素材,做的第一件事就是上网浏览会议中心的网站,网站给予的信息是否充分、是否有价值,是否有可以下载的照片、报告,是否有专供媒体联系的电话和邮箱,这些都决定了这个网站对记者是否友好。

善待媒体,就请不要拒媒体记者于千里之外,让他们非常容易地找到负责媒体关系的市场经理或公关经理。没有记者关注,没有记者采访,就没有媒体曝光度,就没有免费的宣传推介。

国家会议中心极为重视建设媒体关系,2008年1月网站正式开通时就设置了专门的直线电话和邮箱方便媒体联系,在"下载中心"栏目里也提供大量图片供媒体记者下载。

2008年4月的一天,TTG杂志驻京记者打电话找到国家会议中心筹备办公室,希望采访总经理。第二天记者在采访中透露,她联系过中国几乎所有的重要会展场馆,只有国家会议中心有专门的媒体联系电话,感觉国家会议中心的确与众不同。该杂志2008年5、6两月用很大的篇幅刊登了专访和介绍,在筹备期间为国家会议中心做了一次很好的宣传。

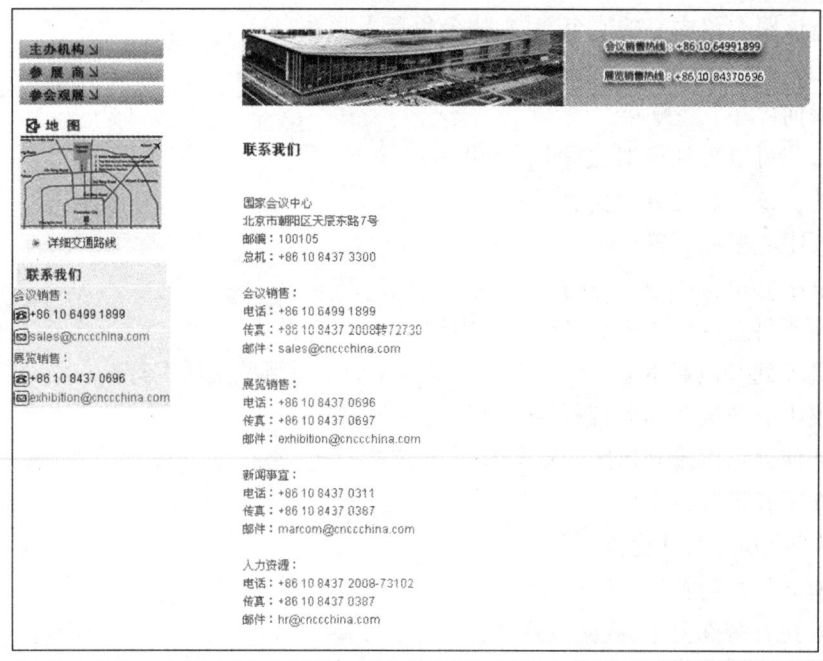

图4-35 国家会议中心也许是中国第一个专门在网站设置媒体联系方式的会议中心

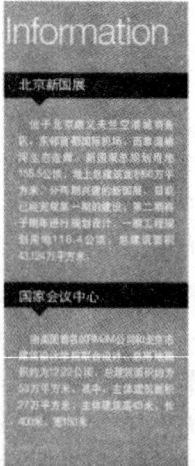

图4-36 TTG为国家会议中心总经理做的专访

十、一些小技巧

(一) 别让用户四处胡乱点击

这句话的意思是指如果你的网站没有给他(她)准确的指引,他(她)因此四处乱窜,且很恼怒。当用户不能马上找到他们想要的东西时,他们便开始无意识地四处点击,希望找到他们要到达的目的地页面。要让引导用户采取行动的指示更加清晰,让用户可以更容易地找到他们需要的信息。对于会议中心的网站来说,主办机构、参展商和访客这三种人需要的信息有的是有交集的,有的是互不相干的,因此要给这三种人不同的路径,他们希望被尊重。

(二) 一次点击

网站地图的"一次点击"功能可以让浏览者在网站上的任何一个页面点击网站地图,它的显示速度非常快而且你不需要离开当前页面。

你的网站应该让用户可以在最短的时间内完成他们的任务。当你设计网站的时候,请谨记,你做的每一步设计都是为了让用户可以更容易地实现他们的目的。

图 4-37 你可以从网站的任何一个页面点击网站地图

(三) 让文章保持简洁

发布内容的时候,需要谨记:用户现在不再阅读内容而是浏览内容,且在网站上看一篇文章的时间不会超过 3 分钟,因此你需要让用户可以更轻松地浏览你的内容。如果你可以把内容用三句话说完,或者以列表的形式表述,那就放弃大段文字。

第 6 节 如何发布新闻通稿

会议中心的新闻事宜发布可以外包,如悉尼会展中心就将新闻事宜外包给了当地的 MG Media Communications 公司。在大多数情况下,会议中心都是自己的员工撰写新闻稿并发送给自己数据库里的媒体。

新闻通稿，英文的表达方法有 press release、news release、media release 和 press statement 等，也有直接叫 release 的。新闻通稿原本是一些新闻通讯社的专利，它们在采访到一些重要新闻以后，会以一种统一的稿件方式发给全国的需要稿件的媒体，这就叫做通稿。后来，很多企业在对外发布新闻的时候，为了统一宣传口径，也会组织新闻通稿，以提供给需要的新闻媒体。

按照维基百科的解释，新闻通稿是为了宣布有新闻价值的事情而发送给媒体的文字稿，一般是通过邮件、传真或邮寄的方式发给报纸、杂志、广播电台、电视台的编辑。

实际上，如今很少使用邮局邮寄了，大多采用电子邮件和传真，同时在企业网站同步刊出。除了发给新闻媒体外，会议中心还把新闻稿同时发给协会、商会、政府部门，根据约定（接受方同意）发给同行、客户、大学、研究机构等。

发布新闻稿是一种较为常见的公共关系手段，目的是为了推介会议中心，或为了推广会议中心的特定产品和服务，向外公布会议中心的想法、做法（如扩建、停业）、准备接待（或已经成功接待了）的会展活动、重要管理层人员的变动、获得的荣誉和奖项、销售财务数据等。

会议中心发布新闻稿应有即时性，随时发，只要有重大新闻、事件或活动，就应该立即撰写、立即发送。

一、如何发布新闻通稿

发布新闻通稿有一些技巧，下面结合作者本人的经验和一些理解介绍一些会议中心是如何撰写新闻通稿的。

（一）题目

题目要吸引人，能显示会议中心的名称和事件，如国家会议中心在2011年1月17日发布的新闻通稿的题目是"CCTV体坛风云人物颁奖盛典在国家会议中心成功举办"。

（二）第一段就要抓住人的眼球

请记住：编辑、记者和广大网站浏览者没有时间仔细阅读新闻稿，如果第一段话抓不住编辑、记者，那么这个通稿就可能会被立即删除。要力求用一两句话把事件的5个"W"即 who（谁）、what（什么）、where（哪里）、when（何时）、why（为什么）交代清楚。第二段话、第三段话是对第一段话的丰富、补充和完善，属于支持性材料。

（三）方便编辑、记者使用

这里说的方便不是指可任意编辑、粘贴的 Word 文档，事实上，新闻通稿一般都是 PDF 格式。方便是指文句通顺、文字凝练，不是过度地炫耀会议中心的服务如何的好、设备如何的新、合作如何的愉快，编辑和记者经过少量的文字编辑甚至不经修改润色就可直接刊登。还是那句话，编辑、记者非常忙，他们一般都没心思为一篇企业发来的新闻稿绞尽脑汁作润色。新闻稿应含有新闻价值，这样即使这次新闻稿没被录用，他们也会在下次使用。

（四）从读者的角度来写

服务好编辑、记者还不够，还要引起读者的兴趣。如果新闻稿连你的员工、同事都不爱看，那么这个稿子就可扔进垃圾堆了。

（五）用事实、用数据说话

干巴巴的文字不太讨人喜欢，用事实、用数据说话可以增强可读性和可信度。如果是引用自第三方的，也请在文稿里加以注明，这并不会让人鄙视你。辞藻太华丽、稿件反映出来的企业状况完美无缺，让人一看就是修饰过度。在国家会议中心"CCTV 体坛风云人物颁奖盛典在国家会议中心成功举办"的新闻稿里，就有两个数字十分抓人："这是央视体育频道第一次聘请美国知名的典礼设计公司为其提供舞台创意，运到国家会议中心的各类物资超过了 60 吨，其中吊挂的 LED 屏、灯光、音响、幕布就达到了 25 吨。"

（六）不啰唆，不用行话

简明扼要，说清楚事件及其背后的意义、作用即可，不要用夸张手法，更不要陈词滥调。不要用行话，不但有行业媒体，还有大众媒体，你的读者可不都是会展业资深人士。所以，不要欺负编辑和读者。

（七）不要用惊叹词、感叹号

你以为发生在你会议中心的某个事件是个特大事件，但编辑、记者和读者可能觉得这有什么呀？反而会觉得你自以为是、是井底之蛙。要用惊叹词、感叹号也得是从客户、非会议中心的工作人员嘴里说出来，而且，用一次就足矣。

（八）要征得客户的同意

新闻稿不可避免地会提到客户或合作伙伴，如果涉及对方公司的名称和照片，请务必事先取得对方的书面同意。很多公司的内部会议不愿意让社会知晓。

（九）别忘了加上会议中心介绍

新闻通稿的最后一般都应加上会议中心的简单介绍，不要天真地以为所有的编辑、记者、读者都知道你的会议中心是哪年开业的、哪年扩建的、现有展厅面积多少、有多少个会议室。

二、新闻通稿的常规格式

所有新闻通稿都使用业内普遍认同的格式，用"八股文"来形容也不为过。

（一）会议中心标志一般在左上方

如果公司 logo 里不带公司中文名称，那么可以在 logo 的下方或右侧以醒目的字体标注公司中文名称。不要想当然以为有许多人知道你的会议中心的名称——有太多的人不认识你的会议中心的 logo。

（二）发布日期

让编辑、记者和读者知道你的新闻稿是哪天发出的。若是他们错过了这条有价值的新闻，就让他们后悔没多关注邮件和会议中心的网站新闻吧。

（三）题目要吸引人，但也别夸张

（四）第一段把要说的重点介绍清楚，余下的就是支持、丰富你的第一段文字

（五）有会议中心总经理（首席执行官）和对方高层的"表示"、"认为"、"同意"等言辞

（六）有数据或事实作为佐证材料

（七）新闻事宜的联系人、电话、传真及邮箱

（八）最后，就是会议中心的简单介绍，方便编辑直接使用（Notes to Editors）

News
FOR IMMEDIATE RELEASE

CONTACT: Cynthia Weaver
Phoenix Convention Center
Cell: 602.568.8126
Ph. 602.534.7633
cynthia.weaver@phoenix.gov

PHOENIX CONVENTION CENTER CELEBRATES EARTH DAY

PHOENIX (April 22, 2010) – In honor of Earth Day, the Phoenix Convention Center's (PCC) Sustainability Committee hosted a booth in the center's North Building lobby to promote the facility's green initiatives. PCC visitors and event attendees received the convention center's eco-friendly reusable bags, pens made of recycled materials and green initiatives brochure to increase awareness about preserving valuable natural resources.

The Phoenix Convention Center is a U.S. Green Building Council Leadership in Energy and Environmental Design (LEED) silver-certified facility, making it one of the world's most energy-efficient buildings. The facility has received numerous accolades about its sustainability program including two Valley Forward Environmental Excellence Awards and also has been profiled in recent sustainability articles in various publications.

The convention center's sustainability program incorporates several environmentally-friendly practices including green purchasing, recycling and serving local organic food and beverage products. The center's Water Harvesting Garden uses condensation from the facility's air conditioning unit to water native flora in the garden and the living wall and the solar power-generating plant on the roof of the West Building is expected to reduce the facility's carbon emissions by 95 metric tons and produce enough energy to power the equivalent of 12-14 homes each year.

PCC's ongoing commitment to sustainability is promoted by the center's Sustainability and Energy Management committees, comprised of staff, who work together to implement the department's sustainability efforts. For a complete overview of the Phoenix Convention Center's green initiatives, visit phoenixconventioncenter.com.

About the Phoenix Convention Center & Venues:
The recently expanded Phoenix Convention offers nearly 900,000 square feet of rentable meeting and exhibition space and is now one of the 20 largest convention venues in the United States. A critical economic enterprise for the city of Phoenix and the state of Arizona, the Phoenix Convention Center can accommodate 80% of the convention market. Established in 1969, the Phoenix Convention Center & Venues Department, owns, operates and manages the Phoenix Convention Center, Symphony Hall, the Orpheum Theatre, Herberger Theatre and five downtown Phoenix public parking facilities. For more information visit phoenixconventioncenter.com.

###

Alternate format of this document is available upon request.
Please call 602-262-6225 or TTY 602-495-5048.

图 4-38　美国凤凰城会议中心关于地球日活动的新闻通稿

第 4 章 会议中心的品牌建设与市场推广

SIEMENS　　　　　　　　　　　　　　　　新闻稿

西门子（中国）有限公司
适用于大众及财经媒体
中国北京，2011 年 1 月 27 日

西门子中国荣获"最具绿色竞争力外资企业"奖

西门子中国再次获得中国中央电视台（CCTV）财经频道"最佳在华外资企业榜"提名，并在"最具绿色竞争力企业"的年度商业排名中荣登榜首。这是西门子连续第二年因其对中国经济和社会可持续发展所做出的切实贡献而获此殊荣。"最佳在华外资企业榜"于 2010 年创立，每年在达沃斯世界经济论坛期间对外发布。

"西门子在中国可持续发展的历史进程中始终积极不懈，开拓进取，我们早在 100 多年前就为中国第一座水电站提供了发电设备。这种开拓精神秉持至今。通过我们在全国各地成功实施的环保项目，我们不仅见证，而且积极推动着中国的工业化进程，特别是在当前中国经济转型、结构调整和产业升级的阶段。"西门子（中国）有限公司总裁兼首席执行官程美玮表示，"我们很高兴这一努力得到了中国公众的认可。"

"最佳在华外资企业榜"由中国中央电视台、英国《金融时报》（Financial Times）和德国罗兰贝格管理咨询公司联合发起，每年在瑞士达沃斯世界经济论坛期间发布，旨在发现在华外资企业中的突出贡献者。评审委员会由资深经济学家和国内媒体高级管理人员组成，最终获奖者从超过 500 家跨国企业中产生。

在 2010 财年，西门子与环保相关业务组合中的产品和解决方案共实现 280 亿欧元营收，帮助西门子世界各地的客户实现二氧化碳减排量达 2.67 亿吨，这相当于香港、伦敦、纽约、东京、德里和新加坡六个城市全年二氧化碳排放量的总和。在 2010 年的上海世博会上，西门子提供了总价值超过 10 亿欧元的环保技术和解决方案，帮助本次世博会打造历史上首个"绿色低碳世博"。去年，西门子与中国的合作伙伴一起将云南—广东高压直流输电（HVDC）

1/2

西门子（中国）有限公司　　　编号：2011-1-27
Siemens Ltd., China　　　　　http://www.siemens.com.cn

系统投入双极运营。这是目前世界上建成的输电容量最大的高压直流输电系统，可以将云南的水电跨越 1,400 公里输送到工业发达的广东地区，每年减少 3,000 万吨二氧化碳排放。

###

西门子在中国

西门子在中国享有广泛的知名度，是深受喜爱并广受尊敬的企业公民。早在 1872 年，西门子即向中国提供了第一台指针式电报机，由此成为最早与中国开展合作的跨国企业先驱。一百多年来，西门子以其卓越的技术成就、不懈的创新追求、出众的品质和可靠性在业界独树一帜。迄今为止，西门子在中国已建立了约 90 家运营企业和 60 多个地区办事处。涵盖了西门子工业、能源和医疗等所有业务领域。西门子通过中国的地区办事处及区域组织使公司更好地把握市场脉搏、了解本地信息，更加有效地满足客户需求。西门子在中国拥有超过 43,000 名高素质的员工，是在华拥有员工数最多的外商投资企业之一，并己成为中国经济不可分割的一部分。西门子拥有世界上最大的与环保相关业务组合。今天，西门子将该业务组合全面投入到与中国的合作中，彰显其致力于帮助中国实现可持续发展的坚定决心。

如有任何问题，请联系：
段伟
电话：　+86-10-6476 3102
传真：　+86-10-6476 4922
电子邮件：wei.duan@siemens.com

2/2

西门子（中国）有限公司　　　编号：2011-1-27
Siemens Ltd., China　　　　　http://www.siemens.com.cn

图 4-39　西门子（中国）有限公司的一篇新闻通稿

第7节 新型社交媒体的运用

社交媒体（Social Media），也称"社会化媒体"，是一种给予用户极大参与空间的新型在线媒体，实时、互动是其显著特点。社交媒体包括博客、微博、维基、播客、论坛、内容社区等，允许人们撰写、分享、评价、讨论。社交媒体之所以日益受到欢迎，与互联网的广泛普及和运用有着密切的关系。截止到2009年6月30日，我国网民规模已达到3.38亿，而根据权威预测，2012年中国移动互联网用户数将超过互联网用户数，届时企业的电子商务、市场推广、客户服务等均需要适应这一潮流。会议中心有必要配置适当的人力和投入，尽早、有选择性地使用部分社会化媒体以吸引中外客户，向主办机构、广大参会者、参展商和观众传递真实信息，提高影响力。

2010年11月16日，有一件事将国家会议中心与当年最潮的互联网大事联系在了一起——由新浪主办的"2010中国首届微博开发者大会"在国家会议中心举行。这一天，来自四面八方的微博开发者和技术开发精英齐聚国家会议中心一楼大宴会厅A段，共同探讨微博开放平台的创新应用。众多微博用户在实时介绍会议内容时，都纷纷提到了国家会议中心。

这次，国家会议中心的角色既不是信息主动发布者，也不是信息转发、分享者，而只是被评价、议论。

一、社交媒体的定义、特征及具体形式

社交媒体、社会化媒体是一个新出现的概念，指的是能互动的媒体，用户的有效、广泛、即时参与是其一个有别于传统媒体的最大特点。社会化媒体改变了以往媒体一对多（one to many）的传播方式，变成了多对多（many to many）的对话（dialog）。在社会化媒体领域，有两个关键词，即UGC（user-generated content，用户创造的内容）和CGM（consumer-generated media，消费者产生的媒体）。

用户创造的内容，是指用户将自己原创的内容通过互联网平台进行展示或者提供给其他用户，以提倡个性化为主要特点，是一种用户使用互联网的新方式，由原来的以下载为主变成下载和上传并重，互联网上的所有内容由用户创造，而不只是以前的某一些人。消费者产生的媒体，也指消费者创造媒体、消费者自主媒体，或者受众自主媒体、自媒体等，由消费者个人以文字、图片、影像、动画、音乐等形式，制造、发布、传播与使用各种线上信息，传播与分享日记、知识、资讯、技术、体验和观点等。

社交媒体是一种给予用户极大参与空间的新型在线媒体，一般而言，它具有以下的特征：

（一）广泛性

社会化媒体可以激发感兴趣的人主动地贡献和反馈，它模糊了媒体和受众之间的界限，人们高度自主参与，而不是像传统媒体的接受者一样被动接受。基于分享的目的而把各种内容快速传播，因而波及面更广。

（二）公开但鱼龙混杂

大部分的社会化媒体都可以免费参与其中，它们鼓励人们评论、反馈和分享信息。参与和利用社会化媒体中的内容几乎没有任何障碍，因此要注意的是，因为每一个人都可以生成内容，所以可能会有很多错误、虚假和片面的内容，其中不乏不负责任的用户。

（三）互动

传统的媒体采取的是播出的形式，内容由媒体向用户传播，单向流动。而社会化媒体的优势在于，内容在媒体和用户之间双向传播，这就形成了一种交流和双向对话，是真正的互动。

（四）实时

传统媒体以播出的形式，将内容单向传递给受众，受众接收到该内容需要一定的时间，十分有限的反馈需要更多的时间。而社会化媒体借助于随时随地存在、无时不在的网络和终端则形成了实时、多点对多点的传播、交流、互动的特征。

（五）社区化

在社会化媒体中，人们可以很快地形成一个社区，并以饮食、服装、摄影或者政治等共同感兴趣的内容为话题，进行充分的交流。"人以群分"在社会化媒体中表现得尤其明显。

最常见的社会化媒体形式有博客、微博、维基、播客、论坛、社交网络和内容社区。

博客：可能是社会化媒体中最广为人知的一种形式。博客是在线的刊物，最近发布的内容将显示在最前面。博客分为个人博客和企业博客，后者是企业开设的博客，用以宣传推广企业，实现在线为客户提供服务等。

微博：这是继在线聊天软件后的又一个在线聊天形式，用户可以分享他人准备做什么、正在做什么、正在想什么的一句话博客内容，这种超简单的应用，已经升级为朋友之间互动交流、分享信息的平台。国外最著名的是推特（Twitter），国内有新浪、搜狐、腾讯、网易、和讯等主要门户网站开设的微博，其中以新浪微博最为有名。每条微博字数限制在140字。

维基：维基站点就像一个公共数据库，人们可以在上面添加内容，或对现有的内容进行修订和增补。国外最著名的维基站点是维基百科——一本在线的百科全书，国内维基百科做得比较好的是百度百科、互动百科、和讯百科等。

播客：可以通过 Apple、iTunes 等软件来订阅的视频和音频内容。国外视频类最广为人知的有 You Tube、Hulu 等，国内视频类的有优酷、土豆、酷6等。

论坛：用来进行在线讨论的平台，通常围绕着特定的话题。论坛是最早出现的社会化媒体,同时也是最强大、最流行的在线社区平台。

社交网络:人们可以在这类站点上建立个人的主页,在朋友之间分享内容并进行交流。最著名的社交网络是脸谱(Facebook)、My Space,在国内则有校内网、开心网,均是个人注册自己的空间,写日志,传照片,以交友为主,可以说是博客方式的延伸。

内容社区:组织和共享某个特定主题内容的社区。最流行的社区一般集中于照片(Flickr)、书签(del.icio.us)和视频(You Tube)等相关内容。

二、使用社交媒体对会议中心的好处

对于个人用户来说,使用社交媒体最大的好处是分享。而对于会议中心来说,融入社交媒体之后也有如下益处:

(一)社交媒体能提升会议中心品牌的认知度

建立品牌,提高认知度,需要多种整合营销手段并用,而且需要较长的时间。在以前,品牌的建立大多是借助高质量的产品品质、广告(电视、报纸杂志、名人代言等)、事件营销和公关技巧。如今,高端用户对传统媒体的喜好在降低,对传统的电视、报纸、杂志的观看和阅读依存度在减少,很多人转向形式多样、丰富多彩的社交媒体,因此企业必须及时改变品牌传达方向,将最新的理念和企业内在的传统价值及时、完整地通过最新的渠道传达给用户。今天,一个会议中心没有网站是不可想象的;而明天,一个会议中心也仅有一个网站与外界单向沟通也是很难想象的。

(二)社交媒体能维护并提高会议中心用户忠诚度

时代在改变,会议中心用户原来倚重的元素发生了变化,会议中心用户的喜好在变化,会议中心用户原来并不以为然的因了可能如今变得头等重要,他们希望随时随地看到、购买到他们喜欢的会议中心产品和服务,希望原来喜欢的会议中心产品和服务能更新潮。用户享受这种寻找、购买的过程,乐意甚至是迫不及待地将自己的感受、评价、所拍摄的照片和视频拿来与好友分享,更愿意自己的感受和喜好能让更多人接受,途径之一就是被分享,即被转载和被评论、反馈。几乎是人人都愿意当潮人,而潮人只喜欢新潮产品,社交媒体恰是新潮产品的一个有机组成部分。

(三)社交媒体能提升会议中心产品的质量

社交媒体使得所有客户都可以针对会议中心发表评论并提出批评,因此会议中心的产品和服务必须有过硬的质量。产品质量不过关的会议中心将会被曝光并逐渐被客户抛弃。这也是为什么好的会议中心往往在传统营销上投入的资金更少的原因所在。社交媒体的存在使得优秀的会议中心能够快速获得自己用户和喜好者(粉丝)的追捧,而且,用户和喜好者会自主、乐意将好会议中心推荐给他人,这时候会议中心并不需要付出任何营销成本而能获得潜在客户的好感。喜好者(粉丝)可能并不是实际使用过该会议中心产品的人,但他们关注会议中心、喜欢会议中心可能并不是由于会议中心产品本身,而是由于会议中心的其他方面,如节能、员工培训、某次公益活动,这样就让会议中心的产品也沾了光。因为有了这些喜好者(粉丝)的推荐,会议中心的形象变得更丰满了,而且,用户和喜好者甚至不同意他人对会议中心的贬低而自愿公开替会议中心说好话。这样结局都指向一点,即迫使会议中心提高产品质量,以便在用户和喜好者眼里,会议中心变得更酷。

(四)社交媒体推动会议中心信息透明化

社交媒体比以往任何一次技术革新都更能够促进会议中心的协作精神的发扬,从而使得所有的会议中心都能够处于公众的监督之下。会议中心对社交媒体的兴趣越大,其信息透明度也就越高。

在未利用社交媒体之前,会议中心很难与用户进行互动,也就无法获取反馈。而现在,用户可以通过社交媒体直达会议中心高层。除此之外,所有的会议中心面对环境、产品标准以及消费者和员工权益等问题时,也不得不更加慎重。

(五)社交媒体帮助会议中心用户获得真实信息

社交媒体一方面推动会议中心信息透明化,另一方面,会议中心也可以借助社交媒体向用户传递真实信息。社交媒体大多是个人创造的,由于前文说到的用户创造社交媒体的内容的原因,其中有不少不真实的、片面的、虚假的甚至是故意编造的内容,这样的内容很多情况下是用户误解、不了解真相而引起的,如果会议中心没有通过社交媒体迅速响应并校正,虚假内容将很快被转载、被分享,波及面同样很宽。因此,会议中心必须随时观察社交媒体上用户对会议中心的评价、反馈是否真实,如果确实是会议中心的产品有瑕疵或失误,就坦然承认,这种态度也大多能得到大部分用户的理解和喜爱。如果是用户故意诬陷或因为不了解实情而导致的,会议中心就可以名正言顺地解释,快速获得用户的理解。所以,以正视听是会议中心运用社交媒体的一个重要功能。

当然,社交媒体对于会议中心来说,也有一些难以控制的方面。比如,作为纯开放的平台,不确定性因素很多;会议中心的瑕疵很可能被无限放大;非实名制纵容了用户的随意、不负责任,网络泄愤也偶有发生;竞争对手可能会通过社交媒体进行恶意骚扰和诽谤,等等。社交媒体也并不适合所有会议中心品牌,对于有些会议中心来说,社交媒体就不是完全适合。

无论如何,对于绝大多数机构而言,不是应该不应该选择使用社交媒体的问题,而是如何使用的问题。2011年2月2日,成都市人民政府新闻办在新浪上的官方微博"成都发布"的粉丝数量突破10万,超过了之前领先的香港特别行政区政府微博的粉丝数量。截至2011年2月8日17时,"成都发布"已经发表微博542篇,粉丝数量超过了11.5万,在目前开通微博的200余个政府机构当中,仅次于云南省政府官方微博"微博云南"和四川省政府新闻办的官方微博"天府微博聚焦四川"。这也让"成都发布"成为全国粉丝数量最多的城市政府官方微博。这是正面的例子。

负面的例子也不少。2010年12月10日,北京地区遭遇大风天气,首都机场3号航站楼屋面局部金属板被强风掀开,甚至有一条跑道的飞机起降受到了影响。最早发布有关信息的是新浪微博网友"Ricky_尹璐",该网友在候机大厅拍摄了现场照片并放到网上直播。

在他的微博中,有两张名为"雪花满地"的照片,照片显示登机口外侧停机坪的环线跑道上布满了大片白色块状物体,并随风到处飘散。假如北京首都机场能迅速利用社交媒体传递真实信息,就能消除因3号航站楼屋面局部金属板被强风掀开而引起很多人的恐慌和疑惑。

三、国内会议中心使用社交媒体的现状及建议

(一)国内外知名会展场馆普遍都使用社交媒体

我们先来看看国内和境外知名的会展中心使用社交媒体的情况。

表4-3 部分国家和地区会展中心使用社交媒体的统计

国家 (地区)	中文名称	社交媒体使用情况				
		Twitter	MySpace	Facebook	YouTube	LinkedIn
美国	洛杉矶会议中心	√	√	×	×	√
	夏威夷会议中心	×	×	×	×	×
	芝加哥麦考密克会展中心	√	√	×	√	×
	旧金山会议中心	×	×	×	×	×
英国	伦敦ExCel会议中心	√	√	×	×	√
丹麦	哥本哈根贝拉中心	√	√	×	×	×
荷兰	阿姆斯特丹会展中心	×	√	√	×	×
德国	法兰克福会展中心	√	√	×	×	×
	柏林会议中心	×	×	×	×	×

*根据公开材料整理

表4-4 部分亚太国家和地区会展中心使用社交媒体的统计

国家 (地区)	中文名称	社交媒体使用情况				
		Twitter	MySpace	Facebook	YouTube	LinkedIn
香港	香港会展中心	×	×	×	×	×
新加坡	新达城国际会展中心	×	×	×	×	×
	滨海湾会展中心	×	×	√	×	×
	新展会展中心	×	×	×	×	√
马来西亚	吉隆坡会议中心	×	×	×	×	×
泰国	曼谷QSNCC	√	×	√	×	×
韩国	首尔COEX	×	×	×	×	×
	首尔KINTEX	×	×	×	×	×
日本	东京会展中心	×	×	×	×	×
澳大利亚	墨尔本会展中心	√	×	√	×	×
	悉尼会展中心	×	×	×	×	×
澳门	威尼斯人会展中心	×	×	×	×	×

*根据公开材料整理

表 4-5　国内主要会展中心使用社交媒体的统计

	中文名称	社交媒体使用情况				
		博客	微博	开心网	优酷	维基
上海	上海新国际博览中心	×	×	×	×	√
	上海国际会议中心	×	×	×	×	√
广州	白云国际会议中心	×	×	×	×	√
	保利世贸博览馆	×	×	×	×	×
北京	九华山庄	×	×	×	×	×

＊根据公开材料整理

表 4-6　四大门户网站的微博提及国家会议中心的数量

网站名称	提及国家会议中心的微博数量	国家会议中心的 ID 注册与否
新浪	6 035	以个人 ID 注册
搜狐	712	尚未注册
网易	176	尚未注册
腾讯	700	尚未注册

＊根据公开材料整理，截止到 2011 年 2 月 9 日

对比上面表 4-3、表 4-4、表 4-5，可以发现欧美、澳大利亚的会展场馆使用社交媒体要多于亚洲场馆，国内场馆迄今无一家会展中心使用社交媒体。

(二) 国内会议中心使用社交媒体的必要性

1. 用户对会议中心有一些误解

有些误解是善意的，比如，经过对新浪、搜狐、网易和腾讯四大网站微博的观察，发现不少用户把国家会议中心和人民大会堂混为一谈，不知道国家会议中心的真实背景。有些误解是因为不了解真实的情况，这里有两种情况，一种是主办单位的做法未能被参会者了解，另一种是对国家会议中心不了解。

2. 用户开始广泛使用社交媒体

据不完全统计，2010 年 11 月至 2011 年 1 月底期间，在国家会议中心召开的会议同时在会场展示微博记录的有：

① 2010 年 11 月 16 日，中国微博开发者大会；
② 2010 年 12 月 1—3 日，微软技术教育大会；
③ 2010 年 12 月 13—16 日，甲骨文全球大会；
④ 2010 年 12 月 23 日，凡客诚品联盟站长年会；
⑤ 2011 年 1 月 15 日，凡客诚品年会；
⑥ 2011 年 1 月 27 日，微软(中国)年会。

这六个会议除了凡客诚品的两个大会外，其余都是 IT 行业的会议。IT 最新技术往往是首先从 IT 公司开始使用，然后迅速如病毒般感染到各行各业，成为一种时尚。

2011 年 2 月 10 日，惠普在美国旧金山 WebOS 特别发布会上正式推出了基于 WebOS

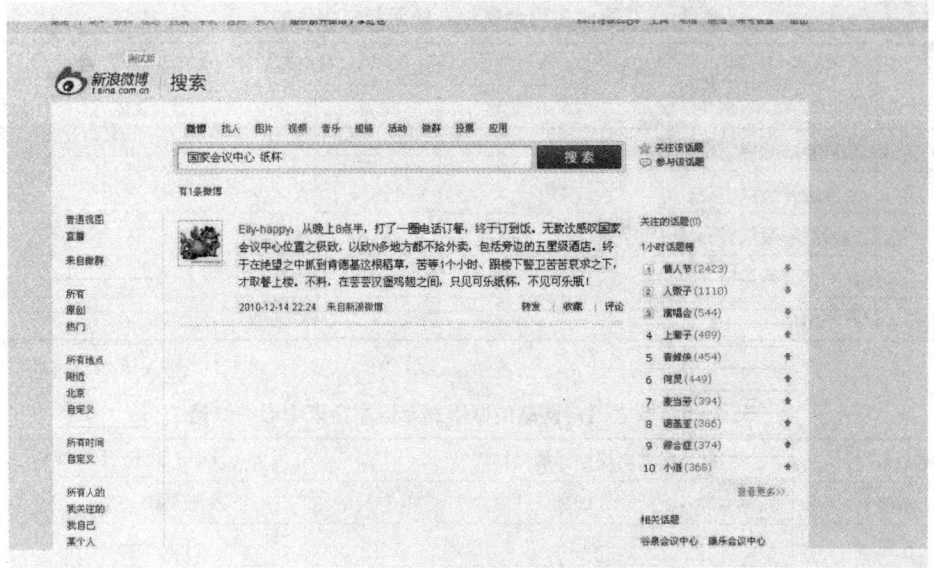

图4-40 2010年12月14日来国家会议中心参加微软技术教育大会的一个参会者发布的微博截图,显示出该参会者根本不知道主办方不提供一次性水杯的真实用意是为绿色降耗之目的

系统的三款新产品,包括Touch Pad平板电脑以及Veer和Pre 3智能手机。智能手机、轻便上网终端的广泛使用以及推陈出新的速度越来越快,都要求我们的会议中心能适应这种变化。

3. 使用社交媒体是扩大企业会议份额的需要

如果要继续扩大企业会议的份额,那我们有必要分析一下这些企业客户的决策者(decision-maker)和影响决策者(decision-influencer)的背景:他们不全是来自IT业,但大多是电脑和网络爱好者,经常使用网络;他们不崇拜传统媒体,不相信权威,有自己的想法,特立独行,不人云亦云,喜爱新技术,偏爱iPad和iPhone、联想乐phone等智能手机、智能上网设备,部分有网络和社交媒体依赖症,有年轻化趋势。很明显,面对这些决策者和影响决策者的背景,会议中心严肃之余,需要温情,需要潮、酷。会议中心若是不能满足这些用户的需求,就有可能被用户抛弃。

4. 客户需求呈多样化,但依赖网络特征明显

美国运通公司的最新研究指出,商务旅行者对线上和线下的服务都有需求,其中超过半数的商务旅行者喜欢在网上预订行程。而在线咨询可不是我们常见的QQ或MSN等即时通信,更多的是微博。比如,维珍航空美国公司的乘客若想知道航班情况,就会通过微博向公司咨询。

我们还需要郑重对待另外一种趋势,即随着IT技术的发展,电子商务手段日新月异,不但新方法、新手段越来越多,而且更新换代的频率越来越快。据《旅讯》报道,2011年春节期间北京一家酒店接到了来自团购网的预订达到了1 000间夜,这与原来携程网、艺龙网等订房网站的订房量相比是一个巨大的飞跃。不仅如此,2011年1月,美国在线旅游服务公司priceline的中国翻版"我开价网"的新闻犹如一颗重磅炸弹,引爆了包括众多酒店在内的整个在线旅游服务行业对新型电子商务技术的关注,这次酒店变成了买方。我们可以想象,类似"我开价网"这样的新型电子商务技术将从酒店波及会展中心。

5. 使用社交媒体是会议中心扩大影响力的需要

看到这则微博,我们或许会惊叹于多么可惜失去了向这两个用户和他们的朋友以及难以统计的好友推介国家会议中心的机会。上面微博中提到的即将在京沪高速铁路上投入使用的时速380公里的机车头,就是2010年12月在国家会议中心举行的世界高铁大会暨铁路装备技术展期间展出的展品,这种能吸引大量眼球的活动,实际上就是会议中心可以借的"东风"。

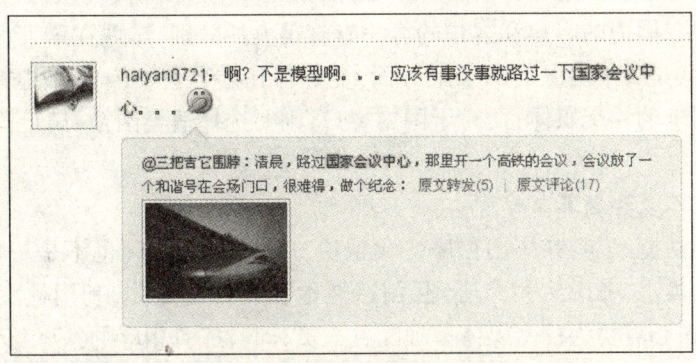

图4-41 新浪微博某用户对国家会议中心的宣传

6. 使用社交媒体是回馈客户、帮助客户成功的需要

社交媒体能为会展场馆创造价值——吸引新客户、维系老客户、提升知名度以及提高内部管理和服务水准。当今,竞争日趋激烈,会展场馆要想取得成功,须借助于客户举办的会议和展览的成功。否则,会展场馆的运营是很难持续的,因为客户的成功才能保证会展场馆获得源源不断的生意。所以,会展场馆也应该帮助客户获得成功,从而做到一荣俱荣。

会议中心的许多客户还没有意识到社交媒体的重要性,个别客户还对社交媒体知之甚少。会议中心若能通过社交媒体扩大会议、展览的知名度,帮助主办方招徕更多的参会者、参展商和观众以及扩大曝光度,就能为客户创造超出客户期望的价值,客户就会越来越依赖会议中心,形成路径依赖,这样会议中心除了获得稳定的客源外,还能得到可供挑选的新客户。

7. 会议中心需要借助包括社交媒体在内的多种渠道形成品牌和影响力

会议中心想在2—3年内形成独有的品牌是不容易的,需要借助于企业社会责任(CSR)、绿色节能、客户满意度、媒体关系等软指标的提升,而要提升这些软指标,不可能靠单一的或少数几种手段,而应该是全方位、立体的,其中就包括社交媒体。

(三)国内会议中心使用社交媒体的方法

中国移动北京公司2011年1月20日透露,今年年底前,北京市五环内区域以及郊区县中心地区比如通州新城、昌平回龙观等地区,市民将可以随时随地无线上网。这是北京建设"无线城市"的举措之一。今日的互联网呈现移动化、社会化和实时化的趋势。在这种情况下,会议中心应该如何使用社交媒体呢?

1. 适应变化，尽早选择使用部分社交媒体

移动互联网时代即将到来，社交媒体可以创造很多商业价值，会议中心应该选择使用企业博客、微博、维基、论坛等社交媒体，这不但是外界客户的要求，也是提升内部管理水平、扩大市场份额、提升品牌认知度的要求。鉴于社交媒体的特性，比如公开但部分资讯无序甚至失真，会议中心没有必要使用全部社交媒体，而应该选择可靠、广被接受的微博、维基、论坛、内容社区（如照片分享）等部分社交媒体。

2. 中外有别，针对国际市场和国内市场分别使用不同的社交媒体

国际会议、展览的主办机构（即客户）和国际参会者、参展商、观众（即客户的客户）对会议中心的需求与国内的客户和客户的客户有着很大的区别，体现在语言、使用习惯、信息需求等方面，尤其是对中国国情的了解方面，更是存在差异性。因此，对国际客户，要选择满足国际客户需求的社交媒体；而对于国内客户，则要选择适合国情、满足国内客户需求的社交媒体。

3. 单独配置人员和预算

社交媒体的功能、工具和应用程序变化很快，用户需求、心理也不是一成不变的，会议中心应满足这些需求，考虑到用户心理，创造性地管理社交媒体，利用社交媒体为自身服务。所以，会议中心需要为社交媒体单独配置人员，同时配备相应的预算。

上海交通大学舆情研究实验室2010年12月28日发布了《2010中国微博年度报告》。报告预测，中国微博用户的爆发性增长将出现在2012年、2013年左右，市场将在2013年进入成熟期。截止到2010年10月20日，新浪微博的用户数达到了5 000万，现在每天发微博数超过了2 500万条，其中30%来自于移动设备。即使是国际大会及会议协会（ICCA）这样严肃的国际组织，也早就顺应潮流，开通了Facebook、Friendster、Digg、Twitter、My Space等广受欢迎的社交媒体。国内的会议中心也应尽早有选择地使用社交媒体。

4. 以一个声音向外传递信息、与用户交流

要传递正确、积极的信息，就需要加强内部管理，劝诫员工不得开设带有"××会议中心"商号的博客、微博、MSN签名、论坛注册名。应由一个管道，以唯一的一个声音同外界保持沟通、互动，以维系企业的尊严，确保信息发布的准确性和质量。

第8节 参加行业展览增强面对面交流的价值

一个新客户，从第一次见面到能够叫出你的名字，一般需要三个不同场合的交流，也就是至少要见3次面、交换3次名片后第四次见面才能够把你的供职单位和名字记住。我们都有这样的体会——面前的人似曾相识，一待交换名片后才一拍后脑勺："哦，对对，我们上次在哪儿见过。我还有您的名片。"

要让别人记住你供职的会议中心，要让潜在客户变成有预订意向的客户，除了上门拜访、参加行业会议/论坛外，一般都会采取参加行业展览的做法。高质量的行业展览能把买家请到展厅里，这个时候是见到最多的潜在客户的最好机会。

虽然现在有多种市场营销手段,比如微博、电子杂志、邮寄宣传材料、网站推广等,但线下的人员交流仍相当重要。特别是会议室、展厅属于无形产品,客户不体验就无法感知会议中心的产品和服务,因此客户不可能在不认识会议中心的市场销售人员的前提下就贸然购买。这就要求市场销售经理要主动与潜在客户接触,让他们记住市场销售经理的模样及名字。所以,市场销售确实就是应该先"销售你的脸"(sell your face),再"销售你的交情"(sell your friendship),最后才是"销售你的会议中心"(sell your facility)。

通信、网络日渐发达,人们使用通信、网络进行交流也越来越频繁,但正是较多的网上交流使得人们更期望线下的面对面交流,换句话说,网络并不能替代人与人之间面对面的交流,反而催生了人们想见面的欲望和见面后相互之间印象更好的效果。

会展业内人士虽然平时都很忙,但都会想法抽出时间来参加业界比较重要的活动,展览和行业会议所附带的展览就成了大家难得见面的场合。

参加行业展览需要慎重对待,也需要一些技巧才能获得最佳效果。

一、每次派专职的市场销售经理参加展览

不要派无关人员参展,比如财务部、总经理办公室的员工去外地参展,不但是因为他们对业务不熟悉,更糟的是客户会比较反感——给人的感觉只能是这些人出来是公费旅游。要让一个陌生客户对一个会议中心从第一次听说到有兴趣了解展厅的层高和配套酒店,首先就要让客户对盯展台的市场销售经理从不熟悉到熟悉。

二、每年参加固定的几个专业展览

客户并不是每次都有时间参观展览,会议中心要想抓住尽可能多的潜在客户,就需要选择客户(买家)集中、客户质量好的展览,一次、两次见不到这个客户,第三次就应该能见到了。质量低下的行业论坛和展览跟会议中心的品牌定位不符,事实上,那些口碑不佳的行业会议和展览也逐渐被客户抛弃了。

每年参加固定的专业展览也有利于制定市场推广预算,还可以跟主办方协商一个较为优惠的展位价格,比如连续参展五届,就有可能获得一个折扣价。

三、展览前邀约客户

即使是特邀买家[①]也不一定会光顾您的展位,何况很多客户都是走马观花般地逛展厅。要让客户知道你有展位,展台是多少号,就需要你在展前通过电子邮件、自己的企业网站和展览网站(有的是展览主办方免费赠送的广告位,有的需要付费)向你数据库里的客户名单发送有关信息邀请其参观展台。

---

① 特邀买家,英文 hosted buyer,是由展览主办机构邀请观展并支付其交通、住宿费用的客户代表。

质量高的专业展览①，如中国（北京）国际会议奖励旅游展（CIBTM）、世界会议奖励旅游展（IMEX）等，主办方会事先将特邀买家名单发给参展商，会议中心要做的就是先行选择部分客户（不可能把所有的客户都见一遍，另外，有些客户明显不会成为你的客户而只能成为别人的客户），由准备盯展台的市场销售经理本人向过滤过的客户名单亲自以电子邮件形式发出邀请。不要让别人代劳，一定要由要去展览现场的市场销售经理本人发。

对于已经见过一次、两次的客户，更要再次邀请——感情是慢慢培养的，而且即使这个客户暂时没有生意给你，如果他对你和你的会议中心有好感，他很可能向他的朋友推荐你的会议中心。要记住会展圈子很小，即使在境外，客户数也基本上是固定的。

不要把互为竞争对手的客户安排在一起见面，也不要让你与这两个客户的见面衔接在一起，万一这个客户还没走，那个客户先到了，就只有尴尬了。客户更喜欢被单独尊重。

四、值台要讲究职业化，体现会议中心的水准

"人靠衣服马靠鞍"，大多数人避免不了用势利的眼睛打量、判断对面的人。值台人员的衣着、打扮、行头基本上决定了一个陌生客户对会议中心的评价。国内有一些展览，第一天还有人值台，等到第二天人就消失不见了，这是对客户和展览主办方的不尊重，即使展台是免费的，也要自始至终有专人精神饱满地值台，否则就不要设立展台，因为那只能伤害会议中心的品牌。我们看到香格里拉酒店的市场销售人员在工作场合永远都是西服革履挺括、行头不赖，就自然会对他/她所供职的香格里拉酒店产生一种好感。别人看不起你，大部分情况下是首先自己不争气。

五、展览的酒会、讲座/论坛、主题晚宴切不可放弃

展览一般都有酒会、晚宴和多个讲座/研讨会/论坛，都提供了交际的机会和学习的机会，不要轻易放弃接触更多客户、学习行业知识的机会。参展除了宣传推介会议中心、接触客户、达成意向外，更是一个认识同行、获取行业知识、掌握行业发展趋势的机会。所以，展览值台如果仅派一个人，就不得不顾此失彼了。

六、准备最新的新闻通稿

我们不要忘了媒体记者这个特殊群体的需求。他们正为没有最新数据、有影响的会展活动（已经发生的案例和即将发生的会议、展览预报）而发愁。用于展台发放的新闻通稿要把企业最近的进展以及最新的会议、展览活动数据（比如，1 000人以上的大型国际会议有多少个，最大的会议人数是多少，观众最多的展览是哪个）、签订了哪些知名的会议展览等信息包括进去。对于媒体，除了纸质版的新闻通稿，还可以把会议中心总体介绍、视频、新闻通稿和案例图片、会议中心标志、会议中心外景照片等放在光盘里发放给记者。

---

① 高质量的行业展览和会议，请参阅本书附录之"境内外有代表性的行业展览和会议"。

七、来点创意,比如抽奖

我们要知道展览观众在一个展厅里逛是很辛苦的一件事,他对所见过的参展商几乎没有什么特别的印象,除非你的展台能给他一些特别的印象。

这里介绍两种业内比较喜欢的活动。

(一)抽奖

可以每天都安排抽奖,也可以只安排一次,在展览最后一天开奖,也可以在展览结束后在企业网站和行业媒体公布。如果是在国内参展,奖品可以是会议中心配套酒店的免费住宿和自助餐用餐券。如果是在国外参展,奖品不能是会议中心配套酒店的免费住宿和餐券,因为他来你这个城市的概率很小,别让人觉得你的奖品了无诚意。如果能给予获奖者富有中国特色的礼品,如扇子、中国画等,获奖者会很开心。当然,在国外,还流行拿酒店的浴袍当奖品的。

(二)在展台的酒会

如果预算充足,可以在每天的午饭时间(中午 12 点至下午 2 点)都举办,提供白葡萄酒、啤酒、软饮以及三明治等简便的食物,这样买家就省了午饭了。如果预算不多,那么可以在展期的其中一天举办。在国外参展的话,也可以在展览结束后在展台举办酒会,大家 happy 一下。

第5章 会议中心的销售和预订管理

第1节 会议中心的客户在哪里

会议中心在开业筹备期就需要找到客户,待到正式开业时就应该有客户把会议和展览带到会议中心。如果仅有客户但没有生意,会议中心仍然是空着的,其会议室、展厅等无形产品只能白白损失。

在寻找客户之前,首先要分析会议中心的客户在哪里?都有哪些类型的客户?它们都躲在什么地方?会议中心的客户可以根据下面的划分法来进行分类。

一、会议中心的客户分类

(一)按照会议和展览来划分

这是最简单的也是最容易的,我们可以把演艺、颁奖、新品发布等特殊活动也暂时归为企业活动,这样会议中心的两大客户分别是会议客户和展览客户。

当然,现在有一种不太明显的趋势,就是个人活动在某些场馆日趋增多,比如婚宴、生日派对、成年礼、同学聚会、校友会等,消费者是个人和家庭,而不是一个组织。我们熟知的香港会展中心,每年就接待很多婚宴。但总的来讲,在国内,个人消费市场不发达。

(二)按照区域来划分

如果按照客户的来源地(或者说是注册地,个人和家庭消费者则是所在的城市)来区分的话,客户分布在四个区域。

1. **本地(本市)客户**
客户带来的生意属于本地生意(local business)。

2. **国内客户**
从本地(本市)之外而来、但限定在国内的客户,它们的生意属于国内生意(national

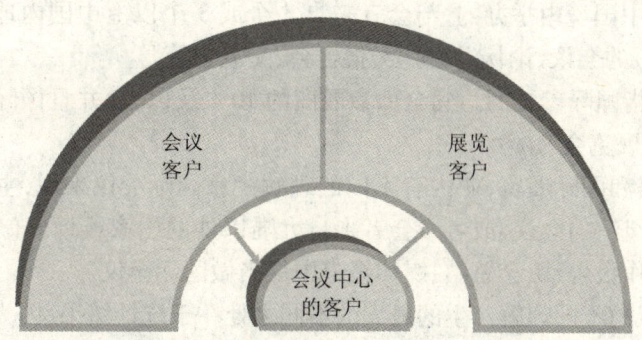

图 5-1　按照会议和展览划分会议中心的客户

business)。

3. 区域客户

中国大陆之外、属于亚太区地域的客户,如香港、新加坡、日本、韩国等国家和地区客户,这类生意属于区域生意(regional business)。

4. 全球客户

对于我们而言,就是欧洲、南美洲、北美洲、非洲的客户,这种生意叫全球生意(global business)。

我们一般把中国大陆之外的客户统称为国际客户,相对应的生意叫国际生意(international business)。

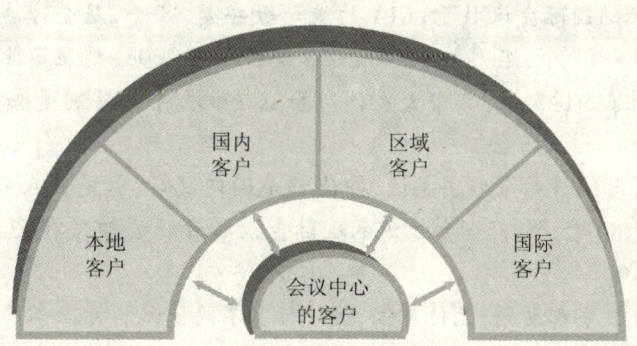

图 5-2　按照区域划分会议中心的客户

(三)什么是国际会议?什么是国际展览?

从严格意义上来说,我国的国际会议和国际展览有其特殊的内涵。

根据我国有关文件的规定,凡是来自三个或三个以上国家和地区(不含港、澳、台地区)的代表参加以交流为目的的会议统称为国际会议。

但在实际操作中,各地、各部门却又执行不同的标准。中国科学院在 2006 年发布的文件[科发际字(2006)191 号]指出,(国际会议是)以中国科学院或院属单位名义在我国境内(不含港、澳、台地区)举办、承办的有国外代表出席的会议、论坛、研讨会、报告会和交流会等。而北京市统计局与国家统计局北京调查总队在"京统发(2011)15 号"文件中则将国际会议定义为"在中国境内举办的,与会者来自3个或3个以上中国内地以外国家和地区(含港、澳、台地区)的会议、论坛、研讨会、报告会、交流会等"。

国际展览,是指国际参展商达到全部参展商的10%及以上,并且国际观众达到全部观众的5%及以上的展览会[①]。

对于国际会议和国际展览,业内有不同的理解。拿国际会议来说,主办方是境外的公司、媒体或是国际组织的会议,或者参会者来自大陆以外的国家或地区(含港、澳、台地区)的会议,在政府工作报告、协会总结、媒体报道中都当做国际会议。

对于国际会议的不同理解产生的最大的不同之处在于统计结果,因为没有统一的统计标准,因而各地出现的国际会议统计数据有时候差异很大。而对于会议中心来说,可能仅仅是一个内部统计和归类的问题,对报价没有特别大的影响。

阅读资料:令人困惑的会议统计数字

中国2007年的国际会议数量:255个? 195个? 255是国际协会联盟(UIA)统计的2007年在中国大陆、香港和澳门召开的国际会议数量,而195个是国际大会及会议协会(ICCA)统计的在中国大陆(不含香港、澳门)举办的国际会议数量。难道中国的国际会议就这么少? 但UIA和ICCA是两个最重要的国际会议业协会,它们的统计报告非常严谨,也很权威。

如果上面两个数字让人觉得难以置信的话,那么下面三个数字就更让人迷惑不已了:2007年在北京召开的国际会议数量,UIA的统计数字是88个,居全球城市排行榜的第17位;ICCA的统计则为87个,名列第8。但《北京统计年鉴2008》则显示北京2007年接待的国际会议竟然达到了8 045个,其中大型国际会议1 355个。差别是如此之大,相差了近100倍。

不但国内和国际统计结果相去甚远,即使都是国内统计,也是让人感叹不已。2007年北京国际会议数量8 045个,而同年上海的国际会议数量统计却只有632个。真是不比不知道,一比吓一跳。

可能各个统计数字都没错,无他原因,统计标准不同使然。标准不同,导致统计结果迥异,这是必然的。但无论是国际协会联盟(UIA)还是国际大会及会议协会(ICCA),它们都有极其严格的统计标准,比如我们比较熟悉的ICCA的统计标准是必须同时满足四个条件:主办单位只能是国际协会;至少50个参会者;必须定期召开(只开一次的会不列入统计数据);必须在三个或三个以上的国家轮流举办。虽然2007年符合ICCA统计标准的会议数量只有6 681个,但业内还是非常认可ICCA的排名。

国内还没有权威的国际会议统计,因为还没有对国际会议的官方定义,因此各地的会议统计形形色色,也就不足为奇了。比如,2008年浙江全省50人以上规模的专业会议2万余个,列全国第一,什么是"专业会议"就很费思量。

好消息是,国家标准化管理委员会于去年(2008年)成立了"全国会展业标准化技术委

[①] 《经济贸易展览会术语》。该标准由全国会展业标准化技术委员会提出并归口。

员会",而商务部在今年(2009年)2月成立了"中国国内会展业专家委员会",前者正在制定《会展业国家标准体系》,后者承担了商务部的会展业统计工作。

据国家有关文件的规定,来自3个或3个以上国家和地区(不含港、澳、台地区)的代表参加,以交流为主要目的,举办的研讨会、报告会、交流会、论坛以及国际组织的行政会议,可称为国际会议。在我来看,国际会议的定义至少需要同时在三个方面加以界定,即参会人数最少是多少,境外参会人数的比例下限,以及会期至少需要几天。

我们盼望着全国会展业标准化技术委员会和中国国内会展业专家委员会这两个官方机构能尽快出台一致的会议统计标准,这样各地进行会议统计时就有了统一的标准而不会出现千奇百怪的统计数据了,政府出台会展业政策就有可靠的权威的依据了。

(发表于2009年《中国会议》第5期。作者:刘海莹)

二、会议客户都有哪些

在分析会议客户之前,我们需要先就会议分类作一个简单的说明。

根据《会议分类和术语》(草稿)(该标准由全国会展业标准化技术委员会提出并归口,起草单位是国家会议中心),按照主办单位划分,会议分企业会议、社团会议、政府会议和事业单位会议四种。这个是根据我国的《民法通则》来划分的①。

但在实际工作中,有的会议中心把会议分成企业会议(或叫公司会议)、政府会议和协会会议三大类,一些事业单位如医院、学校、研究机构等主办的会议则被划为协会会议和政府会议。

会议中心的主要会议客户是:政府,医院,学校,科研机构等事业单位;社团,包括协会、商会、学会、研究会等;企业(各种各样的公司)。军队会议因为保密性的原因,很少在会议中心、酒店召开。

我们不应该忘了另一类会议客户,即个人或家庭,其举办生日会、祝寿会、婴儿百日、同学聚会、校友会、个人画展、新书签售、婚宴、读书会等,我们暂且把这类客户叫做"个人客户"。国家会议中心在2011年3月5日就接待了一个家庭为其儿子举办的成年礼,人数80人。

三、展览客户都有哪些

跟会议客户相比,展览客户相对比较集中,且容易辨认,容易把它们找出来。而会议客户不但分布广泛,东南西北、各行各业都有办会的潜在客户,而且数量巨大,有些潜藏得还很深,需要挖出来。

展览客户分本地客户和非本地客户两大类。非本地客户是指本市以外、国内或境外的客户。因为展览需要批文,所以境外的展览公司要在国内举办展览,有一个落地问题,即必

---

① 我国的《民法通则》规定法人分两种:企业法人,非企业法人。而非企业法人包括机关法人、事业单位法人和社会团体法人三类。

须有国内的合作伙伴。在这种情况下，会展中心、会议中心有可能成为境外展览公司的合作单位，为展览跑批文，获利方式可以是提高场租，也可以是与境外主办公司分利。

政府、社团（协会、商会、学会）、事业单位（如部委的交流中心、医院、科研机构、未转制的报社等）、专业展览公司、企业（非专业展览公司，展览不是公司主业，如大型国企和已经转制为企业性质的报社）、军队都是展览客户。展览客户相对固定，不会突然冒出来，展览界内部的并购也并不多见，如果有两个展览公司合并，那就是轰动新闻了。

从地域来看，专业展览公司主要集中在北京、上海、广州、深圳这四个城市。少量客户分布在天津、重庆、青岛、中山、东莞、成都、南京、苏州、宁波等地。我们熟知的德国汉诺威展览公司[①]、法兰克福展览公司、杜塞尔多夫展览公司、慕尼黑展览公司、科隆展览公司（俗称"德国五大"）、励展集团、亚洲博闻、英国ITE、香港雅式展览服务有限公司等境外知名展览集团都在北京、上海、广州和深圳[②]设立了分公司或办事处。

除了北京、上海、广州、深圳这四个城市，其他城市的会展中心、会议中心首先要把本地展览客户牢牢抓在手里，同时重点向上面那些境外知名展览公司、国内知名展览公司进行销售。全国性的协会、学会、商会绝大多数都在北京，所以北京又是销售地区的重中之重。

中央部委到京外其他城市举办的展览，大多会由当地相对应的政府部门来承接，这也可视为本地客户，因为会议中心、会展中心很难到中央部委直接销售，唯一的办法就是向当地的政府部门进行销售。

四、直接客户和中介机构

一个客户（企业、政府部门、事业单位或个人）直接找到会议中心，谈妥会议、展览需求并直接将会议费用支付给会议中心，就是会议中心的直接客户。中介机构，即市场中介（marketing intermediaries）帮助公司将其产品促销、销售并分销给最终购买者[③]。

会议中心的中介机构包括：

①专业会议公司（Professional Congress Organizer，PCO）（请参阅下文的"阅读资料"）。

②协会管理公司（Association Management Company，AMC[④]）。

③专业的会议场馆采购公司（meeting procurement and site selection agency），与专业会议公司和协会管理公司不同的地方是仅负责选择、采购会议场所（如会议中心和酒店），但不负责其他会议服务，类似于携程网。

④公关公司、广告公司、咨询公司、活动策划公司。

⑤目的地接待公司（Destination Management Company，DMC）。

---

① 2008年1月，德国汉诺威展览公司和意大利米兰展览公司正式签署合作协议，成立合资公司汉诺威米兰国际展览有限公司。

② 2009年6月，慕尼黑展览上海有限公司在深圳设立了办事处。

③《科特勒市场营销教程》第六版，2004年10月，华夏出版社，p.132。

④ 绝大多数的协会管理公司分布在欧洲、北美，尤其是美国的协会管理公司水准最高，数量也最多。协会管理公司的功能强于专业会议公司，比如有的协会就注册在协会管理公司的办公室地址，由协会管理公司代行秘书处功能，除了组织年会、选举事项外，还包括会员招募、经费筹集、出版会刊等。

⑥会奖公司、旅行社。

中介机构也是会议中心的客户,况且这些公司本身自己也举办会议,如年会、销售会议等。

我们发现,展览一般只有直接客户,很少出现中介机构,但会议却有大量的中介机构。

表5-1 2010年度TOP公关公司榜单(按公司品牌英文名排序)

AcrossChina	信诺传播	MI	传智整合
APR	注意力	MR	嘉利公关
BlueFocus	蓝色光标	NTI	新势整合
D&S	迪思传媒	Ogilvy PR	奥美公关
Evision	时空视点	O&R	东方仁德
Fleishman Hillard	福莱国际	Push	普纳营销
Genedigi	际恒集团	RuderFinn	罗德公关
HighTeam	海天网联	Shunya	宣亚国际
Keypoint	关键点	Trends	趋势中国
Linksus	灵思传播	Weber Shandwick	万博宣伟

注:伟达、博雅、爱德曼等公司因未提交问卷或数据不全未能上榜,时空视点为新上榜公司。该榜单最低分值53.5,最低年营业收入为4 500万元人民币

数据来源:《国际公关》杂志,2011年4月

会议中心的中介机构(分销商)既包括传统的实体分销商和代理公司,如会务公司、会奖公司、公关公司等,也涵盖了网络时代的虚拟企业,如各类预订网站与搜索引擎。这方面比较有代表性的是总部在美国亚利桑那州的Helms Briscoe公司,该公司创立于1992年,在全球范围内为客户寻找开会的场所,从酒店和会议中心获取佣金。

五、会议中心中介机构的管理

在现在的会展活动中,尤其是会议活动中,公关公司等具有中介性质的渠道被广泛使用,尤其是跨国大型企业、国有大型企业、上市公司等重量级的客户,场馆方很难接触到这些所谓的最终用户,几乎都是和最终用户委托的各种公关公司、会务公司、广告公司打交道,这些公司俨然成了最终用户的代理人,阻隔了场馆与最终用户之间的联系,事实上以公关公司为代表的中介商已经成为了场馆销售的重要渠道。

渠道商的出现,有利有弊。有利的一面是,渠道商具有很强的集束效应,一家好的渠道商可以带来大量的最终用户,使得产品能够被快速分销,有利于企业迅速占领市场;有弊的一面是,渠道商垄断了销售渠道之后,场馆的谈判能力将被大大削弱,而且长期与最终用户隔绝,将对渠道商形成依赖性,会议中心的议价能力降低,对保证经营的安全性不利。会议中心举办的很多会议和活动,都少不了公关公司的影子。如果从销售战略上把公关公司剔除,直接面对最终用户,这也十分困难,因为公关公司具备的创意、策划、设计、包装、购买、组织等一系列的业务整合能力,是场馆方不具备的,让最终用户把场馆从整个需求中剥离

出来,单独同场馆签订合同,显然不现实,所以可以得出结论,随着会议业向着专业化道路发展,以公关公司为代表的渠道商在会议活动中所占的比重会越来越高,场馆方必须认同其身处自身产业链的上游。

承认了上游渠道商的存在,对销售渠道的管理就显得尤为重要,场馆对销售渠道的管理重点就是对公关公司、广告公司的关系管理。如果会议中心采取的销售策略是对所有的公关公司采取无差别报价,也就是说在最终用户面前,公关公司要想胜过竞争对手脱颖而出,主要的是依靠自身的创意、策划方面的实力,而与场馆之间的合作关系特别是场馆的价格支持显得并不重要,换个角度说,只要公关公司水平较高,拿下客户的项目,并不需要场馆的支持,这就导致了公关公司同场馆方没有实现利益趋同。从场馆方的角度出发,应该将渠道商的利益牢牢地同自身利益绑到一起,在参与竞争的时候,应该给予渠道商更多的支持,以获得更多的生意机会。同有实力的优质公关公司建立战略级别的合作关系,在价格上适当优惠,从而获得公关公司在项目数量上的回报,是同渠道商密切合作、共同开拓市场的一个办法。

六、会议中心的客户在哪里

理论上,会议中心的客户遍天下,但我们不需要知道中东、北非、南美有多少客户,因为这些区域的客户并不会把会议、展览带到中国来,这些区域完全可以被忽略。

(一)会议中心的大多数最重要的会议客户都在本地,而不在本地之外

本地客户才是会议中心真正要全力开拓并精心维系的最为重要的客户群体。

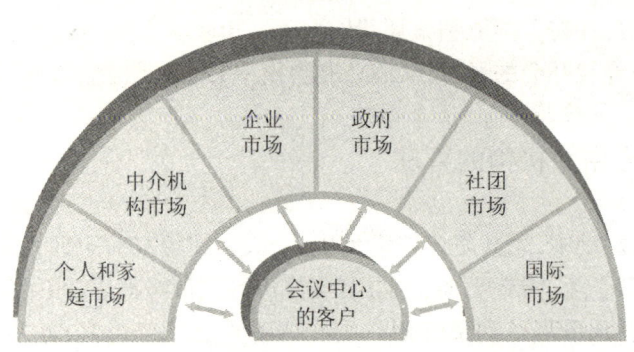

图5-3 会议中心的客户

(二)对于除了北京、上海、深圳和广州以外的大部分城市来讲,会议中心的重要展览客户可能不在本市,而在北京、上海、深圳和广州这四个展览主办方最为聚集的城市,但本地展览客户也相当重要

有一些城市自己拥有为数不少的展览主办机构。一些展览场馆还拥有自办展,如上海新国际博览中心、中国国际展览中心、苏州国际博览中心、广交会等。展览主办机构主要指展览公司、协会/学会/商会、政府部门以及少量大型企业。

综合上面的简单分析,我们可以直截了当地指出,即使是国际化程度最高的北京和上海,会议中心的客户绝大部分也都在国内,其中本市的会议客户和展览客户甚至起着关键作用。因此,会议中心寻找客户首先要着眼于本市,其次是全国范围内,但绝不是境外。因为外资展览公司基本上在北京、上海、广州、深圳和成都设有分支机构,而国际专业会议公司带到国内来的国际会议数量并不多,美国的协会管理公司尚未进入中国,跨国企业和外国媒体在国内都有合资公司、独资公司或办事处,所以没有必要花大力气到国外去找在国内本可以找到的客户。

阅读资料:专业会议公司意味着什么

近日国内报载,一些城市意欲大力发展国际会议业,准备引进世界知名的专业会议公司到这些城市设立分支机构。

专业会议公司,英文是 Professional Congress Organizer,简写为 PCO,与 PEO 相对应。PEO 是专业展览公司(Professional Exhibition Organizer)的英文首字母的简写。像英国励展、德国"五大"、VNU、ITE、亚洲博闻等都是世界知名的 PEO,而 PCO 则相对陌生一些。实际上在国际会议届,PCO 是一支不可忽视的力量,尤其在欧洲、北美和亚太区的新加坡以及澳大利亚,在某种程度上说,PCO 甚至起着极其重要的作用。

PCO 到底是什么? 顾英文名而思义,就是专业的国际大会组织者。一个国际协会的大会(congress)往往人数众多,有秘书长工作报告,会长/理事长或理事的选举程序,年度财务的结算、预算批准,通常还附带展览,如医学类的糖尿病、艾滋病大会,人数超过 2 万,附带的展览则可能在 2 万平方米以上,因此,操作一个大规模的 congress 难度可想而知,于是乎,PCO 应运而生。

PCO 都负责哪些会议服务呢? 一个大会,常由八方面内容构成,分别是注册、议程管理、市场推广、项目管理、展览/赞助商、酒店、交通和社交活动,前五项服务通常由 PCO 完成,后三项则由目的地管理公司(DMC)来执行。不难发现,难度大、事关会议质量和产生利润的重点服务都是由 PCO 来完成,DMC 在中国常常是负责地面接待的旅行社或会奖公司。因此,PCO 对国际协会有极大的影响力。实际情况也是如此,一个国际协会会议身后总有一个紧密合作的 PCO,这个 PCO 几乎全盘操作国际协会会议。

PCO 对于我们来说,意味着什么呢?

第一,意味着可观的国际会议生意。国际 PCO 能量很大,因为很多国际协会大会所有的事务甚至包括日常的行政事务都交由 PCO 打理,因此 PCO 在选择会议目的地时有很大的影响力,有的国际协会会议则完全由 PCO 决定在哪儿开,所以,这些 PCO 要是不喜欢某个城市,或者在某个方面谈不拢,它就能把国际协会会议拉到别的地方召开。国际 PCO 的背后是数目可观的国际协会,如世界著名的 Kenes 公司,管理着 50 多个国际协会,也就是说生意机会很多,我们理应重视并注重向国际 PCO 推广销售。

第二,意味着多重挑战。国际 PCO 正因为手握大量的国际协会会议资源,所以比较强势,对会议中心和其他中方合作单位的服务要求也相当高,价格压得特别狠,尤其是会议室和酒店价格,比如,国际 PCO 的利润一般有 1/3 来自酒店和会议中心的差价。与这些 PCO 巨头谈判需要高超的谈判技巧和娴熟的英语运用能力。因为体制问题,我们的会议中心报价都要比国外政府投资的会议中心高出很多,会议中心如何保持适当的收费价格,如何组织一支能应对PCO的谈判队伍,都是要斟酌的问题。更费思量的是,PCO要求书面确认今后5年内的所有价格包括茶歇菜单、设备租赁的价格等,这样的惯例不啻为不可能完成的任务,我们的经营理念、人才队伍、谈判技巧和价格策略等都将面临巨大的挑战。

另外,PCO在考虑把一个国际大会带到某个城市之前,往往会先接洽会议局或旅游局,会提出很多近乎苛刻的要求,如要求市长出具欢迎信,需要旅游局提供若干张用于考察候选城市的免费往返商务舱机票和地面接待——即使这么做了,也并不表示它们肯定会选择这个城市。这些都只是申办国际协会大会的通常做法,政府服务创新和管理创新能跟得上吗?

当然,PCO还代表着新趋势,意味着新理念。国外流行服务外包,可以预见更多的国际会议将由专业的会议公司来执行,我们的政府和从业人员针对国际PCO的市场开拓和后续服务,我们在政策、资金、人员等方面是否有相应的准备?

(发表于2009年第8期《中国会议》,作者:刘海莹)

七、企业会议的特点

企业会议(corporate meeting, corporate conference)是企业主办的,以行政、管理、技术、营销等为内容,以促进企业的发展为主要目的的会议。按照参会人员的身份,可分为企业内部会议、企业外部会议、内部和外部结合的企业会议三种类型。一般把奖励旅游(corporate incentives)也划为企业会议。

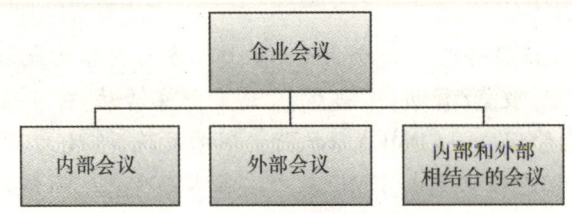

图5-4 企业会议的分类

内部会议:仅企业员工参加,如年会的参会者就全部都是员工,不对外部人员开放。

外部会议:除了企业高管和负责会议的员工(会务组人员)以外,企业的员工不参加,参会者为企业外部人员,如经销商、客户等。

内部和外部结合的会议:不但有企业外部人员参加,还有企业员工(不仅仅是会务组人员)参加,如新品发布会、一些培训会等。

企业会议,也叫公司商务会议,有董事会、公司年会、季度会议、培训会、代理商大会、总结表彰会、产品发布会、客户答谢会和奖励旅游等,是会议中心最为重要的生意。

企业会议不但数量多,而且召开频率高,预算也有高有低,行业分布广泛。会议按照行业划分①,可以分为:

---

① 国家统计局网站,《国民经济行业分类》(GB/T 4754—2002)

① 农、林、牧、渔业会议
② 采矿业会议
③ 制造业会议
④ 电力、燃气及水的生产和供应业会议
⑤ 建筑业会议
⑥ 交通运输、仓储和邮政业会议
⑦ 信息运输、计算机服务和软件业会议
⑧ 批发和零售业会议
⑨ 住宿和餐饮业会议
⑩ 金融业会议
⑪ 房地产业会议
⑫ 租赁和商务服务业会议
⑬ 科学研究、技术服务和地质勘察业会议
⑭ 水利、环境和公共设施管理业会议
⑮ 居民服务和其他服务业会议
⑯ 教育业会议
⑰ 卫生、社会保障和社会福利业会议
⑱ 文化、体育和娱乐业会议
⑲ 公共管理和社会组织会议
⑳ 国际组织会议

其中,就举办会议的行业的产业属性而言,第一产业是指农、林、牧、渔业;第二产业是指采矿业、制造业,电力、燃气及水的生产和供应业,建筑业;余下的属于第三产业(当然,公共管理和社会组织会议、国际组织会议不属于本书讨论的企业会议范畴)。

不同的行业的会议,无论是会议规模还是预算,都呈现出非常大的差异性。即使在同一个行业里的会议,会议规模也相差很大,大的多达数千人,小的只有几十个人。

就会议中心而言,客户集中于医药、IT和电子、金融保险、汽车、机车、工程机械、交通物流、直销、演艺、媒体等领域,这些领域有比较多的大型会议。但不可否认的是,即使是同一个公司,除了大型会议外,还有数量很大的小型会议,但小型会议一般愿意选择在酒店召开(不含在公司办公室里召开的会议)。

如果是企业自行举办或企业出资的会议或奖励旅游,对酒店的要求是通常需要同一个星级同一个标准,这一点恰恰跟学术会议的需求不同。

企业的内部会议更关注预算,外部会议更关注会议效果,因为外部会议的参会者多为经销商和媒体,比如新品发布、客户大会、研讨会、技术大会。而奖励旅游则有可能分别针对员工、经销商、合作伙伴、代理人。

企业会议和奖励旅游有如下特点:
① 举办频率高。
② 筹备时间短。
③ 参加会议的人员(员工、经销商)早就明确。

④ 规模大,分会多。
⑤ 不需要通过市场促销来吸引参会者。
⑥ 主办机构知道与会者的全部情况。
⑦ 费用由企业全额支付。
⑧ 外资企业的与会者没有等级之分,而国有企业的与会者层级非常明显,较高的层级对住宿、用餐、贵宾室等特殊要求颇多。
⑨ 对会议接待场所的选择:除了常规的会议中心、酒店外,一些企业还乐意选择有创意的地点用来举办酒会、开幕式、分会、主题晚宴等。

有的企业、媒体组织主办的会议是从社会上招徕参会者,收取注册费,比如像《中国企业家》杂志社每年都主办"中国商界木兰年会"、"中国企业未来之星年会"、"中国企业领袖年会"等一系列高端财经会议。

特殊活动包括新品发布(如新款手机发布、新车发布、新的美容美发产品发布等)、颁奖典礼、文艺演出也都是由企业主办的,这类活动预算高,场地搭建期长。

八、政府会议的特点

政府会议(government meeting, government conference)是政府机关主办的、以商讨政府各项事宜为主要目的、通常由政府工作人员参加的会议。政府间会议也属于政府会议范畴。

实际工作中,政府会议有时由各级政府部门直接出面组织,有时委托其下属的事业单位出面组织,有时由政府出资支持,如中非合作论坛、中国服务贸易大会等。这类会议的特点是政治性强,对服务的要求比较高,资金预算相对充足,但会场的选择权在政府领导。

会议中心因为具有场地优势,因而接待比较多的高级别政府会议,国家会议中心2010年接待的会议共计有600多位部级及部级以上领导参加。2010年5月8日,国务院副总理李克强参加国家会议中心绿色经济与应对气候变化国际合作会议。2010年7月15—19日,中共中央政治局常委、全国政协主席贾庆林,中共中央政治局常委李长春,中共中央政治局委员、中组部部长李源潮分别来到国家会议中心参观自主品牌汽车展。2010年12月10—12日孔子学院大会及孔子学院资源展在国家会议中心举行,中共中央政治局常委李长春、国务委员刘延东参加开幕式、展览。2010年12月7—10日,世界高铁大会暨铁路装备展在国家会议中心举行,国务院副总理张德江出席并致辞,300多位中外部级领导与会。2011年3月14日,国家主席胡锦涛等中共中央政治局九名常委分别来到国家会议中心参观"十一五"国家重大科技成就展。

从国家会议中心接待过的大量政府会议来看,政府会议还有一些明显有别于其他会议的特点,如嘉宾多,影响大;时间紧,任务急;领导多,层层汇报;变化大,变换快;安全防范意识强。

政府会议有的会期长达3天,还可能附带一个小型展览;有的仅仅就半天,比如一个安全生产工作会议、一个形势报告会。

九、社团会议的特点

社团会议(association meeting, association conference)是协会、工会、妇联、学联、学会、商会、基金会、研究团体等各种社会团体主办的会议,有时候称为协会会议,之所以如此,可能是因为协会主办的会议数量最多的缘故。

据作者的不完全统计,全国共有社团组织20多万个,其中在民政部登记注册的一级社团1 795个。其中国资委管辖299个行业协会,是管辖协会最多的部门。第二位是中国科技协会,管辖190个学会/协会。中华医学会、中国医师学会、中华预防医学会、中医药学会、中华护理学会、中国病理生理学会等都是由卫生部管辖的学会。教育部管辖了145个研究会/学会/协会,而中国科学院管辖了107个学会/研究会[①]。

其他政府部门管辖的协会/学会/研究会/商会:体育总局95个,文化部91个,农业部57个,商务部50个,卫生部39个,住房和城乡建设部33个,全国文联33个,对外友协32个,广电总局28个,交通运输部25个,国家民委20个,国防科工委20个,科技部20个,质检总局19个,司法部18个,作协19个,林业局17个,外交部15个,发改委15个,供销总社15个,文物局15个,水利部15个,工信部37个,中医药管理局10个,公安部9个,铁道部6个,旅游局6个,安监局6个,人力资源和社会保障部6个[②]。

社团组织本身就数量多,社团组织举办的会议更是数量惊人。大型会议很多是社团会议,尤其是医学类和科学技术类的社团会议,有的医学会议参会人数能达到上万人。大型社团会议因为参会人数多、分会场多、展览需求多,所以会议中心是其较为理想的举办地。

无论是国际社团会议还是国内社团会议,社团会议的预算都不算高,因此对会议中心的场租价格较为敏感。

社团会议对酒店的要求:通常会使用两家或以上的酒店,原因之一是参会人数多,原因之二是参会者的预算,有的客人住得起五星级酒店,有的可能预算只够住三星级酒店。

国际社团会议的特点:除了对国内的会议中心场租价格敏感以外,还有一个尤为显著的特征,就是预订时间长。有的国际协会会议提前2年就预订场地,有的甚至提前5年,这样对会议中心就提出了不少挑战,比如,如何报价(5年后的场租、设备租赁、餐饮、酒店价格现在如何报价?),汇率变化是否一定导致价格变动,如何考核销售经理的销售业绩(从接受预订到会议实施,中间有3~4年的时间),万一销售经理突然离职,接手的销售经理是否能与境外主办方在短时间内磨合成功?

医学类的国际协会会议一般只有一顿欢迎晚宴或欢迎酒会,没有自助餐,参会者都是自购盒饭或由主办机构(通常是医药公司)提供盒饭。但医学类国际协会会议不但数量多,会期长,使用会议室多,广告位需求多,而且还经常附带展览,这类会议是会议中心必须争取的市场。

[①] 根据公共资料整理。
[②] 根据公共资料整理。

根据国际大会及会议协会(ICCA)2008年统计报告,医学、科学和工业三个行业的国际协会会议比例占到了39%,也就是说医学、科学和工业协会会议是会议中心应该大力促销的重点。

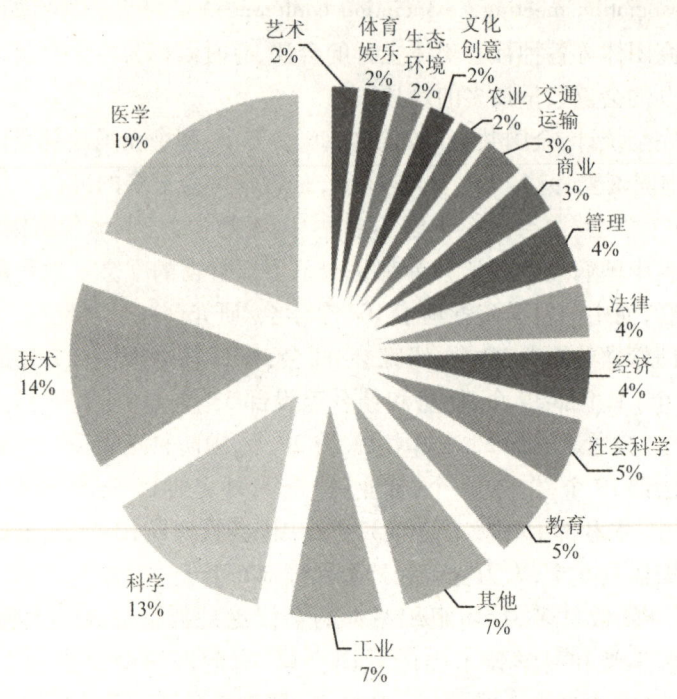

图5-5 协会会议按行业分类各自所占比例

*其他:安全安保、语言学、数学及统计学、图书馆及情报、建筑、文学、历史学、一般行业、地理。

数据来源:国际大会及会议协会(ICCA)2008年统计报告

十、事业单位会议的特点

事业单位会议(institution meeting, institution conference)是由学校、医院、科研机构、文艺团体等事业单位组织主办的,以文化、教育、卫生、体育、科学技术为主要内容的会议。

事业单位除了自身组织各种行政会议、学术会议外,还承办政府会议。医院、科研院所主办许多会议,有些会议规模也很大,大学主办的会议通常会安排在大学内部的会议中心、宾馆和礼堂。总的来说,事业单位会议的预算不高。

十一、展览项目的特点

都说会展不分家、会展是一家,两者有共通之处:
① 与广告业、物流业一样都属于现代生产性服务业。
② 展览和大型会议都需要政府的批文,都需要向公安机关备案。

③（有时候）共享同一个主办机构——如社团、政府、事业单位。
④ 为举办城市带来大量的人流、消费,创造大量的就业机会和税收,受到政府的欢迎。
⑤ 提高和改善举办地的知名度和城市形象。
⑥ 使用部分相同的供应商:酒店、旅行社、搭建、音响、翻译、文件制作等。
⑦ 你中有我,我中有你:展览附设会议和论坛,部分会议附带展览。

但展览跟会议也有着明显的区别:

① 主办机构不同:会议的主办机构主要是企业、政府、社团和事业单位,绝大部分展览的主办单位是协会和专业的展览公司、参会者。
② 客户、参会者不同:展览的客户是企业;会议参会者因会议本身的性质不同而大不相同,参加政府会议的大多是政府官员,学术会议参会者则来自于同一个学术领域或行业。
③ 赢利模式不同:会议赢利主要来源于注册费、大会指定酒店佣金和赞助(或政府拨款),展览主要靠出租摊位和现场广告获利。
④ 举办地点不同:会议集中在酒店和会议中心,展览在展览中心举办。
⑤ 操作运营方式不同:展览——招展,招观众;会议——招参会者和赞助。
⑥ 现场服务内容不同:如茶歇、餐饮是会议的重要组成部分,但对于展览,盒饭(快餐)是餐饮重点。
⑦ 预订时间不同:国际会议往往提前4~5年预订,展览一般仅提前1年预订。
⑧ 淡旺季不同:7月、8月、12月有不少政府会议和公司商务会议,却是展览的淡季或平季。3月15日全国"两会"结束后是北京展览的小旺季,而北京的会议市场要到4月才开始热起来。
⑨ 展览客户固定,不像会议客户那样零散地分布于所有行业。
⑩ 展览客户是一个较为封闭的圈子,基本上不接纳会议主办机构。反过来,会议圈也很少见到展览圈内人士。
⑪ 展览客户基本不主办会议,也不承办会议。会议客户要去主办、承办一个展览,也会觉得异常困难。很少见到一个公司的展览业务和会议业务齐头并进的。会议圈和展览圈各玩各的。

第2节 竞争对手分析及价格策略

会议中心的竞争特点之一就是要同时在三条线上作战:会议、展览、餐饮,其难度可想而知。首先,最大的问题就是去哪儿找到合适的销售人才;其次,要同时面对三种竞争对手,需要极大的智慧。

一、会议中心的竞争对手

会议中心的会议、展览、餐饮三种业务(这里暂不讨论配套酒店),就意味着要面对三

种竞争对手,它们分别是:

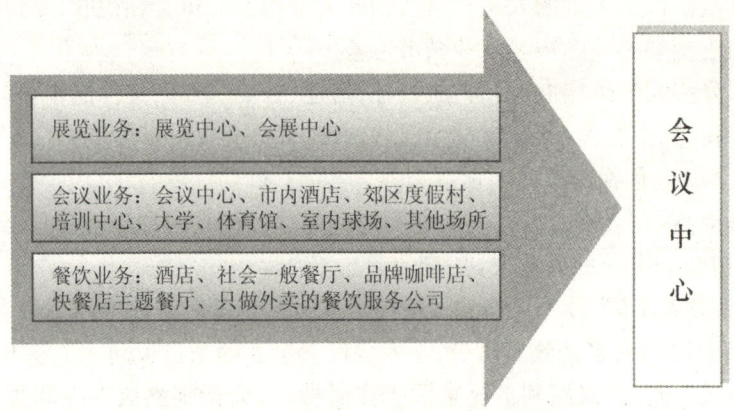

图 5-6 会议中心竞争对手示意图

A. 展览业务:展览中心、会展中心
B. 会议业务:
① 其他会议中心
② 市内酒店
③ 郊区度假村、培训中心
④ 大学
⑤ 体育馆、室内球场
⑥ 其他场所:博物馆、美术馆、图书馆、科技馆、少年活动中心、邮轮、城堡、写字楼内可供出租的会议室、创意工场(如旧厂房、上海原来的屠宰场)、旅游景点、会所、俱乐部等
C. 餐饮业务:
① 其他酒店
② 社会一般餐厅
③ 品牌咖啡店,如星巴克、COSTA 咖啡店
④ 快餐店,如味千拉面、肯德基、麦当劳、吉野家
⑤ 主题餐厅,如北京 Green Tea 餐厅
⑥ 只做外卖的餐饮服务公司

在欧洲、北美,会议中心因为具有与水、电一样的公共产品特性,赢利不是最重要的目标,也不能跟酒店形成全面竞争关系(会议中心的首要目标之一就是为酒店带来客源),因而经营层也乐意把餐饮外包,把星巴克、麦当劳等快餐品牌引入会议中心内。但在国内,真可谓国情不同,会议中心业主既不会同意赢利不是其最重要的目标——会议中心业主追求的主要就是营业额和利润,怎么能跟酒店不竞争呢? 也找不到高质量的餐饮外包服务商。于是乎,会议中心高级经营管理人员绞尽脑汁,苦苦挣扎。

会议中心的竞争对手从地域上看也是分布在五湖四海,可惜的是四海之内皆不是兄弟,而是直接或间接的竞争对手。

拿某个城市的会议中心来说,我们可以把其竞争对手从近到远画出一个示意图来。

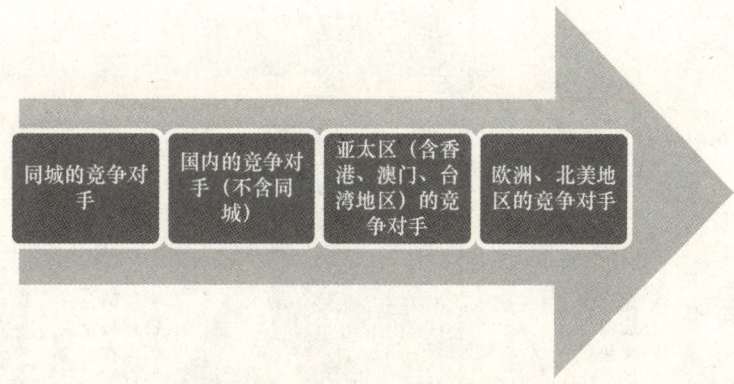

图 5-7　会议中心由近到远的竞争对手

同城的竞争对手:会展中心、会议中心、市内酒店、郊区度假村、大学、体育馆、博物馆、社会餐厅、品牌咖啡店、快餐店、外卖公司。

国内竞争对手(不含同城):会展中心、会议中心、外市市内酒店、外市郊区度假村。

亚太区(含香港、澳门、台湾地区)竞争对手:会展中心、会议中心。

欧洲、北美竞争对手:会展中心、会议中心。

有些人讨巧地提出了两个城市之间会展业合作的意愿,更时髦的是竞合(竞争合作)。其实只要是竞争关系,就谈不上合作,您能设想生产电脑的联想和戴尔展开合作吗?如果有合作,那也肯定不是在电脑制造这个业务上面。大多数情况下,竞争就是零和游戏,一方赢,另一方输,没听说过一个城市内的两个会展中心又竞争又合作的,除非是同一个业主,两个场馆不得已而为之,但那不是正常的市场行为。生意就那么多,你不抢,生意就会被别人抢走。帕累托改进,即有人受益却无人受损的特性,是有条件的,比如初期竞争不充分或买方(如会议、展览)短时间内大量出现。错位竞争,实际上就是在竞争激烈的细分市场放弃努力,如上海和杭州,杭州就需要考虑不再大力发展展览业,而应下大力气发展会议业和奖励旅游。但沪杭两市在会(议)奖(励旅游)业的竞争仍然存在,因为会议市场虽然有增长,但增长速度并不会突然提高很多,业务增长量不能满足这两个城市的胃口。

二、分析竞争环境

(一)五种竞争力模型

哈佛大学迈克尔·E.波特教授于 1979 年 3—4 月在《哈佛商业评论》上发表了著名的《竞争力如何影响战略》一文,首次提出了"五种竞争力"理论,自此五种竞争力模型成为商科学生的必修课,企业高管以及政治家谈及竞争必谈"五种竞争力"模型。

"五种竞争力"模型是一种很好的分析竞争环境的工具。

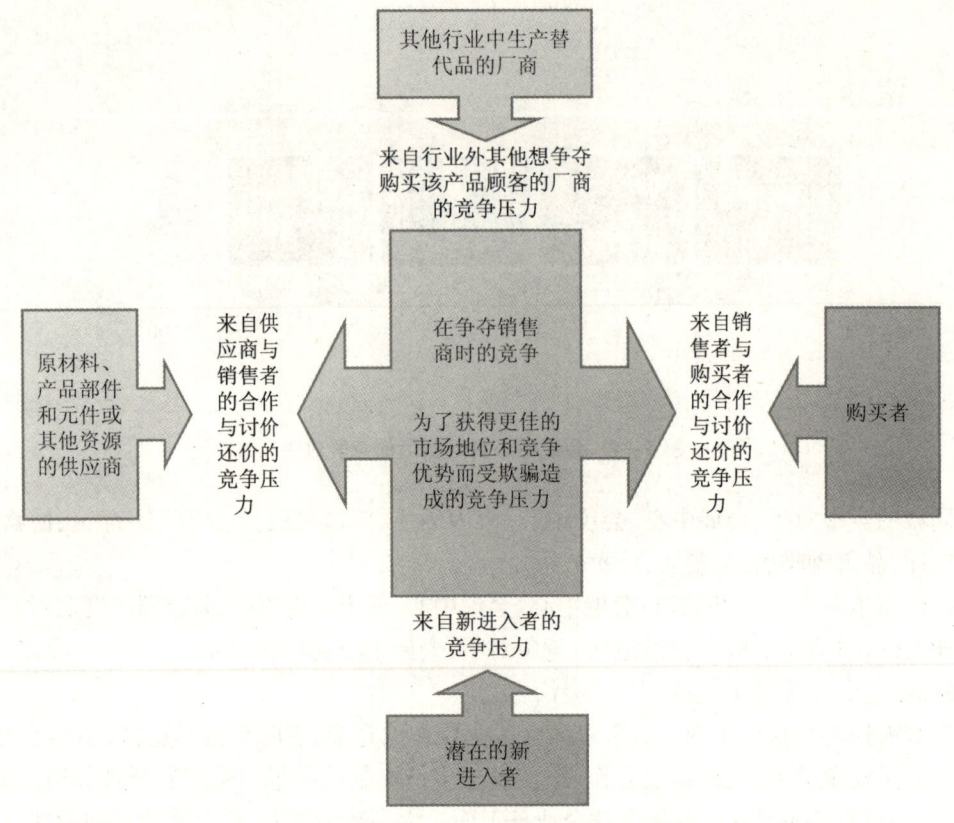

图5-8 迈克尔·E.波特五种竞争力模型

根据会展业的特点,我们可以据此转换成分析会议中心竞争环境的模型。

(二)SWOT分析法

SWOT分别代表"优势"(Strength)、"弱势"(Weakness)、"机会"(Opportunity)和"威胁"(Threat),就是分析会议中心所占据的优势,本身难以克服的弱势(比如除非扩建、装修、政府修地铁等),面临的重大机会和竞争威胁。

市场形势变化很快,各地政府逐渐意识到会议业的重要性,开始对会议业加大政策扶持力度,尤其是设立会展业发展专项资金,各地新建大量会展中心,其中许多项目均属于商业地产,就是开发商拿会展中心跟政府做交易——政府要美观惊艳、面积庞大的会展中心,开发商要的是配套酒店、公寓、写字楼和娱乐场所、购物商场。除此之外,带大型宴会厅的高星级商务酒店以及拥有众多会议室的郊区大型度假村陆续进入市场,一时间多了很多有实力的卖方。客户开始更挑剔,因为可以供其选择的场馆多了。另外,会议中心面临着用工成本大幅上涨、能源费以及食品成本提高的压力。会议中心要制定合理的销售价格和折扣,就需要时刻关注市场尤其是竞争对手的变化。SWOT分析法可以作出较为翔实的判断、分析,为企业高管提供决策依据。

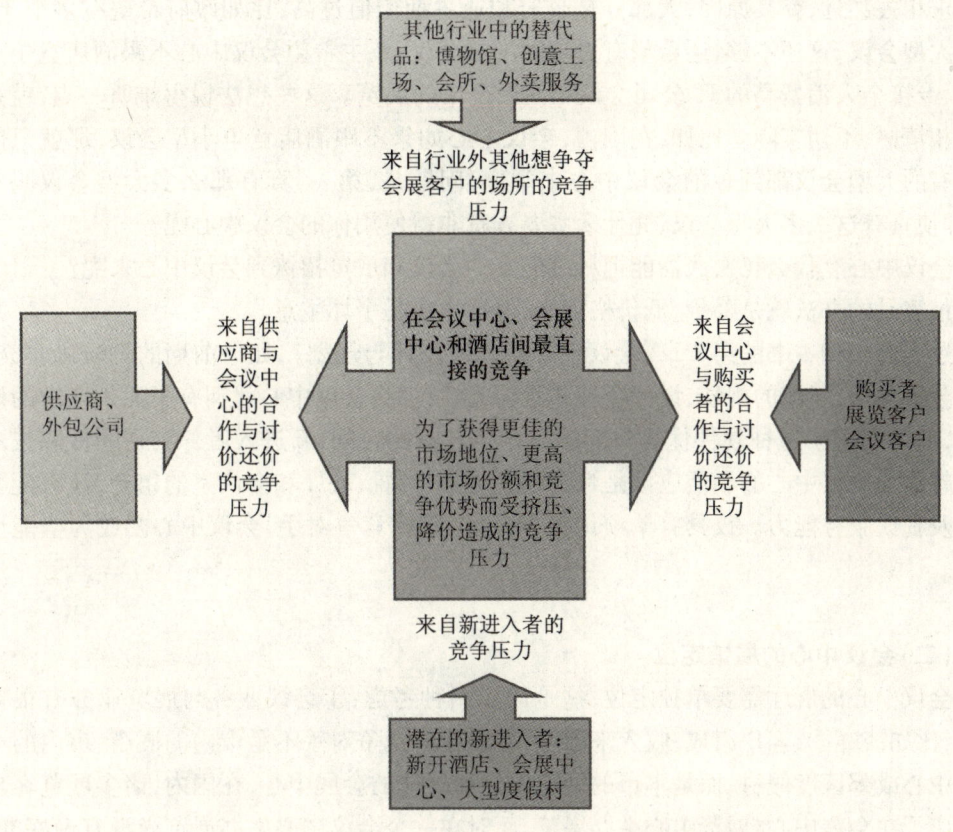

图5-9 分析会议中心竞争环境的"五种竞争力"模型

三、市场定位、价格制定和调整

(一) 会议中心的市场定位

根据营销大师科特勒的说法,"为赢得竞争优势,企业必须向选中的目标市场提供较大的价值。这可以通过两种方式来实现:一是设定低于竞争对手的价格;二是提供更多的利益使较高的价格变得合理。但是,企业要是将产品定位成提供较大的价值,那它就必须兑现较大的价值"。[①]

会议中心建好后,基本上就无法在短时间内进行大规模内部改造或扩建了,提供的产品是否有竞争力,展厅、大宴会厅、大会堂以及中小型会议室的设计是否能得到广大客户的喜欢(可见前期的规划、设计是多么的重要),这些硬件设施已经决定了会议中心的市场定位,会议中心这时候能做的就是确立清楚的市场定位,除非业主同意增购地扩建或关门装修,如上海新国际博览中心正在扩建,建设新的展厅。

会议中心根据自身条件和竞争环境作出来的理性的市场定位分析有时候与业主、政府

---

① 《科特勒市场营销教程》第六版,2004年10月,华夏出版社,p.70。

的要求相去甚远,究其原因,大部分是政府和业主期望值过高,比如政府希望有多个3 000人的大型会议,这还不够,还希望有更多的国际会议;业主希望会议中心不跟酒店竞争小型会议,专接个人消费高的 IT 公司会议和使用全馆的展览。这些想法说得难听一点,就是有点一相情愿、不切实际。比如,在国内,会议中心如果不跟酒店竞争小型会议,那就只能指望所有的大型会议都到你的会议中心来举办,问题是,第一,真有那么多大型会议吗?第二,即使真有这么多大型会议,凭什么主办方就非得使用你的会议中心呢?

会议中心有什么秘密武器能把尽可能多的会议和展览招徕到会议中心来呢?

最容易的办法就是降价、低价格策略,但这肯定是个坏主意。

这需要回到本书的第2章《会议中心的选址设计与规划》,如果前期的调研确实充分,市场分析科学,场馆的规划、设计合理并具前瞻性,那么会议中心就拥有了无人匹敌的硬件优势,但请别忘了这种硬件优势只能维持5年左右的时间,新进入者一定在硬件和技术上会超越你。会议中心的利器应该是综合配套优势:位置、展厅和会议室的组合,还有配套酒店以及餐饮服务能力。仅具有单项优势,不足以对抗竞争对手,会议中心要成为全能型的选手。

(二)会议中心的展馆定位

会议中心的展厅需要单独定位,这是出于两种考虑:①会议业务与展览业务有很大的不同,比如淡旺季、客户组成、收入来源等;②展厅的竞争对手不是市内的酒店、市内的小型会议中心或郊区度假村,而是本市的展览中心和外地的会展中心,在国内,诸多展览客户早已适应了在会展中心/展览中心举办展览,而对在一个会议中心举办展览尚没有做好准备,在展览主办机构、参展商和观众的眼里,会议中心只能开会而不能办展览。因此,要让展览主办方接受一个全新的会议中心作为展览举办地需要时间,有大量的工作要做,但特别需要把展馆从会议中心中分离出来,跟其他专业展览中心 PK。

展览主要分政府主导型展览和商业展两大类。成就展是完全由政府主办,我们把它也归为政府主导型展览。商业展分为专业展、公众展以及专业展+公众展三种。会议中心的展厅需要考虑自己比较适合承接何种展览。鉴于有良好的会议设施和餐饮能力,会议中心的展厅一般定位为接待专业展览。

接下来要考虑主攻哪些行业的展览。显然,因为面积、承重等限制因素,国内的会议中心展厅往往无法接待大型(5万平方米以上)、对承重要求较高的展览。是抓有长久生命力的行业展览还是目前处于上升趋势的新兴行业展览呢?新兴行业展览有可能得到政府的持久支持而获得长足发展,也可能因为政策的转向而式微,最明显的就是房地产行业展览。若是一个展馆在前几年专门承接房地产展销会,那么很可能就冷落了其他行业的展览,如今房地产展览因为政府的调控而遭遇寒潮,但这个展馆的定位却是一下子难以改变的。

(三)会议中心的价格制定及调整

许多会议中心对定价处理得不是很好。最常见的错误就是:定价过于强调成本导向而不是以消费者价值为导向;不能经常根据市场变化调整价格;没有根据不同的产品细分市场和购买时机而对价格作出调整。

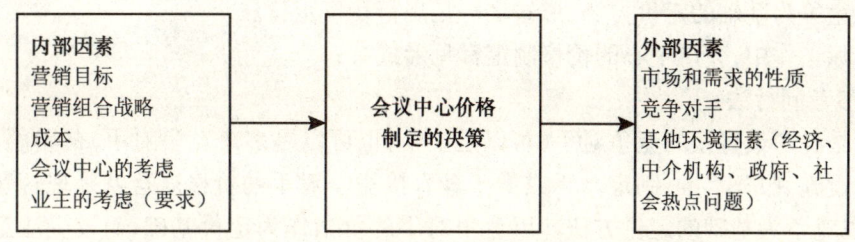

图 5–10　影响会议中心价格制定的决策的因素

会议中心的价格制定的决策既受企业内部因素的影响,也受外部因素的制约。这里仅就会议中心和业主的考虑以及政府和社会热点问题两个因素作一说明。

会议中心和业主的考虑:是指会议中心和业主当前的目标是为了维系生存、为了追求利润最大化还是要追求市场份额,抑或要成为最高水准的领导者。如若要取得领导地位,那么一般需要制定较高的价格把低预算的会议、展览、活动排除出去,即高价格相当于一个门槛。香格里拉酒店的会议、宴会就是执行高价格策略,高于对手的价格意味着较高的质量和较好的服务。如果没有这个能力和自信,就不应该实行高价格策略。

政府和社会热点问题:包括政府管制(如北京每年 3 月 5—15 日的全国"两会"、2010 年上海世博会对会议和展览的管制)、最低工资制度、农产品保护价等。

1. 常见的几种定价方法

会议中心设定的价格应适中。价格偏低,就无法赚取利润;价格偏高,需求就被压抑,甚至不能产生需求。

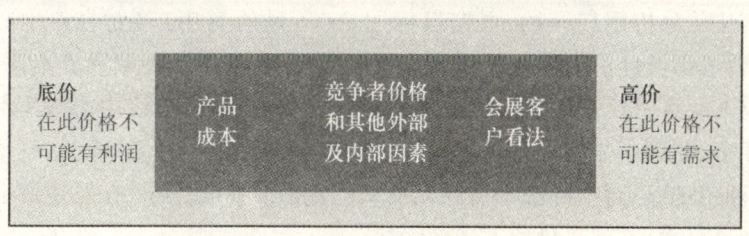

图 5–11　设定价格的主要考虑因素

会议中心的成本确定了底价,会议展览客户的看法——可以勉强(咬牙!)接受的价格就是最高价。最好的价格制定策略不是制定最低的价格,而是使市场营销差异化,从而能够设定较高的价格。

常规的定价常常是根据成本、客户的看法以及竞争对手的价格这三种因素或其中一种来进行。

一般来说,定价方法有以下三种[1]:

①以成本为基础的定价方法:加成定价法、盈亏平衡定价法(即目标利润定价法);

②以购买者为基础的定价方法,即以价值为基础的定价方法;

---

[1] 《科特勒市场营销教程》第六版,2004 年 10 月,华夏出版社,p.406。

③以竞争为基础的定价方法,形式之一是现行费率定价法。

在实际工作中,会议中心的价格制定常见形式有:

(1) 参考同行法

也就是参考最直接的竞争对手(可以是一个,也可以是多个竞争对手)的价格,根据自身的硬件设施、服务水准,制定高于或低于最直接竞争对手的价格。这就是现行费率定价法,属于以竞争为基础的定价方法。以竞争对手的价格作为定价基础,而较少注意自己的成本或需求。在某种程度上,会议场馆的定价是互相参考的。

(2) 成本+百分比法

算出自己的成本,加上一个自己(或业主)认可的百分比,就可以成为一个报价体系。这就是加成定价法,属于以成本为基础的定价方法。使用成本+百分比法合理吗?一般而言,不合理,因为它忽略了需求和竞争对手。但这是最容易的定价方法。

(3) 投资回报率法

这在商科教科书中被称为"盈亏平衡定价法"或"目标利润定价法",这种盈亏平衡分析或取得投资利润率,实际也是以成本为基础的定价方法。

(4) 品牌价值法

一方面,用户注重价格,或者说对价格敏感,这是事实;另一方面,用户也十分注重价值,他们希望展馆、会议中心的商号、品牌、地理位置、挑不出毛病的服务能为他们的会展项目增值、加分,能让他们的客户满意。会议客户和展览客户越来越看重会展中心的价值,要求会展中心以合理的价格提供恰到好处的、高质量的、良好的组合服务,这实际上是在衡量会展中心的品牌价值。

品牌价值法从分析用户开始,根据目标用户(不是所有用户)对会议中心价值的看法设定价格,然后根据目标价值和价格做出会议中心的产品设计决策和成本决策。因此,品牌价值法与成本+百分比法的定价过程正好相反。目前,国内会议中心采用品牌价值法定价的案例不算多,在酒店业倒是比较流行。一杯咖啡在会议中心卖25元,消费者就觉得很贵,但同样一种咖啡豆、同一种咖啡机制作出来的咖啡(质量一样)在君悦酒店卖50元,消费者可能会轻易接受,这就是价值不同的缘故。

2. 设定低于竞争对手的价格

面对激烈竞争,大多数会议中心要想生存并且取得一定的市场份额,采取的办法无外乎是低价策略,但低价格或许可以帮助会议中心在短期内获取一定的业务、占据一定的市场份额,却不能让会议中心可持续、健康地发展。会议中心作为一个企业,总需要利润,而不能长期亏损,总需要装修改造、扩大再生产、雇用优秀员工以提供合乎客户期望的服务,长期低价格对企业的损害无须赘言。而且,会议中心要想从低价格走向高价格,成功的概率极小,因为在用户心目中"这个会议中心就应该是这个低价格"的印象难以改变。

3. 在特殊时间可以执行优惠促销价格

长期低价有百害而无一利,但这并不是说不能在某个时间执行一个低价格策略。相反,会议中心在淡季、假期可以通过优惠促销来抢夺生意。

会议中心的淡季因地域、气候、生活习性不同而不同。比如山西、陕西、河南等地春节一般要到元宵节才结束,元宵节后员工才愿意上班,客户才愿意组织会议;而广东、福建则无此习俗,春节 7 天假期后就开始正常的工作了。北京的情况比较特殊,因为每年从 3 月 3 日左右开始是全国"两会",直到 3 月 15 日才结束,其间公安机关对大型活动管理较严,且因为政府官员、企业高管有的参加"两会",没有参加"两会"的也十分关注"两会"新闻,因而 3 月 15 日后才会迎来会议、展览的小高峰。

总的来说,会议中心的淡季是元旦、春节除夕前 3 天—3 月 15 日,以及清明节、"五一"劳动节、端午节、中秋节和国庆节。这 7 个全国性的法定假期对会议中心的会议、展览业务带来很大的负面作用。需要说明的是,国庆节期间政府有可能举办一些诸如成就展等政府主导型展会,但在全国来看,仍是一个长达 7 天的淡季。

值得注意的是,会议中心的展览和会议的淡季、旺季是不同的。上面提及的元旦期间对于展览来说是一个明显的淡季(尤其处于冬季),但对于会议而言则几乎可以忽略不计,因为 1 月、12 月的企业年会接踵而至,两天的假期可以用来进行会场搭建。

4. 展览、会议各有各的淡旺季

上面提到,除了 7 个法定假期,在其他的时间段里,会议和展览有各自的淡旺季。1 月和 12 月是展览最淡的时间段,却是政府总结表彰大会、企业年会最忙的时候。北京的展览从 3 月 15 日后就开始热起来了,而会议在 4 月才真正进入旺季。展览在 6 月、7 月、8 月三个月不瘟不火,而 6 月、7 月社团会议尤其是国际协会会议比较多,但国际协会会议在 8 月就明显减少,原因是国外 8 月普遍都是假期。

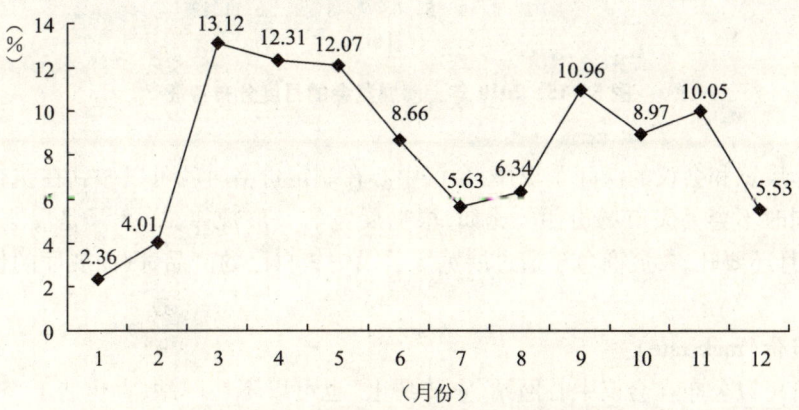

图 5－12　2010 年中国展馆展会举办月份占比情况

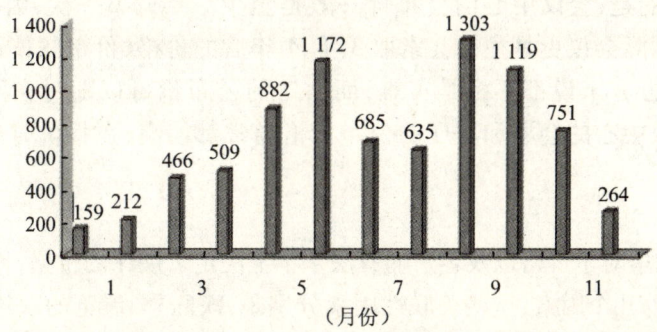

图 5－13　2009 年国际协会会议在每个月的分布

数据来源:国际大会及会议协会(ICCA)2009 年统计报告

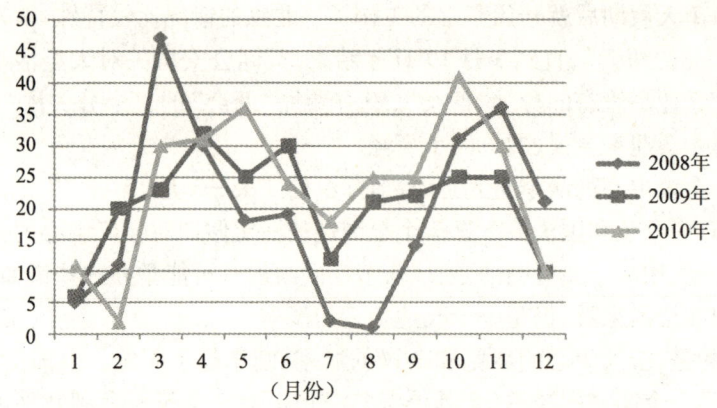

图 5-14　2008 年、2009 年、2010 年北京展览会的月度分布特征

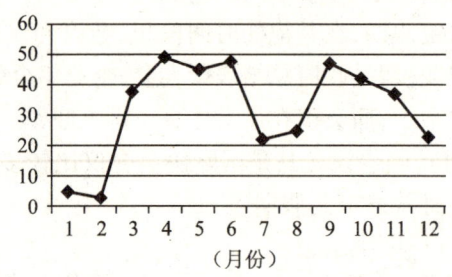

图 5-15　2010 年上海展览会的月度分布特征

摸到了展览和会议的淡旺季规律,会议中心在制定价格时就可以做到在执行合理的较高价格的同时不会丢失市场份额。比如,根据展览的一般规律,3—5 月是展业比较旺,甚至比 10 月还要旺,参展商急于通过展览等手段销售自己的产品,因而展厅的价格可以略微坚挺些。

5. 公布价(rack rate)

公布价可以公布在会议中心网站、宣传册上,也可以不在网站、宣传册上登出,而在销售部内部由销售经理向客户发出。

跟酒店不同的是,会议中心的公布价一般是至少一年调整一次,因为展览会提前 1 年或 2 年预订,国际会议更是往往会索取 3 年、4 年后的价格,价格频繁调整对展览主办方和国际会议主办方来说都不啻是灾难,而酒店的公布价可以随时在网站、前台更改。正因为如此,会议中心的会场和展厅的公布价格通常都偏高,在报价时由销售经理给予折扣。

6. 展览价格

展厅成本、竞争对手价格以及客户的看法基本上决定了展厅的价格,销售经理定价、报价时还会参考另外几个因素,这些关联性因素分别是:淡旺季、展览的双年展特性、综合消费(会议中心/会展中心的综合收益)、展会所在行业、展期及展场搭建期长短、是否签订长期(多年)合同等。

前面提到,展览价格跟淡旺季有很大的关联性,3月、4月、5月和9月、10月是中国南方、北方普遍的展览旺季,价格自然可以高一些。

很多展览是两年举办一次,比如工程、机械制造等,产品更新没那么快。偶数年份,如2012年、2014年,这些两年才举办一次的展览数量就会多一些。

综合消费:馆租即展览主办方付给展厅的租金是展览中心/会议中心的展厅最重要的收入,但会议中心显然不满足于仅仅收取馆租,于是附带收入就成了必争项,加班费、能源接驳费、车证、施工证、电费、清洁费、酒会/欢迎晚宴、盒饭等收入,甚至配套酒店的订房量都成了考量一个展览综合收入的依据。

展会所在行业是指展览从属于哪个行业,行业是否大、行业内企业是否多、大企业是否多等都影响到展览数量的多寡、展览规模的大小、展览召开的频率以及参展商的花费(特装、技术交流会、酒店等)。

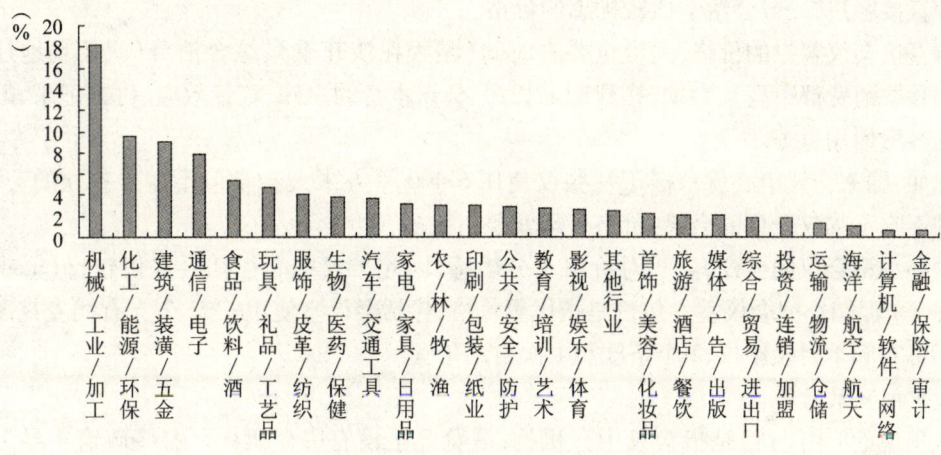

图 5-16　2009 年展馆展会性质占比情况

图 5-16 显示,机械、工业、加工,化工、能源、环保和建筑、装潢、五金行业的展览数量排名前三甲,事实上这些行业的企业获利水平也较高,自然在价格上不会过于斤斤计较。

展期及展场搭建期长短:实际上这是一个有关展馆/会议中心定价的技巧问题。一般展览的展期是3天的话,展场搭建期则为2天;若在展期4天而展览面积超过3万平方米的情况下,展览主办方仍然极力争取两天的展场搭建,但2天的时间明显不够,展览主办方就会提出2天都加班的要求。若会议中心能说服展览主办方把展场搭建期延长一天达到3天,就可以多出一天的馆租来。如果展览主办方不同意,或许双方协商可以把展场搭建期延长 0.5 天。也可能碰到展览主办方坚持2天的展场搭建期,那么会议中心也可以提高单位面积的价格。

签订长期合同:这对会议中心和展览主办方都是有利有弊的,不要以为是会议中心单方面受惠了,而展览主办方吃亏了。签订长期合同似乎价格应该低一些,但极有可能会议中心把最好的档期给了这个展览,以后有别的展览愿意出高价也不能承接。

展览价格的制定首先就是要了解本地展览的市场情况、竞争对手的情况,更要了解有意向签约展览的历史,这好比相亲,要摸清对方的出身、主办方的背景、展览的发展历程、选择你这个会议中心/展览中心的主要原因、价格承受能力、附带收入、在行业中的地位及口碑、是继续留下来还是仅这一届、该展览竞争对手的情况等。

7. 直接会议用户的价格

给直接会议用户的价格就应该高一些吗？对，但也不对。说对是因为没有中介代理机构如公关公司、会奖公司而直接跟最终用户接洽、谈判，少了中间环节，因此在价格上可以略微高一点。但实际情况远非如此简单。

客户直接打电话来咨询会场价格时，接听电话时所直接给予的报价肯定是偏高的，这就相当于我们直接打电话到一个酒店前台询问今天的房价是多少一样。但也不能否认客户直接拨打会议中心的总机电话或销售部的直线电话也会有较为紧迫的预订，这时候如果给予的价格太高就会把客户吓跑了。

如果是经常来办会的最终用户，即如同航空业所谓流行的"常旅客"，会议中心为了留住这种直接客户，一般会给予比较优惠的价格。

给直接会议客户的价格，关键也要看时间（是否在淡旺季）、综合消费（只用场地还是场地和餐饮消费都很高）、会期、搭建期的长短、会议本身的口碑、宣传效应、付款记录、配套酒店的客房使用量等。

比如，国家会议中心就承接了一些仅使用6 400平方米大会堂但不需要餐饮的会议，对这种不吃不喝仅开会的会议，价格自然就要高很多。

举办小型会议的会议客户，对价格十分敏感，因此会议中心往往会提供包价（meeting package）来促销小型会议室。包价是指优惠价格，包括会议室使用一天、2 支有线麦克风、1 块投影幕布和1 台投影仪、2 个茶歇和1 次自助午餐。

8. 中间商的价格

这里说的"中间商"是指会议中介机构，展览几乎没有中介机构。有些政府主导型展会、成就展由政府委托给下面的机关事务管理局、国际司或交流中心或下属的报社等事业单位来承办，这些承办单位也不属于中介机构。

专业会议公司（PCO）、目的地管理公司（DMC）、公关公司、广告公司、咨询公司、会奖公司、旅行社等数量多，但都对会议室价格比较挑剔，总希望从会议中心拿到最低价格，这样好从客户那儿挣到价格差。有些跨国公司严令禁止公关公司从会议中心那儿索要佣金，这意味着会议中心给予最终用户的价格不可能低于会议中心给予其公关公司的报价。

但绝大部分的中介机构都要求从会议中心得到佣金。对于同一个会议或活动，会议中心一般给予中介机构的报价会略低于给予最终用户的报价，这样中介机构从会议中心的报价中赚取一部分利润，即使中介机构把这部分利润返给其客户，帮助其客户节约费用，中介机构也会觉得非常有面子，因为能获得客户对其拿价格的能力的肯定。

有的最终用户很有心计，会一方面委托其中介机构来会议中心询价，一方面自己来跟会议中心要价格。会议中心应该给予一样的报价吗？如果确定两个客户询问的是同一个会议或活动，如果给予一样的报价，中介机构一定会痛恨会议中心不懂规矩。请记住，最终用户，尤其是有价值（会议规模大、会议数量多）的用户，一般都会通过指定的中介机构来采购差旅和会议场地，而很少会直接采购（但仍可能会直接向会议中心询价）。也就是说，中介机构带给会议中心的生意要远多于最终用户带来的生意，中介机构抛弃会议中心是噩梦的开始。

对中介机构除了每一个会议活动直接给予优惠价格外,还可以不给予直接优惠,而是鼓励中介机构来会议中心多办会和活动,建立一个账户,根据其消费额在年底或每季度末一次性给予返佣,返佣比例是双方事先设定好的,且为阶梯式累进计算,目的就是刺激中介机构把所有可能的生意都拉到会议中心来举办。

无论如何,不要得罪中介机构,不要以为跟最终用户、直接用户做生意就可以不用受中间商的气了。会议圈很小,公关公司、会务公司、旅行社就那么多,别人对你的不满意很快就会被圈子里的其他人知道。总的来说,会议中心一方面要对最终用户进行销售,一方面应该避免与旅行社、会奖公司等中介机构构成直接的竞争关系,要注意维系和公关公司、会奖公司的关系,与中介公司、最终用户都建立起和谐的关系。

9. 折扣

会议中心根据客户和形势的变化调整基础价格,以奖励客户作出某些反应,比如提前全额付款、提前保证最低用餐人数、使用会议中心的灯光和音响设备、淡季购买(在会议淡季举办会议、活动)、批量购买(多次举办会议、活动,每次使用较多的会议室或餐饮消费高因而总消费高)等。

会议中心的折扣给予展览主办方、会议最终客户和会议中介机构,对于个人/家庭来会议中心举办活动、餐饮消费的,也应该给予折扣。

折扣分为短期折扣和长期折扣两种。短期折扣跟短期促销有相似性,是在规定的时间内给予的价格减让。比如,"十一"国庆期间,展厅、会议室普遍闲置,则可规定从现在起到10月10日期间预订国庆期间的展厅和会议室、自助餐,享受多少百分比的折扣。长期折扣可被视为长期执行的公开的折扣政策,比如,北京九华山庄的报价就执行牌价(公布价格)的50%减让(公开的折扣),对一些大客户则给予更多的折扣(非公开的折扣,一对一的洽谈)。

数量折扣:对重复办会、办展(repeat business)的客户因其大批量购买而给予折扣。会议中心可以给其中一个或多个展览、会议的价格优惠,也可以在年底算总账。

季节性折扣:在淡季,展览、会议生意都不理想,折扣的比例可以高一些。在"五一"、"十一"等法定节假日,要注意政府规定的用人单位要支付三倍工资这一成本[①]。

折扣既可以是馆租、会议室租金的折扣,也可以是加班费、茶歇、AV设备、鲜花、停车费的折扣。只要是会议中心明码标价的,基本上一切都可以谈,只要不是资源有限——数量折扣就是奖励顾客购买更多。客户买得越多,会议中心的收入就越多。

折扣后的价格可以低于成本价吗?大多数情况下不应低于成本价,但在某些特殊条件下也是可以的,比如一批酒水保质期即将到期,或夜间使用会议室开会,就可以以低于成本价的价格进行销售。

10. 大型会议的价格

无论是政府还是业主对大型会议充满了期盼,都希望有更多的大型会议,一来荣

---

① 《劳动法》第四十四条第三项规定,法定休假日安排劳动者工作的,用人单位应当支付不低于工资的百分之三百的工资报酬。

耀——人来人往好不热闹,报章电视报道好不风光;二来会议规模大,效益肯定好。可惜的是,业主、政府、会议中心管理层希望的大型会议少之又少,根据国际大会及会议协会(ICCA)2009年的统计报告,超过1 000人的国际协会会议仅占区区13.7%,也就是说超过86%的国际协会会议的规模都少于1 000人。

表5-2　2009年国际协会会议人数

参会者人数	会议数量	占全部会议的百分比(%)
50~149	1 042	26.8
150~249	835	19.6
250~499	1 037	24.4
500~999	659	15.5
1 000~1 999	329	7.7
2 000~2 999	110	2.6
3 000~4 999	78	1.8
5 000~9 999	49	1.2
10 000人以上	19	0.4
合计	4 258	100.0

数据来源:国际大会及会议协会(ICCA)2009年统计报告

　　会议中心的管理者,需要保持清醒。大型会议与小型会议都有各自的特点,大型会议并不全都有利无弊。

　　对大型会议的利,大家都能一口气说出不少,比如人数多、会议室多、会期可能更长、消费多、营业额高、影响大、拉动效应大等。

　　对于大型会议的弊,我们先来看看酒店接待大型奖励旅游团的做法。一般人认为,我一下子给你200人的奖励旅游团,酒店应该给我特别便宜的价格才对啊。这对于郊区度假村或春节、国庆期间的酒店来说似乎可行,但在绝大部分的时间里这是近乎天真的想法。第一,200人的团体同一天抵达酒店,同一天离开酒店,抵达前和离店后将会有相当部分数量的客房是卖不出去的,酒店为了弥补这块损失,所以在奖励旅游团的报价上就会高一点。第二,该团体入驻酒店期间,其他高消费(高房价、酒水餐饮消费、洗衣、Mini Bar)的客人进不来,拖累了平均每间可售房收入(RevPAR),因此大型奖励旅游团的房价只高不低。

　　所以,对于大型会议,会议中心要考虑的终究是综合收入,给予大型会议的价格不是因为会议规模大就一定给予更多折扣,相反,在某些情况下,价格应该坚挺。

　　① 规模大,只有我们的会议中心能接待,其他酒店/会议中心因为场地太小而无法接待;

　　② 在会议旺季,如9—12月期间,高消费的公司会议数量多,对于旺季的大型会议的价格要考虑会议前后的损失和同期接待公司会议的总收入;

　　③ 对于最好卖的大宴会厅、大会堂、600~1 000平方米的会议室,折扣不应很高;

　　④ 综合消费低的大型会议,价格应该高一些。比如,一个消费品直销公司,在圣诞节

前租用2 000平方米的大宴会厅举办舞会,1 500人在里面做游戏、跳舞,但没有任何餐饮消费,对于这类大型会议的价格就应该执行公布价,即最高价。

11. 对国际会议的报价

政府和业主除了期盼大型会议以外,还对国际会议情有独钟,认为国际会议规模大、境外参会者多、外国人有钱,在会议中心的消费肯定少不了,言下之意,会议中心的收入肯定高。政府如此看重会议中心,大部分是缘于国际化情结,觉得来的老外多了,这个城市的国际化程度就高了。

对于会议中心的管理者来说,国际会议跟国内会议其实并无两样,就是一个event,需要报价——报价报高了,这个国际会议就跑了;报价报低了,会议中心自己就吃亏了。因此,国际会议如何报价确实大有学问。

(1) 国际会议没那么多,而且酒店是接待国际会议的主力

来华的国际会议的数量并没有我们想象的那么多。2010年借助世博会的效应,上海市全年举办国际会议792个,比2009年增加了21个[①]。这792个国际会议中,可以大胆推测90%的国际会议都是小于1 000人的会议,而且大部分都被酒店瓜分了。根据北京市统计局发布的《北京统计年鉴2009》,北京在2009年接待了5 174个国际会议。除了北京、上海,其他城市的国际会议的数量要少得多,而且其中绝大多数的国际会议在酒店而不是会议中心举行,因为会议规模不可能很大。

(2) 国际会议的价格承受能力并不是都很高

这一点可能会出乎很多人的意料。除了IT、电信、金融等少数行业的企业会议以外,大部分国际会议对价格十分敏感。特别是社团会议,经常抱怨国内的会议中心的价格。相比之下,国外会议中心的场租确实低廉——这是由国外会议中心的属性决定的,外国政府投资建设会议中心的目的是为了吸引更多境外参会者,为酒店输送更多客源。

(3) 对远期国际会议的报价

①人民币汇率因素。对于操作时间相对较短的政府会议和企业会议而言,影响不大。但对于国际协会会议来说,就是一个不容忽视的问题了。国际协会会议一般会提前2~5年选择会议举办地,在确定会议举办地之前,都会先做会议预算,而人民币汇率的不确定性可能会导致远期会议预算的不准确——如果会议预算是负数,主办方很可能会把中国从候选名单中剔除出去。还有一种情况,就是在做远期会议预算的时候,如果对人民币汇率的变动考虑得比较保守,则可能导致会议成本的增大,这样注册费就不得不上涨,而这会削弱参会者的报名注册愿望。

国内会议中心对境外主办机构的报价都是以人民币报价,中国外汇储备过大[②]的副作用之一就是人民币汇率升值,这样3~5年后即使人民币报价不变(请别忘了我们物价上涨!),但换算成美元或欧元就可能多出很多,这样境外主办方就要承受很大的风险,它们如果不能成功逼迫中国的会议中心自行消化这种额外成本的话,就可能缩减会议规模,或者

---

① 《上海金融报》,2011年4月15日。
② 2011年4月20日,据中国之声《新闻纵横》报道,中国人民银行日前公布的统计数据显示,截至第一季度,我国外汇储备余额为30 447亿美元,首次突破3万亿美元关口。紧接着,中国人民银行行长周小川坦言,外汇储备已经超过了我国需要的合理水平。

甚至取消预订。

②居民消费价格指数(CPI)。2011年4月15日,国家统计局发布了2011年一季度国民经济运行情况及CPI指数等数据。2011年第一季度居民消费价格同比上涨5.0%,3月份居民消费价格同比上涨5.4%。CPI指数同比上涨的趋势意味着会议中心的远期报价具有一定的风险,会议中心若不能承担这部分风险,那么就得由国际会议主办方来承担。比如,今年茶歇报价40元,到了后年可能同样的食品、水果和饮料就需要50元了。

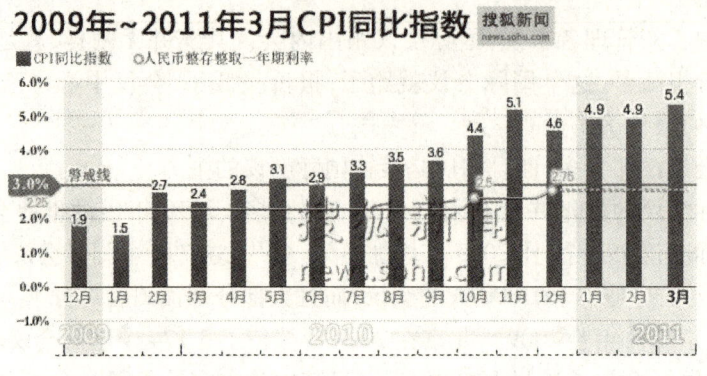

图5-17　2009—2011年3月CPI同比指数

12. 价格歧视

价格歧视是一种定价行为,经营者就同一种商品或者服务,对条件相同的若干买主实行不同的售价,则构成价格歧视行为。听起来,价格歧视是一个贬义词,尤其是垄断企业通过差别价格来获取超额利润,比如,中石化、中石油作为两寡头,同样93号汽油,在市内的加油站售价就要高于在郊区、农村的售价。其实,价格歧视在每个行业、每一天都存在,而且跟我们的日常生活息息相关。我们最为熟悉的就是出门要买机票。即使是价格大战,航空公司也不愿意让出公差的旅客从价格大战中得到便宜。但是,当旅客去买飞机票的时候,他的额头上并没有贴着是公家付费还是个人付费的标记,那么航空公司如何区分乘客呢?航空公司的做法是为优惠票设定种种附加条件,如规定要在三星期以前出票,不能退票或退票要收高额退票费。但出公差往往都比较着急,很少有在三个星期以前就计划好了的国内旅行,况且出差者还极有可能随时更改行程,因此不急于出票。这样就把个人付费的旅客和公家付费的旅客区分开来了。

在经济学上,价格歧视的依据是需求强度不同或购买量不同或需求价格弹性不同①等。

作为消费者的我们,自然痛恨价格歧视——凭什么在市内加同样标号的汽油每升就要多付出好几毛钱?但换个角度,我们现在是会展场馆的经营管理者,为获取最大收益,就必须实行价格歧视策略。因为,价格歧视能使会议中心(卖方)尽可能多地获益,按照经济学家的分析,价格歧视在经济上是有效率的。

---

① 需求价格弹性简称为价格弹性或需求弹性,是指需求量对价格变动的反应程度,是需求量变化的百分比除以价格变化的百分比。

会议中心执行价格歧视，需要对客户的不同特征进行有效的区分和分割。比如大型会议因为场地原因，没办法安排在其他酒店，只能来会议中心（没有替代品），对会议中心的需求强度就高，会议中心对这类买者就可以执行价格歧视。最旺的11月、12月，是公司年会最多的时间段，预算较高的企业年会在9月、10月着急寻找举办场地，需求富有弹性（听起来像不像明天要出门今天才订机票？不管机票有没有折扣，明天都得出门旅行！），会议中心当然可以将价格定得偏高一些。

第3节 会议中心的赢利之道：收入来源分析

会议中心、会议型酒店等会议场馆竞争日趋激烈。一方面，随着大量会展中心、酒店、度假村、培训中心的进入，会议场馆的价格和出租率面临着越来越大的压力；另一方面，员工工资和水电等能源费用一路水涨船高，企业叫苦不迭。在这种情况下，会议场馆还能赢利吗？

事实上，抛开会议型酒店、大学、度假村、培训中心、邮轮等会议场所不说，单就会议中心来讲，国外的会议中心本身都不追求赢利。还是回到那个问题，如果会议中心能够赢利，私营企业早就动手建会议中心了。正因为会议中心不赢利，政府才不得不出面投资建设。

"栽得梧桐树，引来金凤凰"。如果把参会、参展客人比作金凤凰的话，会议中心就是那棵梧桐树，但金凤凰在这个会议中心的消费微乎其微，其消费大多花在梧桐树旁边的酒店、餐厅、商场、旅游景点上了。也就是说，会议中心花尽心思，倾其所有，花费巨资购置了高档的服装（诸君可以想象一下，当下的土地成本、建造成本、银行贷款利息有多大），做了大量广告，把金凤凰吸引来了，但金凤凰下的金蛋没落在会议中心口袋里，金蛋下在了会议中心所在的城市了，被城市的酒店、旅游、商业、交通、通信等无声无息地瓜分了。

会议中心纵然很冤屈，但也得斗志昂扬地经营，也得坚强地一单一单地抢会议、展览项目。增收节支是永恒不变的真理，但会议中心怎样才能赢利呢？

让我们从收入方面先进行一番梳理，然后再据此分析一下会议中心可能采取的措施以增加收入。

一、会议中心的收入

会议中心的收入可以简单地分为展览带来的收入和会议带来的收入两大类。这种划分法比较直白，经营管理层一眼就能了解会议和展览各自带来的年营业额、月营业额等数据以及两者之间的比例。

另外一种划分法是根据主办方和非主办方两个群体来确定收入来源。展览主办方和会议主办方租赁场地、购买会议中心的服务，会议中心据此获得收入，这是由主办方带来的一部分收入;一部分则是由参会客人、参展商、展场搭建商、观众(统称为 audience)带来的收入,暂且称为"非主办方"带来的收入,如参展商缴纳的施工证费用、展场搭建商支付的能源接驳费、参会客人在咖啡店购买咖啡饮料的费用、展览观众支付的停车费等。这种划分法有个弊端,即有些收入很难判断到底是主办方支付的还是承办机构支付的,比如现场增加一支麦克风、增加讲台鲜花等的费用。

我们之所以要分析会议中心的收入,是想知道会议中心的收入到底是由哪些部分构成的,从而寻求在各个可能的环节增加销售、获得收入。

按照这个思路,我们可以把会议中心的收入分为主要收入和辅助收入两种。

二、会议中心的主要收入(primary revenue)

会议中心的主要收入就是第一级收入,场地租金就是会议中心最主要的收入。主要收入之外的收入全部归为第二级收入,一般在业内叫做辅助收入(ancillary revenue)。

主要收入取决于会议中心的原始设计,如展厅和会议室的面积、尺寸、有无柱子、层高、是否多功能而不是单一功能。就多功能还是单一功能而言,比如一个装有固定座椅、阶梯状的报告厅/大会堂只能用来开会,偶尔还能播放电影,是否可以举办小型演出还要看舞台、幕布、化妆间等条件,这种报告厅/大会堂就是单一功能而不能用来举办酒会、宴会、新品发布、小型展示。功能单一意味着出租率低、租金上不去,想实行价格歧视的机会几乎没有。

当然,利用销售技巧,如准确判断11—12月份的企业年会市场,缩短会场搭建装修时间,都能有效增加场地租金。

场地租金有时候以另一种形式表现出来,即餐饮收入。通常,酒会、自助餐、宴会在会议室或展厅举办,会议中心就只有餐饮收入而没有场地租金收入了。

场地租金产生于:

① 展厅;

② 展厅的序厅(视情况,有展台就有收入,只是用来当做登记、展商服务就没有租金收入);

③ 室外展场;

④ 会议区的大堂;

⑤ 会议室(包括大宴会厅、大会堂、贵宾室等);

⑥ 其他公共区域,如会议室的序厅、走道(这要看具体情况,如果是仅仅当做茶歇或会议注册用途,则没有租金收入;如果有小型展示,则产生租金收入)、平台(露台)等;

⑦ 主办方、承办方租赁的办公室;

⑧ 库房;

⑨ 长期租赁(如鲜花、邮局、银行、外包餐厅等)。

我们可以发现,场地租金收入并不全部来自主办机构,也可能来自它的承办机构或它的客户,如参展的企业自行向会议中心租用会议室用来举办技术交流会、讲座,医学会议的卫星会议①举办场地一般由举办说明会或推介会的企业直接向会议中心租赁,但也有组委会从会议中心租赁后转卖给企业的。

场地租金收入是会议中心的最基本收入来源。如果会议室和展厅没有租出去,则其他收入都不能实现,所以,会议中心的首要任务就是竭尽全力把会议室和展厅卖出去,把参会客人、参展商、观众吸引到会议中心来。

三、会议中心的辅助收入(ancillary revenue)

主要收入之外的收入全部都可认定为辅助收入。辅助收入名目繁多,有的项目营业额巨大,如餐饮收入;有的项目收入可能一年难得发生几次,如会议中心抽调部分员工为客户的活动临时客串礼仪小姐的收入。我们需要记住的是,辅助服务(即收入来源)不但是为会议中心创造收入的重要力量,更是为了满足客户的需求。

(一)餐饮收入

餐饮收入是除了场地租金之外最为关键的收入,没有场地租金,就意味着几乎没有展览和会议,就谈不上餐饮收入(有些宴会、酒会给会议中心只带来餐饮收入等辅助收入,而没有场地租金收入)。餐饮收入涉及的餐饮包括以下一些:

1. 与会议有关的餐饮

会议餐饮指会议议程里包含的茶歇、酒会、自助餐、宴会、快餐(盒饭)等。需要指出的是,与国外会议中心拥有强大的餐饮设施不同,国内的会议中心几乎都没有内设的厨房设备、加工能力和厨师队伍(in-house catering),因此大多不能提供会议餐饮。有的会议中心借助配套酒店的力量,有的则是勉强能够提供招待酒会,不能提供真正的宴会。当然,国外很多会议中心的厨房是外包的,但厨房设备庞大、成本高,且有安全要求(如电、燃气的接口),因此也是由会议中心自行购置,只是厨师、服务人员由外面的服务公司提供,并不是连人带设备全部外包。

参会企业预订的酒会、宴会、早餐、贵宾室酒水服务,会议中心提供的外卖服务(outside catering)也包含在会议餐饮内。

2. 与展览有关的餐饮

展览餐饮指展览主办方或展览承办机构、参展商向会议中心订购的餐饮,包括欢迎酒会、欢迎晚宴、快餐(盒饭)、展台餐饮(如展台前举办的小型酒会等)、外卖等。

3. 与个体消费者有关的餐饮

之所以叫做"与个体消费者有关的餐饮",是为了同会议餐饮和展览餐饮区别开来。会议餐饮和展览餐饮多为提前预订,会议中心必定会收取订金或提前收取全额费用,属于公家消费,支付餐饮费用的是一个机构/组织(organization),如政府机关、企业、协会等。而

---

① 卫星会议(satellite meeting, satellite conference),是大型学术会议的一个组成部分,通常是在午餐时间或正式的学术分会结束后由赞助商举办的小型学术会议。卫星会议不属于大会学术议程,也指在异地但不与大会同期举办的通过卫星技术和设备进行的会议。

个体消费者(individual)是到了会议中心现场才会产生购买餐饮的欲望,个人付钱(其中部分是把发票拿回去报销)。与个体消费者有关的餐饮的特点是会议中心的餐饮没做好,比如质量欠佳,比如价格过高,比如准备好了没人知道(没有标志,客人没看见),就没人来消费。

图 5-18 在展厅里开设的快餐店

与个体消费者有关的餐饮包括:咖啡店、固定快餐厅、美食区(食街)、流动食品售卖车、餐厅等的餐饮。

我们将在第 6 章第 3 节专门介绍餐饮。

(二)设备租赁收入

主要是会议中心自有的或从外面的供应商租赁来的灯光、音响、投影、LED 显示屏、同声传译、叉车等设备的改入,还包括用于拍摄集体照的合唱台、安检设备等的改入。

(三)工程服务收入

1. 能源接驳费

一般展览才会发生水、电、压缩空气的接驳费,特装展台对水、电、压缩空气的需求较多。展厅和会议区都有能源接驳费。

2. 吊点费用

会议中心的工程部员工在展厅、大宴会厅、大堂为客户提供吊挂服务而收取的费用。

3. 舞台板搭建费用

一般的会议室报价包含免费的舞台板数量,若客户提出增加舞台板就需要支付额外的费用,此项费用也可计入设备租赁费用。

4. 应客户要求提供的其他服务的费用,如铺设红地毯、为地毯加装保护层等的费用。

(四)能源费

参展商使用会议中心的水、电、压缩空气,就需要向会议中心支付费用。其实,会议中心承接的大型活动,如演出、新品发布、颁奖典礼、电影首映式、转播车,客户在会议中心搭建场地施工期间和在会议期间使用大功率的照明、音响、电视墙、舞台升降、滑动轨道等会消耗大量电,加收电费属于情理之中,但有的会议室租金里包含了额外电费。

(五)空调费

空调费是向展览主办方收取的。会议室租金一般包含了空调费,而展厅价格不包含空调费。

(六)清洁费

在展厅里举办的展览才有清洁费,在会议区、大宴会厅里举办的展览因为租金高而通常不再收取清洁费。

(七)广告位租赁费

广告位可以是室内广告位,如栏杆、扶梯、墙体、大堂 LED 显示屏、大堂柱子、天花板;也可以是户外广告位,如广场旗杆、户外 LED 显示屏、大门上方的门楣、玻璃幕墙;甚至就是大门外的空地,客户用来设立背景板、形象展示、横幅、竖幅、气球、拱门等。室外场地的广告位租赁费也可能属于场地租金收入,有时候会议中心收取的是管理费。

(八)人员服务费

除了会议中心为会议配备的基本服务人员(如,一个 200 平方米以下面积的会议室内基本配置是最多不超过两个服务生),有的客户为了颁奖、重要嘉宾的引导、附设展览等额外任务要求会议中心提供礼仪小姐、服务生、注册服务人员(如翻译)和保安,这种情况下会议中心可以按照派出的服务人数向客户收费,这些服务人员可以是会议中心的正式员工,也可以是从外面雇用的。

(九)佣金收入

这种收入是会议中心没有直接采购,把服务供应商介绍给客户从而获得佣金,包括周边酒店的佣金、会议中心之外的特殊场地(如公园、博物馆、景点)和餐厅的佣金、众多会议服务的佣金,如安检设备、同声传译设备、印刷、鲜花、游船、救护车、旅游巴士、机场接送、旅游服务等的佣金。会议中心通过代售比赛、演出票以及代售旅游门票、代售机票等代理业务也可获得相应的佣金。

展览里面常见的是会议中心把指定服务商、供应商如快餐公司、工程服务(接水、接电、吊挂)公司、标准摊位搭建公司等介绍给主办方或主场搭建商,指定服务商、供应商向会议中心支付佣金。

(十)制作服务收入

会议中心利用自有设备或从外部租用设备或委托加工制作而获得的服务收入,包括灯箱广告、横幅、易拉宝、喷绘、背景板、设计印刷(请柬、会议材料)、胸卡、桌签、照相、摄像等的收入。会议中心里面的商务中心则可为客户和参会客人提供打印、复印、装订、名片快印、快速制证等服务,也能获得一些收入。

(十一)商品销售及会议用礼品销售收入

商品销售通常发生在商务中心或会议中心另外设置的小卖部、小超市,如销售电池、U盘、袋装食品、手机充值卡、饮料、领带、烟、酒、相框以及会议中心纪念品如明信片、钥匙链、笔记本、书签等,这些销售也能带来一些收入。

会议用礼品通常是客户提前订购,并常常需要在包装袋、包装盒、包装纸上印上该会议的名称、日期和主办单位,属于定制礼品,如相框、大容量的U盘、高档茶叶、富有当地特色的纪念品甚至当地土特产、食品等。销售会议用礼品也能带来一些收入。

(十二)加班费

加班费在展览圈比较通行,但在会议圈里,这一部分收入常常被会议中心所忽略,或者有时候因为市场竞争激烈,会议中心主动放弃了。实际上,有的客户为了抢时间,需要在半夜进场搭建,工程部、安保部和运营部的员工需要值守,发生的加班费理应向会议主办方(或会议承办方)收取,尤其是节假日就更应该如此。

(十三)停车场收费、车证和施工证收费

这部分收费比较好理解。这里的停车场收费是指会议、展览主办机构或承办机构或个人支付给会议场馆的费用。车证和施工证收费不是仅存在于展览,会议中心内包括会议室和公共区域的搭建也必须严格管理车辆和施工人员,防止闲杂人员进入会议中心,因此也有车证和施工证收费的情况。

(十四)网络通信费

网络通信费是指客户为会议需要、展览需要在会议中心的会议区和展厅额外要求加装的网线、增加的带宽和无线上网而支付的费用,对于网络通信服务,会议中心本身也需要向电信公司、移动通信公司购买,因此需要把这部分费用转嫁给会议和展览的主办方。

(十五)上网费

商务中心提供上网服务而向个人收取的费用,当然有时候这种个人消费也属于会务组/组委会的消费。

(十六)罚金,如地毯、门、玻璃损坏的赔偿费以及搭建工人在室内抽烟而收取的罚款等

(十七)冠名费

会议中心被某个企业冠名,企业向会议中心支付冠名费。在国内,还没有会议中心的冠名案例,但体育场馆和演艺中心的企业冠名在北京和上海各有一个案例。2011年1月16日,汽车品牌梅赛德斯-奔驰宣布从2011年起将正式冠名上海演艺中心为梅赛德斯-

奔驰文化中心，为期长达10年。2011年2月21日，曾经的北京奥运会篮球比赛主场地——五棵松体育馆被命名为万事达中心。

在国外，很多体育馆、演艺中心被知名企业冠名，如著名的美国休斯敦丰田中心就被日本丰田汽车公司冠名赞助。

会议中心被冠名的有加拿大卡尔加里会议中心（Calgary Convention Centre），2000年5月，卡尔加里会议中心被冠名为Calgary TELUS Convention Centre。TELUS公司是加拿大的电信巨头。

图5-19　英国利物浦会议中心被英国电信(BT)冠名

英国的利物浦会议中心被英国电信（BT）冠名，名称是BT Convention Centre Liverpool。冠名权不仅是整个会议中心的冠名权，也可以是某个会议室的冠名权。

（十八）其他收入

这部分收入有一些内容对于国内的会议中心来说还是比较新的概念，包括：

① 移动通信基站的占地使用费及其机房的电费；

② 换汇、ATM机费（银行在会议中心设立自动取款机而需要付给会议中心一定的费用）；

③ 拍摄电影、电视剧、广告的场地租赁费；

④ 现场促销费，如杂志报纸的发放费；

⑤ 网站广告费（会议中心网站能吸引不少流量，且访问者均为会展业专业人员，可以将部分网站广告位卖给酒店、主题餐厅、主题公园等）；

⑥ 政府补贴、奖励费；

⑦ 捐赠、赞助费（这里的赞助是指给会议中心而不是给某个特定会议的赞助）；

⑧ 技术输出、管理输出费。如中展集团的信息化成果不但为集团下属两个展览中心和自办展提供强大的技术支持，更让人艳羡的是，中展集团的信息部还为集团外面的50多个展览提供观众登记服务，取得了很好的经济效益。

增加收入，理论上应该每个源头都能为会议中心带来收入，需要从上面涉及的各个收入来源想办法,开拓各种渠道,创造尽可能多的收入。但实际情况很难做到,比如冠名权、技术输出、管理输出对于绝大多数的会议中心还不适用,而且会议中心人员有限,精力有限,不可能全面开花,因此需要抓住重点,从关键环节突破,从而带动整个会议中心收入的增加。

现在,会议场馆之间竞争异常激烈,如北京的会议场馆和上海、成都、大连等城市的会议场馆间的竞争,还有就是一个城市内会议中心和酒店之间的竞争同样激烈。会议中心有一个特点,就是其大会议室因为容量大,从而对大型会议和活动来讲可能就是卖方市场,但会议中心的小会议室却与酒店的会议室形成了针尖对麦芒的态势,而规模小于500人的会议比较倾向于在酒店举办。在这种情况下,会议中心的小会议室完全是买方市场。面对如此尴尬的窘境,会议中心该怎么办?

首先,会议中心要利用各种资源全力达成销售。

会议中心需要审慎研究行业趋势和自身的优势、劣势,制定完备的市场和销售策略,组织人员尽最大努力把会议室销售出去,取得场地租金收入,这是会议中心的根本立足点,因为会议中心的其他收入全部都建立在会议室出租以及因此而来的参会客人上面。

其次,会议场馆的赢利突破点在于餐饮。

国内的展馆、会议场馆很难赢利,原因是多方面的,但有一点却是致命的,就是会展中心自己不能为会议、展览提供餐饮(in-house catering)。也正因为会议场馆这个弱点,主办方放弃会议中心而把会议安排在酒店,会议都含餐,展览也都有欢迎酒会/欢迎晚宴,会议中心不能提供餐食,参会客人到哪儿去吃饭呢?

再次,集思广益,增加辅助性收入。

会议室价格几乎是透明的,主办方或会务公司很容易从各个会议场馆获得会议室租金、AV设备租赁价格和茶歇价格,然后可以从容比较价格,也就是说,会议场馆在会议室、AV设备的价格上没有很强的谈判能力。我们都知道,会议中心自有的灯光、音响、投影设备的租金跟外面的会务公司的价格相比,毫无竞争力可言,事实上,除非是卖方市场(如大会议室的稀缺或旺季),会议中心很难做到禁止会议主办方自带设备进场。这样,会议中心就很难把自有的AV设备租给客户。各会议场馆竞相降低会议室价格,也是不得已而为之。把会议室租出去,至少能同时获得租金收入和茶歇、午餐、晚餐收入,还有一些辅助性收入,如停车场收入、电费收入等。

应该花大力气销售的还有广告、公共区域和商务中心。对于其他收入,要牢牢树立积少成多和处处为客户服务的观念。会议中心应该鼓励销售人员或运营人员对能增加辅助性收入的设施设备反复、多次进行销售,或严格按照规定收取加班工资、电费、网费、施工证费用等。

第4节　销售预订流程及收益管理

会议中心的预订(booking)不仅仅限于会议室的预订,展厅以及公共区域和设施如大堂、室外广场、大门、旗杆、停车场、实物展示间(Demo Room)、用于出租的库房等都应该包括进去。只要供客户使用,不管是收费还是免费提供,都应该纳入预订的范畴。如大堂LED显示屏,如果有客户愿意付费长时间显示它们公司的活动或显示它们公司的广告,可以满足,但同时要顾及显示屏的信息发布功能,因此要根据客户的预订进行合理的编排,以滚动形式、合适的时间间隔发布会议、展览活动信息和该客户的广告。

我们这里重点讨论展厅和会议室的预订。一旦展厅和会议室的预订成功,下一步才是边缘或相关的预订,如大堂、门头、旗杆等。

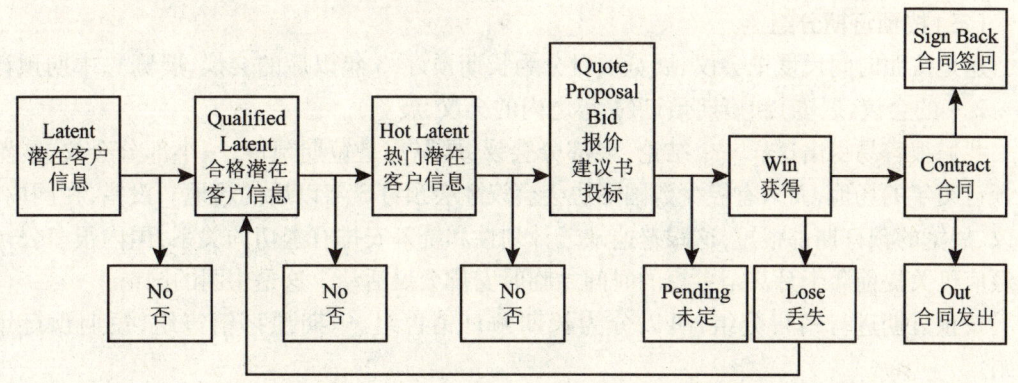

图 5-20　常规的销售、预订和合同签署流程

图 5-20 表明了一般情况下,会议中心筛选潜在客户、获取活动信息、给予报价、中标后签署合同的常规程序。

会议中心经过 2~3 年的运营后,积累了大量的客户资料,从中可以发现哪些客户是需要集中火力、死缠烂打的,哪些客户因为实力原因而不值得花费大力气挖掘的。

对于潜在客户,我们仍要分清此客户的来源地:是本地还是外地,是亚太区的还是欧美客户?

一、销售的分组

这里涉及的一个问题是,会议中心的会议客户太多,展览客户比较集中。会议客户太多,展览客户比较集中,就意味着销售部需要给销售经理分组,否则同一个客户可能会有几个销售经理去销售、争抢,而有的客户覆盖不到。

销售分组可以有几种办法。

(一) 按区域分组

比如本市销售组、外地销售组、境外销售组。

(二) 按主办单位分组

比如公司销售组、政府及事业单位销售组、社团销售组、特殊活动及个人活动销售组。特殊活动及个人活动,包括娱乐类活动、新品发布、大型颁奖典礼、音乐会、演出(固定演出、巡回演出,如妈妈咪、大河之舞、马戏等)、同学聚会、家庭派对、个人画展、个人签名售书、婚宴等。比如，英国的格拉斯哥会议中心就曾接待了宝马公司的 Mini Cooper 小型赛车比赛。

通常，会议中心的销售分组是按照主办单位来划分的，这样可以有效地组织销售力量把每一块细分市场全面覆盖，而少有漏网之鱼。当然，这种分组法的弊端是销售经理可能会把精力集中在本市（本地），因为这样成本最低而产出可能最大，那样就有可能忽视了外地客户和境外客户，把外地生意和境外生意拱手让给了竞争对手。

（三）按预订期分组

这是按照时间尺度把会议、展览项目分为长期预订（3 年以后的会议、展览）、中期预订（1～2 年的会议、展览）和短期预订（1 年之内的会议、展览）。

我们很容易得出这样一个结论：大部分会议、展览都是短期预订，一小部分会议、展览是预订明年的场地，而只有极少数国际协会会议才会预订 3 年以后的场地。没错，在国内，会议、展览的预订期都很短，这跟普遍缺乏计划性和统筹安排有密切的关系，国内很多公司和政府机关提前 2 个月甚至更短的时间才临时安排会议活动。这是中国的国情。

按预订期进行销售分组，可以分为长期预订销售组、中期预订销售组、短期预订销售组。

二、预订程序

预订的第一步客户的问询有电话、电子邮件、传真、网站直接留言问询和网站直接预订（如果你的会议中心网站有此功能）等方式。销售经理接到客户的问询后，首先要做的不是查看客户想要的场地是否可用，而是先要做一些内部功课——看看这个客户的资质，看看这个活动的性质，看看惯常的淡旺季的预订。这就是所谓的"销售条件审核和评估"。如果是一个声名狼藉的展览公司，傍着知名展览而组织一个山寨版展览，就应该毫不犹豫地说"No"。

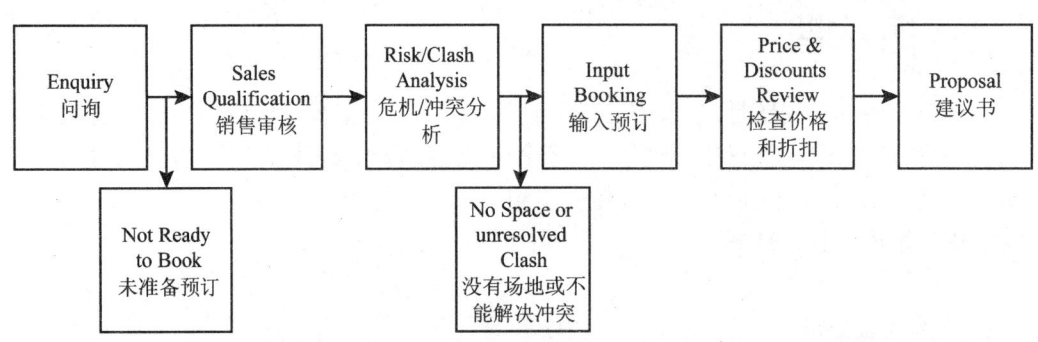

图 5-21 预订程序

销售条件审核和评估都审核、评估哪些内容呢？
① 举办频率：是重复举办还是只举办一次？重复举办就是我们熟知的回头客。
② 收益：要求有综合收益，而不仅仅是馆租、会议室场租。
③ 公关价值。

④ 带来的新业务。

⑤ 公开信息：正式名称、归属行业、活动档案、开始和结束日期、联系信息、是否需要政府许可。

⑥ 内部信息：场地需求、（会议中心）建议的场地、首选日期、（会议中心）建议的日期、活动历史以及客户的信誉、信用及主办（承办）活动的质量。

三、预订冲突

如果没有预订冲突，那么会议中心的经营管理者就需要小心了，这是生意不够好的最明显证据。一个运营良好的会议中心，最好卖的大宴会厅、大会堂、500～1 000平方米的会议室以及室内地面展厅，经常会发生预订重复的情况，即客户都希望预订这些好用的会议室和展厅，且时间往往都是在旺季。有时候，这种情况销售总监都无法协调，因为无论是会议主办机构还是展览主办机构都或多或少有不同的渠道找到总经理，请求总经理把希望的时间段和会议室、展厅留给自己。例如很多企业、协会会通过地方政府（很多时候是通过业主！）向会议中心施压，这时候总经理解决预订冲突可谓左右为难：答应了这家客户，就得罪了那家客户；答应了政府，就在业内背负了唯政府马首是瞻、唯唯诺诺、不市场化操作的恶名。

除了要顾忌到政府这层因素外，解决预订冲突问题实际上属于收益管理的范畴。在工作中，很多人认为收益管理就是追求经济效益最大化，在某些行业或许是这样，比如，航空公司航班的座位。但在会议中心，这绝不是经济效益最大化的问题，需要综合考量，比如，是否能在业内引起示范效应，把同类客户吸引过来；媒体是否会大量报道而获取免费的公关宣传等。

如果迫于政府或业主的压力，迁就预订冲突的一方则必然伤害另一方，最好是鱼和熊掌兼得，两个活动都留在会议中心。从这个意义上来说，解决预订冲突是一门高超的艺术。

对外，跟客户商量：可以换场地吗？可以改时间吗？可以缩短会期/展期吗？欢迎晚宴可以改在展厅举行吗？如果会议中心的价格优惠一点的话，可以改到另一个时间段吗？诸如此类，就是尽力留住客户，让客户把活动放在你的会议中心而不是你的竞争对手那儿举办，因为客户一旦离开了，就有可能再也不来了，喜欢上你的竞争对手而成了你的竞争对手的常客了。

对内，挤水分：找出预订冲突时间段的前面那个活动和后面那个活动，跟客户反复确认是否可以掉换场地，是否真的需要那么多会议室，是否可以提前结束等。我们特别需要注意的是，有时候是因为我们自己的销售经理为了取悦客户而随意地锁住了会议室，一句"我先帮您占上吧"就能扼杀其他想进来的活动，这时候就需要销售经理自己挤水分，把虚占的会议室放出来。更需要提防的是，富有经验的销售经理知道每年9—12月是会议旺季，尤其是12月份是企业年会最多的时间段，他（她）会把最好卖的大宴会厅以某一个公司的名义预占，等到临近时再转给另一个客户，当然，也有可能届时卖不出去而造成白白的浪费。

四、合同签署

这是标准的合同签署流程。签署正式合同,对客户、对会议中心都有好处,保护各自的利益,约束自己和对方的行为等。但在会议中心的实际的销售中,如果每次都要在一式两份的正规合同上盖章签字,再通过快递或专人送达、交换的话,可能很多客户尤其是中小型会议的主办方或承办机构忍受不了这种繁文缛节,即使他们知道商业合同对双方都有好处。比如,一个协会要召开20人的专家评审会,会议费用由一家公司支付,从会议中心接到问询电话到出具报价单(书),双方确认,再到正式合同签署、客户按照合同缴付订金或全额支付费用,可能至少需要3天,但实际上客户就想在明天开会。结果是,合同还没签署,会议都已经结束了。

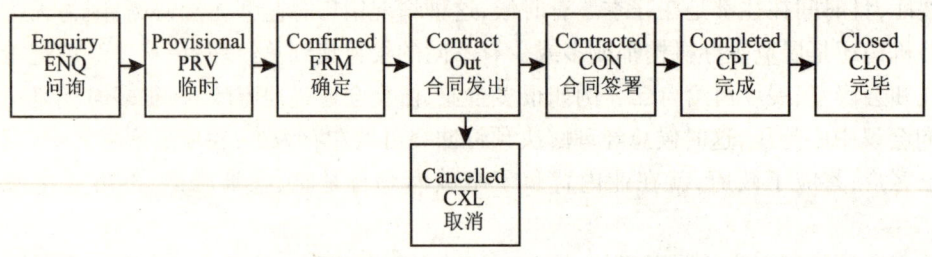

图5-22 合同签署

凡事都有两面性。严格管理是必要的,但若没有灵活性而是死板地按照合同签署流程来执行的话,一定会让你的客户徒叹奈何,有的客户真心想在你的会议中心举办会议、展览和活动,但可能实在忍受不了那漫长的程序,于是乎只能一走了之。因此,原则性和灵活性应有机结合。

授权是一种方法,根据活动的规模和金额,由销售经理或是销售总监就可签署合同。对于经常来举办活动的客户,则可以签署为期一年的合同。

五、收益管理

在会议中心,收益管理算是一个比较新的概念,但在其他行业比如酒店、超市,经营管理者实行收益管理由来已久。

收益管理(Revenue Management)是在对市场的供求关系和消费者的行为模式进行分析和预测的基础上,以最优化的产品、价格和销售渠道组合,实现最大限度提高产品的销售总量和单位产品的平均售价,从而获取最大的收益的动态管理策略。收益管理的理论和方法最先产生和应用于美国的航空运输业,后来推广到酒店业。

一个2 000人的大型国际医学会议要预订3年后的11月份的场地,政府或业主当然欢欣鼓舞,在他们眼里,"大型"、"国际"、"远期"都是令人振奋的字眼,但对于会议中心来说,绝对需要仔细斟酌。会议中心要实现最大收益,就可能会拒绝这个会议。从收益管理的角度看,因为11月份是旺季,会议室价格可以卖得相对高一些,那个时候公司会议、新品发布等活动较多,展览也需要会议室和宴会厅,这个2 000人的国际协会会议占用的场地和天数,若卖给公司会议或宴会,会议中心很可能会得到更高的收入。因此,会议中心若想实现最大的收益,或许可以跟主办方商讨会议室场租涨价的可能性(国际医学会议几乎在会议中心没有餐饮消费),也可以商量让会议改期的可能性。总之,收益管理和政府所希望的很多时候是背道而驰的,因此,如果会议中心按照政府希望的去做,政府就有必要对会议中心进行奖励和补贴。

我们常见到酒店设有收益经理一职。然而在不少酒店——收益经理设在了财务部,而市场销售部的定价、折扣需要得到收益经理的批准。

会议中心的收益经理是设在财务部还是市场销售部,似乎没有一定之规,设在哪个部门都有各自的利弊。不管怎样,市场营销和收益管理需要合作无间,才能大幅度提升会议中心的赢利能力。管理层可以自问一个问题:"我的收益经理了解销售及营销团队的本领吗?销售及营销团队又是否了解收益经理的本领?"如果答案是否定的,则会议中心就该考虑采取行动加强收益经理和市场销售部之间的联系了。

大多数的会议中心市场营销部门都是负责客户关系管理,统筹面向过去和潜在客户的市场推广活动;而收益管理部门则负责预测需求以及定价,收益管理经理掌握需求的趋势,以及对剩下还没有预订出去的会议室、展厅的价值了如指掌,因此可以建议合理的折扣或优惠,却又不会影响收益水平。市场营销部门和收益经理要联手合作才能够确保会议中心在会议、展览的旺季没有过度打折而导致利润降低,同时也能在淡季制定出最合理的优惠推广。

收益经理这一角色之所以重要,在于他/她要比销售经理更懂得行业规律,如会议、展览的淡旺季、提前多久预订场地、价格接受能力、竞争对手的反映等,简而言之,就是应该随时可以回答四个基本问题:卖什么?卖给谁?什么时候卖?卖什么价格?

美国饭店行业的统计数据显示,在其他条件不变的情况下(如不增加客房、不追加促销和广告费用),如果系统地运用收益管理的策略,酒店的收入能增加5%至7%。例如,一家年收入为6 000万人民币的酒店,通过系统运用收益管理策略,年收入能增加300万~420万元人民币。之所以能如此,其主要原因是收益管理策略能有效地提高客房出租率和平均房价,从而提高酒店的客房总收入,并且伴随着客房出租率的提高,酒店其他的一线部门,如宴会部、餐饮部、康体娱乐部的收入也相应增加,从而最终提高酒店的总收入。

国内对会议中心的收益管理还没有系统的统计或分析,也见不到这方面的理论。我们可以参考酒店的收益管理,将会议中心的收益管理理解为:通过对会议、展览、宴会、特殊活动等各细分市场的供求关系和会议中心与其他会展场馆以及酒店竞争状况的分析,预测各细分市场对会议中心产品和服务的需求情况,确定会议中心可争取得到的各细分市场的销售量和平均价格,结合会议中心自身的经营目标实施不同价格、产品组合的经营策略,以此实现会议中心总体收入的最大化。

具体来说,会议中心的收益管理可以是5个Right的组合。

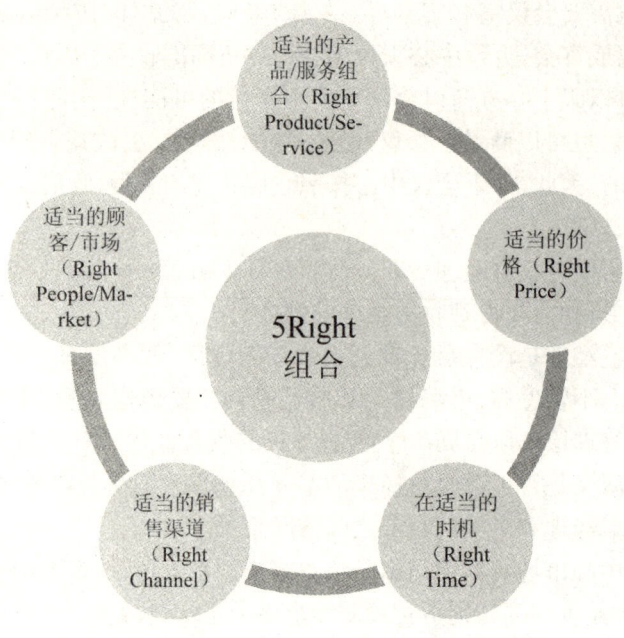

图 5-23 会议中心收益管理的 5R 组合

(一) 适当的产品/服务组合(Right Product/Service)

会议中心最基本的产品组合是展厅+会议室+餐饮,有时候还会加上配套酒店;而产山比较大的服务组合包括餐饮、设备租赁、广告位、制作等。如果一个直销公司的 3 000 人销售代表会议(一般称为"事业发展大会"),可能仅仅租赁一个大会堂,而没有其他任何服务需求,参会客人自带便当和方便面,在中午时到处寻找开水,那么会议中心实际上并没有将组合产品销售给客户,在这种情况下,就需要考虑:如果同期有其他公司活动需要租用大会堂,还需要餐饮服务,会议中心则应不接受直销公司的预订,也就是上文提到的该直销公司审核与评估未通过。

(二) 适当的价格(Right Price)

会议中心虽然处在买方市场,但在个别月份有很强的议价能力。对于特大型的会议,或同期有多场技术交流会、论坛和欢迎宴会的展览,会议中心的场地优势就能促成较高的销售价格。

(三) 在适当的时机(Right Time)

适当的时机是指会议、展览生意的淡旺季。比如,春节、国庆两个长假,几乎没有什么会议、展览生意,但若是新中国成立 65 周年、70 周年这样富有纪念意义的节日,成就展、大型集会就有可能在"十一"期间举办。适当的时机也指预订期的长短,不是说提前 2 年预订就一定会给予优惠价格,提前 10 天预订就一定是高价,仍然要视出租率、是否有相同题材展览、综合消费如何等条件决定价格。

(四)通过适当的销售渠道(Right Channel)

不要以为会议中心的销售能量大到可以不用借助中介机构。不少政府、社团、企业的会议、活动都是通过公关公司、广告公司、会奖公司、旅行社来预订的。

(五)销售给适当的顾客/市场(Right People/Market)

场地卖给谁？如果碰到预订冲突，场地给谁？一般地，除非迫不得已(比如政府或业主的压力)，会议中心的收益经理要计算出冲突双方的活动各自能给会议中心带来多少综合收入，然后据此决定给冲突双方中的一方。在旺季，还要考量大宴会厅、大会堂、500~1 000平方米的会议室每天每平方米的收入。当然，除此之外，还要看是否属于重复生意、以往历史数据、客户的付款信用、客户在业内的号召力和影响力、是否会带来潜在的客户等因素，而不是简单的价高者得。

会议中心的资源有限，如何才能得到更大的产出呢？市场销售部门和收益经理合则赢利。

第6章 会议中心的项目协调、现场服务及餐饮管理

第1节 项目协调的职能

主合同(main contract)一旦签订,就进入执行合同、项目实施阶段,也就是所谓的运营(operation)阶段。主合同只是确认活动的开始日期、结束日期、展厅、会场以及比较重要的餐饮活动如酒会、晚宴等,有时候还包括预订配套酒店的客房数。大量的琐碎的工作就需要项目协调员或项目协调经理来完成。

一、项目协调员的职能

项目协调员应以会议中心的利益为重,尽心尽力,为客户活动的实施创造有利条件,协调内外关系,及时、灵活地处理各种可能的矛盾和冲突,尽最大可能将会议中心的产品和服务销售给客户,保证会议中心提供合乎规范和符合客户合理预期的服务。

具体来说,项目协调员有以下六项主要职能:

(一)按照合同实施项目

这是项目协调员最基本的工作内容,按照主合同与客户(这里的客户既指最终用户,也包括最终用户的承办机构,如公关公司、政府机关下面的事业单位等)根据需要签订补充合同,确定合同中规定的会议中心服务内容以及属于业内惯例、合同中不必罗列的基础服务项目,比如会议室在夏季应免费提供空调、会议室应至少配备一个服务人员等。

项目协调员在接到活动任务时,首先要再次确认预订有效,而且应该与预订主管核对该项目的场地预占符合合同规定,遇到销售经理前期虚占的情况,与客户核实后立即释放虚占的场地。

研究客户的背景、活动的具体需求和流程,分析这个活动是否在会议中心举办过,如果属于重复项目,则要完整地察看上次活动的卷宗,与销售经理、项目协调员沟通,找出上次

的成功做法以及客户的不满之处。

跟客户沟通后,出具"活动任务单"(Event Order),把所有的要求和时间列在上面,把"活动任务单"发给所有相关部门,请相关部门在拟定的时间内提出意见,把各部门反馈的意见归纳后调整工作单,再次发给相关部门。关于"活动任务单"及其工作流程,请阅读本书第7章第7节《会展管理软件 EBMS 的应用》。

项目实施过程中,项目协调员应在现场处理各种可能出现的意外情况,以高度负责的态度及时解决,而不是推诿给其他部门或怪罪于会议中心的管理规章制度。

活动结束,为客户出具账单(invoice),请客户核对并签字。客户认可账单后,通知财务部开具正式发票,向客户收取尾款。

最后的工作是卷宗归档,将客户的意见及评估交给部门经理,部门经理转给销售部。若是重大活动,或活动出现重大投诉,应写出报告,陈列事情发生经过、分析原因,并提出改进意见。

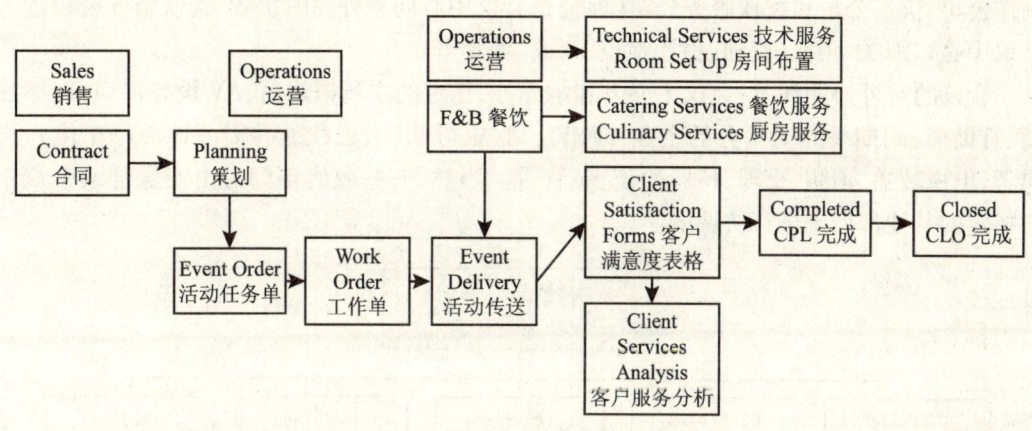

图6-1 一个活动在会议中心的流程

(二)保证安全

保证安全绝不仅仅是安保部的职责,也不仅仅是工程部的职责,当然,安保部和工程部承担了较多的安全保卫和安全生产的职责。

让一个活动安全无忧地进行,保证所有与会人员、参展商、观众的安全,保证大规模人流有序抵达和有序离开,保证供应商、演员、会务组、展览主办机构以及主场搭建商的施工、调试、表演以及撤展时的安全,也是项目协调员的重要职责。项目协调员的安保工作主要从以下几个方面入手:

审图:审图指的是对施工、搭建图纸以及使用材料的审定。是否超出限高、是否超出承重、是否遮挡了消防栓、是否使用易燃材质、玻璃是否已作钢化处理,这些问题需要项目协调员与安保部、工程部同事一起来审核。

现场:施工队伍到达现场后,项目协调员应会同工程部、安保部的同事对施工人员进行安全教育、告知施工工人的活动区域以及会议中心的管理规定,并要求施工负责人在施工须知上签字。

客户的供应商或参展商有时候在施工时没有严格按照施工图来施工,项目协调员因为经常去现场,发现这种欺骗行为的机会比较大,应该立即制止。施工时仍有可能出现不按操作规程施工的情况,这些都需要项目协调员的高度责任心和火眼金睛。

预见:对于展览和大型会议、演艺类的活动,项目协调员应能独立预见到或询问客户何时出现最大人流,从而协调安保部和工程部,制订合理的人流疏导方案,比如停用旋转门而改开平推门、开启两部上行扶梯或两部下行扶梯、增加临时导向和标志、启动应急广播等。请记住,安保部和工程部没有一个人比项目协调员更清楚何时出现风险。

(三)对外协调

对外协调不只是对客户的协调,还包括对客户的供应商、对客户的客户的协调。展览的对外协调涉及:展览主办机构、主场搭建商、指定物流公司、参展商、参展商雇用的模特演员或值台人员、参展商的主场搭建商、参展商自己雇用的运输公司、展览主办方雇用的广告制作公司、快餐公司和餐饮服务公司(前提是会议中心同意外面的快餐、餐饮服务公司进入会议中心)、海关、消防、交通、检验检疫、工商、城管等。

会议的对外协调涉及:会议主办方和承办方、指定的主场搭建商、AV设备供应商、参展商、赞助商、同期举办卫星会的企业、演出公司、旅行社(大巴往返并需要地面停车位)、志愿者、电视转播、消防、交通、检验检疫、城管等。当然,有些政府部门是由安保部或会议中心指定的其他部门来进行协调的。

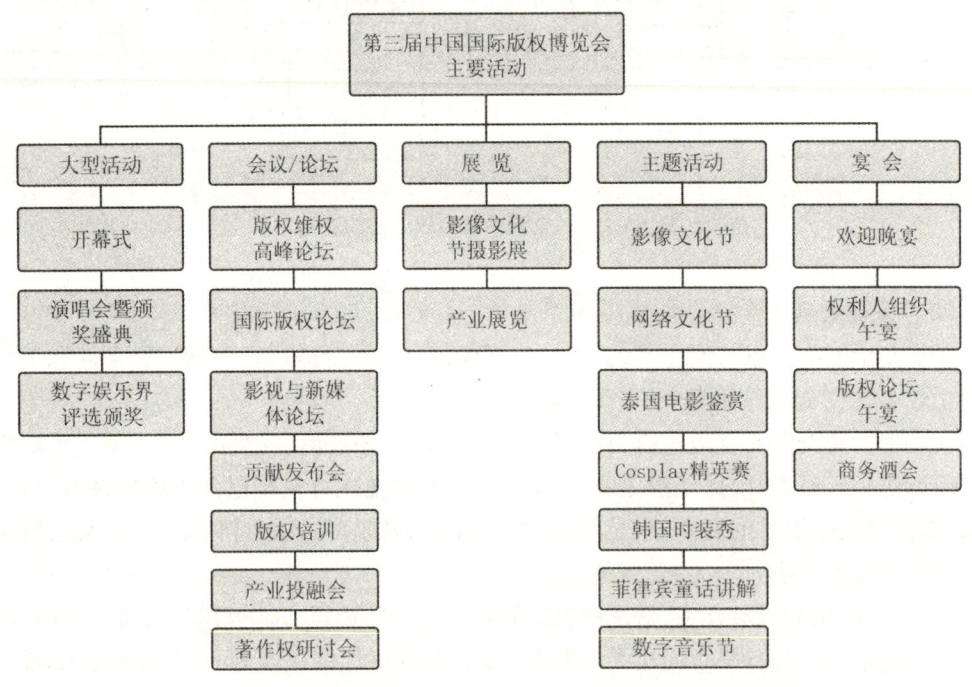

图6-2 一个会议/展览涉及许多对外协调、对内协调和二次销售

(四)对内协调

对内协调涉及很多部门,最多的是餐饮、工程IT、安保这三大部门。事实上,对内协调可能会涉及所有的部门,如采购部、总办(通过总办向有关政府部门发文请求帮助解决问题),甚至是团委,比如有的会议活动适合会议中心组织一些团员担任志愿者。

对内协调还包括对会议中心指定供应商、外包公司的协调,如会议中心指定的负责接电的长期合作伙伴、鲜花供应商、AV设备供应商、广告制作公司、外包的保洁公司、安保公司等。

市场公关人员远不如项目协调员了解会议、展览和活动,其中或有不错的公关宣传亮点和机会,但并不被市场公关人员所掌握。项目协调员发现这些公关宣传机会,应及时通知市场公关人员。

(五)二次销售

销售经理一般只与客户签署主合同,即使是补充合同也不能把所有的服务项目一网打尽,一方面是由于临时变化,一方面是因为客户代表未被充分授权,不能(或不敢)当场拍板决定而等待其领导来决定。项目协调员应该担负起二次销售的责任来,把会议中心所有能提供的服务项目向客户售卖,争取客户的理解和配合,客户购买就为会议中心增加了收入。对于某些服务项目,项目协调员应有权限给予折扣。同时,项目协调员的二次销售应得到相应的奖励,否则项目协调员就缺乏销售的积极性。比如一个晚宴,项目协调员有可能鼓动客户不从外面自带酒水而使用会议中心的酒水,对这种upsale就应该给予嘉奖,否则项目协调员只是照章办事,同意客户自带酒水而会议中心只收到了金额不大的开瓶费。

关于会议中心可以销售哪些产品和服务项目,请参阅本书第5章第3节《会议中心的赢利之道:收入来源分析》。

(六)确保服务质量和客户满意

项目协调员按照合同来实施项目,其间总会碰到这样那样的问题,有时候是会议中心自身的问题,有时候是客户的问题。比如一个展览原计划的欢迎晚宴人数是800人,结果当天上午临时要求增加200人;或者是一个政府会议,处长看了会场摆台后表示满意,但会议开始前一小时局长来了就轻而易举地把方案推翻了,要在短短一小时之内改变会场台型几无可能。对于这种情形,会议中心确实有苦难言,客户的很多要求明明不合理,但他们对会议中心寄予厚望,在他们眼里这些都是不值一提的小事,殊不知紧急采购有多么困难。

客户也许不讲理,但投诉却是始终实实在在地落到了会议中心的头上,会议中心背负骂名纵然冤屈,也只能无可奈何。

但无论如何,项目协调员一定要精心组织和协调,急客户之所急,想客户之所想不到的,充分利用自身的经验,借助于其他部门的大力配合,齐心协力为客户提供优质的服务,及时发现并纠正各部门服务的瑕疵和不足,在最短的时间内消灭客户的投诉,把项目的顺利实施作为第一目标——这也是在完成合同义务。

项目协调员应该具有某种敏感性。一种敏感性是指能敏感地察觉到活动会在什么节点上出现问题,比如撤展时装货卡车的停放、参展商偷带盒饭进入展厅(假设会议中心不允许外面的盒饭进入展厅)而容易引起的纠纷,应该提请有关部门注意。另一种敏感性是对客户活动质量和品牌的把握。比如,同一个行业的 2 个汽车厂家,同时在会议中心举行新车发布活动和经销商会议,这是互为竞争对手的两个公司最为忌讳的。如果已经预订,那么项目协调员应及时、如实地向两个汽车厂家说明情况,并提出合理化建议,比如尝试说服一个厂家将活动改至第二天,或当天一个使用东门,一个使用南门等。

客户满意,才会继续成为会议中心的客户,否则客户不但投向竞争对手的怀抱,还可能散布不利于会议中心的言论。从这个意义上讲,项目协调员就是一个销售经理。

二、销售经理 vs 项目协调经理

一个活动项目,应该是由销售经理从头到尾来完场,还是咨询、报价、确认、合同签署由销售经理来执行,而合同签订后的事项由另外一个项目协调员来负责呢?

这是一个极难回答的问题。事实上,两种方法各有各的长处和短处。

由销售经理来执行所有项目的实施,有助于给客户增强信心,提高友谊关系和信任度,因为长时间的接触和沟通,有助于在项目实施过程中加强合作,互相迁就,容易达成一致,能较为轻松地完成项目,使得项目取得成功。在此过程中,销售经理会千方百计把可以销售的服务项目向客户推荐。同时,对于可能出现的不满和投诉,销售经理能以最快的速度、在第一时间协调有关部门加以迅速解决,也可以在出现隐患和不利苗头之际通过个人之间的沟通,或采取小恩小惠的方法,比如赠送一盆讲台花、邀请客户代表用餐等,或经过上层同意给予价格折扣等,将客人的不满化解在会议结束之前,让客户满意而去。最终,收款较为顺利,客户与销售经理建立起可靠的个人关系,客户会继续把会议、展览带至会议中心。

而销售经理从头管到尾的弊端是,占用大量时间,客户每次来都得作陪,在会议、展览期间更是不敢离开,生怕客户遇到哪怕一丁点儿芝麻小事都会打电话给自己,而自己不及时出现或解决就会遭到客户的白眼。这样就没有办法外出销售,也腾不出时间来分析客户、维护客户关系。当然,最招致诟病的是,销售经理可能假公济私,揩会议中心的油,也可能跟客户联手、结成利益联盟一起做手脚、占会议中心的便宜。

而一个项目协调员若不接受销售部的领导,则最大的隐患是按部就班,按照正常的程序来协调所有相关部门,协调不成时会把困难抛给销售经理,对客户的临时要求置若罔闻,造成客户的投诉却置之不理——因为客户的投诉以及引发的拒付费用跟项目协调员没有本质上的关系。项目协调员也不大愿意进行二次销售,因为他(她)倾向于认为销售业绩归属于销售经理而不是自己,这样就失去了多次销售、为会议中心创造最大销售额的动力。

事实上,项目协调员也有可能跟客户结成利益同盟,利用会议中心的管理漏洞,利己行为难以杜绝。

会议中心的一般做法是销售经理身兼项目协调员之职,一个人把洽谈、合同谈判、项目协调和实施、结账收款全部管起来。

三、会议的筹备、执行流程

一般情况下,一个会议流程分三大部分,即正式会议开始前(会前)、会议阶段(会中)、会议结束(会后)三个阶段。

会议的实施既是执行合同,也是体现价值、彰显品牌的过程,还是销售过程。但在会议筹备期间,也就是项目协调员在正式会议开始前已经开始销售会议中心的设施和服务了。

(一)会议的筹备

时间跨度:从主合同签署起到会务组入驻(或主场搭建开始)

主要工作内容:

①确定销售部会议经理或项目协调员,此人成为 meeting manager,销售经理向其说明会议情况,把组委会人员介绍给他/她。

②审核合同,接洽客户,取得更详尽的会议需求,编写"活动任务单"(Event Order)。

③各相关部门接到"活动任务单",编写本部门的"工作单"(Work Order)。

④依据合同,向客户收款。

⑤内部工作准备:会议室、餐饮、工程、保洁、安保、问询等。

⑥外部工作准备:户外广告、停车、公安、消防、卫生检疫、客户考察场地、展商考察场地,供应商察看场地。

⑦向客户索取批文(如属于需要政府审批的大型会议、演艺活动,也要向客户索取批文)。

⑧与客户或客户指定的主场搭建商、供应商(承办公司)确定场地和场地图,需要确认的场地和场地图如下:

↘展览平面图(展厅、序厅、室外展场、大堂、大宴会厅、大会堂和任何公共区域内的展位图)

↘会议室摆放图

↘注册台、服务台、祈祷间、急救室

↘衣帽间、库房

↘茶歇区域及摆放

↘贵宾室及摆放

↘演讲人休息室及摆放

↘公共上网区域及摆放

↘秘书处办公室及摆放

↘学术会议的论文张贴(poster)场地

↘自助餐、酒会、晚宴场地及摆放

↘外卖场地及摆放

⑨如有 VIP 参会,向总办报告。

⑩申请户外广告许可(常由总办申请,但设计图、文字等应由项目协调员等提供)。

⑪销售！销售！
  ·主合同约定之外的第二次销售，客户这时候大多已经没有了当初的强势。
  ·项目协调员根据经验进行推销。
⑫物资的临时采购、租赁以及人员借调。
⑬"活动任务单"（Event Order）里包含的任何活动一定要有结束时间，且注明由哪个部门来终止。如VIP来参会，一般都有抵达时间，但可能没有"何时离开"这个信息，结果就是总经理不知何时送客，不知专用电梯锁到何时，贵宾室、安保停车都无法安排，还可能影响到下一场活动。
⑭确认菜单、保证最低就餐人数。
  酒店/会议中心的主要利润之一来自餐饮，成本控制即意味着利润。
⑮文件的准备（主场地图、施工要求、安全责任书、签单授权、施工证件、停车证、酒店地图……）。
  在会议筹备过程中，对客户的想法和要求要给予明确的YES或NO的答复，不要说"到时候看"、"我想办法"等，更不要轻易许诺，否则客户会不依不饶。

（二）会议的执行和实施

①根据双方签署的主合同以及补充合同，依照会议中心认可的服务内容和程序，为客户提供服务，也就是执行合同。会议流程决定了会议中心的服务程序和相应的服务项目。
②人员到位，物资到位。
③对主场搭建商、供应商、参展商进行管理。
④展厅、会议室管理。
⑤公共区域管理。
  公共区域包括会议中心大门外广场、大堂、序厅、服务台、衣帽间、电梯、扶梯、茶歇区域、展览区、（学术会议）论文张贴区、厕所、停车场、卸货场、商务中心。
⑥人员管理。
⑦餐饮管理。
⑧安全管理与风险控制。
⑨财务控制。
⑩组委会办公室、库房的服务及管理。
  （此部分内容请参见本书第6章第2节"现场服务及管理"、第3节"餐饮是会议中心的王牌"以及第7章"会议中心的安保、工程及信息化管理"）

（三）会议结束，评估总结

①对会议接待全过程和服务质量进行回顾、评价。
②对会议中心员工进行评估和工作总结。
③对会议中心供应商进行评估。
④对客户及其指定供应商进行评估，若严重违约或不听从会议中心的管理，可将其列入会议中心的黑名单。

第2节 现场服务及管理

这里说的现场服务,不只是展览、会议开始后的展览现场、会议现场服务,而是在会议、展览开始前就已经开始了,比如展厅的画线、搭建,会议室的舞台搭建,与主办方在会议开始前召开协调会等。

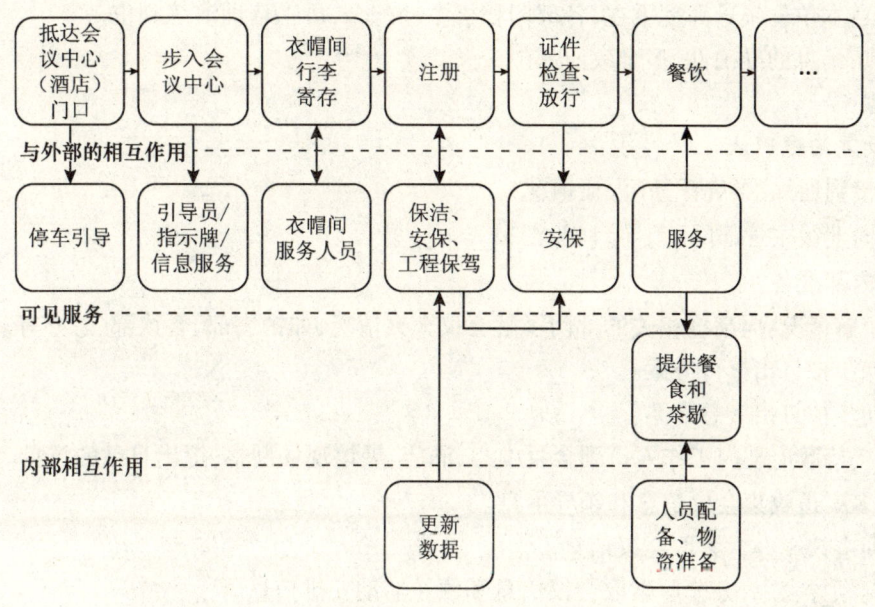

图6-3 会议中心的接待流程

我们可以把主办方、组委会人员或主办方自带的供应商如展览主场搭建商抵达会议中心开始工作(不是合同签署前的现场考察)认作会议中心现场服务的起始点。个别情况下,人马未动,粮草先行,组委会工作人员还没抵达,但他们通过快递寄到会议中心的会议资料、会刊却先行抵达了,这也可以算现场服务的正式开始。

一、对VIP的接待服务

不是非得政府高级官员和国际组织的高阶主管才是贵宾(VIP),大企业的董事长、总经理或者是大学校长、研究院院长、媒体主编都可以成为贵宾。

政府、社团(国内许多社团、商会、学会的理事长、会长都是前政府官员)和国际组织的官员来会议中心参加各种活动,包括参加纯粹的会议(含谈判),参观展览(含剪彩),参加各类活动(颁奖、演出、庆功、接见),出席宴会以及接受采访、录播,参加综合类活动(会议、展览、活动、宴会等多项内容互相包含)等,不一而足。

按领导的角色分,则有会见、合影、陪同(更高一级的领导)、主持、主旨演讲、接见、谈判、签字、题字、剪彩、参观(专场、非专场)、观看图片展和演出、考察、颁奖、参加宴会、接受采访、录播、主持工作会、主持协调会等,领导在其中起的作用也因角色不同而不同。

对待政府型会议或有高级政府领导参加的有影响力的大型会议,接待政府领导可以分为会前、会中、会后三个阶段。

(一)第一阶段:会前(从接到通知到政府工作组/会务组入驻)

要点:沟通确认,准备充分。

重点:本单位领导高度重视,各部门积极主动配合,员工培训演练到位。

难点:信息的准确性,多个政府部门交叉。

流程:

1. 反复沟通确认

➤ 接到通知,了解任务(大概情况)。

➤ 向上级主管部门(领导)口头汇报。

➤ 内部准备。

①了解情况:向高度相关的部门了解会议大致情况,如销售部、餐饮部、总办等。

②初步拟订出接待方案。

③初步拟订出应急方案。

➤ 接待政府部门工作人员到会议中心、酒店、展馆现场勘察,提出自己的意见、建议。

➤ 多渠道收集会议信息和领导信息。

①向会议主办方索取会议信息。

②向领导秘书、办公厅索取会议信息和领导活动安排信息。

③向专司政府领导接待的国宾馆(省宾馆)总办、餐饮部了解领导的一贯要求和个人嗜好。

④从公开信息(会议网站、政府官方网站、官方报纸和电视报道)中收集信息。

➤ 完善接待方案和应急方案,向政府部门汇报。

➤ 参加政府协调会/专题会/工作会,修订接待方案和应急方案,向所在的区、县汇报,请求协调和支持(尤其是交通保障)。

➤ 反复确认参会领导名单和抵离时间。

➤ 反复确认领导在会议中心、酒店、展馆的具体行走路线、活动内容。

➤ 领导名单和抵离时间确认后,向自己的上级主管部门(集团)正式汇报。

➤ 接待各类政府部门、媒体的先行检查、踩点(公安、消防、交管局、卫生检疫、官方报纸、电视台等)。

➤ 接待会议主办、承办单位(施工搭建、演出彩排)的前期考察,商讨工作方案。

➤ 试餐(调整菜单、再试餐),确认菜单。

➤ 确认行车路线、停车位置。

➤ 确认领导行走路线(领导不愿意走回头路)。

➢ 确认领导人的个人爱好、食品禁忌、过敏史、称呼的禁忌、抽烟习惯。

➢ 确认各类会议室的安排及其准确的时间点(包括贵宾室、是否专梯、何处接见、何处合影、何处题词、何处赠送礼品、何处接受采访等)。

➢ 确认会场内的主席台和摆台形式(背景板、主席台、讲台、主席台绿植、桌签、摆台形式)。

➢ 确认陪同人员(秘书、其他部门的领导)的休息室、座位、用餐安排以及司机的休息室。

2. 充足的准备

包括物资准备、人员准备和工程准备、宣传准备。

物资准备：采购、租借(紧急采购、食品采购、桌椅台布、服务人员、制服、灯光、音响、合影架、合唱台等)。

人员准备：培训、实地演练、动员(动员大会、班组动员)、工服、各司其职、定人、定岗、定任务(最好不要一个人同时负责两件事)。

图6-4 贵宾室的台形图需要客户的确认

工程准备：大屏幕、会议室门口的显示屏、暖风空调、水、电、电梯、灯光、音响、网络、电视台转播电缆、转播车、同声传译等。

宣传准备：新闻稿、会议中心自己的摄影摄像,同官方摄影记者、官方报纸和电视台的关系(索取自己拍摄不到的照片、录像,在官方新闻中拍到、提及自己单位、自己单位领导的名字等),会议中心网站的新闻发布。

(二)第二阶段：会中(从政府工作组/会务组入驻到会议正式结束)

要点：服务接待圆满顺利,安全保障万无一失。

重点：细致认真,主动补位,随机应变。

难点：领导随时变更,预案经常泡汤。

流程：

1. 政府工作组/会务组入驻
- 会议中心主管领导出面,欢迎政府工作组/会务组入驻。
- 安排好房间和办公室(服务人员、开门关门时间、办公设备、电话、网络、开水、保洁等)。
- 会议正式开始前的最后一次协调会(再确认、再修改)。

2. 领导抵达
- 会议中心部门经理或主管领导最后一次检查会议室、贵宾室。
- 确认会议室和贵宾室温度符合国家标准和会务组要求(尤其包括领导人喜好的温度)。
- 本单位第一领导率领导班子至少提前半小时迎接上级领导。
- 提前15分钟陪同本单位领导在门口等候上级领导。
- 所有参与服务的人员提前半小时到位(着工服、化妆)。
- 贵宾室内:茶水、湿毛巾、题字簿、卫生间的香味(要适度,注意领导的禁忌)。
- 会场内:茶水、湿毛巾、鲜花(注意领导是否过敏),音响一定要有反送,视频、PPT演示要确保坐在主席台上的领导也能看到。
- 领导抵达,步入贵宾室(一般不通过安检)。

3. 领导活动
- 大部分领导活动不需要会议中心领导全程陪同,但会议中心领导不应离开会议中心/酒店/展馆,而应做到随叫随到,但不必时时刻刻候在现场。
- 时刻将贵宾室准备好,直至政府领导完全离开会议中心/酒店/展馆。
- 若有条件,为政府领导准备一间休息用的套房(如果配套酒店也由会议中心管理的话)。
- 安排秘书、司机的休息室和他们的用餐。
- 在贵宾室内:会见、接见、合影、互赠礼品、摄影、摄像。
- 领导的外套:一般由其秘书拿着。
- 礼品:一般交给领导秘书或司机。
- 如果会议时间超过1小时,请秘书提醒领导入场前先上洗手间。
- 会议开始前:播放安全提示的PPT。
- 会议开始,通知全体人员起立,鼓掌欢迎领导进入会议室。
- 上场音乐,礼仪引导。
- 领导发表主旨演讲。
- 领导讲完,礼仪引导。
- 茶歇(主办方有时候趁这个机会安排领导与演讲嘉宾、赞助商代表合影;大部分情况下领导利用这个间隙离开会议中心/酒店)。
- 领导接受采访(一般安排在贵宾室,或另一间有会议背景板的会议室内进行,茶水、湿毛巾、烟缸、服务人员)。
- 现场服务的主管立即通知会议中心领导到大门口送政府领导。

➢ 会议中心的领导跟政府领导告别。
4. 会议室的布置及服务
5. 主席台的服务
6. 贵宾室的布置及服务
7. 领导用餐：有时不跟全体参会人员集体用餐，而是安排在单间
➢ 座位的安排。
➢ 分餐位上菜。
➢ 安排好秘书、司机的用餐。
➢ 会议中心领导在门外等候，有可能会被政府领导叫进去敬酒。
8. 欢送领导

(三) 第三阶段：会后(从会议正式结束后到结账完毕、总结上交)

要点：善始善终，结算要快速，总结要漂亮。

重点：让会议中心领导知道这次会议的整体效果和公众评价，让员工知道自己工作的得失。

难点：结账时找不到签字拍板的人，没人关注对服务接待的总结和反思，会议中心不注重表扬、奖励表现优秀的员工。

①与会议本身同样重要，满足客人需求。
②善始善终，不可懈怠。
③消除会议前、会议中客人的不满意和投诉，同时也是补救良机。不让客人把不满意带回去。

流程：

1. 文件、物品的汇总和移交
➢ 数据库、评价表、照片、录像带、会场录音、演讲人PPT、讲稿、翻译稿、新闻稿、客人遗忘/丢失物品。
➢ 保密。
➢ 领导的照片、合影、录像：要注意后期制作质量，尽快、专程交给领导秘书。
2. 结算（酒店、供应商）
3. 感谢信（给领导、主办方、供应商、公安、志愿者）
4. 评估、总结
5. 网站更新，新闻通稿
6. 人员休整（如倒班休息等）、表扬、奖励

二、展览的现场服务

一般来说，除了展览销售外，展览的服务分为两部分内容，一个是展厅内部的现场服务，一个是展览协调。在实际工作中两者互有交叉，而且由于服务的群体复杂，两组人员需要紧密配合、互相补台，才能保证展览的成功举办。

展览主办方要面对众多机构和群体，包括展商、观众、主场搭建公司、运输公司、公安、消防、检验检疫、海关、展览观众和媒体，这些机构和群体的要求都会通过展览主办方以及展览主场搭建商传递至会议中心。展览协调员除了大量事务性协调外，还要满足众多客户的需求，更多的是提供服务，因而展览协调员也叫客服经理。

（一）项目协调

展览项目协调也是分为对外协调和对内协调。对外协调涉及公安消防报批、交通、海关、检验检疫、工商、市容等多个政府部门，以及展览主办方指定的主场搭建商、物流运输公司、快餐公司、旅行社等。对内协调涉及的有工程、安保、车辆调度、保洁、餐饮、总办、市场公关以及会议中心签约的供应商、配套酒店等。展览项目协调的周期很长，可能提前一年就开始与主办方、主场搭建商接洽、联系了，直到撤展完全结束、向客户出具账单、收款完毕、归档后才能告一段落。

有的展览主办方没有指定的主场搭建公司，展览项目协调员就可能要面对所有对场馆有各种需求的参展商，这种情况下展览协调的工作量就会比较大。

（二）收款

通常而言，会议中心的销售经理跟客户签订展厅租赁合同，向客户收取定金后，就会把合同传递给展览协调员（客服经理）。展览协调员接手合同后，要根据合同分期从客户手里拿到租金，所有租金应在展览开始前全部结清。展览协调员负责向展览主办方、主场搭建公司收取空调费、清洁费、会议室租金、贵宾室租金、欢迎酒会/欢迎宴会费用。参展商无论是通过展览主办方还是直接向会议中心预订的会议室或午餐、晚餐、AV设备，这部分费用都是由展览协调员收取。

（三）主办办公室、主场办公室

通常情况下，展馆免费提供给展览主办机构一间办公室，而主场办公室一般临时搭建在序厅内，如果用标准件搭建，场馆也不收费。如果主办办公室有可以观察（俯视）整个展厅的窗户，则有利于主办工作人员随时掌握展厅的情况。

（四）《展厅使用手册》

《展厅使用手册》（User's Guide，Event Planner Guide）是一本会议中心编制印刷的，用来规范主办单位、主办单位指定搭建公司、参展商、参展商指定搭建公司以及展会其他服务商行为的册子。《展厅使用手册》也可以从会议中心网站上下载，有的会议中心将《展厅使用手册》刻成光盘由销售经理、项目协调员交给客户。除非另有书面文件，客户必须接受《展厅使用手册》里包含的内容。

很多情况下，会议中心的《展厅使用手册》还包含了大量的会议室以及公共区域使用的规定内容，因此常是二合一——把会议室以及展厅的使用规定合并而成为一本《使用手册》。

国外一些会议中心的《使用手册》包含的内容十分详细，一方面是为了保护场馆自己的利益,另一方面也是为了督促使用者精心组织、合乎规范,目的只有一个,就是为了活动的成功。

华盛顿会议中心的《使用手册》包罗万象,洋洋洒洒109页,甚至包括了如何使用该会议中心的logo的内容。这种严谨的做法值得我们学习。

阅读资料:华盛顿会议中心的《使用手册》目录

1) 华盛顿会议中心概况
   A. 建筑设施特点
   B. 管理方
   C. 对哥伦比亚特区的承诺
   D. 安全特色
   E. 服务和便利设施
2) 销售和预订
   A. 关于哥伦比亚特区
   B. 华盛顿会议中心销售部
   C. 预订政策
3) 合同签署
   A. 场地确认
   B. 定金
   C. 公共区域的使用
   D. 展厅租金里包含的服务和设施
   E. 会议室租金里包含的服务和设施
   F. 其他收费
   G. 医疗服务要求
   H. 安全要求
   I. 人群拥挤管理
   J. 公众活动
   K. 音乐会、舞会、体育活动
   L. 保险要求
   M. 净平方尺寸
   N. 账单和发票
4) 会议中心的服务团队
   A. 客服经理(项目协调员)
   B. AV、灯光、音响
   C. 电工和管工
   D. 工程

   E. 餐饮
   F. 顾客服务
   G. 保洁
   H. 网络和通信
   I. 会议服务
   J. 安全服务
   K. 交通服务
5) 活动核对一览表
6) 应急准备
   A. 概括
   B. 员工培训
   C. 突发事件的特点
7) 入口和通行
   A. 公众入口
   B. 主场搭建商工人和参展商指定施工公司工人的入口
   C. 卸货区
   D. 手提物品的入口
   E. 24小时开放的通道
8) 公共区域
   A. 面积
   B. 家具和绿植
9) 在公共区域的导向指示
   A. 外部
   B. 内部
   C. 垂幅
   D. 玻璃门和窗户上的标志
   E. 自行站立的导向牌
   F. 地面贴花纸

10）展厅
    A. 平面图
    B. 参展商手册
    C. 参展商服务中心
    D. 展览安全
    E. 地面承重
    F. 货物交付
    G. 参展商自有车辆
    H. 顶部照明
    I. 供热、通风和空调
    J. 噪声
    K. 传呼麦克风（paging microphone）
    L. 施工证的权限
    M. 工会
    N. 展厅的最大容量
    O. 多层展台
    P. 展品装运箱的库房
11）会议室和大宴会厅
    A. 会议室尺寸和摆台形式
    B. 基础摆台
    C. 翻台
    D. AV和演示设备
    E. 会议室和大宴会厅的最大容量和承重
    F. 供水服务
    G. 会议室清洁
    H. 台布
    I. 设施名录
    J. 供热、通风和空调
12）安全服务
    A. 概况
    B. 急救站
    C 附近医院
    D. 保安服务公司
    E. 保护会议室内的物品
    F. 失物招领处
    G. 抗议人群和示威者
    H. 参展商手提物品的管理
    I. 警察局
13）胸卡
    A. 会议中心员工和外包公司员工
    B. 会议中心签约供应商员工和展览搭建工人
    C. 客户以及客户的员工
    D. 参展商代表、观众和参会者
14）交通服务
    A. 卸货区手续
    B. 穿梭巴士
    C. 展览主办机构的员工停车
    D. 公众交通
    E. 会议中心附近的停车场
15）消防安全指南
    A. 穿越门口的电缆
    B. 蜡烛
    C. 压缩空气、易燃液体和喷雾剂
    D. 在展台的食品加工
    E. 展品装运箱的存放
    F. 装饰
    G. 汽油、柴油
    H. 与电有关的设备
    I. 出口
    J. 灭火和灭火设备
    K. 喷雾机、喷烟机和激光
    L. 有害化学品
    M. 有害废物
    N. 医疗废弃物
    O. 丙烷
    P. 焰火表演
    Q. 吊点、吊挂操作要求
    R. 吸烟
    S. 临时建筑
    T. 展示车辆
    U. X射线设备

16) 设施保护指南
   A. 动物
   B. 艺术品收藏
   C. 展前验馆、展后验馆
   D. 地毯、大理石及木制品的保护
   E. 装饰
   F. 电梯和扶梯
   G. 氦气球
   H. 水的特点
   I. 回收再利用
17) 残疾人
   A. 常规通道
   B. 电梯
   C. 弱听服务
   D. 停车
   E. 洗手间
   F. 导盲犬
   G. 弱视者信息
   H. 轮椅
   I. 轮椅专用电梯和专用讲台
18) 税务和许可
   A. 营业税的收取
   B. 枪支展示
   C. 关闭道路/特殊活动的许可
   D. 超常规尺寸的车辆
   E. 华盛顿会议中心的标志和照片
   F. 所有权(如知识产权)资料
19) 常用信息及网站
20) 小费和赠品
21) 附录
   A. 华盛顿会议中心的联系人名单
   B. 租馆协议样本
   C. 保险执照样本
   D. 华盛顿会议中心的平面图
   E. 会议室尺寸及容纳人数
   F. 活动核对一览表
   G. 保安服务公司
   H. 保安最低配备人数
   I. 医疗服务公司
   J. 设备清单
   K. 设备及人工报价
   L. 高技术电子产品
   M. 管工服务
   N. 桁架、电动升降机租赁单
22) 网络、通信、无线上网
23) 服务订单
24) 展商现场加工食品的申请单
25) 电脑、AV、灯光、投影技术的租赁单

(五)验馆

验馆是为了督促主场搭建商、展商搭建公司更好地保护展馆设施,一般由展览协调员(客服经理)、工程部员工和主场搭建商(如果没有主场搭建商,则是展览主办方)在进馆施工前联合进行。租馆方和场馆方对场馆的设施情况签字认可,对有争议的地方照相留存。撤展后,双方再次联合检查,如有损坏,则按照租馆合同和《展厅使用手册》的相关条款索赔。这样做的好处绝不是为了从主场搭建公司或展览主办机构那儿获取收入,而是为了提高租馆方的责任感,促使租馆方采取一切可能的措施,避免对展馆设施的破坏。当然,若有损坏,场馆可以据此索赔而减轻损失。

(六)现场服务

除了展厅内部,包括序厅、室外展场的证件发放以及施工、搭建、悬挂、租赁的服务和管理,都属于现场服务。

(七)展位图

展位图由展览主办机构或其委托的主场搭建商出具,事先必须经过公安、消防等政府部门的审定。展位图以及每个特装展台的施工方案也需要经会议中心现场服务主管会同安保、工程等部门主管一起审核并出具同意或修改意见。

对外公布的展位图,有的很简单,只有特装区(公司名称)、标摊号码等基本信息;有的展位图则包含了更多的信息,如电、水、压缩空气、吊点的详细位置等。

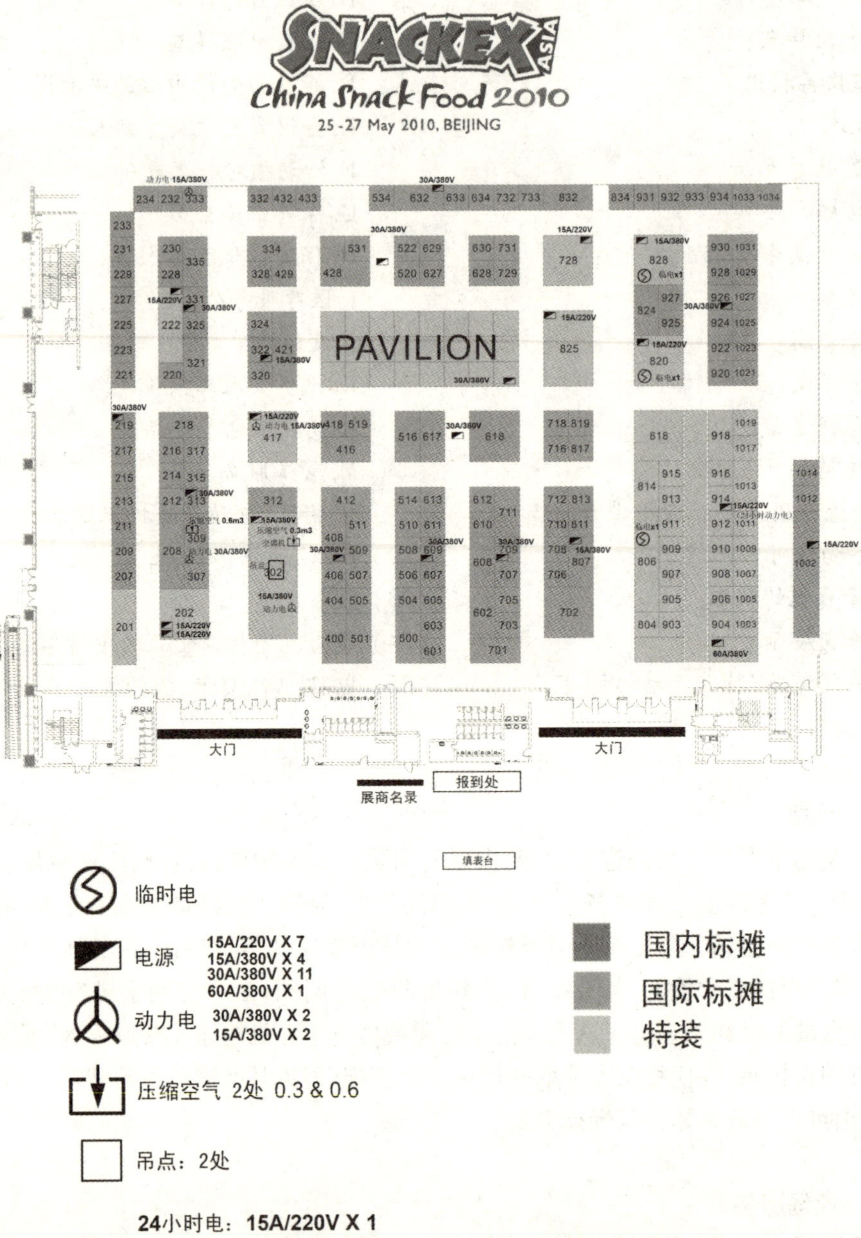

图6-5 2010中国(北京)国际休闲食品展的展位图

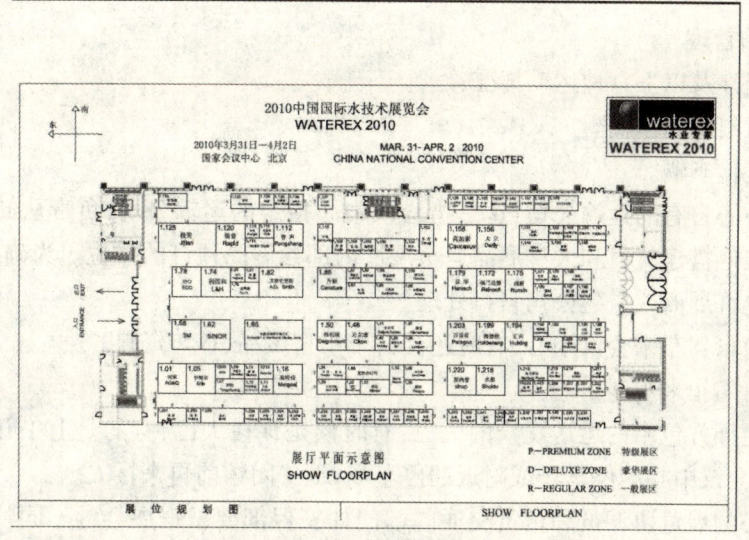

图6-6　2010中国国际水技术展览会展位图

（八）施工管理

越来越多的参展商希望利用展览能充分展示自己的产品和服务，因而展台多采用特装。搭建期间，众多装修队伍集合在展馆，不分昼夜，人员极为复杂，使展览的管理难度越来越大，特别是特装展位、装修垃圾、用电安全、材料安全、各类粘贴物、违禁品等的管理。展览施工门槛低，从业人员素质低，装修公司品质参差不齐，实际上也严重损害了会议中心的形象和声誉。展览施工管理主要有以下几个方面：

1. 施工单位的资质认证管理

目前，展览施工公司数量庞大，鱼龙混杂，质量难以控制。由场馆对经常在本馆施工的施工公司按照自己的标准进行认证，不失为一种行之有效的方法，即：将信誉较好的高质量施工单位推荐给展览主办机构，把质量低下、不服从管理的施工单位列入会议中心的黑名单当中，禁止其入内施工。

2. 展览需要的能源和网络接驳

水、电、气、网络的接驳和管理也很复杂，如果不能保证质量，将会影响展会施工进度，甚至会严重影响展会的顺利进行。现在的场馆一般都是由工程部或指定的服务商来进行能源接驳和网络接驳。

3. 吊挂服务

展厅和序厅的吊挂必须由富有经验、具备操作资质的工程部人员或指定的服务商来完成。

4. 施工安全和环保管理

一些施工单位在施工过程中不符合操作流程，偷工减料，以次充好，既造成了安全隐患，又容易形成污染，对这些现象必须严格管理，不能姑息。

（九）运输管理

运输管理涉及以下六种运输情况：

①装修材料运输车辆。

②展品运输车辆。

③会议中心自有的运输公司：这是指会议中心指定的运输公司，负责从卸货区将运输车辆上面的装修搭建材料和大型展品运至展厅内部参展商预订的摊位。为确保安全，这种服务一般不允许展商或搭建公司自行处理。

④参展商自驾车来会议中心，有时还会自带小型展品、宣传资料。

⑤观众自驾车来观展。

⑥展览主办方包租的运送观众的大巴，有时候是穿梭大巴，有的是上午开展前抵达会议中心，停在会议中心的停车场或附近的停车场，下午闭馆前再来接人。

会议中心的展览协调员和负责交通的部门如安保部要根据展会的不同特点制订运输方案，还要根据峰谷时间段（点）灵活调动。发放车证是一种颇为有效的管理手段，但最为关键的是，一定要得到交管部门的大力配合和支持。

如果说主场搭建期运送装修材料和展品的车辆争先恐后、拥挤在展馆卸货区门口容易造成混乱的话，那么在撤展时，那些大货车就更是奋不顾先，早早到卸货区趴着，占据有利位置，希望成为第一个装货的幸运儿，可以第一个离开。更多的大货车司机不守规矩提前过来撤展，又无法停车，只好一趟又一趟地在附近兜圈子，从而造成交通拥堵。

（十）清洁及垃圾清运

清洁费向展览主办方收取，垃圾清运既包括撤展后的垃圾清运，也包括装修期的垃圾清运，但显然展览结束后撤展期的垃圾量更大，特别是碰到建筑材料展览、医药器械展览等特装多的展览，建筑垃圾量大量多，假使碰到展览旺季另一个展览需要连夜画线的情况，垃圾清运时间就更是宝贵。垃圾清运一般交给一家外部的专业公司来负责，该公司应该向会议中心每年支付一笔费用以获得所有展览垃圾的处理权。

垃圾破拆：垃圾清运公司在把垃圾装车之前，需要使用人力把大型物件破碎，因为有的展台、桁架尺寸大，无法直接装在货车上。对于一些诸如建筑材料之类的展览，垃圾破拆工作任务繁重，这需要展览协调员提前跟签约的垃圾清运公司商量，让清运公司加派人手、工具和车辆。

（十一）新闻发布会、论坛、技术交流会、讲座

与展览同期举办的新闻发布会、论坛、技术交流会、讲座，有的是展览主办机构主办的，有的是参展商主办的。有些会议是租用会议中心的会议室，有的直接在展厅里画出一个角落就生成了一个临时会场。无论是在正规的会议室还是在展厅里举办会议、论坛、交流会，对于会议中心来讲只是地点不同，而服务都是一样的，均涉及AV、灯光、音响、同声传译设备、照明、空调、茶歇和保洁等服务，但在展厅里举办的会议一般没有茶歇。

第6章 会议中心的项目协调、现场服务及餐饮管理

图6-7 展厅里的论坛

(十二)餐饮服务

请阅读本书第6章第3节"餐饮是会议中心的王牌"。

阅读资料：主办方与场馆方为何经常扯皮

很多大型活动主办方与场馆方经常在活动结束后,产生大量扯皮的事,现就如何解决相关问题作简单说明。

产生扯皮的原因主要有两大类,第一类通常因为房东身份不同,而出现了非市场化公开约定。例如某场馆在一个发达的城市,每日活动较多,如果想申请使用该场馆,有时甚至还需要提前半年预订该场馆,或者要通过一些关系预订该场馆或施工,造成一方被动。这与会展场馆、会展经济带分布有很大关系。第二类通常因为双方约定时,没有明确责任,或对于相关义务描述不清而造成。

主办方与场馆方在合作时,双方应当就下列项目、事务进行详细沟通与协商：

一、室内展出面积

二、室外展示面积

三、其他面积

四、车辆管理与停放

五、照明电与动力电使用

六、物流管理与暂存

七、展品、人员出入管理

八、治安管理

九、物品丢失与赔偿

十、工作时间规定
十一、应急人员、设备管理说明
十二、广告安装与维护说明
十三、压缩空气说明
十四、门禁管理与服务
十五、地面、顶棚、墙体使用与维护规定
十六、展务服务规定（需注明无偿与收费）
十七、物品与人员保险规定
十八、同步或同期活动说明
十九、场馆方服务人员配备说明
二十、网络服务与收费说明
二十一、现场商务服务规定
二十二、重要事务汇报与实施程序说明
二十三、安保人员责任说明
二十四、环境卫生管理说明
二十五、通信保障说明
二十六、临时建筑与施工说明
二十七、费用结算与税金说明
二十八、违约赔偿与申诉说明

如果会展活动主办方与场馆方能在活动开始前，对上述项目、事务作出明确规定，就可以有效地避免扯皮事件。如果因为双方无法正常进行对话或者因为双方都不太在意其中某项而造成双方的损失，可能远远超过协议本身造成双方的损失。

（原文刊登于2011年第7期《中国会展》杂志，作者：张强）

三、会议室服务和管理

（一）会议室摆台(meeting room setup)
会议室摆台也叫会议室台型、会议室布局(seating, seating arrangement)，有如下几种常见形式：

1. **剧院式**(theatre style)
场地布置与剧场相似、听众席座椅围绕主席台且没有课桌的摆台形式。

2. **课桌式，教室式**(classroom style, classroom seating)
会议室的桌椅按排端正摆放或呈"V"形摆放、布置形式与上课教室相似的摆台形式。

3. **中空形**(hollow setup)
会议桌连接在一起，形成中空的圆形、正方形、长方形或多边形，椅子摆放在桌子外围的摆台形式。通常中空处可以摆放花草装饰等，圆形布置适用于不具有谈判性质的会议，多边形适用于具有多边会谈或多边谈判性质的会议。

 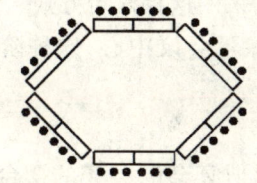

中空形可以是正方形，也可以是长方形、五边形、六边形、回字形、圆形①等形状。在酒店和会议中心，一般把正方形的中空形摆台叫做口字形，因为其形似汉字"口"，但主要还是视会议室尺寸和人数而定，有时候就摆放成长方形。

图6-8　中空形摆台

回字形在国外比较少见，是指内圈桌子摆成方形中空、外圈桌子摆成另一个方形中空、形似汉字"回"的摆台形式。此种类型的摆台主要体现了与会各方平等的身份与地位，常用于人数不多、规格较高的会议。实际上，很少有严格的"回"字摆放形式，因为在里圈的人无法进出，故通常在主桌一侧仅放置一排桌椅，相当于口字形外边加一个U形。

4. U形（U–shaped seating, U shape style）

桌子连接摆放成长方形，但空出一个短边，椅子摆在桌子外围，通常开口处用于放置投影仪或展示物品，是形似英文字母"U"的摆台形式。中空位置

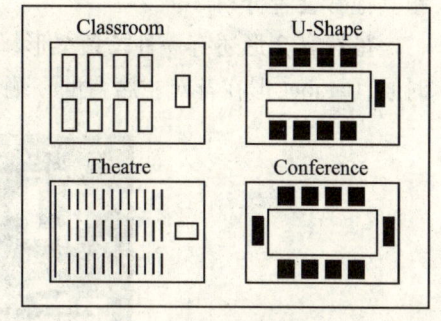

图6-9　会议室常见摆台形式

通常会摆放花草等装饰。有的会布置成双U形，其中内圈安排比较重要的与会者，外圈安排普通参会者。

5. 董事会式（board meeting style）

会议桌摆放在会议室中间、椅子摆在会议桌外围的一种摆台形式。根据会议桌的形状，通常可分为董事会长方形桌和董事会椭圆形桌两种形式。这种参会形式使与会者之间的距离比较接近，可用于召开董事会、管理会议等。

董事会式摆台与长方形中空摆台的区别在于董事会式摆台的桌子是一张大椭圆形或长方形桌子，或是几张桌子拼成的，中间不留空。

6. 鱼骨形，鱼刺形（fish-bone style, fishbone style）

面对主席台方向，将每张会议桌倾斜一定角度并按鱼骨形状摆放桌椅的课桌式摆台。在一些地方，鱼骨形摆台的英文是chevron style。chevron的原意是"山形袖章"、"V形图案"。

7. 阶梯形（step style）

减少坐席间的视线遮挡而设立的阶梯式布局，是常用于表演、辩论或大型会议全体大会的摆台形式。在国

图6-10　鱼骨形摆台

---

① 圆形摆台的英文是roundtable，它有时候也是一种会议形式，叫"圆桌论坛"，即所有的与会者都坐在圆桌旁边，体现平等性。

内,人民代表大会、政协会议的全体会议均采用这种摆台方式。带有固定座椅的报告厅、学术厅也常是带有坡度的阶梯形会议室。除了会议中心,这种阶梯形会议室在大学里最为常见。

8. 宴会形(banquet style, cabaret style①)

10 把左右的椅子摆放在圆桌外围、形似宴会的会场的摆台形式。这种摆台形式较为随意,有利于调动参会者的发言积极性,适合举行讨论。在国际会议和外资企业举办的研讨会、讲座、培训会中常出现这种会议室摆台方式。演讲人在演讲过程中,会要求同坐一个圆桌的参会者就某一个话题展开讨论,然后推举一个参会者作为本组的代表把本组的意见跟其他参会者分享。

虽然宴会形还有一种长条桌形,但就会议而言,很少有长条桌宴会形的摆台方式。有时候,Carabet 形在背对主席台的一侧不摆放椅子。

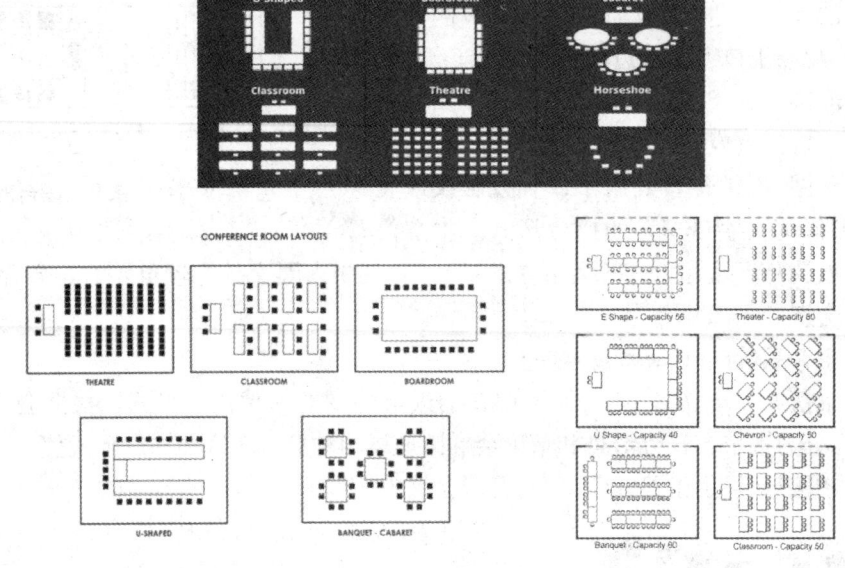

图 6-11　会议室摆台

9. 酒会形(cocktail party style)

是摆放酒会用的高脚桌子、不摆设椅子、以自由交流为主的一种会议摆台形式。这里说的酒会形会议室摆台不是指酒会,而是一种摆台方式。

10. 异形(abnormal shape)

按照需要将会场布置成特殊形状的摆台形式,如马蹄形、T 形、E 形、双 U 形等。

(二)会议室基础配置

会议室基础配置是指租金里包含的设备和服务,能保证一个会议的正常进行,但不能保证最好的效果。如果要达到最好的效果,客户就必须向会议中心另行租赁设备、增加服

---

① Cabaret 原意是指法国餐馆、夜总会的歌舞表演。

图 6-12 培训会、研讨会的宴会式摆台

务人员或自行搭建舞台、背景板等。如客户为了追求会议效果,有可能需要两块投影幕布或聘用礼仪小姐等。

业内对于会议室基础配置的通行做法及其涵盖的内容是:
①基础照明;
②基础音响(扩音)、2支有线麦克风;
③根据参会人数和客户要求而提前做好的会议室摆台;
④一张设于会议室门外的注册台和2把椅子;
⑤一个讲台;
⑥至少一名服务员。

会议中心和酒店的会议室基础配置可能还会有:免费使用的投影仪和投影幕布(但通常投影效果不佳,如投影幕布过小、投影仪流明过小或灯泡使用时间过长)、放在注册台上的名片盘和一盆鲜花、上午和下午各一瓶矿泉水、一定数量的舞台板以及白板等。

(三)会议室翻台

会议室翻台就是从一种会议室摆台形式转为另一种摆台形式,也可以是会议形式转为宴会或酒会形式。会议室翻台不是靠增加人手就可以做到的,除了服务员,更重要的是需要时间。有的主办方认为翻台很简单,多派人(甚至派武警一起帮忙翻台!)就是了。

在国外,场形图在一个月前就确定好了,会议室的摆台在会议开始前7天就不再允许改变了,否则就必须向会议中心支付大额的费用,因为国外的人工成本高。中国的国情确实不一样,除了缺乏计划性,更可怕的是高一级的领导直到最后才到会议现场,届时很可能领导不喜欢下属的意见,草率地要求立即改台形。遇到这种情况,会议中心如果人手不足或时间不允许,可以拒绝客户的意见。若时间和员工能配合更改,则需向主办方额外收取费用。

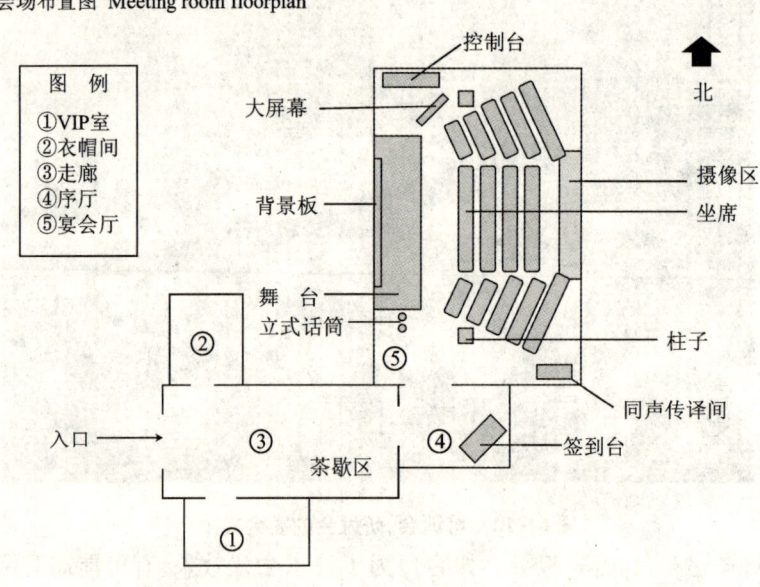

图6-13 会场布置图

同理,会议室翻台有一定的风险,如果上一场会未能准时结束,势必占用翻台时间。而如果按原计划加派员工也来不及翻台,又会招致客户的不满。会议中心需要慎重对待客户的翻台要求,要根据物资(桌椅、台布、餐具等)、人手、时间、其他部门如工程、保洁的大力配合才能决定。

翻台往往是因为客户不愿意多支付会议室场租或在旺季会议室不够用。目前,会议中心的摆台、翻台等工作多由小时工(外包公司)来完成,在用工人数、时间、服务员先用餐还是后用餐、物资、其他部门的合作等方面要统筹安排。

(四)会议室的服务

项目协调员跟主办方、主办方指定的供应商,会议中心工程部、餐饮部、安保部以及会议中心签约的供应商、外包公司反复沟通后,确定活动的具体需求和时间安排,然后填写"活动任务单"(Event Order)。

"活动任务单"包含了一个会议的所有信息,任何一个相关部门看到这个"活动任务单"就能了解该活动的安排和需求,并开始准备物资、安排员工和工作计划。

"活动任务单"包含的信息有:

①活动正式名称及人数;

②客户名称及联系人姓名、电话;

③会议室编号;

④会议中心销售经理姓名和电话、项目协调员电话;

⑤时间:如开门时间、锁门时间、会议开始时间、茶歇时间、午餐时间、下午会议开始时间和会议结束时间;

⑥设备及工程要求:灯光、照明、音响、空调、新风、舞台板、投影幕布、投影仪、同声传译设备等;

⑦会议室摆台及主席台茶水要求,纸、笔、饮用水、桌签;

⑧保洁、鲜花、绿植、安保、停车、衣帽间;

⑨餐饮:茶歇、午餐、晚餐,菜单及价格;

⑩展览台搭建、舞台搭建、背景板、广告牌、LED显示屏、室外广场的门头、升空气球等;

⑪附件:会议室摆台图(台形图)、宴会摆台、舞台示意图、门头设计、车证、菜单、桌签等。

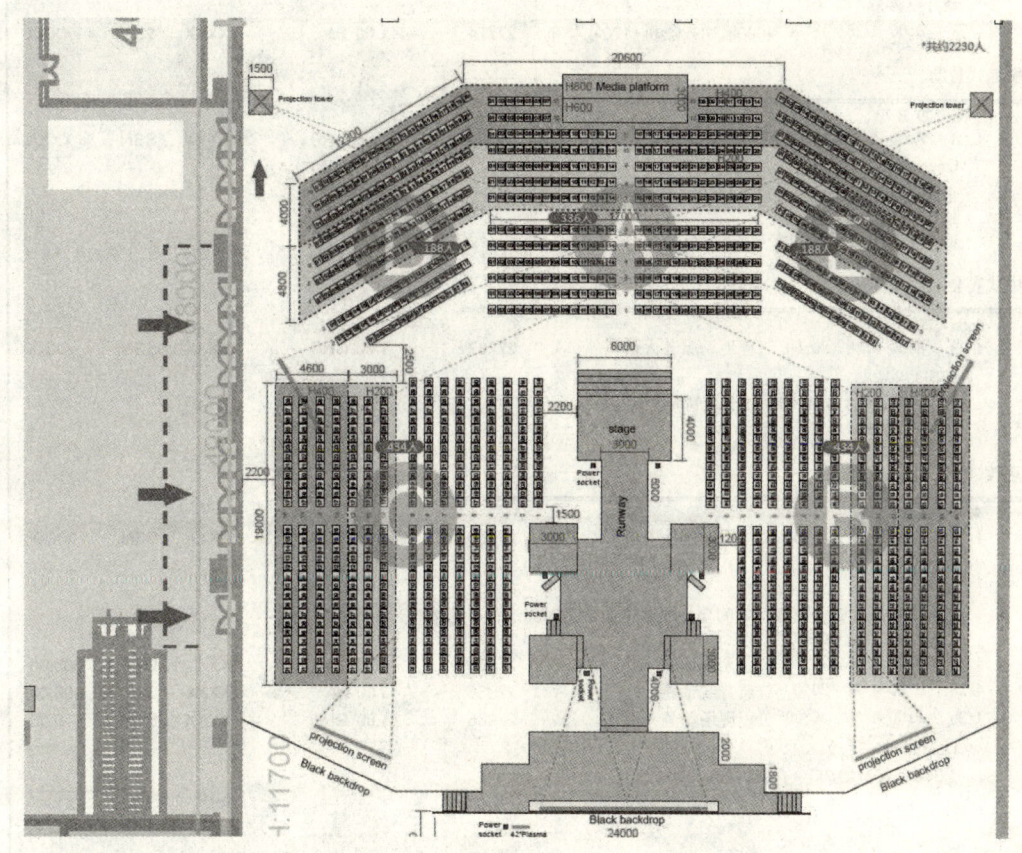

图6-14 某跨国公司在国家会议中心举办的年会会场台形图

"活动任务单"是所有部门工作的指针,也是各部门明确各自的工作职责、范围以及必须要与其他部门配合的基础,更是财务结算的依据。

各部门看到"活动任务单"后,与项目协调员再次确认,然后出具本部门的工作单,指派员工依照工作单逐一完成每一项任务。完成任务后,主管在工作单上签字,交回本部门,再通过部门转交财务部,由财务部核对无误后向客户出具账单。

表 6-1 活动任务单样表

工程部					
Room 308		订单号	数量	单价	合计
4/28 8:00-4/28 18:00 工程现场服务人员 Operations：会议时间：28日08：00—18：00 地点：308会议室 请工程人员设置： 1. 两个无线话筒，带话筒托 2. 南墙4000流明投影机+120寸幕布一套 请开空调		27774	1.00 GRP	¥0.00 / SSN	XXXX
4/28 8:00-4/28 18:00 4000流明投影机+120寸幕布		27774	1.00 EA	XXXX / SSN	XXXX
中西式自助					
Room 309 B					
★ 4/28 8:00-4/28 20:00 工程现场服务人员 Operations： 自助午餐时间：28日12：00—14：00（暂定） 地点：309 B会议室 请开空调，并播放自助餐轻音乐		27784	1.00 GRP	XXXX / SSN	XXXX
中式宴会					
Room 309 B					
★ 4/28 8:00-4/28 20:00 工程现场服务人员 Operations： 晚宴时间：28日19：00—21：00（暂定） 地点：309B会议室 请开空调		27787	1.00 GRP	XXXX / SSN	XXXX
更改					
未分配场地					
★ 4/28 8:00-4/28 20:00 工程现场服务人员 Operations： 更改： 1.中午自助，晚上桌餐，时间全按原单上的暂定时间进行，请按时开空调 2.308会议室增加两个无线话筒，300元/个		27936	1.00 GRP	XXXX / SSN	XXXX
4/28 8:00-4/28 20:00 普通无线话筒		27936	2.00 EA	XXXX / DAY	600.00
4/28 8:00-4/28 20:00 普通有线话筒		27936	3.00 EA	XXXX / DAY	600.00
4/28 8:00-4/28 20:00 工程现场服务人员 Operations：更改： 1.308会议室增加3个有线话筒，200元/个		27936	1.00 GRP	XXXX / SSN	0.00
				合计 工程部：	XXXX
安保部					
Room 308					
★ 4/28 8:00-4/28 18:00 安保现场服务人员 Operations：会议时间：28日08：00—18：00 地点：308会议室 请安保人员提供6个VIP车位，40元/个		27774	1.00 GRP	XXXX / SSN	XXXX
Payments and Adjustments			Reference		Amount
2011-04-27 Payment EV-CHECK			中行转支00602030		XXXX
				合计：	XXXX

第6章 会议中心的项目协调、现场服务及餐饮管理

续表

服务运营部					
****业务研讨会					
Room 308					
★ 4/28 8:00-4/28 18:00 宴会/餐饮现场服务人员	27774	1.00 GRP	￥0.00	/ SSN	XXXX
Operations:					
会议时间：28日08:00—18:00					
地点：308会议室					
请宴会人员摆放：					
1. 80人双U形座位，朝南，棕色桌布					
2. 内侧U形座位中间一行为领导，领导提供茶水，其他人按人数提供矿泉水，含在场租内					
3. 门口签到台，1桌3椅红白包					
4. 提供照相架子，费用含在场租内，尚无法确定时间及地点，待确定后第一时间通知					
5. 一个立式讲台					
中西式自助					
Room 309 B					
★ 4/28 8:00-4/28 20:00 宴会/餐饮现场服务人员	27784	1.00 GRP	￥0.00	/ SSN	XXXX
Operations: 自助午餐时间：28日12:00—14:00（暂定）					
地点：309 B会议室					
保底人数：80					
请宴会人员摆放：					
1. 8张10人餐桌，每桌12把椅子，浅黄色桌布和椅套，白口布					
2. 有餐券，请宴会同事收餐券确认人数					
3. 提供保底人数80人的饮料套餐，30元/位，包含可乐雪碧，矿泉水，果汁，茶水					
请厨房提供：					
保底人数80人，150元/位的中西式自助套餐					
具体餐单见附件					
下午茶歇					
未分配场地					
★ 4/28 8:00-4/28 20:00 茶歇 50	27783	80.00 PRS	XXXX	/ EA	XXXX
4/28 8:00-4/28 20:00 宴会/餐饮现场服务人员	27783	1.00 GRP	XXXX	/ SSN	XXXX
Operations:					
下午茶歇时间：15:30—16:10（暂定）					
地点：308会议室门口					
人数：80					
请厨房提供：80人茶歇，50元/位，无具体菜单要求，但不要蛋糕和曲奇的种类不要与上午重复					
包含蛋糕、曲奇、水果、咖啡和茶					
中式宴会					
Room 309 B					
★ 4/28 8:00-4/28 20:00 宴会/餐饮现场服务人员	27787	1.00 GRP	￥0.00	/ SSN	XXXX
Operations: 晚宴时间：28日19:00—21:00（暂定）					
地点：309 B会议室					
人数：80					
请宴会人员摆放：					
1. 8张10人餐桌，每桌10人，1个主桌，红桌布红椅套，橘黄口布，7个副桌，橘黄桌布橘黄椅套，红口布，具体摆台形式不限，无位上					
2. 提供保底人数80人，30元/位的饮料套餐，包含可乐雪碧，矿泉水，橙汁和茶					
3. 客人自带红白酒，备好杯子，服务费20元/位，含在菜单内					
请厨房提供：					
保底人数80人，300元/位（含服务费）的中式套餐，无位上					
更改					
未分配场地					
★ 4/28 8:00-4/28 20:00 宴会/餐饮现场服务人员	27936	1.00 GRP	￥0.00	/ SSN	XXXX
Operations: 更改：					
1. 原定照相取消					
2. 上下午茶歇，中午自助，晚上桌餐，时间全按原单上的暂定时间进行					
3. 原定309 B中式晚宴8桌每桌10人，现加1桌，变9桌每桌10人（还是只有一个主桌），其他不变					
4/28 8:00-4/28 20:00 宴会/餐饮现场服务人员	27936	1.00 GRP	0.00	/ SSN	0.00
Operations: 更改：					
原定309 B中式晚宴8桌每桌10人，后改为加1桌，变9桌每桌10人（还是只有一个主桌），其他不变					
现又减1桌，变回8桌					
		合计	服务运营部：		XXXX

阅读资料：防范过度服务

中国是礼仪之邦，中国人崇尚文明礼仪、热情好客。最初，好客业（hospitality industry）主要是指以提供餐饮和住宿服务为主的酒店业，现在已扩展到休闲业、娱乐业和会展业。

2007年北京"两会"期间，有位代表就提出（2008年北京奥运会的）"培训方面有一个特别值得注意的细节是，强调'既要热情好客，又不要过度服务'，这是遵循国际惯例的通用礼仪"。

所谓不要"过度服务"，即在向客人提供服务时，要热情有度，不宜过分热情。一些窗口行业的服务员因太过热情而违背了通用礼仪，比如对话距离少于半米，就会让客人感到很不自在。在国内的会议现场，最常见的就是个子修长的礼仪小姐凑近演讲人"强行"给演讲人戴上红花，红花下面垂一小红丝带，上书"贵宾"两字。如果时间仓促，则红花就有可能是歪的，甚至半途掉下来，拍出来的照片更让人尴尬。

这样的事例不胜枚举：印有会议名称、会议室编号和箭头方向的易拉宝指示牌一个接着一个；讲台上覆盖着鲜花；会议进行中，服务员频繁地给茶杯里加热水，工程部员工突然拉开会议室的门，拿出测温器对着天花板测室温；演讲人上台讲话前，上场音乐声起，礼仪小姐伸手示意"这边请"，另一服务员立即换水杯（一般没人站在讲台前喝水），讲话结束，礼仪小姐再次伸手示意"这边请"，生怕演讲人走错方向；更有甚者，主席台两侧一直有两个礼仪小姐，没有任何事情要做，众目睽睽下就那么机械地站着，有时候还遮挡了投影，待到问答环节，却又不能反应灵敏地快速递话筒……

过度服务的背后，原因是什么？过度服务意味着什么？

过度服务的背后，大抵源于我们对客户言听计从，不能提出让人信服的会议方案，只会拷贝、重复。当然，现今竞争激烈，要让客户满意确实不容易，但这类过分关注无关紧要的细节的行为却是忽视了参会者的感受。

过度服务意味着我们还没有掌握服务的真谛，我们对于服务的理解仍停留在肤浅的表面，意味着我们对我们的服务质量、整体把控还缺乏自信。殷勤并不意味着服务，尽量不影响参会者聆听、思考，尽量合乎参会者的普遍需求，恰到好处地服务才可造就客人良好的参会体验。高质量的会议流程、会议产品（尤其是高质量的演讲）才是服务的关键。

过度服务的后果是企业配备了超出实际需要的员工，参与服务的员工数与参会客人的比例过高，支出过大，却并不一定能保证客人满意，而且员工还可能失去职业尊严、员工满意度降低。而企业不但要保证客户满意度，也要提高员工满意度，因为服务业，归根结底，取决于员工的服务意识、服务技能和服务经验。

阿里巴巴的马云曾说过，服务是全世界最贵的产品，所以最佳的服务就是不要服务，最好的服务就是不需要服务。就会议业来讲，我想这句话可以理解为：最佳的服务就是看不见的服务，在客人有突发需求时，我们的服务人员能够立即出现并能马上满足。

会议业不要过度服务的本质并不是不要服务,而是要提供更好的服务——恰到好处、没有服务员环伺但服务到位、快速应变。比如,对于规模小于200人的内部会议,冬天可在会议室内分区域放置衣架车,参会者不必把衣服存到公共区域的衣帽间,自己直接挂到离座位不远的衣架车上。这种半自助的服务就能够让客人感觉舒适,远远好于公共区域的存衣服务——减少了员工,降低了成本;客人随时能看见自己的衣服,感觉踏实。再说了,谁会对没有服务员帮忙挂衣服而投诉呢?

会议服务是门大学问,远不止"热情"二字。如何切实尊重宾客的感受,值得我们好好琢磨。

(发表于2010年第3期《中国会议》,作者:刘海莹)

四、会议室的人员管理

会议室里都有哪些人?

会议室里除了会议中心的服务员工外,还有参会者、演讲人和会务组工作人员等。我们可以简单地把会议室的人员分为内部人员和外部人员。

内部人员:项目协调员(销售经理)、餐饮部员工、工程部员工、安保部员工、公关部员工(为活动照相、摄像留作档案)、供应商(保洁以及AV、灯光、音响、同声传译等设备供应商、鲜花绿植、舞台搭建背景板制作公司等)。

外部人员:

①组委会(会务组)工作人员(中方、外方);

②会务公司、公关公司(承办单位);

③客户自带的供应商:搭建、灯光、音响、同声传译、速录、摄影、摄像、礼仪、表演人员等;

④参会人员:贵宾、演讲人、正式参会代表、随行人员、赞助商代表、记者、主办方找来凑数的人(往往是大学生);

⑤公安、卫生检疫等政府部门保障或检查工作的人员;

⑥志愿者;

⑦散发小广告的闲杂人员及小偷等。

对内部人员一定要严格管理,除了要求内部人员按工作内容和流程完成任务外,更要要求内部人员注意礼仪礼貌、主动热情,遇到不属于自己职责范围内的事项要立即向相关部门寻求协助。对于会议中心签约的供应商和客户自带的供应商以及闲杂人员,都要进行管理,否则诸如装修工人坐在角落里打瞌睡、打扫卫生的保洁人员在楼道里打电话等现象都会严重影响到会议的质量,招致客户的不满。

五、对主办机构及其自带供应商的服务及管理

如前文所述,活动主办机构主要分政府、事业单位、企业、社团和个人/家庭五大类,当然也可以分为国际主办方和国内主办方。主办方不同,一方面,使用的语言和沟通方式不同,如政府机关喜欢发红头文件以显示其权威性或通过地方政府、业主向会议中心施压;另

外一方面,预订、确认、签约、付款、组委会的派头及要求都迥然不同,如政府机关、军队的组委会常常是一大帮人,很早就提前入驻、开始办公,对办公室、餐食、办公设备、保洁及空调等方面的要求比较多,甚至希望会议中心的服务人员能把盒饭送进他们的办公室。而国外的会议主办机构或国外的会议承办公司的有关工作人员则工作起来废寝忘食、夜以继日,对会议中心的会务安排近乎苛刻,但目的很高尚——就是要把会议做到完美,如果会议中心有一些方面是达不到外方要求的,就自然会发生矛盾。

(一) 展览主办办公室

会议中心一般会给予一间办公室作为展览主办方的工作间,除了办公桌椅、文件柜、网线、电话、传真机(须收取实际发生的通信费用)外,还可以酌情配备饮水机(桶装水计费)、小型谈判桌、保险柜等。办公室钥匙若不能交给展览主办工作人员,则应安排保安值勤。保洁人员可以根据主办工作人员的要求入内打扫。

有时候,如果主办工作人员不多,或者为了更方便地服务于展商,展览主办办公室也会设在序厅里,是临时搭建的简易房。

主场搭建公司办公室:通常情况下,紧挨着展览主办办公室。展览主办和主场在序厅的简易办公室必须禁烟,至于在正规的办公室;考虑到实际情况,可能难以做到严禁吸烟。

(二) 会议组委会办公室

也叫秘书处(协会会议常用这个名称)、会务组(国内政府机关、事业单位和部分国有企业对组委会的惯用称呼),其办公室应尽可能不要远离会议的主会场。若是大型会议在会议中心的大堂进行注册,组委会办公室若能靠近大堂则为比较理想,因为工作人员会无数次在办公室和注册台之间奔波,且有大量的资料、文件、证件等需要处理。

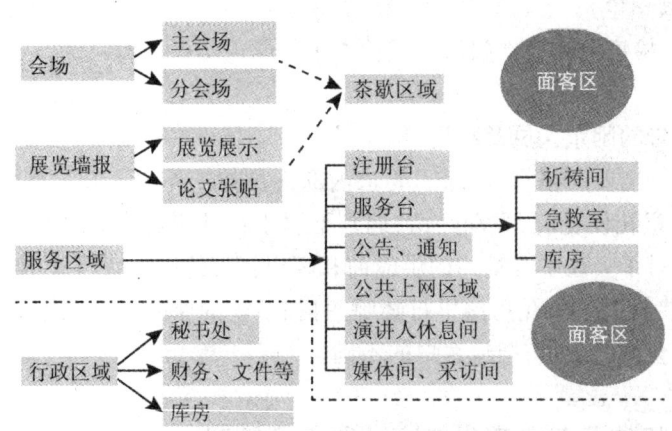

图 6-15 会议主办方眼里的会议区域组成

国内的政府、事业单位、社团和一些国有企业召开会议,还有一个特点,就是往往会发放比较多的文件资料和礼品,比如茶叶、柴鸡蛋之类的土特产或蒸锅之类的日用品。这就要求会议中心要事先了解清楚是否有此类物品。如果有,则建议组委会另行租用一间会议室充作库房,并将房门钥匙交给组委会。

因为工作人员的时间无法确定,组委会办公室的开门、锁门时间也就无法确定,所以,由组委会内部人员掌握钥匙比较方便。办公室的常规配备是办公桌椅和文件柜,若需要网线、电话、传真机、饮水机、保险柜、复印机等其他物资,则要收取费用,但会议中心可以按照价目表给予组委会一定的折扣优惠。

会议组委会办公室该不该收费?对于这个问题可谓见仁见智。一个1 000人的大会,在会议中心两天的会期,客户自然希望会议中心能免费提供一间办公室。但对于消费额不大的活动,会议中心却是有苦难言。因此,有的会议中心做法是根据在会议中心的总消费额确立一个门槛,超过会议中心设定的消费额的,会议主办方就可以免费使用办公室多少天。若达不到会议中心要求的消费额,会议中心可以给予优惠的会议室场租。

对于主办方办公室开启空调的要求,应慎重对待,不是客户的要求都必须满足,有时候会议中心是心有余而力不足。比如,会议中心的空调都是分区的,要为一间办公室提供空调,就不得不为那个区域都提供空调,其中的花费客户是不理解的。因而,选择哪间会议室作为组委会办公室,是否靠近货梯(组委会可能会有很多箱资料和礼品需要运送),都需要提前沟通并通盘考虑。对于组委会办公室希望会议中心提供包括保安、保洁和空调在内的服务的要求,会议中心一定要事先申明是有偿的,让组委会知道会议中心的规矩,从而不会被客户牵着鼻子走。

(三)组委会人员用餐

这是一个难题。有的会议中心在会(展)前和会(展)中安排主办方工作人员到员工食堂用餐,这是最为容易的做法,但其中或有风险。其一,会议中心可能为员工餐厅的餐食提供补贴,这个补贴是外面的人员不应该享受的;其二,会议中心内部的瑕疵会暴露无遗,比如员工的不合规着装、员工对客户或雇主的不满、员工肆意浪费食物、会议中心贴在墙上的内部处罚通知等都能让外部就餐人员轻易看到;其三,可能会让会议中心员工感觉紧张,因为所有员工都身穿工服,而外部人员因为着装不同显得扎眼;其四,会议中心员工都是有健康证的,而外部人员无法提供健康证明。

(四)组委会自带的供应商

会议中心不可能为一个展览、会议提供所有的设备和服务,相当数量的设备和技术服务都是由组委会自己带到会议中心里面。对这些外部供应商,会议中心应给予配合和支持,共同努力让客户的活动取得成功。活动的顺利实施和成功才是会议中心的成功,否则客户不会再到会议中心来花钱。从这个层面上说,会议中心首先是为客户选定的供应商提供服务,而不是一上来就是片面强调管理。与这些供应商有关的行车路线、停车位置、停车证、停车收费标准、人员佩戴的证件、从哪个门进入、从哪个门出、人员活动区域是哪些、哪些区域不可进入、ATM的位置、商务中心的服务时间和服务项目、餐饮售卖点的位置和开放时间、吸烟区域的规定、施工安全规定、施工前对施工人员的培训、安全检查、设备租赁项目和价格等信息，都要求会议中心在供应商进入会议中心之前提供书面文字说明，并派人员就这些信息进行接洽和现场协调。会议中心的《使用手册》这时候就能发挥威力。

会议中心对组委会自带的供应商往往缺乏一套完整的服务指南和管理规定，特别是会议、展览结束后对人员、车辆、器具、物资的疏导、处理更是欠缺。举个简单的例子，晚宴还没结束，一帮施工工人八点戴着安全帽就候在宴会厅门外，甚至坐在宴会厅的后部观看演出，还大声嚷嚷，原来他们是等着拆舞台背景板的，而原定的时间是晚上九点，他们进入会场后如入无人之境。没有人对此类情况有过明确的要求，因此货车场就放货车进来了，后门的保安也未加阻拦。

六、对会议中心签约供应商的服务和管理

我们常常对组委会自带的供应商严格管理，而对会议中心长期的合作伙伴/签约的供应商通常会网开一面，毕竟低头不见抬头见，相处久了就容易丧失原则。如果说对组委会自带的供应商要严格管理的话，对会议中心签约供应商的管理应更严格，因为会议中心签约供应商的服务实际代表了会议中心的服务水准，而且事实上客户也始终把会议中心的签约供应商认作是会议中心的一个部门，他们绝不容忍签约供应商的过失，因为大多数情况下会议中心的签约供应商提供服务的价格要高于市场价。

会议中心签约供应商的人员的仪表、着装、职业道德、技能、说话的态度、工作的严谨和合乎程序、严守时间要求、严格按照展示给客户的价目表和图片（即目录）提供物品等，都是会议中心要严格管理的内容。

谁来监管会议中心的签约供应商？哪个部门对此负责？请参阅本书第8章《会议中心的人力资源管理和质量控制》的第5节《对供应商和外包服务的考核评估》。

七、对公安、消防、海关、卫生检疫、市容部门的接待服务

对于公安、消防、海关、卫生检疫等政府部门，我们的第一个念头可能是"这些人得罪不起"、"得好生伺候"，但实际上没有必要如此。

现在，公安、消防、海关、卫生检疫、市容等政府机关的工作压力和担负的责任也很大，考核它们的指标很多，在它们管辖的地盘上如有意外或被媒体曝光，它们就会被问责，本质上它们不愿意会议中心及其周边出现违规的事情或招致百姓投诉，比如交通堵塞、游商围追堵截，更不希望发生任何事故，所以，它们也想把事情管好。会议、展览的特点就是施工搭建多，各色人等（包括小偷、发小广告的）云集，货车、小型客车、大巴、三轮车、残疾人摩托、自行车、电动车一个都不少，展览进场堵车，一开展又堵车，这样在会议中心内部和外围（如室外广场、市政道路等）形成了一个个问题点，公安、消防等部门的监管是必要的，有助于发现问题、排除隐患。但如果事事都要按照消防、市容等部门的要求来执行，也是做不到的，主办方不满意，参展商、赞助商也不乐意。

会议中心一定要取得公安等政府部门的大力支持和配合,形成一个利益共同体——会议、展览的成功就是公安、消防等部门工作的成功,会议中心内部疏于管理,客户、参展商不配合,实际上就是为难这些政府部门。当然也不能排除有的政府工作人员"吃"、"卡"、"拿"、"要",妨碍会议中心的正常工作。

海关监管办公室:国际展览需要驻场的海关服务,反过来说,一个会议中心如果设有海关监管办公室,就是一种竞争优势,这样可以大大方便境外参展商。一般地,会议中心免费给海关工作人员一间配备了办公家具、电话的办公室,有的还配备了供休息用的行军床。海关工作人员平时不来,只是在开展前、开展后才会到展览现场办公,会议中心需要做好相应的办公室保洁、停车、用餐等安排。

如果是大型展览中心,还可能设有动植物检验检疫办公室和驻场派出所。

对公安、海关、消防、卫生检疫、市容等部门的工作人员,会议中心平时要有专人接洽,保持良好的个人关系至关重要。

八、对志愿者和展会服务人员的接待服务

一个展览、会议或者颁奖晚会,总会涉及为活动提供礼仪、导引、表演、问询、验证等服务的志愿者、礼仪小姐、演职人员、化妆师、司仪、模特、公关公司的工作人员(专门替客户值守展台,如医药展,医药公司往往不派正式员工值台,而是委托公关公司在展台讲解、宣传、发资料、收集名片)等。除了司仪,这些人常会身着统一的服装。

会议中心有必要为这些服务人员提供服务,和会议中心的员工、签约供应商一样,他们都是服务于会议中心的最终用户,会议中心对待这些服务人员不应该有高低贵贱之分。

我们可以设身处地地从他们的角度提出问题来分析他们希望从会议中心得到什么样的服务。

①会议中心在哪儿,怎么去?停车场在哪里?如何收费?自行车停放在何处?面对这类问题,就要求项目协调员把有关的交通信息发给客户,再由客户发给他们的供应商和志愿者。这种程序是比较理想化的,事实上,我们的客户往往不太关注这些平常不甚重要的服务人员(除非是名角、知名主持人),想不到为他们提供此类服务,因此他们往往会通过会议中心网站或直接拨打总机来咨询上述信息。

②从哪个门进?坐哪部电梯可以到××会议室/××展厅?演出用的道具、乐器并不适合从会议中心的正门进入,那么就需要规定哪个门是专供演职人员、模特出入的。

③在哪儿换衣服?在哪儿化妆?绝大多数的客户都不愿意为志愿者、礼仪小姐租赁更衣柜或单独会议室,只有规模较大的时装发布会、新品发布会需要模特或有众多明星参加的颁奖典礼时,主办方才会租用会议室当做化妆间。于是乎,卫生间就成了更衣室和化妆间。碰到这种情况,要向主办方的供应商声明并规定何处可以更衣化妆。

④彩排时在哪儿候场?如果会议中心不允许自带饮用水,哪儿可以买到饮料?不但会议、演出需要彩排,展览有时候也需要在展台、表演区域进行彩排,如摄影器材展览、车展、政府主办的成就展等。在这种情况下,展商会雇用大量模特展示展品、进行讲解,因此要为他们安排彩排的候场场所,指明可以买食物饮料的地方。

⑤可以自带盒饭吗？如果可以,在哪儿吃？如果不可以,在会议中心的什么地方可以买到快餐？会议中心只要不加管制,志愿者、模特就会在大堂、步行楼梯的台阶上吃盒饭。对于志愿者随意占用公共区域或会议室吃盒饭的问题,会议中心更需要为其解决问题,即提供一个吃盒饭的场所并派人清扫,而不是简单地禁止。

⑥表演时可以喷雾、放冷烟花吗？诸如此类的问题不但是演出团体关心的,更是会议中心关注的事关安全的问题。

⑦志愿者最为窘迫的是:客人向他/她问询,他/她只能尴尬地说"我也不知道"。因此对志愿者的简单培训,让志愿者知道设施位置、如何抵达、有关服务、开放时间等信息就非常有必要。

图6-16 对志愿者应加强管理

图6-17 展台服务人员对会议中心也有诸多需求

会议中心要有专人带领志愿者熟悉场地,要向志愿者介绍场馆的规矩、出入口、自行车停放地、更衣室以及用餐位置,这实际上也是一个向志愿者推介会议中心、进行品牌建设的机会。包括志愿者、礼仪小姐在内的外部人员也是品牌宣传的对象,因为他们会在贴吧、微博、博客上对会议中心发表个人的感受,或赞美,或贬损。

九、信息咨询及服务台服务和管理

网站:只要是与会议、展览有关的机构和个人,都需要充分、准确地掌握有关信息。如果组委会的会议、展览网站提供了一些场馆信息的话,参展商、参会者则容易获取这些信息。但很多会议、展览关于场馆的信息极其有限,甚至提供的不是最新的信息或是错误信息,这样可能误导参展商和参会者。目前网络使用日趋普遍,很多人都会上网浏览会议中心的网站,因此,会议中心的网站是非常重要的信息港,必须保证提供的场馆信息和会展活动信息的准确性和时效性,并且应尽最大可能允许浏览者自由下载地图、交通路线、价目表、场地平面图等。

电话:还有不少人仍是通过拨打114来查询会议中心总机号码,然后询问总机他所关心的会议、展览的开始和结束时间,如何坐车、坐地铁来,从哪个门进,展厅限高(实际上这是展览主办方或主场搭建商必须提供给参展商的信息)等,不一而足,给总机接线人员造成不小的工作压力。有时候客人还会拨打会议中心网站公布的直线电话号码,也不管拨打的可能是人力资源部、销售部的电话。总之,各种客人,比如只是来逛展的大妈或是来送鲜花的供应商、从外地来的参展商,他们索取信息的方式绝不仅仅局限于浏览网站,还包括使用电话。各个部门接到这类咨询电话不应只是礼貌地让客人再次拨打总机转展览部或项目协调部去找相关人员咨询,否则这里至少隐含着两个风险:其一,把客人毫不客气地推了出去,因为跟自己没关系,自己确实也不了解某某展哪天正式开幕;其二,客人经总机找到展览部或项目协调部后无人接听或电话占线或那边接电话的人也不了解情况,再让客人找别的部门,客人一定十分气恼。

活动信息简报:所以,总机必须时刻掌握每一个正在进行或即将举办的会议、展览活动的信息,如主办方是谁、哪天进场搭建、哪天正式开展以及会议注册、展览附带的论坛在哪个房间、配套酒店是哪一个等,不用再转分机而让客人一举得到他所要的全部信息。这就需要内部预报——项目协调员把他/她所负责的项目信息做成一张格式化的简报,发给总机、服务台、总办、工程部、安保部等部门。纸质版的活动信息简报当然易读,其他部门复印张贴也容易,但缺点是若有信息更改,则要全部通知一遍。从目前的会议中心运营来看,这类纸质版的活动信息简报不符合需求,而且太多的会议、特殊活动的需求不到最后一刻根本定不下来,这样部门之间的信息流转最好通过办公自动化(OA)系统,好处是实时,且带有强制性,即所有收到这个信息(尤其是更改、取消信息)的部门文员不阅读,该消息框始终不会自动关闭。这里想强调的是,信息提供服务不但是项目协调、总机、网站能够完成的,而且各个部门接到问询电话或邮件,都应该热情地回复。

大堂信息显示屏:客人步入会议中心大堂,都会急切地寻找他要参加的会议、展览的信息。公共区域的信息电子显示屏或大尺寸的张贴通知、提示、导引牌都属于信息服务的范畴,这些可被认为是会议中心的临时标志。大堂信息显示屏更受欢迎,因为可以随时更改信息、可以滚动播出信息,也可以租给客户发布广告。当然,会议中心的宣传,尤其是内部设施和服务的宣传可以见缝插针地推介给客人。

图 6-18　布鲁塞尔 SQUARE 会议中心的大堂显示屏

　　服务台:参会客人、参展商、展览观众以及为展会提供服务的志愿者、演出人员、模特等还经常到会议中心的服务台/咨询台询问各种各样的信息,比如洗手间在哪儿、上 4 楼在哪儿坐电梯(即使电梯就面对着客人,客人也会问这种问题)、哪儿可以买到电话充值卡、最近的麦当劳在哪里、从这里到机场需要多少出租车费等。掌握尽可能多的信息、高效率地回答客人的问题是服务台最基本的工作职责。除了有关会议中心设施、配套酒店、会议中心服务项目和会展活动的信息外,服务台还要准备好充足的周边餐饮、购物、娱乐的信息和城市的旅游、天气的信息等,并要注意随时更新。

图 6-19　日内瓦国际会议中心的服务台

第6章 会议中心的项目协调、现场服务及餐饮管理

图6-20 多伦多会议中心的服务台

服务台还常常会接收会议主办方或参展商通过邮局或快递公司寄来的会议文件、样品、礼品等。至于会议中心内部员工的信件、快递包裹和报纸杂志，无论是个人用途还是业务用途，都可能会第一个交给服务台。服务台是否能承受如此多的信件、快递和报纸杂志，还要登记、电话通知各部门来人领取或直接送到每个部门，需要看服务台人手是否足够，是否有保险柜、文件柜和库房。实际做法可以是快递、信件、报纸杂志不经由服务台处理，而是让邮局、常用的快递公司将物品送到后门，交给指定的安保岗亭或指定的接收人。这样做的好处是：第一，把服务台解放出来；第二，邮局、快递公司的车辆有专门的停放地点，如果停在会议中心的正大门，显然会阻挡客人的车辆和客人步行；第三，邮局、快递公司运送报纸、客户寄来的物资，有时需要用到小推车，从后门进入当然会比正门进入方便；第四，正门能容易把闲杂人员区别开来，而快递公司的工作人员也不至于会被当做闲杂人员，因此无须走正门，而且这样会议中心的门面会比较好看。同样，会议中心内部员工要发送的快递，也经由后门指定的人员/窗口/柜台交给快递公司。不管怎样，服务台的主要精力应放在服务客人身上。

服务台除了提供信息、指引导向服务外，还是一个销售会议中心设施和服务的窗口。如有的客人会询问服务台会议中心是否可以打印复印、紧急制作名片、代租车、代订酒店，这样，服务台就可以为会议中心创造更多的收入了。服务台应该有酒店、租车公司、附近购物中心的宣传小册子以及城市旅游地图，供客人随意取阅。服务台即使是摆放合作机构的宣传材料，也可以收取一定的费用。

服务台还接受临时的行李寄存，如果有行李寄存间则能保证行李的安全。有些参会客人、展商从机场、火车站

图6-21 日内瓦国际会议中心
大堂陈列的旅游资料

提着行李直接来到会议中心,或从酒店退房后把行李拿到会议中心,待会议、展览结束后直接奔向机场和火车站,都会把行李寄存在会议中心的服务台。

十、行李寄存和衣帽间服务和管理

上文谈到,零星的行李寄存服务可以由服务台提供,但一般情况下服务台的面积很小,很难寄存行李,所以对于一些客人有比较多的行李的会议和展览,项目协调员就需要跟主办方商量另行准备行李寄存房间,这也是为了保障客人存取行李的便利。

案例:某快速消费品公司会议的行李寄存

2011年4月中旬,国家会议中心接待了一个某快速消费品公司的会议,人数3 000人,会期两天。这个会议的特点是超过一半的参会者是坐夕发朝至的动车来北京的,这些参会客人一下火车就直奔国家会议中心。项目协调员事先了解到这个情况后,就跟服务台商量如何提供行李寄存服务。经过比较,最后选择了会议所在地大会堂外侧的公共区域作为临时存放点,并加派人手。会议第一天,共接收了1 000件行李,第二天接收了700件行李,无任何差错。客户表示满意,也愉快地支付了这笔服务费。

图6-22 某快速消费品公司会议的行李寄存服务

案例:德国法兰克福展览中心的行李寄存收费

在国外,很多展览中心的行李寄存是按件收费的,每件每天3~6欧元不等。德国法兰克福展览中心在承接世界会议和奖励旅游展(IMEX)期间,就向客人收取行李寄存费每件每天5欧元。国外客人也都接受这种收费,在国内似乎很少有展览中心设置专门的行李寄存房间并收费的事例。

衣帽间：衣帽间有两种。我们常见的是大宴会厅序厅或旁边常设有衣帽间，这属于固定衣帽间。这类固定衣帽间一般不接收行李、纸箱，只接收衣物。行李、纸箱会被要求放到服务台（在酒店叫礼宾部）寄存。

图 6-23　法兰克福展览中心的行李寄存间

如果大宴会厅或别的大会议室在当初设计时没有衣帽间，那么即使客户没有要求（事实上客户一般都想不到这种对衣帽间的需求），会议中心也应根据活动的性质和参加人员的层次，预见到客人对衣帽间的需求，设置流动衣架车就成为一个必然的选择。这属于临时衣帽间。碰到大型活动，临时衣帽间应该分区，比如 A 区、B 区，这是为了在活动结束时能让客人快速取走衣服而不会导致拥挤、通道堵塞。客人离开的时候都很着急，完全没了衣着光鲜时的款款仪态。

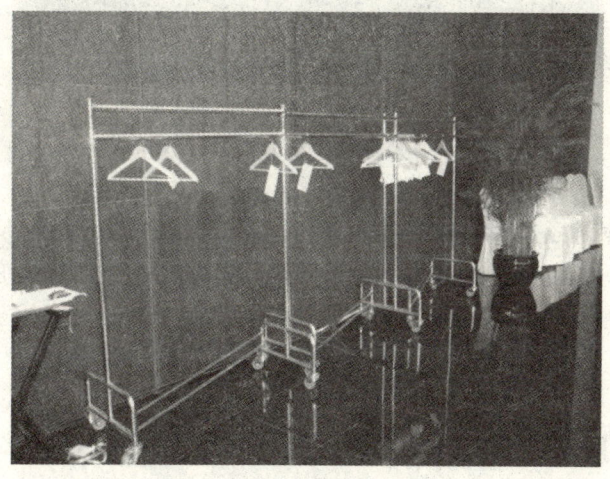

图 6-24　流动衣架车

无论是固定衣帽间还是临时衣帽间,都只会在秋末至春初才会用到。小型的企业内部会议、政府或协会的内部会议,如果参会者互相都熟悉,放在会议室内的流动衣架车才会派得上用场——中国人的特点是不太相信别人,宁愿自己随手拿着大衣或将大衣放在自己座椅的背后,也不愿意挂在衣架车上,生怕别人拿走(因为是无人看管)。如果参会者都互相认识,那么参会者就会把大衣挂在衣架车上。

案例:SAP 公司亚太区年会

2010 年 1 月 16—20 日,国家会议中心迎来了 SAP 亚太区峰会。SAP 是全球最大的企业管理和协同化商务解决方案供应商、全球第三大独立软件供应商,总部在德国。此会为期五天,特点是规格高,VIP 多,公司亚太区和总部高管悉数出席,全球 CEO Leo Apotheker 参加了全部会议;人数多,参会人数多达 900 余人;完全是内部会议,不对外开放,保密性要求高;国际化程度高,90% 的客人都来自境外;在 IT 行业的影响力广泛,属于 IT 行业的风向标;操作难度大,大会专业会务公司(PCO)是一家新加坡公司,工作标准高。

图 6-25 会议主办方在展厅序厅内搭建的衣帽间

参会客人住在国家会议中心大酒店和另外两个五星级酒店。2010 年冬天气温比往年都要低,主办方特意在国家会议中心的展厅序厅内搭建了三个衣帽间,上面标注酒店名称,客人住哪个酒店,就把衣服、行李寄存到标有那个酒店名称的衣帽间。外方工作的严谨和高水准可见一斑。

十一、注册台服务和管理

顾名思义,注册台是会议注册、展览注册用的台子。会议注册分境外代表注册、境内代表注册、预付费注册、现场缴费注册、演讲人注册、媒体注册、参展商/赞助商注册等。展览注册主要分参展商注册和观展注册两种。

小型会议的会议注册一般都在会议室门口,大型会议都会在会议中心大堂或会议所在楼层的公共区域搭建注册台。展览注册都在序厅里,也叫登录大厅,观众注册也叫观众登录。

在国外,有的会议中心向客户提供免费的注册台,也就是说客户不必再租用或搭建注册台了,如图6-27、图6-28、图6-29所示。

图6-26　奥地利维也纳会展中心(ACV)提供给客户的注册台(右图为注册台内部)

图6-27　意大利佛罗伦萨会展中心的　　图6-28　日内瓦国际会议中心
**　　　　固定注册台　　　　　　　　　　　　设在大堂的固定注册台**

在国内,大多数展览中心和会议中心的大堂都没有固定的登录注册台,客户需要自己搭建或由会议中心免费提供,会议中心常常把IBM桌拼在一起,盖上台呢就交给客户使用了。我们见到最多的就是注册已经结束,注册台已经完成了使命,但注册台还在大堂里摆着,上面凌乱地堆着一些废纸、广告传单、饭盒,有人(非工作人员)坐在椅子上打电话,有人还在椅子上睡觉。之所以出现这种现象,究其原因,问题可能出在两个环节:其一,活动任务单里有"注册台的搭建、启用时间"的指令,但没有何时撤走的指令,因而相关部门不知道把注册台撤走(也不敢把注册台撤走);其二,大堂或其他楼层公共区域没有人巡视,没人对此负责。

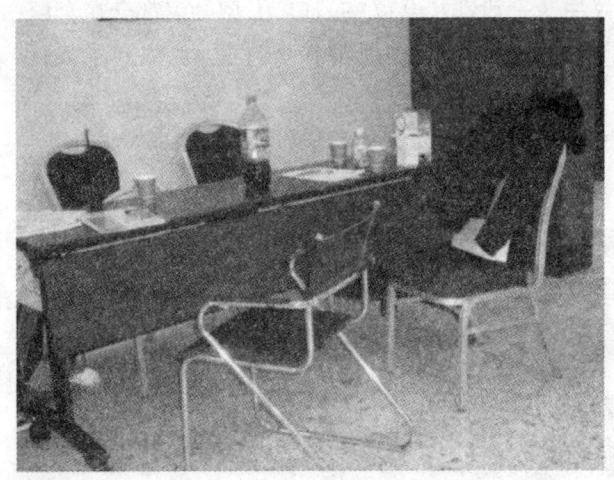

图6-29 无人管理的注册台

十二、商务中心服务和管理

传统的商务中心提供的服务无非是长途电话、传真、打字、上网、复印、零售报纸杂志等。如今,随着会展主办机构、参展商、会议赞助商等组织和个人(参会者、观众等)的需求增多,商务中心也在不断扩大业务范围。商务中心同其他服务设施一样,首要目的是满足各类客人的要求,其次就是为会议中心创造收入。

如今,商务中心的服务包括:

①通信服务:电话、传真、上网。

②打印制作服务:打印、复印(黑白和彩色)、装订、扫描、刻盘、快速印制名片、快速印制宣传页、喷绘、易拉宝制作、KT板制作、相片制作、桌签制作等。

图6-30 多伦多会议中心的外币兑换点

③销售：报纸、杂志、相机电池、相机储存卡、电脑U盘、手机充值卡、相框、明信片（会议中心的明信片和城市风景明信片）、邮票、地图、旅游书籍、旅行箱锁等。

④代售：鲜花、机票、租车、酒店订房、旅游景点门票、演出门票等。

⑤外币兑换。

⑥提供10人以下会议室：有的商务中心设有迷你型会议室，仅供10人以下开会，这能满足从会议、展览中衍生出来的临时增加的小型会议的需求，一般按小时计费，甚至可按每半小时收费。

十三、环境清洁、消杀灭、绿化养护

环境清洁指的是我们平常所说的保洁，包括地面清洁（分硬质地面、弹性地面两类）、玻璃清洁、金属器件清洁、墙面清洁、公共区域清洁和异常情况的应急处理等内容。消杀灭是有害生物防治（pest control operation, PCO）的俗称。简而言之，消杀灭是对有害生物包括致病微生物如病菌、病毒、病媒昆虫、鼠类和其他传病带病的生物以及其他城市害虫（如白蚁）的预防和控制。而绿化养护指的是对植物的种植、施肥、浇水、防治病虫害、整形修剪等。

现在，大多数会议中心的环境清洁、消杀灭和绿植养护都是由外包公司来完成的，但会议中心必须配备具有丰富经验和专业知识、能监督外包公司工作的员工/主管，否则无法有效监管、指导、培训外包公司的员工。

首先，需要明确的一点是，绿化养护、消杀灭等工作需要避开会议、展览等活动时间，如可以在早8点以前、无活动的日期，应做到不与展览、会议发生冲突。

部分保洁，比如硬质地面的清洁（大理石、花岗岩、地砖的日常抛光、晶硬①、翻新）、弹性地面（木地板、地毯）的清洁、墙面的清洁（硬质墙面、壁纸墙面、木质墙面和涂料墙面）以及部分公共区域的清洁，如楼梯、办公室的清洁等也应该在没有活动、没有客人的前提下进行，否则噪声、电线的接驳、药剂的挥发、"工作进行中"临时指示牌的设置以及工作区域的占用等都会极大地干扰会议、展览活动的正常进行。比如，水拖地面、推尘作业势必影响来往的客人，让客人不悦，水拖地面还有可能造成地面湿滑。

其次，进行保洁、绿化、消杀灭等工作的人员必须掌握基本的操作要领和基础知识，比如大风和中午高温时应停止给绿植和花卉喷药，打药时必须戴口罩等，作业区必须设置"工作进行中"标牌等。

再次，外包公司的员工须统一着装，注意仪容仪表和行为规范，遵守劳动纪律，比如不可在楼面接打电话、不得使用客梯、必须使用会议中心员工出入口等。特别要指出的是，外包公司的员工在客人眼里实际上就是会议中心的员工，这就像外聘的保安一样，其言行举止代表了会议中心的形象。

---

① 晶硬处理工艺是利用晶硬药剂渗入石材内部，在专用石材处理机的重压及其与石材摩擦产生高温的双重作用下，与石材表面发生化学反应而生成一种致密而稳定的晶体。由于这种晶体比石材本身的晶体更加致密，从而提高了石材的硬度与光泽，增强了石材的抗污染、抗磨损的能力。

但会议中心仍有很多的现场保洁作业,像展厅(包括序厅和卸货场、室外展场)、会议室(包括库房)及公共区域如大堂、广场、卫生间、电梯、走道、停车场、食街(美食区)、商务中心等。尤其是展厅进场搭建、撤展,大宴会厅、大会堂及大堂和室外广场的施工搭建以及活动结束后的拆除清运,给保洁带来了巨大的压力,外包公司不但需要增派大量人手,还要增加作业器械,在旺季因为转场需要留给保洁公司的时间往往仅有区区几个小时,而且还是在夜里,其中的工作难度可想而知。活动开始前和结束后是保洁工作最紧张的时间段,这一方面是因为装修垃圾多,另一方面是由于时间仓促以及客户为了少支付会议室场租、展厅馆租而一味地缩短施工搭建时间,致使垃圾清理任务急迫。

展览开展后、会议和演艺活动进行中的保洁工作的主要精力应放在展厅和充作临时展厅的大堂、大宴会厅的清洁以及卫生间的清洁、垃圾箱的清洁、通道的清洁、食街的清洁上面。要根据人流量和特定的时间段,如茶歇时间、中午集中用餐时间对卫生间的清洁加派人员并增加厕纸等物品。展览区域的清洁应该根据主办方的要求在规定的时间内进行,否则会严重干扰展商和买家的业务洽谈。

宴会、酒会、自助餐期间,无论是在宴会厅还是在展厅,都有一个对遗洒或掉在地面上的菜汁、盘碟或玻璃杯碎片进行紧急处理的任务。遇到这类情况,可能最简单的方法是最直接奏效的——一把笤帚、一把簸箕、一块抹布、一个小喷壶、一块"小心地滑"的牌子就能迅速地把用餐遗余垃圾清除掉。

十四、钥匙管理

钥匙管理似乎是个永远没有最佳答案的问题。从安保部的角度来看,为了安全起见,最好所有的会议室、展厅以及各个出入口全部都用机械锁,虽然开门太费时间、太费人工,但总是感觉安全。从餐饮部的角度来看,则最希望全部是电子锁(电子门禁),这样服务员开门、锁门、保洁打扫卫生都极为方便,而且有相应的记录,能查出哪个员工几点几分进了哪个会议室。

电子锁的优点是随时可以让丢失的钥匙作废,存有详细的使用者、开闭门时间等记录,可以随意设置权限,如让宴会主管可以开启某个楼层的全部会议室,而员工只能进入被允许进入的会议室。安保部和工程部的巡夜检查一旦发现问题,可以立即打开某个库房或机井,能以最快的速度进行抢险。缺点是万一停电、电脑主机发生异常而无法正常工作,那么一切权限都可能作废,有的会议室谁也打不开,而有的会议室根本就锁不上。

机械锁的缺点同样很明显。机械锁的缺点是每个使用部门都需要配备至少一把钥匙,每个部门使用钥匙都需要登记、签字,响应速度不够快。可以试想一下从地下一层取了钥匙,坐员工梯到3楼,再去开某个会议室,或到了地面一层后跑到50米远的展览卸货区开货门,真够费时间的。最糟糕的是,如果是夜班或白天很忙的时候,这个员工拿了钥匙临时中途被叫去干别的工作,需要他把同楼层的钥匙拿回去时他就会分身乏术。当然,最坏的情况是,钥匙被员工偷拿出去私配钥匙,这种情况下安全根本就是形同虚设。如果真的发生这种情况,就要换锁和钥匙,要知道换锁和钥匙是不得已而为之,而且牵涉采购部购买锁和钥匙、工程部安装锁、安保部备份钥匙、部门锁和钥匙领用人签字、确保使用部门以旧锁和钥匙换新锁和钥匙(否则仍有员工使用旧钥匙去开门)等情况。事实上,机械锁的钥匙管理是最令人头疼的。

图6-31 上海世博中心采用电子门禁和机械锁

上海世博中心采用电子门禁和机械锁混合使用的方式,即每间会议室都配备了电子门禁和机械锁,在上海市"两会"等重要活动期间,停用电子锁,只使用机械锁,在平时则仅使用电子锁。

第3节 餐饮是会议中心的王牌

会议中心的餐饮(catering 或 food and beverage,F&B)是如此重要,以至于没有餐饮,会议中心将基本上没有生意可言。无论是展览、会议、演艺活动、新品发布,都对餐饮有大量的需求(纵然各类客户的预算相差很大),如果一个会议中心不具备餐饮服务能力,客户就会毫不犹豫地转向竞争对手。要知道,会议中心可不是处在卖方市场,即使是同一个城市内,会展中心/展览中心、建有大宴会厅的高星级商务酒店都是会议中心的强有力竞争者。

会议中心的餐饮,不但是为了满足各种客户、各种活动的需求,更是帮助会议中心获得良好营收的利器,而且,会议中心的餐饮还是一种市场销售工具。说会议中心的餐饮是王牌,自有其道理。

对于大多数会议中心来说,餐饮服务和会议室摆台、翻台是密不可分的,因而也常常是由同一个部门即餐饮部来完成餐饮工作。

一、会议中心必须具备餐饮能力,才能吸引客户

民以食为天,这句话放到会议中心的运营和管理里面就更具分量。吃喝是头等大事,

任何时候,一个人到会议中心,都会产生吃喝的愿望,如果会议中心不能提供食品,这个人可能就会选择离开会议中心,去外面购买他想要的食物和饮料。如果会议中心的食品价格偏高或菜式不合他的口味,他仍然会选择离开。

会议中心最大的竞争对手是酒店,尤其是那些能提供高质量的宴会并有大宴会厅的酒店,这类酒店适合举办规模介于200~800人、预算较高的会议、活动,这种客户也就是所谓的高端客户。会议中心如果不具备餐饮条件,那么就只能吸引会期仅仅半天的会议,如政府部门召开的动员大会,实际上会议中心就沦为了礼堂、剧院。还有,即使是人才招聘会,参会者对快餐也有需求。总之,假使会议中心无法提供餐饮服务,就无法吸引客户前来举办活动。

从这一点来说,会议中心除了必要的展厅、会议室、宴会厅外,餐饮服务是一个必备条件。

二、会议中心必须拥有强大的餐饮能力,才能不惧竞争

为什么会议中心生意不如酒店?为什么在会议中心举办的会议,有生意没收入?原因可能有多个,但其中一个原因肯定是餐饮。国内大部分会议中心没有配套的餐饮设施,没有足够的供餐能力,或者能供应餐食,但质量不高,这些都是将会议、展览拒之门外的因素。

这里说的强大,一是指在同一时间内能服务很多人同时就餐,二是指餐饮质量高。餐饮品质高和就餐人数多是会议中心从酒店、其他展览中心手里争夺高消费活动的重要手段。

图6-32 会议中心的餐饮质量应不亚于高星级酒店

目前,跟其他场地如度假村、培训中心、展馆、体育馆、创意餐厅等相比,会议中心和酒店之间的竞争最为激烈。客户对酒店普遍抱有高信任度,相信酒店,特别是国际连锁酒店能制作高质量的宴会、酒会、自助餐,而对会议中心存有疑虑。显然,太多的会议中心、太多的展览中心都无法提供令人满意的餐食,之所以如此,这与当初的设计和运营理念有很大的关系。会议中心是单纯开会的地方,客人常常这么认为,我们要扭转客人的这种想法和片面理解,首先就要让会议中心解决客人的吃饭问题。

三、打破魔咒,提升餐饮水准,餐饮宴会需要创新成亮点

会议中心餐饮的重要性无论怎么说都不为过。由于很多展览中心没办法提供餐饮,于是展览主办方不得不在展览开幕第一天用大巴把参展商代表拉到城里某个酒店参加欢迎晚宴。中午的盒饭不但价高,而且还令客人不满意。国际大公司其实愿意在餐饮上花钱,但会展中心的会议餐饮跟客户的期望值总有一段距离。目前,国内很多场馆依然在攀比展览面积、展馆数量,但几乎很少人在厨房面积、宴会质量上进行攀比。

会议、展览主办方原来都认定会议中心/会展中心没有餐饮,现在观念略有改变,但仍对会议中心的餐饮始终抱有一种偏见,就是不信任会议中心也能做出与高档酒店相媲美的宴会来。会议中心一定要打破这个魔咒,否则就很难抢到高消费的会议、展览活动,结果就是在场租上跟客户锱铢必较。

案例分析:国家会议中心的餐饮

国家会议中心自2009年11月开业以来,已经尝到了强大餐饮能力带来的甜头。

在2008年北京奥运会结束前,国家会议中心管理团队就在研究如何改造国家会议中心的厨房,修改了部分设计,在会议中心的地下一层将原设计的厨房面积从2 800平方米增加到5 500平方米,添置了比较好的加工设备,1~3层每一层都增加了厨房,这样保证1~5层每一层的每一间会议室都可以开宴会、自助餐,甚至每一间贵宾室都可以举办宴会。成本虽然增加了,但现在看来,扩大地下中央厨房面积、1~3层增加厨房是明智的,并且产生了非常好的效果。现在,国家会议中心一层4 860平方米大宴会厅能开3 000人的宴会,在4层的6 400平方米大会堂能开4 000人的自助餐,在2~3层能开酒会、宴会,在展厅能提供快餐,这些餐饮都能通过国家会议中心自有的厨房及厨师力量完成。

图6-33 奥迪经销商会议(西式晚宴)

除了能为10 000人同时提供餐饮这一优势外,国家会议中心的餐饮质量完全可以跟高星级酒店相媲美。行政总厨(西餐)是一名法国人,在中国的合资酒店有超过15年的工作经验,对中国人的消费习惯了然于胸。厨师大多来自五星级酒店,且有外出学习机会,向同行学习,尤其是向君悦酒店等以高档餐饮见长的酒店和以高端政府宴会见长的人民大会堂、钓鱼台国宾馆等取经学习。强大的供餐能力和餐饮的高质量帮助国家会议中心拿到了一个又一个人均消费高的大型会议,与此同时,展览餐饮更是满足了展览主办方及展商、观众的多种需求,一些原本没有欢迎晚宴计划的展览也在国家会议中心举办了晚宴或酒会,咖啡、饮料、三明治、汉堡、中式套餐盒饭从15元到80元都有,全部都是由国家会议中心自行加工。

2010年1月份,世界知名的软件公司SAP的亚太区年会在国家会议中心举行。该会议人数不到900人,但4天在国家会议中心的餐饮消费是435万元。SAP亚太区峰会证明有品质的会议餐饮不但能为会议中心增强客户满意度,更能带来良好的经济效益。SAP公司及其雇用的新加坡会务公司一开始都不太看好国家会议中心的餐食质量,但是国家会议中心凭借过硬的品质、无可挑剔的服务流程、优秀的员工和令人赏心悦目的出品赢得了客人的赞誉。

2010年12月,一家外资公司在国家会议中心举办年度晚宴,国家会议中心单一次餐费收入就达到了150万元。

国家会议中心为了更好地满足客人的零点需求,在展厅的楼上改造装修了明档美食区。

图6-34 国家会议中心为2010世界心脏病学大会设计的欢迎酒会

图6-35 SAP公司在国家会议中心展厅的酒会

四、会议中心餐饮服务项目

会议中心的餐饮服务项目远远多于酒店或商场。来会议中心的客人随时随地都有吃喝的需求,会议中心就应该想方设法在客人最需要的时候和地方提供餐饮,还要通过灯箱广告、散发传单、人员推销等多种手段刺激客人在会议中心内消费。

会议中心的餐饮分为活动包含项目和客人零点两大类。

活动包含项目,是指一个会议或展览本身包含的餐饮,这部分餐饮的费用是组委会/主办方直接付给会议中心,当然,也有一些是参展商、会议的赞助商在会议中心举办酒会、早餐会,也属于主办方向会议中心预订的项目。

(一)会议、展览和特殊活动包含的项目
这些项目有:
①宴会
②自助午餐、自助晚餐
③酒会
④茶歇
⑤早餐
⑥为客人(参会者、参展商)订购的快餐(比如,工作套餐、盒饭等)
⑦为工作人员、演员、模特、主持人准备的工作餐
⑧客户要求临时设置的媒体酒廊、贵宾酒廊
⑨展商、赞助商要求临时在展台提供的酒会
⑩外卖服务

图6-36 餐饮是会议中心重要的收入来源

(二)个人/家庭项目
这些项目有:
①婚宴
②生日派对、婴儿百日礼
③谢师宴
④个人作品展(画展、书展)、藏品展的庆祝活动附带的酒会
⑤同学聚餐

(三)针对客人自付费项目,会议中心可以提供的服务

包括：

①餐厅服务

②咖啡饮料的固定零卖点,如咖啡厅服务

③食品小超市服务

④食街(美食区)服务

⑤在展厅内面向观众和展商的餐饮服务,如固定的餐饮点、为某个展览临时开设的售卖点服务

⑥流动售卖车(既可售卖三明治、中式盒饭,也可售卖咖啡饮料)服务

⑦夏天在室外(如大门外广场)开设的冷饮售卖点、啤酒花园服务

图 6-37　德国法兰克福展览中心展厅中部的固定用餐区域

图 6-38　上海奔驰文化中心的固定售卖点

图 6-39　德国 IMEX 展览的流动售卖车

图 6-40　亚太会议及奖励旅游展(AIME)展览结束后展商在展厅内用餐

图6-41 布鲁塞尔展厅后部的固定售卖点
（仅在展览期间开放）

五、会议中心餐饮的促销

会议中心开设了餐厅、咖啡厅、盒饭售卖点，但好多客人却并不知情，有的向服务员询问，有的干脆步行到会议中心外面去购买，这就要求会议中心把餐饮服务点和服务项目反复地向每一个客户宣传，要让客人了解会议中心都提供哪些餐饮、在哪里就餐。即使是包含了茶歇、自助午餐和晚宴的会议，参会客人仍有多种需求，比如想买一杯咖啡、打包带走一个面包等。要让客人在会议中心内消费、多消费，必须多个手段一起使用。

①网站宣传：很多人来会议中心之前会浏览会议中心的网站，试图了解会议中心的餐饮，网站就应利用好这种机会把会议中心的餐饮服务项目清清楚楚地列出来，配以简单的文字介绍和营业时间、电话号码，最好还可以让浏览者下载。

②电子邮件：会议中心向特定客户发布的电子邮件，比如电子新闻、跟客户的往来邮件，都可以向其介绍餐饮信息。

③企业宣传册、刊物、报纸：会议中心编辑的企业刊物、报纸，刊登的餐饮信息能让客人加深印象，同时也是向内部员工市场推广的渠道。

④报价书：在报价书中可以列出会议中心的餐饮设施和服务。

⑤有关餐饮的标志。

⑥大堂LED显示屏：可以滚动播出餐饮信息，配图片。

⑦广告，如有关餐饮的灯箱广告以及悬挂在公共区域的印刷品、垂幅等。

⑧餐厅、流动售卖车、固定餐饮点的醒目标志。

⑨临时设在扶梯、停车场电梯、展厅入口处的介绍餐饮信息的易拉宝。

⑩服务员促销餐饮，服务员一定要穿制服。

A. 手举宣传招贴（一般制成KT板）或在餐厅门口或在大堂等公共区域推介。

B. 散发餐饮宣传页。

C. 在餐厅门口招揽顾客。

⑪广播餐饮信息（需根据会议、展览的程序，事先征得主办方的同意，并在合适的时间）。

⑫服务台、咖啡厅柜台、商务中心门口陈列介绍会议中心餐饮的小册子、宣传单页。

⑬价格折扣：有一些食品在不同的时间段可以实行不同的价格，比如，咖啡在上午九点以前，可以打折销售。

⑭现场制作食品，如烤肉、煎饼，刺激人们的食欲。明档美食区就增强客人的消费欲望。

六、餐饮自营 VS 外包、租赁经营

餐饮自营可以根据客户的需求，最大限度地通过内部配合，向客户提供所需要的各类餐饮。就内部管理而言，餐饮自营成本较为容易控制，菜单更换、员工加班或倒休安排较为容易，特别是对于大型宴会/自助餐，多个部门能集中支援，还能立即执行高层领导的旨意，总体上在质量方面有保障。缺点是需要大量正式员工，不但管理起来难度大，而且用工成本也是一个大问题，尤其如果生意不是很多的话，就会出现员工闲着没事做的局面。还有，人员增加带来的其他问题，如工服、更衣柜、食堂、倒班宿舍等方面的费用都会相应增大。

除了高星级酒店以外，国内能提供餐饮外卖服务的还有一些专业餐饮公司，但普遍规模不大，无法接待 300 人以上的宴会，技术、设备、人员等方面还不足以支撑会议中心的餐饮运营，因而在可预见的将来，会议中心整体餐饮外包还无法实施，因为找不到有实力的外包公司，会议中心自营餐饮将是主流。

会议中心自己加盟某个连锁餐饮品牌，比如肯德基、麦当劳，也属于自营。

餐饮外包在国外的会议中心比较常见。通常，会议中心的厨房带有厨具、炊具和餐具，外面的餐饮服务公司接到某个活动的餐饮订单后，就组织人手进行采购、现场制作、现场服务。

一般来说，国外的会议中心的餐饮也都是垄断的，即客户只能使用会议中心指定的供应商。会议中心与其餐饮合作伙伴签订长期合同，会议中心接到预订后，将客户介绍给签约公司，由签约公司与客户直接联系、谈判、确认。活动结束后，签约公司向会议中心支付一定比例的佣金。比如，奥地利维也纳的霍夫堡会议中心，其餐饮合作伙伴为 Club 和 Intercontinental 两家公司，这两个独家供应商可满足会议中心 90% 的餐饮需求。餐饮服务价格由客户直接与这两家指定的餐饮合作伙伴进行商谈，餐饮收入的 12% 以佣金的形式归场馆所有。

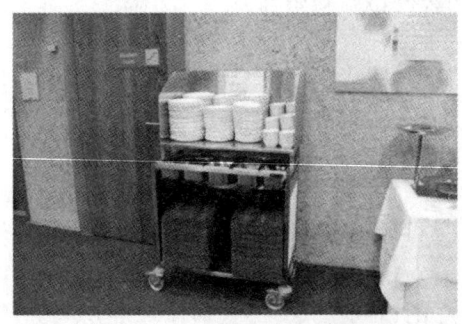 

图 6-42　日内瓦国际会议中心的自助餐托盘及餐具

第6章 会议中心的项目协调、现场服务及餐饮管理

图6-43 日内瓦国际会议中心的固定售卖点　　图6-44 日内瓦国际会议中心的自助餐

台北国际会议中心引入了台湾知名的餐饮公司世贸联谊社（世贸联谊社三三婚宴会馆），由世贸联谊社接收营运该会议中心的所有餐饮，除了提供会议、活动需要的宴会、茶歇、自助餐外，世贸联谊社信义会馆还在该会议中心开设了4家餐厅和1个咖啡厅。世贸联谊社在台湾最出名的是婚宴，故而为台北国际会议中心引来了相当好的婚宴生意。

表6-1是台北国际会议中心一楼咖啡厅的服务项目，营业时间为周一至周五08:30—19:30，周六和周日配合会议室及大会堂预订情况营业，仅提供单点饮料及点心。

表6-2　台北国际会议中心咖啡厅的服务项目

套餐	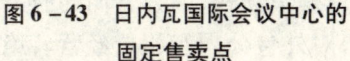	活力早餐(08:30—10:00)
		精致下午茶(14:00—17:00)
		Noodle Bar 午餐(11:30—14:00 供应) 晚餐（17:30—19:00 供应) 江浙小菜((11:30—19:00) 提供外带
单点		各式花式特调冰、热咖啡
		各式茶饮、果汁、汽水
		各式蛋糕、饼干

租赁经营分长期租赁和短期租赁两种。长期租赁一般是外面的公司租用会议中心的某个区域，投资购置厨房设备、机器、餐具，自己装修，向会议中心缴纳一定的费用。也有一种情况，是会议中心提供装修好的某个区域或餐厅/咖啡厅，并已配备了必要的加工工具，由外面的公司来经营。短期租赁往往跟天气有关，或跟在会议中心举办的活动有关。比

如,夏天,一家和路雪代理商租用会议中心的室外广场的一个角落,支起遮阳伞,售卖和路雪产品,到了秋天后撤走;或一个儿童用品展期间,一家公司在展厅的序厅售卖某个儿童剧的演出门票等。

由经营方向会议中心缴纳的费用,一般是三种方式,分别是固定费用(flat-rate fee)、按人头收费(per-person fee)和根据销售额提成(percentage-of-sales fee)。根据销售额提成这种方法在国外的会议中心较为流行,但在中国,固定租金(费用)可能是最容易被接收的,因为租赁方常常会绞尽脑汁地把营业额"做"小,以期少交钱给会议中心。会议中心明知道存在作弊行为,但也无计可施,因而倾向于收取固定的租金(费用)。

无论是餐饮外包还是租赁经营,会议中心都要掌握主动权,因为它们的服务水准和价格就是会议中心餐饮的服务水准和价格。会议中心对外包公司和租赁经营者绝不能放任不管,对其服务品种、菜单、价格、员工穿着礼仪及遵守会议中心的劳动纪律、食品卫生制度都必须严格管理。

北京首都国际机场餐饮价格之高一直受到诟病,在2006年10月大范围降低餐饮价格后,2007年11月30日部分餐饮店再次降价,涉及248种单品,占餐饮品种总量的11%,最高降价幅度达到33%。媒体呼吁在北京首都国际机场的两次降价中起了不小的作用,这也提醒我们:租户过高的餐饮价格伤害的其实是会议中心的利益。说白了,租户和会议中心从来就必须是双赢(win-win),租户在会议中心挣不到钱必然退出,会议中心就少了一个稳定的收入来源,或者租户为了降低成本而减少服务人员、使用廉价原材料,导致服务质量大幅下降,都会给会议中心带来消极影响。如果租户的菜肴品种多、质量好、价格合理,会受到客人的赞誉,客人就会爱屋及乌,对会议中心自然也是赞誉有加。

案例分析:香港会展中心的餐饮

香港会展中心的餐饮有口皆碑。我们来看看香港会展中心2009—2010(2009年7月1日—2010年6月30日)财年的经营情况:营业收入10亿港元,接待了1 185场活动(events),计有110个展览、36个国际会议/大会活动、87个娱乐活动、368个宴会及581个其他活动,如企业活动、新闻发布会、研讨会、小型会议等。

香港会展中心的52个会议室、无柱式设计的大会议厅及大会堂,都可举办酒会、自助餐和宴会。香港会展中心每天可供应14 500份膳食。

除了会展活动配套的餐饮、婚宴外,香港会展中心的独特之处还在于开设了7个餐厅和咖啡厅,而且每一个生意都不错。

会景餐厅:会景餐厅除了提供午时套餐及自选菜谱外,还有大受欢迎的自助餐晚餐,顾客在品尝有经验名厨准备、源源不绝的精选环球美食及巧手甜品之余,亦可欣赏醉人的维港景色。

金紫荆粤菜厅:屡获殊荣的金紫荆粤菜厅提供传统粤菜,由获金奖名厨精心炮制各款菜式,加上醉人的维港景致衬托室内高贵典雅的布置,一直以来大获好评,成为本地人士及游客的至爱。

港湾道茶餐厅:港湾道茶餐厅提供快捷便利的餐饮服务,客人以实惠价钱尽享优质港式地道美食,包括叉烧饭及获奖的特制菠萝包。

图6-45 香港会展中心的餐厅

港湾道 Café:港湾道 Café 泡制意大利著名的 Lavazza 咖啡及各式茶饮,伴以自制轻食,客人在尽享悠然闲适之后再重新出发。

新沪坊:新沪坊让顾客在本地设计师精心打造的现代装潢的格调环境下,享受传统上海菜式,推介由古法制作的巧手拉面、小笼包及其他精选美食。

维港咖啡阁:维港咖啡阁坐拥维港景色,除了在展览期间提供都会自助午餐外,亦是举行私人派对聚会的完美地点。

意日阁:意日阁拥有独立日式和意式厨房,绝对是真正提供环球美食的地方。餐厅于展览期间营业,日常亦是私人或商务聚会的理想选择。

香港会展中心的宴会服务不单注重食物的品质,负责餐饮活动的项目经理更会与主办机构紧密地合作,携手筹办所有与活动相关的事宜,从餐单设计、餐桌摆设到活动整体流程每项细节无不照顾周到,务求令宾客留下一个深刻的印象。

香港会展中心的餐饮高水准,更是吸引了非展会客人,大量附近写字楼里的职员,甚至逛街的本地居民都会到香港会展中心里就餐或打包带走。

据了解,香港会展中心包括7个餐厅在内的所有餐饮收入占到了总收入的近一半。

第7章 会议中心的安保、工程及信息化管理

第1节 人人都是安全员

前文讨论了会议中心的筹备开业、品牌建设、市场销售、现场服务以及如何创收,这些都是会议中心运营和管理极为重要的任务,也是会议中心管理者孜孜以求、勤勉工作,力求实现的目标,更是业主考核会议中心运营管理的通用指标。但会议中心运营和管理的首要目标却应该是保护每天来到会议中心的所有人的安全。衡量会议中心运营和管理是否成功,一般都是拿财务数据说话。的确,事实胜于雄辩,一年接待了多少会议、展览、特殊活动,接待了多少用餐,年收入多少,上缴税收多少,这些都是政府、业主和管理者最为看重的数字,跟同行比、跟去年比,也是最好比较的。殊不知,但凡一年中的任何一天有任何安全上的闪失,无论多好看的财务数字都不足以抵消安全事故带来的负面影响。支撑每天的展览、会议顺利进行,参会者、展览观众、展商、展会工作人员和施工人员高高兴兴来会议中心、平平安安离开会议中心,其背后有太多的安全工作要做,更需要内部和外部的配合和支持。

事实上,人人都是安全员。保护人的安全、保护财物的安全,不仅仅是安保部的工作,而且跟所有部门都高度相关,跟每个员工都高度相关。因为,安保部仅凭一己之力是不可能把如此重要、如此繁杂的安全保卫、安全生产工作做好的。

一、保护人的安全——protect lives

到会议中心来的每个人,不管出于什么目的,属于何种工作性质,都应该得到会议中心的保护,会议中心有责任保护每个人的生命安全。

大致来说,到会议中心来的人可以分为如下几类:
①业主领导
②来视察指导工作的政府官员(不是来参加展览、会议的)
③会议中心的员工

④会议中心的临时工、实习生、志愿者
⑤会议中心的供应商的工作人员
⑥公安、消防、市容、海关、工商、卫生、检验检疫、税务等政府部门的工作人员
⑦会议中心的外包公司、长租户的员工
⑧其他合作单位的员工或个人，如快递公司员工、邮局职员、来处理 ATM 机事宜的银行职员等
⑨客户：会议、展览、特殊活动的主办机构的工作人员
⑩客户的供应商的工作人员，如灯光、音响公司员工和舞台搭建公司员工、模特、礼仪、演员等
⑪参会者（包括媒体记者、司机）
⑫参展商、赞助商
⑬展览观众（包括媒体记者、司机）
⑭为展览、会议服务的志愿者
⑮写字楼租户的员工（若会议中心有写字楼）及其装修公司的工人
⑯其他未被邀请的访客：游客、看热闹的闲逛人员、游商等

到会议中心来的人，上至中共中央政治局常委、部长，下至一个来展台施工的年轻人、来给室外绿植喷洒农药的外包公司的中年妇女，各色人等，目的不同，抵离时间不同，所用交通方式不同，停留/施工地点不同，受教育程度不同，会议中心要为这么多差别如此巨大的人提供安全保护，保护其不受到任何伤害，工作难度和强度确实很大。

二、保护财物的安全——protect assets

会议中心还要保护财物安全，受保护的财物包括：
①建筑
②会议中心的设备、设施、桌椅碗筷等各类物资
③会议中心员工、实习生、临时工、志愿者的个人物品
④外包公司、长租户、写字楼租户的设备设施等物资及个人物品
⑤展台及其展品、宣传资料
⑥组委会、展览主办方的物资
⑦会议中心的供应商以及主办方、展商自带的供应商的物资，如车辆、背景板、道旗等
⑧访客（参会者、展商、观众、供应商员工）的个人物品

从地下停车场到楼上会议室，从卸货区到大门外广场，每一个楼层、每间展厅/会议室、每个门、每个角落，全部都是会议中心的安全保护要覆盖的区域。实际上，安保部要负责的还远不止会议中心上述边界确定的物理区域。根据《工伤保险条例》的修订草案的规定：职工在上下班途中受到非本人主要责任的非机动车交通事故或者城市轨道交通（即地铁、城铁等）、客运轮渡、火车事故伤害，也应认定为工伤。也就是说，安保工作需要覆盖非常远的区域。

安保部唯有借助各个部门的力量，同客户、供应商、展商以及有关政府部门全力协作，

才有可能保护财物的安全。展商的私接电线、供应商的施工不规范,都将给会议中心带来极大的风险。然而,会议中心安保部的编制不可能无穷大,安保工作再细、再密也总有疏忽的地方,如果没有其他部门及其员工的高度警觉和积极主动,会议中心的安全保卫和安全生产都将面临巨大的挑战。用"如履薄冰"来形容会议中心的安保及安全生产,一点儿都不为过。

三、安保部的人员编制及工作职责

安保部一般分警卫、消防、交通(含停车场)、安全生产四部分工作内容,人员编制基本上也可据此设置。有的会议中心没有明确的安全生产主管,有时候由工程部来担当此职。

安保部的工作职责:

①负责会议中心日常警卫工作、安全管理工作、交通安全和机动车停车场管理以及消防工作,制订日常安全工作计划。

②建立、健全保安、交通、消防、安全生产等各方面的规章制度。

③负责公共区域安全设施管理,看管、保护会议中心的公共财物以及主办方、展商以及施工单位及其人员的财物。

④与工程部、项目协调员、餐饮部等联合制定内部施工要求和外来人员施工要求及规定,并监督实施。

⑤为展览、会议、演艺活动制订完善的交通、停车方案,管理好车场设施,收取停车费。

⑥负责保安警力的分配、使用,确定保安巡视路线及各岗位职责范围、工作标准,督察保安员仪表仪容,纠正违章现象。

⑦组织调查企业内发生的一般刑事案件、治安案件、治安问题和各类安全事故,处理与客人有关的安全方面的投诉,并提出处理意见。配合公安机关、国家安全机关以及其他执法机关对违法犯罪行为进行调查取证工作。

⑧查验会议中心的出入人员和出入物品。

⑨负责易燃、易爆物品以及放射性物品的管理工作及违禁品、淫秽物品的收缴工作。

⑩开展经常性的防火安全检查,发现火险隐患及时报告,填写隐患整改通知书。

⑪负责开具"用火许可证",对动火现场进行督导、检查。

⑫按操作规程进行保安闭路电视系统、消防系统、电梯报警系统的监控,并做好值班记录。

⑬钥匙管理。

⑭执行和完成集团、公安机关、消防部门、国家安全机关交办的有关安全方面的任务。拟订大型活动、会议的警卫方案,做好首长、VIP及重要外宾的警卫工作。

⑮与公安、消防、交通、城管、安委会等部门建立起良好的工作关系,取得这些机构的大力支持和配合。

⑯负责本部门的安全培训、再教育工作,为其他部门提供安全培训,对其他部门进行安全考核,对所有员工进行经常性的法制教育、保密教育和国家安全教育。

⑰为外来施工单位提供施工、出入方面的说明、介绍和培训,纠正违规。

四、防火永远最重要

防火的重要性怎么说都不为过,不是说其他事故,如电梯夹人、停车场车辆剐蹭、展商手机被盗等不要紧,而是火灾对于会议中心来说是绝对致命的,没有任何挽救余地。2010年11月15日下午,上海市中心静安区一幢正在进行外部修缮的28层教师公寓燃起大火,烟雾、气味弥漫周边数百米。大火持续约4小时,死亡53人,事故原因是无证电焊工违章操作。2011年2月3日凌晨0点13分,沈阳皇朝万鑫国际大厦B座公寓楼发生火灾。公安部门最后认定,该大厦A座184米高的五星级酒店10层以上外墙过火,B座150米高的公寓楼烧损严重,火灾原因是燃放烟花爆竹引燃建筑物外墙。2011年4月25日,北京大兴区旧宫镇一四层楼房发生火灾,死亡17人。火灾事故接连不断,带给我们一系列血的教训。

会议中心的防火管理要求:

(一)监督、检验及实施会议中心各区域的防火程序及方针
①办公区域
②展厅、序厅、卸货场
③所有会议室、会议区公共区域包括室外广场
④停车场
⑤所有出口
⑥库房
⑦配电室及锅炉房
⑧厨房
⑨员工区域,包括员工存车处、更衣室、淋浴间

(二)制定动火规定,严格检查
①电焊及气焊使用的管理
②厨房设备操作的安全管理

(三)制定火灾预防程序员工手册,进行日常的火灾预防培训、考核
针对如下人员,进行防火意识、技能以及应急程序培训:
①新员工
②全体员工
③义务消防队

(四)FCC员工的管理
①制定工作方针及程序,确定主要管理区域
②操作程序培训
③技能培训

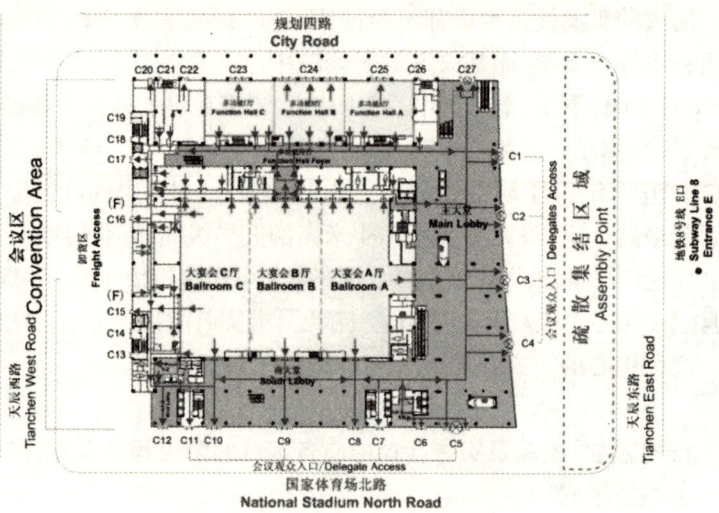

图7-1 国家会议中心会议区一层消防疏散示意图

④员工管理及评估

⑤交接班记录及报告

⑥设备故障的处理及报告

(五)监管及检验会议中心防火设备,与工程部进行协作

①消防栓系统

②喷淋系统

③烟感报警系统

④温感报警系统

⑤紧急公共地址码系统

⑥消防灯系统

⑦防火设备的更换及测试

⑧应急广播系统

⑨正压送风系统

(六)一年至少组织一次消防演练

(七)每个部门设立一名安全员,建立酒店义务消防队

(八)对会议中心签约供应商进行安全培训、考核,签订安全协议书

(九)同外来施工队伍、展商签订安全协议书,在施工前提供必要的安全培训

会议中心的消防管理工作要始终贯彻"预防为主,防消结合"的方针。会议中心的消防工作碰到的最大问题可能来自内部,而且似乎无解——我们的会展中心外观总是让人啧啧称奇,但消防设施却总是存在这样、那样的问题。比如,防火卷帘门并不能保证每次都能落下来,或者落下来后无法再升上去;展厅做不到全方位监控(因为当初设计的问题监控摄像头安装不合理);烟感该报警的未能及时报警,或者没有异常情况经常无端报警,害得有关人员不知如何是好。这些因为设计、施工、产品质量(即使在维保期内也总是无法彻底解决)的问题而导致的消防隐患几乎存在于每一个会议中心。

会议中心的防火责任人是总经理。为确保各项防火安全措施落实,会议中心应成立防火安全领导小组,在安保部、工程部、餐饮部和保洁部等要害部门均要建立义务消防队,以便万一发生火灾及专业消防队到达前,能起到控制火势蔓延或把火扑灭在初起阶段的作用。

五、会议中心安全事故的类别

会议中心的经营性质决定了其安全事故涉及多个方面,主要有:
①文件、经济信息、机密资料泄露事故。
②国家领导人和外国政要抵离会议中心时间和坐车行驶路线泄露、会议中心有关会议内容泄露及会议中心非对外的国防军事展览信息泄露等泄露事故。
③现金、印鉴、有价证券被盗事故。
④水、电、煤气、蒸汽事故。
⑤火灾事故。
⑥盗窃事故(包括内部员工监守自盗)。
⑦台风等自然灾害事故。
⑧黄、毒、赌。
⑨人身安全事故。
⑩食品卫生事故(有的会议中心由餐饮部负责)。
⑪交通事故、停车安全事故。
⑫斗殴事件(员工之间、员工与游商之间、不遵守会议中心管理规定的展商之间及施工单位员工之间)。

阅读资料

展览和会议期间都会发生盗窃事件,甚至在主场搭建期间和撤展期间也都会发生失窃事件。外来的窃贼喜爱数码电子产品,如相机、手机、便携式电脑,因为这些物品尺寸小但

价值高,容易销赃,而且还有团伙作案的趋势。2011 年 5 月 2 日,北京市朝阳区警方披露[①],"近半个月来,朝阳区各展览中心、会议中心在举办展会期间发生盗窃案 20 余起,被盗物品包括笔记本电脑、手机、数码相机、导航仪、MP4、手表等。胡某等 5 名团伙成员被刑事拘留。据交代,胡某 3 人通过广告获取展览、展销会的消息后,每天前往顺义、朝阳等展会举办地,领票或买票,以观众的身份进入展会,3 人分散锁定目标后集中作案,其中两人掩护,另一人趁事主布展或者与其他参观者攀谈时,伺机盗取参展人员放在展台上的财物。得手后,他们迅速驾车逃离现场并马上销赃,3 人均分赃款。"

第 2 节　安全分级和监管

没有安全即没有一切,对于会议中心来讲,安全重于泰山。安全隐患和风险存在于会议中心的每一个角落、每一个工作岗位以及承接的每一个展览、会议活动的开始前、进行中和结束后。排除隐患和风险分内部和外部两方面的工作。

会议中心的安全,可以用两个"保护"来概括,即保护生命、保护财产。在会议中心,安全主要分为安全保卫及安全生产两个部分,两者互相交叉、互相包容,你中有我,我中有你。防火消防,既是为了保护人的生命,也是为了保护财物,无论是会议中心的财物还是参展商的财物,都是要保护的对象;火灾发生前属于安全生产内容,火灾发生后又可能属于安全保卫的范畴。2011 年 5 月 1 日 3 时许,吉林省通化市"如家酒店"一号店起火,导致 10 人死亡、35 人受伤。经公安消防部门现场勘察和深入调查,认定涉嫌人为放火,至 5 月 2 日 21 时,该案件成功告破,7 名犯罪嫌疑人已经全部被抓获。该酒店配合公安机关,提供住宿客人名单和监控录像,以方便尽快侦破案件,这就是典型的安全保卫工作内容。

除了安全保卫工作外,会议中心的安全生产涉及的范围更广。

根据百度百科的解释,所谓"安全生产",就是指在生产经营活动中,为避免造成人员伤害和财产损失的事故而采取相应的事故预防和控制措施,以保证从业人员的人身安全、保证生产经营活动得以顺利进行的相关活动。概括地说,安全生产是使生产过程处在安全条件下,防止发生人身伤亡和财产损失等事故,消除或控制危险、有害因素,保障人身安全与健康、设备和设施免受损坏、环境免遭破坏。

一年 365 天,会议中心的每一个部门、每一个员工都跟安全生产密切相关,认为保障安全生产仅是安保部、工程部和餐饮部的职责是一种错误认识,即使是餐饮部的员工,很多人还片面地认定厨房才会出安全事故。要让员工和供应商、外来施工队伍正确认识安全生产的重要性,做到安全生产,只寄希望于宣传、培训还不够,会议中心必须一方面重视安全生产培训、监督,另一方面施以重手,对违反安全生产规章制度的该处罚的处罚,该停工的停工;一方面对外部人员(主要是签约供应商、主办方自带的供应商和展商)的安全生产严格管理,另一方面对内部员工违反安全生产的行为也绝不姑息,要真正做到对内对外尺度

---

① 据 2011 年 5 月 2 日《法制晚报》。

一致,群策群力保障安全。

一、活动分级,安全措施分级

通常,人们对安全措施分级的理解限定在安全保卫的分级上,比如,国家领导人、省长部长来参加展览、会议开幕式,会议中心根据不同的 VIP 级别设定不同的安保措施,制订安全保卫方案。实际上,不同的活动,除了 VIP 级别外,还应根据参加总人数、瞬间高峰人数、有无名人(如文体明星)、会议/展览的特性、政治敏感性来分析、判断,找出往届的历史记录,据此制定出安全措施,既包括安全保卫措施,也包括安全生产措施。

总部设在美国的国际场馆管理者协会(IAVM)建议将风险划分为 5 个等级,分别是:

GOV'T RATING	RISK LEVEL	VENUE THREAT	Security Measures	ACTION STEPS
Severe	5	Cancel	Secured	"Lock-down" patrol of perimeter restricting all access.
High	4	Maximum	Gov't Control	National law officials / security agencies screen public and control
Elevated	3	Elevated	Restrictive	May involve regional or local law officials with "pat-down" measures.
Guarded	2	Moderate	Protective	Limited Access to venue with screening precautions implemented.
Low	1	Minimum	Routine	No primary factors of concern exist outside normal routine measures

图 7-2 国际场馆管理者协会(IAVM)的风险等级划分

1 级:低风险(Low),对场馆的威胁:最小。
2 级:谨慎(Guarded),对场馆的威胁:中等。
3 级:较高风险(Elevated),对场馆的威胁:较高。
4 级:高风险(High),对场馆的威胁:高。
5 级:严重(Severe),对场馆的威胁:最高(以至于需要闭馆、取消活动)。

在美国,会议中心设有自己的拘留室,但凡某人有醉酒闹事、危及他人生命安全的可能性,会议中心可以自行先将此人控制。而在中国,会议中心安保部的权力十分有限,只有公安才有此权力。因此,会议中心一定要与当地公安机关建立起十分稳固的关系,取得公安机关的大力支持。2011 年 5 月 8 日,故宫博物院发生窃案,香港两依藏博物馆在斋宫临时展出的 7 件展品失窃。5 月 9 日凌晨零时许,多名保卫巡查人员在故宫内发现一可疑人员,其身上蹭有红墙的颜色。巡查人员命令其蹲下,并打电话联系上级汇报情况,但在此过程中,嫌疑人逃跑。国家级博物馆故宫的保安尚且无法对一个可疑人员有任何作为,只能命令其蹲下,作为会展场馆的保安对偷盗、抢劫、游商就更无能为力了。

(一)展览分级

对展览的分级,可以依据领导专场、开幕剪彩的嘉宾级别、展览规模的大小、所在行业、是否会引起社会公众的巨大兴趣、特装的复杂性、游商的集结、特殊团体示威抗议的可能性等因素来确定。这里仅就其中的几个因素进行分析。

所在行业及是否会引起社会公众的巨大兴趣：如车展、婚博会、食品博览会、图书博览会、教育展等，还有前几年十分火暴的房地产展销会等，在公众开放日（一般安排在周六、周日）期间，将会涌入大批观众，对入门、安检、登录、餐饮、空调、停车、吸烟控制等环节会产生巨大的压力。特别是黄牛倒票、小偷伺机偷盗、展商肆意散发小广告，都是安保部要事先向公安、城管等部门汇报、请求处理的重点，当然更需要安保部加派人手。

特装的复杂性：门业展、家装家具展、广告展、医疗器械展等展览的装修越来越复杂。特装越复杂，运送装修材料的货车就越多，货车司机乱停车、加塞引起的纠纷就越多，施工工人就越多，展虫也会越多。在撤展时，交通运输就更令人发愁。

特殊团体示威抗议：有的展览会受到一些特殊团体的高度关注甚至抗议。2011年1月12—14日，第37届中国国际裘皮革皮制品交易会在国家会议中心举行。加拿大渔业与海洋部部长盖尔·谢伊来到展览现场推广海豹皮毛制品，此举引起了40个动物保护组织联名向加拿大渔业与海洋部部长盖尔·谢伊致公开信抗议。一名环保人士，站在加拿大野生毛皮展览台前，裸露的后背肌肉上贴着一幅图片，上面写着"中国人民不欢迎加拿大海豹产品！"的中英文字。这里姑且不讨论海豹猎杀及使用海豹皮是否合乎道德规范，但展馆承接此类有可能引起争议的展览前，应分析潜在的风险并提前向公安或其他相关部门通报。

（二）会议分级

同样，对会议和演艺类活动的分级可以依据是否有国家领导人出席、有无明星、会议规模（人数）、会议附带展览的面积及观众来源、舞台装修复杂程度、是否直播（包括网络直播）、企业的性质及会议参会者特点、会议是否存在敏感话题、会议是否存在诈骗等因素来确定，并且还可以根据这些因素来确定是否加派人员疏导、如何及何时开启大门、扶梯开启时间、停车协调、向有关部门提前报告等。下面就其中的几个因素进行说明。

明星及其粉丝：现在，年轻人对自己的偶像十分崇拜，若得到消息说该明星将到会议中心参加活动，会从外地飞到该城市，提前驻扎在附近酒店，自发制作标语、横幅，成群结队开往会议中心，只为一睹明星风采。个别狂热的粉丝会潜入地下停车库、员工区域，千方百计接近明星。如何保证明星的车辆顺利抵达并顺利离开，同时在不伤害粉丝的感情（主办方往往不同意安保部驱赶粉丝）的前提下，确保明星享受到粉丝的欢呼，又不能让粉丝混进会议室/宴会厅，这就需要精心的安排和周密的部署。

国家会议中心自2009年11月开业到2010年年底，接待了周润发、巩俐、葛优、章子怡、甄子丹、徐静蕾、赵本山、赵薇、陈建斌、宋祖英、徐帆、刘翔、杨阳、申雪、赵宏博等许多影视文体明星以及知名IT人物，如李开复、张朝阳、杨元庆等。每次这些知名人士出场，都会引起轰动，不但参会者跟着这些明星疯跑，就是媒体记者也总是想闯入禁区采访。

规模：对于大型活动，各地公安机关大多有明确的管理规定。比如，《北京市大型群众性活动安全管理条例》规定"北京市对单场次参加人数1 000以上的大型活动实行安全许可"。展览和1 000人以上的会议承办者向市公安机关申请安全许可时需要提交的材料中至少有两项与会议中心有关:"场所租赁、借用协议"以及"大型活动方案及其说明、安全工作方案"。

每个城市的做法或有不同,但大型活动安全工作方案首先应经会议中心安保部审查并确认。

主办方/承办方向公安机关报批用的安全工作方案应作为会议中心安保部的实际工作方案。

企业的性质及会议参会者特点:有的企业企业文化很特别,在直销企业的年会或广泛采用渠道代理商进行销售的奶粉、家居、电子产品等企业的经销商大会上,员工/销售代表兴高采烈,情绪高昂,而且人数众多,气氛十分热烈,很可能会影响到其他单位活动的正常进行,进而引发矛盾。国家会议中心就曾遇到过这样的事情。一个公司的销售商年会,在晚宴期间,来自两个不同片区的销售代表发生了激烈争吵,还用餐桌上的餐盘互相砸向对方。

直销企业的全体大会可能存在隐患——欢呼声、尖叫声此起彼伏,有人哭,有人笑,人们争先恐后跟他人合影、握手,几千人在一个大会议室里不停地踩脚、跳舞。

是否存在敏感话题及是否存在诈骗:按理讲,一个主办方租用会议中心的会议室,付钱给会议中心,会议中心做好自己的工作即可。但实际情况远不是如此简单,有的主办方并不会向会议中心说明会议将涉及哪个敏感议题、哪个敏感人士会到场演讲、参会者的身份如何等情况。对于伦理、人体器官等方面极为敏感的议题的会议,或由"知名专家"向参会者介绍所谓的养生保健知识继而推销昂贵药品的推介会,会议中心安保部(实际上安保部可能并不知情,现场的项目协调员或餐饮部服务员最先发觉后立即通知安保部)应立即要求会议中止,并迅速报告公安机关。有的慈善晚会也可能涉及诈骗。

二、服务和管理并重

谈到安保工作,有些人会强调严格管理,殊不知,在包括会议中心在内的很多行业,这类工作首先应该是服务,然后才是管理。

服务并不全是针对客户、针对外部的,对内也需要服务。比如,向各部门提供有针对性的安全培训和考核,组织消防演练,选用正版软件,等等,这些实质上就是对内服务。

保障安全生产从来就不是会议中心单方面的工作,会议中心必须跟主办方、承办公司(如搭建公司、旅行社等)密切配合,联合、协作才能确保每一个环节不出问题。主办机构、承办机构有时候存有不正确的想法,认为安全生产是会议中心的事,跟自己无关。会议中心的项目协调员、安保部在与主办机构、承办机构接触时,应该纠正它们的这种错误认识,引起它们对安全生产和安全保卫的高度重视。

安保部门对外服务的内容有:

①根据会展行业的特点,必要时与会议、展览的主办方、承办方商洽,制定适用的安全工作规范和要求;

②向前来办会、办展的各类机构和个人/家庭宣传、介绍国家和地方的安全保卫、安全生产法律法规,取得它们的理解和支持;

③根据会议、展览的规模、特性以及出席活动的领导嘉宾等因素,为大型活动和特殊的会议、展览制定不同级别、可操作的安全预案和应急措施;

④同会议中心供应商(包括来为会议中心改造维修施工的企业)以及主办方自己聘请的装修施工企业签订安全责任书;

⑤查验施工单位和施工工人资质,开具动火证;

⑥审核装修、施工图纸和方案,帮助报批;

⑦会同工程部为施工工人在施工前进行必要的培训,指导如何灭火、逃生、自救;

⑧现场检查并劝阻、纠正不合规的做法;

⑨协调交通、物流、停车;

⑩时刻保护施工工人、参会者、参展商和展览观众的人身、财产安全;

⑪通过多种方式和途径向所有人员发出注意安全的信息;

⑫随时解答咨询,并认真、快速应对投诉;

⑬根据现场情况,主动、及时地采取必要的措施引导、疏散人流;

⑭保证各种设备、设施的性能完好,如监控录像、中英文广播、临时指示牌等;

⑮以方便客户和客户自带的供应商为出发点,提供便利的办证、收费、退款服务;

⑯无论是从安保部办公室获得纸介质、安保部发送邮件还是从企业网站上下载,确保各种规章制度、申请表格的容易获得;

⑰向主办方和承办方通报气象预警信息。按照《国家气象灾害应急预案》标准发布台风、暴雨、暴雪、寒潮、海上大风、沙尘暴、低温、高温、干旱、霜冻、冰冻、大雾和霾共13类气象灾害预警。预警信号的级别依据气象灾害可能造成的危害程度、紧急程度和发展态势一般划分为四级:Ⅳ级(一般)、Ⅲ级(较重)、Ⅱ级(严重)、Ⅰ级(特别严重),依次用蓝色、黄色、橙色和红色表示[①]。

 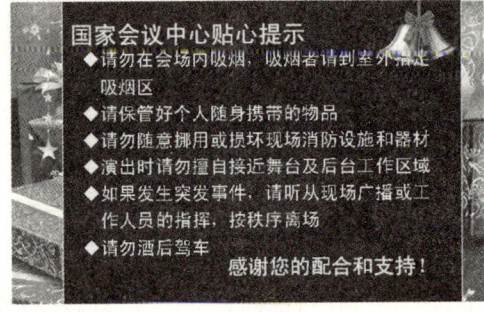

图7-3 2010年12月24—25日,国家会议中心连续举办两场圣诞晚会。这是在晚会开始前和穿插在晚会中的安全提示PPT

---

① 来源:中国天气网。

三、制度上墙与现场检查

制度上墙是政府主管部门的要求,也是一个普遍采用的做法,把规章制度、要求规范、应急预案等张贴在墙上或置放于镜框内,可以让当班的员工随时看到,并自觉遵照执行。制度上墙的好处是明显的,能够时刻警醒员工,内容一目了然。对于管理者来说,制度上墙的最大好处莫过于:规章制度就贴在墙上(潜台词是:我作为管理者已经尽到了责任,要求已经传达,白纸黑字再显眼不过了),员工若有违反,就肯定是员工的错(因为员工没有遵照执行),等于是事先把管理者解放出来了,如果出了什么事,管理者不会有任何干系。管理者如此偏爱制度上墙,潜意识里就是想把自己摘干净。这恰恰是制度上墙的最大隐忧,即制度一旦上墙管理者就片面认为管理工作已经完成,剩下的就是看员工自己的自觉性和主观能动性了。这里并不是要否定制度上墙,而是想强调:如果没有经常性的训练、考核和监督,制度上墙就是一个纯粹的摆设,只能成为变相帮助管理者逃避责任的工具。

不是不信任员工,要求员工自觉地对照规范准则来执行每一个工序、操作每一个工种,不免有点理想化。不是不相信外面的供应商和施工队伍,即使签了安全责任书,即使安保部反复强调安全的重要性,要施工工人和来送鲜花的司机完全自觉遵照会议中心的安全规范和要求来施工、停车、控制吸烟,是根本做不到的。这里不仅仅是一个文化程度低、素质差的问题,还牵扯到长期养成的习惯、对安全的漠视、对投机取巧的赌博性偏好、对经济利益的追求等因素。比如少用材料、少用人工、展台使用稀料就意味着降低成本,因此一些人总会胆大妄为、欺骗瞒报,妄想浑水摸鱼。举两个简单的例子,展台用的玻璃必须是钢化玻璃,如果在进场时没有经过专业检验,施工方就很容易蒙混过关,采用非钢化玻璃,这样在展览期间若是人多挤压,就很可能造成事故。特殊演艺活动的舞台一般装修都很复杂,施工方提交给安保部的施工图纸一定是符合会议中心要求的,比如图纸上肯定不会遮挡消火栓,但实际施工时就有可能私自改动设计,造成消火栓被遮挡。

所以,现场检查、监督纠违就是一项必要的工作。勤巡视、多走动、严要求、不手软、早发现、早劝阻,对任何有可能引起安全隐患的环节、人员、材料、施工方法,都必须妥善处理。对会议中心签约的长期供应商、施工队伍,不徇私情,一视同仁还不够,更要严格要求,因为他们对客户而言,代表了会议中心。

现场检查需要责任到人,哪名主管检查、什么时间检查、有什么异常、如何纠正违章,都应一一记录在案。我们常常强调责任心,但若是没有对责任心真正具有约束力的制度,就无法保障责任心。比如巡视时走过场是常有的事,假设有一个当事人必须记录巡视事项的小本,效果可能就大不一样。所以,我们看到有的卫生间门后面有一个记录保洁人员打扫时间的本子,那是为了防范保洁人员的疏忽(无论是故意还是无意)。安保的现场检查也应有这种核查机制,即安保的检查工作应能被其他员工、其他主管再检查、核实。

展览和会议结束后，撤展、舞台拆除的时候是一个高风险的时间段，因为这时候所有人都松懈下来了，主办方工作人员、承办单位的工作人员、会议中心的销售人员/项目协调员都可能离开现场了，只剩下撤展、拆舞台的施工人员了，而且还经常是在夜间，如果安保部、工程部不能齐心合力对工人和运货车辆进行有效的监督、指导，放任不管，就有可能出现安全隐患，工人在展厅的角落偷着抽烟就不是什么稀奇事。

图7-4 施工时不系安全带　图7-5 夜间是最松懈的时段　图7-6 现场检查需要高度责任心

现场检查不但要检查外部的人员和施工，也要检查内部员工以及外包租赁或外包公司。安保部编制有限，员工就那么多，要巡视到每一个角落是不可能的，但是内部员工和外包公司总有这样或那样的违犯安全生产的行为，所以，保障安全必须依靠所有部门，从这个意义上来说，各部门对本部门的安全保卫及安全生产应承担主要责任。

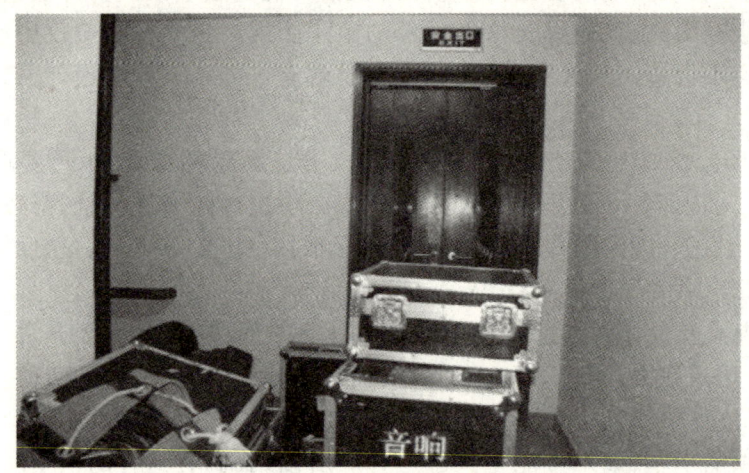

图7-7 搭建公司的设备装货箱堵塞了逃生通道

第7章 会议中心的安保、工程及信息化管理

图7-8 会议中心员工有时对消防安全认识不足

阅读资料：安全生产绝对不是走走形式

新年第一件事就讲安全生产，是不是有点不吉利？对于这个事情，我也一直有点犹豫，毕竟每个人都喜欢讨个彩头。但还是得讲。远的不说，就说说2010年12月发生的几件事，希望能让我们重新思考一下安全生产的重要性。

2010年12月10日，北京遭遇大风天气，首都机场T3航站楼屋顶局部金属板被强风掀开，金属板内的内衬隔热泡沫保温材料漫天飞舞，飘散在周边跑道和车道上，当天首都机场共延误航班200余架次。当时的风力有10级之强。

从2010年12月10日开始，美国中西部和西北部遭到暴风雪和强降雨的侵袭。12日，明尼苏达州明尼阿波里斯市，赫姆夫瑞大都会室内球场的圆形屋顶被大雪压塌。此体育馆为美国美式橄榄球大联盟明尼苏达维京人队的主场。

2010年12月14日上午，深圳地铁国贸站5号扶梯发生故障，出现逆行，导致25名乘客受到挤压并擦伤。深圳地铁集团通报事故原因为故障扶梯主机固定螺栓松脱，其中一个被切断，使主机支座移位，造成驱动链条脱离链轮，上行的扶梯在乘客重量的作用下下滑。

2010年12月24日平安夜，浙江省金华市国美电器商场发生火灾，后查明原因，系电梯主控房内发生电线短路引起火灾。

发生在北京首都机场T3航站楼和美国明尼苏达州的两个事故，属于建筑方面的原因，外部力量确实也异常凶猛，一个是10级大风，一个是强降雪，幸亏无人员伤亡。

发生在深圳地铁和金华国美电器商场的两件事，却是典型的安全生产事故，是本不该发生，且可以完全避免的。深圳地铁集团给出的解释是"故障扶梯主机固定螺栓松脱"，或可认为是设备质量低劣，或可认为是平时的保养、检修不到位。关于金华国美电器商场的火灾，来自金华消防部门的消息称，国美大火属于典型的市场火灾，电器设备多，可燃商品多，线路老化短路，是市场发生火灾的共有特点。既然有这么多火灾隐患，商场领导和负责安全生产的部门难道就一直没有意识到线路老化短路可能造成的后果的严重性吗？这种

事不能不引起我们的警觉。

很多安全生产的事故虽然或多或少都跟工程有关,但说到底,根本原因还是麻痹大意、漠视安全生产要求,认为别的地方也那样,它们没出事,我们这儿也不会出事,这种"淡定"实在可怕。如果不能从思想上高度警觉,不能从上到下贯彻安全生产意识,不能真正从工程技术和运营的角度严格检测、严格管理,每个岗位、每个环节不能都按标准执行,无论多少应急预案,无论多少消防演习,都只是白费。

这里还有一个误区,大家倾向于认为安全生产只是会展中心、酒店的事。没错,会展中心、酒店、餐厅承担了包括保障食品安全在内的大部分安全生产责任,但会议主办方、展览承办机构、搭建公司、灯光和音响公司、演出公司、礼仪公司、旅行社都是高度相关者,都必须跟上下游的其他合作伙伴紧密配合、互相支持,方可防患于未然。

义乌市有一个做法值得推荐。义乌市消防局在义乌主要酒店的电梯里和客房的电视里(一开机就自动播放)都有一个简短的宣传片,介绍如何紧急逃生、如何自救,虽然有点压迫式推广的味道,但相信能起到良好的防范作用。

2011年是"十二五"开局之年。2011—2015年这五年,是会议业快速发展的重要机遇期,但千万不要忘了安全生产。

(原文发表于2011年第1期《中国会议》,作者:刘海莹)

案例:安全帽上面有佩戴者的名字和血型

2010年4月10日晚,汪峰"信仰2010演唱会"在北京首都体育馆举行,演唱会获得了巨大成功。

日本最大、世界一流的"日本舞台株式会社"帮忙设计了舞台方案,并派人从日本飞到北京,到首都体育馆现场监督施工。日本舞台株式会社社长到北京下飞机后给中方演出公司的第一个礼物是安全手册。这种册子每位日方工程师人手一本,而且必须随身携带,里面以丰富的文图方式提示了安全注意事项、力学、电学原理,急救方式等内容。"我们也有安全手册,但发下去员工看了没看、是不是当废品卖了就不知道了。"演唱会总导演王平久甚为感慨。

日本人给中方演出公司的第二个礼物更是让见过大世面的中方演出公司惊讶:每位工程师的安全帽都是个人专用的,因为上面写了工程师的名字和他的血型,万一出了事故,可以直接输血而省去了验血的时间。

负责执行舞台搭建的北京东瑞麒麟舞美文化公司覃总经理说了他与日方工程师第一次在首都体育馆会面的一个细节:"我们看他们戴着安全帽来都觉得好笑,因为我们制作了那么多现场,从来没人戴。但他们很严肃地跟我说,你作为总经理都放任安全细节,你下边的员工怎么能有安全意识?我听了觉得非常惭愧。"

日本公司给中国公司的第三个礼物是一个看起来有半平方米大、3公斤重的大册子。中国人举办演出,舞台搭建之后跟图纸差别巨大不是稀奇事,费心费力地调整、返工都习以为常了。但日本人给的是一本书,大到舞台总体效果图就有三四页,小到一个音箱体的解构图都有两页,哪怕是一个零件的尺寸在书上都有体现。复杂、细致的说明书带来的却是效率的提高。

不仅如此，日方两位工程师到京后，从早到晚寸步不离舞台，也没有人监督他们。这次演出用到了大量悬挂装台技术，日方工程师都亲自登到悬空组件上，而不是站在地下隔空指导。日本人的严谨、高度负责的精神，确实值得中国人学习。

第3节　交通、停车及人流管理

会议中心所承接的庆典、展览、会议、宴会、新品发布等活动，都涉及交通、物流、停车以及人群的服务和管理问题。一部分人倾向于认为，交通、停车和人流控制都是要管理的对象，这句话本身没有错，但如果我们反过来为乘车者、驾车者和观众/参会人员设想一下，发现他们出门前关于展览、会议举办地往往有一些情况需要了解，例如，行驶路线如何，是否有停车场，如果有，是地面停车场还是地下停车场，是否收费，如何收费等。所以，交通、停车及人流管理也应该从服务开始。

一、交通、停车管理首先应提供翔实的信息

会展主办机构选择一个展览中心、会议中心，很大程度上是因为其会展场馆具有交通快捷、停车方便的优势，但要让优势不但被主办机构认可和利用，更要让它们的客户即参展商、观众、参会者所了解和利用，就需要会议中心的销售人员、项目协调员和安保部主管及员工积极主动地工作和随机应变地服务。

会议中心有关部门和人员应尽量提供如下交通、停车信息：

①网站信息：与交通、停车有关的文字、地图（一定是可以下载的文字内容和地图），地图打印还应该做到正好是一张 A4 纸，路名文字应该清晰（传真后仍能容易辨认）。

②最新的交通地图：跟导航地图服务商/地图出版社联系，提供最新的地图，利于驾车者使用 GPS，从图上查找行驶路线。

③统一的总机应答咨询问路的交通、停车信息。

④给展览主办方、会议主办方的中英文交通文字和交通地图（客户通常需要电子版，直接将文字和地图嵌入他们的会议通知、招展通知中）。

⑤会议中心附近路口的指示牌、会议中心建筑外立面或顶部的标志的情况。

⑥醒目的会议中心地面及地下停车场出入口及收费标准情况。

⑦会议中心附近的停车场位置及收费标准情况。

⑧会议中心详细的出入口分布情况、限高及开放时间。

⑨会议中心专司协调交通的主管的姓名和手机号码。

⑩科学、醒目的停车位画线、分区情况，合理的单向行驶路线，醒目的导向标志（通往展区、会议区的不同电梯、步行楼梯等）。

⑪运送展台、会议室舞台搭建物资以及展品的车辆的等候地点及进入卸货区的行驶

路线。

⑫VIP 贵宾车辆的停放地点。

⑬展商自行运送小件展品和手捧花等小件物品的车辆的停放地点(最常见的是金杯车型)。

⑭车证的办理手续说明。

⑮穿梭载客巴士的落客地点及行驶路线。

⑯特殊车辆的停放地点,如救护车、转播车、移动通信保障车等。

⑰为特大型活动协调临时的停车场(包括货车和大巴、小型车辆)需要的详细地图和临时标志。

二、展览物流——老大难问题

这里说的物流不是从海关提货后到展馆的物流,也不是从装修公司的工厂到展馆的物流,而是运送装修材料和展品的货车在卸货区外等候、进入卸货区、卸货以及撤展时的物流。

目前来看,这部分物流似乎成了一个难以解决的问题,主要有两方面的原因:其一,展览主办方为了节约费用,少租一天馆就意味着少付一天的租金,所以,总是把主场搭建、撤展的时间压缩到最短,这样就迫使展商和其雇用的货车抢速度,加上城市对货车又有诸多限制,因而短时间内货车就争先恐后地涌到展馆四周,不听劝阻;其二,货车运输业竞争激烈,卸货/装货的时间直接影响到司机的经济利益,司机总是想第一个冲进卸货区把货卸下来/装上车,完成这一单活后,司机要立即赶赴别处拉另一单活,如果排在后面则意味着当天会少拉一趟活,就少赚一次钱。一个展览进场,通知上写明是早上 8 点钟才可进场,但货车早在凌晨四五点就抵达了,外地货车更是在半夜就开始等候了。再加上展馆的卸货区面积偏小,路网结构欠佳,容量不足,导致展馆的卸货区以及周边道路经常乱作一团。

事实上,对于展馆周边的物流难题,没什么好的解决办法。但会议中心/展馆总得想方设法帮助展商的运输车辆解决停车困难问题,做到有序等候、加快卸货/装货速度,这一方面是会议中心/展馆应该提供的服务,另一方面也是为了社区的利益,尽量不给所在地的有关政府部门增加麻烦。

为此,会议中心应该采取以下措施:

①取得公安、交通及所在地街道等部门的大力支持和配合,有些事情单靠会议中心一己之力是难以解决的,政府出面的话,效果就大不一样。

②跟周边的场馆、大院、写字楼等建立起友好关系,借助邻居的力量临时改变车流(当然前提是得到交管部门的同意),改双向为单向,设置临时的车辆等候区域。

③设定合理的货车行驶路线,即使在卸货区,也最好设定单行方向及停车位。北美的会议中心就不存在这个问题,因为其卸货区域全部都是单行线,而且有固定的卸货车位(loading dock),一个车位一个坑,加塞的可能性是零。

④进场时,加派人员于当天凌晨在临时划定的等候区域值守、进行疏导,有序放车进入卸货区。

⑤撤展前,也要有临时的等候区域,且其活动应与场内的工作步调一致,以免发生有工

人擅自把展品、搭建材料堆在卸货区导致货车无法进入的情况。

图7-9　工人在卸货区卸货

图7-10　临时设置的货车等候区

三、人流管理

人流管理也叫人群管理,对应的是英文 crowd management。按照 The Free Dictionary 的解释,crowd 是指"a large number of persons gathered together"和"a group of people attending a public function",前者翻译成中文就是"大量的人聚集在一起",这是我们公安机关常说的大型群众性活动,如集会、游行、庙会、灯会、游园会、体育比赛、文艺演出、展销会等;后者的意思是"一群人参加一个公众活动",公众活动不一定是规模大的活动,也可以是一个规模不大但瞬间高峰人多、同时抵达或同时流动或同时撤离的活动,对这种活动的管理也属于人流管理。

根据会议和展览的特点,我们可以粗略地把人流管理分为四种。

(一)同时抵达

展览登录及开幕、会议注册及开幕、新品发布和演艺类活动开始前,大量的人从不同的方向、通过不同的交通工具、集中经由一个或者多个入口抵达会议中心的展览序厅和会议区大堂(有的大宴会厅拥有独立的出入口),很多人掐着时间赶到会议中心,人来人往造成拥挤。有的时候,拥挤不是因为活动规模大,而是因为几个活动同时进行,好几拨人同时到达,其中很多人不知道应该去的楼层和会议室号码、找不到电梯/扶梯。

图7-11 观众涌入展厅(同时抵达,横向流动)

(二)同时流动

在会议中心内部,从展厅向会议区流动,或从会议区向展厅流动,或在会议区内从一个地点移动到另一个地点。

图7-12 2010世界心脏病学大会(10 245人参会),
人群从开幕式现场转移到展厅(纵向移动)

(三)同时撤离

展览闭馆或会议/宴会结束,人员从展厅或会议室向门外移动,从楼上向地面层移动。

图7-13 2011凡客公司年会散会现场(同时撤离)

(四)一个地点内聚集大量的观众/参会者

展厅内或会议室/宴会厅内聚集了太多的观众/参会者。

图7-14 大量观众聚集在展览序厅

根据人群流动的方向,可以把人流分为横向移动和纵向移动。横向移动,顾名思义,就是在同一个楼层移动。而纵向移动,就是上下移动,无外乎通过直梯/扶梯或使用步行楼梯两种方式。

人流较多的时候,无论是同时抵达还是同时离开,无论是横向移动还是纵向移动,无论是着(牛)仔裤拖鞋还是西服革履,都会出现拥挤甚至推搡。所谓的"节点"是预先研判过的、容易出现危险的时间和地点,但任何预设都有可能仅仅是预设,因为展览可能有太多的观众而不得不提前开放,大型会议有可能因为拖堂而未能按照时间表准时结束,所以,编制、印刷出来的应急预案很可能派不上用场。在这种情况下,安保部员工的经验、随机应变能力和掌控现场的能力就显得极为重要。

当然,如果没有预案,员工就无法了解可能会出现哪些情况,比如突然停电或展厅管沟里的水管突然爆裂而可能引起的骚乱,所以制定预案是必要的,只是预案应该对特定的活动具有针对性的预见,进而提出该采取的应急措施,比如人流拥挤时,增加人员(不一定必须是安保部员工,可以是经过培训的志愿者)在入门口疏导,变更扶梯运行方向,增加现场广播和临时导向、标志,通知工程部为大会议室加大新风,简化安检手续①等。

制定预案应会同工程部、项目协调员和客户,必要时应咨询公安、交管等部门。毕竟,客户知道以前的活动出现过哪些异常情况,公安民警在审核大型活动安全工作方案方面富有经验。

制定预案时还应该考虑到天气情况。比如500人的宴会结束时,外面正好在下雨,就会有好多人因为没有雨具而挤在出口处,后面的人出不去。

如果没有培训和演练,预案就又一次成了制度上墙或预案进了文件柜而无人知道。

图7-15 施工工人在等待进入展厅施工

第4节 会议中心的工程服务和管理

就员工人数而言,如果餐饮不外包的话,会议中心的工程部可能是居餐饮部之后的第二大部门(一般清洁是外包给第三方的)。工程部部门之所以大,不仅是因为一天24小时内需要安排三个班次,分别是早08:30—下午17:30一个班次即通常说的"常白班"、17:30—晚20:00一个班次及晚20:00—第二天早上08:00的夜班,因此需要较多的员工,更是因为工作岗位多、分工明确、要管的设备设施太多,而且还不能有任何差错,否则就会

---

① 2011年5月1日,"滚石30演唱会"在鸟巢举行,现场观众约8万人。因演出时间持续5个半小时,观众首次被允许携带饮料和食品入场。为了让观众快速进场,当天的安检采取了抽检方式。

招致客户投诉,严重的还会引起安全事故。

一、工程部工作内容及内部分工

工程部工作内容琐碎繁杂,从地下机房到楼顶避雷装置,从正门前的旗杆到后门卸货区保安岗亭的电话分机,都属于工程部的职责范围。

除了最基本的员工培训、仪容仪表检查、遵守员工手册、考勤外,工程部的基本工作内容还有:

①保障会议中心建筑及设备设施的安全和良好运行,正确使用房屋和设备设施。

②为内部行政办公提供照明、网络、电话连接、内部会议投影和音响等工程服务。

③为会议、展览、演艺、新品发布、私人聚会等各类活动提供业内通行的基础设备设施、网络服务以及合同中载明的其他工程服务,保证各类活动顺利进行(亦即同其他部门一起执行合同义务)。

④维修、保养、改造:对建筑(房屋)和设备设施进行定期检查、维护、清洁和润滑,对发生损耗或故障时的设备设施进行维修,必要情况下对复杂的设备和系统进行专业测试(或配合、协助外包公司进行),对无法修理或无修理价值的设备设施进行更新以及对设备设施的材料、结构和设计方面进行改进等,组织内部员工或雇用外部工人为会议中心进行局部改造,如更换厨房门(尺寸变大以方便食品运输车进出)、为货门增加防风门以减少穿堂风和减少能耗。

⑤安全管理:建立、健全安全生产制度和管理规定并严格遵守,就这些制度和规定对部门内部员工、其他部门员工、外包公司/长期租赁公司员工以及客户、施工单位的工人等进行培训、考核,提供必要的安全和防护装置装备。

⑥监督、检查施工单位(包括会议中心签约供应商、长期租赁公司的装修公司以及会展主办方自带的施工单位)的装修施工,现场纠正不符合作业规定和安全生产要求的行为。

⑦妥善保管、避免丢失技术档案资料,确保技术档案资料的完整性,确保维修、保养、改造情况的记录清楚详细和相应的责任人/外部责任单位的责任清楚,随时更新文字材料,并应有部分设备设施的使用情况分析和总结,如电机配件的损耗规律等。

⑧招投标:在授权范围内组织工程招投标,或协助采购部/业主进行招投标,提出专业意见和参考价格。

⑨采购和零备件管理:加强计划采购,建立库存备件名录和最低库存量;对不设库存的零部件,协助采购部建立起畅通的采购和供应渠道;同采购部一起严把采购质量关(工程用的材料和零备件质量很大程度上应由工程部专业技术人员把关);妥善保管设备供应商和安装单位采购文件。

⑩工量具和维修用设备管理:工量具和维修用设备的管理应责任到人,建立、健全使用、保养制度,定期进行校验,以保证其良好的使用性能。对于多人共用或价值较高的工量具和仪器仪表,应制定责任保管人,固定保管地点,强化领用归还手续。

⑪能源管理:建立能源消耗的计划和考核制度,采用各种管理手段节能降耗,为所有部门和外来施工人员进行实用的节能培训,采用技术改造节能或聘请节能服务公司实行合同

能源管理①。

⑫外包管理：工程外包主要有，其一，将某些设备设施的管理全部外包给专业公司，包括运行操作、保养修理等，如电梯、中央空调等；其二，将某类维修、改造、更新工程外包给专业公司。

同安保部的服务一样，工程部的服务也分对内服务和对外服务两方面。内部办公用的网络和通信的保障、库房内部铺设垫仓板②、为前台改装电源插座、为工服房更换灯管、提前通知各部门何时进行外窗清洗、决定某个楼层/区域何时停电等，都属于对内服务。对外服务的对象涉及主办方、供应商、参展商，如为主办方（组委会）的秘书处/会务组搭建工作间、网络，为供应商和参展商布电、提供照明、成品保护等。

内部分工：根据会议中心的情况，如面积、楼层、设备设施的数量及控制，工程部的内部分工可粗可细，分得越细就意味着需要更多专业人员（别忘了需要排班次）。常规的内部分工如下：

①电气

②管钳工

③锅炉

④机修

⑤空调

⑥库管

⑦强电

⑧弱电

⑨网络

⑩装修装潢

⑪值班（万能工）

二、会展活动的工程服务

很少有工程部就服务直接对外报价的，都是通过销售经理或项目协调员向客户报价，形式可以是网站上列出（如展厅内高车一次租赁费用多少），也可以由销售经理/项目协调员通过电子邮件、合同等方式提供给客户。

会展活动的工程服务有：

（一）展厅、会议室的基础服务

目前，国内还没有关于展厅、会议室基础服务的行业标准，如有关展厅和会议室的照明、温度、紧急广播、网线、监控摄像头以及会议室插座型号和地面铺设材料（石材还是地

---

① 合同能源管理是节能服务公司为用能单位提供节能诊断、融资、改造等服务，并通过分享节能效益回收投资同时获得合理利润。

② 垫仓板：货物装卸、运输、保管和配送等而使用的由可以承载若干数量物品的负荷面和叉车插口构成的装卸用垫板，而一般会议中心的垫仓板的主要功能是防水、防潮。

毯)等的服务标准。

关于会议室的基础工程服务,业界理所当然地认为应该包含:温度可调节和控制,普通照明,提供2支有线麦克风及相配套的扩音设备,提供地毯,布置跟会议室面积匹配的可调节高度的舞台,用胶布将电线、网线粘牢,至少一名工程技术人员在搭建、测试、彩排时在场协助等。

展厅/会议室参数说明书(Fact sheet/Fact Statement)在国外的会展场馆运用得较为普遍,客户或客户的供应商拿到这个参数说明书后,一下子就掌握了会议室/展厅的尺寸、承重、光纤、吊点、水、电等资料。

表7-1 悉尼会展中心的大宴会厅参数说明书(部分)

参数	参数说明
面积	1 160m^2(45m×25m),序厅面积683m^2
容纳人数	剧院式(Theatre) 1 145 人
	课桌式(Classroom) 800 人
	鸡尾酒会式(Cocktails) 1 100 人
	宴会(Banquet) 860 人
	Dinner Dance 790 人
舞台	含有一个固定舞台
	舞台尺寸:11米宽×8米深×0.8米高(免费使用)
跳舞地板	10米×8米(免费使用)
地面承重	5千帕(kPa)
地面	地毯
演讲效果	音响、讲台及麦克风:免费使用
投影设施	2个固定背投投影仪及屏幕,悬挂尺寸:略
CAT5型网线及电话接口	用途:用于数据传输、互联网接入、电话、传真、电话会议
	数量:48个;序厅24个
光纤	用途:跟总配线架(MDF)连接
	数量:24个单模接口、32个多模接口
	序厅:10个单模接口、12个多模接口
电源	3相32安培的接口3个,单相10安培的接口36个
	序厅:3相32安培的接口4个,单相10安培的接口20个
吊点	24个平均分布的吊点,1个吊点1吨,吊点分布图略
	舞台前方有3个灯光架。序厅仅可悬挂布幅
水	没有。序厅有一个供水接口
无线上网	需要购买上网卡

(二)公共区域的基础服务

温度控制(空调、供暖)、新风、照明、标志、电梯/扶梯、应急广播、监控录像。

(三)租给客户或免费使用的主办机构办公室/组委会办公室提供的服务

温度控制(空调、供暖)、照明、办公用电源接驳、网线、电话线。

(四)为停车场、租给客户的库房提供的服务

照明、标志、客梯/货梯、排风(新风)、监控录像。

(五)为会展活动提供的特殊服务

◇AV、灯光、音响
◇投影
◇同声传译设备
◇电话、电视信号、网线
◇吊挂
◇舞台搭建
◇展厅、序厅使用的电、水、气、网线、光纤的接驳
◇大会堂、宴会厅、公共区域(包括大堂、室外广场):电、水、网线、光纤的接驳
◇隔断、伸缩座椅
◇电梯/扶梯
◇温度、新风
◇监控录像

图7-16 序厅的轻型布幅的悬挂

(六)进出馆验馆及搭建装修物保护

进出馆验馆原来用于展厅,但会议中心的会议室、大宴会厅、大堂也都需要进出馆验馆,目的是为了提醒施工方注意保护会议中心的设备设施和装饰材料,杜绝任何损害或破坏,最终目的是保护会议中心的资产。

验馆:客户自带供应商或客户自行在展厅、序厅、会议室、宴会厅、大堂以及其他公共区域如通道、宴会厅的序厅(foyer)进行搭建,包括背景板、舞台、标准摊位、特装、注册台、物品展示等,都有可能在搬运搭建物资、展品、灯光、音响设备或演出道具时,在施工工程中以及撤离时,对地面、门、管沟、天花板、马道、电源、灯架、网线接口等造成损坏。施工前,工程部、项目协调员应与客户/主场搭建商联合进行验馆,记录、照相,在撤离完毕后再一次联合验馆,对照进场前的记录和照片,如有破坏,则按照规定向搭建公司收取罚金。

有的展览没有主场搭建商,就需要向每个展商的搭建商收取施工风险抵押金,而且在门口、通道等公共地带加强巡视,因为这些地方是不属于某个展商的地盘,如果有设备设施损坏现象,不容易找到责任人。

会议附带的展览,往往没有主场搭建商,每个展商/赞助商都是自己指定一个搭建装修公司。对搭建装修公司,除了收取施工押金外,施工期间、在撤场时须由专人仔细看管搭建装修物,检查是否有破坏,否则不能放行。

对于有任何危及会议中心设备设施和装饰的行为,工程部员工应该随时勇敢地说"停止",但项目协调员不可能一直在现场,其他人因为不懂专业技术对此也不甚清楚,所以,搭建装饰物保护工作应由工程部来负责。

搭建时间越长,施工装修的展厅、会议室和公共区域的面积越多,收取的押金就应该越多,而不是定额押金。对于铺设了高质量羊毛地毯和装了豪华水晶灯的大宴会厅,施工押金就应更多,否则,收取的5 000元押金还不够补偿损失。

会议中心签约供应商的施工验馆:也必须执行严格的进馆、出馆验馆制度。搭建装饰物保护不容许内外有别,对任何施工供应商,无论是会议中心的长期/独家施工供应商还是客户带来的施工供应商,应一视同仁。

(七)重大活动的工程保驾

对于有高层领导参加的活动,或规模大的活动,工程保驾除了提前反复查找隐患检测设备设施、做好应急预案以外,还要准备好可能需要的零备件、工具等物资。对于电梯、中央空调等外包项目,应商请外包公司进行检测并在活动期间增派人手提供驻场服务。对于人数众多的会议和展览,应密切关注空气质量。

三、异常天气的防范

工程部的一部分工作内容跟月份、天气是密切相关的,属于按照时间表安排的例行公事,比如供暖前应做什么工作,暖气停止后应做什么工作,雨季(汛期)来临前防汛工作和防汛物资的准备,间隔多长时间需要为扶梯做保养,春节假期结束后两个星期内生意不多可以集中安排倒休、检修等,年复一年,这些工作几乎每年都是处在相同的时间节点。

极端高温、极端低温、大风、暴雨、暴雪、冰冻、台风等气象灾害,提前进入高温/低温、汛期提前、雨季偏长等异常天气会时常出现,工程部要随时注意收集这方面的信息,预见到异常天气发生的可能性,并提出有针对性的应对方案,提前做好准备工作,商请外包公司积极应对,督促采购部提前购买防灾物资,向其他部门通报。

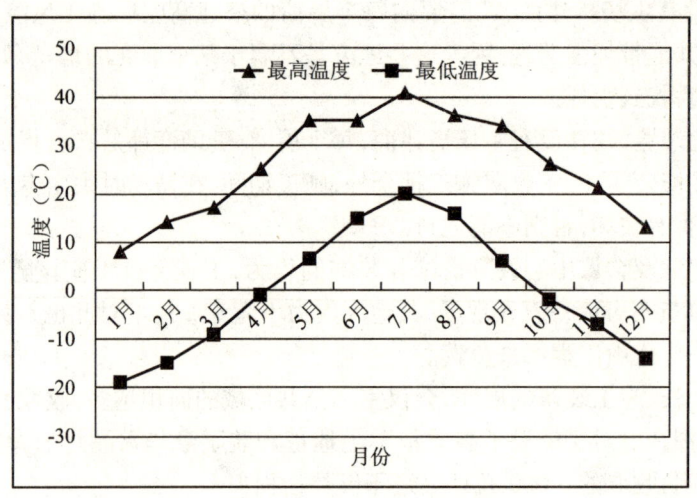

图 7-17　2010 年北京气温
根据 Weather Underground 的数据整理

四、安全生产

没错,安全生产的很多内容都跟工程部息息相关。所以,有的会展场馆把安全生产的职责归到工程部,原因之一就是安全生产对工程部专业技术的要求以及工程部一天三个班次、总有人巡视安全生产的便利性,同样一个隐患,一个餐饮部员工即使看见了也会觉得没问题,但一个工程部员工却能立即发觉其危害。

对于人群管理/人流管理(crowd management),安保部应和工程部一起研究出合理的工作方案,比如,何时开启所有的大门、何时亮灯应有统一的安排。在现场,两个部门也要多派员工加强巡视,设备设施的操作仍应由经过培训的工程部员工来执行。

工程部更应以高度的责任心来监督外包公司、会议中心签约的施工单位的施工、改造。对于会展活动的装修搭建,工程部、安保部要密切配合,防止互相推诿,切实阻止一切违规操作和使用不合规材料。

图 7-18　工程部应监管外来人员的施工

安全工作无小事,工程部要注意收集政府有关部门的政策和文件,遵照政府的要求,根据会议中心建筑和设备设施的实际情况,向主管领导汇报工作计划和需要企业安排的预算。如玻璃幕墙每五年应检查一次,使用十年后应该每三年检查一次,检查的项目包括:玻璃面板有无松动和损坏,密封胶有无脱胶、开裂、起泡,密封胶条有无脱

第7章 会议中心的安保、工程及信息化管理

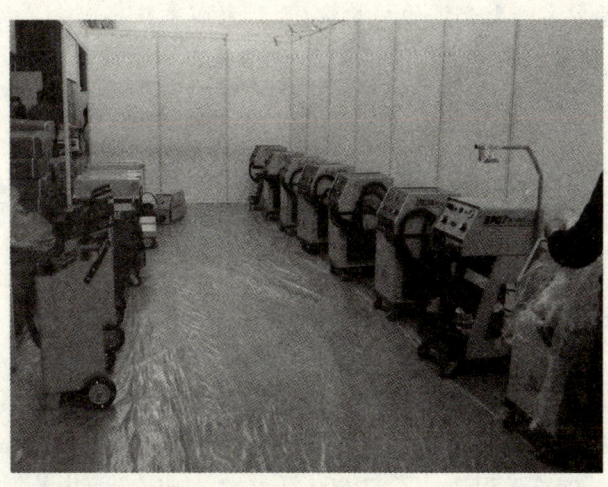

图7-19 "中国国际汽车保修检测诊断设备展览会"
大宴会厅照片,已做好地面保护

落老化等现象,开启部分是否灵活,五金附件是否损坏,螺栓和螺钉是否松动和失效等[①]。2011年夏天广州由于持续高温,发生了数起玻璃幕墙自动爆裂、导致脱落事故。

还有,一些会展场馆不太注重空气质量。实际上,集中空调通风系统如果长时间运行而又不进行清洗消毒的话,易引发呼吸系统疾病。《北京市集中空调通风系统卫生管理办法》于2011年4月1日起正式施行,这也是我国第一部针对集中空调通风系统卫生管理的地方政府规章。据北京市卫生局和市法制办有关负责人介绍,集中空调通风系统所有权人作为集中空调维护管理的第一责任人,要确保集中空调通风系统卫生质量符合相关标准。对空调系统进行日常卫生维护管理的单位,如果未按照办法规定对系统相关设备设施进行检测、维护清洗,卫生行政部门有权依法对其处以最高3万元的罚款。

案例:一颗螺栓引发的事故

2010年12月14日8时50分,深圳地铁国贸站5号扶梯发生故障,出现逆行,导致25名乘客受到挤压并擦伤。截止到12月15日上午8时,本次事件中送往医院诊治的乘客共25名,已经离院返家的乘客有16名,住院治疗的乘客有6名,留院观察的乘客有3名。大部分为轻微伤,住院伤员均无生命危险。

12月15日,深圳地铁集团通报事故原因:发生故障扶梯主机固定螺栓松脱,其中一个被切断,使主机支座移位,造成驱动链条脱离链轮,上行的扶梯在乘客重量的作用下下滑,酿成事故。

祸首是调节松紧度的固定螺栓。

业内人士称,固定螺栓在自动扶梯中不是一个大的部件,一般在扶梯的主驱动链条和

---

① 摘自《建筑幕墙行业技术标准汇编》。

主机上。主驱动链条要有一个合适的松紧度,否则乘客乘扶梯时会感受到颤动感,并不平稳,而固定螺栓的转动可以调节主机的位置,以此改变主驱动链条的松紧度。

第5节 对于会议区举办展览的思考

第25届亚太眼科学会年会暨展览[①]

第25届亚太眼科学会年会(2010APAO))暨展览以及中华医学会第十五次全国眼科学术大会(以下简称"眼科大会")于2010年9月15日至20日在国家会议中心举办,参会人数达到了8 000余人,展览面积超过了11 000平方米。国家会议中心拥有国内规模最为庞大的会议区,会议室数量超过100个,除此之外,展厅面积近4万平方米,适合举办各类中小型展览。与眼科大会同期举办的第16届中国国际复合材料工业技术展占用了国家会议中心的展厅,因此眼科大会的展览只能使用国家会议中心的会议区域。如何在会议区域举办展览?在会议区域举办展览和在展厅内举办展览又有哪些不同之处?

眼科大会是国家会议中心今年迎来的又一个超大型国际会议,上一个特大型会议是今年6月召开的世界心脏病学大会,共有来自世界各地的10 245名代表参加了会议,展览面积达到了2.2万平方米,是迄今为止中国举办的规模最大的国际学术会议。作为眼科研究领域规模最大、涉及范围最广泛的学术会议,眼科大会涵盖了眼科和视觉各领域,包括最新的临床和基础医学上的研究成果和未来的发展,此次会议是眼科学界学习和交流的重要平台。本届亚太眼科学会年会会期长达5天,使用了会议区的全部会议室,大会的参会代表超过8 000人,有1 000多名国际、国内的著名眼科学专家就眼科发展的新技术、新知识以及新的经验发表、开设了专题报告和讲座,分23个学组,共有130余场会议、报告和交流会。会议附带的眼科医疗器械药品展览会,展厅面积达到了11 000平方米,来自全球20个国家和地区的100多家厂商展示了最新技术和设备。

由于国家会议中心展厅同期承接了第16届中国国际复合材料工业技术展,所以作为本次大会重要组成部分的眼科医疗器械药品展览会只能选择在国家会议1层大宴会厅和4层大会堂来进行。与一般大型会议附带的展览有所不同,本次眼科医疗器械药品展览会的特点是:①规模大,面积超过1万平方米;②绝大多数展台为造型复杂的特装展台,展台里需要安装多种声、光、电、气的展示设备,即使在专业展厅中,也属于较难操作的展览;③展览分布在两个楼层(一楼和四楼);④一层大宴会厅地面全部是高级纯毛地毯,地面保护对于主办方和场馆来说都是一个难题,因为这事关观展客人的感受和地毯保护成本。

在宴会厅或是会议区办展有三方面最为重要:一是如何让客户得到与在专业展厅一样的观展感受;二是如何做好展览场地保护,减少甚至是杜绝展会对宴会厅或是会议区的损耗;三是如何尽各种可能为客户减少相应的费用和搭建时间,进场搭建时间实际上本身就

[①] 原文发表在2010年第21期《中国会展》,作者:付睿、许锋。

意味着费用,因为有场地租赁费用和工人施工费用、电费等费用。

第一点关系到客户的满意度,国家会议中心主要是依靠项目在前期规划、设计和建造所带来的硬件优势,1层大宴会厅为4 860平方米,4层大会堂为6 400平方米,并且层高都达到10米以上,首先从空间感受上让客户能够接受这两处场地作为展览厅使用,另外宽敞的入口、布局合理的电源接口、完全覆盖的无线网络、多功能的吊杆、设置便利的吊点等完备的基础设施和功能,无须改造就可以满足展览的使用。从这一点来讲,一个功能和布局合理的大宴会厅、大会议室能发挥最大效用,除了满足举办会议、宴会等常规需求外,还可举办新品发布以及综合效益高的高档展览如珠宝展、艺术品展等。

第二点与会议中心的利益密切相关。展览给人的印象一般都是在展览厅中举办,展览厅中有水泥地面和没有任何装饰的墙壁、粗重的搬运工具、沉重的货物和粉尘弥漫的搭建现场。如果把这样的场景移植到精装修的宴会厅,那对于宴会厅来说简直不敢想象,宴会厅精装修的木质墙壁、整洁漂亮的地毯、华丽但是承重不足的大理石/地砖,本来就不是为展览准备的。所以为了解决好这之间的矛盾,国家会议中心在管理上下了很大的工夫,制定了完善的展览场地保护管理办法,主要包括:

①在进场施工前,要求所有搭建单位与国家会议中心签订展览场地保护合同。

②在搭建准备阶段,由国家会议中心的主管对所有施工单位的现场负责人进行展览场地保护的培训、教育,示范操作规范和标准,强化展览场地保护意识。

③设立会议区的"工程监理"——指定专人专职负责展览场地保护工作,不时对搭建现场进行专项检查和监督,建立确实有效的处罚制度。根据搭建现场的划分,责任明确到每一个搭建单位。

④要求搭建单位严格按规范使用现场的水和电,避免漏水漏电造成展览场地破坏。接水、接电权限由国家会议中心工程部掌握,以杜绝任何隐患。

⑤建立专用的搭建运输通道,建立临时的卸货场和物料中转地点,杜绝物料现场运输和堆放对展览场地造成的破坏。

⑥针对布展面积大和搭建人员多的特点,要求搭建单位必须保障现场的卫生环境,国家会议中心加派人力,垃圾随有随清。

⑦要求搭建商做好防尘工作,减少现场锯末以防锯末、粉尘进入通风管道。

⑧控制施工单位在现场使用涂料,以防异味串入通风管道波及其他会议室的通风。

⑨地毯保护最为重要。要求搭建单位在大宴会厅地毯上先行铺防护薄膜,在此基础上再铺设木板,再铺设展览用的一次性地毯,防止破坏、污染原地毯。

第三点则是考虑如何照顾好主办方,即如何保护主办方的利益。显然,在会议区/宴会厅内举办展览,要求复杂、更苛刻,施工时间加长,施工时段和进场、撤展时段都受到很大的限制,不像在展厅内施工从早到晚可以不间断,一般情况下加班也由主场搭建商决定。另外,在会议区同期有会议召开,在会议区布展运料、施工、工人的进出甚至使用卫生间都会影响到同楼层、下一个楼层的会议。会议中心需要在保护好与展览同期举行的其他会议的同时,想尽一切办法照顾好主办方,如合理分配出入口、通道和停车场,拟定施工时间,增加夜间施工时间,工程部、安保部和项目协调人员全天候服务,划定工人活动范围等。

以上这些措施,严格规范了搭建单位的施工和人员的行为,有效减少了展览对大宴会厅和会议区各种设施的损伤。经过会议中心、主办方、参展方和搭建单位的共同努力,眼科医疗器械药品展览会按照专业标准,在和谐、轻松的氛围下成功举办,获得了入场观众的一致好评,参展商、参会者(观众)普遍认为在大宴会厅和大会堂举办的展览效果要比在专业展厅举办的展览效果好很多,使得会议附带的展览与会议本身相得益彰。

第6节 会议中心的信息化管理

会议中心面临着日趋激烈的竞争环境和不断增长的客户期望,会议中心管理者需要进一步寻求扩大市场销售、优化服务流程、改进服务质量、降低管理成本和能耗、提升员工满意度和客户满意度的方法。其中,最有效的方法之一就是应用先进的信息化技术,变革传统意义上的会议中心/展览中心竞争方式和经营管理模式。

不少会议中心仍然采用大量的纸质文件、报告(财务凭证较为特殊),不但浪费大量纸张,打印多,更是一遍又一遍地复印,成本高昂,而且文件周转效率低下,阅读、执行、管理效果差。之所以如此,其中很大一个原因是主管不愿承担责任,总觉得有纸质文件最为保险,如果有麻烦以为自己可以借此逃得了干系,而且总以为下属员工执行不力。这是一种消极的管理理念。领导首先必须爱学习,爱新科技,学习最新的管理理念。当总经理仍然需要秘书帮助其接收邮件时,我们难以想象他/她对会议中心的信息化管理会给予多大的支持。但是信息管理系统的开发、运行、更新是一个长期过程,需要长期的人力、资金投入,需要领导的大力支持。

信息化管理的前提是信息化建设。会议中心的信息化建设要实行高标准组网,建立安全性高、先进、完善的信息技术网络。在网络协议方面,要能支持多种网络通信协议,支持多种传输介质;在局域网方面,不仅要在会议中心内部建立起计算机局域网络系统,而且还要建立起内部的办公局域网。同时,在网络管理上,需要设立一个网管中心(一般设在工程部),建立一套中心数据库系统。

会议中心的目标是建设智能信息网络系统,可为会展活动主办机构、参会者、观众、展商提供高水平的信息化和智能化服务,如智能卡管理系统、通信系统、网络系统、信息服务系统。随着通信技术和手机功能(尤其是支付功能)、平板电脑等新型电脑的发展,客户对会议中心的信息化系统将会提出更高的要求;反过来,会议中心若能在信息网络系统方面具有领先优势,就可坦然面对竞争。但会议中心的业主、管理者不要存有"一次投资,领先20年"的不切实际的想法,通信技术、网络技术、支付技术的发展日新月异,新进入者如新建的会议中心、新建的酒店总能安装、使用最新的技术。三分软件七分实施,能把现有的先进技术和系统的效用发挥到最佳就属不易。

一、会议中心的信息系统

到底有没有一套系统覆盖会议中心的人力资源、财务、应收应付、行政办公、采购、库存、会展活动预订和管理、餐饮零点、会展信息发布？答案是：没有这种万能系统。

我们先来看看酒店一般都会用到哪些系统。

酒店的预订和前台登记、前台结账、客房服务：用 Opera 系统或其他类似系统。

酒店的财务、人力资源、采购、库存等：用一套管理系统。

酒店的餐厅、咖啡厅、酒吧：用 Micros 餐饮系统。

正所谓术业有专攻，Micros 零点系统和 Opera 系各有各的优势，谁也替代不了谁。

会议中心要建设智能信息网络系统，现在看来尚不到火候，各方面的条件还不完全成熟。

同工程、安保要同时提供对内服务和对外服务一样，会议中心的网络信息服务也是分对内服务和对外服务。不能说对内服务不重要，或者说对外服务内容少，对内和对外的网络信息服务两者缺一不可，其功能不能用孰重孰轻这种过于简单的方法来判定。

会议中心的信息系统一般涉及：

①人力资源：考勤、工资、劳保用品发放、食堂用餐、娱乐等。

②工服管理：领用、洗涤、更新。

③财务和采购：采购、库存、应收应付、报销。

④行政办公：内部公文流转、报批、通知等（一般采用办公自动化 OA 系统）。

⑤信息发布：各个部门都需要信息，也都可能需要发布信息；对外发布信息，如通过大堂/室外 LED、服务台、每个会议室门口的显示屏以及企业网站发布。

⑥会议室/展厅的预订、预订排队（冲突）、预订取消。

⑦会展活动事件订单及工作单。

⑧会展活动需要的物资领用，如桌椅、讲台、投影仪、麦克风、接线板等，不是从企业总库房中领用，而是从部门的库房中领用。

⑨停车场管理及收费（将来发展方向之一是网上预订停车位、网上支付停车费）。

⑩餐饮收费及成本控制。

⑪商务中心及小卖部（小超市）。

⑫客户关系管理。

⑬工程设备管理、楼宇自控。

⑭安保、消防（含门禁、门锁钥匙）。

⑮通信系统：电话语音系统（自用和组委会/会务组客户租赁使用）以及电话自动计费系统，网络服务（内部办公——内网、对客服务——外网）、转播服务。

显然，希望一个综合系统把上述功能一网打尽是不现实的。目前，限制网络信息系统发展的困难之一是不同数据格式之间的相互交换，或者说是具有不同通信接口和协议的系统之间的信息传递。另外一个隐忧是，即使真的实现了信息集成，工作效率到底如何还是一个未知数。楼宇自控眼下十分时髦，很多高档写字楼、酒店、公寓都安装了最新的楼宇自控系统，但实际应用远远达不到当初设计的水平，有的干脆弃之不用，原因多种多样，比如，员工水平达不到该系统的要求，当然，设备本身质量问题不在此列。

二、会展活动的信息采集和输入

每个部门、每个人都需要信息,但不同部门、不同的人需要的信息又是不一样的,也不应该接收所有的信息,因为每天的新增信息都可能有几百条、几千条之多,根本来不及阅读。

信息的采集和输入是信息化管理的重要一环,"输入的是垃圾,输出的必然是垃圾",应该根据系统对信息的需求,确定合适的信息采集方法和输入方式,进行筛选和过滤,以提高系统输出信息的有效性和完整性。

会议中心信息的采集和输入,碰到的困难之一是即使有统一的要求和标准,但仍然难以保证输入信息的规范化和统一性。这里的原因可能是统一的要求和标准过于苛刻、烦琐,员工难以达到;还可能是监管不严,新员工缺乏必要的培训和考核。这就既需要进行适当的调整,让员工乐意使用信息管理系统而不是厌烦,又要对新员工进行培训和考核。

(一)会议中心内部需要的信息

◇ 领导班子需要的信息:被编辑了的重要信息,如当天/上周营业收入,当天及未来几天内会议展览活动名称、规模、人数、主办单位及可能的 VIP,安全生产事故,行政会议,急需批办事项,异常天气,竞争对手重大举措,客户投诉等。

◇ 部门需要的信息:当天及未来数天内的会议展览活动名称、规模、人数、主办单位以及详细的工作安排,内部培训,行政会议,企业重要新闻,贵宾等。

◇ 总机和服务台、门口保安需要的信息:当天及未来数天内的会议展览活动名称、规模、人数、主办单位、是否售票、开始和结束时间、入口等;会议中心建筑、设施以及各种服务、价格的信息,如 WiFi 是否免费或上网卡有几种价格,商务中心的服务内容及价格等。

◇ 企业网站需要的信息:会展活动信息,会议中心建筑、设施以及各种服务、价格信息的变动情况,比如地下停车场某个入口临时关闭等。

(二)会议中心外部需要信息者

◇ 外包公司、长期租赁商户
◇ 会议中心签约供应商
◇ 客户(会议、展览主办机构)以及指定供应商
◇ 展商、赞助商以及指定供应商
◇ 展览观众、会议参会者、志愿者
◇ 媒体

上述信息需要者一般会通过浏览企业网站或打电话来获取信息,少数人会来索取会议中心宣传手册或《使用手册》。实际上,宣传手册和《使用手册》都应该在网站上允许下载,以方便客户/客人。

会议中心总机每天都会接到各色人等的咨询,问题诸如哪天有没有某个会,在哪个会议室举行,展览几点闭馆,票价多少钱,展厅限高多少,停车如何收费,等等。如果每个总机

接线员都要在数百个预订里寻找这些信息再告诉客人,其耗费的时间是惊人的,总机热线很可能一直打不通。向那些信息咨询者提供"活动简报"或许是一个好办法,该简报由专人/部门(比如项目协调员)填写/更新,或由某个管理系统自动生成。

三、一卡通和消费卡

随着智能手机、平板电脑等智能终端的大规模运用、WiFi 在任何时间任何地点的使用以及中国企业的经营诚信和个人诚信的大幅提高,未来会展活动的组织和会议中心的接待、服务将发生翻天覆地的革新。在这一天到来之前,会议中心的一卡通在目前看来是较为实用的信息管理手段,投资不多,对使用者的要求不高,有助于明显提高会议中心的内部管理和对外服务,最大的好处是信息即时生成、节省成本、提高员工和客户的满意度。

员工的一卡通(非借记卡)可以实现下面的功能:
①记录员工的详细个人信息和照片。
②记录紧急联系人和血型①。
③体检记录、健康证信息记录。
④考勤。
⑤授予进入会议中心某些区域的权限。
⑥物资领用。
⑦工服的换洗。
⑧劳保用品的发放(如鞋、袜子、洗发水等)。
⑨个人衣柜的开启。
⑩淋浴间、倒班宿舍、娱乐室/健身房的使用。
⑪员工餐厅的进入和员餐消费的记录(有的场馆是将每个月固定的早餐、午餐补贴发放给员工,但不是以现金的形式,而是打到员工卡里面)。
⑫员工专用停车区域的进入。

有了员工的一卡通记录的信息,才能进行一些分析。比如吃早餐的员工人数少,是不是因为早餐质量欠佳,或员工换了工服后来不及吃早餐?再比如,工服换洗的频率的平均值是多少,某个员工换洗工服的频率偏低的原因是不是本人不爱换(穿着脏工服上班也是违纪)?等等。算出工服换洗的频率的平均值后,就可要求外包洗衣公司对洗衣作相应的调整,达到控制成本的目的。

客户消费卡:针对会议、展览的组委会/会务组,会议中心应为其工作人员提供消费卡,前提是客户已经向会议中心支付了一定金额的款项或将真实有效的支票押在了财务部,这样会议中心就可设定多张消费卡的总额度。

客户手持消费卡,可以在会议中心进行任何消费,如在商务中心、超市、餐厅、咖啡厅消费以及租车、订房、为志愿者购买餐饮消费券等。一旦所有消费卡的消费金额超过设定的额度,便不能进行消费,直至客户在账户里续钱。

---
① 目的是一旦本人需要输血,可以省却查验血型的时间,也可为他人输血提供便利。

第7节 会展管理软件 EBMS 的应用

一、会展中心集成管理信息软件介绍

随着中国会展业的蓬勃发展,近年来国际和国内的会展活动和会展中心数量每年大幅增加,会展企业面临着提高运营效率、降低运营成本和改进服务质量的压力。以往的手工操作、人脑记录的方法已经不足以满足当今会展业的要求。要解决问题,除了提高企业员工的业务水平之外,还需要借助先进的管理工具来改善企业管理流程、提高企业管理层的决策能力。应用会展中心集成管理信息软件就是解决方案。会展中心是服务性企业,它为在场馆内举办的各种展览、会议、演出、餐饮等活动提供服务。会展中心能容纳的活动数量和种类越多、规模越大,其运作就越复杂、对各服务部门的协同合作要求就越高。单纯凭借人脑、笔、纸张或简单的软件(如微软的 Excel、Word)是不能达到这些要求的。因而,大型的会展中心最终必须依靠专业的会展中心集成管理信息软件来进行管理。

集成管理信息软件是一个将企业销售、营运和财务管理等各个部门的运作有效整合在一起,并使用统一数据库的企业信息管理系统。而会展中心集成管理信息软件是针对会展中心的营运特点开发的企业信息管理系统。

一个会展中心集成管理信息软件从哪里开始到哪里结束,应该覆盖会展中心的哪些部门?总的来说,服务性企业的成功关键取决于你有多好地服务你的客户,所以一切会展中心管理软件都以客户关系管理(CRM)为开始,以服务投放为过程,以为客户结算并生成各类分析报表为结束。专业的会展中心集成管理信息软件如一根线一样将会展中心的各个部门的营运整合起来。按照会展中心的营运特点,其集成管理信息软件应该涵盖以下五个部分(见图7-20):

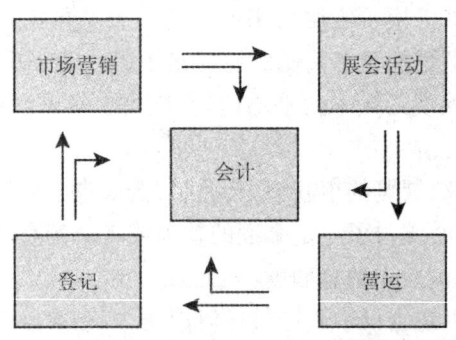

图7-20 会展中心集成管理信息软件涵盖内容

下面详述会展中心集成管理信息软件应该涵盖五部分的具体软件功能。

(一)市场营销

1.客户关系管理(CRM)

客户关系管理模块是销售和市场营销人员的日常使用工具,是会展场馆建立的所有现有及潜在客户的数据库,可随时查询和统计客户的所有资料,用来管理客户的具体资料、输入和客户的联系及跟进记录、查询历史交易、保留全部往来电子信函。通过客户关系管理模块,使用者可以对日常销售各项事务进行轻松的管理,并能提醒自己或同事及时处理重要、急迫的事件,减少工作疏漏机会。

2.销售渠道、机会管理和报告

销售渠道、机会管理和报告模块跟踪潜在的新业务机会,包括潜在收益和销售成功的可能性。通过评估系统中业务机会和销售目标的转化概率,生成销售生产力报告。

3.市场营销活动管理

市场营销活动模块通过群发电子邮件等方法,在降低市场营销成本的同时提高营销活动的效率。通过统计信息或以往事件活动的历史记录,确定现有客户和潜在客户的要求标准,为特定的营销活动明确恰当的目标,并能随时监测和调整市场营销的效果和方法。

(二)场地预订及使用

1.场地预订

场地预订模块可以提供每月、每两星期、每星期、每三天和每天等多种时间跨度的、视图形式的预订日历,形象地图示各场地及其预订情况。通过场地可用性查询功能,可以根据用户对场地的具体要求找到适合的场地,也可以安排定期的事件活动。从预订日历视图中,不仅能预订举办事件活动的场地,还能查看到事件的其他重要信息提示,如特定运营时间、销售目标和临近场地举办的其他活动,预测这些事件活动是否影响到其他场地的使用客户。

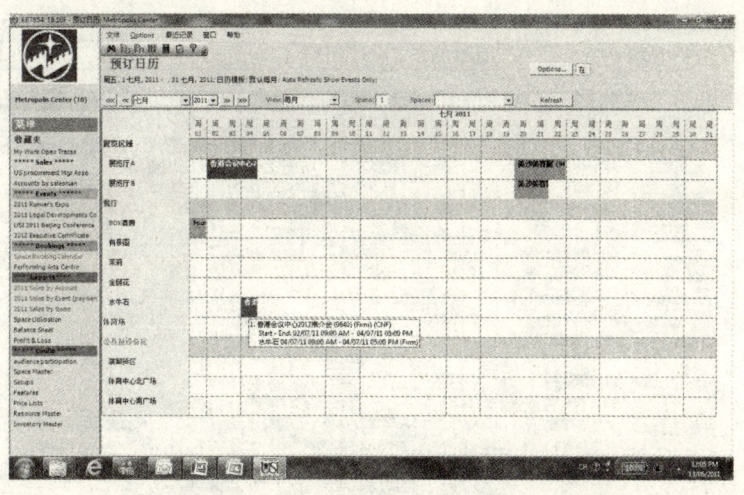

图7-21 EBMS软件场地预订管理截图

2. 场地预订最佳化和场地出租率报告

场地预订最佳化和场地出租率报告模块通过场地出租率的预测和实际情况的报告，有助于企业订立灵活的收费标准，从而实现场馆收益、出租率及关联经济收益的最大化。场地预订优化工具允许您采用多种场地分配方式，清楚了解恰当的多时间场地分配方式，从而在最大限度使用场地的同时增加收益。

表 7–2 场地出租率分析
Utilization Analysis 1.2011—3.2011

场地名称	场地面积	总计预订天数	收费天数	免费天数	租金总计	单位租金	出租率
1号展厅	3 000	40	39	1	¥1 170 000	¥10	1.29
2号展厅	3 000	42	40	2	¥1 320 000	¥11	1.36
3号展厅	3 000	46	45	1	¥1 552 500	¥11.50	1.16

3. 场地租赁的合同管理

场地租赁的合同管理模块为在场地举办的事件活动准备电子文件并管理场地销售合同。合同可以在数据库中自动生成，并可在数据库中修订条款，添加事件活动日程和合同到期日等。

(三) 会展活动和运营管理

会展活动和运营管理软件从场地预订到最终付款通知和完成收款，管理事件活动的整个流程，并且可以避免在销售、策划、运营和财务部门之间的重复工作。

1. 事件活动环节设计和管理

事件活动环节设计和管理模块按时间、地点等参数编制事件活动的各环节，并在每个环节中添加具体细节，如预算、订单和其他支持文件等。编制好的环节可从先前的事件活动中进行复制，或者创建环节模板，为日后同类或定期发生的事件活动节省编写环节的时间。

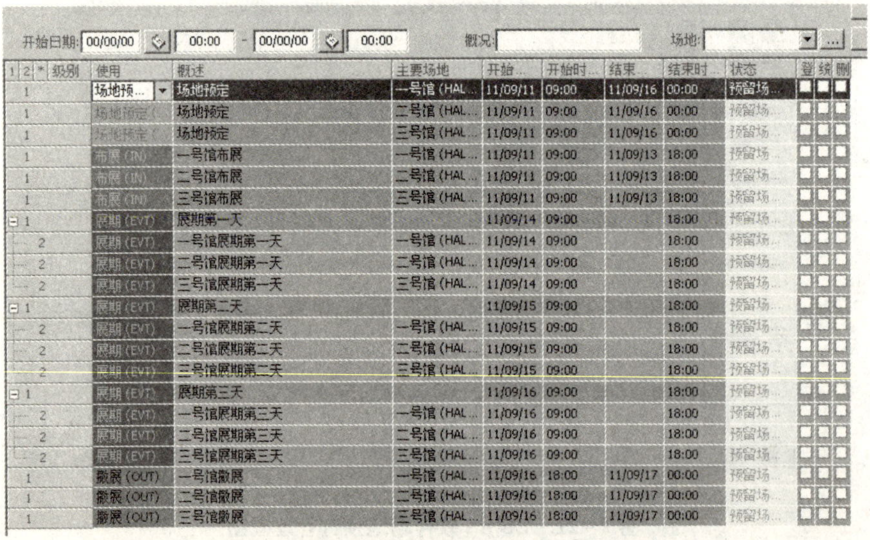

图 7–22 EBMS 软件事件活动环节设计和管理截图

2. 服务订单和工作订单管理

服务订单和工作订单管理模块可用于管理事件每个环节所需的设备、餐饮、人工和其他资源,并能自动生成各服务部门的工作订单(亦称"派工单")。一旦订单完成,服务订单将自动存储在客户账户中,并生成相应的客户催款通知。

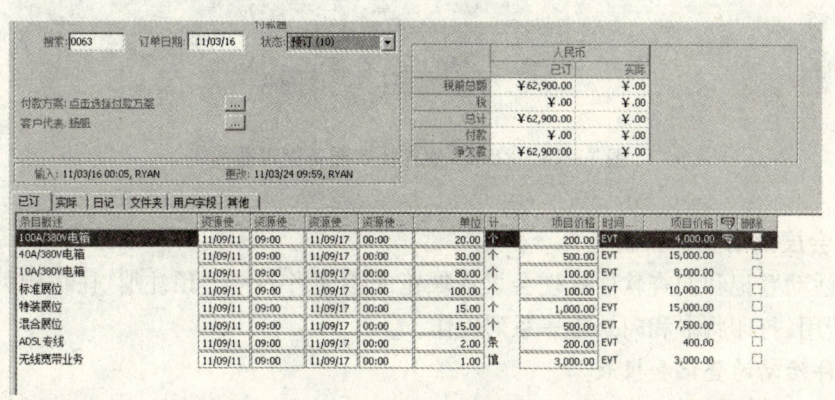

图 7-23 EBMS 软件服务订单和工作订单管理截图

3. 库存管理

通过库存管理模块,用户对存货的采购、储存和出售进行有效管理。库存管理模块可以让用户在订货时实时显示存货状况,为管理层确保库存的及时供应提供了必要信息。考虑到场馆提供服务的特殊性,消耗品、固定资产和租借服务都可以从库存管理模块中管理。该模块还涵盖了所有标准库存管理软件所应有的功能,如库存盘点、库存物品图片等信息存储等。

4. 人员管理

人员管理模块提供人员工作安排功能,根据员工的技能和在岗或空闲情况,生成员工排班表。人员管理模块将企业所有全职及兼职人员的技能和工作时间收录于统一的数据库中,从而可按将要举办的活动的需要来安排合适的负责人员。

5. 维修管理

维修管理模块部分功能应该和事件预订、采购与库存管理、人事管理、工作订单处理等其他功能实现无缝整合,从而预测和安排事前防范性的和事后补救性的设施维护,并安排和预测相关的资源和场地,提供有关设备和人力资源,同时追踪维护成本和费用,并可生成客户自定义的维修统计管理报告。

6. 餐饮服务管理

餐饮服务管理模块从菜单的准备、成本核算、采购、库存、订单处理到安排服务人员、报告餐饮服务的收益盈余等环节,对餐饮运营进行管理。餐饮服务模块提供库存采购、餐饮订单处理、安排餐饮服务人员工作和餐饮报价毛利率分析等一系列功能。该模块可以包含多个餐饮菜单和多种价目表,并能生成相关的餐饮营运效益分析表。

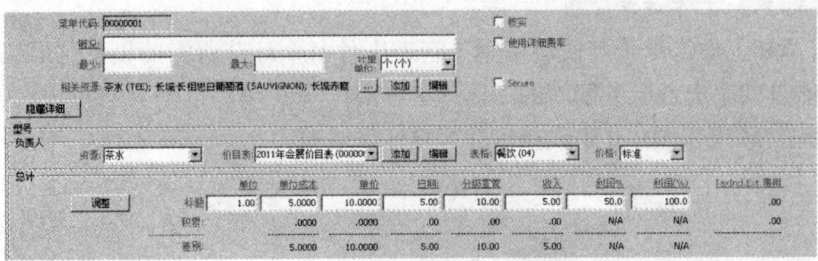

图 7-24 EBMS 软件餐饮服务管理截图

(四)会展活动登记和调查

会展活动登记和调查软件处理会议或展览的参加者的网上预注册、住宿预订、注册确认、收取费用、打印胸卡和门票等一系列工作。

1. 事件活动的登记和报表

事件活动的登记和报表模块允许参加者可以注册参加整个会议/展览,或只注册参加其中的几个活动。网上注册的信息可以实时传递到后台系统生成各种登记统计报表。

2. 参加者参与和调查

参加者参与和调查模块提供针对现场观众的增值服务,使会议和活动可以接纳远程参与者,提高参加者的投资回报,为会议/活动组织者及场馆提供更多的收入来源。其具体功能包括:

①为现场和远程观众提供针对现场议题的讨论博客。
②让会议主持人或演讲人通过现场议题博客对观众进行实时提问和获取回答。
③远程视频参与和现场调查及投票。
④会前及会后的参与者调查、投票及分析。
⑤支持互联网功能。
⑥可通过电脑、PDA、WAP 手机等多维接入。
⑦与 EBMS 的 CRM、事件管理与协调、登记、演讲人和摘要管理及文件管理等模块无缝结合。

(五)会计和财务分析

会计和财务分析软件除了涵盖所有通用财务软件功能外,还需要考虑到会展中心专用的财务管理功能,如会展活动毛利预测和实际统计、会展中心的固定资产的存货特性分析(如投影仪在财务系统里是"固定资产",在会展中心日常营运中应当作"存货"来管理和计价)。

1. 采购管理

采购管理模块与存货管理模块紧密相连,该模块管理着采购申请、审批、收货、存货结转等管理流程,从而使用户能严格地控制小到每个展览、大到整个企业的成本及费用支出。

2. 应付账款管理

应付账款管理模块负责供应商信息管理、评审和联络,拥有自动生成内部付款到期警告、付款与现金流分析和自动打印付款支票等功能。此外还可以管理退还销售客户押金、支付订购的存货和易耗品、支付服务承包商提供的外包服务和设备维护工作等,然后将这些交易信息转入总分类账。

3. 应收账款管理

应收账款管理模块拥有应收账款管理所需的所有功能,如信贷分析、账龄分析、收款核对和过期账款催收等。该模块还支持设立多个分期付款方案来吸引更多客户,从而使客户和企业都可灵活管理其资金流。该模块的应收款警示功能让企业有效地防范信贷风险。

4. 现金账款管理

现金账款管理模块处理用户的一切现金交易,如银行存款/提款、转账、服务费、其他杂项现金收支、客户付款和各种调整。此外,该模块还提供自动编制银行余额调节表功能。

5. 固定资产管理

固定资产管理模块帮助企业管理固定资产的采购、维护、折旧和报废。该模块内含的资产登记册按照自定义的方式对固定资产进行归类和登记。用户可以在该模块内按各种通用折旧方法来计算固定资产的折旧。

6. 会计核算与分析

会计核算与分析模块负责公司全套会计交易处理和报表,支持多货币交易处理,无限存储所有交易历史,按客户具体要求生成其专用管理会计报表,如大到全公司、小到每个展会的预算和控制报表等。该模块是财务软件的基础模块之一,也是不同软件系统间输出、输入交易记录的对接口。

表7-3 EBMS软件事件活动损益表

事件活动损益表						
事件活动名称:	安格博公司2011年用户年会_北京			活动开始日期:		11/1/2011
协调经理:	Yang, Fan			活动结束日期:		11/4/2011
客户名称:	安格博计算机软件有限公司					
	B1207 中泰国际广场161号林和西路天河区					
	广州 510620 Peoples Republic of China					
		预测	预定	实际	%(实际VS预定)	%(实际VS预测)
参加人数						
	参加人数	200	210	190	90.48%	95.00%
收入						
	场租收入	70,000	73,100	69,000	94.39%	34500.00%
	餐饮收入	160,000	164,750	161,000	97.72%	0.00%
	现场摆设收费	-	0	0	0.00%	0.00%
	电费	-	2,000	2,000	100.00%	2.86%
	音像设备收入	9,000	8,500	8,600	101.18%	5.38%
	其他收入	200,000	146,223	150,000	102.58%	75.00%
	Total Revenue	**$439,200**	**$394,573**	**$390,600**	**98.99%**	**88.93%**
直接成本						
	场地成本	$35,700	$35,700	$40,000	112.04%	112.04%
	餐饮成本	$150,000	$150,000	$170,000	113.33%	113.33%
	现场摆设成本	$0	$0	$0	0.00%	0.00%
	电费	$0	$0	$0	0.00%	0.00%
	音像设备成本	$7,000	$8,500	$8,500	100.00%	121.43%
	其他	$140,000	$146,223	$145,000	99.16%	103.57%
	Total Costs	**$332,700**	**$340,423**	**$363,500**	**106.78%**	**109.26%**
	毛利	**$106,500**	**$54,150**	**$27,100**	**50.05%**	**25.45%**

(六)系统管理

1. 查询与报表

今日管理的要求和经济形势的复杂,要越来越多的会展中心管理层每年、每月、每周甚至每天都了解到本企业的经营的实时状况。查询与报表模块可以帮助场馆用户自行编制各种管理或系统报表,并查询系统内数据以分析其业务状况。

2. 系统管理

每个集成管理信息软件都要有一个后台管理模块,用来设置、支持和管理整个系统。该模块还负责系统使用的用户设置和系统安全设置。系统安全设置主要表现在功能安全和数据安全。在功能安全方面,应设置每个用户的权限,没有经过授权的人员无法使用某些功能。而数据安全除了受到功能安全的保护外,数据安全的本身是通过区分使用者的角色来实现的;数据的物理安全则是可以将整个数据库中的数据完整地定期备份,以应付在必要时进行恢复。

(七)互联网功能

集成管理信息软件应该拥有的互联网功能模块可与其数据库进行实时数据交换。互联网功能模块主要功能包括:事件活动日历、场地网上预订、使用在线付款处理功能来处理客户订单。该模块通过将客户的后台营运系统和客户的网站及互联网进行实时链接,从而使会展中心的客户可以在会展中心的网站上进行登录、查询、预订和付款等多项电子商务,增加会展中心的收入,节省运营成本。

二、建立会展中心集成管理信息系统的要素和方法

(一)会展中心的集成管理信息系统架构

建立一个会展中心的集成管理信息系统应该认识到该系统的架构包含哪些成分,然后从系统的终端用户出发一层层地选择架构相应部分。

1. 应用软件

应用软件是架构中与企业用户和营运流程最贴近的部分,最带有企业所属行业的特征。企业用户每天都要使用应用软件管理其日常事务。这些软件是否适应或提高企业营运流程和给予用户良好的使用感受应该是选择这些软件的主要考虑因素。例如,一个物流公司使用的专业管理软件和会展中心使用的会有很大不同。受到行业特征的限制,适合企业的软件选择范围很小。

2. 通用软件

这部分的软件有很大的通用性,无论企业属于何种行业大多都要用到这些软件。由于市场上多数通用软件功能的同质性,企业选择面比应用软件要宽,购买这些软件的成本是选择通用软件的主要考虑因素。

3. 硬件及IT专用软件

这部分和企业日常用户没有交集,主要是企业信息部门在管理和使用,但该部分是集

成管理信息系统的环境基础。市场上有很多供应商提供这部分产品，企业在购置中性价比是主要考虑因素。

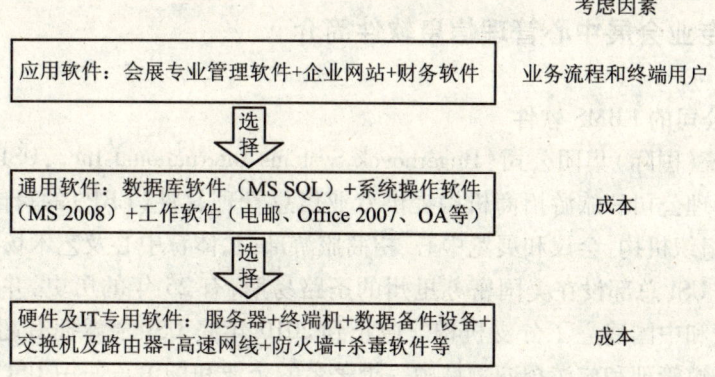

图 7-25 会展中心的信息系统架构

（二）会展中心集成管理信息软件的建立方法

建立会展中心的集成管理信息软件主要有"自我开发"和"一个专业系统+适当客户定制"两种，两种软件的优缺点分析如表 7-4 所示：

表 7-4 会展中心两种集成管理信息软件的优缺点对比

模式	优点	缺点
自我开发	● 开发当时最适合本企业 ● 要求对企业现有营运流程的改变最小	● 昂贵（开发及维护费用） ● 不能与时俱进（当时对自己最好不意味着是业内最先进）
一个专业系统+适当客户定制	● 综合及长期成本最低 ● 企业能始终使用业内最优秀的营运系统 ● 将对特殊个人或系统供应商的依靠减到最小	● 对企业现有营运流程有一定调整

（三）成功实施会展中心集成管理信息系统的要求

会展中心集成管理信息系统的实施与企业的营运流程再造、员工培训等活动直接相关。该项目成功的实施对会展中心提出了如下的要求：

1. 对企业现有营运流程进行改革

①规范内部操作流程。

②规范内部使用各种表格和报表。

③搞好标准系统流程和企业自有流程的妥协。

2. 对相关人员进行培训

原则是：专注培训、梯次进行、学完即用、互相学习。

3. 要求企业有管理信息系统的能力

企业要有负责软件及硬件管理的专业人员。

4. 要求最高管理层的全力支持

由熟悉业务的高级人员出任系统实施项目经理。

三、国际专业会展中心管理信息软件简介

(一) USI 公司的 EBMS 软件

安格博系统(国际)集团公司(Ungerboeck Systems International Inc., USI)是一个专为会展业、场馆管理公司和旅游招商机构提供专业信息管理软件(ERP)的跨国 IT 公司。其客户来自会展组织机构、会议和展览中心、招商旅游部门、体育中心及艺术场馆(剧院、博物馆和艺术馆)。USI 总部设在美国密苏里州的圣路易斯,有 25 年的历史,并在德国、法国、英国、澳大利亚和中国建立了分支机构。截止到 2010 年底 USI 全球拥有超过 35 000 个用户。在会展、场馆管理和旅游招商领域中一批著名的企业和场馆正使用 USI 提供的企业资源管理系统,如国家会议中心、北京国际会议中心、香港会展中心、吉隆坡会议中心、墨尔本会展中心、温哥华会议中心、悉尼歌剧院、慕尼黑展览国际有限公司、杜塞尔多夫(中国)展览公司、中国对外贸易广州展览总公司、中国国际展览中心集团等。

USI 公司的"事件行业管理软件系统"(EBMS)能让其使用者更加高效地管理和举办展览、会议和各种活动。该系统将企业的销售、营运和财务管理有效地整合为一体。EBMS 中的模块可按客户的具体情况综合或分拆使用。由于 EBMS 包含了最新的网络技术,使得它具备了网上查询、预订等多种网络功能。

(二) EventBooking.com 公司的 Event Booking.com 软件

EventBooking.com 公司建立于 1998 年,总部在美国田纳西州的 Knoxville。该公司自主开发的 EventBooking.com 软件是一个专门服务于多功能性场馆、活动推广组织者和艺术场馆及团体的网上服务平台。EventBooking.com 软件的功能涵盖了可进行预订冲突检查的场地预订、活动管理、网站设计等。其客户涵盖了全球,尤其是北美地区的许多多功能性场馆和场馆管理公司,如 AEG 体育及场馆管理公司、Arena Network、Global Entertainment Corporation、Global Spectrum、SMG、Venue Coalition、美国航空中心、联邦快递中心、本田中心、梅赛德斯–奔驰演艺中心(上海)、伦敦 O2 演艺中心、Knoxville 会议中心、Seagate 会议中心等 500 多家场馆。

四、国家会议中心会展中心管理信息软件使用案例

(一) EBMS 信息系统的选择

本着"规模最大、管理最优、品牌最响、服务最佳、评价最高、效益最好"的企业愿景,国家会议中心管理层决定引进国际先进的成熟信息化管理系统,从信息化基础层、平台层和应用层三个层面上,不断提高企业的整体管理水平。

为系统得以成功实施,国家会议中心采取了如下举措:

1. 全面考察，总结其他先进场馆的经验和教训，制定规避风险的措施

国家会议中心先后对温哥华会展中心、香港会展中心等多个国际知名场馆进行了实地考察和分析，多方了解行业软件动态，对案例实施成功和失败的因素进行了全面认真地剖析，对实施风险因素如管理层决策、软件选型、实施范围、实施策略、实施队伍、基础管理、人员素质、项目投资等进行评估，并制定了相应的规避风险的措施。

2. 慎重选择，扬长避短，化解风险

从2007年开始接触USI公司到2009年5月最终签订实施EBMS系统合同，历时近两年的时间，在此期间，国家会议中心进行了全面的调研，对相关行业软件的种类及功能特点、实施的实力及业绩、项目投资、软件提供商技术人员的水平等进行综合评价并最终选择EBMS系统产品。选择该软件，主要是从企业实际出发，采用国际先进会展场馆普遍采用的高集成管理软件，符合专业分工细、协作高效的要求，具有起点相对较高、维护方便、易升级等明显优点，国际成功实施此软件的客户较多。选择该软件，看中的不仅是软件本身具有高集成性、开放性和可扩展性、灵活实用等功能特点，更重要的是因为软件供应商和国家会议中心双方将该项目作为国内多功能性大型场馆的一个标杆项目来实施，从而形成了国家会议中心和软件供应商在国内的战略合作伙伴关系，进一步降低了项目实施风险。

3. 立足企业实际，制定切实可行的实施策略

该系统的实施绝不仅仅是一个购买信息工具、安装后直接上手使用的简单问题，而是一个依托国际先进场馆管理软件信息系统改进国家会议中心业务流程、优化人员配备的重要决策过程。EBMS信息系统实施总体规划如何定位、实施流程的规范和优化如何进行、实施范围如何确定、实施步骤如何执行，都要从企业实际情况出发，充分考虑自身的各种资源和条件，有计划、有目的、有步骤、有重点地进行。EBMS信息系统工作范围涵盖了保证主体场馆顺畅运营的所有相关部门。

（二）项目的准备与启动

国家会议中心管理层于2009年6月23日专门召开实施EBMS系统动员大会，为整体推进EBMS系统做好了思想和组织准备。国家会议中心管理层对信息化工作进行了总体规划，制定了信息化建设的目标，确定了分期实施的具体方案，划出了一些业务流程范围。在项目准备和启动阶段，国家会议中心管理层给予项目足够的重视，高层经理们亲自参与并指导项目的实施和流程的制定，在多次会议上宣传并明确表态，亲自示范和带头参与培训学习，为EBMS系统的成功实施奠定了基础。此外，国家会议中心领导也明确了系统项目实施的指导思想：

①实现集团高层的管理目标。
②促进全面标准化销售及服务流程，优化服务水平。
③为现场管理提供方便，及时动态反映经营活动的收入状况。
④探索场馆管理的高效方法，提高场馆管理的效能，公布相关数据，加强监督，合理调配资源。
⑤明确职责，探索管理新思路，提高管理效率，进而提高企业经济效益。
⑥明确信息系统实施中涉及的管理改进是实施工作核心，由高层管理人员亲自领导管

理改进。

⑦确定整个项目由财务总监直接负责组织落实。

(三)项目实施成绩

经过1年多的项目实施,EBMS系统覆盖国家会议中心主要营运流程和几乎所有部门,这些部门有:

- 销售部(会议销售与展览销售)
- 运营部(会议运营与展览运营)
- 现场运营部
- 工程部
- 服务运营部(包括宴会和餐饮)
- 客务部
- 网络信息部
- 安保部
- 财务部(目前只涉及前台和应收与收入岗)
- 商务中心
- 服务中心

EBMS软件的成功实施为国家会议中心的运营和管理带来了如下好处:

1. 提高了企业的综合运营能力

EBMS系统贯穿了场馆的整个经营过程,使企业管理系统化、信息化,为决策层提供了重要的参考信息和依据,提高了企业的服务响应速度和质量及各部门的协同能力。

2. 有利于作出更佳的决策

由于系统所能提供的资料往往超出手工系统所能提供的几倍甚至更多,系统强大的查询功能可为企业的决策层提供实时信息作为管理的依据。

3. 用标准化的流程规范了工作,使各部门业务相互联系、相互制约、相互监督,营运上的问题很容易发现和解决

4. 提高了管理水平

通过一系列的培训,使各部门相关人员不但吸收了新知识和掌握了系统的操作技能,而且还可以学习其他先进场馆的管理技巧和经验。

5. 促使数据明晰化

统一由软件系统自动生成的相关单据,规范清晰,内部数据高度共享。各部门在本部门的电脑上就可以进行相关数据的查询,规范及时。EBMS系统实现了销售、运营、服务执行、收入核算等业务系统的有机集成,实现了客户流、资金流、信息流的三流合一,实现了信息一次源头录入、多次共享的管理目标。

第8章 会议中心的人力资源管理和质量控制

第1节 会议中心的组织架构

联想集团的创始人和董事长柳传志在总结企业管理经验时,有一句著名的口头禅:"搭班子、定战略、带队伍。"在他眼里,"搭班子"、"带队伍"都是围绕着人做文章,没有好的组织架构,再优秀的人才也难以发挥出其才能来。

一、设立科学的组织架构

"搭班子"首先就要分析研究行业特点,根据业务模式或业务流程科学地划分部门,然后再把最合适的部门经理/总监填充到合适的岗位,而不是因人设岗,那只能浪费人才,且容易在部门之间造成矛盾,还会留有"三不管"地带——因为职责、工作内容没有明确。

制定会议中心的组织架构,不能只想着企业如何管理、企业如何运转,而应同时为广大客户着想,从方便客户组织会议和展览、流程简单的角度来替客户思考,也就是组织架构不但应符合企业(有时候还要顾及业主/集团公司)的运营需求,还必须满足客户的需求,否则客户会对会议中心的流程无所适从,脾气好一点的会抱怨、投诉,更多的客户选择离去,而我们的管理者还不知道客户为何不愿意回来。

组织架构要减少管理层级,分工明确,最大限度地发挥 EBMS 等管理软件的作用,提高响应速度和部门间的配合水平。会议中心的工作流程不同于制造业,制造业的工作流程是一环扣一环,环环相扣,但会议中心的服务质量好坏很大程度上由客户说了算,客户不满意的流程其背后反映了组织架构的某种缺陷。

会议中心应围绕着五大主要管理职能来设置部门。会议中心的五大主要管理职能是:行政(Administration,一般包含人力资源),财务控制(Financial Control),销售、市场和广告、促销(Sales, Marketing, Advertising and Promotion),辅助服务以增加辅助收入(Auxiliary services as revenue sources)以及运营(Facility Operation)。当然,每个场馆均有自己的特殊情况,不能一概而论,没有一种放之四海而皆准的通用架构。但有一点应该是共同的,即会议中心的组织架构一旦确立,不宜频繁调整,但随着外部条件和内部条件的变化,组织架构也应随之而作合理调整,一成不变只会丧失管理质量和工作效率。

二、国外会议中心的组织架构

北美、欧洲的会议中心的部门设置相对简单,首先几乎没有我们国内常见的销售部,因为美国、加拿大和欧洲的大部分会议中心均是由当地政府投资的公营机构,市场推广和销售都是由当地会议局/会议促进局(CVB)帮忙完成的,投标/竞标国际会议、展览以及大型的国内会展活动和奖励旅游,包括报价、附近酒店的协调都由会议局/会议促进局牵头执行,会议中心在其中起的作用不大。北美、欧洲的会议中心的销售部只相当于我们的预订部。

其次,国外的外包模式十分成熟,安保、工程、餐饮大部分都是外包的,而国内的外包还处于相当低的水平。比如,国内会议中心安保部的外保外包给保安公司,工程部的电梯等只有外包公司有资质才外包。而美国在伊拉克的军队的后勤甚至国防部的隐形战斗机研发、制造都是外包给私人公司的,这与国内什么都愿意自己干形成了鲜明的对比。一方面,国内会议中心对外包公司不信任,中国长期形成的商业诚信匮乏使得我们对他人、供应商存有疑虑;另一方面,目前可以找到的外包公司无论是规模还是质量难以支撑会议中心的业务,外包质量确实堪忧。于是乎,大多数展馆只是把盒饭外包给第三方,这实际上不是外包,而是将盒饭临时租赁给快餐公司或授予快餐公司独家经营而已。

2011年3月,多伦多会议中心宣布与SHOWTECH电力和照明公司(SHOWTECH Power & Lighting)再次签订为期五年的合作协议,由后者向多伦多会议中心提供电力接驳、机械设备、灯光音响和投影等工程服务。事实上,两者的合作早在1984年就开始了。

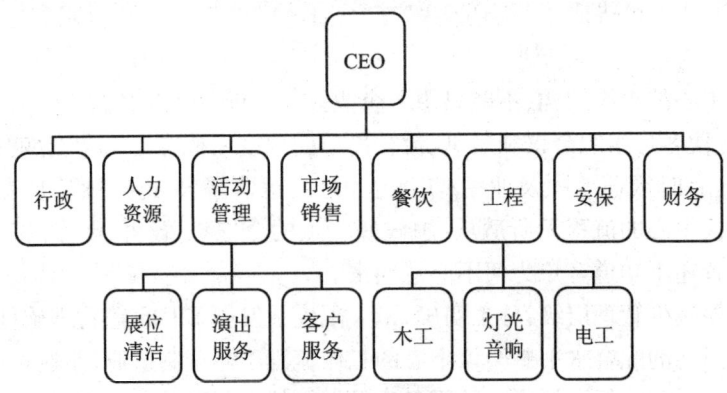

图8-1 美国旧金山Moscone会议中心的部门设置

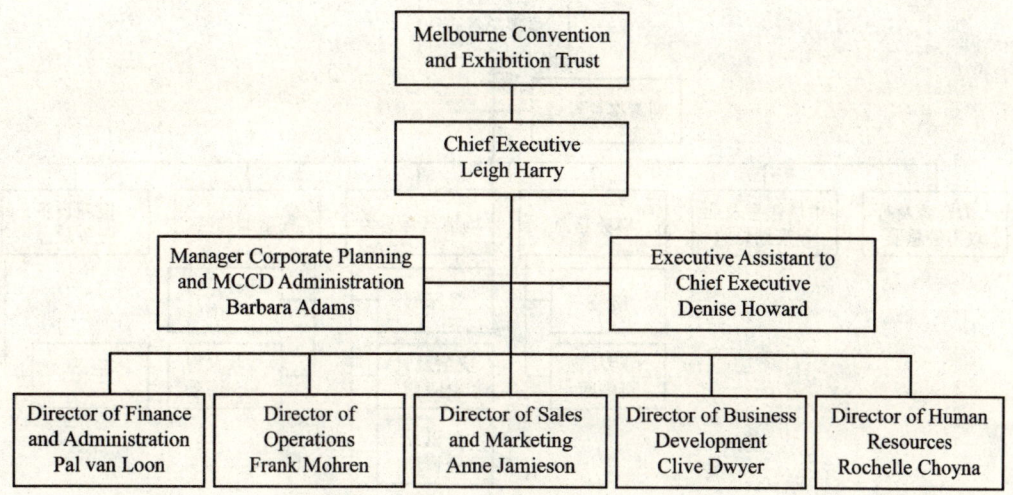

图 8-2 墨尔本会展中心的组织架构图

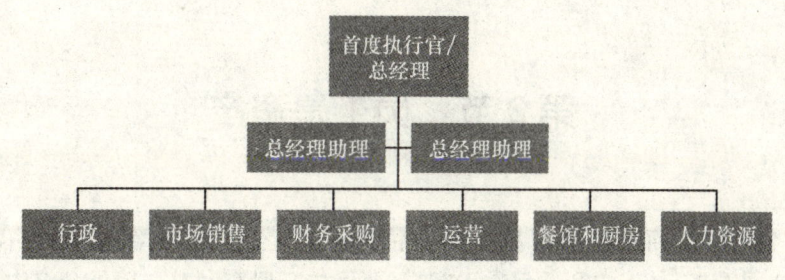

图 8-3 国外常见的会议中心组织架构

安保：国外安保一般都是外包的。如果就部门归属来讲，通常都归到运营部。

运营：在国外的会议中心，通常都设有运营部。运营部负责工程（含灯光、音响、投影）、电工、木工、管钳工、舞台和吊点、清洁、活动协调、交通、停车等职能。运营总监是一个关键角色，权限很大，其主要职能是协调所有相关部门完成签约合同。也就是在销售经理签订合同后，剩下的事就全部由运营部来完成了。

对国内会议中心比较有参考价值的境外会展中心的组织架构可能是香港会展中心的组织架构。

因为会议中心的规模和面积、所处的地理位置、承接的活动种类以及业主/管理公司的要求等因素各不相同，因而组织架构没有通用的模式，但实际的组织架构应清楚地显示部门/岗位之间的关系以及它们汇报的对象（即向谁负责）。无论如何，组织架构应有利于内部管理和运行，有利于提高客户的体验和愉悦感，提高生产效率。

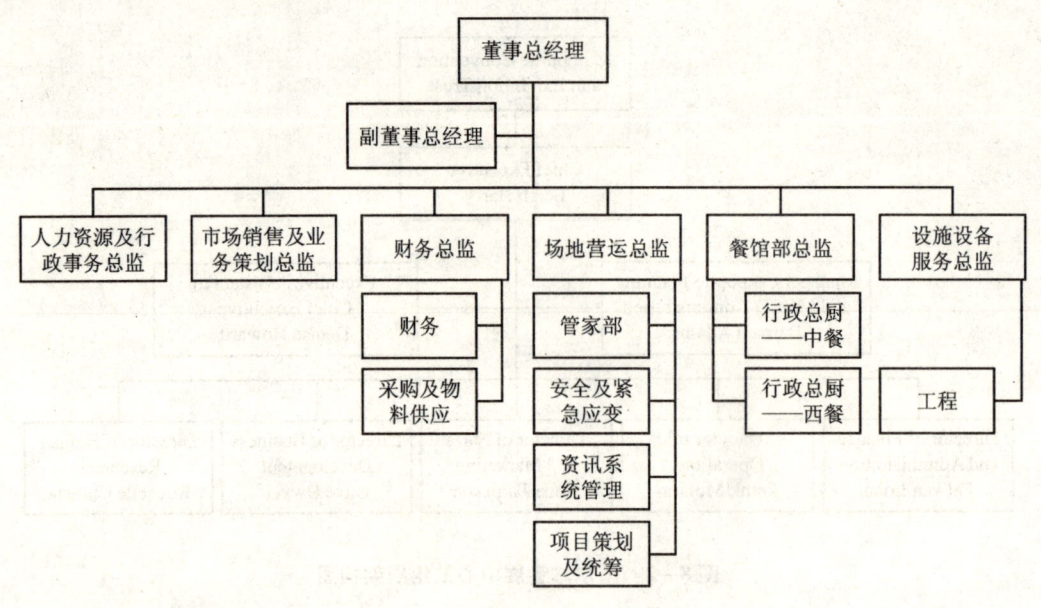

图 8-4 香港会展中心组织架构

第 2 节 员工是资产

中国著名的电子商务公司阿里巴巴的价值观是坚持"客户第一、员工第二、股东第三"。在该公司看来,员工的利益仅次于客户,要优先于股东利益。境外会议中心也都十分推崇员工的价值,如洛杉矶会议中心的核心价值观第一条就是"重视员工",而新加坡新达城国际会展中心六大核心价值观中竟然有四条都是关于员工的,分别是企业家精神(我们鼓励员工积极创新,我们期望员工独立决定自己的行为,我们希望员工为自己的表现和职业发展负责),培养团队精神(我们承诺,以团队合作的工作形态来满足客户和其他利益相关者的期望,做到4个"F":快速 Fast、友好 Friendly、灵活 Flexible、有趣 Fun),信任、正直和尊重(我们以诚待人,尊重每一个员工,保证公开、真诚和真实,每个人都要为自己的行为负责,我们尊重个人思想和文化的多样性),承认和赏识(我们重视员工的参与和贡献,我们培养并最大限度地发挥每个员工的才能,我们积极表彰并分享回报)。

酒店标杆企业丽思卡尔顿酒店集团(The Ritz-Carlton Hotel Company)的座右铭是"我们以绅士淑女的态度为绅士淑女服务"。[①]丽思卡尔顿对员工的高度认可和欣赏,有助于我们更好地理解会议中心的人力资源管理工作。

---

① 英文是:We are Ladies and Gentlemen serving Ladies and Gentlemen.

一、员工是资产

会议中心赖以稳定发展的利器是独一无二的规模和设施吗？非也。有的展览中心刚投入使用时，凭借其展厅面积而傲视群雄，结果没几年，一个更大、更新、名头更响的博览中心就拔地而起（当然背后或多或少都有综合地产开发的推手）。一个会议中心开业后称心如意的日子也就五六年，或有更大规模的会议中心抢夺客户，或有位置更好、技术更先进、建有 1 800 平方米大宴会厅的大型商务酒店杀入市场，或有同城的展览中心狠命降价把展览项目挖走，原有的规模优势、硬件优势不复存在。会议中心的固定资产早晚会过时，引以为豪的硬件优势只能引领风骚几年，会议中心总得面对一波又一波技术更先进、体量更大、配套更完善的竞争者，会展场馆的投资建设热潮此起彼伏，江山代有新人出。

会议中心靠什么发展？会议中心靠什么参与竞争？

不可否认，会议中心、酒店都属于劳动密集型企业。会议中心、酒店的员工与客人打交道，不同于制造业的员工与机器、员工与生产原料打交道。客人的喜怒哀乐会极大地影响员工，反过来，员工的精神面貌、服务态度和专业技巧又极大地影响了客人的评价。

丽思卡尔顿酒店集团在其企业网站上公开承诺："在丽思卡尔顿，我们的员工是我们向客人提供服务的最重要资源。我们以信任、诚实、尊重、正直和献身精神为准则，培养并最大限度地发挥员工的才能，从而实现每位员工和公司的共赢。"

1957 年，美国会计学会发表的《公司财务报表所依恃的会计和报表准则》中明确指出："资产是一个特定会计主体从事经营所需的经济资源，是可以用于或有益于未来经营的服务潜能总量。"对资产的这一认识，第一次明确地将资产与经济资源相联系，虽然它并未正面提到无形资产的内容，但这一定义至少可能将无形资产包纳其中。

我国《企业会计准则》(2006) 规定：资产是企业过去的交易或事项形成的、由企业拥有或控制的、预期会给企业带来经济利益的资源。

这条定义说明，资产的经济属性是能够为企业提供未来经济利益，这也是资产的本质所在。也就是说，不管是有形的还是无形的，资产一定具备能产生经济利益的能力。同时，资产的法定属性，必须是为企业所控制，也就是说，资产所产生的经济利益能可靠地流入本企业，为本企业提供服务能力。

目前会计上没有确认和计量但确实能为企业带来未来经济利益的其他项目，如知识产权、人力资源、商誉等也应该是企业的资源，而且是越来越重要的资源。我们对于资产的确认或判断，不能看它的取得是否支付了代价，而要看它是否蕴藏着未来的经济利益。

热情并富有经验的员工等人力资源能为企业所控制，是可以计量，并能为企业带来经济利益的经济资源，是企业的一项重要的资产，尤其在竞争充分的酒店、会展中心，人力资源的资产属性尤为明显。举个最简单的例子，高星级酒店或知名的社会餐厅的餐饮质量往往取决于行政总厨和他所带领的团队，对外发布的广告或公关文稿中也是把"×××行政总厨亲自打理"这一金字招牌打出来。北京香港马会会所的中餐口碑在北京城上流圈子里无人能出其右，其最大的卖点就是行政总厨卢仁德。这位中国香港大厨在北京的美食界已经锻炼了 15 年，从 1989 年起，他转战于北京几家五星级饭店的后厨，再到中国香港马会会所,服务过访华的美国前总统克林顿,也招待过来观赏太庙《图兰朵》的全球政要巨富。如今,中国香港赛马会的2万名身份显赫的会员们,只要往来于北京,几乎无人没有尝过卢仁德的厨艺烹调出来的佳肴。这充分说明,员工作为资产在服务业中有举足轻重的地位。

二、提高员工资产的利用效率

资产利用效率,是指资产利用的有效性和充分性,有效性和充分性是指利用的结果,得到多大的产出。但在获得产出之前,首先要投入,即配置和利用。

资产需要合理配置和利用。员工是活生生的人,作为资产更需要得到科学合理的配置和利用。配备多少部门,一个部门配备多少主管、领班,每个岗位配备多少员工,首先要跟履行职能的需要相适应,勤俭节约,从严控制配备,以求最低成本。另外,人力资源工作同样也是服务和管理并重,而不仅仅限于管理,把合适的人放到适合他/她的岗位上,就是服务。员工对企业充满信心,期望获得较好的个人职业发展;企业创造条件让员工开心工作,感觉有尊严而不是一个自己感觉都自卑的宴会服务员或保安。员工能想象到3年、5年后自己可能实现的目标,员工就能发挥出工作积极性,维护会议中心的荣誉,爱护企业的固定资产,与同事友好相处,对客户彬彬有礼,职业水准得到提高,就能为会议中心带来收益——工作规范,客户满意,减少损耗,节约能源,最终提高生产效率和客户满意度,这些都是在帮助企业增收节支。比如,管事部员工降低瓷器的破损率,就是在为会议中心降低成本。

说到资产的利用效率,我们常会想起酒店业的RevPAR概念,即每间可供出租客房收入。RevPAR是Revenue Per Available Room的缩写,是指每间可供出租客房产生的平均实际营业收入,计算方式是用实际平均房价乘以出租率。RevPAR这一国际酒店业普遍采用的衡量手段反映的是以每间客房为基础所产生的客房收入。

员工作为资产似乎很难考量具体产出,比如,财务部员工、人力资源部员工就很难用具体指标确定其产出,但大部分工种仍然可以用有针对性的指标来分析其资产是否得到了有效和充分的利用。比如,工程部接到项目协调员电话后的响应速度,安保部每个月收到的投诉,200人的自助餐需要最低服务员人数等。

要想得到较高的投资回报率,前提是需要先期的投资。投资员工,投资员工的心理疏导,投资员工的满意度和忠诚度,投资员工的技能培训和辅导提高,员工才会对企业有回报。一部电梯都需要必要的保养(否则电梯就会使性子——关不上门或夹人),员工更应该得到善待。

三、员工资产应增值

固定资产要增值几无可能,绝大部分固定资产都是在不断贬值,所以财务每年都要计提折旧。折旧就是资产价值的下降。

员工作为资产也会贬值吗?

不应该贬值,而是应该增值。

员工资产若是贬值,那么人力资源工作肯定是出了问题。正如新加坡新达城国际会展中心在阐述其"以客户为中心"的理念时,强调"我们每一个员工都不仅仅代表其部门,而是代表我们整个公司"一样,如果员工资产在下降,则毫无疑问,会议中心形象、品牌价值和竞争能力也随之而下降。在那样的背景下,降低销售价格也无助于会议中心获得足够的市场份额。

企业文化不明确或者不起作用,思想没有统一,规章制度形同摆设,员工没有评估和考核,员工得不到培训,个人学不到东西,无法积累经验和见识,员工个人资产价值自然急剧下降,这样的员工到别的企业求职也会被拒之门外,在现在的单位工作是在损害企业利益。但真正受害的不只是企业,最大的受害者是员工本人。

企业必须倚重员工。员工强,企业昌。会议中心如果打造不出一支强有力的能为企业带来更大利益的团队,会议中心也无法持续长久地发展下去。

会议中心要爱护自己的员工,帮助员工发展。好利来是一家总部设在北京,生产蛋糕、面包、月饼、汤圆、粽子的大型食品生产企业,在全国70多个大中型城市拥有近千家直营连锁店。公司总裁罗红向员工郑重承诺:我以人格向你们承诺——我将用我的一生,来帮助大家成长,帮助大家实现自我价值,在好利来获得物质与精神的双重丰收!

从员工的角度看,绝大多数员工都热切盼望个人在企业能得到尊重、学到本事、提高技能。马斯洛理论把个人需求分成生理需求、安全需求、归属与爱的需求、尊重需求和自我实现需求五类,即使部分员工尤其是年轻员工意识不到满足最高层次的需求,即实现个人理想、抱负,发挥个人的能力到最大程度,达到自我实现的境界,但一定有自己的目标和想法,企业就应该帮助员工提高认识,根据每个人的不同情况设定每个人的职业发展目标,关注员工的健康与安全,提高员工的专业水准。

由国际人力资源咨询公司安拓国际(ANTAL)发起的"2011中国最受推崇雇主品牌榜单"调查,对象是具有3年以上相关行业经验的雇员、经理和总监。调查显示:公司规模、人性化管理以获得极其相近的支持率,力压薪酬获得最多青睐,而薪酬仅获得了不足25%的支持率。事实上,这一结果恰好印证了马斯洛的需求五层次理论。在大多数企业满足员工的基本生理和安全需求之后,其受到尊重的需求被大大激发出来。人性化管理与公司规模恰好从内外两方面满足了这种需求。不管是否排在第一位,可以确认的一点是,薪酬在人才吸引和保留方面起到很关键的平衡和杠杆作用。

我们千万不要忘了:企业受惠于员工这一资产,优秀员工帮助企业获得较好的营收和竞争力,理应得到相应的市场回报,否则再高的生产力水平也是不可持续的——员工会随时选择离开。

阅读资料:会议业就该低薪吗

随着会议业国际化程度的加深,大量国际会议进入中国,但在接待服务过程中我们发现多数国外的主办方或其委托的专业会议公司直接操作会议,这样就给我们的服务人员提出了一个严峻的问题——我们的专业服务水平是否能满足外方的需求?比如说,我们员工的语言能力如何?

会展中心、会务公司经常抱怨很难招聘到优秀员工。这是事实。会议人才培养的一条途径靠高校，另一条途径就是在职培训。虽然国内开设会展专业的高校不少，每年毕业生很多，但其中一部分毕业生并未进入会展业，进入会展业的毕业生也有一些不尽如人意之处。所以，在职培训就不是一个可有可无的问题。新加入的年轻员工需要培训，老员工也需要培训，无论是技能、语言还是服务理念都要随时更新、提高。

《中国企业家》杂志2010年第11期有一篇文章对我触动很大。该文是由中原集团的主席施永青写的，名为《不必追求卓越》。中原集团的主要业务是房地产中介代理，而非地产开发，现有2.5万名员工，在30多个城市开设了分公司，2009年佣金收入78亿元，赢利13亿。我们都知道，房地产中介代理这一行竞争异常激烈，而且还有跟会议业极为相似的弱点——脆弱性。政策一有变动，房地产中介生意就随之或急涨或猛跌。施永青在总结成功的管理经验时谈到："报酬要跟员工贡献挂钩。这是中原跟其他企业形成差别最主要的原因。很多企业的报酬不跟赢利挂钩，不跟员工表现挂钩，而是与人力市场的平均工资挂钩。"

我深有同感。与人力市场的平均工资挂钩的后果就是既然拿平均工资，就做出平均表现。工作态度、努力程度不一样，有心做和无心做表现出的结果不是30%的差异，是300%、500%的差异。最终受到损害的是企业而不是员工，因为员工第一年努力工作，结果发现自己的努力并没有获得相应的回报，觉得不值，他或降低自己的服务水准与其他员工看齐，或选择离职。但会议业的服务质量完全依赖于一线基层员工，他们接听电话时不热心则可能丢掉一单生意，他们端杯洗碗时不小心就造成杯碗破损，他们不随时关灯关水龙头就造成财源滚滚流失，他们的随意性、不负责任就会招致客户投诉。而按照传统的客户服务理论，一个投诉、不满的顾客背后有25个不满的顾客，即其中24人不满却并不投诉，但不再给你生意，1个不满的顾客会把他糟糕的经历告诉10~20人。显然，吃亏的是企业。

毋庸置疑，目前国内会议业从业人员的平均薪酬是低于国际连锁酒店平均薪酬的，要把优秀员工留住有多种方法，方法之一是给予其合理的薪酬，这个合理的薪酬不应该参照市场水平（尤其不应该参照会议业同行的薪酬水平！），而应视其个人能力、工作表现、为公司创造的价值和公司的运营情况。会议业竞争激烈，更需要能干的员工来帮助提高企业的竞争力。

2010年7月9日，北京发布2010年企业工资指导线，平均工资增长基准线为11%，增长上限为16%，增长下限为3%。此前，吉林、南京、陕西、天津等地都陆续上调工资指导线。这是继上半年各地纷纷上调最低工资标准且大部分增幅超20%后，政府再一次上调工资。这意味着我国劳动力成本在加速上升。劳动力成本占比越高和毛利率越低的行业，则受冲击较大。

会议业虽然属于现代服务业，但基本上还是属于劳动密集型行业，最低工资标准的上调势必会给企业带来涨薪的预期和压力。大多数会展中心、会议型酒店、会务公司等会议服务企业对外都面临着不小的市场竞争压力，同时对内还要面对员工涨薪的压力。此情此景，该怎么办？

我认为中原集团施永青说得对："工作如果可以量化的话，一定要跟员工表现挂钩；不能量化的部门，也要跟公司利润挂钩，这样员工才会努力工作。"员工努力工作才能保证企业在激烈的市场竞争中立于不败之地。

(原文发表于2010年第7期《中国会议》,作者:刘海莹)

阅读资料:华为设首席员工健康与安全官 改良"狼性"文化

从2008年下半年开始,华为员工发现,自己的邮箱里会不时收到副总裁纪平的邮件,她在邮件里提醒大家注意安全(哪怕是交通安全),要注意劳逸结合、注意身体健康。纪平之前是华为的CEO,她现在的新增头衔是"首席员工健康与安全官"。

就在几乎所有人都将"狼性"作为华为企业文化的第一大关键词时,华为也逐渐在企业文化中加入更多"温情"。

华为在刚刚发布的《2008华为社会责任报告》中指出,2008年首次设立首席员工健康与安全官,目的是进一步完善员工保障与职业健康计划。

据华为内部人士介绍,在首席员工健康与安全官之下,华为还专门成立了健康指导中心,规范员工餐饮、饮水、办公等的健康标准和疾病预防工作,提供健康与心理咨询。

其实,关于华为员工的工作状态问题,一度引起社会上的极大关注。2006年,华为员工胡新宇的猝死,让华为的"床垫文化"(有些员工为了方便加班,在办公桌下放置一张床垫)备受质疑,之后每当有华为员工发生交通事故以及各种意外(如2009年6月1日法航飞机失事遇难者中就有一名华为员工),都会引起社会对华为员工的工作环境和工作压力的关注和拷问。

据华为公布的数字,华为目前员工总数是8.75万,其中有43%从事研发,因此,华为员工中的年轻工程师占了相当大部分。

"华为成长的道路上一直面临以小博大、虎口夺食的压力,到今天都是如此。一路上都在充当鲨鱼堆里的'鲇鱼'角色,公司压力以及员工压力可想而知。"一位华为员工评价说。

在设立首席员工健康与安全官之前,华为总裁任正非曾在公司内部多个场合发表演讲,帮助员工解决各种精神压力和思想困惑。比如在参加华为优秀党员座谈会时,他就以自身为例,说自己在1999年到2007年间曾经有很痛苦、很抑郁的经历,但最终通过多与外界交流、多交朋友等方式把自己解放了出来。

"华为公司总的来说是个内部很宽容的公司,不像社会上想象的那样。有些误解的人,主要是不了解我们,我也是可以理解的。"任正非说。

根据华为的数据,2008年华为单是为员工各种福利保障支出就达到14.4亿元。2008年华为还发布了健康报告,依据2008年度员工体检结果,总结了华为员工高发的病症,并详细介绍了这些疾病的诱因、危害以及如何预防及治疗。

据了解,设立首席员工健康与安全官在大企业中尚属首例。这方面比较超前的公司是IBM,但其目前仅有资深健康保健顾问一职,并有专门的团队负责员工健康问题,不过在级别和权限上,华为显然略胜一筹。

(文章来源:中国广播网,2009年6月19日)

第3节　招聘、培训和考核

销售有"金九银十"之说，指的是9月、10月对于大多数行业而言都是销售旺季，会议业、酒店业也不例外。但对于人力资源部来说，他们最头疼的却是"金三银四"——春节过后，有些员工一旦拿到年终奖金、过完春节长假后回到单位，就开始琢磨跳槽了，3月、4月是跳槽比较频繁的两个月份，然而，会议中心的展览业务从3月中旬就开始了，会议业务在3月底就恢复到平季水平了。

让会议中心人力资源部发愁的是，去哪儿找到合适的员工？如何才能留住优秀员工？

一、降低员工流失率，降低招聘压力

前文讲到，员工是资产，这块资产流失对会议中心而言，损失相当大，但是有些损失往往被我们所忽视。一般说来，员工流失会导致如下损失：

①招聘广告费用——报纸和其他广告费浪费。

②招聘费用——工作人员工资及办公费浪费、招聘经理和人力资源总监为招聘所花的时间和体检的费用浪费。

③培训费用——培训资料费、培训老师（内部培训老师和外聘培训老师）的费用浪费。

④生产性损失——由于新雇人员学习业务所致的损失、其他雇员为带领或指导新雇员所致的损失、由于新员工服务水平不高而丧失顾客的损失、从决定辞退到最后辞退之间所带来的生产性损失。

⑤器皿、瓷器破损损失——由于新员工缺乏技术而引起的餐具和设备的破损损失。

⑥事故损失——技术不过关的员工上岗使事故率提高，由此直接或间接地增加保险费的开支。

⑦客户被迫接受有瑕疵的服务，导致客户的不满或投诉。这部分损失难以计算。

⑧在新员工培训期间，低的劳动生产率和较高的浪费现象。

⑨工服、制卡费用（很可能他/她的工服无法再使用）。

⑩客户信息的泄露，导致会议中心的近期损失和远期损失。

⑪由于供应商信息和采购价格的泄露，优质供应商同时服务竞争对手，不再给予会议中心比较优惠的价格。

⑫离职员工可能对会议中心的恶意评价和传播，影响到同行或客户对会议中心的评价，进而破坏会议中心的品牌、声誉。

总之，员工的流失给会议中心带来的是可见的损失和一些无法预测的损失及消极影响。

二、员工离职应让企业受益

员工离职是否对企业带来不利?大多数的回答是肯定的。因为随着员工的离职,企业损失的不仅仅是人力资本——技能和多年来积累的工作经验,还包括社会资本——员工在职期间与企业内外部建立起来的关系。换句话说,员工离职意味着企业有形和无形资本的损失。

从根本上讲,企业争夺优秀人才始终至关重要。人力资源部为了解决员工流失问题使出多种招数:想尽办法去招揽最优秀的人才,用感情、亲情增强黏性;为员工设计个人职业生涯,创造升迁发展机会,如若竞争者挖人就给予升职或加薪,等等。

不过,员工铁了心要离开,会议中心无能为力,能做的就是让员工高兴离职,当然前提是没有任何纠纷、争议。如果员工离职后,仍然赞扬前雇主、念叨前雇主的好、怀念前同事的好,那么,企业实际上就是受益于员工的离职。

一定比例的员工流动率是可以接受的,比例太大则危及企业的正常经营。

员工离职对会议中心的发展带来哪些好处呢?

①亡羊补牢并不算晚,员工离职迫使企业管理者和人力资源部认真思考、继而采取积极行动以留住优秀员工:离职员工是不是正是企业不想要的?离职的主要原因是什么?如何改进我们的人力资源服务(请注意:服务当先,而不是处处都是强调管理!)?等等。

②与离职员工保持紧密的联系,通过这种关系网掌握客户和竞争对手的信息和动向。员工离职,大部分还是会流向会议中心的直接竞争对手,如展览中心、酒店等。如果想要了解竞争对手新的销售策略或确认对方场馆改扩建是否属实、何时完工,我们可能打的第一个电话是打给在竞争对手处工作的前员工,因为以前与该员工的同事关系使得该员工会告诉我们一些情况——但不是要求前员工违反公司纪律、泄露公司的机密情报。

③离职员工还可能回来。都说好马不吃回头草,但现实情况是,会展业就这么一个小圈子,优秀人才就这么多,离职员工在竞争对手那儿得到了锻炼,掌握了新知识、新技能,手里有了新客户后,再回到原企业也不是什么丢脸的事。

④离职员工能帮助提升会议中心的认知度和品牌。这是因为离职员工一般都受到原雇主的企业文化和经营理念的良好熏陶。通用电气(GE)就依靠其离职员工来传播公司的领先理念和管理思维(如著名的六西格玛品质管理方法),继续为原企业创造新商机。离职员工如果能为原来服务的会议中心主动传播良好的企业口碑,这种免费广告的价值是硬广告难以企及的。

⑤离职员工腾出了职位,利于选拔、录用新人。员工离开了,原来的职位要么被内部提拔上来的员工所顶替,要么被外面来的新人所填充。我们或许可以发现新晋升者原来未曾展现出来的能力,只是他/她原来没有机会。新人到岗后,也许可能超越原来的主管、部门经理,只是离职员工不离职的话,这个岗位没有空缺。无论是来自内部还是外部的新鲜血液,都有可能产生新动力、新气象。

大学生、研究生从学校毕业后,校友会仍会给毕业生邮寄校报、校刊,给毕业生发送电子新闻,希望与毕业生保持联系。所以,除非有劳动纠纷、争议,应该像校友会始终与毕业生保持联系一样人力资源部对离职员工要进行延续管理,这和对在职员工的服务和激励同等重要。主动离职的员工至少应进入人力资源部的人才库(pool),员工的离职并不意味着会议中心应该与他们断绝一切联系。最大的受益者应该是那些善于与离职员工建立和保持良好关系、善用他们的网络和关系抢占市场先机的公司。

从这个意义上说,企业在竞争中要想取得优势,仍然靠的是员工这个资产。

三、积极应对招聘挑战

会议中心的员工招聘面临的尴尬是:招聘的员工给不了四星级、五星级酒店的高工资,但对他们的工作要求、他们的劳动强度却不能比高星级酒店的员工低。

(一)用工成本急剧上升

由于企业用工短缺问题严重,劳动力组成日渐多元化,劳动法律法规日趋完善,劳动争议增多等,以往过度依赖劳动力投入来满足经营需求的方式已经很难维持,企业必须从提高效率和生产力上寻找提升竞争力的机会。

2010年9月25日,中国人民大学经济学院发布了《工资形成机制变革下的市场导向型经济结构调整——契机、路径与政策》报告。该报告提出:中国在未来五年左右将面临持续的加速性的市场化工资上涨的局面,中国将在中期阶段面临工资高速增长的新时期。据此也可认为会议业未来五年工资将持续、加速上涨。工资上涨对国民经济来说大有好处,但讲到微观,则一定会增加会展企业的运营成本。

2011年3月1日,野村证券发布《中国:争夺劳动力》研究报告认为,中国的劳动力短缺状况,使农民工在工资方面拥有了更大的议价权,这将是不可逆转的趋势。预计农民工工资将迅速增长,未来五年最低工资或将翻倍。

据2011年4月19日的中央人民广播电台《新闻晚高峰》报道,人力资源和社会保障部副部长杨志明在全国劳动关系工作会议上透露了我国要努力实现职工工资每年增长15%的目标,这样就可以在"十二五"期间实现职工工资增长翻番。2011年以来,全国已有13个省份进行了最低工资标准适度调整,平均上调的幅度是22.8%。

会议中心和酒店一样是典型的劳动密集型企业,招聘员工难这一现状将长久持续下去。如何在运营成本增高的前提下保持会议中心的活力和效益,低端劳动力市场何时出现结构性拐点变化,能否通过提高技术和管理水平消解部分用工成本压力,员工薪水多少算是合理,低端劳动力市场供求趋势如何……这些问题都值得我们好好探讨。

(二)用工峰谷分析

展览在3月初开始慢慢旺起来了(北京是在全国"两会"结束、约3月15日后才开始的),而12月、1月淡季又恰好把场地(不但是展厅,也指大宴会厅、分会场)腾出来,让给了预算较高的企业年会。这种展览、会议的淡旺季互补性优势是商务酒店不具备的,这也为分析会议中心用工需求提供了依据。

大型政府会议、大型国际会议大多集中在9—11月,而12月—次年1月底[①]是企业年会最多的季节,也就是说,9月到春节前是会议中心最忙的时候,也是对员工需求最大、员工劳动强度最高的时段。春节前外地员工着急回家,宴会和管事部的小时工也是归心似箭,但恰逢企业年会旺季,用工矛盾将更为突出。

员工离职的高峰期:意欲离职的员工一般会选择过完春节后开始寻找工作,3—4月是离职高峰期,春季招聘会应时而开,会议中心应充分利用3—4月这个既是内部员工离职高峰期也是从外面招聘员工良机的时间段。

大学、职高毕业生都是从3月开始集中寻找工作,在6月底离开学校。学校的学生实习安排时间因校而异。

(三)非要大学毕业生吗?

一些管理者喜欢聘用大学毕业生,觉得大学毕业生素质高,但其实在会议中心的大部分工作岗位中,有65%的工作内容,是可以由一些非本科毕业的员工轻易胜任的,如安保、餐饮、工程、采购、库房、项目协调和服务台、商务中心(如果外语不是必备技能的话)。这些岗位雇用大学毕业生,不但是对大学毕业生这种人力资源的浪费,而且会让他们产生心理落差、失去工作积极性,而从会议中心的角度看,会议中心还不得不多付出人工成本。

(四)让员工面试经理、总监

人力资源部的招聘经理在招聘、录用领班、主管、部门经理的时候,要注意其团队合作精神。会展行业里有些人有一定的经验,有一定的资历和能力,到会议中心来应聘主管或部门经理,但是可能缺乏团队合作精神,无法带领下属完成任务,尤其在11月—次年1月企业年会接待任务繁重期间,员工的抱怨和牢骚增多,主管、经理是否能让员工心甘情愿地跟着干活,很大程度上取决于主管、经理的个人魅力和品质。所以,可以尝试让员工面试主管、部门经理,由员工来决定他们的上司。

四、员工最需要的福利是培训

员工要更高的工资,要更多的奖金,要更多的劳保用品,希望企业过年过节多发些东西,这些都是很正常的想法,但也是企业经常满足不了的。在企业和员工在工资待遇上达成一致后,给员工最大的福利不是过年过节发东西,而是培训。

员工培训是指一个组织通过教学、案例分析或实际操作等方式,促使员工在知识、技能、能力和态度四个方面得以提高,以保证员工能够按照预期的标准或水平完成所承担或将要承担的工作和任务。许多成功企业的实践证明,员工培训是保证企业成功的必要条件,它不仅是企业给员工的最需要的福利,也是企业最有效留住人才的手段。

外资品牌酒店的员工不太愿意到会议中心来,一个主要原因是薪酬,另外一个原因却经常被我们所忽视,那就是国内的会议中心大多不能给予外资连锁酒店给予的高质量培训

---

① 每年春节的日期都不同,春节前3天企业年会就基本结束了。

机会。我们的培训还大多集中于技能和知识,没有关注个人能力的完善和个人心智(态度)的提高。

如何提高员工满意度是一个长期困扰人力资源管理者的问题,显然给予员工想要的高工资不现实,因为企业心有余而力不足。事实上,提高员工满意度仅靠加薪并不总是奏效,一个新酒店开业,一个新的会议中心、郊区大型会议型酒店开业,总能开出更为诱人的条件,但旧会议中心大多数员工并不会选择离开,可见薪水并不决定一切。员工最需要的福利是培训和再教育,会议中心投资于员工的培训和再教育,受益的不仅是员工本人,会议中心同样受益,即使员工因为某种原因离职了,他/她也会感恩于原企业对他/她的培训和培养。

图8-5　布鲁塞尔SQUARE会议中心挂在墙上的公司理念

会议中心的后备人才培养计划:会议中心有会议、展览两大复杂的业务类型,专业人才的招聘难度大,往往需要从酒店和展览中心挖,但员工从到岗到适应大约需要半年的时间,因此,需要有意识地发现、评估可能的人选,注意自己培养后备人才。

值得指出的是,不要把培训的希望寄托在人力资源部身上。人力资源部即使有勇气培训,也不可能担当此重任,因为那是从来就不能实现的使命。人力资源部对员工的培训仅限于"新员工入职培训",包括企业介绍,企业文化、规章制度和企业福利的宣贯,现场熟悉,礼仪礼貌的示范和互相纠正,员工手册的讲解等。人力资源部的工作重点是持续地培训并考核部门/内部培训员/培训师,为部门经理安排有针对性的领导力培训等课程和团队建设(Team Building)活动,为部门的培训提供建议和支持,从外部寻找优秀的培训老师和培训课程。真正的培训,或者说绝大部分培训都应该在部门完成,也就是说,部门才是对员工进行培训的唯一责任者。部门经理/总监应该永远牢牢记住他/她的重要工作之一是负责部门内部培训,以提高员工的技能和心智,提高员工的满意度。那种提高员工满意度是人力资源部的责任的想法是逃避责任的想法,是一种错误认识。人力资源部首先要对部门经理/总监进行培训,让他们了解他们所肩负的培训职责。

案例：国家会议中心的交叉培训

2010年1月4日，市场部第一个主动为本部门两名员工安排了交叉培训。一名员工是刚毕业的研究生，工作了半年多，根据其特点，安排其先到国家会议中心大酒店咖啡厅、前台接受培训，然后转入项目协调部，接触了大量的会议、展览、宴会等活动。3个月后，该员工转到销售部，又接受了两个月的培训。交叉培训结束后，根据个人意向和部门的推荐，经过综合考虑，正式将该员工调入销售部。另一名员工在调到国家会议中心之前就积累了工作经验，因此直接安排到了项目协调部，2个月后到销售部继续接受另外2个月的交叉培训。最后，该员工回到市场部。两名员工运用在交叉培训期间学习到的知识、技能和服务理念，在各自部门工作都十分出色。

交叉培训证明员工受益、部门受益，实际上企业也受益。自此，国家会议中心内部交叉培训推行开来，部门鼓励新老员工到其他部门实习、培训，了解其他部门的运作流程和难点，自觉提高认识和合作精神。经过交叉培训后的员工都感觉受益匪浅。国家会议中心市场部也定了个规矩——所有员工，不论资历多老，学历多高，都必须接受至少3个月的交叉培训。

首先，交叉培训是对员工的投资，员工作为资产需要增值，而交叉培训被证明是一种行之有效的让员工这个资产增值的手段，最终受益的是员工本人和企业，既帮助员工提高了专业知识和技能，扩大了眼界，又让企业提高了生产效率。

其次，交叉培训有助于发现值得培养的人才。另外，员工也可通过接受交叉培训发现哪些岗位真正适合自己，根据自己的兴趣和愿望在会议中心内部合理流动，达到皆大欢喜的双赢结果。

再次，交叉培训最直接的效果之一是，员工了解了其他部门的工作流程和规范，以后在工作中能提前预见到其他部门的难处和可能存在的障碍，为他人着想，主动强化团队合作意识，减少部门间的摩擦和矛盾，实际上提高了企业的生产效率。

在为员工安排交叉培训时，应注意如下几点：

①视淡季、旺季和业务繁忙程度而定，如果淡季培训，没有业务，也就学不到东西；
②视本部门的人手安排是否紧张而定，应以不耽误本部门工作为出发点；
③对方部门是否适合接受交叉培训；
④语言能力：有的部门/岗位对外语有较高的要求；
⑤本人需要有主动意愿和足够的认识，并应该有一定的思想准备，比如，到餐饮部可能劳动强度很大，到管事部天天擦杯子、叉子是需要有毅力的；
⑥至少提前两个月安排，安排好本人的假期、物资（如工服、办公桌等）；
⑦本部门是否有培养人才的愿望和计划，并应对可能的人选进行评估；
⑧接受部门须派资深并且愿意教的员工担任小老师，"传帮带"的前提是小老师愿意把自己掌握的技能和知识传授给别人；
⑨对方部门真实的评估和意见；
⑩回到本部门后及时总结，提出改进方向和目标。

五、考核

"如果不能衡量,将无法了解;如果不能了解,将无法控制;如果不能控制,将无法改善。"国际质量管理专家詹姆斯·哈林顿(James Harrington)一语中的,道出了考核的重要性。考核的难点在于考核指标的设定。如果对销售经理按照完成了多少销售收入进行考核的话,考核已经走错了方向,因为销售收入是工作指标。有的会议中心要求考核工作态度、工作能力、工作绩效,这是典型的无法衡量的指标,考核这三个指标没有任何意义,因为达不到了解的目的。

考核的好处是显而易见的:
①让员工了解他们是否对自己的工作做出了良好的表现;
②帮助员工了解他们的优点及如何改善自己的不足;
③认可一些为工作作出贡献、提出建设性意见或是做出其他专业发展活动的个别员工;
④为员工做出事业发展计划;
⑤发现并指导员工在工作中经历的问题,了解他们需要的帮助;
⑥改善企业的薪酬体系、人力资源管理方法,提高员工满意度。

对于管理者而言,对员工的工作表现进行评估是一个很好的机会,帮助他/她了解一些具有潜在能力的员工并且提供给他们必要的工具、培训和发展的机会,而不是仅仅发放奖金。

考评之前必须要做一件事,就是明确每一个岗位的职责和任务。如果各个岗位的职责、任务都不清楚,不知道各个岗位该干什么,那么如何评估员工的工作呢?

有些内容不应进入考评范围,例如"工作态度"。如何界定"工作态度好"和"工作态度优秀"呢?我们应该把"工作态度"分解成一些具体的行为规范。对不同的岗位,应该做不同的分解。例如酒楼的迎宾小姐的工作态度就应该是:①面带微笑;②双唇微开,露出牙齿;③目视客人,上身向前微倾;④右手展开,向酒楼方向呈45度角指引客人;⑤同时说道:"欢迎光临食为天酒楼,请问……"因此考评指标应该是国际质量管理专家詹姆斯·哈林顿所倡导的"必须可衡量"的,而不是抽象到无法打分,最后只能都是"优秀"。

还有一种情况,就是考评指标过多。考评指标设计得太多以至于员工本人和主管都苦不堪言,后果就是把考核作为额外的负担,认为太难而没法落实。

应该禁止一张考核表通吃。有条件的话,应该以部门为单位,单独设计适合本部门工作特点的考核体系。试想,安保部和销售部能用全部是一样的指标进行考核吗?而我们发现,有的企业竟然是用同一张考核表来考核所有部门的员工的。

要重视员工评估、考核中显露出来的好苗子和问题。在评估、考核中,一些员工得分偏高(不是人为故意打的高分),部门经理或企业领导应意识到这可能是一名有潜力的好员工,应该通过其他途径加以进一步的了解和考察,待确认是优秀员工后,立即采取措施对其进行培养。如果一些员工得的评分远低于平均值,就应警觉到此员工一定存在问题,或者是其主管/经理存在问题,要分析原因,然后采取适当的措施,帮助员工提高认识,帮助主管/经理提高对员工进行培训、促进员工发展的重要性的认识。

第4节 服务质量的控制

无论是以提供有形产品为主的生产企业还是以提供无形产品为主的服务业,服务质量都是企业在竞争中制胜的法宝。

有太多的中国企业标榜自己尊重客户,信奉"客户至上"、"客户就是上帝"的原则,常把"客户至上"列为企业使命的内容之一,但是真正能把"客户至上"原则贯彻到每一个层级、每一个岗位的企业实在是少之又少。会议中心的客户满意度的高低是衡量其服务质量高低的重要指标。客户不满意,也就谈不上有好的服务质量。

一、客户更关注服务的过程

毫无疑问,客户当然关心服务的结果,但会议中心为客户的会议、展览提供服务有一个显著的特点,会议/展览的开幕不是会议中心服务的开始,会议中心的服务从第一次接电话、第一次提供报价、第一次陪同客户看场地就开始了;而会议、展览结束客人离开还不是会议中心服务结束之时,要等到撤展全部撤清、展商/会议赞助商的搭建公司把施工风险抵押金取回、会务组彻底腾清组委会办公室离开会议中心后才是会议中心服务的结束。但是,如果碰到一些特殊的情况时,上述工作完成还不是会议中心服务的结束,如果有一些客户的尾款未能在活动结束当天结清,需要会议中心派人或通过电子邮件催款收到尾款后;如果碰到有参会客人投诉、参展商投诉或会展主办方投诉的,要直到投诉解决后,这时才是彻底的完结。其间过程漫长,短则2个月,长则3年、4年。国家会议中心在2011年与一个客户签订了一个2018年的国际会议,国家会议中心的销售经理从2010年就开始与客户接触,为客户撰写会议服务方案并报价,服务过程长达8年。

这正是服务质量的内涵之一,即服务质量体现在服务的全过程之中,客户对会议中心服务质量的关注不仅是关注会议中心提交(deliver)的服务的结果,更是对服务的过程十分敏感。之所以如此,服务过程长是一方面原因,另一方面的原因是会议中心要面对的顾客有三重。第一重是活动主办方,如展览公司、为某公司组织年会的会奖公司等;第二重是客户的客户,即展览的参展商和观众及会议的参会者;第三重是为主办机构和参展商/设立展台的赞助商提供装修搭建、灯光、音响服务的供应商。会议中心自己的员工以及签约的供应商对这三重顾客的服务出现问题,都必然成为服务质量问题。

展览、大型会议和演艺类活动还涉及公安、消防、交通、市容、卫生检疫、海关等政府部门,如果客户对这些政府部门提供的服务不满意,最终都会由会议中心埋单,无论会议中心愿意不愿意,无论客户理解不理解,客户都会怪罪于会议中心,会议中心真的是比窦娥还冤。

二、如何衡量会议中心的服务质量

如何衡量会议中心的服务质量呢?

会议中心的服务质量,首先体现在安全性上,这就是本书在前面谈及的安全保卫和安全生产。会议中心必须保障人的生命安全和财物安全。

衡量会议中心的服务质量除了最基本的安全因素以外,还可以从下面五个方面来进行。

(一)员工热情好客
- 员工是友好的、快乐的。
- 员工有礼貌,积极肯干。
- 员工的服务使客人感觉自己是受欢迎的。
- 员工为客人的到来而感到由衷的高兴。
- 员工通过自己的方式来帮助他人。

(二)员工的经验和知识技能
- 技能娴熟。
- 知道自己的工作职责。
- 训练有素。
- 能够使客户的会议/展览等活动进展顺利。

(三)活动前服务
- 对客人的需求反应及时。
- 当天回复客人电话/传真/邮件。
- 容易联络到项目协调员。
- 项目协调员对一个活动全程负责(包括活动前和活动中)。
- 项目协调员能够主动为客户提供会场摆台、餐饮和会议室/展厅尺寸等信息。
- 服务订单以文字形式详细清楚地罗列。
- 执行计划有条有理。
- 有良好的组织能力。
- 定期告知客户活动的进展情况以及与计划有何偏差。

(四)活动期间的专注性
- 能够随时联络到项目协调员。
- 能够兑现承诺,将员工安排到位。
- 能够不费周章地满足特殊需求。
- 能预见到可能出现的问题。

- 客人来到会议中心,发现与预期并无二致。
- 如果设备或物资出现状况,能够立即进行维修或更换。
- 所有会场摆台和设备均按照约定准备好。
- 各项服务井然有序。

(五)餐饮服务

- 食品和饮料按照客人预订准时送达。
- 食物质量卓越。
- 食物出品美观。
- 食品种类有多个选择。
- 宴会服务等同于高档酒楼。
- 多种价位,满足不同客人的需求。
- 价格合理。
- 服务生快乐,服务热情。

会议中心的服务过程长,其间出现服务瑕疵是难免的,大部分客户对此也表示理解,但客户不能忍受的是员工态度不冷不热,员工这么做给客户的感觉就是员工根本不拿客户当回事,这与客户听到的会议中心"客户至上"的理念形成了鲜明的反差。在中国,因为主办方的原因,会议、展览对会议中心的服务需求总有不少临时变动,但客户总是希望会议中心能立即给予解决,所以员工的经验和知识、预见性和随机应变能力就成为影响客户对服务质量评价的关键。在面对面服务的过程中,客人一旦对服务的某一环节不满意,可能会导致他对整个会议中心服务的全盘否定,这就是服务性企业经营管理中著名的100-1=0效应。

三、主动适应会展主办机构的需求

欧美男人有一句常说的玩笑话:"If you do not take care of your wife, somebody else will",中文意思是:对你的老婆好点,否则别人会替你对她好的。正如一个男人要善待妻子以获得来自妻子的忠诚,一个企业也需要对客户好、让客户满意、通过帮助客户成功以获得客户的忠诚。所以,我们可以把欧美男人的那句玩笑话改为:If a convention center does not take care of the customer, somebody else will——善待你的客户,否则别的会议中心会善待他们的。

让客户满意,很可能需要增加成本或减少收入。比如,客户反映自助餐的价格或展厅报价偏高,如果一味地讨好客户,最直接的办法就是降价,会议中心的收入就会减少;或者客户对会议室内固定的投影仪流明不满意,要求更换流明高一点的投影仪,会议中心如果要让这个客户满意,就需要重新购置,成本显然就会增大。所以,"客户至上"至少在某些方面就意味着付出代价。换言之,在某些条件下,会议中心是做不到"客户至上"的。

那么,我们需要问的问题就是:如何在不增加成本的前提下,尽最大可能地满足客户需求？

世界知名的咨询公司博斯公司认为，建立一个真正的以客户为中心的企业是最好的解决方案。

真正以客户为中心的企业与一般标榜"客户至上"理念的企业区别何在？简单地说，以客户为中心的企业不仅仅理解客户的价值，还理解客户对企业的健康发展、对企业占据市场份额多寡的重要意义。它调整运营模式并重新设定业务流程，用最低的成本为客户提供最大的价值。

会展场馆的特点是规章制度多，对客户的要求也多，这实际上是要求客户来适应会议中心。在这种情况下，客户就会对会议中心的服务流程和诸多规章制度怀有不满，对会议中心出现的小小服务瑕疵就会鸡蛋里挑骨头，横挑鼻子竖挑眼，因此，我们的员工态度再好也无济于事。这就像一个心情很差的顾客走进一个餐厅用餐，他或者冷言冷语，或者无中生有，或者揪住一个本身不算问题的小事情大声嚷嚷不罢休。如果个别客户不讲理，那原因出在客户身上。如果相当数量的客户都对会议中心心存不满，那么原因就出在会议中心自身，会议中心需要立即纠正自身的毛病。

让客户来适应会议中心的规定和服务流程，是对市场竞争的错误理解。除了少数展览、会议和特殊活动因为找不到其他替代场地（有时候是因为规模问题，有时候是因为档期问题，比如预订太晚）才不得不求助于会议中心外，绝大多数活动都可以找到备选场馆，会议中心从来就不是卖方市场。竞争如此激烈，要求客户遵循会议中心的要求是不切实际的，在这种情形下，会议中心的服务质量无从谈起。

真正以客户为中心的会议中心，应该围绕着客户调整会议中心的整个运营模式和服务流程，并在这一过程中兼顾两头，即既考虑客户的满意度，又增加企业的自身收入和赢利。

我们可以把会议中心所掌握的客户简单分成这么几类：

①来会议中心举办会议、展览等活动之后还来，这就是我们常说的回头客。回头客多次购买会议中心的产品。

②只来会议中心举办一次活动之后不再回来。

③知道××会议中心，但从来不来该会议中心举办活动。

如果我们的数据库里客户数量是②和③类居多的话，那么会议中心的管理者就要当心了。因为回头客的销售成本是最低的，而且，最宝贵的是，回头客一定是因为喜欢会议中心才会反复来举办活动，所以，他们一定会由衷地把会议中心推荐给其他人，这就形成了难能可贵的口碑（word of mouth）。来会议中心一次之后再也不回来的客户和从来不到会议中心来举办活动的潜在客户，基本上不会对会议中心给予赞誉，无法形成口碑。对于②类和③类客户来说，他们来了一次之后不再来或者从来不来会议中心组织会议、展览的原因多种多样，但其中最主要的原因或许是会议中心的服务质量差把客户拒之门外了。

对客户的服务必须是真正的一站式（one-stop），客户只愿意对接会议中心的一个销售经理/项目协调员，客户希望这个人从头到尾、尽心尽力地跟他/她一起完成接待任务。客户从来就不愿意同时面对会议中心的多个服务部门，因此，财务、安保、工程、餐饮等部门都应该隐身在销售经理/项目协调员背后，任何时候都能主动、迅速地给予销售经理/项目协调员想要的支持,简化服务流程,而不是折腾销售经理/项目协调员。

四、提高服务质量始于会议中心的设计

会议中心的硬件和员工服务集合成会议中心的服务质量。会议中心的硬件设计和部分员工的服务均受制于会议中心建筑的最初设计。会议中心的设计不合理,就会影响到会议室和展厅的出租率,影响到客户对会议中心的评价。比如,停车场的出入、流向设计,会议室的空调和照明设计,展厅的卸货区大小及货门尺寸设计,厨房的位置及运送食品的专用电梯设计,标志设计等,都是在当初设计时就决定了的,开业后改造几无可能。如果这些设计不合理,就会有负面影响。

设计的硬伤不但直接影响到客户的使用效果,还直接影响到员工的服务以及员工的心情。楼层没有合适的库房,就需要大量员工把桌椅、布草、刀叉、酒水等来回长距离搬运,其中的费劲若不亲力亲为是难以想象的。厨房位置设计不合理,导致从厨房到会议室的食品运送距离长且破坏出品,员工还必须不停地奔跑。员工卫生间设置不合理,更是引发灾难——员工去卫生间时间长,宴会就出现无人盯桌的情况;员工为了节省时间,不被主管责骂,就可能偷偷使用非员工卫生间和客用电梯——这都极大地破坏了服务质量。员工憋着不去卫生间,又对员工身体造成伤害。

所以,会议中心必须从员工和服务的角度出发,从最大限度地满足主要客户的需求出发来进行规划和设计。想要员工快乐工作和提供高质量的服务吗?请首先在设计会议中心时真正地替员工着想。

五、提高服务质量与总经理和招聘、培训关系密切

总经理一定非常重视服务质量,也总是特别强调服务质量,但对如何提高服务质量、如何控制和管理服务质量可能缺乏科学的认识。服务质量取决于一线基层员工,殊不知一线基层员工受到其主管的影响,主管受到部门经理的影响,而部门经理受到总经理的影响。如果总经理对服务质量一知半解,不知道服务质量是个系统工程,光强调而不知如何制订培训计划和考核、评估制度,不知道应该为提高服务质量提供预算,不知道自己的做事方式和决策直接影响到了部门经理的执行效果甚至直接面对客人时的精神状态和态度,天天嚷嚷服务质量重于泰山又能起到什么作用呢?

我们在招聘时,能把会议中心的企业文化和理念准确地传达给应聘者吗?招聘经理能以最好的榜样让应聘者感觉到会议中心的良好服务质量从而严格要求自己、以成为会议中心的一员而自豪吗?一些应聘者在应聘时就是因为会议中心人力资源部的员工和面试者而决定加入(因为喜欢)或放弃会议中心(因为不喜欢)的。招聘时也要特别关注应聘者是否具有合作态度、良好的精神风貌以及对服务质量的个人理解,这样才能发现爱岗、善学习、易合作、懂服务的员工。

培训对于会议中心来说,是一种投资,而不能被视为成本。这里需要再次强调的是,培训的重点在于部门内部的日常培训和考核、检查。

一些企业对基层员工的培训抓得很紧,但恰恰忽视了对部门经理的培训。相较于基层员工,部门经理更需要培训——有关对会展业的了解、客户心理分析、同行(竞争对手)分析、团队合作、演讲技巧、处理投诉、危机管理、管理技巧、个人心理健康等方面的培训,只有部门经理受到了持续的高质量的培训,其才会对主管进行培训和考核,主管才会对基层员工进行培训和指导。

六、投诉处理

如果有客户发来邮件向会议中心投诉,那就应该恭喜这个会议中心的总经理。如果有客户的盖有其公司公章的正式投诉函的话,这个会议中心的总经理就应该更高兴才是。因为只要将这个投诉处理好,处理得令客户满意,客人会平均向5个人讲述会议中心的积极做法,也就是说客人对会议中心的评价高,而且还会正面传播会议中心。

客户投诉会议中心的方式有:打电话、个人亲临、委托他人、信函邮寄/快递、传真、投送意见信箱、(会议中心)网站留言、发送邮件、通过报章/论坛/贴吧/博客/微博以及其他方式等。我们可以想象客户通过报纸杂志以及网上的论坛/贴吧/博客/微博向外发布其对会议中心的不满意,这种传播的影响面有多大。

所以,我们要感谢通过以上方式直接向会议中心进行投诉的客人,这实质上是要求我们正确理解投诉的意义。

正确处理投诉的积极意义在于:

①处理投诉本身就是会议中心服务的内容之一,也是提高会议中心服务水平的重要途径;

②是与客户加强沟通、联系甚至建立稳定、可靠关系的机遇;

③是进行客户满意度调查的重要数据来源;

④不重视客户投诉会导致问题扩大化。

会议中心只能接到平均4%不满的客人的投诉,另外96%不满的客人根本不会来找会议中心,换句话说,这96%不满的客人可能会投向会议中心的竞争对手了。而有时候,会议中心的管理者始终搞不明白的是,明明竞争对手价格比你高,但客户就是愿意挨宰。他/她不知道的是,大多数客户虽然对价格敏感,但尊严更重要,会议中心曾经严重漠视客户的感受和要求的做法让客户感觉颜面丢尽。于是乎,这96%不满的客人不仅不再光临,还会劝阻他人不要来会议中心。

再回到4%向会议中心进行正式投诉的客人——这4%的投诉客人比96%不投诉的客人更愿意留下来,继续跟会议中心合作。

对客户投诉处理的程序一般包括下面8个步骤:

①记录投诉内容;

②判定投诉性质;

③调查分析投诉原因;

④确定处理责任人;

⑤提出解决投诉的方案;

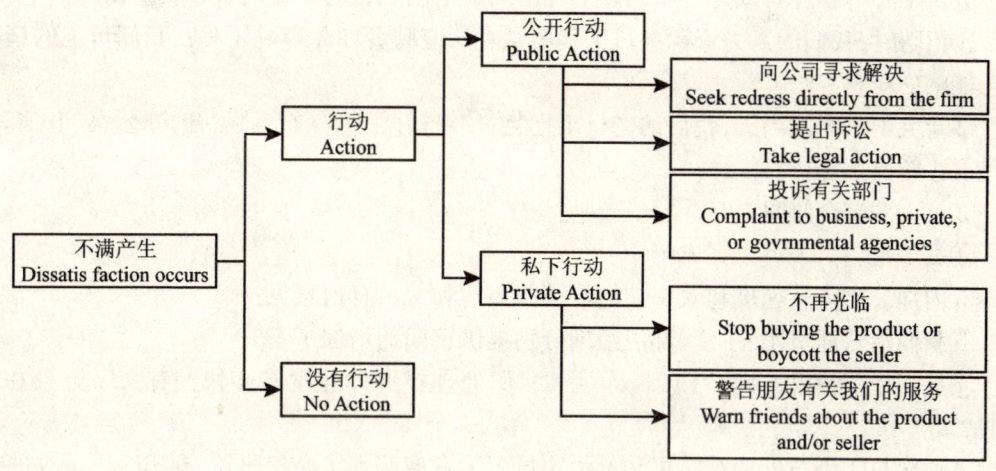

图 8-6 顾客对服务质量的反应

⑥答复客户;
⑦回访;
⑧总结评价。

有些投诉是因为客户的不理解而造成的,在这种情况下,如有高阶主管出面跟客户沟通解释,很容易让该客户成为会议中心的铁杆儿。

七、对内服务质量

我们的管理者坚信提升会议中心服务质量要以提升客户满意度为导向,把满足客户需求,作为促进会议中心服务质量提升的基础。这句话没错,但在谈论客户满意度之前,让我们正视这个问题——员工不满意,提升客户满意度就是无米之炊,也就是说,必须先提升员工满意度,才能提升客户满意度。

在火锅连锁店海底捞的员工手册的任何一页,你都找不到微笑应该露6颗牙齿还是8颗牙齿的标准,但在任何一家海底捞的门店,你都能看到每个员工脸上发自内心的微笑。让员工开心、快乐,说实话,很难做到,因为员工的需求各不相同,大多数员工希望增加薪水,但这是会议中心很难满足的。

我们不能否认,会议中心的管理者大多强调对客服务,也就是对外服务,而甚少重视对内服务。对外服务比较好理解,客户把生意送上门来,客户是上帝。客户不来举办活动,会议中心就没有生意,也就没有了收入。所以对外服务就是对客服务,对外服务非常重要。对内服务,实际上是如何正确看待员工的问题。

是否能解决员工一切的后顾之忧,是否能重视员工的一切诉求并采取适当的措施解决,是否能安排员工接受合理的培训和再教育,是否能帮助员工提高技能、获得个人发展和进步,这些都是属于会议中心对内服务的内容,这些对内服务都是影响到员工对外服务质量的深层次因素。

会议中心的管理者或许可以问以下几个问题来确定自己的对内服务质量如何：

①招聘时，我们的人力资源部员工和面试者让应聘者如沐春风了吗？我们员工的精神状态能感染应聘者吗？

②新员工入职的当天，我们的老员工把物资准备好了吗？如工服、鞋、办公桌、电脑等，还是要让新员工等待？

③员工的鞋合脚吗？女袜容易破吗？

④员工报销三天可以完成吗？

⑤内部公文流转速度和效率如何？部门经理和文员有何意见？

⑥我们给普通员工、主管、部门经理分别提供定期的培训了吗？

⑦员工正式投诉多吗？接到投诉后，我们处理投诉的速度有多快？有文字记录和总结吗？

⑧这次员工满意度调查结果和上一次员工满意度调查结果相比较，有哪些显著改进？

⑨一个季度内收到员工关于提高服务质量的建议有多少个？

⑩部门之间相互合作的情况和支持度如何？

一线员工由于直接和客户打交道，往往占有最充分的信息，也对应该采取什么措施提升服务质量最有发言权。但公司管理层级的存在，意味着愈身居高位的管理人员，获得的信息愈少，甚至很多情况下不少信息都被屏蔽掉了，管理层接收到的信息或被过滤或是失真。

首先，管理层喜欢高高在上而不是平易近人，员工通常对提意见有畏惧之心。其次，中国人比较讲究面子，表达方式倾向于含蓄、委婉，直截了当提建议常被视为不礼貌、不尊重。此外，传统上认为管理者具有超凡的远见和智慧以及惊人的洞察力，理应对企业各个层级的问题都了然于胸。

于是，在中国公司内部会议中常见的场景是：管理者口若悬河，员工埋头记录。这种情况消极影响甚大，一方面诱导管理者经常对自己不清楚的事情发号施令，一方面也让基层员工丧失了提建议的信心。

会议中心的领导层除了要自己加强学习，了解戴明循环①和全面质量管理②等服务质量管理知识外，更要保证与基层员工的顺畅沟通，鼓励员工提出建设性意见，促进部门之间积极配合，处罚互相推诿的行为和消极的思想。对内服务质量搞上去了，对外服务质量自然也随之上去了。忽视对内服务质量，对外服务质量也难以真正提高。

---

① 威廉·爱德华兹·戴明(William Edwards Deming)，美国统计学家。"二战"后，戴明与另一位美国质量管理大师约瑟夫·莫西·朱兰(Joseph M. Juran)随同盟军占领军来到了日本。戴明将一系列质量改进方法带到了日本，其中就包括统计法和戴明循环(Deming Cycle)。戴明循环是一个质量持续改进模型，它包括持续改进与不断学习的四个循环反复的步骤，即计划(Plan)、执行(Do)、检查(Check/Study)、处理(Act)。

② 全面质量管理(Total Quality Management，英文简写为"TQM")，是指一个组织以质量为中心，以全员参与为基础，通过顾客满意和本组织所有成员及社会受益而达到长期成功的目的。它具有全面性，控制产品质量的各个环节、各个阶段，是全过程的质量管理，是全员参与的质量管理。

第5节 对签约供应商、外包服务商和租赁经营商的考核评估

除了容易忽视对内服务质量外,会议中心管理者也常常忽视了会议中心的签约供应商和外包服务商、租赁经营商的服务质量。

一、会议中心的业务外包

理论上,会议中心的很多业务都可以外包。

(一)市场公关的外包

一般是境外的市场公关可以外包,如某一个指定区域、某一类客户群、某一个时间段的公关,可以外包给专业公司。

1. 某一个指定区域的外包

如美洲的市场开拓可外包给一家美国公司。澳大利亚的阿德莱德会议中心和加拿大的温哥华会议中心将其在亚洲的市场销售业务外包给新加坡新达城国际会展中心下属的新达城国际会展服务公司。

2. 某一类客户群的外包

将特定客户群的市场开发委托给专业公司,比如,把国外公司市场或社团市场的开拓业务分别交给两家中介公司。

3. 某一个时间段的外包

这种情况常出现在会议中心的筹备期,因为预算、专业市场经理尚未到位等原因而由另一家咨询公司来帮忙进行开业前的市场推广。

4. 公关的外包业务较多,常见的有企业宣传品、印刷品的设计制作,摄像,网站

5. 媒体关系外包

悉尼会展中心就委托当地的 MG Media Communications 公司来处理媒体关系公关事宜。

6. 政府关系外包

一般是要向政府游说或出现重大危机时,会议中心才会聘请公关公司来处理政府关系。

(二)销售的外包

不宜全部外包,而是部分外包。如停车场广告、电梯和扶梯广告、室外 LED 显示屏、网站广告、圣诞晚会门票、月饼等,可以通过代理中介公司进行销售。

(三)某一类工种或某一类业务的外包

目前,国内会议中心比较常见的是某一类工种或某种业务外包给专业公司,目的或原因无外乎四个方面:其一,降低成本;其二,本企业没有具备专业资质的人才;其三,外包公司业务的水平优于本企业;其四,规避风险,如外保打人,由保安公司善后。

外包的项目有:

①员工的招聘和普通员工的录用、档案管理、解除劳动合同等业务;
②管事部;
③外保;
④电梯;
⑤空调;
⑥展厅吊挂;
⑦从卸货区到展厅内部的展品运输;
⑧展览垃圾清运;
⑨AV、同传、灯光、音响;
⑩环境清洁、消杀灭、绿化养护;
⑪宴会小时工;
⑫宴会/演艺活动/庆典/国际会议临时需要的衣帽间服务;
⑬工服洗涤;
⑭停车管理;
⑮制作:喷绘、背景板、鲜花、舞台、横幅、道旗、灯箱广告、升空气球;
⑯接送用车,如VIP接送;
⑰员工满意度调查、客户忠诚度调查;
⑱员工食堂;
⑲咖啡厅;
⑳盒饭;
㉑商品、礼品销售。

实际上,会议中心的外包项目远远超出上面所列。在境外,会议中心的运营更多的是采用外包形式,如安保,所以会议中心的正式员工很少。美国很多会议中心的销售几乎是由所在城市的会议促进局代劳的,会议中心的销售功能弱化为以预订为主。

在国内,有些外包服务实际上是外面的公司长期租赁会议中心的某个区域进行经营,有的是会议中心提供设备和装修材料,有的是由公司自行装修、自行安装设备设施,比较多的是餐厅、咖啡厅、员工食堂经营以及喷绘制作。

二、对外包服务的思考

外包服务是大势所趋,会议中心不可能不采用外包服务,事实上,所有业务都由会议中心自己员工来完成是不现实的。

除了电梯、空调养护等业务必须由具备国家要求的资质的公司来执行、没有风险外,外包服务存有多种风险。

(一)法律风险

主要有两种风险,一种是客户与会议中心的法律纠纷,一种是会议中心与外包公司之间的法律纠纷。

即使会议中心与外包公司签订了详尽的合同,规定了双方的权利和义务,但客户与会议中心一旦发生法律纠纷,会议中心是第一责任人,很难把风险转移到外包公司。在会议中心,旺季因为宴会多,需要大量的宴会小时工,劳务工派遣就成为必然。高星级酒店也是同样的做法。劳务派遣,又称劳动派遣、劳动力租赁,是指由派遣机构与派遣劳工订立劳动合同,由派遣劳工向要派企业给付劳务,劳动合同关系存在于派遣机构与派遣劳工之间,但劳动力给付的事实则发生于派遣劳工与要派企业之间。劳动派遣的最显著特征就是劳动力的雇用和使用分离。劳动派遣机构已经不同于职业介绍机构,它成为与劳动者签订劳动合同的一方当事人。但劳务派遣机构不都是正规公司,在北京、上海,不少高星级酒店和会议中心的宴会小时工大多由几个私人公司派遣。私人劳务派遣公司是否为临时抓来的临时工买了保险、检查了身体、核实了有无犯罪记录,就不得而知了。这些临时工一旦在会议中心工作期间出现意外,会议中心仍可能不得不面对很多风险。

案例:北京肯德基告别劳务派遣

1995年,山东农民工徐延格来到北京肯德基公司从事仓储搬运工作,10年来北京肯德基公司始终未与徐延格签订劳动合同。2004年6月,公司人事部贴出一则通知,称"北京时代桥劳动事务咨询服务有限公司将为员工代发工资,并将为员工上保险,员工应该与该公司签订劳动合同,不签合同的员工公司将予以辞退……"

徐延格签订了合同后,成了时代桥公司的派遣工。2005年10月12日,徐延格在一次配货过程中忘记贴标签,北京肯德基公司便以"违反配货操作规程"为由将其退回时代桥公司。同日,时代桥公司与徐延格解除劳动合同。徐延格认为:自己在肯德基连续工作了十余年,应当属于肯德基的职工,即使解除劳动合同,肯德基也应按相关法律规定支付其十余年工龄的经济补偿金两万余元。但如果按2004年其与时代桥公司签订的劳动合同计算工龄,徐延格只能得到两个月工资的经济补偿金三千多元。于是,徐延格相继找到时代桥公司、北京肯德基公司、政府劳动监察部门,但问题没有得到解决。徐延格要求北京肯德基公司支付经济补偿金,但先后被北京市劳动争议仲裁委员会和法院驳回。

2006年6月12日,一审法院作出判决:徐延格与时代桥公司签有劳动合同,确立了徐延格与时代桥公司的劳动关系。后徐延格作为时代桥公司的员工被派遣到肯德基工作。原告虽曾在肯德基工作,但双方未形成事实劳动关系。现原告以与被告存在事实劳动关系为由主张权利,于法无据,本院不能予以认定。原告主张与时代桥公司所签劳动合同是受被告胁迫,属无效合同,应另案处理。驳回原告徐延格的诉讼请求。

2006年6月26日,徐延格不服一审判决上诉到北京市第二中级人民法院。

就在二审上诉期间的2006年8月4日上午,肯德基公司中国总部法务长等人员与北京市农民工法律援助工作站经过两个小时谈判,双方不仅就个案达成和解,还就整个肯德基公司用工制度改革进行了磋商。

2006年8月8日,肯德基公司向中国十几家新闻媒体公开宣布了其决定:北京肯德基公司与徐延格达成和解,最大限度保障农民工权益。肯德基公司宣布从即日起,除特殊情况外在全国范围内停止使用劳务派遣新员工,新员工将直接与肯德基公司建立劳动关系。

2006年8月8日,北京肯德基公司宣布与徐延格达成和解后,徐延格撤销上诉。

(二)安全生产隐患

外包公司、供应商的主管及员工的安全生产意识肯定不如会议中心自己员工强,在安全培训、检查方面的投入和力度也不足,因此会议中心必须跟外包公司、供应商签订严格的安全生产责任书,并派自己的员工对外包公司的安全生产执行情况进行定期和隐蔽式的检查、监督,绝不能偏信外包公司的承诺,在安全生产上容不得半点马虎。

(三)服务质量

在客人眼里,外包公司、供应商、租赁经营的服务质量就是会议中心的服务质量。现在的客人对服务愈加挑剔,不要期望客人主动区别这是会议中心自己员工的服务,那是外包公司的服务。会议中心将业务外包的同时,必然面临服务质量起伏不定的尴尬。这里分三种情况。

1. 一分钱一分货,外包公司的员工便宜,但服务质量也低

会议中心对此要做好充分的思想准备,必须对外包公司员工进行必要的培训、指导、监督,要让外包公司的员工与自己的员工拥有同样的服务理念。

2. 外包公司员工难管,这也是不争的事实

严格管理,外包公司员工有可能跟会议中心主管顶撞。尤其是在旺季,会议中心年会一个接一个,劳动强度大,员工本来就非常疲惫、心情不好,会议中心主管正常管理都可能触怒外包公司员工,外包公司员工甩手走人、辞职不干不是稀罕之事。在旺季,外包公司员工还会借机倒休,给会议中心一点颜色看看,而外包公司确实一下子派不出人来,但一个萝卜一个坑,服务少了人又不行。

3. 外包公司频繁换人

外包公司的员工流失率高,一个员工刚被派到会议中心工作才两个月、刚知道东南西北和基本服务要求、程序就离职了,新来的员工还来不及接受培训就被派到会议中心工作了,所以,我们的客人发现找个会议中心的员工(实际是外包公司员工)问路,那个员工总是摇头说不知道,说的普通话也极不标准。新员工不断出现,其服务质量堪忧,给会议中心的管理增加了难度。

(四)滋生了"奴隶主"心理

有了外包公司,尤其是劳务派遣工,不仅是会议中心的主管,甚至是会议中心的普通员工都会自觉不自觉地养成了优越心理:这活得让小时工干,我不用干苦活累活,有小时工呢。于是,小时工搬桌子、搬椅子、收脏餐、搭舞台板,而我们的会议中心的员工有可能就在旁边指手画脚,矛盾、冲突在所难免,小时工即使不和客人或会议中心员工、主管发生正面冲突,也会把不满发泄在桌椅上,发泄在餐具上,餐具破损率高也就是难免的了。

案例:万科公司取消外包

2008年前后,中国知名的房地产公司万科公司的总裁郁亮在下属公司发现一个问题:公司养了一群"希腊奴隶"。也就是说公司把部分业务外包出去,请一些人力成本较低的劳动力来干活。有的公司一下班,正式员工坐班车走了,"奴隶"留在那儿加班。郁亮一开始不知情,见很多人在拼命加班,还挺高兴,一问,都是万科体系外的人。郁亮不满意了:"这事儿错了。总部给你创造最能打仗的环境,结果你自己不动手了,你让奴隶给你干活的时候,你的能力是不是在丧失呢?麻烦留给别人,自个儿做轻松的活儿,你在把麻烦外包的时候把能力也外包了。资本家可以做这样的事,我们不行。"后来,郁亮有次碰见总部同在深圳的比亚迪公司董事长王传福。王传福跟郁亮说比亚迪怎么做内部"垂直整合",比亚迪汽车除玻璃和轮胎之外,全部都自己生产。王传福跟郁亮说:"做制造赚点钱不容易。你可以把这个环节那个环节都外包,人家可以告诉你质量都很好,但没告诉你他赚了多少钱。等到别人把外包的钱赚了后,还能轮到你卖整车赚钱?"郁亮觉得有道理。他由此决定,把万科的外包全取消。

三、对签约供应商、外包服务商、租赁经营商的质量监控和考核评估

在重庆机场的出发大厅,有一间星巴克咖啡厅。星巴克的员工去卫生间,须先在柜台后面的员工间脱下印有星巴克标志的工作服,回来后再回到员工间穿上工作服后才可以为客人服务。也就是说,星巴克的员工不可以穿着公司制服去卫生间。不知道这是重庆机场的规定还是星巴克的要求。总之,这是一个能给我们很多启迪的真实案例。

如果这是星巴克自身对员工的要求,就说明星巴克咖啡十分注重公司的品牌,严格要求自己的员工时时维护公司形象,并注意维护出租方(重庆机场)的品牌——在出发大厅,这样会使客人感觉舒服,因为客人没有与机场员工及租赁经营公司的员工使用同一个卫生间。客人若与员工混合使用卫生间,客人便会觉得别扭,丝毫感觉不到受尊重。

如果是重庆机场的规定,就说明机场对经营租赁的商家有着严格的要求,星巴克咖啡的员工也遵照出租方的规定自我约束,对机场的管理给予足够的理解和支持。这种出租方和承租方之间的和谐、相互尊重让人爽心悦目,乘客对机场和星巴克自然生出敬意来。

提高服务质量仅仅是因为星巴克员工脱下制服去卫生间而在瞬间得以实现。

会议中心和签约供应商、外包公司和租赁经营方都有完备的合作经营协议,其中定有关于服务质量的条款,可惜的是,绝大多数的条款都是语焉不详、言之无物、笼统含混,比如:"乙方承诺以高质量为甲方提供×××服务"、"甲方要求乙方达到甲方规定或五星级酒店同等的质量要求",根本没有载明如何要求对方达到何种要求、体现何种服务质量。

依作者之见,会议中心应与外包公司、供应商和租赁经营的商家另行签订服务质量协

议，根据工作/业务性质、工作时间、工作区域等向对方提出详细的服务标准和质量要求，务必使外包服务公司、供应商和长期租赁经营方高度重视会议中心的服务质量要求，在员工着装、员工考勤、员工配备的数量及相应的主管数量、男女比例（非性别歧视，而是某些岗位和工作必须是男性或必须是女性，如卫生间包括会议中心员工卫生间的打扫，必须由男员工清洁男厕所，而不能由女员工在男厕所门口喊"有没有人"!）、遵守会议中心的劳动纪律、劳动技能、工作程序、工作及技术标准（最好是可以量化的，便于检验）、使用的工具和材料（如达到环保节能标准）以及存放、工作地点、工作时间及排班、不可进入的区域、对客礼貌礼仪、应急处理、档案规整、培训及培训记录等各个方面作出严格详细的限定，必须落实到文字上，而且这些服务质量要求经过努力是可以达到的。

全面质量管理必须把供应商、外包公司和租赁经营方也包括在内，同样实行全过程管理、全员参与管理。

首先要选择优质供应商、外包公司和租赁经营商家。如果是业主/集团的领导递条子、打电话软硬兼施介绍/推荐来的供应商、外包公司、承包租赁经营的商家，有时候是集团内的兄弟企业，会议中心领导班子基本上就毫无反抗之力，无原则接受的结果就是价格偏高、难以管理、服务质量低下。这对会议中心的全面质量管理而言不啻是灾难。

在选聘供应商、外包服务公司和租赁经营商家时，通常从以下几个方面进行评估：

①企业品牌状况；
②企业规模；
③资信、信誉；
④技术能力（是否具备相关许可、技术资质证书等）；
⑤企业质量保证能力（如是否具备质量保证体系——但市面上不难获得的质量保证体系证书仅作为参考，会议中心不要轻易相信对方一定可以达到）；
⑥管理、维护计划、标准；
⑦预算价格、付款方式；
⑧现有客户的评价。

评估考察中应选取多家企业进行综合比较，同等条件下选择价格优先者，但绝不以价格作为唯一选择标准。评估参与人与承包方、供应商有特殊关系时应予以回避。秉承公开、公正、公平的原则，根据分包项目、采买物资、营业项目，选择采取资料审核、现场考察、分项评分、逐级审核、召开评估会议等方式进行评估。

会议中心富有经验的资深员工/主管应利用自己的经验和知识，为供应商、外包服务公司和租赁经营商家制定服务手册。除此之外，还应为它们的员工进行必要的培训教育，这些员工经考核合格方可到会议中心工作。平常还需要随时检查供应商、外包服务公司和租赁经营商家的员工服务，把种种不规范行为和现象记录下来，可以当场改正的要求对方立即改正，无法当场改正/改进的则要求对方限期予以改正/改进，性质严重的应给予惩罚。

会议中心外包合同的实施应注意的问题有：
①有时候签约主体和实施主体不一致，外包公司可能再转包。
②外包公司偷奸耍滑，少派人、派新手、用劣质材料（耗材）和过时工具设备。
③合同中没有明确因设备设施故障、事故造成的财产损失，应由何方承担责任。

④工作标准、技术标准没有量化,而是笼统地表示为"高质量"、"迅速"等,因而无法检验、衡量。

⑤会议中心必须建立对供应商、外包服务公司、承包方检查监控的制度并落实专人负责实施。

⑥建立与供应商、外包服务公司、承包方的定期沟通会议制度,及时解决合同履行过程中出现的问题。

⑦建立定期效果评估制度,对评估过程中发现的较大或普遍存在的问题,以书面形式通知供应商、外包服务公司、承包方,并提出整改要求,限期整改。

⑧及时掌握供应商、外包服务公司、承包方的状况,适时采取对策,确保供应商、外包服务公司、承包方有能力持续履行服务合同。

会议中心在要求供应商、外包服务公司和租赁经营商家切实提高服务质量的同时,也必须注意对它们的服务质量,比如提供合理的价格(压价太狠只会导致供应商、外包服务公司、租赁经营商家想办法降低成本)、及时付款、提供培训指导、避免随意性、管好自己的员工及主管、自己的员工率先做出好榜样、为供应商、外包服务公司、租赁经营商家的工作提供必要的物资和库房、为供应商、外包服务公司、租赁经营商家员工解决实际困难等。举个最简单的例子,会议中心如果没有为供应商、外包公司、租赁经营商家提供更衣柜,请问它们的员工除了去卫生间换制服外,还能去哪里?

第 9 章 会议中心的财务、采购及物资管理

第 1 节 会议中心的收入构成及主要指标

会议中心赢利与否跟业主对其的定位、期望值及其设施、面积等高度相关。在境外，尤其是欧洲、北美和澳大利亚，当地政府投资建设会议中心的根本目的不是为了赢利，事实上也极难赢利，而是为了给当地的酒店持续不断地供应高质量的商务旅行者——参展商、展览观众（买家）和参会者，这一点跟国内会议中心与商务酒店激烈竞争形成了鲜明的对比。特别是在北美，会议中心的公益性基本上就决定了会议中心不应该赚钱。那么，会议中心的营运资金、更新改造费用从哪儿来呢？答案是：酒店。当然，不是酒店直接给会议中心缴人头税，而是政府从酒店和餐厅缴纳的税收中强行划拨一部分给会议中心，有的是按照酒店的床位数量来确定应缴纳税收的。这样就形成了一个良性循环。

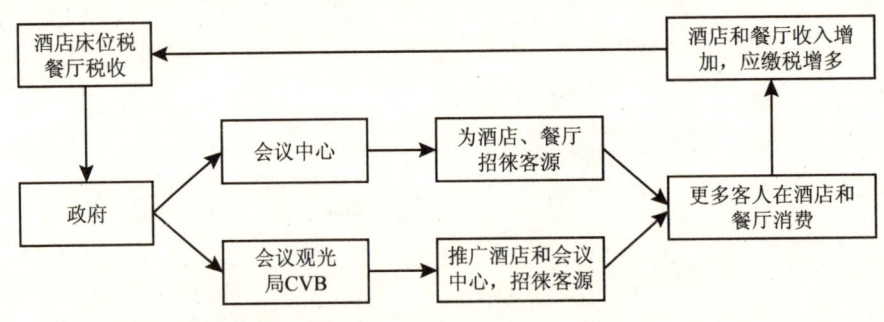

图 9-1　酒店床位税和餐厅税收循环图

会议中心承接的会议、展览等活动越多，酒店售卖出的客房数越多，酒店和餐馆给政府缴的税越多，会议中心获得的营运资金（实际上分得的税收）就越多。因此，在北美，考核会议中心的运营和管理是否成功，指标之一就是看其为当地酒店带来了多少客房间夜数（increased hotel room night sales）。

第9章 会议中心的财务、采购及物资管理

匹兹堡市政府在1990年出具了一份报告,意欲扩建匹兹堡David L. Lawrence会议中心,打算向匹兹堡所在的宾夕法尼亚州申请扩建预算1.5亿美元。1998年3月,匹兹堡市市长和David L. Lawrence会议中心所在的Allegheny县筹建委员会启动了B计划,决定从酒店上缴的税收和David L. Lawrence会议中心所在的Allegheny县的销售税(sales tax)中提取一部分用于会议中心的扩建。4月,宾夕法尼亚州州长同意从政府资金中拨款1.5亿美元用于会议中心的扩建。

俄勒冈州(Oregon)会议中心建于1990年,经过10年的发展,需要扩建。市民支持会议中心的扩建,但不同意政府通过提高资产税(property tax)来纾解资金困难。经过政府当局、波特兰会议局(Portland Oregon Visitors Association)以及旅游业界代表的多次商量,最终三方一致批准了通过提高酒店和租车营业税2.5个百分点以筹措建设资金的计划。2000年10月,俄勒冈州会议中心扩建动工。

一、会议中心的营运目标

会议中心应该多赚钱,这就是中国会议中心的营运目标,这是由会议中心的属性决定的,即使是深圳会展中心这样一些由当地政府投资建设的场馆,似乎赢利也是业主、管理层最关注的经营目标。单纯的赢利还不够,业主总是希望多赢利。无论是国有企业和还是私营企业投资建设的会展中心,收入、赢利永远是最重要的考核指标。

我们来看看境外公众场馆①的营运目标跟国内有何区别。

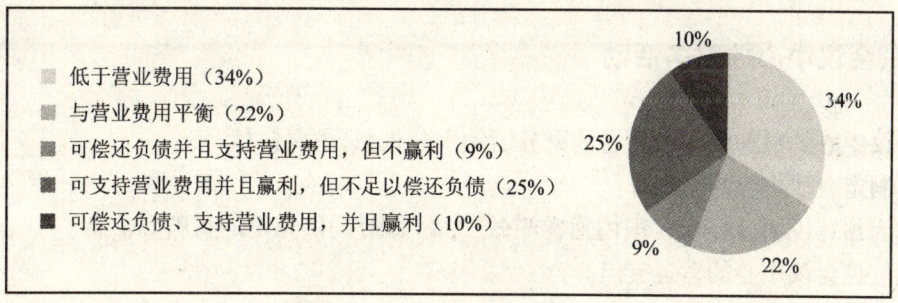

图9-2 公众场馆直接运营目标
数据来源:2006年国际场馆管理者协会(IAAM)统计调查

根据2006年国际场馆管理者协会(IAAM)所作的统计,有34%的公众场馆的营运目标竟然是"应该赔钱",22%的公众场馆只要营运不亏本就算成功了,9%的公众场馆也是不要求赢利,但要求挣出营运费用和还债,三者相加,64%的公众场馆的运营目标是不需要赢利。需要说明的是,这里说的公众场馆包括了剧院、体育馆、演艺中心和会展中心,不包括博物馆、图书馆,有的是业主坚决不要挣钱,有的是受制于场馆的人流量、设施陈旧和面积而确实难以赢利。

---

① 公众场馆,Public Assembly Facility,不但是指会议中心、展览中心,还包括体育场、体育馆、演艺中心、剧院。

二、影响会议中心财务表现的主要因素

多个因素会影响到会议中心的财务表现,这里不涉及土地成本、建造成本、贷款及利息、人工成本,这些因素有:
① 来自其他场馆和酒店的直接竞争。
② 会议中心的容量:展厅面积及高度、会议室和宴会厅的面积。
③ 吊挂能力:吊挂灯光、音响和其他装饰物的能力(这是指承办特殊活动、大型活动的能力)。
④ 来自非会展活动的创收能力:如广告、命名权/冠名权、获得的赞助和捐赠等。
⑤ 宴会加工和服务能力。
⑥ 快餐收入。
⑦ 商品销售收入。
⑧ 卸货区的物流能力。
⑨ 媒体的合作。
⑩ 会议促进局、旅游局和其他政府机构的支持。
⑪ 为客户和访客提供高质量服务的能力。
⑫ 保证安全、干净、舒适的环境的能力。
⑬ 地下/地面停车位。

三、会议中心的财务活动

会议中心的财务活动跟酒店的财务活动十分相似,主要包括:
① 制定会议中心的总预算。
② 为预算说明会/演示(国内通常叫做"专题会")提供充足的材料和信息。
③ 监控会议中心的营运支出。
④ 制定资本支出预算。
⑤ 准备财物报告。
⑥ 制定会议室和展厅租金、价格政策。
⑦ 监控会议中心的风险管理计划(会议中心风险内部控制的许多内容都是关于财务的)。
⑧ 起草并监控合同。
⑨ 监控、管理会议中心的人力资源计划及成本。
⑩ 管理应收账款。
⑪ 管理应付账款。
⑫ 发放工资、奖金及退休金。
⑬ 监控、管理会议中心的辅助收入。
⑭ 购买保险。

⑮现金流管理。
⑯投资管理。
⑰采购。
⑱内审。
⑲会议/展览等活动的结算。
⑳现金收款点(如停车、快餐、咖啡厅、小卖部)的现金控制。
㉑收入预测。

四、国外会议中心的收入构成

在国外,会议中心的收入简单说来,分为营运收入(operating revenue)和非营运收入(non-operating revenue)两大类。

(一)营运收入

会议中心的运营活动产生营运收入,主要包括场租、会展活动服务收入、餐饮费、停车费、冠名费等。我们在第5章第3节"会议中心的赢利之道"中讨论了会议中心各种可能的收入来源。如果餐饮是外包给第三方的话,第三方返回给会议中心的佣金也属于营运收入。

(二)非营运收入

按照一般的理解,非营运收入占的比例应该小于营运收入。但会议中心因其特殊性,这部分收入有可能远大于营运收入。

图9-3 2011年明尼阿波利斯会议中心预计收入比例

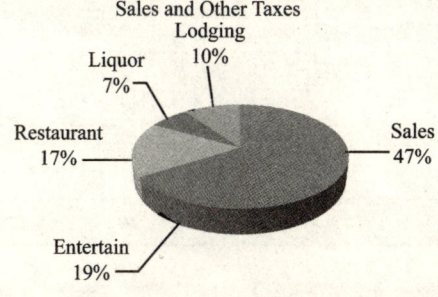

图9-4 2011年明尼阿波利斯会议中心来自政府的补贴

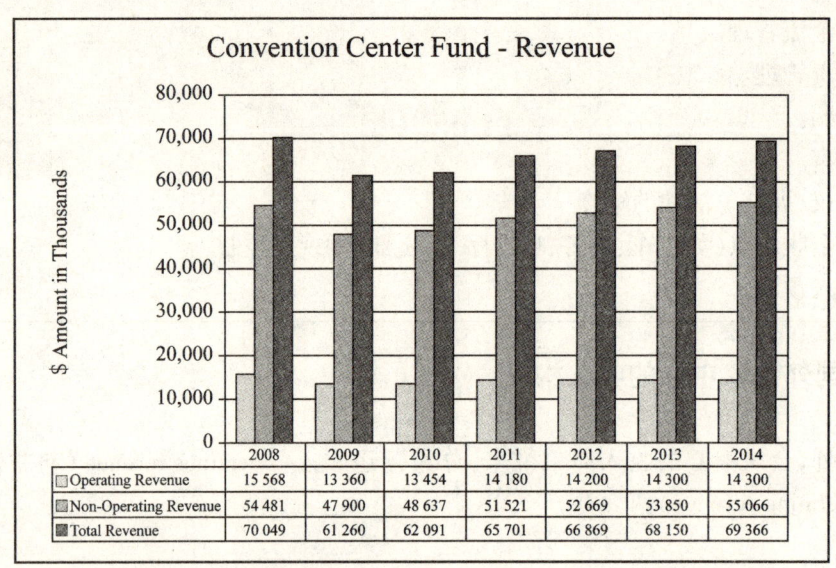

图 9-5　明尼阿波利斯会议中心 2008—2014 年收入情况

数据来源：明尼阿波利斯会议中心 2011 年预算报告

　　图 9-3 显示，明尼阿波利斯会议中心的非营运收入达到了 81%，会展收入仅仅占到了 19%，也就是说，明尼阿波利斯会议中心完全仰仗政府的补贴。

　　图 9-4 显示，明尼阿波利斯政府给予会议中心的资金补贴来自多种税收：47% 的资金来自销售税，10% 来自酒店，娱乐、餐厅和酒类各自贡献了 19%、17%、7%。这里需要指出的是，美国各个州的税收不尽相同。

　　澳大利亚墨尔本会展中心是澳大利亚最大的会展中心，生意一向不错，但仍然摆脱不了营运亏损的尴尬。也许，国外政府投资会议中心，本意就不想赢利。

表 9-1　墨尔本会展中心 2004—2010 年收入、支出

Additional Financial Information

SUMMARY OF FINANCIAL RESULTS

The following table summarises the financial result of the Trust each year ended 30 June.

	2010* $'000	2009* $'000	2008* $'000	2007* $'000	2006* $'000	2005* $'000	2004** $'000
Revenue	57 333	51 372	53 734	47 860	39 388	41 645	40,072
Expenses (Incl. depreciation)	84 429	60 013	57 128	52 338	55 468	44 295	43 193
Operating Surplus/(Deficit)	(27 096)	(8 641)	(3 394)	(4 478)	(16 080)	(2 650)	(3 121)
Net Tangible Assets at 30 June	575 042	659 541	438 498	391 745	379 443	395 523	375 067

数据来源：墨尔本会展中心 2009—2010 财年报告①

---

①　墨尔本会展中心 2009—2010 财年起止日期是：2009 年 7 月 1 日—2010 年 6 月 30 日。

五、会议中心的主要业绩指标

考核会议中心的主要业绩,可以从以下几个关键指标来进行。

①场地周转率 = 12 个月的出租面积总和 / 场馆可租用面积

②展厅出租率:在一个自然年度内实际出租的室内面积总和与其可供出租的室内面积总和的百分比。

用公式表示为:$Y = \dfrac{S_z}{S_g} \times 100\%$

Y—展厅出租率

S_z—展厅实际出租的室内总面积

S_g—展厅可供出租的室内总面积

③会议室出租率:国际会议中心协会(AIPC)曾经讨论过这个问题,Mike Closier 给出了一个建议:出租率 = (会议室出租天数总和 / 场馆会议室数量)/ 365 × 100%。

但这个算法没有界定会议室出租天数是以半天 4 小时为一个单元还是以一天 8 小时为一个单元。而且,有不少活动,比如颁奖晚会、宴会都是在晚上举办的,这又牵涉一个夜间使用会议室超过 4 小时(半天)的问题。应该说,这个问题困扰业界已有多年。

在会展业统计方面,北京市统计局是全国目前唯一的连续多年出具严谨统计的官方统计机构。2011 年,北京市统计局创造性地提出了一个针对会议室出租率的统计方法:

会议室年白天出租率 = 全年各会议室白天出租天数总和/[拥有(可出租)会议室个数 × 365]

全年各会议室白天出租天数总和:指全年所有会议室白天出租天数总和。一个会议室上午(或下午)使用一次应计 0.5 天,若同一会议室同一上午(或下午)使用多次仍计 0.5 天。

$$会议室年白天出租率 = \dfrac{全年白天出租天数总和}{拥有可出租会议室个数 \times 365} \times 100\%$$

会议室年白天出租率 ≤ 100%

会议室年夜间出租率 = 全年各会议室夜间出租天数总和/[拥有(可出租)会议室个数 × 365]

全年各会议室夜间出租天数总和:指全年所有会议室夜间出租天数总和。一个会议室夜间使用一次应计 1 天,若同一会议室同一夜间使用多次仍计 1 天。

$$会议室年夜间出租率 = \dfrac{全年夜间出租天数总和}{拥有可出租会议室个数 \times 365} \times 100\%$$

会议室年夜间出租率 ≤ 100%

④每平方米毛利 = [(每个活动收入 − 每个活动直接成本)的总和 / 每个活动使用面积] / 每个活动收入 × 100%

计算每平方米毛利可以让我们轻易地得知哪个展厅、哪个会议室/宴会厅是最好租的,或者说,哪个厅室是客户最喜欢的/愿意出高价的,哪个厅室是不好出租的,这对制定、调整价格策略和进行价格谈判、合同谈判十分有利,能帮助会议中心获得最大的收入。

⑤每个员工创收 = 每个活动毛利的总和／总员工人数
⑥员工成本占毛利百分比 =（12个月毛利／总员工成本）／12个月毛利×100%
⑦利润率 =（税前净利润／总收入）×100%
⑧经营毛利：英文是 Gross Operating Profit(GOP)，它在利润表中反映为收入减去成本、人工费、营运部门的直接费用、后台部门的间接费用后的余额。
GOP = 会议中心营业总收入 – 会议中心营业总支出
⑨经营毛利率(GOP率) = GOP／会议中心营业总收入×100%
可以扩展到会议 GOP 率、展览 GOP 率、餐饮 GOP 率。

第2节 会议中心的财务服务和管理

还是那句话，财务和工程、安保一样，加强管理的同时，也必须注重服务。可惜，我们的管理者总是片面地强调管理、风险控制，而忘了对客户的服务以及对内服务。客户选择会议中心，期望它所举办的活动顺畅，能得到会议中心高质量的服务。但高质量的服务不是仅局限在总机、保安、宴会、卫生间上面，而是贯穿于活动的全部过程，从电话咨询、合同谈判就开始了，直至活动结束、款项结清，这里就牵涉不少财务服务的内容。

一、对客服务

如果没有财务部的大力支持和配合，没有流畅的财务程序，客户得到的就会是糟糕的体验，除非迫不得已，客户今后的选择就是不再光顾会议中心。更有甚者，客户抓住一个服务小瑕疵不放，小题大做，故意刁难销售经理／项目协调员，拖着不结清或是拒绝支付尾款，而销售经理／项目协调员就得花费大量时间成本去向客人催款。

财务部必须清醒地认识到，控制财务风险并不妨碍对客服务，换句话说，不应该打着规避风险的旗号拒绝主动为客户提供顺畅、简洁快速的服务，不能为了自己工作的便利和安全而设置种种关卡。要知道，会议中心仅对少数会议、展览、演艺活动而言是卖方市场，绝大多数情况下都处于买方市场，客户不来，会议中心就没有生意。

会议中心应提供以下对客服务：

（一）信息应该让有关方面容易获得

任何跟对客财务有关的信息都应该公开，包括人民币账号、外币账号、工作时间、现金收款方法、押金收取及退还方法、代客户收款方法、开具发票方法、临时紧急收款方法等，客人都应该极为容易地从销售经理／项目协调员那儿得到其想要的财务信息。

（二）简化流程

财务服务流程不但要方便客户，也要方便其他部门。财务部与其他部门一起，需要为客户提供真正一站式服务,而不能让客户跑来跑去,去找这个人签字、找那个人签字,去这儿复印、去那儿复印。应该像汽车4S店一般,除了客人需要到财务室交现金外,客人要做的只是坐在那儿,有服务员为他/她递上茶水,有人替他/她复印,有人替他/她填表,有人拿着移动POS机来刷卡,有人为他/她办理车牌号和汽车保险,有人向他/她兜售汽车维修保养的VIP卡。

(三)刺激客户多消费

给予客户方便,客户就有可能多消费。

1. 商务金卡

拿到客户交来的支票/押金后,只要双方同意就立即开设一个临时账户。供主办方和会务组负责人使用的商务金卡允许一定的消费额度,在会议中心任何地点均可消费。当日发生的金额,当天就从客户储值的额度中扣除。

2. 供参会者、参展商、赞助商和搭建施工供应商以及会务组普通工作人员、志愿者使用的消费卡

参会者、参展商、赞助商和搭建施工供应商以及会务组普通工作人员、志愿者都可随意购买金额不等的一卡通,在规定的期限内可在会议中心消费。

对购买上述的消费卡,一般是财务先给收据,最后退卡时顾客持消费卡和收据结算,财务部开具发票。比如,一个参展商的一个主管带着5个销售代表来参加某个展览,就可以用一张发票结算——客户回去报销方便,但这六个人可在会议中心的每个点,如商务中心、咖啡厅、美食街、展览现场租赁展具部、纪念品售卖处、停车场等任意消费。

二、对内服务

财务部大量工作是属于对企业内部的服务。从员工的角度来看,员工最关心的是现金借款及还款、报销、工资发放(工资实际上是由人力资源部核准的)、物资外购和领用等看似不起眼却能影响员工情绪的琐事。

从业务的角度看,很多情况下对客服务并不是直接与客户发生关系,而是通过其他部门,如销售、项目协调等体现出来的,如催款、开具发票、项目结算、处理争议等。

提高对内服务质量,并不仅仅体现在服务态度上,更多的应该是从员工以及客户的角度出发,设身处地地为员工和客户考虑,减少不必要的审批、流转,该授权的授权,加快、提高处理速度和效率,主动主动再主动,不要动不动就把财务单据打回部门,让部门员工补这个材料补那个签字。请记住,财务部对内服务的质量完全可以左右会议中心员工的心情、员工对同事的态度和对客户的主动性。

财务部管理者有时候会以内部控制为借口,不厌其烦地要求领导班子成员在众多纸质文件上签字,领导班子成员对于"内控"这两个字十分忌讳,因而不得不每天抽出宝贵的时间来审批,但凡出差、到外地参加会议而未能及时签字,就会造成文件积压。财务部把本该自己承担的责任变相转移给其他人、其他部门,其他部门叫苦不迭。无纸化办公不但适用于行政部门、人力资源部门,同样适用于财务部门。我们不应否认财务管理的重要性,也不可漠视国家的法律法规,但财务部不能用"风险"、"规章制度"、"财务要求"等大帽子来胁迫领导班子和其他部门/科室,而不曾想过提高服务质量。财务经理的职能之一就是与企业经理们相互联系,以帮助企业尽可能高效率地运转[①]。

三、制定预算

什么是财务?财务就是确定企业的价值。由于财务在决策中的核心作用,财务经理在企业组织层中占有较高的位置。具体的财务职能主要在两个财务负责人之间划分——财务主管和会计主管。

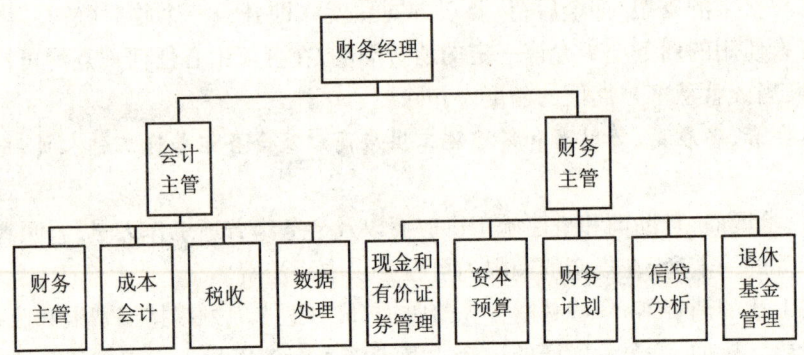

图9-6 会议中心财务部组织架构

财务经理要准确地认识到自己的工作职责,而不应成为一个会计主管。

会议中心的预算是会议中心未来的一定时期内经营、资本、财务等各方面的收入、支出、现金流的总体计划。一个预算就是一种定量计划,用来帮助协调和控制给定时期内资源的获得、配置和使用。编制预算可以看成是将会议中心各个部门的各种利益整合成一个所有各方都同意的计划,并在试图达到目标的过程中,说明计划是可行的。预算包含的内容不仅仅是预测,它还涉及有计划地巧妙处理所有的变量,这些变量决定着会议中心未来应该努力达到的绩效。

无论是长期预算还是短期预算,在制定预算前,财务部都要跟每个部门进行充分的沟通,用讨价还价来形容也不为过。部门一般都想多要钱、多要人,但财务部一般不能满足,这时就要拿出令人信服的数据和理由进行解释,部门才能接受。

制定预算与搞好预测关系密切。正确地预测需要财务经理具有深厚的财务功底、丰富的行业知识、良好的财务分析能力以及对宏观经济走向包括物价、工资水平涨跌的预见能力。会议中心正式开业三年后,因为有了详尽的历史记录,给预测提供了充分的依据。最难的是会议中心筹备开业期间和刚开业的两年内,没有历史数据可查,除非同一个城市有相似的会议中心可以参照,否则很难做到正确地预测。这其中,对存货和人工费用控制、营业收入进行准确的预测,是一项复杂但必要的工作。显然,要作出正确无误的预测是相当

[①] 蒋屏主编,《公司财务管理》,对外经济贸易大学出版社,2001年,p.6。

困难的,必须进行信息收集、分析和数据计算,既要保证预测的可靠性,又要保证预测信息的及时性,从而使这种预测发挥应有的效用,指导预算的编制,减少盲目性和改变无计划的紊乱局面。

四、成本控制

评价一个会议中心的成本相对于其最直接竞争对手的成本所具有的竞争力,这是会议中心经济形势分析中一个必要和有着至关重要意义的部分。一个会议中心的成本比其最直接竞争对手的成本越高,它的竞争脆弱性就越突出。

即使会议中心享有无可比拟的地理位置优势或者在某些细分市场处于卖方市场地位,会议中心也必须明白价格——成本在会展行业中起着极为重要的作用——这个行业是个充分竞争的行业,各个会展中心、会议中心、酒店给客户提供的价值几乎是一样的(除非你的会议中心服务质量比别人高出一大截,以至于客户愿意为优质服务多付费),因此竞争通常表现为价格竞争。

必须时刻注意自己的成本与竞争对手的成本之间的差异情况。会议中心和酒店、展览中心之间的成本差异可能来自:

①从供应商/外包公司那里购买原材料、零配件、劳务服务及其他产品时所支付的价格不一样。

②所应用的基本技术以及设备的寿命不同。

③产品破损率、人员工资率不一样。

④员工节约成本的意识、保护会议中心物资的意识不一样。

⑤营销成本、销售和促销费用、广告费用、管理费用不一样。

成本控制要求对内部成本进行分析,详细地了解自己的成本状况以及可能的变化趋势,还要考察自己与竞争对手的成本比较情况。

会展界的很多客户对价格敏感,尤其是中小型会议,对会议中心的一些收费项目尤其反感,如施工搭建收取的施工证、车证、会议室吊挂费用——酒店对于这些项目都是不收费的。会议中心实际上要寻求的是全面成本控制,即在行业内达到总成本最低,因此像上述的收费项目应该废除。

不能说餐饮、工程、市场等部门最应该实行成本控制(事实上对这三个部门砍成本总是最容易取得领导想要的成效),任何部门、任何岗位的每一个员工都需要广泛参与成本控制,坚持不懈地利用各种途径降低成本,对完成目标的部门/班组应给予奖励。

严控成本,应具体落实到各个部门,各个部门再分解到每一项任务、每一个设备。比如会议中心的投影仪的灯泡在午饭期间被外面来的灯光、音响公司员工偷偷换掉拿走,把用过的使用寿命不长的灯泡装在会议中心的投影仪上,这种狸猫换太子的手法让会议中心遭受损失,而且还无人知道。这种成本应该控制。同样是会议中心的投影仪灯泡,其使用寿命短就意味着成本,会议开始前调试,有可能会长达 3 个小时,或在晚上被搭建工人用来看电影,都是在损耗灯泡使用寿命。这种成本也应该控制。

成本控制并不意味着不投资,仍应注重对新技术、新设备、管理软件、员工培训等的购买和投资以提高效率和技能,会议中心要追求的是成本优势的持久性。

太热衷于追求低成本就会使会议中心服务质量无保证,因而生意清淡。比如,为了降低成本,会议中心大量使用外包服务,狠命压供应商的价格,会议中心在支付较低价格的同时也导致了服务质量下降、客户投诉,最终影响生意。

五、多点收费的现金管理

会议中心常常有多个点的收费都是现金收费,或伴有少量的信用卡收费,包括:
①餐厅收费。
②美食区/快餐/盒饭收费。
③咖啡厅收费。
④流动售卖车收费。
⑤商务中心收费。
⑥停车场收费。

只要有现金收费,就有可能漏账、跑账,还可能会收到假币甚至碰到信用卡诈骗。由财务部发放一卡通可有效避免这类风险,且当天每个点的营业额全部自动汇总。多点收取的现金必须每天清点核实入库,临时紧急抽查、未经宣布的审计能帮助财务部发现问题。

六、会议中心的支出

会议中心的支出包含两大类费用,即营运费用和固定费用。

先说固定费用。固定费用与可变费用相对应,是短期内不随企业(或单一工程、单一设备)产量(工作量)的变化而变化的费用,如固定资产折旧费等。说得直白一点,就是即使会议中心没有任何生意,也必须要支付的费用。

这部分费用包括:
①折旧。
②利息。
③房产税。
④土地使用税。
⑤低值摊销。
⑥保险。

营运费用(operating expenses),就是我们常说的经营费用,一般是指企业在经营过程中发生的除经营成本以外的所有费用。会议场馆的营运费用包括:

(一)人工成本
①工资。
②福利及保险。
③员工餐费。

(二)变动成本

①营业成本。
②营业税。
③能耗(水电气)费用。
④维修费用。
⑤劳务工、学员费用。
⑥物耗费用。
⑦广告费。
⑧制服、洗涤费用。
⑨租赁费(包括网络费)。
⑩搭建制作费。
⑪佣金。
⑫其他成本。

目前,食品成本、人工成本和能源费增长较快,给会议场馆带来了极大的成本压力。从2010年9月28日起,北京市非居民用天然气销售价格统一平均上调0.33元/立方米。另外,为落实国家工业用气与服务业用气同价政策,促进服务业发展,工业用气、公共服务用气价格合并为"工商业用气"类别,价格由2.35元/立方米和2.55元/立方米统一调整为2.84元/立方米;供暖用气、制冷用气、热电联产用气价格合并为"发电用气(含供暖、制冷)"类别,价格由1.95元/立方米、1.95元/立方米、1.85元/立方米统一调整为2.28元/立方米。

2011年4月6日,国家统计局发布的"50个城市主要食品平均价格变动情况"显示,全国50个大中城市大部分食品价格出现了上涨。截止到2011年5月30日,农业部发布的全国农产品批发价格指数较4月份的水平上升了2.2%。

2011年5月30日,国家发改委表示,自6月1日起,15个省工商业、农业用电价格平均每千瓦时上调1.67分钱。本次电价调整涉及的15个省包括山西、青海、甘肃、江西、海南、陕西、山东、湖南、重庆、安徽、河南、湖北、四川、河北、贵州。

第3节 会议中心的采购和物资管理

会议中心从开始筹备开业的第一天起,每一天都有采购任务。那些把采购业务想象成"发出需求,就会有大量供应商在门口排队、抢着做会议中心生意"的人,由于不了解采购部的工作难度和工作强度,所以错误地认定采购部"工作有啥难的"、"打几个电话就能买到东西"。会议中心的物资供应分为两个阶段:一是采购,负责根据各个物资使用部门的要求,在市场上采购所需物资;二是验收、储存、发放。这两个阶段相对独立,但在物资供应、保管上却是密切相关的,必须充分合作并保持十分畅通的信息渠道,因而会议中心的采购部一般设在财务部内。

一、物资采购和服务采购并重

物资采购比较好理解,对桌椅碗筷、电脑、打印机、布草工服、电动工具等的采购,都属于会议中心日常必备的物资采购。物资采购的流程一般为:

①使用部门在仓库中发现无货或存货数不足后填写需求单,内容包括物品名称、规格型号、数量、质量要求(如电脑的配置)、建议品牌(生产单位)、建议单价、希望到货时间等;

②仓库保管负责人核实库存确实无货或库存不足,将使用部门的需求进行汇总;

③采购部询问使用部门该需求是否为急用,如有可以延迟购买的,可将同类需求合并,批量购买总能让供应商略微降价,即使供应商不能降价,也可以省却供应商的送货成本,并同时节省验货、入库、部门领用等人力;

④将需要购买的物资清单发给签约供应商,请其在规定时间内报价,也可放在会议中心网站上,通知签约供应商下载并报价;

⑤比价、价格谈判;

⑥非常规物资,或大批量购买的物资,需要供应商提供样品,采购部和使用部门代表一起封样;

⑦对于家具等大宗物品,采购部门(必要时可邀请使用部门派代表)外出采购,去厂家/批发商/(进口物资)代理商处实地查看,确认厂家/供应商的资质和能力;

⑧签订合同,付款;

⑨供应商/厂家送货,采购部专人及仓库保管员联合验货、入库,必要的情况下需要请使用部门一起验货,特别是价值高的海鲜,如鱼翅、鲍鱼等,厨师的验货尤为重要;

⑩选择合适的保存环境和地点,确保物品在保管期间不会变质损耗。有些非急用物资可以考虑存放在外库而不是会议中心内部的库房。

除了有形物资的采购外,会议中心还会涉及许多种类的服务采购,比如外包采购(保洁、安保、餐饮)。不夸张地说,几乎会议中心的每一个部门都会使用外面的服务,而各个部门需要的服务千差万别,要求采购部对其中的门道了解得一清二楚,还要知道八九不离十的价格及质量要求,对采购部来说,实在是勉为其难。因此,大量的服务采购可由使用部门提出具体的建议,使用部门应至少推荐3家供应商,由采购部进行考察、定夺。

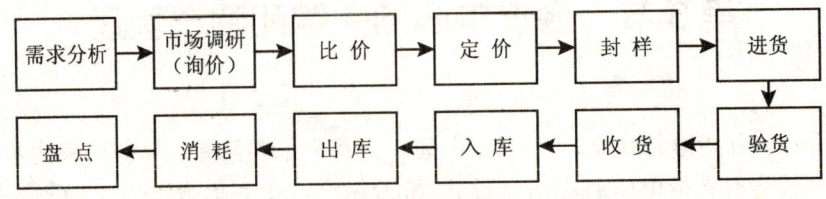

图9-7 物资管控流程

服务采购包括:

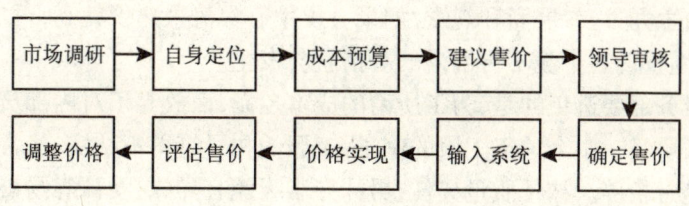

图 9-8 定价流程

①软件购买,如财务管理软件、收银软件 Micros、办公自动化系统、会展管理软件 EBMS 等;

②外包公司采购:保洁、安保、人力资源、餐饮、员工食堂、工服洗涤、绿化、消杀灭等;

③行政采购:法律服务、税收、咨询、快递、租车、差旅、搬家公司等;

④市场营销服务采购:广告、礼品、市场营销服务、设计、印刷、翻译、销售代理、网站建设等;

⑤工程维保、装修、改造采购,如电梯、中央空调的维保等;

⑥宴会小时工采购;

⑦会议展览服务采购,如集体合影、鲜花、灯光、音响、投影、同声传译设备、搭建装修、吊挂、喷绘、礼仪小姐等。

服务采购门类太多,服务使用部门的需求复杂、精细,且纯粹的价格高低并不足以反映供应商的服务能力。例如,公司差旅,如果仅仅关注旅行社收取服务费的比例是 2% 还是 3%,而忽视了账期和性价比最优的酒店价格,会议中心就会遭受无法知晓的损失。采购部人员一方面囿于知识的局限而无法给予使用部门使用服务更好的建议,一方面难以找到合格的供应商,比如境外的销售代理和市场推广中介机构,采购部就无法有所作为,因此常会把这些专业服务委托给使用部门自行采购,而且还无法监控使用部门推荐的供应商提供的服务的价格和质量。如何监管使用部门推荐的供应商?价格里面是否有猫腻?使用部门是否会跟供应商达成某种联盟?如何找到优质的服务供应商?这些都是长期困扰在采购部和会议中心管理者心中的问题,但一时又难以找到更好的解决办法。

二、服务质量和成本控制

会议中心的服务质量和成本控制,跟采购的服务质量和成本控制紧密相关。

采购的服务质量可以分为两种:

①所采购的物资的质量水平和服务的质量水平。

②采购部为配合会议中心的运营管理和使用部门的工作而体现出来的尽心尽力、主动、高效及采购时所用的合理的价格。

物资是否耐用、是否符合技术参数要求,服务供应商的价格是否有竞争力,服务供应商是否能达到与会议中心一致的服务水准,都会影响到会议中心向客户提供的整体服务的水平和价格竞争力。跟会议、展览有关的服务,如清洁、鲜花、绿植租摆、盒饭/快餐、AV 设备、展厅接电接水、吊挂、从卸货区到展厅的运输、宝丽布喷绘等,会议中心无不是在供应商的价格上加价卖给主办方、参展商和观众,如果会议中心本身采购价就高,再加上供应商的服务又次,客户不满投诉后干脆不再回来的事情就会发生。

采购部和财务部要避免的是,为了所谓的成本控制,而放弃了对内部员工的关爱,根本不注意对内服务质量。举个关于工服的例子,工服的扣子钉得不结实,经常掉,或者是在洗涤过程中扣子经常粉碎。袜子质量欠佳,男袜穿半天就有异味,女袜容易破。工鞋不舒服,员工发现周围没有人就把鞋脱了,脚直接踩在地上,因为实在是太不舒服了。所有这些为了控制成本而采购的劣质物资就体现出对员工缺乏人性化的关爱,又怎能要求员工对客人发自肺腑地微笑?

总会有紧急采购和临时采购。采购专员有时候需要在下班甚至是周末加班,仓库验收物资也随之加班。有时候紧急采购需要采购专员向供应商施压,要求供应商想方设法短时间内找到物资,并且还不要涨价,手续后补,如此种种,既要求采购专员工作积极主动、高效率,又要求采购专员与供应商达成某种默契。

请记住,财务部的及时付款有助于采购部与供应商建立起良好的买卖关系,拖欠货款表面上看是财务部全心全意为了会议中心的利益,但实际上损害的仍然是会议中心的利益,因为供应商一定会把损失转嫁到会议中心头上,买的永远没有卖的精。况且会议中心所采购的物资和服务种类繁多,采购和仓库验货人员永远不可能对要验收的物资了如指掌,一只鲍鱼,大一点和小一点,采购专员和仓库验货专员能分辨其中的区别吗?

对供应商的服务同样属于对采购部和财务部的考核内容之一。如果让供应商无理由地跑来跑去,对供应商欠款、索取回扣、态度蛮横,压低价格压到供应商放弃合作,供应商总有办法报复会议中心。我们的采购和财务经理需要简化流程,让供应商愉快地和会议中心合作。举个简单的例子,本地供应商送货时,将送货单和发票一起交给采购仓库验收专员后,财务部能不能不再让供应商来取支票(跑一次可能取不到支票,还得等候很长时间!)而是把款汇到该公司的账上?

三、风险的控制

控制风险的办法有:

(一)利用信息进行控制

不管是国家发布的 CPI 变动数据还是同事之间的交流,采购部若能获得及时而充分的信息,就可立即采取措施。比如听到或在网站上看到关于某种产品质量的新闻后,立即启动内部调查程序,查询会议中心所购物资中有没有属于被禁之列的商品。如果没有,也应该要求供应商加以防范。

(二)某种物资或服务至少应有 2~3 家供应商

除非该产品或服务只有一个厂家/代理商独家提供,否则会议中心的任一种物资和服务的采购应至少与 2~3 家质量可靠、价格合理的供应商签约。这样做,第一,可获得最优价格,供应商之间一般难以达成联盟(除非采购部内部人员主导),公开竞争环境下商家会竞相以低价获取合同;第二,防止一家供应商/厂家倒闭、所提供的物资和服务的质量出现问题或终止合同时,会议中心至少还有一家供应商供货/提供服务,只有一家供应商还容易被供应商"绑架";第三,可做到合理欠款和规定合理账期,可根据合同将欠款合理合法地分散到3个供应商,减轻会议中心的现金压力。当然,有2~3家供应商要注意不可因为某家供应商的价格低廉而将大比例(比如超过70%)的采购都从这家供应商购买,这会导致另两家供应商得不到合同而消失或变相涨价,最后形成一家供应商独家供货的局面。采购部应与另两家供应商沟通,将自己期望的价格告知对方,迫使对方调整价格。

(三)招投标公开透明

没有特别好的措施和手段可防范招投标过程中的不良行为。

部分可以实行网上招投标,最笨拙的做法是将需求说明通过电子邮件发给供应商,供应商将报价单回传给采购部,但这种做法仍然费时费力。对于采购部来说,若能由供应商在网上直接按照统一格式提交报价,价格差异、供货时间、技术参数、预付款比例、尾款比例等一目了然,采购主管、财务主管和分管领导就可在任何时间、任何地点查看到报价差异。

四、库房管理关系到成本和效率

设计院在设计会议中心时,大多没有与业主/管理公司讨论过库房的设置,因此会议中心在开业前就有可能发现库房不够、库房分布不合理或库房的环境不符合要求。会议中心每天要使用/消耗大量的物资,这些物资需要库房储存,外包公司同样需要各自的库房,因此库房的地点、面积应该在会议中心设计时就得到充分的考虑。

(一)外库

对于暂时用不上的物资,如季节性物资,可以存入外库,但弊端是仓库的验货、盘点以及物资领用不方便,还可能需要使用会议中心的车辆或从外面租车。

(二)总库

不但应方便物资的验货、接收和入库,还应方便各个使用部门领用。

(三)餐饮部的酒水库

餐饮部一般都有自己的酒水库,而不必每次都到总库领用酒水。规模大的会议中心如果在每一个楼层都开餐,可以在各个楼层都设置酒水库,若条件无法满足,也应考虑每两个楼层共用一个酒水库,这样可以省却大量的人力、减少破损。财务部和餐饮部必须严格监管酒水库的物资,采取定期盘点和未事先安排的审计两种手段对酒水库进行清点。

(四)工程部库房

工程部自用的工具、备件以及会展活动用到的灯光、音响、接线板、投影仪、幕布、线缆等众多物资应使用独立的库房,领用、归还应该每次都有记录(使用人工登记或使用射频登记)。应像监管酒水库一样,财务部和工程部必须进行定期盘点和突然抽查以确保物资可控。

(五)餐饮部的库房

这是指存放酒水之外的其他物资的库房,这些物资如讲台、布草、瓷器、桌椅、自助餐台、屏风等。有条件的话,也应该至少每两个楼层设置一个库房,目的是节省员工/小时工的使用数量、提高效率,对于瓷器这类需要小心搬运、易碎的物品,还可减少使用货梯、降低破损率。

第 10 章 会议中心的绿色设计、绿色运营和社会责任

第 1 节 会议中心的绿色设计

按照国家标准化委员会发布的《旅游饭店星级的划分与评定》[①],我国的旅游饭店星级分为五个级别,即一星级、二星级、三星级、四星级和五星级(含白金五星级[②])。2011 年 1 月 1 日实施的《旅游饭店星级的划分与评定》(GB/T 14308—2010)突出了绿色环保的要求,一至五星级饭店均被要求制订相应的节能减排方案并付诸实施,并首次取消了对牙膏、牙刷、拖鞋、沐浴液、洗发液等客用品的硬性要求,饭店可以根据自身情况自行决定是否配备。

原国家经贸委于 2003 年 2 月 20 日发布了《绿色饭店等级评定规定》国家行业标准,用安全、健康、环保 3 项指标对我国饭店企业进行评价与分级。该标准于 2003 年 3 月 1 日正式实施。绿色饭店是指运用安全、健康、环保理念,坚持绿色管理、倡导绿色消费、保护生态和合理使用资源的饭店。安全是指饭店具有相应的公共安全设施和食品安全保证系统。健康是指饭店为消费者提供有益于身心健康的服务和产品。环保是指饭店经营减少对环境的污染、节能降耗。绿色饭店分为 A 级到 AAAAA 级 5 个等级,用具有中国特色的银杏叶为标志,授予根据标准评定的饭店。

中国的会展场馆在这方面还是一个空白,既没有国家标准也没有行业标准对会展场馆进行分类或评级,当然客观上也确实很难为会展场馆界定星级标准。

目前,场馆建设浪潮奔涌,低端展会导致环境污染和资源浪费未见消退。随着政府、媒体和公众对环境和资源的重视,众多企业也逐渐认识到绿色展会、绿色场馆的重要性。可

---

① 1997 年国家标准化管理委员会发布了《旅游涉外饭店星级的划分及评定》(GB/T 14308—1997),2003 年修订后更名为《旅游饭店星级的划分与评定》(GB/T 14308—2003),2010 年再次修订,《旅游饭店星级的划分与评定》(GB/T 14308—2010)于 2011 年 1 月 1 日实施。

② 在 2003 年版的《旅游饭店星级的划分与评定》中提出了白金五星级的概念,未制定评定细则。2010 年版的《旅游饭店星级的划分与评定》仍然只是"保留白金五星级的概念,其具体标准与评定办法将另行制定"。

惜的是,我国还没有对场馆的绿色设计要求,可资借鉴的是《绿色建筑评价标准》(GB/T 50378—2006)。

一、中国绿色建筑标准

中国绿色建筑标准,即《绿色建筑评价标准》(GB/T 50378—2006),由中国建筑科学研究院、上海市建筑科学研究会同有关单位编制而成,于2006年发布。该标准是为贯彻落实资源节约标准的要求,总结近年来我国绿色建筑方面的实践经验和研究成果,借鉴国际先进经验制定的第一部多目标、多层次的绿色建筑综合评价标准,用于评价住宅建筑和办公建筑、商场、宾馆等公共建筑。

按照《绿色建筑评价标准》的解释,绿色建筑(green building)是指在建筑的全寿命周期内,最大限度地节约资源(节能、节地、节水、节材)、保护环境和减少污染,为人们提供健康、适用和高效的使用空间,与自然和谐共生的建筑。

《绿色建筑评价标准》的评价指标体系包括以下六大指标:
①节地与室外环境。
②节能与能源利用。
③节水与水资源利用。
④节材与材料资源利用。
⑤室内环境质量。
⑥运营管理(住宅建筑)、全生命周期综合性能(公共建筑)。

各大指标中的具体指标分为控制项、一般项和优选项三类。其中,控制项为评为绿色建筑的必备条款,优选项主要指实现难度较大、指标要求较高的项目。对同一对象,可根据需要和可能分别提出对应于控制项、一般项和优选项的指标要求。

表10-1 划分绿色建筑等级的项数要求(公共建筑)

等级	一般项数(共43项)						优选项数(共14项)
	节地与室外环境(共6项)	节能与能源利用(共10项)	节水与水资源利用(共6项)	节材与材料资源利用(共8项)	室内环境质量(共6项)	全生命周期综合性能(共7项)	
★	3	4	3	5	3	4	—
★★	4	6	4	6	4	5	6
★★★	5	8	5	7	5	6	10

绿色建筑的必备条件为全部满足《绿色建筑评价标准》第四章住宅建筑或第五章公共建筑中控制项要求。按满足一般项和优选项的程度,绿色建筑划分为三个等级(一星、二星和三星)。

会展中心、会议中心作为公共建筑,必须体现经济效益、社会效益和环境效益的统一,围绕可持续发展的理念进行设计和施工,力求在建筑的全生命周期内,实现高效率的资源利用,把对环境的影响降到最低,达到保护自然生态环境、改善区域城市环境、营造健康室内环境的建筑目标。

在这方面走在前列的有国家会议中心和上海世博中心。

案例:国家会议中心的绿色设计

"绿色奥运、科技奥运、人文奥运"是北京2008年奥运会的三大基本理念。在北京市委、市政府的统一组织和部署下,奥运工程建设在规划、选址、制订方案、设计、施工、运行全过程中同步落实三大理念。国家会议中心作为奥运工程最大的单体建筑[1],更是作为项目典范,处处落实三大理念,不但外观优美,而且为配合"绿色奥运"的理念和要求,在设计、建设和验收方面取得了令人满意的效果。

国家会议中心由世界著名的 RMJM 公司和北京市建筑设计研究院联合设计,在绿化与环境、自然通风、供电、照明、中央吸尘、厨余垃圾收集、建筑材料等各个环节严格执行国家标准和有关国际标准,为"绿色奥运"提供了有借鉴意义的建筑范本。国家会议中心[2]有四项环保设计在国内的会展场馆中是比较有代表性的。

一、雨水回收系统

国家会议中心主体为27万平方米,6万平方米的金属屋面就成为雨水回收的绝佳工具,雨水在屋面留存后,通过屋顶的虹吸式排水系统排到建于场馆东、南、西三侧的9个雨水收集池,可收集雨水7000立方米,经过中水回收利用中心处理可用来浇灌绿地。依照正常的降雨量计算,经过回收处置的雨水将可以满足周边绿地浇灌的需求。

二、厨余垃圾收集系统

国家会议中心和配套的酒店及写字楼建设了一套厨余垃圾收集系统,系统在2个区域的6幢建筑中安装垃圾管道网,其中,配套设施4幢建筑的2条垃圾管道分别从地下不同的区域穿过市政道路进入会议中心地下垃圾机房。

垃圾管道安装总长度约1.3公里,地下垃圾机房内安装主机2套和密闭的垃圾容器2套,系统覆盖所有厨房、餐厅、食堂和商场等,安装垃圾投放口29个。垃圾机房位于会议中心地下二层($-13.00m$),垃圾运输车可以通过坡道进入垃圾机房。

国家会议中心的厨余垃圾收集系统的输送规模是世界上最大的应用系统之一,其中的散料垃圾输送距离接近世界最长。

真空垃圾收集系统优点非常明显,为国际上高端用户采用的先进系统,已经有50年的发展历史,对比其他输送方式的主要特点为全密闭管道输送和集中处理,自动化程度高,干净卫生,全天工作。系统采用变频调速节能控制、集中监控等,彻底解决厨余垃圾在投放、清除、运转过程中腐烂、变质、产生恶臭引起二次污染的问题,有效隔断各类传染性疾病。

---

[1] 鸟巢(国家体育场)的建筑面积为25.8万平方米,国家会议中心(不含配套酒店和写字楼)的建筑面积是27万平方米。

[2] 国家会议中心未申请中国绿色建筑的等级。

系统排出的废气经过除尘、吸附、除臭等处理,符合大气排放标准。

本项目是北京第一例、国内第六例采用真空垃圾系统的项目。

真空垃圾收集系统,国内除机场采用外,还没有大规模应用。国家会议中心采用现代管道集输技术和自动控制技术建设真空垃圾收集系统不仅能保证奥运期间提供高等级的服务,还将国内城市建设、规划、环卫、环保等部门多年来梦寐以求的在城市建筑群中采用管道集输垃圾的构想变为现实,促进了我国在城市建设中应用管道输送垃圾的技术的进步,为今后城市建设和垃圾处理系统规划提供了新的思路。

三、中央吸尘系统

中央吸尘系统对比普通(手提吸尘器和家用吸尘器)的清洁方式具有一系列的优点,如:无污染、噪音小、现场无气味、无卫生死角,能有效杜绝粉尘、细菌、微生物造成的交叉污染和侵害,杜绝过敏源。由于主机、集尘和分离装置不在清扫现场,吸尘清扫工作是在无噪音的情况下进行的,且收集的灰尘和污物无须在室内清理、运输,彻底消除了室内的二次污染,使被清理的房间达到了真正意义上的清洁。而且,该系统将房间的灰尘、废物、碎屑等吸引入中央机房,并进行分离和收集。分离后的尘土、废物等装袋送入垃圾间。废气经过分离、除尘等处理安全排放,符合国家的排放标准。

通过投资和经济性综合分析,国家会议中心最终选用了集中+分布的配置模式,即在每幢建筑的地下层设置一个集中的吸尘机房,无人值守,自动运行。

系统采用密闭管道集中输送,采用自动控制技术和变频调速及节能控制,采用网络技术实现远程集中监控。系统设计服役期15年以上,可以有效地解决大型高档建筑群房间的清洁问题。

国家会议中心中央吸尘工程安装吸尘管道总长度15.8公里,吸尘机房5座,吸尘主机13套,末端吸尘口约2 033个,吸尘服务总面积约14.6万平方米。国家会议中心中央吸尘系统的建设规模为国内最大,国际排位在前10位以内。

四、自然通风设计——节能

自然通风是在压差推动下的空气流动。根据压差形成的机理,自然通风可以分为热压作用下的通风和风压作用下的通风。在内外温差较大时,室内外空气存在较大的密度差。密度小的空气向上运动,密度大的空气向下运动,形成自然风,称热压作用下的自然通风。

当建筑的迎风面受到空气的推动作用形成正压区时,推动空气从该侧进入建筑;而建筑的背风面,由于受到空气绕流影响形成负压区,吸引建筑内空气从该侧的出口流出,这样就形成了持续不断的空气流,称为风压作用下的自然通风。

但在具体应用的过程中,往往很难区分究竟是热压形成的自然通风,还是风压形成的自然通风。总的应用原则就是强化热压或(和)风压,提高自然通风的效果。

国家会议中心在设计时非常注重自然通风设计,细致研究了自然通风并进行了室内外环境分析和气流组织定性分析,建筑、暖通专业协同设计,促进建筑内、外部环境利于实现自然通风,结合室内外

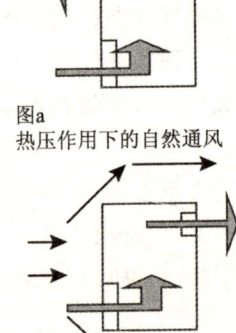

图a
热压作用下的自然通风

图b
风压作用下的自然通风

条件,对自然通风区域进行经验分析计算或模拟分析计算,确定自然通风的各项设计参数,确定了内街和展览厅为自然通风区域,最后配合室内装修,优化气流路径。

按照北京地区气候4、5、9、10月份为过渡季,40%可使用自然通风天数计算,国家会议中心自然通风总使用天数约50天。

按照北京地区过渡季用电的平均电价标准每度电0.93元计算,每天通风时间为8小时,内街一年中的过渡季节总节电量约38万度,节省电费约35万人民币。

在实际建设时,一个独具匠心的方案是在国家会议中心的东入口下面建设三个低于地面7米的下沉花园,共计约1 200平方米,这个巨大的室内花园使得局部温度低于正常室温。同时会议中心的南侧建筑的顶部设有三个天窗可通风,由于空气上下具有温差,可形成自然对流,构成一个天然的空调,在炎热的夏季,国家会议中心室内部分区域即使不开空调也能让人感到凉爽。

案例:上海世博中心的绿色设计

上海世博中心总建筑面积约14.97万平方米,东西长约350米,南北宽约140米,建筑节能率62.8%,52.0%的生活热水通过太阳能热水系统提供,非传统水源利用率61.3%,可再生建材利用率达28.9%,每年可节约标准煤2 160吨,减排二氧化碳5 600吨,节约水16万吨。

①上海世博中心是绿色建筑的典范和上海世博会的亮点。世博中心在节能、环保方面堪称近年来新建筑的典范。它严格按照国家各项节能规范,对能源和水的消耗、室内空气质量、可再生材料的使用等方面进行控制。整个建筑使用太阳能、LED照明、冰蓄冷系统、雨水收集等新技术,屋顶太阳能光伏发电量可达1兆瓦,在上海居第一位。

②绿色设计按照减量化(Reduce)、再使用(Reuse)、再循环(Recycle)的3R原则,统筹安排资源和能源的节约、回收和再利用,减少对资源和能源的消耗,减少污染物的排放量,减少建筑对环境的影响,真正体现出"城市,让生活更美好"的世博会主题。

③上海世博中心避免大量使用诸如大理石、花岗岩等传统大型建筑通常使用的材料,取而代之的是新型环保、节能的材料。世博中心建筑外墙考虑以玻璃结合铝板、陶板、石材等形成不同的组合幕墙,采用的呼吸式玻璃幕墙系统和低辐射中空玻璃等新一代产品,形成了艺术与技术的有机结合与完美统一。上海世博中心多层次的活动空间,不仅丰富了环境,同时也满足了人们对阳光和清新空气等的追求。

④世博中心临近黄浦江边,采用江水循环降温技术,避免空调产生较大的耗电量。另外,地源热泵、雨水收集等节能技术也一一被采用。

在上海世博中心建设的过程中,中国建设者们创造性地解决了大型公共建筑的节能、环保和减排等一系列施工难题,创下了三个"世界第一":第一个申请美国LEED金奖的世博会建筑,第一个获得中国绿色建筑三星级[①]并通过美国LEED金奖标准认证的建筑,中国

---

① 2010年5月31日,住房和城乡建设部建筑节能与科技司公示了2010年度第2批三星级绿色建筑评价标志、绿色建筑设计评价标志项目名单,其中有上海世博中心等5项公共建筑和1项住宅建筑。

三星级绿色建筑和申请LEED金奖建筑中体量最大的工程。

据了解，正在建设中的石家庄国际会展中心①以及即将建设的武汉新城博览中心二期会议中心②项目都准备申报中国绿色建筑设计标志三星级。

二、LEED（美国绿色建筑评估体系）

对于绿色建筑的设计、施工及投入使用后的追踪监测，以及它的绿色等级如何评价，国外比较多的是采用LEED标准。

LEED是Leadership in Energy & Environmental Design Building即能源与环境设计先锋奖的英文首字母缩写，LEED Rating System即为建筑界熟知的绿色建筑评估体系，国际上简称LEEDTM，它是目前国际上最有影响力的建筑评估标准。

LEED是美国绿色建筑委员会（The U.S. Green Building Council, USGBC）2000年3月推行的要求较为严格的评估体系。目前在世界各国的各类建筑环保评估、绿色建筑评估以及可持续性评估标准中，该体系被认为是最完善、最具影响力的评估标准。

美国绿色建筑委员会成立于1993年，总部设在华盛顿，是一个非政府组织，目前在全球拥有超过16 000个机构（设计公司、建筑公司、政府部门等）会员和16万余名LEED认证师。美国绿色建筑委员会虽然距今仅有18年的历史，但其在全球的影响力非常大，各国无论是新建建筑还是原有建筑都以得到LEED认证为荣。截止到2011年6月9日，全世界获得LEED认证的建筑有20 929个。

要获得LEED认证是相当不容易的，一般认证师通过下列六个方面来考察，认证级别由低到高分别为：认证奖、银奖、金奖和铂金奖。

> 选址的可持续性 Sustainable Sites
> 水资源的利用效率 Water Efficiency
> 能源和空气的利用 Energy & Atmosphere
> 材料和资源的使用 Materials & Resources
> 室内环境质量 Indoor Environmental Quality
> 设计的创新 Innovation in Design

实际上，LEED认证不仅针对设计（design）和建设（construction）这两个最重要的环节，对运营（operation）也十分重视，因而除了对新建项目（New Construction, NC）认证外，还对已有建筑（Existing Buildings, EB）设置了"运营和维护"（Operations & Maintenance, O&M）的认证③。相对而言，中国的《绿色建筑评价标准》比较看重建筑的设计和施工。

得到LEED认证的会议中心绝大部分都分布在美国，根据目前可查到的资料，中国仅有上海世博中心得到了LEED NC（新建建筑类别）金奖。

---

① 石家庄国际会展中心包括展览中心10万平方米、会议中心6万平方米及配套设施。
② 武汉新城博览中心2011年年底开业，二期会议中心面积14万平方米，拟于2013年开业。
③ 可以申请LEED认证的类别有：新建建筑、已有建筑的运营和维护、商业建筑内部、建筑核心和外表、学校、零售建筑、医疗建筑、住宅、社区发展。

获得 LEED NC(新建建筑类别)认证的比较知名的部分会议中心为:
① 温哥华会议中心(铂金奖)
② 上海世博中心(金奖)
③ (宾夕法尼亚州)匹兹堡 David L. Lawrence 会议中心(金奖)
④ (亚利桑那州)凤凰城会议中心(银奖)
⑤ 拉斯韦加斯凯撒宫会议中心(银奖)
⑥ (犹他州)盐湖城会议中心扩建部分(银奖)
⑦ (加利福尼亚州)奥兰治会议中心(认证奖)
⑧ 芝加哥 McCormick Place 会展中心西翼扩建部分(认证奖)
⑨ (加利福尼亚州)圣何塞会议中心(认证奖)
⑩ 韩国仁川 Songdo 会议中心(认证奖)——亚洲第一个获得 LEED 认证的会议中心

案例:温哥华会议中心(扩建部分)

2010 年冬奥会在加拿大的温哥华举行,分布在温哥华、惠斯勒和里士满三地的冬奥会比赛场地,在设计建造时着重强调绿色环保和经济实用,当做国际媒体中心之用的温哥华新会议中心已然成为世人研究温哥华绿色奥运的模板之一。扩建后的温哥华会议中心魅力非凡,更惊艳的是西翼扩建工程 2.5 公顷的屋顶,全部覆盖了绿色植物,成为加拿大最大的绿色环保屋顶。

设计公司在温哥华会议中心西翼 2.5 公顷大的屋顶上布置了 40 万株温哥华当地的花草,放养了 24 只蜜蜂,不但形成了很好的装饰,而且更重要的作用是控制整座大楼的温度。该屋顶选用约 6 英寸深的火山岩石、表层土壤及砾石培植植物,拥有 13 公里长的滴灌灌溉管道,利用排水与雨水回收系统收集水源,用以灌溉屋顶植物,以及提供大楼部分用水,如此一来,温哥华会议中心将比同等大小的同类场馆节省 60% 左右的水,因此这个屋顶又被称为"活的屋顶(Living Roof)"。

而且,温哥华会议中心还并非一家独善,西翼巨大的绿色屋顶形成了庞大的阴凉的散步长廊和公共广场,让周围的人也一起受益。相信对整个城市的空气质量也会有所帮助,可缓解都市"热岛效应"。

花费 8.83 亿加元改造的西翼内部设计同样卓尔不群。新建工程面积约为 11 万平方米,60% 的面积建于地面上,40% 的面积建于水下,设有可容纳 6 000 人的宴会大厅。会展大厅另一边临海而建,有特殊隔音玻璃设计,令水上飞机起飞声音完全隔绝在外,不会对参加会议的人士造成任何干扰。

温哥华会议中心西翼扩建工程凭借超前的设计理念当之无愧地获得 LEED 的最高奖——新建建筑类别的铂金奖,也是世界上第一个获此殊荣的会议中心。2011 年 5 月,该工程被美国设计师协会(American Institute of Architects)的环境委员会评为 2011 年度十大绿色建筑(Top Ten Green Projects)。

三、BREEAM 及 Green Star

在欧洲，BREEAM 或许比 LEED 更有名，现有超过 20 000 个建筑获得了 BREEAM 认证。

BREEAM 是由总部设在英国的建筑研究局（Building Research Establishment，BRE）于 1990 年创立的建筑环境评价体系（BRE Environmental Assessment Method）。

BREEAM 关注建筑的规格、设计、施工和使用，全面考察从环境到生态学的各个方面，尤其是能源和水的节约和利用、内部环境（健康和舒适）、污染、交通、材料、垃圾、生态以及管理过程。

澳大利亚绿色建筑协会（Green Building Council of Australia）在 2003 年创建了"绿色之星"（Green Star）认证体系，影响力局限于澳大利亚。该认证体系共有 9 项指标，分别是管理、内部环境质量、能源、交通、水、材料、土地使用和生态学、碳排放、创新。共分 4 星、5 星和 6 星三个级别，而 6 星绿色建筑被视为等同于 LEED 铂金奖。墨尔本会议中心（会展中心的一部分）于 2010 年被评为"世界上首个 6 星绿色建筑"（墨尔本会展中心的新闻稿用语），我们应该了解这是因为评价体系不同使然。

第 2 节 会议中心的绿色运营

要设计、建造一个绿色的会议中心是相当不容易的，需要业主极大的决心和投资，毕竟在做项目预算时要多支出很多资金，特别是当种种绿色设计在会议中心开业后难以在短时间内看到明显的经济回报时，考验的是业主的抱负和责任。

但是，等到一个符合绿色建筑标准的会议中心建成、投入使用后，如何绿色运营则是一个更艰巨的任务。对业主和管理团队来说，能否做到绿色运营，不但需要巨大的勇气，更需要持之以恒的努力和投入，因为绿色运营更难，而且在有些时候跟客户的利益会发生冲突。绿色设计当然重要，但对于已经开业的会议中心来说，当初的设计无法变更，因而绿色运营显得尤为重要。而即使是在设计时全面贯彻了绿色理念，会议中心建成后的绿色运营之路仍然是漫长的。

一、获得 LEED 已有建筑认证的会议中心

LEED 不但认证新建建筑，还对已经投入使用的已有建筑（Existing Buildings，EB）的"运营和维护"（Operations & Maintenance，O&M）给予认证。北美、欧洲和澳大利亚的会议中心在绿色运营方面做得比较好，尤其是美国的会议中心十分注重能源的节约利用和对环境的保护。美国、加拿大获得 LEED 已有建筑类别"运营和维护"认证的会议中心（部分）有：

①弗吉尼亚沙滩会议中心（Virginia Beach Convention Center）——金奖（美国第一个）。
②安纳汉姆会议中心（Anaheim Convention Center）（加利福尼亚州）——金奖。
③拉斯维加斯金沙会展中心——金奖。
④达拉斯会议中心——银奖。
⑤旧金山 Moscone 会议中心——银奖。
⑥多伦多会议中心——银奖。
⑦俄勒冈州会议中心（波特兰）——银奖。
⑧奥兰治①会议中心（Orange County Convention Center，加利福尼亚州）——银奖。
⑨华盛顿州会议和贸易中心（西雅图）——银奖。
⑩科罗拉多会议中心（丹佛）——银奖。
此外，波多黎各会议中心也被评为银奖。

二、Green Globe 认证

Green Globe 的中文意思是"绿色地球"，是由世界旅游旅行理事会（The World Travel and Tourism Council，WTTC）于 1994 年创立的评价标准，其产生背景是 1992 年 6 月巴西里约热内卢召开的联合国"环境与发展大会"，大会一致通过了《里约热内卢环境与发展宣言》、《关于森林问题的原则声明》、《21 世纪议程》并共同签署了《生物多样性保护公约》、《气候变化框架公约》等文件，将环境保护与可持续发展上升到关系到全人类共同发展的战略地位。

1999 年，Green Globe 评价标准确立，共有 41 个分项的 337 个指标，对可持续管理、社会性及经济性、文化遗产、环境等各个环节进行评价，合乎其要求的机构获得 Green Globe 标志。

目前，全球 80 多个国家和地区采用了 Green Globe 认证，认证对象多数是：旅游景点、商业（批发和零售）、会议中心、邮轮、高尔夫球场、餐厅、健康中心、汽车公司、旅行社、目的地管理公司以及会议、展览的主办机构等。

根据可查到的资料，目前获得 Green Globe 认证的会议中心有：
①卡塞尔②会议中心（Congress Palais Kassel）——欧洲第一个获得 Green Grobe 认证的会议中心。
②杜塞尔多夫会议中心（Congress Center Düsseldorf）。
③汉诺威会议中心。
④莱比锡会议中心。
⑤美因茨③会议中心。
⑥葡萄牙埃斯托利尔会议中心（Estoril Congress Center）。

---

① 有的把 Orange County 译成橘子郡。
② 德国黑森州东北部的一个城市。
③ 美因茨（Mainz）是德国莱茵兰－普法尔茨州的首府和最大城市。

⑦布里斯班会展中心。
⑧阿德莱德会议中心。
⑨墨尔本会展中心。
⑩悉尼会展中心。
⑪阿姆斯特丹 RAI 会议中心。
⑫印度海得拉巴国际会议中心（Hyderabad International Convention Centre）。
⑬曼谷会议中心（Bangkok Convention Center）。
⑭吉隆坡会议中心。

三、绿色运营应可测量

靠数据说话。没有数据，就难以衡量绿色运营的效果到底如何。同样，指标也应该数据化，否则无法判断工作的成效。到底从哪些指标以及如何计算绿色运营的效果，需要一个定量分析的工具和系统，希尔顿酒店集团提供了一个具有借鉴价值的案例。

经过两年严格的内部测试，希尔顿酒店集团于 2010 年 5 月 5 日正式向公众揭晓由其自主研发的环境影响计算与分析系统——LightStay。根据 LightStay 第一个全年运作结果的显示，2009 年希尔顿全球旗下共有 1 300 家酒店采用了该系统，节省的电可供 5 700 户家庭使用一年，节省的水可填满 650 个奥运村大小的蓄水池，减少的碳排放相当于从公路上拿走 34 865 部汽车。把节省的水、电换算成美元，相当于为酒店所有人在 2009 年节省了超过 2 900 万美元的公共事业费用。

与 2008 年相比，希尔顿酒店集团旗下采用了 LightStay 系统的酒店在 2009 年中共省电 5%、省水 2.4%，减少碳排放 6%、废弃物 10%。这些数据均经过独立核算，并根据年度入住率差异和重大气候变化进行调整。

与希尔顿酒店集团房屋运营和酒店服务有关的用水用电、碳及废弃物的排放都是 LightStay 考核的内容。LightStay 系统需要对 200 多项运营操作的指标进行计量，其中包括房间管理、纸制品的使用、食品浪费、化学储存、空气质量以及交通运输等。

LightStay 中还有一个"会议影响计算器"，对所有在希尔顿酒店集团旗下酒店举办的会议的环境影响进行计算，敦促会议策划人与公司的差旅经理在作出采购决策时把酒店住宿和会议的环境影响纳入考虑范围。此外，LightStay 还为公司客户提供了一个极好的机会，在自己公司的可持续性报告中加入会议影响数据。

国外的会议中心各自给出了有说服力的数据：
①达拉斯会议中心：节省了 58.7% 的电力消耗和 55.6% 的天然气消耗。
②洛杉矶 Moscone 会议中心：一年回收 900 吨废品，其中的 20% 捐赠给本地的非营利机构，目标回收率：75%。安装了一个太阳能发电装置，减少碳排放接近 34 000 吨。
③多伦多会议中心：从 2011 年 4 月开始更换 10 033 平方米的 TacFast 新型环保地毯，单就原料和运输而言，就比普通地毯节省了 70% 的消耗。
④温哥华会议中心：50% 的垃圾回收。
⑤悉尼会展中心：会议中心一年回收废品 372 吨，回收率 80%；展览中心一年回收废品

299 吨,回收率33%。节省了20%的水、4%的电能。85%的员工接受了环保培训。

⑥墨尔本会展中心:40%的热水是经太阳能加热的,公共场所100%的热水均由太阳能加热。

⑦圣地亚哥会议中心:45%的废品回收,包括各类板材、纸张、玻璃、塑料、铝料和食物,每年减少送往垃圾填埋场的垃圾800吨;一年节省340千瓦的电力;节省水306立方米;48 800平方米的展厅照明灯于2010年12月全部更换为荧光灯,是美国第一个展厅100%使用荧光灯的会议中心,节省44%的电。

四、如何实现绿色运营

会议中心要实现绿色运营的目标,需要在会议中心的运营和管理的各个方面下工夫。

(一)总经理挂帅,各级管理人员参与,严抓绿色环保

会议中心的一把手不重视,或者表面重视,但实际上没有足够的心理准备和科学组织,绿色运营就难以实现。会议中心的总经理必须高度重视绿色节能,从战略上重视绿色运营对于会议中心的作用,制定详细的步骤和措施,设定可以完成的目标和指标(指标一定要以数字形式表现出来),各部门的部门经理负责本部门的绿色环保计划。通过这种办法,构建一个覆盖高、中、低三级管理人员的绿色环保工作体系,会议中心主管领导主抓,中层管理人员督促,基层管理人员带头实施,为环保工作的开展和落实奠定管理基础。

(二)人人都是绿色使者

仅有制度、目标是远远不够的。在日常办公、物品采购、餐饮、工程管理、后勤服务等方面,环保、节约材料和能源等工作都是由基层员工在每天实施的,员工对绿色会展的理解和执行程度直接影响到他们的日常所作所为。为了更好地实现绿色运营,就需要努力将绿色环保的思想扎根于每一位员工的脑海之中,将绿色环保贯穿于整个企业文化之中。

对会议中心员工和外包公司员工的培训要常抓不懈。对会议中心员工以及外包公司员工、签约供应商要加强绿色运营知识和技能的培训,教会员工知道什么叫做低碳,如何分类处理垃圾,如何废物再利用,如何使用工具可节约能耗,如何引导客人使用设施和设备能够减少能源消耗等,从执行者的层面解决绿色运营的技术问题。

(三)绿色环保贯穿于企业管理的全过程

要将绿色环保工作做细、做实,就必须对会议中心的每个岗位、每个环节都进行评估和考核。

1. 节能环保指标自我评价制度

会议中心的能耗指标,是企业经营指标的重要组成部分。就像每个企业都会召开经营分析会一样,会议中心的各个部门最好每月或每个季度召开节能环保分析会,将部门一个月/一个季度以来的能耗情况同制定的指标进行对比,如有超标的,立即查找原因,争取在下一个月/下个季度将能耗控制在指标以内;没有超标的,则持续改进,力争将能耗控制得更低。

2. 重点项目能耗环保分析制度

对于几千人的大型会议和大型展览,能耗与环保方面会临时出现很多新的情况,客户可能会提出不同的要求。比如一个会议室内参会者众多,空气污浊或室内气温较高,就可能需要开启空调(假设原计划是不提供空调的)。会议中心有必要制定重点项目能耗环保分析制度,销售/项目协调、餐饮、工程等多部门共同协调,根据会议和展览活动的特点,优化节能环保方案,并提前估算能耗情况,通过这种针对性的方法,可以避免大型会议、展览期间不必要的能源消耗。

(四)重视对绿色环保效果的评价与评估

要能够长期坚持做好绿色环保工作,评价与评估尤为重要。评价和评估是指对已经实施的环保工作,要进行全面、细致的检查,检查各项规定是不是执行到位,各种指标是不是能达到,这是对工作完成情况好与坏的判定,认真评价和评估能够发现不足,在今后的工作中持续改进。评价和评估也是在制定新的环保制度和工作规范之前进行的预测,只有评价和评估准确,才能制定出正确的制度和方法。评价和评估,都最好提出具体的数字化指标,这样部门执行层和基层员工才可以每隔一段时间进行对照和分析。

(五)传递低碳理念,携手客户共同倡导绿色会议、展览

绿色会展首先是在物资方面必须使用环保的材料与工具,减少垃圾的产生和污染物的排放;其次在能源及自然资源方面要更多地利用太阳能、风能,循环利用雨水等,从而减少对水、电的使用。除了这些,最重要的一点,是同客户以及客户的供应商和会议中心的签约供应商一起,在会展活动中大力倡导绿色环保的理念,号召参与者绿色出行、节约用纸、杜绝浪费等,使绿色环保的会议、展览理念深入人心,并让大家都参与其中,只有这样,绿色会议、展览的目标才能最终得以实现,场馆的绿色运营才有基础。

会展业的产业链上除了会展中心、酒店外,还有政府、协会、媒体、主办机构、各种展会服务公司如搭建、运输、印刷公司等。各个相关企业应携起手来,共同倡导绿色理念,执行绿色标准,如回收展会胸卡资料,尽量使用光盘以代替纸质会议文件,尽量不使用宝丽布喷绘或写真相纸背景板而使用投影作会议背景板,不使用一次性水杯而使用重复使用的杯子,在搭建时尽量使用无污染、可重复利用的材料等。

借鉴国内外同行的先进经验和理念,积极同办会办展的客户进行沟通,与供应商协调,传递绿色举办展会的理念,提高客户和供应商节能降耗的意识——这就是会议中心应该主动提供的绿色教育服务。没有客户以及供应商的支持和配合,会议中心要凭一己之力来实现绿色运营是不现实的。

2009年9月7日,"'赢在中国'国际会议研讨会"在国家会议中心举办,国际大会及会议协会(ICCA)的首席执行官到会演讲。研讨会由北京市旅游局、国际奖励旅游协会中国分会主办,国家会议中心协办。

国家会议中心秉承举办绿色会议的理念,在协助北京市旅游局筹办这次研讨会时,就提出了一揽子绿色措施,例如:会议通知只使用电子邮件,不发传真;会场空调温度严格设

定在26℃;没有背景板,只有投影仪;没有任何纸张和笔,参会者必须自己带笔和笔记本;没有塑料瓶装水,仅提供玻璃杯和冰水;咖啡不提供袋装糖,只提供散装糖;胸卡回收再利用;参会者被要求尽量坐地铁而不要驾车来开会等。

研讨会正式开始后,胸前别着放着自己名片的胸卡的与会者,喝着用玻璃杯满盛的清凉冰水,仔细聆听、并在自己的本上认真记录着演讲嘉宾的精彩演讲内容;茶歇时间咖啡和甜点的香味弥漫在会场中,参会者品着咖啡,小心酌取放在碟中的散装糖,亲切开怀地交流着……看着这样一幕,来自马来西亚、新加坡、韩国、日本、英国、阿联酋、中国香港等国家和地区的国际代表和众多国内参会者都十分赞赏国家会议中心的做法,觉得国家会议中心努力践行绿色标准,起到了非常不错的示范作用。

图10-1 杭州会展办的刊物对"'赢在中国'国际会议研讨会"的报道

五、利用环保战略打造竞争优势

一直以来,绿色低碳的话题都很热,大家热衷于讨论,但普遍的态度是觉得现在只是投入期,需要大量的资金投入,而收获期还遥不可及,所以观望者多,真正参与的少。还有一种情况,会展场馆的绿色环保可能会与客户的舒适度甚至客户的经济利益相冲突。

事实上,绿色环保同样是生产力。现在许多客户,尤其是跨国企业和知名的本土企业,都非常重视环保,将追求低碳作为一种企业责任,在举办会议和展览活动时,将场馆硬件设施是否足够低碳、接待服务环节是否绿色环保作为是否选择这个场馆的第一决定要素。

墨尔本会展中心、温哥华会议中心、悉尼会展中心以及美国的许多会议中心都在积极利用环保战略打造竞争优势,因为绿色消费正在成为一种新的趋势,并且很快将会成为一种消费习惯,更多的客户将倾向于选择能够举办绿色会议和绿色展览的场馆。

案例:国家会议中心承接英特尔IDF年会

世界著名的英特尔公司每年都会在美国、中国等7个国家和地区举办Intel Developer Forum(英特尔开发者论坛,简称IDF)。IDF主要由主题演讲、技术专题讲座以及技术展示组成。

作为一家世界领先的知名企业,英特尔公司非常看重环保,专门聘请了美国的绿色展览及会议的评价咨询公司MeetGreen公司作为IDF的顾问。在2010年IDF的筹备阶段,受英特尔的委托,MeetGreen公司在2009年年底对北京6家候选场馆进行了综合评估,最后,国家会议中心以雨水的可回收利用、节能的照明设备、完善的垃圾分类收集方案等绿色环保方面的优势给MeetGreen和英特尔公司留下了深刻的印象,最终脱颖而出,被确定为

2010年的IDF举办场地。

在IDF的筹备和现场服务过程中,国家会议中心除了配合主办方做好每一项服务外,还给主办方提出了一些绿色建议和措施。

2010年IDF结束后,国家会议中心为英特尔公司出具了一份会议期间能源消耗及物品消耗的报告,部分内容如下:

表10-2 2010英特尔IDF年会能源消耗及物品消耗报告表(部分)

2010年4月	事项	数量
8—14日(会议全程)	IDF耗电量	11 993 千瓦
12—14日(论坛期间)	CNCC建筑耗电量	96 000 千瓦
8—14日(会议全程)	瓶装水	22 840 瓶
8—14日(会议全程)	塑料	100 公斤
8—14日(会议全程)	纸	800 公斤
8—14日(会议全程)	厨余垃圾	12 吨
	木料	未能计算
	饮料罐	0

国家会议中心协助英特尔公司举办了一次非常成功的绿色会议,得到了主办方和参与者的一致认可,并且由于通过了MeetGreen的环保评价,另一家同样聘请MeetGreen做展会环保顾问的世界知名IT企业——甲骨文公司,也确定2010年12月13—17日的甲骨文全球大会(展览面积1万平方米,参会人数超过8 000人)在国家会议中心举办。

2011年的英特尔开发者论坛仍在国家会议中心举办,参会人数达到了6 000人。

阅读资料:绿色会展绝对不只是一个口号

2010年5月,我去德国法兰克福参加了"世界会议和奖励旅游展"(IMEX)[①],三天的展期内亲身感受到了国外会展界同行践行"绿色会展"的种种努力,尤其是展览主办方英国的Regent House展览公司,通过一系列环保节能措施为同行做出了表率。比如,20%的接送买家的大巴执行反怠速政策以节约燃油并减少废气排放(反怠速是指机动车辆在某个场所停车等候,引擎持续运转不得超过3分钟);胸卡的挂绳是用废弃谷物的茎提炼出来的有机材料长丝制成的,制作工艺中不含任何化学成分,且织物是可生物降解的;开幕式没有背景板,主题晚宴(Gala Dinner)也没有我们常见的精美背景板,都只是一块投影幕布悬挂在舞台中央;研讨会上不提供调咖啡用的袋装糖,而把散糖放在碗里……诸多细节给人触动,主办方的煞费苦心让人感觉到绿色会展的紧迫性。

---

① IMEX展览每年5月在德国法兰克福举办,目前正在申请Green Globe认证。

实际上,"Go Green"或"Green Events"(绿色会展)早就不再是一个口号,而是诸多业内企业正以实际行动付诸实施要达到的目标。

而我们的会议、展览偏重形式,开幕式的背景板硕大气派,气球一串串,彩旗迎风招展,大量使用气味呛人的宝丽布,会展结束后资料则成捆扔掉。绿色会展对于中国来说,确实还有很长的一段路要走。不少人仍然认为这只是一个作秀,一个噱头。其实不然。对于绿色会议和绿色展览,有些人持有一种错误的观点,一则认为绿色会展仅仅是说说而已,没人在乎;二则认为这会使会议和展览的成本增加。事实上,主办方如果能把绿色概念贯穿于会议的投标申办中,就获得了比其他申办国家(或城市)更强的竞争力,因为这符合国际协会和其他会议主办机构的理念,它们会对一个会议目的地围绕绿色会议而采取的行动产生好感,倾向于选择更绿的会议目的地,因此绿色概念首先能让我们赢得会议。其次,在会议和展览的具体实施中,也能节约一部分成本。同时,参会者和参展商作为消费者也更倾向于购买更环保的会展服务,也愿意为此多支付一点费用。通用电气公司(GE)的CEO伊梅尔特说:"绿色就是赢利。"这同样适用于会展业,因此不要小看绿色话题。前几年中国粗放式的经济增长,是靠高消耗、高排放和高污染换来的高增长,好在政府已经意识到这种增长方式的不可持续性,正着力提高经济增长的质量和效益。

认同绿色会展和企业社会责任不是某种锦上添花式的东西,而是应融入企业日常运作的重要理念。我们应该摒弃徒具履行社会责任表象的形式主义做法,代之以把企业责任融入各项日常决策及运作中。发展绿色会展经济必须先从转变观念开始。

(发表于2009年第7期《中国会议》,作者:刘海莹)

第3节 会议中心的可持续发展

会议中心的绿色设计、绿色运营都属于可持续发展的范畴。可持续发展与环境保护、资源利用既有联系,又有不同。环境保护、资源的节约再利用是可持续发展的重要内容,但不是它的全部。

一般认为,既满足当代人的需求,又不对后代人满足其需求的能力构成危害的发展称为可持续发展。可持续发展的这两个方面是一个密不可分的系统,它既要达到发展经济的目的,又要保护好人类赖以生存的大气、淡水、海洋、土地和森林等自然资源和环境,为子孙后代提供永续发展的条件。可持续发展的核心是发展,但要求在严格控制人口增长、提高人口素质和保护环境、资源永续利用的前提下进行经济和社会的发展。显然,可持续发展是个大概念,涉及许许多多的内容,但对于会展场馆,它意味着什么呢?

一、会议中心的健康发展是会议中心可持续发展的前提

企业首先要生存,即活着,才能谈得上第二步,即活得好。如果连最基本的自我生存都有问题,那企业的发展就是空谈。活得好,有赢利能力,能扩大业务规模,占据更大的市场

份额,能抗风险,才能保证企业健康地活下去。

因为中国的国情不同,我们的会议中心不可能像美国的会议中心那样获得当地政府的大笔补贴,因此会议中心首先要很好地生存、财务健康并得到良性发展,这既是会议中心的必然选择和必由之路,也是实现可持续发展的前提。

二、员工是会议中心可持续发展的主体

会议中心要追求经济效益和社会效益的统一,从根本上说依赖于人。我们的员工是否敬业负责,能否善于学习和创新,是否能提供专业的服务让客户满意,能否帮助企业增加收入并同时节省各种开支,是否能得到个人的职业发展,这些都直接影响到企业的经营和发展,因为会议中心终究还是属于服务业,人是最重要的因素。可持续发展对于企业员工践行绿色理念、环保理念提出了更高的要求,因为员工分布在各个工作岗位,只有他们负责的每一项具体的工作才能做到真正的绿色、环保、节能降耗。员工不敬业,服务水平低,客户因此而抛弃会议中心,企业就没有效益可言,也就无从谈起会议中心的可持续发展。从这个角度讲,员工确实是会议中心最大的财富、最应该好好珍惜的资产。

从理论层面来看,会议中心的可持续发展,既要考虑到员工当前的全面发展的需要,又要考虑到员工未来发展的需要。毫无疑问,会议中心负有对员工进行必要、持续的培训的责任。学校的教育毕竟大多是基于书本的理论教育和行业知识的灌输,与实际的操作有很大的脱节,而会议中心则可以随时随地针对新问题、新趋势开展各种形式的培训和学习。

国家会议中心从2007年6月开始筹建,就把员工的学习、提高和发展当做头等大事来抓,在当年就成立了国家会议中心培训中心,请企业内部资深的中层干部和外面的老师系统化地为新员工讲课,这些新员工边干边学,进步很快;让有经验的主管担任小教员,与几个新员工结对子,专门负责教这几个新员工,这种小教员制度很奏效。国家会议中心注重员工的感受,根据实际情况对员工进行心理疏导,帮助他们理清思路,开阔眼界,让员工心情愉快。这些可以说是满足了员工当前发展的需要。同时,国家会议中心还注重满足员工未来发展的需要——2008年国家会议中心还没开业,就选派了2批共四人赴美国接受培训。部门经理每年到年底每人必须写一篇论文,可以是关于本部门业务方面的,也可以是关于企业的整体发展的,目的是让中层干部多思考多学习,进而提高自己的理论水平。作为执行关键的部门经理的学识和能力提高了,反过来就会有助于企业发展。

三、可持续发展能力是会议中心的长久竞争能力

企业依靠专业化和品牌化运营,注重节能环保,通过资源节约、能耗降低和成本下降获取良好的经济利益,注重员工的培养和发展,与客户和供应商实现共赢,有口碑有声誉,这样企业就具备了可持续发展的能力,实际上,这些能力也是一个企业的长久竞争能力之所在。

会议中心面临的竞争压力越来越大,但单纯的低价格策略显然不能让会议中心获得良好的经济效益。提高服务质量,关注客户和参展商、参会者的体验都是留住客户、扩大市场

份额的有效手段。另外,会议和展览客户越来越注重绿色环保,它们选择会展活动举办地时会选择拥有绿色理念的合作伙伴,以图提高会议展览的知名度和品牌。

总之,可持续发展离我们并不遥远,也不应该停留在作秀的层面上。当然,我们要走的路还很长,但首先需要我们有坚定的承诺和长久的努力,学习国际上先进的理念和做法,结合中国的国情,摸索出一条适合我们自己的可持续发展道路。

附录 1

境内外部分行业组织和协会

1. 全国会展业标准化技术委员会
   网址:http://www.cnsis.info
2. 全国会展工作委员会
   网址:http://www.ceun.org
3. 中国会展经济研究会
   网址:http://www.cces2006.org
4. 中国展览馆协会
   网址:http://www.caec.org.cn
5. 中国旅游饭店业协会
   网址:http://www.ctha.org.cn
6. 国际大会及会议协会(International Congress and Convention Association, ICCA)
   网址:http://www.iccaworld.com
7. 国际会议中心协会(International Association of Congress Centers, AIPC)
   网址:http://www.aipc.org
8. 国际协会联盟(Union of International Associations, UIA)
   网址:http://www.uia.be
9. 国际专业会议组织者联盟(Meeting Professionals International, MPI)
   网址:http://www.mpiweb.org
10. 国际展览业协会(The Global of the Exhibition Industry, UFI)
    网址:http://www.ufi.org
11. 国际奖励旅游管理者协会(Society of Incentive Travel Executives, SITE)
    网址:http://www.siteglobal.com
12. 国际展览与项目协会(International Association of Exhibitions and Events, IAEE)
    网址:http://www.iaee.com
13. 国际场馆管理者协会(International Association of Venue Managers, IAVM)
    网址:http://www.iavm.org

14. 专业会议管理协会(Professional Convention Managers Association, PCMA)

　　网址:http://www.pcma.org

15. 国际目的地推广协会(Destination Marketing Association International, DMAI)

　　网址:http://www.destinationmarketing.org

16. 国际专业会议组织者协会(International Association of Professional Congress Organizers, IAPCO)

　　网址:http://www.iapco.org

17. 美国协会管理者协会(American Society of Association Executives, ASAE)

　　网址: http://www.asaecenter.org

18. 会议产业理事会(Convention Industry Council, CIC)

　　网址:http://www.conventionindustry.org

附录 2

境内外重要行业展览和会议

1. 中国会展经济研究会学术年会
   网址:http://www.cces2006.org
2. 中国会展经济国际合作论坛(CEFCO)
   网址:http://www.cefco.org
3. 中国国际展览和会议展示会(展中展)
   网址:http://www.caec.org.cn
4. 中国会议经济与会议酒店发展大会
   http://confhotel.cn/cch/main/hycydh/cn.htm
5. 中国国际会展文化节
   网址:http://www.cce.net.cn
6. 中国(北京)国际商务及会奖旅游展览会(CIBTM)
   网址:http://www.cibtm.com/zh-cn/Home-China
7. 中国(上海)国际奖励旅游及大会博览会
   网址:http://chinese.itcmchina.com
8. 亚太奖励旅游和会议博览会(Asia-Pacific Incentives and Meetings Expo, AIME)
   网址:http://www.aime.com.au
9. 欧洲商务及会议奖励旅游展览会(The Global Meetings and Events Exhibition, EIBTM)
   网址:http://www.eibtm.com
10. 国际会议及奖励旅游展览会(The Essential Worldwide Exhibition for Incentive Travel, Meetings and Events, IMEX)
    网址:http://imex-frankfurt.com
11. 国际(美国)会议及奖励旅游展览会(America's Worldwide Exhibition for Incentive Travel, Meetings and Events, IMEX America)
    网址:http://www.imexamerica.com
12. 国际大会及会议协会(International Congress and Convention Association, ICCA)年

会暨展览会

网址:http://www.iccaworld.com

13. 国际会议中心协会(International Association of Congress Centers, AIPC)年会

网址:http://www.aipc.org

14. 国际专业会议组织者联盟(Meeting Professionals International, MPI)世界教育大会(World Education Congress)

网址:http://www.mpiweb.org

15. 国际展览业协会(The Global of the Exhibition Industry, UFI)年会

网址:http://www.ufi.org

16. 国际奖励旅游管理者协会(Society of Incentive Travel Executives, SITE)国际年会

网址:http://www.siteglobal.com

附录 3

会展中心英文名称或缩写

香港会展中心	Hong Kong Convention & Exhibition Center（HKCEC）
新加坡新达城国际会展中心	Suntec Singapore International Convention & Exhibition Centre
新加坡滨海湾会展中心	Marina Bay
新加坡 Singex	Singex
吉隆坡会议中心	Kuala Lumpur Convention Centre（KLCC）
曼谷 QSNCC	Queen Sirikit National Convention Center(QSNCC)
首尔 COEX	COEX Center
首尔国际展览中心	Korean International Exhibition Center(KINTEX)
东京国际展览中心	Tokyo Big Sight
墨尔本会展中心	Melbourne Convention & Exhibition Center(MCEC)
悉尼会展中心	Sydney Convention and Exhibition Centre（SCEC）
澳门威尼斯人会展中心	The Venetian Macau
洛杉矶会议中心	Los Angeles Convention Center（LACC）
夏威夷会议中心	Hawaii Convention Center
芝加哥麦考密克会展中心	McCormick Place
旧金山会议中心	Moscone Center
伦敦 ExCeL 会展中心	ExCeL London
哥本哈根贝拉中心	Bella Center
阿姆斯特丹 RAI 会展中心	Amsterdam RAI
法兰克福会展中心	Messe Frankfurt
柏林会议中心	ICC Berlin
上海新国际博览中心	Shanghai International Expo Center（SIEC）
广州白云国际会议中心	Guangzhou Baiyun International Convention Center
广州保利世贸博览馆	Poly World Trade Expo Center

参考文献

1. Public Assembly Facility Management: Principles and Practices. Frank E. Russo, Jr., Lee A. Esckilsen, Robert J. Stewart. 2nd Edition. International Association of Assembly Managers.

2. 加里·阿姆斯特朗、菲利普·科特勒著,俞利军译.科特勒市场营销教程(第6版).北京:华夏出版社,2004.

3. 小阿瑟·A.汤普森、A·J.斯特里克兰三世著,段盛华、王智慧、于凤霞译.战略管理(第13版).北京:中国财经经济出版社,2005.

4. 斯蒂芬·罗宾斯,玛丽·库尔特.管理学.北京:中国人民大学出版社,2003.

5. 李延.环境清洁技术.北京:清华大学出版社,2007.

6. 许文良.绿化养护必读.北京:清华大学出版社,2007.

7. 物业管理实务,北京亚太教育研究院物业管理研究中心.物业管理实务.北京:中国工人出版社,2010.

8. 北京亚太教育研究院物业管理研究中心.物业管理综合能力.北京:中国工人出版社,2010.

9. 周贺来,王彬.酒店计算机信息管理.北京:中国水利水电出版社,2010.

10. 王建忠.会计发展史.大连:东北财经大学出版社,2004.

11. Developing Sports, Convention, and Performing Arts Centers. 3rd edition. David C. Peterson. Urban Land Institute (October 1, 2001).

策划编辑：赖春梅
责任编辑：陈　志

图书在版编目(CIP)数据

会议中心设计、运营与管理/刘海莹,许锋著.—北京:旅游教育出版社,2012.1
ISBN 978-7-5637-2052-1

Ⅰ.①会…　Ⅱ.①刘…②许…　Ⅲ.①会议展览中心—建筑设计②会议展览中心—运营管理Ⅳ.①TU242.1②G245

中国版本图书馆 CIP 数据核字(2011)第 234999 号

会议中心设计、运营与管理

刘海莹　许　锋　著

出版单位	旅游教育出版社
地　　址	北京市朝阳区定福庄南里1号
邮　　编	100024
发行电话	(010)65778403 65728372 65767462(传真)
本社网址	www.tepcb.com
E-mail	tepfx@163.com
印刷单位	北京中科印刷有限公司
经销单位	新华书店
开　　本	787×1092　1/16
印　　张	27.25
字　　数	530 千字
版　　次	2012 年 1 月第 1 版
印　　次	2012 年 1 月第 1 次印刷
定　　价	58.00 元

(图书如有装订差错请与发行部联系)